Reidt · Stickler · Glahs

Vergaberecht

Vergaberecht
Kommentar

von

Dr. Olaf Reidt
Rchtsanwalt Berlin

Dr. Thomas Stickler
Rechtsanwalt Leipzig

Dr. Heike Glahs
Rechtsanwältin Bonn

2000

Verlag
Dr. Otto Schmidt
Köln

Zitierempfehlung: *Bearbeiter* in Reidt/Stickler/Glahs, Vergaberecht Kommentar, § . . . GWB/VgV Tz. . . .

Die Deutsche Bibliothek – CIP-Einheitsaufnahme

Reidt, Olaf:
Vergaberecht : Kommentar / von Olaf Reidt, Thomas Stickler, Heike Glahs – Köln : O. Schmidt, 2000
ISBN 3-504-40065-X

Verlag Dr. Otto Schmidt KG
Unter den Ulmen 96–98, 50968 Köln
Tel.: 02 21/9 37 38-01, Fax: 02 21/9 37 38-9 21

Das verwendete Papier ist aus chlorfrei gebleichten Rohstoffen hergestellt, holz- und säurefrei, alterungsbeständig und umweltfreundlich.

Umschlaggestaltung: Jan P. Lichtenford, Mettmann
Gesamtherstellung: Bercker Graphischer Betrieb GmbH & Co. KG, Kevelaer
Printed in Germany

Vorwort

Durch das Inkrafttreten des Vergaberechtsänderungsgesetzes vom 28. August 1998 (BGBl. I, S. 2512) zum 1. Januar 1999 ist das deutsche Vergaberecht nach vielen Irrungen und Wirrungen neu geordnet worden. Die aufgrund der Integration der maßgeblichen Bestimmungen in das Gesetz gegen Wettbewerbsbeschränkungen (GWB) als kartellrechtliche Lösung bezeichnete Ausgestaltung hat die vorhergehenden Bestimmungen im Haushaltsgrundsätzegesetz (sog. haushaltsrechtliche Lösung) abgelöst. Damit sind die gegen diese frühere Ausgestaltung aus gemeinschafts- und verfassungsrechtlicher Sicht erhobenen Einwände gegenstandslos geworden. Auch wenn zu der jetzigen kartellrechtlichen Lösung nach wie vor verschiedene Bedenken angemeldet werden, wie etwa zur Ausgestaltung von Zuschlag und Auftragserteilung, ist zu erwarten, daß die Neuregelung auch langfristig die gesetzliche Grundlage für den Vergaberechtsschutz darstellen wird. Rechtswissenschaft und Praxis werden sich daher daran zu orientieren haben.

Eine besondere Schwierigkeit des Vergaberechts liegt darin, daß es nicht nur Fragen des europäischen Gemeinschaftsrechts einerseits und des nationalen Rechts andererseits anspricht, sondern auch an der Schnittstelle zwischen öffentlichem Recht einerseits und Privatrecht andererseits steht. So sind öffentliche Auftraggeber in der Regel an verfassungs- und verwaltungsrechtliche Anforderungen gebunden, die ansonsten im privaten Rechtsverkehr nicht bestehen. Gleichwohl ändert dies nichts daran, daß die Beschaffungstätigkeit der öffentlichen Hand und die dabei abzuschließenden Verträge in aller Regel dem Zivilrecht zuzuordnen sind. Ein besonderes Anliegen der vorliegenden Kommentierung ist es, diese Verzahnung der unterschiedlichen Rechtsbereiche herauszuarbeiten und daraus dogmatisch saubere sowie praxisgerechte Lösungen zu entwickeln. Der Kommentar richtet sich daher an Wissenschaft und Praxis. Insbesondere soll er den Rechtsanwendern (Unternehmen, Auftraggebern, Vergabekammern, Vergabesenaten) eine umfassende Hilfestellung bei der Anwendung des 4. Teils des GWB bieten. Er gibt in weiten Bereichen die Erfahrungen wieder, die die Verfasser selbst bei der Beratung und Vertretung von Auftragnehmern und öffentlichen Auftraggebern im Zusammenhang mit Vergabeverfahren gesammelt haben.

Der Kommentar berücksichtigt Rechtsprechung, Verwaltungsentscheidungen und Literatur bis Ende 1999. Spätere Entscheidungen und Fachpublikationen bis zum Erscheinungsdatum wurden weitestmöglich noch eingearbeitet. Für Hinweise auf etwaige Fehler oder Unvollständigkeiten, Verbesserungsvorschläge oder sonstige kritische Anregungen sind wir dankbar.

Berlin, Leipzig, Bonn im März 2000

Dr. Olaf Reidt   Dr. Thomas Stickler   Dr. Heike Glahs

Bearbeiter:

Glahs   Einleitung, §§ 125–129
Reidt   §§101–115
Stickler Vorb. §§ 97 ff.–100, Vorb. §§ 116 ff.–124, Vergabeverordnung

Inhaltsverzeichnis

Dritter Abschnitt
Sonstige Regelungen

Verordnung über die Vergabebestimmungen für öffentliche Aufträge (Vergabeverordnung – VgV)

Textanhang

Abkürzungsverzeichnis

a. A.	anderer Ansicht
a. F.	alte Fassung
ABl.	Amtsblatt der Europäischen Gemeinschaft
Abs.	Absatz
Abschn.	Abschnitt
AG	Aktiengesellschaft
AGVwGO	Gesetz zur Ausführung der Verwaltungsgerichtsordnung
AktG	Aktiengesetz
Alt.	Alternative
Anm.	Anmerkung
Art.	Artikel
Aufl.	Auflage
Az.	Aktenzeichen
BAG	Bundesarbeitsgericht
BAnz.	Bundesanzeiger
BauR	Baurecht (Zeitschrift)
Bay, bay	Bayern, bayerisch
BayObLG	Bayerisches Oberstes Landesgericht
BayVBl.	Bayerische Verwaltungsblätter
BB	Der Betriebs-Berater (Zeitschrift)
BBG	Bundesbeamtengesetz
Bd.	Band
BFH	Bundesfinanzhof
BGB	Bürgerliches Gesetzbuch
BGBl.	Bundesgesetzblatt
BGH	Bundesgerichtshof
BGHZ	Entscheidungen des Bundesgerichtshofes in Zivilsachen
BHO	Bundeshaushaltsordnung
BImSchG	Bundes-Immissionsschutzgesetz
BKartA	Bundeskartellamt
BKR	Baukoordinierungsrichtlinie
BRAGO	Bundesgebührenordnung für Rechtsanwälte
BRAO	Bundesrechtsanwaltsordnung
BR-Drucks.	Bundesratsdrucksache
BSG	Bundessozialgericht
BSGE	Entscheidungen des Bundessozialgerichts

BT-Drucks.	Bundestagsdrucksache
BVerfG	Bundesverfassungsgericht
BVerfGE	Entscheidungen des Bundesverfassungsgerichts
BVerwG	Bundesverwaltungsgericht
BVerwGE	Entscheidungen des Bundesverwaltungsgerichts
d. h.	das heißt
DB	Der Betrieb (Zeitschrift)
DLR	Dienstleistungsrichtlinie
DÖV	Die Öffentliche Verwaltung (Zeitschrift)
DRiG	Deutsches Richtergesetz
DStR	Deutsches Steuerrecht
DVBl.	Deutsches Verwaltungsblatt
ECU	European Currency Unit
EG	Europäische Gemeinschaften
EG/KOM	EG-Kommission
EGKS	Euröpäische Gemeinschaft für Kohle und Stahl
EGV	Vertrag über die Gründung der Europäischen Wirtschaftsgemeinschaft
Einl.	Einleitung
EnWG	Energiewirschaftsgesetz
EStG	Einkommensteuergesetz
EU	Europäische Union
EuGH	Euröpäischer Gerichtshof
EuZW	Europäische Zeitschrift für Wirtschaftsrecht
EWG	Europäische Wirtschaftsgemeinschaft
EWIV	Europäische wirtschaftliche Interessenvereinigung
EWR	Europäischer Wirtschaftsraum
f., ff.	folgende, fortfolgende
FGG	Gesetz über Angelegenheiten der freiwilligen Gerichtsbarkeit
FrauFöG	Frauenförderungsgesetz
FS	Festschrift
GemHVO	Gemeindehaushaltsverordnung
GewArch	Gewerbearchiv (Zeitschrift)
GG	Grundgesetz für die Bundesrepublik Deutschland
ggf.	gegebenenfalls
GKG	Gerichtskostengesetz
GmbH	Gesellschaft mit beschränkter Haftung

GmS-OGB	Gemeinsamer Senat der obersten Gerichtshöfe des Bundes
GOBKartA	Geschäftsordnung des Bundeskartellamts
GPA	Gouvernment Procurement Agreement
GVG	Gerichtsverfassungsgesetz
GWB	Gesetz gegen Wettbewerbsbeschränkungen
Halbs.	Halbsatz
HGB	Handelsgesetzbuch
HGrG	Haushaltsgrundsätzegesetz
Hrsg.	Herausgeber
i. V. m.	in Verbindung mit
insb.	insbesondere
JZ	Juristenzeitung (Zeitschrift)
KG	Kammergericht, Kommanditgesellschaft
KV	Kostenverzeichnis
LHO	Landeshaushaltsordnung
lit.	littera (Buchstabe)
LKR	Lieferkoordinierungsrichtlinie
LSA	Land Sachsen-Anhalt
m. w. N.	mit weiteren Nachweisen
MDR	Monatsschrift für deutsches Recht (Zeitschrift)
NJW	Neue Juristische Wochenschrift (Zeitschrift)
NJW-RR	NJW-Rechtsprechungs-Report-Zivilrecht (Zeitschrift)
NordÖR	Zeitschrift für öffentliches Recht in Norddeutschland
Nr.	Nummer
NVwZ	Neue Zeitschrift für Verwaltungsrecht
NVwZ-RR	NVwZ-Rechtsprechungs-Report-Verwaltungsrecht
NW	Nordrhein-Westfalen
NZA	Neue Zeitschrift für Arbeitsrecht
NZBau	Neue Zeitschrift für Baurecht und Vergaberecht
o. a.	oben angeführt
OHG	Offene Handelsgesellschaft
OLG	Oberlandesgericht
OVG	Oberverwaltungsgericht

PartGG	Partnerschaftsgesellschaftsgesetz
RADG	Rechtsanwaltsdienstleistungsgesetz
Rs.	Rechtssache
Rz.	Randziffer
S.	Seite
s.	siehe
SächsGemO	Gemeindeordnung für den Freistaat Sachsen
SKR	Sektorenkoordinierungsrichtlinie
Slg.	Sammlung der Rechtsprechung des Europäischen Gerichtshofs
sog.	sogenannt
StR	Steuerrichtlinien
SZR	Sonderziehungsrecht
Tz.	Textziffer
u. a.	und andere
UA	Unterabsatz
UIG	Umweltinformationsgesetz
usw.	und so weiter
v.	von, vom
VergR	Vergaberecht (Zeitschrift)
VergRL	Vergaberichtlinien
VermG	Vermögensgesetz
VerwArch.	Verwaltungsarchiv (Zeitschrift)
VGH	Verwaltungsgerichtshof
vgl.	vergleiche
VgRÄG	Vergaberechtsänderungsgesetz
VgV	Vergabeverordnung
VK	Vergabekammer
VO	Verordnung
VO [EG]	Verordnung der Europäischen Gemeinschaften
VOB	Verdingungsordnung für Bauleistungen
VOB/A	Teil A
VOB/B	Teil B
VOF	Verdingungsordnung für freiberufliche Leistungen
VOL	Verdingungsordnung für Leistungen
VOL/A	Teil A
Vorb.	Vorbemerkung
VÜA	Vergabeüberwachungsausschuß

XIV

VwGO	Verwaltungsgerichtsordnung
VwKostG	Verwaltungskostengesetz
VwVfG	Verwaltungsverfahrensgesetz
WuW	Wirtschaft und Wettbewerb (Zeitschrift)
WuW/E	WuW Entscheidungssammlung zum Kartellrecht
z. B.	zum Beispiel
ZfBR	Zeitschrift für deutsches und internationales Baurecht
ZHR	Zeitschrift für das gesamte Handelsrecht und Wirtschaftsrecht
ZIP	Zeitschrift für Wirtschaftsrecht und Insolvenzpraxis
ZPO	Zivilprozeßordnung
ZVgR	Zeitschrift für deutsches und internationales Vergaberecht

Allgemeines Literaturverzeichnis

Achterberg, Allgemeines Verwaltungsrecht, 2. Aufl. 1986

Baumbach/Lauterbach/Albers/Hartmann, Zivilprozeßordnung, Kommentar, 57. Aufl. 1999

Bechtold, Kartellgesetz, Gesetz gegen Wettbewerbsbeschränkungen, 2. Aufl. 1999

Beck'scher Kommentar zur VOB/A, hrsg. von *Motzke, Pietzcker, Prieß*, 2000

Bleckmann, Europarecht, 6. Aufl. 1997

Boesen, Das neue Vergaberecht, 1999

ders., Vergaberecht, Kommentar, 2000

Daub/Eberstein, Kommentar zur VOL/A, 4. Aufl. 1998

Emmerich, Kartellrecht, 8. Aufl. 1999

Erichsen, Allgemeines Verwaltungsrecht, 11. Aufl. 1998

Eyermann, Verwaltungsgerichtsordnung, 10. Aufl. 1998

Feber, Schadensersatzansprüche bei der Auftragsvergabe nach VOB/A, 1987

Franke/Höfler/Bayer, Bauvergaberecht in der Praxis, Loseblatt, Stand: 10/1999

Frankfurter Kommentar zum Gesetz gegen Wettbewerbsbeschränkungen mit einer Darstellung ausländischer Kartellrechtsordnungen und des EG-Kartellrechts, hrsg. von Glassen/von Hahn/Kersten/Rieger, Loseblatt, Stand: 2000

von Gamm, Kartellrecht, Kommentar zum Gesetz gegen Wettbewerbsbeschränkungen und zu Art. 85, 86 EWGV, 2. Aufl. 1990

Geiger, EG-Vertrag, Kommentar, 2. Aufl. 1995

Groeben/Thiesing/Ehlermann, Kommentar zum EU-/EG-Vertrag, 5. Aufl. 1997/99

Hailbronner, Forum Vergabe 95, Öffentliches Auftragswesen

Heiermann/Ax, Rechtsschutz bei der Vergabe öffentlicher Aufträge, 1997

Heiermann/Riedl/Rusam, Handkommentar zur VOB, 8. Aufl. 1997

Henssler/Prütting, Bundesrechtsanwaltsordnung, Kommentar, 1997

Hufen, Verwaltungsprozeßrecht, 3. Aufl. 1998

Hüffer, Aktiengesetz, 4. Aufl. 1999

Immenga/Mestmäcker (Hrsg), Kommentar zum GWB, 2. Aufl. 1992

Ingenstau/Korbion, VOB, 13. Aufl. 1996

Ipsen, Öffentliches Auftragswesen im Umbruch, 1997

Jarass (Hrsg.), Wirtschaftsverwaltungsrecht, 3. Aufl. 1997
Jarass/Pieroth, Grundgesetz, 4. Aufl. 1997
Jestaedt/Kemper/Marx/Prieß, Das Recht der Auftragsvergabe, 1999

Kaufhold/Mayerhofer/Reichl, Die VOF im Vergaberecht, 1999
Knack, Verwaltungsverfahrensgesetz, 6. Aufl. 1998
Kopp, Verwaltungsverfahrensgesetz, 6. Aufl. 1996
Kopp/Schenke, Verwaltungsgerichtsordnung, 11. Aufl. 1998
Korbion, Vergaberechtsänderungsgesetz, Kommentar, 1999

Lampe-Helbig/Wörmann, Handbuch der Vergabe, 2. Aufl. 1995
Langen/Bunte, Kommentar zum deutschen und europäischen Kartellrecht, 1996
Leinemann/Weihrauch, Die Vergabe öffentlicher Aufträge, 1999

Maurer, Allgemeines Verwaltungsrecht, 12. Aufl. 1999

Noch, Vergaberecht Kompakt, 1999

Obermeyer, Kommentar zum Verwaltungsverfahrensgesetz, 2. Aufl. 1990

Palandt, Bürgerliches Gesetzbuch, Kommetar, 58. Aufl. 1999
Prieß, Das öffentliche Auftragswesen in der Europäischen Union, 1994

Redeker/von Oertzen, Verwaltungsgerichtsordnung, 12. Aufl. 1997

Schabel/Ley, Öffentliche Auftragsvergabe im Binnenmarkt, Loseblatt, Stand: 1999
Schoch/Schmidt-Aßmann/Pietzner, Verwaltungsgerichtsordnung, Loseblatt, Stand: 1999
Sodan/Ziekow, Verwaltungsgerichtsordnung, Loseblatt, Stand: 1998
Stelkens/Bonk/Sachs, Verwaltungsverfahrensgesetz, 5. Aufl. 1998
Stober, Wirtschaftsverwaltungrecht, 10. Aufl. 1995

Ule/Laubinger, Verwaltungsverfahrensrecht, 4. Aufl. 1995

Weides, Verwaltungsverfahren und Widerspruchsverfahren, 3. Aufl. 1993
Wolff/Bachof/Stober, Verwaltungsrecht, Band 1, 10. Aufl. 1994

Zöller, Zivilprozeßordnung, 21. Aufl. 1999

Einleitung

Inhaltsübersicht

I. Die historische Entwicklung des Vergaberechts

1. Von den Anfängen bis zum Erlaß der ersten EG-Richtlinie

Eine Ausschreibung von Bau-, Liefer- und Dienstleistungsaufträgen, 1 die die öffentliche Hand erteilt, war in Deutschland bereits zu Beginn des **17. Jahrhunderts** bekannt und allgemeine Übung. Nachdem zunächst das Ausschreibungsverfahren sowie die Angebotsabgabe öffentlich – ähnlich einer Versteigerung – erfolgte, wurde Mitte des **19. Jahrhunderts** die Auftragsvergabe durch **Submission** eingeführt[1]. Es hatte sich gezeigt, daß die Ausschreibung und Angebotsabgabe im Rahmen einer mündlichen Verhandlung Nachteile und Risiken barg, weil häufig unvollständige oder unüberlegte Angebote abgegeben wurden. Die Submission, die ab Mitte des 19. Jahrhunderts galt, entsprach in Grundzügen dem heute noch geltenden Verfahren. Der Auftraggeber forderte schriftlich zur Angebotsabgabe auf. Die Angebote wurden schriftlich eingereicht und geheimgehalten[2]. Anfang des **20. Jahrhunderts** bestanden Bestrebungen, das bis dahin in Länderverordnungen festgelegte Verdingungswesen reichseinheitlich zu regeln. **1921** wurde im Reichstag ein Antrag auf Einbringung eines Reichsverdingungsgesetzes gestellt[3]. Bei den Beratungen kamen die

---

1 *Lampe-Hellbig/Wörmann*, Handbuch der Bauvergabe, 2. Aufl., Rz. 10; vgl. allgemein: *Schubert* in FS Korbion, 1986, S. 389; *von Jagenburg*, 100 Jahre „Kölner VOB", BauR 1989, 17.
2 *Lampe-Hellbig/Wörmann*, Handbuch der Bauvergabe, 2. Aufl., S. 5, Rz. 10.
3 *Ingenstau/Korbion*, VOB, 13. Aufl., Einl. Rz. 6.

Abgeordneten jedoch zu der Überzeugung, daß die Vergabe von Bauaufträgen durch die öffentliche Hand nicht Teil der staatlich-hoheitlichen Tätigkeit sei, sondern daß der Staat in diesem Bereich ebenso wie eine Privatperson zu behandeln sei. Damit war der Weg, das Vergaberecht als **reines Innenrecht** auszugestalten, geebnet[1]. Die Reichsregierung wurde ersucht, einen Ausschuß zu bilden, der für die Vergabe von Leistungen und Lieferungen einheitliche Grundsätze für das Reich und die Länder schaffen sollte. Diesem Ausschuß sollten sachverständige Vertreter der beteiligten Ressorts und Vertreter der zuständigen Arbeitgeber- und Arbeitnehmerorganisationen angehören. Daraufhin wurde der **Reichsverdingungsausschuß** gegründet.

2   Dessen Arbeit wurde im Jahre 1947 vom **deutschen Verdingungsausschuß** für Bauleistungen übernommen[2]. Diesem Ausschuß gehören Ressorts des Bundes und der Länder, sonstige Spitzenbehörden, die kommunalen Spitzenverbände und die Spitzenorganisation der Wirtschaft und der Technik an. Der Ausschuß hat die Aufgabe, Grundsätze für die sachgerechte Vergabe und Abwicklung von Bauaufträgen zu erarbeiten und weiterzuentwickeln.

3   **Folge dieser Entwicklung** war, daß der Staat einerseits keine Möglichkeit mehr hatte, hoheitlich zu handeln, und daß auf der anderen Seite den Bürgern das ihnen gegen hoheitliches Handeln zustehende Einspruchs- und Klagerecht nicht zur Verfügung stand[3]. Die von dem Verdingungsausschuß erlassenen Verdingungsordnungen hatten keinen Rechtsnormcharakter. Sie waren reines Innenrecht und dienten dem Grundsatz sparsamer Haushaltsführung durch den öffentlichen Auftraggeber, der in § 55 BHO, § 55 LHO sowie § 31 GemHVO ausdrücklich angesprochen wird, nicht aber dem Schutz einzelner Bieter[4]. Um den Verdingungsordnungen widersprechende Handlungen zu unterbinden, blieb zunächst nur der Weg über die Fach- und Rechtsaufsicht oder die Dienstaufsichtsbeschwerde[5].

---

1 *Lampe-Hellbig/Wörmann*, Handbuch der Bauvergabe, 2. Aufl., S. 5, Rz. 10.
2 *Ingenstau/Korbion*, VOB, 13. Aufl., Einl. Rz. 7.
3 *Ingenstau/Korbion*, VOB, 13. Aufl., Einl. Rz. 38; OLG Stuttgart BauR 1976, 435.
4 *Ingenstau/Korbion*, VOB, 13. Aufl., Einl. Rz. 38.
5 *Ingenstau/Korbion*, VOB, 13. Aufl., Einl. Rz. 41.

2. **Von der ersten EG-Richtlinie bis zum Inkrafttreten des Haushaltsgrundsätzegesetzes**

In der Praxis zeigte sich mehr und mehr, daß diese Lösung unbefrie-   4
digend war. Es wurde einerseits von den nationalen Gerichten nach
Lösungen gesucht, um Betroffenen Rechtsschutz zu gewähren, sei es
über den Weg des Kartellrechts, sei es über Art. 3 GG. Hinzu kam,
daß EG-rechtliche Vorgaben die Bundesrepublik zwangen, Rechtsschutzmöglichkeiten und ähnliches einzuführen. Ausgangspunkt für
das heutige Vergaberecht ist das **Europarecht,** und zwar einerseits die
Bestimmungen des EG-Vertrages und andererseits die Vorschriften
der Richtlinien über die Koordinierung der Vergabe öffentlicher Aufträge.

Für das öffentliche Auftragswesen sind die primär-rechtlichen Vor-   5
schriften über die **Marktfreiheiten,** das **Diskriminierungsverbot** sowie den **freien Waren- und Dienstleistungsverkehr** besonders bedeutsam. Es hat sich allerdings früh gezeigt, daß diese Marktfreiheiten,
die als eine Art Rahmenrecht zu verstehen sind, für sich genommen nicht ausreichten, um das Vergaberecht hinreichend zu regeln. Die
Europäisches Kommission hatte deshalb erstmals **1971** eine Richtlinie zur Koordinierung der Vergabe öffentlicher Bauaufträge verab-
schiedet. Ab 1990 hat die Rechtsetzungstätigkeit der Europäischen
Kommission mit dem Erlaß einer Vielzahl von Richtlinien erheblich
zugenommen. Zu nennen sind nur: die Dienstleistungsrichtlinie
(92/50/EWG), die Baukoordinierungsrichtlinie (93/37/EWG), die Lie-
ferkoordinierungsrichtlinie (93/36/EWG); die Sektorenrichtlinie
(93/38/EWG), die Rechtsmittelrichtlinie (89/665/EWG) und die
Rechtsmittelrichtlinie betreffend die Sektoren (92/13/EWG).

3. **Vom Haushaltsgrundsätzegesetz (HGrG) zum Vergaberecht heuti-
   ger Fassung**

Der Bundesgesetzgeber hat sich 1993 nach umfangreichen Diskus-   6
sionen gemeinsam mit dem Verdingungsausschuß gegen die Schaffung eines eigenständigen Vergabegesetzes ausgesprochen und statt
dessen den Versuch unternommen, die europäischen Richtlinien im
Wege einer sogenannten **haushaltsrechtlichen Lösung** in deutsches
Recht umzusetzen[1]. Hierzu wurden die §§ 57a bis 57c HGrG geschaffen. Charakteristisch für diese Lösung ist die Verankerung der
Vergabevorschriften im Haushaltsrecht. Das Haushaltsrecht stellt

---

1 *Noch,* Vergaberecht kompakt, 1999, S. 6, 7.

dabei traditionsgemäß (siehe oben Tz. 1) rein objektives, auf die sparsame Haushaltsführung gerichtetes Recht dar. Die Einzelheiten der Regelungen des Vergabeverfahrens verblieben in den bereits vorhandenen Verdingungsordnungen, und zwar der VOB/A, der VOL/A und später auch der VOF.

7   Das Bindeglied zwischen dem Haushaltsgrundsätzegesetz und den zum damaligen Zeitpunkt noch als interne Dienstanweisung verstandenen Verdingungsordnungen bildete die Vergabeordnung (VgV) vom 22. 2. 1994. Neben diesen Vorschriften über das Vergabeverfahren standen die Nachprüfungsverordnung des Bundes und die Nachprüfungsverordnungen der einzelnen Bundesländer sowie die Geschäftsordnungen der Vergabeüberwachungsausschüsse, die in Ergänzung des § 57c HGrG weitere Einzelheiten des bis zum 31. 12. 1998 geltenden Rechtsschutzsystems regelten.

8   Die Umsetzung der europäischen Richtlinien über die haushaltsrechtliche Lösung war von vornherein wegen ihrer Unübersichtlichkeit umstritten. Entscheidender Kritikpunkt war jedoch, daß der Gesetzgeber mit dieser Lösung bewußt die Schaffung **subjektiver Rechte** der Teilnehmer am Vergabeverfahren vermieden hatte. Mit seinem Urteil vom 11. 8. 1995 entschied der **EuGH**, daß die deutsche Lösung gegen das Gemeinschaftsrecht verstoße, da sie den Bietern keine gerichtlich durchsetzbaren subjektiven Rechte gewähre[1]. Diese Entscheidung bezog sich zwar ausdrücklich auf die Rechtslage vor Schaffung der haushaltsrechtlichen Lösung, also die damals noch geltende Umsetzung der europäischen Vergaberichtlinien in die vier Abschnitte der VOB/A und der VOL/A. Sie konnte inhaltlich jedoch auf die haushaltsrechtliche Lösung übertragen werden, da auch diese bewußt auf die Schaffung subjektiver Bieterrechte verzichtete. Hinzu kommt, daß die Kommission der EG im Herbst 1995 ein **Vertragsverletzungsverfahren** gegen die Bundesrepublik Deutschland wegen der haushaltsrechtlichen Lösung einleitete und allgemein damit gerechnet wurde, daß der EuGH der Rechtsansicht der Kommission folgen würde.

9   Aufgrund der Neuregelung des Vergaberechts durch das Vergaberechtsänderungsgesetz kam es jedoch nicht mehr zu einer Entscheidung durch den EuGH. Nach langer Diskussion wurde nämlich am Ende der 13. Legislaturperiode das Gesetz zur Änderung der Rechtsgrundlagen für die Vergabe öffentlicher Aufträge (Vergaberechtsänderungsgesetz – VgRÄG) vom 26. 8. 1998 verkündet. Es führt zu einer

---

1 EuGH NVwZ 1996, 367.

deutlichen Stärkung der Bieterrechte, weil den Bietern einerseits subjektive Rechte eingeräumt werden und andererseits ein effektives Rechtsschutzsystem, einschließlich Möglichkeiten des einstweiligen Rechtsschutzes geschaffen worden ist.

II. Überblick über das Vergaberechtsänderungsgesetz

Die vergaberechtlichen Bestimmungen sind als Vierter Teil (§§ 97   10 bis 129) in das **GWB** aufgenommen worden. Der erste Abschnitt (§§ 97 bis 101 GWB) regelt den Anwendungsbereich der vergaberechtlichen Bestimmungen und die allgemeinen Grundsätze und Ziele des Vergaberechts. Von Bedeutung ist insbesondere § 97 Abs. 7 GWB, der klarstellt, daß die Unternehmen einen Anspruch auf Einhaltung der vergaberechtlichen Bestimmungen haben. § 97 Abs. 7 GWB gewährt den Bietern also **subjektives Recht** auf Einhaltung der vergaberechtlichen Bestimmungen. Der zweite Abschnitt (§§ 102 bis 124 GWB) regelt das **Vergabeverfahrensrecht**, und zwar das Nachprüfungsverfahren vor der Vergabekammer sowie die sofortige Beschwerde zum OLG. Der dritte Abschnitt (§§ 125 bis 129 GWB) regelt zum einen die sich bei Verstößen ergebenden **Schadensersatzansprüche** und zum anderen die Kosten des Verfahrens sowie die Kostentragungspflicht.

III. Vergaberechtsänderungsgesetz EG-rechtswidrig?

Das Vergaberechtsänderungsgesetz war noch nicht ganz in Kraft   11 getreten, da wurden schon Stimmen laut, das Gesetz setze die EG-rechtlichen Vorgaben nicht ordnungsgemäß um und verstoße deshalb gegen EG-Recht. Denn es sei mit dem EG-Recht nicht vereinbar, daß nach deutschem Recht die unterlegenen Bieter häufig erst nach der Zuschlagerteilung von der Entscheidung und möglichen Vergabeverstößen Kenntnis erhielten und daß zu diesem Zeitpunkt ein Primärrechtsschutz nicht mehr möglich sei, weil der einmal erteilte Zuschlag auch bei Vergabeverstößen nicht mehr aufgehoben werden kann. Dieses Ergebnis beruht auf einer Besonderheit des deutschen und auch österreichischen Rechts. In Deutschland ergeht die Entscheidung, wem der Zuschlag erteilt wird, nicht durch Verwaltungsakt, vielmehr handelt es sich zunächst um eine rein interne Entscheidung ohne Außenwirkung. Da der nicht berücksichtigte Bieter regelmäßig erst bei dem Abschluß des Vertrages Kenntnis von der Zuschlagentscheidung erlangt, fallen aus seiner Sicht faktisch Zuschlag und Vertragsschluß in einem Akt zusammen. Die Rechtsschutzmöglichkeiten des Bieters sind sehr begrenzt, weil ein einmal erteilter Zuschlag nicht mehr rückgängig gemacht werden kann. Der Bieter kann faktisch nur Schadenersatzansprüche geltend machen.

12 Der EuGH hat bezogen auf das vergleichbare österreichische Recht am 28. 10. 1999 in der Rechtssache C 81/98 (Alcatel Austria AG u. a. gegen Bundesministerium für Wissenschaft und Verkehr) festgestellt, daß die Rechtsmittelrichtlinie verlangt, daß die dem Vertragsschluß vorangehende Entscheidung über den Zuschlag einem Nachprüfungsverfahren zugänglich zu machen ist, in dem der Bieter die Aufhebung der Entscheidung erlangen kann. Daraus folgt, daß auch die derzeitige Ausgestaltung des deutschen Rechts nicht den europarechtlichen Vorgaben genügt, weil eine isolierte Überprüfung der Zuschlagsentscheidung in der Regel faktisch nicht möglich ist. Der Gesetzgeber ist also aufgerufen, die vergaberechtlichen Bestimmungen entsprechend zu ändern.

13 Der EuGH hat allerdings auch klargestellt, daß eine unmittelbare Anwendung der Richtlinie dennoch nicht in Betracht kommt, d. h., es bleibt bis auf weiteres dabei, daß ein einmal erteilter Zuschlag nachträglich nicht mehr aufgehoben werden kann, auch wenn das Verhalten des öffentlichen Auftraggebers vergaberechtswidrig war.

Erster Abschnitt:
Vergabeverfahren

Vorbemerkung zu §§ 97–101

Inhaltsübersicht

I. Überblick

Der 1. Abschnitt des 4. Teils des GWB (§§ 97 bis 101) regelt erstma- 1
lig übergreifend für den Anwendungsbereich aller Verdingungsordnungen allgemeine Grundsätze des Vergabeverfahrens. Durch den
4. Teil des GWB sollen die Anforderungen des Gemeinschaftsrechts an den Rechtsschutz der Bieter umgesetzt werden. Das
isolierte Inkraftsetzen eines Rechtsschutzsystems hätte jedoch wenig bewirkt. Ein effektiver Rechtsschutz setzt voraus, daß zumindest die Grundzüge des Vergabeverfahrens gesetzlich fixiert werden.
Aus diesem Grund wurde der 1. Abschnitt in das Gesetz aufgenommen[1].

Der Abschnitt umfaßt unterschiedliche Regelungsgegenstände. § 97 2
enthält neben der Ermächtigungsnorm in Abs. 6 und der äußerst bedeutsamen Feststellung in Abs. 7, daß die Unternehmen Anspruch auf
Einhaltung der Bestimmungen über das Vergabeverfahren haben, in
Abs. 1 bis 5 allgemeine Grundsätze. Abs. 1 verweist auf die Geltung
des Wettbewerbs- und Transparenzprinzips, Abs. 2 regelt das Benach-
teiligungsverbot. Diese Grundsätze gelten bereits als primäres Gemeinschaftsrecht, so daß ihrer Wiederholung in § 97 lediglich dekla-
torische Bedeutung zukommt. In den Absätzen 3, 4 und 5 werden
einige wesentliche Bestimmungen der Vergabeverfahren genannt, die
bisher bereits in den Verdingungsordnungen enthalten waren. Gemeinsam ist den Absätzen 1 bis 5, daß die dort enthaltenen Grundsätze
der Konkretisierung und Präzisierung bedürfen, die durch die Verdin-

---

1 *Gröning*, ZIP 1999, 52, 53.

gungsordnungen erfolgt[1]. Auch wenn § 97 Abs. 1 bis 5 selbstverständlich unmittelbar geltendes Recht darstellt, wird ein Rückgriff auf diese Regelungen regelmäßig nicht erforderlich sein, da sie ihre Ausgestaltung in den Detailvorschriften der Verdingungsordnungen finden.

3   Die §§ 98, 99 und 101 enthalten wesentliche Definitionen, die für alle Vergabeverfahren gelten. Während § 98 weitgehend § 57a Abs. 1 HGrG entspricht, fanden sich die in §§ 99 und 101 geregelten Bestimmungen bisher ausschließlich in den Verdingungsordnungen. Abgesehen von einigen, meist unbedeutenderen Änderungen gegenüber § 57a Abs. 1 HGrG enthalten die §§ 98, 99 und 101 keine Abweichungen gegenüber der bisherigen Rechtslage.

4   § 100 regelt den Anwendungsbereich des 4. Teils des GWB, wobei zum einen klargestellt wird, daß dieser nur bei Überschreiten der Schwellenwerte Anwendung findet (Abs. 1), zum anderen zahlreiche Ausnahmen bestimmt werden (Abs. 2). § 100 enthält im wesentlichen keine Neuerungen, führt jedoch Regelungen, die für die Anwendung des Vergaberechts von erheblicher Bedeutung sind, erstmals übersichtlich und zusammenhängend aneinander.

5   Auch wenn der 1. Abschnitt des 4. Teils des GWB im Zusammenhang mit den Verdingungsordnungen angewendet werden muß, ist die übersichtliche Zusammenstellung der wesentlichen Vorschriften, die dem Vergabeverfahren zugrunde liegen, uneingeschränkt zu begrüßen.

II. Rechtsnatur des Vergaberechts

1. Vergaberecht als Zivilrecht

6   Die **öffentlichen Aufträge,** die mit Zuschlagserteilung, der ein Vergabeverfahren vorausgegangen ist, zustandekommen, unterfallen in aller Regel dem **Zivilrecht**[2]. Es handelt sich um fiskalische Hilfsgeschäfte[3], auf welche die allgemeinen Grundsätze des Vertragsrechts Anwendung finden (§ 145 ff. BGB)[4]. Auch wenn öffentliche Auftrag-

---

1 *Gröning,* ZIP 1999, 52, 54.
2 *Boesen,* Vergaberecht, 2000, Einl. Rz. 3; *Marx* in Jestaedt/Kemper/Marx/Prieß, Das Recht der Auftragsvergabe, 1999, S. 144; *Pietzcker,* ZHR 162 (1998), 427, 456 f.; *Stelkens/Stelkens* in Stelkens/Bonk/Sachs, Verwaltungsverfahrensgesetz, 5. Aufl. 1998, § 35 Rz. 70.
3 *Ingenstau/Korbion,* VOB, 13. Aufl. 1996, Einl. Rz. 1.
4 *Rusam* in Heiermann/Riedl/Rusam, Handkommentar zur VOB, 8. Aufl. 1997, A § 28 Rz. 1; *Marx* in Jestaedt/Kemper/Marx/Prieß, Das Recht der Auftragsvergabe, 1999, 144.

geber zur Erfüllung öffentlich-rechtlicher Vorschriften oder im Allgemeininteresse tätig werden, erfolgt die Auftragsvergabe nicht im Verhältnis der Über- und Unterordnung. Vielmehr treten die öffentlichen Auftraggeber ihrem Auftragnehmer als gleichberechtigte Vertragsparteien gegenüber. Hieran ändert auch nichts die Tatsache, daß die öffentlichen Auftraggeber bei der Vergabe von öffentlichen Aufträgen den besonderen Bindungen des Vergaberechts unterliegen. Dies läßt den zivilrechtlichen Charakter der abzuschließenden Verträge unberührt.

Hieraus ergibt sich, daß auch das **vorhergehende Verfahren zur Prüfung** der abgegebenen Angebote **keine öffentlich-rechtliche Verwaltungstätigkeit** darstellt, da öffentlich-rechtliche Rechte und Pflichten nicht begründet werden sollen[1]. Etwas anderes kommt allerdings dann in Betracht, wenn sich die Ausschreibung nicht auf den Abschluß eines für die Beschaffungstätigkeit der öffentlichen Hand an sich typischen privatrechtlichen Vertrags bezieht, sondern auf den Abschluß einer **öffentlich-rechtlichen Vereinbarung** im Sinne der §§ 54 ff. VwVfG. Bei Verträgen, die sowohl privatrechtliche als auch öffentlich-rechtliche Elemente enthalten, kommt es für die Einordnung auf den Gesamtcharakter des Vertrags an. Der Begründung zum Vergaberechtsänderungsgesetz folgend, wird die Auffassung vertreten, daß öffentlich-rechtliche Verträge von § 99 nicht umfaßt werden[2]. Dem kann nicht gefolgt werden. Die Charakterisierung eines Vertrags als zivil- oder öffentlich-rechtlich ist in den Mitgliedstaaten der Europäischen Union unterschiedlich ausgestaltet. Für den Anwendungsbereich der Vergabe-Richtlinien spielen diese nationalen Zuordnungen keine Rolle. Auch ein öffentlich-rechtlicher Vertrag, bei dessen Abschluß die öffentliche Hand nicht fiskalisch, sondern im Bereich des Verwaltungsprivatrechts[3] tätig wird, unterliegt daher grundsätzlich dem 4. Teil des GWB[4].

7

---

1 Gemeinsamer Senat der obersten Gerichtshöfe des Bundes, 10. 4. 1986, GmS-OGB 1/85, BGHZ 97, 312, 316; *Boesen*, Vergaberecht, 2000, Einl. Rz. 4; *Pietzcker*, ZHR 162 (1998), 427, 457; *Stelkens/Stelkens* in Stelkens/Bonk/Sachs, Verwaltungsverfahrensgesetz, 5. Aufl. 1998, § 35 Rz. 70; *Hösch*, BayVBl. 1997, 193, 194.

2 BT-Drucks. 13/9340 S. 15; *Bechtold*, GWB, 2. Aufl. 1999, § 99 Rz. 1; *Dreher*, DB 1998, 2579, 2587.

3 Hierzu *Ehlers* in Erichsen, Allgemeines Verwaltungsrecht, 10. Aufl. 1995, § 2 Rz. 75 ff.

4 *Byok*, NJW 1998, 2774, 2777; ausführlich *Boesen*, Vergaberecht, 2000, § 99 Rz. 23–31.

8 In der Literatur wird die Auffassung vertreten, daß das Vergabeverfahren trotz der grundsätzlich privatrechtlichen Natur der öffentlichen Aufträge im Sinne des § 99 ein öffentlich-rechtliches Verfahren darstellt. Insoweit wird eine zweistufige Ausgestaltung angenommen, um den öffentlich-rechtlichen Bindungen des Auftraggebers Rechnung zu tragen. Die erste – öffentlich-rechtliche ausgestaltete – Stufe wird dabei in der Auswahl eines bestimmten Bieters gesehen. Erst die zweite Stufe, die im wesentlichen den Vertragsabschluß selbst umfaßt, sei privatrechtlicher Natur. Begründet wird dies im wesentlichen damit, daß die Auswahl des Bieters von ihrer gesamten Ausgestaltung her eher dem öffentlichen Recht als dem Privatrecht zuzuordnen sei[1]. Für diese Auffassung könnte mit Blick auf die Effektivität des Bieterschutzes auch Art. 2 Abs. 6 der Rechtsmittelrichtlinien sprechen, der ausdrücklich zwischen Vertragsabschluß und Zuschlagserteilung differenziert. Letztlich ist eine solche Stufung mit einem dem privatrechtlichen Vertragsabschluß vorausgehenden öffentlich-rechtlichen Zuschlagsakt weder verfassungs- noch gemeinschaftsrechtlich geboten und auch nicht für die Effektivität des Bieterrechtsschutzes erforderlich. Insoweit wird auf die ausführliche Darstellung zu § 114 Tz. 30 ff. verwiesen.

2. Anwendung des Verwaltungsverfahrensgesetzes

9 Bei der Einordnung des Vergabeverfahrensrechts zu dem Bereich des Privatrechts stellt sich die Frage, inwieweit die Vorschriften des Verwaltungsverfahrensrechts entsprechende Anwendung finden. Bereits auf die öffentlich-rechtliche Verwaltungstätigkeit sind die Bestimmungen des Verwaltungsverfahrensgesetzes nur dann anwendbar, wenn nicht andere Rechtsvorschriften gleiche oder entgegenstehende Bestimmungen enthalten (§ 1 Abs. 1 VwVfG). Das Verwaltungsverfahrensgesetz ist also nur subsidiär heranzuziehen. Soweit der 4. Teil des GWB, die Vergabeverordnung und die Verdingungsordnungen abschließende Regelungen enthalten, scheidet eine Anwendung des Verwaltungsverfahrensgesetzes folglich aus. Weitgehend ungeklärt ist hingegen die Frage, ob seine Heranziehung zur Ausgestaltung von Lücken des Vergaberechts zulässig ist. Die Vergabe von öffentlichen Aufträgen stellt grundsäzlich als bloßes Hilfsgeschäft eine fiskalische Tätigkeit dar. Teilweise wird die Auffassung vertreten, daß eine Differenzierung zwischen verwaltungsprivat-

---

1 *Hermes*, JZ 1997, 905, 915; *Pernice/Kadelbach*, DVBl. 1996, 1101, 1106; *Triantafyllou*, NVwZ 1994, 943, 946; ebenfalls bereits *Kopp*, BayVBl. 1980, 609.

rechtlichem Handeln der öffentlichen Hand einerseits und fiskalischer Tätigkeit andererseits nicht möglich sei. Art. 1 Abs. 3 GG und die verfassungsrechtlichen Grundentscheidungen der Art. 20 und 28 Abs. 1 GG würden den Staat einschließlich der vollziehenden Gewalt in allen seinen Handlungsformen binden. Ihm stehe niemals eine – und sei es auch eine bloß abgeschwächte – Privatautonomie zu, so daß er immer aufgrund von öffentlichem Sonderrecht tätig werde, dabei allerdings auch seinen verfassungsrechtlichen Bindungen als Staatsgewalt unterworfen sei[1]. Auf Grundlage des Vergaberechtsänderungsgesetzes hat die erste Vergabekammer des Bundes beim Bundeskartellamt[2] ausdrücklich die Verfassungsbindung der öffentlichen Hand bei der Auftragsvergabe aus den vorstehend genannten Erwägungen bejaht und daraus entsprechende Konsequenzen für die Zuschlagserteilung und Auftragsvergabe gezogen (vgl. hierzu § 114 Tz. 37 ff.).

Nach anderer Auffassung werden unmittelbare verfassungsrechtliche Bindungen der öffentlichen Hand im fiskalischen Bereich verneint. Dies gilt insbesondere für die – allerdings ältere – Rechtsprechung des BGH[3]. Gleichwohl wird der öffentlichen Hand auch durch diese Stimmen in der Rechtsprechung und Literatur keine vollständige Freiheit eingeräumt. Vielmehr werden gleichfalls Schranken gesehen, die für Privatpersonen in der Regel nicht in entsprechender Weise gelten. So vertritt der BGH die Auffassung, daß die öffentliche Hand zumindest nicht willkürlich handeln dürfe, also immerhin das

10

---

1 *Ehlers*, DVBl. 1983, 422, 424 f.; *ders.* in Erichsen, Allgemeines Verwaltungsrecht, 11. Aufl. 1998, § 2 Rz. 77 ff.; *Dreier* in Dreier, Grundgesetz, Bd. 1, 1996, Art. 1 Rz. 49; *Hesse*, Grundzüge des Verfassungsrechts der Bundesrepublik Deutschland, 20. Aufl. 1995, Rz. 347 ff.; *Jarass* in Jarass/Pieroth, Grundgesetz, 4. Aufl. 1997, Art. 1 Rz. 18, Art. 19 Rz. 24; *Höfling* in Sachs, Grundgesetz, 2. Aufl. 1999, Art. 1 Rz. 95; *Kopp*, Verwaltungsverfahrensgesetz, 6. Aufl. 1996, vor § 1 Rz. 40; *von Zezschwitz*, NJW 1983, 1873, 1881; *Scherer*, NJW 1989, 2724, 2728; *Hösch*, BayVBl. 1997, 193, 196.
2 VK Bund v. 29. 4. 1999 – VK 1–7/99, WuW 1999, 660 = WuW/E Verg 218 – Euro-Münzplättchen II.
3 BGH v. 14. 12. 1976 – VI ZR 251/73, NJW 1977, 628, 629 f.; BGH v. 21. 11. 1991 – VII ZR 203/90, BGHZ 116, 149, 152; BGH v. 21. 11. 1991 – VII ZR 203/90, NJW 1992, 827; ebenso *Stober*, Wirtschaftsverwaltungsrecht, 10. Aufl. 1996, § 33 I 2; *Broß*, VerwArch 1996, 738; *Schmalz*, Allgemeines Verwaltungsrecht und Grundlagen des Verwaltungsrechtsschutzes, 2. Aufl. 1994, Rz. 657; *Wolff/Bachof/Stober*, Verwaltungsrecht, Band 1, 10. Aufl. 1994, § 23 Rz. 1 ff.

Diskriminierungsverbot eingreife[1]. Teilweise werden die besonderen Bindungen der öffentlichen Hand dabei rechtsdogmatisch durch eine mittelbare Drittwirkung der Grundrechte u. a. über die Generalklausel des BGB gesucht[2], teilweise jedoch auch über eine differenzierte Grundrechtsbindung[3].

11 Der erstgenannten Auffassung ist zu folgen. Auch im Bereich des fiskalischen Handelns unterliegt die öffentliche Hand öffentlich-rechtlichen Bindungen. Unabhängig davon dürften zwischen den beiden vorstehend genannten Auffassungen in den Rechtsfolgen nur wenig Unterschiede bestehen. In beiden Fällen werden Bindungen der öffentlichen Hand, die über die für Privatpersonen geltenden Rechtsnormen hinausgehen, bejaht. Im Ergebnis führt dies dazu, daß Vorschriften des Verwaltungsverfahrensgesetzes analog herangezogen werden können, wenn die Bestimmungen des Vergaberechts Lücken enthalten. Aufgrund des Ausgestaltungsgrads des deutschen Vergaberechts dürften derartige Lücken nur in wenigen Fällen bestehen. Nach der zutreffenden Auffassung des OLG Brandenburg[4] findet auf das Vergabeverfahren zumindest § 20 VwVfG analoge Anwendung, der regelt, welche Personen von der Mitwirkung an Verwaltungsverfahren ausgeschlossen sind. Die in § 20 VwVfG genannten Personen sind von einer Mitwirkung an einem Vergabeverfahren auf seiten des öffentlichen Auftraggebers ausgeschlossen. Den Bietern steht ein subjektives Recht (§ 97 Abs. 7) auf Einhaltung der Ausschlußvorschriften zu.

12 Eine analoge Anwendung des Verwaltungsverfahrensgesetzes ist allerdings ausschließlich auf solche öffentliche Auftraggeber möglich, die generell öffentlich-rechtlichen Bindungen zu beachten haben. Private Auftraggeber, die durch § 98 in den Kreis der öffentlichen Auftraggeber einbezogen werden, unterliegen derartigen Bindungen grundsätzlich nicht, so daß sich eine analoge Anwendung des Verwaltungsverfahrensgesetzes verbietet. Zu diesen Auftraggebern ge-

---

1 BGH v. 14. 12. 1976 – VI ZR 251/73, NJW 1977, 628, 629 f.; BGH v. 21. 11. 1991 – VII ZR 203/90, BGHZ 116, 149, 152; BGH v. 21. 11. 1991 – VII ZR 203/90, NJW 1992, 827.
2 *Stelkens/Schmitz* in Stelkens/Bonk/Sachs, Verwaltungsverfahrensgesetz, 5. Aufl. 1998, § 1 Rz. 93; *Maurer*, Allgemeines Verwaltungsrecht, 12. Aufl. 1999, § 10 Rz. 10.
3 *Wolff/Bachof/Stober*, Verwaltungsrecht, Band 1, 10. Aufl. 1994, § 23 Rz. 1 ff.; *Stober*, Wirtschaftsverwaltungsrecht, 10. Aufl. 1995, § 33 I 2.
4 OLG Brandenburg v. 3. 8. 1999 – 6 Verg 1/99, WuW 1999, 929, 933 f. = WuW/E Verg 231, 235 f. – Fluhafen Berlin; vgl. hierzu *Neßler*, NVwZ 1999, 1081 ff.

hört insbesondere der in § 98 Nr. 4, 1. Alt., 5 und 6 genannte Personenkreis. Einzelne Regelungen des Verwaltungsverfahrengesetzes können über die allgemeinen Grundsätze des § 97 jedoch auch gegenüber diesen privaten Auftraggebern Geltung beanspruchen. Hierzu dürfte die in § 20 VwVfG enthaltene Regelung zählen.

§ 97 Allgemeine Grundsätze

(1) Öffentliche Auftraggeber beschaffen Waren, Bau- und Dienstleistungen nach Maßgabe der folgenden Vorschriften im Wettbewerb und im Wege transparenter Vergabeverfahren.

(2) Die Teilnehmer an einem Vergabeverfahren sind gleich zu behandeln, es sei denn, eine Benachteiligung ist auf Grund dieses Gesetzes ausdrücklich geboten oder gestattet.

(3) Mittelständische Interessen sind vornehmlich durch Teilung der Aufträge in Fach- und Teillose angemessen zu berücksichtigen.

(4) Aufträge werden an fachkundige, leistungsfähige und zuverlässige Unternehmen vergeben; andere oder weitergehende Anforderungen dürfen an Auftragnehmer nur gestellt werden, wenn dies durch Bundes- oder Landesgesetz vorgesehen ist.

(5) Der Zuschlag wird auf das wirtschaftlichste Angebot erteilt.

(6) Die Bundesregierung wird ermächtigt, durch Rechtsverordnung mit Zustimmung des Bundesrates nähere Bestimmungen über das bei der Vergabe einzuhaltende Verfahren zu treffen, insbesondere über die Bekanntmachung, den Ablauf und die Arten der Vergabe, über die Auswahl und Prüfung der Unternehmen und Angebote, über den Abschluß des Vertrages und sonstige Fragen des Vergabeverfahrens.

(7) Die Unternehmen haben Anspruch darauf, daß der Auftraggeber die Bestimmungen über das Vergabeverfahren einhält.

Inhaltsübersicht

I. Einführung

1. Inhaltsübersicht

§ 97 regelt in Abs. 1 und 2 die Geltung des Wettbewerbs-, Transparenz- und Nichtdiskriminierungsgebots. In Abs. 3 wird klargestellt, daß mittelständische Interessen Berücksichtigung bei der Auftragsvergabe finden können. Abs. 4 bestimmt die Kriterien, die bei der Zuschlagserteilung zu beachten sind. Nach Abs. 5 wird der Zuschlag auf das wirtschaftlichste Angebot erteilt. Eine Ermächtigung für die Bundesregierung, nähere Bestimmungen über das Vergabeverfahren zu treffen, enthält Abs. 6. Abs. 7 schließlich bestimmt, daß den Unternehmen ein subjektives Recht auf Einhaltung der Vergabebestimmungen zusteht.   1

2. Entstehungsgeschichte

§ 106 des Regierungsentwurfs[1]:   2

Allgemeine Grundsätze

(1) Öffentliche Auftraggeber beschaffen Waren, Bau- und Dienstleistungen nach Maßgabe der folgenden Vorschriften im Wettbewerb und im Wege transparenter Vergabeverfahren.

(2) Die Teilnehmer an einem Vergabeverfahren sind gleich zu behandeln, es sei denn, eine Benachteiligung ist auf Grund dieses Gesetzes ausdrücklich geboten oder gestattet.

(3) Aufträge werden an fachkundige, leistungsfähige und zuverlässige Unternehmen vergeben; weitergehende Anforderungen dürfen an Auftragnehmer nur gestellt werden, wenn dies durch Bundesgesetz vorgesehen ist.

(5) Die Bundesregierung wird ermächtigt, durch Rechtsverordnung mit Zustimmung des Bundesrates nähere Bestimmungen über das bei der Vergabe einzuhaltende Verfahren zu treffen, insbesondere über die Bekanntmachung, den Ablauf und die Arten der Vergabe, über die Auswahl und Prüfung der Unternehmen und Angebote, über den Abschluß des Vertrages und sonstige Fragen des Vergabeverfahrens.

(6) Die Unternehmen haben Anspruch darauf, daß der Auftraggeber die Bestimmungen über das Vergabeverfahren einhält.

Begründung zu § 106 des Regierungsentwurfs: 3

Zu Absatz 1

Die Bundesregierung mißt einem transparenten, diskriminierungsfreien Vergabeverfahren eine hohe Bedeutung zu. Sie geht davon aus, daß die Beachtung

---

1 BT-Drucks. 13/9340. Die unterstrichenen Passagen weichen vom späteren Gesetzestext ab.

Stickler 15

wettbewerblicher Prinzipien im Vergaberecht sowohl für Auftraggeber als auch Auftragnehmer vorteilhaft ist und Vergaben deshalb grundsätzlich im Wettbewerb zu erfolgen haben.

Die Organisation größtmöglichen Wettbewerbs gewährleistet breite Beteiligung der Wirtschaft an der Versorgung der öffentlichen Institutionen und Unternehmen. Eine Vielzahl von Angeboten führt zur Zuschlagserteilung an Unternehmen, die jeweils Wirtschaftlichkeit und Leistungsfähigkeit unter Beweis zu stellen haben.

Zu Absatz 2

Die Gleichbehandlung gehört zu den elementaren Prinzipien des Gemeinschaftsrechts und unseres nationalen Verfassungsrechts. Spezielle Ausformung ist das Verbot einer Diskriminierung nach Herkunft oder Staatsangehörigkeit. Im nationalen deutschen Vergaberecht ist ihm Rechnung getragen: Nach deutschem Vergaberecht müssen Angebote ausländischer Unternehmen ebenso behandelt werden wie Angebote deutscher Unternehmen. Eine Diskriminierung insbesondere auch aufgrund des Sitzes eines Unternehmens ist nach den Verdingungsordnungen (VOL/A, VOB/A, VOF/A) ausgeschlossen.

Unter bestimmten Voraussetzungen gebietet jedoch das EG-Vergaberecht eine Einschränkung dieses Grundsatzes (vgl. Artikel 36 der sog. Sektorenrichtlinie). Die Bundesrepublik Deutschland hat auch diese Vorgabe des europäischen Rechts in ihrer nationalen Gesetzgebung zu beachten.

Zu Absatz 3

Die Festlegung der maßgeblichen Eignungskriterien bedeutet Rechts- und Planungssicherheit für potentielle Auftragnehmer. Müßten sich die Unternehmen auf regional unterschiedliche und aus verschiedenen politischen Vorstellungen fließende, raschem Wandel unterworfene Anforderungen an das Unternehmensprofil jeweils neu einstellen, führte dies zur Zersplitterung der Märkte und einer Verteuerung des Einkaufs. Um dies zu vermeiden, müssen öffentliche Aufträge anhand leistungsbezogener Kriterien vergeben werden.

Absatz 3 Halbsatz 2 der Vorschrift, stellt jedoch klar, daß weitergehende Kriterien, die in anderen Bundesgesetzen aufgeführt sind, nach Maßgabe der jeweiligen Regeln dieser Gesetze bei der Vergabe berücksichtigt werden.

Leistungsfähigkeit, Fachkunde und Zuverlässigkeit sind Kriterien, deren Inhalt allerdings nicht von vornherein und für alle Aufträge feststeht. Für den Auftraggeber besteht hier im Einzelfall ein Bewertungsspielraum. Dies kann auch beispielsweise dazu führen, daß Auftraggeber, je nach Auftragsgegenstand, den Einsatz nicht versicherungspflichtiger Beschäftigter durch die Auftragnehmer ausschließen können.

Zu Absatz 4

Nach den EG-Vergaberichtlinien ist das für die Auftragsvergabe maßgebende Kriterium entweder ausschließlich der niedrigste Preis oder das wirtschaftlich günstigste Angebot unter Beachtung mehrerer von Auftrag zu Auftrag

unterschiedlicher Kriterien wie etwa: Lieferfrist, Ausführungsdauer, Betriebskosten, Rentabilität, Qualität, Ästhetik und Zweckmäßigkeit, technischer
Wert, Kundendienst und technische Hilfe, Verpflichtungen hinsichtlich der
Ersatzteile, Versorgungssicherheit und Preis (Artikel 34 Abs. 1 Sektorenrichtlinie 93/38/EWG vom 14. Juni 1993; Artikel 36 Abs. 1 Dienstleistungsrichtlinie 92/50/EWG vom 18. Juni 1992; Artikel 26 Abs. 1 Lieferkoordinierungs-
richtlinie 93/36/EWG vom 14. Juni 1993; Artikel 30 Abs. 1 Baukoordinierungsrichtlinie 93/37/EWG vom 14. Juni 1993).

In Deutschland ist das Zuschlagskriterium traditionell die Wirtschaftlichkeit. Das bedeutet, daß der Zuschlag unter den zur Wertung zuzulassenden
mehreren Angeboten auf das Angebot zu erteilen ist, das unter Berücksichtigung aller im konkreten Fall wesentlichen und zuvor angegebenen Aspekte
das beste Preis-Leistungs-Verhältnis bietet. Dies wird hier gesetzlich festgeschrieben.

Zu Absatz 5

Die vorgesehene Ermächtigungsgrundlage für die Bundesregierung entspricht
inhaltlich der derzeit in § 57a Abs. 1 und 2 HGrG enthaltenen Ermächtigung.
Sie soll Grundlage für eine Rechtsverordnung sein, die auf die beizubehalten-
den Verdingungsordnungen VOL, VOB und VOF verweist und deren Regelungen für die öffentlichen Auftraggeber verbindlich macht.

Zu Absatz 6

Mit der grundsätzlichen Anerkennung von subjektiven Rechten für Teilnehmer an einem Vergabeverfahren wird der jüngeren Rechtsprechung des EuGH
zum Vergaberecht Rechnung getragen (vgl. Urteil des EuGH gegen Deutschland vom 11. August 1995 in der Rechtssache C-433/93 Slg. 1995, 1-2303 ff.).
Der Rechtsschutz kann jedoch nur soweit gehen, soweit eine bestimmte
vergaberechtliche Vorschrift gerade auch den Schutz des potentiellen Auftragnehmers bezweckt. Auf die Einhaltung von Vorschriften, die anderen
Zwecken dienen, z. B. von reinen Ordnungsvorschriften, kann sich der Auftragnehmer nicht berufen.

Der Bundesrat hat im Zusammenhang mit der Beratung über die Erste Verordnung zur Änderung der Vergabeverordnung am 25. April 1997 die Bundesregierung gebeten zu prüfen, ob der gerichtliche Rechtsschutz ausschließlich
auf EG-rechtliche Vorgaben begrenzt werden kann. Das Bundesministerium
für Wirtschaft hat hierzu ein Rechtsgutachten in Auftrag gegeben. Danach
bestehen gegen eine Beschränkung auf EG-rechtliche Vorgaben zwar keine
durchgreifenden rechtlichen Bedenken. Jedoch ergäben sich bei einer solchen
Zerlegung erhebliche praktische Probleme, die einen schnellen Rechtsschutz
bei Vergabeverfahren nicht mehr erwarten ließen. (Zusammenfassung des
Rechtsgutachtens mit Ausführungen auch zum erheblichen legislatorischen
Aufwand, den eine Aufteilung bedeuten würde, ist als Anlage beigefügt.) Die
Bundesregierung kommt nach gründlicher Prüfung des Vorschlags zu demselben Ergebnis. Eine Begrenzung des Rechtsschutzes auf Vorgaben des europäi-
schen Rechts ist deswegen nicht ratsam.

II. Wettbewerb und Transparenz (§ 97 Abs. 1)

4   Nach § 97 Abs. 1 beschaffen öffentliche Auftraggeber Waren, Bau- und Dienstleistungen im Wettbewerb und im Wege transparenter Vergabeverfahren. Die öffentlichen Auftraggeber sind in § 98 definiert, während § 99 nähere Vorschriften zu den Begriffen Waren, Bau- und Dienstleistungen enthält.

1. Wettbewerb

5   § 97 Abs. 1 manifestiert den durch die Einführung des 4. Teil des GWB vollzogenen Wandel von einer rein haushaltsrechtlichen Betrachtung des Vergaberechts hin zum Schutz des Bieters (vgl. oben Einl. Tz. 6 ff.). Der Betonung des Wettbewerbsprinzips liegt die Erkenntnis des Gesetzgebers zugrunde, daß eine Beteiligung möglichst vieler Bieter an einem Vergabeverfahren und der Wettbewerb unter diesen den öffentlichen Auftraggebern ermöglicht, Verträge zu den bestmöglichen Konditionen abzuschließen. Der Wettbewerb nützt daher nicht nur potentiellen Auftragnehmern, sondern kommt mittelbar auch der öffentlichen Hand zugute[1].

6   Die Betonung des Wettbewerbsprinzips beruht auf gemeinschaftlichen Vorgaben[2]. Die Bedeutung dieses Grundsatzes wird in den Begründungen der vier Vergaberichtlinien hervorgehoben[3]. Seine Geltung ergab sich bereits bisher aus den Verdingungsordnungen[4], die im übrigen das Wettbewerbsprinzip durch Einzelregelungen konkretisieren. Es erfordert insbesondere die rechtzeitige und vollständige Bekanntmachung der Absicht, einen Auftrag zu vergeben, damit möglichst alle geeigneten Unternehmen die Möglichkeit haben, sich an dem Vergabeverfahren zu beteiligen. Die Teilnahme- und Angebotsfristen müssen derart bemessen sein, daß sie nicht zu einer faktischen Behinderung einzelner Bewerber und Bieter führen. Das Wettbewerbsprinzip steht im engen Zusammenhang mit dem Grundsatz der Gleichbehandlung (§ 97 Abs. 2) und dem Nichtdiskriminierungsgebot. Echter Wettbewerb kann nur entstehen, wenn alle Bewerber und Bieter gleichbehandelt werden und eine faire Chance

---

1 *Noch*, WuW 1998, 1059, 1060.

2 Zur Bedeutung des Wettbewerbsprinzips im Gemeinschaftsrecht: *Dreher*, WuW 1999, 656 ff.

3 10. Begründungserwägung der BKR, 14. Begründungserwägung der LKR, 12. Begründungserwägung der SKR und 20. Begründungserwägung der DLR.

4 § 2 Nr. 1 Satz 2 VOB/A, § 2 Nr. 2 VOL/A und § 4 VOF.

erhalten, ein vollständiges Angebot abzugeben. § 97 Abs. 1 gewährt den Bietern in Verbindung mit § 97 Abs. 7 einen Anspruch auf Gewährleistung eines fairen Wettbewerbs und auf Ausschluß von Mitbietern, die unlautere Verhaltensweisen anwenden. Nach Auffassung der VK Düsseldorf müssen daher Angebote kommunaler Betriebe, die entgegen den Vorgaben der Gemeindeordnung gewerblich tätig werden, ausgeschlossen werden[1].

2. Transparenz

Daneben normiert § 97 Abs. 1 das Transparenzgebot. Auch dieses 7 beruht auf gemeinschaftsrechtlichen Vorgaben[2] und wird durch Detailregelungen der Verdingungsordnungen konkretisiert. Es erfordert, daß öffentliche Auftraggeber ihre Absicht, einen Auftrag zu vergeben, in geeigneter Art und Weise bekanntgeben. Diese Bekanntmachung muß alle Informationen enthalten, die ein potentieller Bieter benötigt, um entscheiden zu können, ob er sich am Verfahren beteiligen will. Hierzu zählen Auswahl- und Zuschlagskriterien[3]. Während des Vergabeverfahrens ist der Auftraggeber aufgrund des Transparenzgebots verpflichtet, die Bewerber und Bieter über die wesentlichen Schritte des Verfahrens zu unterrichten. Diese Informationspflicht unterliegt jedoch engen Grenzen. So darf sie insbesondere nicht dazu führen, daß der Fortgang des Vergabeverfahrens unbillig beeinträchtigt wird. Das Transparenzgebot bindet lediglich den Auftraggeber, nicht hingegen die Bieter[4]. In deren Verhältnis ist der Grundsatz der Geheimhaltung zu beachten, so daß kein umfassender Anspruch auf Akteneinsicht besteht[5]. Durch ein Berufen auf ihr Informationsrecht können Bewerber und Bieter nicht erreichen, daß der Auftraggeber mit ihnen über den in den Verdingungsordnungen vorgegebenen Rahmen hinaus Kontakt aufnimmt oder gar Verhandlungen führt[6]. Allerdings ergibt sich nach der Auffassung der 1. Vergabekammer des Bundes aus dem Transparenzgebot die Verpflichtung des Auftraggebers, diejenigen Bieter, die bei der Zuschlagserteilung nicht berücksichtigt werden sollen, hierüber zehn Tage vor

---

1 VK Düsseldorf v. 14. 9. 1999 – VK-12/99-L, kommentiert im Vergabe-News 1999, 76.
2 EuGH v. 25. 4. 1996 – Rs. C 87/94, Slg. 1996 I, 2043 – Wallonische Busse.
3 Entwurf einer Mitteilung der Kommission, ABl. 1999, C 94/4 S. 9.
4 *Gröning*, ZIP 1999, 52, 54.
5 Die Akteneinsicht im Vergabenachprüfungsverfahren ist in § 111 geregelt.
6 VK Bund v. 29. 4. 1999 – VK 1–7/99, WuW 1999, 660 = WuW/E Verg 218 – Euro-Münzblättchen II.

Erteilung des Zuschlags unter Angabe von Gründen zu unterrichten, um ihnen die Möglichkeit zu geben, ein Vergabenachprüfungsverfahren einzuleiten[1]. Schließlich erfordert das Transparenzgebot eine Dokumentation der wichtigsten Verfahrensschritte durch den Auftraggeber. Hierdurch sollen die Bieter in die Lage versetzt werden zu erfahren, warum sie gegebenenfalls nicht mehr am weiteren Vergabeverfahren teilnehmen und ihnen die Inanspruchnahme effektiven Rechtsschutzes ermöglicht werden[2].

III. Diskriminierungsverbot (§ 97 Abs. 2)

8   Nach Abs. 2 sind die Teilnehmer an einem Vergabeverfahren gleich zu behandeln, soweit eine Benachteiligung nicht aufgrund des GWB ausdrücklich geboten oder gestattet ist. Die Vorschrift normiert den Gleichbehandlungs- und Nichtdiskriminierungsgrundsatz, der sowohl zu den tragenden Pfeilern des europäischen Vergaberechts[3] als auch des allgemeinen Gemeinschafts- (Art. 12 EGV) und deutschen (Art. 3 GG) Rechts zählt. Seine Beachtung ist in den Verdingungsordnungen vorgeschrieben[4] und näher konkretisiert.

9   § 97 Abs. 2 **schützt** zunächst **Inländer,** indem er die Bevorzugung von Bietern aus bestimmten deutschen Regionen untersagt[5]. Im Hinblick auf die Vergaberichtlinien besitzt das Diskriminierungsgebot jedoch insbesondere **Relevanz für ausländische Bieter,** deren Behinderung nicht gestattet ist. Dies gilt zum einen für die vorzusehenden Fristen, die nicht derart kurz bemessen sein dürfen, daß eine Bewerbung aus dem Ausland, bei der unter Umständen eine Übersetzung erforderlich wird, die zusätzlich Zeit in Anspruch nimmt, unmöglich gemacht wird. Soweit sich bei einem nicht offenen Verfahren ausländische Unternehmen bewerben, sind diese angemessen zu berücksichtigen[6]. Auch dürfen hinsichtlich einer zugelassenen Beauf-

---

1 VK Bund v. 29. 4. 1999 – VK 1–7/99, WuW 1999, 660, 661 ff. = WuW/E Verg 218, 219 ff. – Euro-Münzblättchen II; vgl. hierzu auch § 114, Tz. 37 ff.
2 OLG Brandenburg v. 3. 8. 1999 – 6 Verg 1/99, WuW 1999, 929, 936 = WuW/E Verg 231, 238 – Flughafen Berlin.
3 Entwurf einer Mitteilung der Kommission, ABl. 1999 C 94/4 S. 7.
4 § 2 Nr. 2 VOB/A, § 2 Nr. 1 VOL/A und § 4 Abs. 2 VOF.
5 EuGH v. 17. 6. 1981 – Rs. 113/80, Slg. 1981, 1625 – Kommission ./. Irland; EuGH v. 20. 3. 1990 – Rs. C 21/88, Slg 1990 I, 889 – Du Pont de Nemours Italia; *Rusam* in Heiermann/Riedl/Rusam, Handkommentar zur VOB, 8. Aufl. 1997, A § 2 Rz. 42.
6 *Ingenstau/Korbion,* VOB, 13. Aufl. 1996, A § 8 Rz. 43.

tragung von Nachunternehmern in den Vergabeunterlagen keine bevorzugte Berücksichtigung von Unternehmen aus bestimmten Regionen vorgeschrieben werden[1]. Die Leistung muß hinsichtlich der technischen Spezifikationen die gemeinschaftsrechtlichen Vorgaben beachten (z.B. § 9 Nr. 4 Abs. 2 VOB/A).

Insbesondere verbietet sich eine Bevorzugung einzelner Bieter bei der Gewährung von **Informationen,** die nicht in den Vergabeunterlagen enthalten sind. Werden Fragen eines Bewerbers oder Bieters beantwortet, ist es erforderlich, diese Antwort allen beteiligten Unternehmen zukommen zu lassen[2]. Zwar folgt aus dem Gleichbehandlungsgrundsatz nicht, daß, wenn ein Aufklärungsgespräch nach § 24 VOB/A oder § 24 VOL/A mit einem Bieter geführt werden muß, auch den übrigen Bietern ein Anspruch auf ein solches Gespräch zusteht[3], jedoch kann bereits ein wesentlicher Informationsvorsprung eines der Bewerber oder Bieter zu Verzerrungen des Wettbewerbs führen. Nach dem Vergabeüberwachungsausschuß des Bundes liegt ein Verstoß gegen den Gleichbehandlungsgrundsatz allerdings erst dann vor, wenn der Informationsvorsprung zu einem vor allem in preislicher Hinsicht überlegenen Angebot des betreffenden Bieters führt. Einen schwerwiegenden Fall hat der Vergabeüberwachungsausschuß des Bundes bei einem Tochterunternehmen eines Bewerbers, das im Entwurfsstadium für den Auftraggeber Entwurfs- und Planungsarbeiten durchgeführt hat, verneint, da diesem Unternehmen eine einseitig begünstigende Gestaltung der Verdingungsunterlagen nicht möglich gewesen sei[4].

Weiter geht das *OLG Brandenburg.* Es hat einen Verstoß gegen das Diskriminierungsgebot für die Fälle bejaht, daß an einer Vergabeentscheidung auf seiten des Auftraggebers Personen mitgewirkt haben, die Aufsichtsfunktionen in einem der anbietenden Unternehmen ausüben[5] und einer der Bieter während des Vergabeverfahrens ver-

---

1 EuGH v. 3. 6. 1992 – Rs. C 360/89, Slg. 1992 I, 3401 – Kommission ./. Italien; *Rusam* in Heiermann/Riedl/Rusam, Handkommentar zur VOB, 8. Aufl. 1997, A § 2 Rz. 42.

2 VÜA Bund v. 25. 10. 1995 – 1 VÜ 4/95, WuW 1996, 146, 152 = WuW/E VergAB 42, 48 – Schleusenneubau.

3 VK Bund v. 26. 8. 1999 – VK 2 – 20/99, WuW 1999, 1163, 1164 = WuW/E Verg 255, 256 – Fundmunition.

4 VÜA Bund v. 24. 5. 1996 – 1 VÜ 2/96, WuW 1997, 265, 271 = WuW/E VergAB 79, 85 – Kanalbrücken; vgl. auch VÜA Bayern v. 2. 12. 1997 – VÜA 8/97, WuW 1998, 643 = WuW/E Verg 69 – Holzschutzbauten I.

5 OLG Brandenburg v. 3. 8. 1999 – 6 Verg 1/99, WuW 1999, 929, 932 = WuW/E Verg 231, 234 – Flughafen Berlin.

suchte, vertragliche Beziehungen mit einem Unternehmen anzubahnen, das für den Auftraggeber Planarbeiten für das zu vergebende Bauvorhaben durchführte[1]. In beiden Fällen spielt es nach Auffassung des OLG Brandenburg keine Rolle, ob der betroffene Bieter tatsächlich einen Informationsvorsprung erlangte, vielmehr genüge allein die **Gefahr, daß eine Möglichkeit der unsachgemäßen Beeinflussung** der Vergabeentscheidung bestehe. Diese Entscheidung ist im Ansatz sicherlich zutreffend, die für das Vorliegen eines Rechtsverstoßes angenommenen Grenzen werden von dem OLG Brandenburg jedoch zu weit gezogen. Insbesondere bei baulichen Großvorhaben ist die Zahl der Architekten und Rechtsberater, die dem Auftraggeber zur Durchführung des Verfahrens zur Verfügung stehen, begrenzt. Hierbei wird sich fast zwangsläufig ergeben, daß diese Architektenbüros und sonstigen Berater in der Vergangenheit und Zukunft auch für einige der Bieter tätig waren oder werden. Allein die Tatsache, daß ein Architekturbüro, das einen öffentlichen Auftraggeber berät, während des laufenden Vergabeverfahrens einen Auftrag für ein anderes Projekt von einem der Bieter annimmt, kann nicht zum Ausschluß dieses Bieters bzw. zur Aufhebung des Verfahrens führen. Erforderlich ist vielmehr, daß die Auftragsvergabe mit dem zu vergebenden Projekt im Zusammenhang steht. Dies gilt erst recht für lukrative Angebote, die ein Bieter den Beratern des Auftraggebers unterbreitet. Würde bereits dies als ein Verstoß gegen das Vergaberecht angesehen werden, läge es in der Hand der Bieter, durch die Abgabe entsprechender Angebote das Vergabeverfahren zu gefährden. Auch in diesem Fall muß ein Zusammenhang zwischen der Ausschreibung und dem Angebot bestehen.

10   Der **Gleichbehandlungsgrundsatz gilt** nicht nur für Bewerber aus dem Inland und den Mitgliedstaaten der Europäischen Union, sondern auch **für alle anderen Staatsangehörigen.** Insoweit geht § 97 Abs. 2 über die Vorgaben des Gemeinschaftsrechts hinaus. Danach wäre es zulässig, nur Unternehmen aus solchen Drittstaaten den Zugang zu nationalen Vergabeverfahren zu eröffnen, deren Märkte ihrerseits für deutsche Bewerber offen sind[2]. Der Gesetzgeber hat darauf verzichtet, eine derartige Regelung in das GWB aufzunehmen. Eine Ausnahme sieht § 4 Abs. 9 VgV vor. In Übereinstimmung mit § 36 Abs. 3 SKR ist dort geregelt, daß bei Lieferaufträgen in den Sektoren Angebote zurückgewiesen werden können, bei denen der Warenanteil zu mehr als 50% des Gesamtwerts aus Ländern

---

1 OLG Brandenburg v. 3. 8. 1999 – 6 Verg 1/99, WuW 1999, 929, 935 = WuW/E Verg 231, 237 – Flughafen Berlin.

2 *Bechtold*, GWB, 2. Aufl. 1999, § 97 Rz. 11.

stammt, die nicht Vertragsparteien des Abkommens über den Europäischen Wirtschaftsraum sind und mit denen auch keine sonstigen Vereinbarungen über gegenseitigen Marktzugang bestehen.

IV. Mittelständische Interessen (§ 97 Abs. 3)

§ 97 Abs. 3 behandelt mittelständische Interessen. Er bestimmt, daß   11
diese vornehmlich durch Teilung der Aufträge in Fach- und Teillose
angemessen zu berücksichtigen seien. Diese Bestimmung wurde aufgrund der Stellungnahme des Bundesrats[1] in das Gesetz aufgenommen. Da vergabefremde Aspekte nach § 106 Abs. 3 des Gesetzentwurfs (jetzt § 97 Abs. 4) grundsätzlich keine Berücksichtigung finden
durften, soweit dies nicht durch Bundes- oder Landesgesetz vorgesehen wäre, befürchtete der Bundesrat, daß sich ein Schutz mittelständischer Anbieter im Vergabeverfahren nicht mehr werde durchsetzen lassen. Aus diesem Grund wurde § 97 Abs. 3 geschaffen, der
klarstellt, daß mittelständische Interessen Berücksichtigung finden
dürfen. Zu Recht wird darauf hingewiesen, daß es sich unbeschadet
des § 97 Abs. 3 bei der Berücksichtigung mittelständischer Interessen um vergabefremde Aspekte handelt[2]. Die Norm stellt einen
politischen Kompromiß zwischen dem Grundsatz des größtmöglichen Wettbewerbs und der Förderung des Mittelstands dar.

Die Aufteilung größerer Aufträge in Lose war bereits bisher in § 4   12
Nr. 2 VOB/A und § 5 VOL/A vorgesehen, wobei die letztgenannte
Vorschrift ausdrücklich klarstellte, daß hiermit kleinere und mittlere Unternehmen gefördert werden sollten. § 4 Abs. 5 VOF sieht die
angemessene Beteiligung kleinerer Büroorganisationen und Berufsanfänger vor. § 97 Abs. 3 stellt somit keine Neuerung dar, gibt der
Förderung mittelständischer Interessen durch die Aufnahme in das
Gesetz jedoch einen höheren Stellenwert. Die besondere Erwähnung
der mittelständischen Interessen steht im Einklang mit dem Gemeinschaftsrecht. Zwar sehen die Vergabe-Richtlinien einen Schutz
mittelständischer Interessen nicht ausdrücklich vor, die Kommission hat in einer Mitteilung vom 11. 3. 1998 über das öffentliche
Auftragswesen jedoch deutlich gemacht, daß die Förderung kleiner
und mittelständischer Unternehmen im Bereich der öffentlichen
Auftragsvergabe ein wichtiges Ziel darstellt[3].

---

1 BT-Drucks. 13/9340 S. 36.
2 *Bechtold*, GWB, 2. Aufl. 1999, § 97 Rz. 14.
3 EG (KOM 1998, 143).

13 Die Berücksichtigung mittelständischer Interessen erfolgt vornehmlich durch die **Teilung der Aufträge in Fach- und Teillose.** Insoweit
wird auf die Kommentierungen zu § 4 VOB/A und § 5 VOL/A verwiesen. Demnach stellt die Vergabe nach Losen den Regelfall dar.
Dies gilt insbesondere für Fachlose, wie § 4 Nr. 3 Satz 1 VOB/A
klarstellt. Eine zusammengefaßte Vergabe mehrerer Fachlose ist
nach § 4 Nr. 3 Satz 2 VOB/A nur aus wirtschaftlichen oder technischen Gründen zulässig. § 5 Nr. 1 Satz 1 VOL/A ist zu entnehmen,
daß im Anwendungsbereich dieser Verdingungsordnung eine zusammengefaßte Vergabe nur zulässig ist, wenn sich eine Vergabe nach
Losen als nicht zweckmäßig erweist. Da § 97 Abs. 3 die Vergabe
nach Losen ausdrücklich im Interesse mittelständischer Unternehmen vorsieht, haben diese über § 97 Abs. 7 ein subjektives Recht auf
eine Vergabe nach Fach- oder Teillosen, soweit die entsprechenden
Bedingungen der Verdingungsordnungen vorliegen[1].

Nach dem Gesetzeswortlaut erfolgt die Förderung mittelständischer
Interessen **vornehmlich** durch die Vergabe von Fach- und Teillosen.
Dies läßt die Möglichkeit einer anderweitigen oder weitergehenden
Berücksichtigung dieser Interessen zu, beispielsweise durch den
Wechsel der Bewerber bei dem nichtoffenen Verfahren (§ 8 Nr. 2
Abs. 3 VOB/A, § 7 Nr. 2 Abs. 4 VOL/A)[2]. Ein subjektives Recht auf
derartige weitere, in dem Gesetz nicht genannte Maßnahmen dürfte
jedoch nicht bestehen. Insbesondere ist eine Bevorzugung mittelständischer Unternehmen bei der Auftragsvergabe unzulässig und würde
gegen § 97 Abs. 2 verstoßen[3]. Eine weitergehende Berücksichtigung
mittelständiger Interessen ist demnach nur unter den Voraussetzungen des § 97 Abs. 4 zulässig. Die bisherige Praxis, die bevorzugte
Stellung mittelständischer Unternehmen bei der Auftragsvergabe
durch Mittelstandsrichtlinien zu fördern, ist seit Inkrafttreten des
Vergaberechtsänderungsgesetzes nicht mehr möglich. Vielmehr bedarf es hierfür einer gesetzlichen Grundlage. Zur Übergangsregelung
vgl. Tz. 19.

---

1 *Bechtold*, GWB, 2. Aufl. 1999, § 97 Rz. 15.
2 *Korbion*, Vergaberechtsänderungsgesetz, 1999, § 97 Rz. 4.
3 *Bechtold*, GWB, 2. Aufl. 1999, § 97 Rz. 15; *Boesen*, Vergaberecht, 2000,
§ 97 Rz. 44; *Rusam* in Heiermann/Riedl/Rusam, Handkommentar zur
VOB, 8. Aufl. 1997, A § 25 Rz. 63; a. A. offensichtlich *Gröning*, ZIP 1999,
52, 55.

V. Eignungskriterien (§ 97 Abs. 4)

1. Zulässige Kriterien

Nach § 97 Abs. 4 werden Aufträge an fachkundige, leistungsfähige   14
und zuverlässige Unternehmen vergeben. Dies entspricht § 2 Nr. 1
Satz 1 VOB/A, § 2 Nr. 3 VOL/A und § 4 Abs. 1 VOF. Durch die
Vorgabe der Eignungskriterien will der Gesetzgeber verhindern, daß
sich die Unternehmen auf regional unterschiedliche oder politische
Anforderungen einstellen müssen[1]. Bei den Eignungskriterien des
§ 97 Abs. 4 handelt es sich um unbestimmte Rechtsbegriffe, so daß
dem Auftraggeber im konkreten Einzelfall ein Beurteilungsspielraum zusteht[2].

Bezüglich der Eignungskriterien muß auf die umfangreichen Kom-   15
mentierungen zur VOB/A, VOL/A und VOF verwiesen werden. Bei
Prüfung der **Fachkunde** steht im Vordergrund, daß der Bewerber die
erforderlichen Kenntnisse, Erfahrungen und Fertigkeiten besitzt, um
die zu vergebende Leistung auszuführen[3]. Hierbei kommt es weniger
auf den Nachweis von Bildungsabschlüssen, sondern auf konkrete
Erfahrungen mit vergleichbaren Objekten an. So wird der Auftraggeber regelmäßig den Nachweis über Referenzprojekte verlangen. Die
Fachkunde bezieht sich nicht zwingend auf den Inhaber oder Leiter
des anbietenden Unternehmens. Gerade bei größeren Betrieben ist
vielmehr auf die technische und kaufmännische Leitung abzustellen, unter deren Verantwortung der Auftrag durchgeführt werden
soll[4]. Das Kriterium der Fachkunde verlangt somit weitgehend eine
personenbezogene Prüfung[5].

Die Prüfung der **Leitungsfähigkeit** hingegen erfolgt im wesentlichen   16
sach- und betriebsbezogen[6]. Sie liegt vor, wenn der Betrieb in technischer, kaufmännischer, personeller und finanzieller Hinsicht so ausgestattet ist, daß die Ausführung des Auftrags gewährleistet er-

---

1 BT-Drucks. 13/9340 S. 14.
2 BT-Drucks. 13/9340 S. 14; *Bechtold,* GWB, 2. Aufl. 1999, § 97 Rz. 17.
3 *Müller* in Daub/Eberstein, Kommentar zur VOL/A, 4. Aufl. 1998, § 2 Rz. 23.
4 *Rusam* in Heiermann/Riedl/Rusam, Handkommentar zur VOB, 8. Aufl. 1997, A § 2 Rz. 5; *Ingenstau/Korbion,* VOB, 13. Aufl. 1996, A § 2 Rz. 4 f.
5 *Rusam* in Heiermann/Riedl/Rusam, Handkommentar zur VOB, 8. Aufl. 1997, A § 2 Rz. 6.
6 *Rusam* in Heiermann/Riedl/Rusam, Handkommentar zur VOB, 8. Aufl. 1997, A § 2 Rz. 6; *Ingenstau/Korbion,* VOB, 13. Aufl. 1996, A § 2 Rz. 7.

scheint[1]. Die **technische** Leistungsfähigkeit umfaßt das Vorhandensein der für die Auftragsdurchführung erforderlichen Geräte, Werkzeuge usw. Allerdings kann die Leistungsfähigkeit nicht deshalb verneint werden, weil ein Betrieb beabsichtigt, Gerätschaften anzumieten. Soweit Zweifel daran bestehen, daß der Bieter in der Lage sein wird, die erforderlichen Gerätschaften bereitzustellen, kann der Auftraggeber einen Nachweis hierüber verlangen[2]. In **kaufmännischer** Hinsicht ist zu überprüfen, ob der Betrieb unter Einhaltung der entsprechenden Vorschriften in kaufmännischer Art und Weise geführt wird. Schließlich muß die **personelle** Leistungsfähigkeit gegeben sein. Dies ist der Fall, wenn das Unternehmen über eine ausreichende Zahl fachlich geeigneter gewerblicher und kaufmännischer Mitarbeiter verfügt, wobei fehlende eigene Arbeitnehmer durch Subunternehmer ersetzt werden können, soweit dies in den Ausschreibungsunterlagen vorgesehen ist[3]. Schließlich muß das Unternehmen in **finanzieller** Hinsicht ein entsprechendes Betriebskapital aufweisen, um es in die Lage zu versetzen, seinen finanziellen Verpflichtungen gegenüber Auftragnehmern, Lieferanten, Arbeitnehmern und dem Fiskus nachzukommen[4].

17 Die **Zuverlässigkeit** des Bewerbers richtet sich danach, ob er Gewähr dafür bietet, den Auftrag in sorgfältiger Art und Weise auszuführen. Hierzu zählen der pünktliche Beginn und die Beendigung des Auftrags, die Einhaltung der erforderlichen Sorgfalt und technischen Regelwerke und der arbeitsrechtlichen Bestimmungen[5]. Versucht der Bieter, den Zuschlag durch unlautere oder rechtswidrige Vorgehensweisen zu erlangen, läßt dies auf seine Unzuverlässigkeit schließen. Aber auch Verhaltensweisen, die mit dem konkreten Auftrag nicht im Zusammenhang stehen, wie beispielsweise nachhalti-

---

1 *Bechtold*, GWB, 2. Aufl. 1999, § 97 Rz. 18; *Müller* in Daub/Eberstein, Kommentar zur VOL/A, 4. Aufl. 1998, § 2 Rz. 23; *Rusam* in Heiermann/Riedl/Rusam, Handkommentar zur VOB, 8. Aufl. 1997, A § 2 Rz. 6; *Ingenstau/Korbion*, VOB, 13. Aufl. 1996, A § 2 Rz. 7.

2 *Rusam* in Heiermann/Riedl/Rusam, Handkommentar zur VOB, 8. Aufl. 1997, A § 2 Rz. 6; *Ingenstau/Korbion*, VOB, 13. Aufl. 1996, A § 2 Rz. 8.

3 *Rusam* in Heiermann/Riedl/Rusam, Handkommentar zur VOB, 8. Aufl. 1997, A § 2 Rz. 6.

4 *Rusam* in Heiermann/Riedl/Rusam, Handkommentar zur VOB, 8. Aufl. 1997, A § 2 Rz. 6; *Ingenstau/Korbion*, VOB, 13. Aufl. 1996, A § 2 Rz. 7.

5 *Kulartz* in Daub/Eberstein, Kommentar zur VOL/A, 4. Aufl. 1998, § 25 Rz. 30; *Rusam* in Heiermann/Riedl/Rusam, Handkommentar zur VOB, 8. Aufl. 1997, A § 2 Rz. 7; *Ingenstau/Korbion*, VOB, 13. Aufl. 1996, A § 2 Rz. 6.

ge Verstöße gegen die Verpflichtung, Steuern und Sozialabgaben ab-
zuführen, können gegen die Zuverlässigkeit des Bieters sprechen[1].

2. Vergabefremde Kriterien

Nach § 97 Abs. 2, 2. Halbs. dürfen andere oder weitergehende als die   18
im 1. Halbs. genannten Anforderungen an Auftragnehmer nur gestellt werden, wenn dies durch Bundes- oder Landesgesetz vorgesehen ist. Hiermit ist erstmals die Berücksichtigung vergabefremder
Interessen gesetzlich geregelt. Eine besondere Erwähnung vergabefremder Interessen enthält § 97 Abs. 3, der ausdrücklich klarstellt,
daß mittelständische Interessen bei der Auftragsvergabe zu berücksichtigen sind (Tz. 11). Der Gesetzentwurf der Bundesregierung hatte zunächst vorgesehen, daß die Berücksichtigung vergabefremder
Interessen ein Bundesgesetz voraussetzt. Hierdurch sollte eine einheitliche und übersichtliche Rechtslage geschaffen und die bundes-
weite Beteiligung an Vergabeverfahren erleichtert werden. Der Bundesrat hingegen forderte, daß vergabefremde Interessen wie bisher
auch auf Grundlage von Rechtsverordnungen oder Verwaltungsricht-
linien des Bundes oder der Länder Berücksichtigung finden müßten.
Der Gesetzeswortlaut stellt folglich einen Kompromiß dar. Einerseits wurden aus Gründen der Rechtssicherheit Rechtsverordnungen
und Verwaltungsvorschriften als Grundlage ausgeschlossen, andererseits sind weiterhin auch die Landesgesetzgeber berechtigt, vergabefremde Interessen festzulegen[2].

Eine **Übergangsregelung** enthält Art. 3 Nr. 5 VgRÄG. Danach gelten   19
die am Tag des Verkündung des Vergaberechtsänderungsgesetzes
bestehenden Regelungen bis zum 30. 6. 2000 fort, auch wenn sie
nicht auf Bundes- oder Landesgesetz beruhen. Bis zu diesem Zeitpunkt sind insbesondere die bestehenden Vergaberichtlinien der
Länder in Gesetzesform zu erlassen. Ansonsten verlieren sie ihre
Gültigkeit.

Es bestehen zahlreiche bundes- und insbesondere landespolitische   20
**Vorschriften, die eine Berücksichtigung vergabefremder Interessen
vorschreiben.** Diese beruhen teilweise auf Gesetzen, so daß ihre
Wirksamkeit von dem Inkrafttreten des Vergaberechtsänderungsgesetzes unberührt bleibt, teilweise finden sich diese Vorschriften in

---

1 *Rusam* in Heiermann/Riedl/Rusamm, Handkommentar zur VOB, 8. Aufl.
  1997, A § 2 Rz. 7; *Ingenstau/Korbion*, VOB, 13. Aufl. 1996, A § 2 Rz. 6.
2 *Gröning*, ZIP 1999, 52, 55.

Richtlinien und Verwaltungsanweisungen, die – soweit sie nicht fristgerecht Gesetzesform erhalten – am 30. 6. 2000 außer Kraft treten werden. Die Berücksichtigung vergabefremder Interessen dient dabei der Förderung der unterschiedlichsten gesellschaftspolitischen Zielsetzungen und differiert daher innerhalb der einzelnen Bundesländer. Zu nennen sind beispielhaft:

- die Forderung nach Tariftreueerklärungen, die dem Schutz tariflicher Vereinbarungen im Baugewerbe dienen (dazu unten Tz. 23),
- Frauenförderung[1],
- Bevorzugung von Bietern aus den neuen Bundesländern,
- Schutz der Umwelt[2],
- Sicherung von Ausbildungsplätzen für Jugendliche,
- Bekämpfung von Schwarzarbeit[3].

21   Zu Recht wird **kritisiert,** daß die Berücksichtigung vergabefremder Interessen fragwürdig ist. § 97 Abs. 4, 2. Halbs. gibt der öffentlichen Hand die Möglichkeit, ihre besondere Stellung am Markt als Auftraggeber zur Verfolgung gesellschaftspolitischer Ziele einzusetzen. Die Zulassung der Festlegung vergabefremder Kriterien durch Landesgesetze führt darüber hinaus zu einer Zersplitterung der Rechtslage und zu Nachteilen überregional tätiger Unternehmen, insbesondere ausländischer Bieter[4]. Im Interesse der Bieter wäre daher zu wünschen, wenn Bund und Länder von der Möglichkeit, vergabefremde Aspekte festzulegen, möglichst sparsam Gebrauch machten. Andererseits ist zu bedenken, daß in einem Staat, der auf förderalistischer Grundlage beruht und in dem sich eine starke Einflußnahme einzelner Interessengruppierungen auf die Bundes- und Landesgesetzgeber durchgesetzt hat, die Berücksichtigung vergabefremder Zwecke bei der Auftragsvergabe kaum vermeidbar sein dürfte. Insbesondere die beklagte Zersplitterung der Rechtslage ist logische Konsequenz der Verteilung der Gesetzgebungskompetenzen in Art. 70 ff. GG.

22   Allerdings sind der Festlegung vergabefremder Aspekte durch Bundes- und Landesgesetze **Grenzen** gesetzt. Bei der Auslegung des § 97 Abs. 4 ist das **Gemeinschaftsrecht** zu beachten. Nach der Rechtsprechung des EuGH[5] verbieten die europäischen Vergaberichtlinien

---

1 Z. B. §§ 4 ff. FrauFöG Brandenburg, § 20a FrauFöG LSA.
2 Z. B. Ziff. 2.1 VergRL Thüringen; vgl. aber auch Tz. 25.
3 *Müller* in Daub/Eberstein, Kommentar zur VOL/A, 4. Aufl. 1998, § 2 Rz. 29.
4 *Bechtold,* GWB, 2. Aufl. 1999, § 97 Rz. 22.
5 EuGH v. 20. 9. 1998 – Rs. C 31/87, Slg. 1988 I, 4635 – Beentjes.

eine Berücksichtigung vergabefremder Aspekte im Grundsatz nicht[1]. Der EuGH hielt eine Bestimmung, wonach Bieter die Möglichkeit zur Beschäftigung von Langzeitarbeitslosen vorsehen mußten, für zulässig. Dies gilt jedoch nicht, soweit vergabefremde Aspekte direkt gegen primäres oder sekundäres Gemeinschaftsrecht verstoßen[2]. So verletzt eine Bevorzugung inländischer und regionaler Bieter das Diskriminierungsverbot des Art. 12 EGV und wäre auch dann unzulässig, wenn diese Anforderung in einem Bundes- oder Landesgesetz enthalten wäre[3]. Das gleiche gilt, wenn Anforderungen der Vergabeunterlagen von Bietern aus anderen Mitgliedstaaten nur mit größeren Schwierigkeiten erfüllt werden könnten[4].

Darüber hinaus können sich für die Berücksichtigung vergabefremder Aspekte **Schranken aus dem Bundes- bzw. Landesrecht** ergeben. Zu beachten ist hierbei insbesondere § 20, der eingreift, wenn eine Vorschrift, die die Berücksichtigung vergabefremder Interessen vorsieht, eine diskriminierende Maßnahme oder eine unbillige Behinderung darstellt. Das KG hat dies für sog. **Tariftreueerklärungen**[5] bejaht[6]. Dem von dem Kammergericht entschiedenen Fall lag ein Rundschreiben des Berliner Senats zugrunde, wonach Bauaufträge nur an solche Unternehmen vergeben werden sollten, die eine Erklärung abgaben, in der sie sich verpflichteten, bei der Durchführung des zu vergebenden Bauvorhabens ihre Arbeitnehmer nicht unter den jeweils geltenden Lohntarifen zu vergüten. Das KG bejahte eine marktbeherrschende Stellung des Berliner Senats sowie das Vorliegen einer nicht gerechtfertigten Ungleichbehandlung. Das Rund-

23

---

1 *Bechtold*, GWB, 2. Aufl. 1999, § 97 Rz. 24; *Gröning*, ZIP 1999, 52, 55; *Kulartz* in Daub/Eberstein, Kommentar zur VOL/A, 4. Aufl. 1998, § 25 Rz. 41; a. A. *Martin-Ehlers*, WuW 1999, 685 ff.; kritisch *Pietzcker*, ZHR 162 (1998), 427, 465 ff.

2 *Martin-Ehlers*, WuW 1999, 685, 687; *Kulartz* in Daub/Eberstein, Kommentar zur VOL/A, 4. Aufl. 1998, § 25 Rz. 41; *Pietzcker*, ZHR 162 (1998), 427, 467.

3 *Bechtold*, GWB, 2. Aufl. 1999, § 97 Rz. 25.

4 EuGH v. 20. 3. 1990 – Rs. C 21/88, Slg. 1990 I, 889 – Du Pont de Nemours Italia; EuGH v. 11. 7. 1991, Rs. C 351/88, Slg. 1991 I, 3641 – Laboratori Bruneau.

5 Vgl. auch VÜA Bund v. 16. 12. 1998 – 2 VÜ 32/88, WuW 1999, 324 ff. = WuW/E Verg 192 ff. – Überbetriebliche Ausbildungsstätte; *Karenfort/von Koppenfels/Siebert*, BB 1999, 1825 ff.; *Knipper*, WuW 1999, 677 ff.

6 KG v. 20. 5. 1998 – Kart 24/97, WuW 1998, 1023 = WuW/E Verg 111 – Tariftreueerklärung; vgl. auch den hierzu im Verfahren nach §§ 76 Abs. 5, 65 Abs. 3 ergangenen Beschluß des BGH v. 8. 12. 1998 – KVR 23/98, WuW 1999, 215 = WuW/E Verg 175 – Tariftreueerklärung.

schreiben verstoße zum einen gegen die negative Koalitionsfreiheit des Art. 9 Abs. 3 GG, da sowohl nicht tarifgebundene als auch alle nicht Berliner Unternehmen gezwungen würden, die Berliner Tarifverträge einzuhalten. Gerade Unternehmen, die rechtmäßig niedrigere Löhne zahlten, würden hierdurch gezwungen werden, ihren Wettbewerbsvorteil aufzugeben. Der Argumentation des KG ist zuzustimmen. Darüber hinaus dürfte die geforderte Tariftreueerklärung auch gegen Art. 12 EGV verstoßen, soweit auch Unternehmen aus den übrigen Mitgliedstaaten der Europäischen Union gezwungen werden, die Berliner Tariflöhne zu zahlen.

24 Das von dem KG[1] beurteilte Rundschreiben wurde nicht in der von § 97 Abs. 4, 2. Halbs. geforderten Gesetzesform erlassen, sondern galt nach Art. 3 Nr. 5 VgRÄG fort. Diese Übergangsregelung schützt selbstverständlich nicht Vorschriften, die bereits vor Inkrafttreten des Vergaberechtsänderungsgesetzes unwirksam waren[2]. Soweit vergabefremde Kriterien hingegen in einem Bundesgesetz enthalten sind, kann ihre Befolgung nicht zu einem Mißbrauch nach § 19 Abs. 1, zu einer sachlich ungerechtfertigten Diskriminierung oder einer unbilligen Behinderung im Sinne des § 20 führen[3]. Die Landesgesetzgeber hingegen sind gehalten, §§ 19 und 20 als höherrangiges Bundesgesetz zu beachten. Die Festlegung eines vergabefremden Kriteriums in einem Landesgesetz kann daher unwirksam sein, wenn die Voraussetzungen der §§ 19 oder 20 vorliegen[4].

25 Die **Besonderheiten des zu vergebenden Auftrags** können es **rechtfertigen,** bei der Bestimmung des wirtschaftlichsten Angebots (§ 97 Abs. 5) auf Umstände abzustellen, die in anderem Zusammenhang als vergabefremde Aspekte zu bezeichnen wären. Einen derartigen vergabefremden Aspekt stellen beispielsweise grundsätzlich Gesichtspunkte des Umweltschutzes dar (vgl. oben Tz. 20). Erfolgt hingegen die Ausschreibung von Bauarbeiten verbunden mit Planungsleistungen, kann es zulässig und unter Umständen sogar geboten sein, das Kriterium der Umweltverträglichkeit des Projekts bei der Angebotsbewertung zu berücksichtigen, da diese Belange im Rahmen der Umweltverträglichkeitsprüfung Beachtung finden, eine Pla-

---

1 KG v. 20. 5. 1998 – Kart 24/97, WuW 1998, 1023 = WuW/E Verg 111 – Tariftreueerklärung; vgl. auch den hierzu im Verfahren nach §§ 76 Abs. 5, 65 Abs. 3 ergangenen Beschluß des BGH v. 8. 12. 1998 – KVR 23/98, WuW 1999, 215 = WuW/E Verg 175 – Tariftreueerklärung.
2 VÜA Bund v. 16. 12. 1998 – 2 VÜ 32/88, WuW 1999, 324, 327 = WuW/E Verg 192, 195 – Überbetriebliche Ausbildungsstätte.
3 *Bechtold,* GWB, 2. Aufl. 1999, § 97 Rz. 28.
4 *Knipper,* WuW 1999, 677, 681.

nung, die die Belange der Umweltverträglichkeit außer acht ließe, daher nicht genehmigungsfähig wäre[1]. In diesen Fällen handelt es sich nicht um vergabefremde, sondern um **leistungsbezogene Aspekte,** die auch dann Berücksichtigung finden können, wenn sie nicht auf bundes- oder landesgesetzlicher Grundlage beruhen[2]. Die Abgrenzung kann im Einzelfall Schwierigkeiten begründen. Ein leistungsbezogenes Kriterium liegt immer dann vor, wenn dieses nötig oder zumindest hilfreich ist, um das mit der Auftragserteilung verfolgte Ziel zu erreichen. Kriterien, die mit dem Auftragsziel in keinem direkten Zusammenhang stehen und aus anderen, insbesondere gesellschaftspolitischen Gründen in die Vergabeunterlagen aufgenommen werden, fallen hingegen unter § 97 Abs. 4.

VI. Wirtschaftlichkeit (§ 97 Abs. 5)

§ 97 Abs. 5 bestimmt, daß der Zuschlag auf das wirtschaftlichste   26
Angebot zu erteilen ist. Die Verdingungsordnungen verwenden teilweise abweichende Formulierungen. So spricht § 25 Nr. 3 Abs. 3 Satz 2 VOB/A von dem „annehmbarsten" Angebot. Nach § 16 Abs. 1 VOF ist der Zuschlag an denjenigen Bewerber zu erteilen, der „die bestmögliche Leistung erwarten läßt". § 25 Nr. 3 Satz 1 VOL/A hingegen verwendete bereits bisher den Begriff des „wirtschaftlichsten Angebots". § 97 Abs. 5 hat diese unterschiedlichen Begriffe nunmehr vereinheitlicht, ohne daß dies inhaltlich eine Änderung bedeuten würde.

Die europäischen Vergaberichtlinien gewähren den Mitgliedstaaten   27
die Möglichkeit, entweder ausschließlich auf den niedrigsten Preis oder auf das wirtschaftlich günstigste Angebot abzustellen (Art. 30 Abs. 1 BKR, Art. 26 Abs. 1 LKR, Art. 34 Abs. 1 SKR und Art. 36 DLR). Der deutsche Gesetzgeber hat sich in § 97 Abs. 5 (und den bereits vorher geltenden Verdingungsordnungen) für das Kriterium des wirtschaftlichsten Angebots entschieden. Dies bedeutet, daß bei der Zuschlagserteilung **nicht lediglich der angebotene Preis** zu berücksichtigen ist[3]. Vielmehr können weitere Kriterien, die von Auftrag zu Auftrag unterschiedlich sein können, Berücksichtigung finden. Zu nennen ist neben dem Preis beispielsweise die Ausführungsfrist, Betriebskosten, Rentabilität, der technische Wert, Qualität,

---

1 OLG Schleswig v. 6. 7. 1999 – 6 U Kart 22/99, WuW 2000, 99, 106 = WuW/E Verg 269, 276 – Herrenbrücke.
2 *Bechtold,* GWB, 2. Aufl. 1999, § 97 Rz. 23.
3 *Pietzcker,* ZHR 162 (1998), 427, 459.

Ästhetik, Zweckmäßigkeit usw. Die vorstehend genannten Vorschriften der unterschiedlichen Richtlinien nennen Beispiele, ohne daß es sich um abschließende Kataloge handelt. Zu beachten ist, daß der Auftraggeber nur solche Kriterien im Rahmen der Zuschlagserteilung bewerten darf, die in den Ausschreibungsunterlagen und den übrigen, an die Bieter übermittelten Unterlagen Ausdruck gefunden haben[1]. Dies ergibt sich aus den jeweiligen Verdingungsordnungen (§ 10a VOB/A, § 9a VOL/A und § 16 Abs. 3 VOF).

28 Der Wortlaut der Richtlinien ist nicht dahingehend mißzuverstehen, daß der jeweils günstigste Preis bei Ermittlung des wirtschaftlichsten Angebots nur von untergeordneter Bedeutung wäre. Auch soweit andere Kriterien berücksichtigt werden, kommt dem angebotenen Preis in vielen Fällen eine bedeutende Rolle zu. Soweit – was regelmäßig von den Verdingungsordnungen gefordert wird – die zu vergebende Leistung detailliert beschrieben ist, stellt der angebotene Preis das wichtigste, wenn nicht gar das einzige Zuschlagskriterium dar[2]. Eine Ausnahme hiervon gilt, wenn zulässigerweise Nebenangebote abgegeben werden. Je weniger genau die Leistung beschrieben werden kann, desto mehr gewinnen weitere Kriterien für die Zuschlagserteilung an Bedeutung. Dies gilt beispielsweise für die Vergabe von Bauleistungen durch eine Leistungsbeschreibung mit Leistungsprogramm (§ 9 Nr. 10 bis 12 VOB/A) sowie bei der Vergabe von Architektenleistungen nach der VOF, da das Entgelt für diese Leistungen durch die HOAI weitgehend festgelegt ist. Dies kann dazu führen, daß das angebotene Honorar bei der Prüfung der Angebote lediglich eine untergeordnete Rolle spielt[3].

29 Zur Abgrenzung zwischen leistungsbezogenen Zuschlagskriterien, die unter § 97 Abs. 5 fallen, und vergabefremden Aspekten, auf welche § 97 Abs. 4 Anwendung findet, vgl. Tz. 25.

30 Bei der Ermittlung des wirtschaftlichsten Angebots steht dem Auftraggeber im Rahmen der von ihm vorgegebenen Zuschlagskriterien ein **Beurteilungsspielraum** zu[4]. Je mehr Bewertungskriterien in den

---

1 BGH v. 17. 2. 1999 – X ZR 101/97, BauR 1999, 736, 739 = WuW 1999, 655, 656 = WuW/E Verg 213, 214 – Krankenhauswäsche.
2 *Kulartz* in Daub/Eberstein, Kommentar zur VOL/A, 4. Aufl. 1998, § 25 Rz. 38; *Rusam* in Heiermann/Riedl/Rusam, Handkommentar zur VOB, 8. Aufl. 1997, A § 25 Rz. 31.
3 *Kaufhold/Mayerhofer/Reichl*, Die VOF im Vergaberecht, 1999, S. 155; *Müller-Wrede*, BauR 1998, 470, 477.
4 VÜA Bund v. 1. 10. 1998 – 2 VÜ 16/98, WuW 1999, 551 = WuW/E Verg 211 – Museumsaufsicht II.

Ausschreibungsunterlagen angegeben werden und je größer die Gestaltungsspielräume der Bieter sind, desto schwieriger gestaltet sich die Angebotsbewertung. Im Hinblick auf das Transparenzgebot (§ 97 Abs. 1) ist der Auftraggeber in diesen Fällen verpflichtet, ein **schlüssiges Bewertungssystem** aufzustellen und dessen wesentlichen Grundlagen bereits in den Ausschreibungsunterlagen bekanntzugeben, damit die Bieter absehen können, aufgrund welcher Kriterien die Entscheidung des Auftraggebers getroffen werden wird. Das Bewertungsverfahren muß systemkonsequent und ergebnisoffen durchgeführt werden und darf keinesfalls auf einen bestimmten Bieter zugeschnitten sein. Entscheidend ist im wesentlichen, daß die herangezogenen Kriterien nicht willkürlich festgelegt und angewendet werden[1].

VII. Verordnungsermächtigung (§ 97 Abs. 6)

In Abs. 6 wird die Bundesregierung ermächtigt, durch Rechtsverordnung mit Zustimmung des Bundesrates nähere Bestimmungen über das bei der Vergabe einzuhaltende Verfahren zu treffen, insbesondere über die Bekanntmachung, den Ablauf und die Arten der Vergabe, über die Auswahl und Prüfung der Unternehmen und Angebote, über den Abschluß des Vertrages und sonstige Fragen des Vergabeverfahrens. Die Vorschrift entspricht der bisherigen Ermächtigungsgrundlage in Art. 57a Abs. 1 und 2 HGrG. Sie steht im Zusammenhang mit § 127, der die Bundesregierung zum Erlaß einer Rechtsverordnung mit Zustimmung des Bundesrates über weitere Fragen des Vergaberechts ermächtigt.   31

Von diesen Ermächtigungen hat die Bundesregierung bisher keinen Gebrauch gemacht. Allerdings hatte sie beabsichtigt, eine neue Vergabeverordnung zu erlassen, in der die Schwellenwerte, die auf die jeweiligen öffentlichen Auftraggeber anzuwendenden Verdingungsordnungen, die Definition der Sektorenbereiche, die hierzu geltenden Ausnahmen, die Freistellung verbundener Unternehmen, die Zuständigkeit der Vergabekammern und die Korrekturmechanismen der Europäischen Kommission geregelt werden sollten[2]. Diese neue Vergabeordnung sollte die Vergabeordnung vom 22. 2. 1994, die   32

---

1 Entscheidung des Innenministeriums Mecklenburg-Vorpommern v. 18. 10. 1995 als Vergabeprüfstelle (Az.: II 330196-663-1 95/95), n. v.; *Reidt/Stickler*, BauR 1997, 241, 248 f.; *Reidt/Stickler* in Beck'scher Kommentar zur VOB/A, 2000, § 32 Rz. 62.
2 Der Entwurf ist abgedruckt in BT-Drucks. 13/9340 S. 29 ff.

Nachprüfungsverordnung sowie einige Regelungen der VOB/A und der VOL/A ersetzen. Der Bundesrat hat der neuen Vergabeverordnung noch nicht seine Zustimmung erteilt, da dort die Auffassung vorherrscht, daß das gesamte deutsche Vergaberecht neu kodifiziert werden sollte, wobei die bisherige Vergabeverordnung und die Verdingungsordnungen zu einem einheitlichen Regelwerk zusammengefaßt werden sollen. Diese unterschiedlichen Vorstellungen der Bundesregierung und des Bundesrates haben dazu geführt, daß zunächst keine neue Vergabeverordnung erlassen wurde. Auch wenn das Bundesministerium für Wirtschaft im Oktober 1999 den Entwurf einer überarbeiteten „Verordnung über öffentliche Beschaffungen" vorgelegt hat, ist gegenwärtig nicht absehbar, wann eine Neuregelung erlassen wird, so daß die Vergabeverordnung vom 22. 2. 1994, geändert durch VO vom 29. 9. 1997 (VgV) zunächst weiter gilt[1]. Die **Vergabeverordnung** wurde auf Grundlage des § 57a HGrG erlassen, der mit Wirkung zum 31. 12. 1998 außer Kraft getreten ist (Art. 3 Nr. 1 i. V. m. Art. 4 VgRÄG). Dies führt jedoch nicht zur Unwirksamkeit der Vergabeverordnung. Eine im Zeitpunkt ihres Erlasses auf gesetzlicher Grundlage ergangene Rechtsverordnung wird nur dann durch den Fortfall der Ermächtigungsvorschrift in ihrer Gültigkeit berührt, wenn die Ermächtigung nichtig war oder die Verordnung ihrem Inhalt nach mit der nunmehr geltenden Gesetzeslage nicht mehr zu vereinbaren ist oder für sich genommen kein sinnvolles, selbständiges Regelwerk mehr darstellt[2]. Diese Voraussetzungen treffen für die Vergabeverordnung nicht zu. Vielmehr läßt sich aus Art. 3 Nr. 1 VgRÄG, der das Außerkrafttreten der §§ 57a bis 57c HGrG und der Nachprüfungsverordnung ausdrücklich anordnet, die Vergabeverordnung hingegen nicht erwähnt, entnehmen, daß diese nach dem Willen des Gesetzgebers fortbestehen soll.

33   Die **Fortgeltung der Vergabeverordnung** führt zu einigen Schwierigkeiten und **Unklarheiten.** Zunächst ist zu beachten, daß die Vergabeverordnung, soweit sie die Geltung einzelner Abschnitte der Verdin-

---

1 OLG Brandenburg v. 3. 8. 1999 – 6 Verg 1/99, Umdruck S. 24 – Flughafen Berlin (in WuW 1999, 929 insoweit nicht abgedruckt); *Korbion*, Vergaberechtsänderungsgesetz, 1. Aufl. 1999, § 97 Rz. 8; *Kaufhold/Mayerhofer/Reichl*, Die VOF im Vergaberecht, 1999, S. 97; *Schabel/Ley*, Öffentliche Auftragsvergabe im Binnenmarkt, Loseblattsammlung Stand Oktober 1999, Teil A 1.3 S. 10.
2 BVerfG v. 10. 5. 1988 – 1 BvR 482/84, BVerfGE 78, 179, 198; BVerwG v. 6. 10. 1989 – 4 C 11/86, NJW 1990, 849; OLG Brandenburg v. 3. 8. 1999 – 6 Verg 1/99, Umdruck S. 24 – Flughafen Berlin (in WuW 1999, 929 insoweit nicht abgedruckt).

gungsordnungen öffentlichen Auftraggebern zuweist, auf § 57a Abs. 1 HGrG Bezug nimmt, der durch § 98 ersetzt wurde. Beide Vorschriften stimmen zwar weitgehend überein, teilweise – nicht zuletzt in der Numerierung – ergaben sich jedoch Änderungen. Zur besseren Handhabung der Vergabeverordnung ist im Rahmen der Kommentierung des § 98 jeweils ausgeführt, inwieweit die einzelnen Untergliederungen des § 98 den Regelungen des § 57a Abs. 1 HGrG entsprechen.

Daneben führt das Nebeneinander von GWB, (alter) Vergabeverord-   34
nung und den Verdingungsordnungen zu **Überschneidungen.** So sind einige Bestimmungen, die sich in der Vergabeverordnung und den Verdingungsordnungen finden, nunmehr im GWB geregelt, ohne daß die bisherigen, jetzt überflüssigen Bestimmungen aufgehoben worden wären. Der Deutsche Verdingungsausschuß für Bauleistungen beabsichtigt eine Anpassung der VOB für Frühjahr 2000. Schließlich sind insbesondere durch den Wegfall der Nachprüfungsverordnung einige Lücken entstanden, die durch die Heranziehung vergleichbare Vorschriften geschlossen werden müssen.

Die Vergabeverordnung enthält selbst keine Vorschriften zum mate-   35
riellen Vergaberecht, sondern verweist auf die **Verdingungsordnungen.** Hierbei handelt es sich um Regelwerke, die von Ausschüssen, in denen die Verwaltung und Repräsentanten der Auftragnehmer vertreten sind, entworfen und regelmäßig überarbeitet werden. Die Verdingungsordnungen werden im Bundesanzeiger veröffentlicht. In Bezug genommen werden nicht die jeweils geltenden, sondern vielmehr konkret bezeichnete Fassungen der Verdingungsordnungen. Es handelt sich um eine **statische Verweisung**[1]. Ändern sich die Verdingungsordnungen, muß die Vergabeverordnung zukünftig angepaßt werden. Vor diesem Hintergrund bestehen gegen den Umstand, daß der Verordnungsgeber auf ein Regelwerk verweist, das nicht von einem Gesetz- oder Verordnungsgebungsorgan stammt, sondern durch Ausschüsse geschaffen wurde, keine Bedenken[2]. Bei den in Bezug genommenen Ordnungen handelt es sich um die Verdingungsordnung für Bauleistungen (VOB), die Verdingungsordnung für Leistungen (VOL) und die Verdingungsordnung für freiberufliche Leistungen (VOF). Die VOL gliedert sich in zwei, die VOB in drei Teile, die mit A und B, beziehungsweise A, B und C bezeichnet sind. Teil A enthält

---

1 *Kaufhold/Mayerhofer/Reichl,* Die VOF im Vergaberecht, 1999, S. 96; *Pietzcker,* ZHR 162 (1998), 427, 436.
2 *Boesen,* Vergaberecht, 2000, § 97 Rz. 169; *Pietzcker,* ZHR 162 (1998), 427, 436; kritisch *Dreher,* NVwZ 1999, 1265 ff.

jeweils das materielle Vergaberecht, Teil B regelt den Inhalt des abzuschließenden Vertrags, während die VOB Teil C technische Bestimmungen umfaßt. Darüber hinaus sind die VOB/A und die VOL/A in vier Abschnitte aufgeteilt, wobei sich aus der Vergabeverordnung ergibt, welche Abschnitte auf welche öffentlichen Auftraggeber Anwendung finden. Es wird vom **Kaskardenprinzip** gesprochen.

36   Der 1. Abschnitt der VOB/A sowie der VOL/A enthält diejenigen Bestimmungen, die von öffentlichen Auftraggebern stets, das heißt auch unterhalb der Schwellenwerte, anzuwenden sind („Basisparagraphen"). Sie stellen das allgemeine deutsche Vergaberecht dar. Abschnitte 2 und 3 enthalten ergänzende Vorschriften, die zusätzlich zu Abschnitt 1 Anwendung finden. Abschnitt 4 wiederum stellt ein geschlossenes Regelwerk dar. In seinem Anwendungsbereich gilt nicht gleichzeitig auch der 1. Abschnitt. Abschnitte 2 bis 4 beanspruchen lediglich überhalb der Schwellenwerte Geltung. Das gleiche gilt für die VOF. Ungewöhnlich ist die Numerierung dieser Abschnitte. Im 1. und 4. Abschnitt sind die Paragraphen jeweils fortlaufend durchnumeriert. Diejenigen Vorschriften, die Abschnitt 2 zusätzlich zu Abschnitt 1 enthält, sind mit „a" gekennzeichnet, die zusätzlichen Paragraphen des 3. Abschnitts mit „b". Entgegen der üblichen Paragraphenbezeichnung handelt es sich bei § 1a somit nicht um einen Paragraphen, der allgemeine Geltung beansprucht und lediglich zu einem späteren Zeitpunkt eingefügt wurde, sondern um eine Vorschrift, die nur auf bestimmte Vertragsverhältnisse Anwendung findet.

VIII. Subjektive Rechte (§ 97 Abs. 7)

37   § 97 Abs. 7 bestimmt, daß Unternehmen, die sich an Vergabeverfahren beteiligen, Anspruch darauf haben, daß der Auftraggeber die Bestimmungen über das Vergabeverfahren einhält. Hierdurch werden den Bietern erstmals subjektive Rechte auf Einhaltung der Vergabebestimmungen gewährt. Die Vorschrift enthält eine der wesentlichen Neuerungen des neuen Vergaberechts. Der Gesetzgeber trägt hiermit der Rechtsprechung des EuGH[1] Rechnung[2]. Die wesentlichen Probleme, die sich bei der Anwendung des § 97 Abs. 7 ergeben, sind bereits in der Gesetzesbegründung[3] angesprochen.

---

1 EuGH v. 11. 8. 1995 – Rs. C 433/93, Slg. 1995 I, 2303 – Kommission ./. Deutschland.
2 BT-Drucks. 13/9340 S. 14.
3 BT-Drucks. 13/9340 S. 14.

1. Abgrenzung zu Ordnungsvorschriften

a) Überblick

Nach der Gesetzesbegründung kann der subjektive Rechtsschutz nur   38
soweit gehen, als eine bestimmte vergaberechtliche Vorschrift gerade auch den Schutz des potentiellen Auftragnehmers bezweckt. Auf
die Einhaltung von reinen Ordnungsvorschriften könne sich der Auftragnehmer nicht berufen[1]. Demnach sind alle Vorschriften des
4. Teil des GWB, der Vergabeverordnung sowie der Verdingungsordnungen daraufhin zu untersuchen, ob sie den Auftragnehmer schützen oder reine Ordnungsvorschriften darstellen. Diese Unterscheidung wird im Hinblick auf die mangelnde Rechtssicherheit kritisiert[2]. Der Gedanke, daß Rechtsnormen existieren, deren Einhaltung
nicht im Einzelinteresse durchgesetzt werden kann, ist jedoch weder
dem Gemeinschafts- noch dem deutschen Recht fremd. Sich etwa
ergebende Abgrenzungsschwierigkeiten werden durch die Vergabekammern, die Beschwerdegerichte, die rechtswissenschaftliche Literatur und nicht zuletzt durch den EuGH gelöst werden. Unüber-
windbare Schwierigkeiten begründet das Erfordernis der Abgrenzung
sicherlich nicht.

Dreher[3] hält § 97 Abs. 7 im Hinblick auf die Ausnahme von Ord-   39
nungsvorschriften von dem subjektiven Schutzbereich zugunsten
der Auftragnehmer für gemeinschaftsrechtswidrig, da es letztlich
den Vergabekammern und somit der Verwaltung obliegen würde,
selbst über dem Umfang des Rechtsschutzes zu entscheiden. Die
Möglichkeit, die Oberlandesgerichte anzurufen, spiele keine Rolle,
da hiervon im Hinblick auf die entstehenden Kosten und möglichen
Schadensersatzansprüche voraussichtlich nur wenig Gebrauch gemacht werden würde. Hiergegen wird zu Recht eingewendet, daß
dem nationalen Gesetzgeber bei Umsetzung der europäischen Richtlinien ein Ermessensspielraum zukommt[4]. Die ersten Erfahrungen
seit dem Inkrafttreten des Vergaberechtsänderungsgesetzes und die
allgemeine Prozeßfreudigkeit in Deutschland lassen darüber hinaus
vermuten, daß die Anrufung der Beschwerdegerichte keineswegs die
Ausnahme bilden wird.

---

1 BT-Drucks. 13/9340 S. 14.
2 *Bechtold,* GWB, 2. Aufl. 1999, § 97 Rz. 40; *Byok,* NJW 1998, 2774, 2777;
   Dreher, EuZW 1997, 522, 524.
3 EuZW 1997, 522.
4 *Byok,* NJW 1998, 2774, 2777; im Ergebnis ebenfalls ablehnend *Gröning,*
   ZIP 1998, 370, 373; zu dem Ermessensspielraum: *Geiger,* EG-Vertrag,
   2. Aufl. 1995, Art. 189 Rz. 10.

b) Abgrenzung

40   Auch im Verwaltungsverfahrens- und Verwaltungsprozeßrecht stellt
sich vielfach die Frage, ob bei der Mißachtung bestimmter Vorschriften zugleich auch eine Rechtsverletzung für eine bestimmte natürliche oder juristische Person vorliegt oder nicht. Die damit verbundenen **Abgrenzungsprobleme** sind also nicht allein für das Vergaberecht relevant. Eine **exakte Aufzählung** derjenigen Vorschriften, die
subjektiv öffentliche bzw. sujektive Rechte vermitteln, kommt in
abschließender und damit verlässlicher Weise nicht in Betracht. Dafür sind die insofern in Betracht kommenden Vorschriften, ihre einzelfallspezifischen Anwendungsfälle usw. zu wenig erfaßbar. Es
kommt hinzu, daß allein die Verletzung einer bieterschützenden
Vorschrift nicht genügt. Der Antragsteller muß sich darauf vielmehr
im konkreten Fall auch berufen können[1].

41   Ausgangspunkt für die Frage, welche vergaberechtlichen Vorschriften auch subjektiven Bieterschutz vermitteln, ist die sog. **Schutz-
normlehre.** Danach hat eine objektiv-rechtliche Bestimmung, die für
das öffentliche Auftragswesen relevant ist, dann Schutzcharakter,
wenn sie zumindest auch den Zweck hat, den Betroffenen zu begün-
stigen und es ihm ermöglichen soll, sich auf diese Begünstigung zu
berufen, um so einen ihm sonst drohenden Schaden oder sonstigen
Nachteil zu verhindern[2].

42   Die dagegen teilweise aus gemeinschaftsrechtlicher Sicht geäußerte
Kritik[3] ist unbegründet. Denn auch gemeinschaftsrechtlich ist lediglich ein effektiver Rechtsschutz dahingehend gefordert, daß derjenige, dem durch einen behaupteten Rechtsverstoß ein Schaden entstanden ist bzw. zu entstehen droht, durchsetzbare Ansprüche erhält, um dies im Regelfall unterbinden zu können (Art. 1 Abs. 3 der
Rechtsmittelrichtlinien). Nicht erforderlich ist also ein schadensun-
abhängiger und damit voraussetzungsloser Überprüfungsanspruch
für etwaige Bieter. Damit ist der notwenige **Schutzzweck** von vergaberechtlich relevanten Bestimmungen und der damit einhergehende

---

1 Ebenso *Bechtold,* GWB, 2. Aufl. 1999, § 114 Rz. 1; kritisch *Byok,* NJW
   1998, 2774, 2777.
2 Dazu im einzelnen *Sachs* in Stelkens/Bonk/Sachs, Verwaltungsverfahrensgesetz, 5. Aufl. 1998, § 40 Rz. 132 ff.; für die Anwendbarkeit der Schutz-
   normlehre im Rahmen des § 97 Abs. 7: *Korbion,* Vergaberechtsänderungsgesetz, 1999, § 97 Rz. 9.
3 OLG Brandenburg v. 3. 8. 1999 – 6 Verg 1/99, WuW 1999, 929, 932 =
   WuW/E Verg 231, 234 – Flughafen Berlin; *Ulbrich/Waldner,* BauR 1999,
   1082, 1084; *Schnorbus,* BauR 1999, 77, 95.

erforderliche Ursächlichkeitszusammenhang zwischen einem Rechtsverstoß und einem daraus resultierenden potentiellen Schaden unbedenklich. Um einer vergaberechtlichen Bestimmung Schutzcharakter zugunsten von Bietern beizumessen reicht dabei nicht jeder beliebige und gleichsam zufällige Ursächlichkeitszusammenhang zwischen einem Verstoß gegen diese Bestimmung und einem möglichen Nachteil für einzelne Unternehmen. Notwendig ist vielmehr ein **unmittelbarer Sachzusammenhang,** wie er auch für einen Schadensersatzanspruch als Sekundärrechtsschutz notwendig wäre, der durch den vergaberechtlichen Primärrechtsschutz gerade vermieden werden soll. Die Verletzung von Vorschriften, die nicht *nach* Zuschlagserteilung zu einem eventuellen Schadensersatzanspruch führen kann, rechtfertigt daher auch keine Ansprüche des Bieters *innerhalb* des betreffenden Vergabeverfahrens. Für einen Schadensersatzanspruch indes bedarf es ebenfalls einer Verletzung von Vorschriften, die den Anspruchsteller konkret schützen und ihn gerade vor dem eingetretenen Schaden bewahren sollen[1]. Auch insofern wird gemeinschaftsrechtlich nichts anderes gefordert, so daß sich die durch den nationalen Gesetzgeber gewählte Ausgestaltung des Nachprüfungsanspruchs im Rahmen seines Umsetzungsspielraums bewegt[2].

Subjektive Bieterrechte ergeben sich aus dem einfachen **materiellen**   43
Recht einschließlich der über die Vergabeverordnung zum Außenrecht erstarkten **Verdingungsordnungen** (dazu o. Tz. 35). Daneben kommen sowohl das nationale **Verfassungsrecht** als auch das **Gemeinschaftsrecht,** insbesondere die Grundrechte und die Grundfreiheiten[3], zum Tragen. Allerdings ist zu beachten, daß das öffentliche Auftragswesen durch gemeinschaftsrechtliche Richtlinien und letztlich durch einfaches nationales Recht **ausgestaltet** ist. Nur soweit es an einer solchen Ausgestaltung fehlt oder diese mit höherrangigem Recht, also mit primärem Gemeinschaftsrecht oder nationalem Verfassungsrecht, nicht vereinbar ist, können die jeweils höherrangigen Rechtsakte unmittelbar Bedeutung erlangen[4]. Daneben haben das primäre Gemeinschaftsrecht und das nationale Verfassungsrecht al-

---

1 In diesem Zusammenhang etwa *Thomas* in Palandt, BGB, 58. Aufl. 1999, § 823 Rz. 140 f.
2 So im Ergebnis auch *Byok,* NJW 1998, 2774, 2777.
3 *Noch,* Vergaberecht kompakt, 1999, S. 27 ff.
4 In diesem Zusammenhang für das Verhältnis der Grundfreiheiten des Gemeinschaftsrechts zu dem durch die Vergabe- und Rechtsmittelrichtlinien ausgestalteten öffentlichen Vergabewesen *Noch,* Vergaberecht kompakt, 1999, S. 35 ff.

lerdings auch bei der **Auslegung** nachrangigen einfachen Rechts Bedeutung. Auch **innerhalb des einfachen Rechts** kommt dem allgemeinen Grundsatz, daß die **speziellere Regelung** Vorrang vor der allgemeineren Bestimmung genießt, Bedeutung zu. Dies gilt etwa für das Verhältnid der allgemeinen Vergabegrundsätze in § 97 Abs. 1 bis 5 zu den Detailregelungen in der jeweils einschlägigen Verdingungsordnung. Ein Rückgriff auf die allgemeine Regelung kommt auch insoweit in der Regel nur in Betracht, wenn eine spezielle Ausgestaltungsregelung nicht vorliegt.

44 Im Hinblick auf die Anforderungen des Gemeinschaftsrechts ist der **Begriff der subjektiven Rechte weit auszulegen**[1]. Die zentrale Zielvorgabe für den subjektiven Bieterschutz im Bereich des Vergaberechts ist der Schutz des Bieters vor der Willkür des Auftraggebers[2]. Dafür sind insbesondere die in § 97 Abs. 4 und Abs. 5 enthaltenen subjektiven Eignungs- und objektiven Zuschlagskriterien als bieterschützende Bestimmungen von Bedeutung[3], die indes weitestgehend in den Verdingungsordnungen präzisiert sind, so daß ein Rückgriff unmittelbar auf diese Bestimmungen in der Regel ausscheidet. Subjektiven Bieterschutz wird man insbesondere den Regelungen über die **Erforderlichkeit einer Ausschreibung** einschließlich der ordnungsgemäßen Bestimmung des Schwellenwerts (s. etwa § 1a VOB/A), den Regelungen über die **Grundsätze der Vergabe** (s. etwa § 2 VOB/A, § 97 Abs. 2 und 4), der **Wahl der richtigen Vergabeart** (s. etwa §§ 3, 3a VOB/A, § 101)[4], den Bestimmungen über die ordnungsgemäße **Auswahl der Teilnehmer** am Wettbewerb (s. etwa §§ 8, 8a VOB/A), den Regelungen über die ordnungsgemäße **Bekanntmachung** (s. etwa §§ 17, 17a VOB/A) und über die **Angebots- und Bewerbungsfrist** (s. etwa §§ 18, 18a VOB/A) sowie über die **Zuschlags- und Bindefrist** (s. etwa § 19 VOB/A), dem **Nachverhandlungsverbot** (s. etwa § 24 VOB/A) und den Bestimmungen über die **Bewertung** der Angebote (s. etwa §§ 25, 25a VOB/A) beimessen müssen. Dabei ist allerdings zu berücksichtigen, daß die genannten Vorschriften zum Teil sehr umfassende Regelungen beinhalten. Sie vermitteln jeweils nur insoweit subjektive Rechte für einzelne Bieter als sie deren jeweiligen Schutz bezwecken und sie vor unmittelbar

---

1 *Bechtold*, GWB, 2. Aufl. 1999, § 97 Rz. 41; *Byok*, NJW 1998, 2774, 2777; *Noch*, ZfBR 1997, 221, 222.
2 EuGH v. 20. 9. 1998 – Rs. C 31/87, Slg. 1988 I, 4635 – Beentjes; EuGH v. 11. 8. 1995 – Rs. C 433/93, Slg. 1995 I, 2303 – Kommission ./. Deutschland; *Boesen*, EuZW 1998, 551, 552.
3 Vgl. *Noch*, ZfBR 1997, 221, 222; *Pietzcker*, ZHR 162 (1998), 427, 459 f.
4 OLG Düsseldorf, BauR 1999, 751, 759.

aus einem Verstoß resultierenden Schäden oder sonstigen Nachteilen bewahren sollen (o. Tz. 41).

Im Ergebnis führen diese Abgrenzungskriterien dazu, daß der überwiegende Teil der Bestimmungen des Vergaberechts als den Bieter schützend anzusehen ist[1]. Bloße Ordnungsvorschriften, auf deren Einhaltung kein subjektiver Anspruch besteht, bilden die Ausnahme. Ein Beispiel stellt § 117 Abs. 4 dar. Unterrichtet der Beschwerdeführer die anderen Beteiligten von der Einlegung der Beschwerde nicht durch Übermittlung einer Ausfertigung der Beschwerdeschrift, führt dies nicht zur Unzulässigkeit der sofortigen Beschwerde (§ 117 Tz. 21)[2].   45

2. Beschränkung auf EU-rechtliche Vorgaben

Die Bundesregierung hatte ein Gutachten über die Frage erstellen lassen, ob es möglich sei, den gerichtlichen Rechtsschutz ausschließlich auf EU-rechtliche Vorgaben zu begrenzen[3]. Dieses Gutachten kommt zu dem Ergebnis, daß eine derartige Begrenzung zwar rechtlich möglich, jedoch nicht zweckmäßig sei. Das deutsche Vergaberecht beschränkt sich nicht darauf, die gemeinschaftsrechtlichen Vorgaben umzusetzen. Vielmehr werden diese um zahlreiche Vorschriften ergänzt. Eine Trennung zwischen gemeinschaftsrechtlich bedingten und sonstigen Vorschriften ist in den Verdingungsordnungen nicht konsequent durchgeführt. Insbesondere Abschnitte 1 der VOB/A und der VOL/A und die VOF enthalten nebeneinander Bestimmungen, die auf das Gemeinschaftsrecht zurückgehen und solche Vorschriften, deren Einfügung unter EG-rechtlichen Gesichtspunkten nicht erforderlich gewesen wäre[4]. Der Gesetzgeber hat daher bewußt darauf verzichtet, § 97 Abs. 7 auf Verstöße gegen solche Vorschriften des Vergaberechts zu begrenzen, die auf die Vergabe-Richtlinien zurückzuführen sind[5].   46

---

1 *Bechtold*, GWB, 2. Aufl. 1999, § 97 Rz. 43.
2 OLG Düsseldorf v. 13. 4. 1999 – Verg 1/99, BauR 1999, 751, 754 f.
3 *Hailbronner*, BT-Drucks. 13/9340 S. 25 ff.
4 Zu letzeren zählen beispielsweise die Regelungen über den Eröffnungstermin (§ 22 VOB/A), die in der BKR keine Entsprechung finden.
5 BT-Drucks. 13/9340 S. 14 f.

§ 98 Auftraggeber

Öffentliche Auftraggeber im Sinne dieses Teils sind:

1. Gebietskörperschaften sowie deren Sondervermögen,

2. andere juristische Personen des öffentlichen und des privaten Rechts, die zu dem besonderen Zweck gegründet wurden, im Allgemeininteresse liegende Aufgaben nichtgewerblicher Art zu erfüllen, wenn Stellen, die unter Nummer 1 oder 3 fallen, sie einzeln oder gemeinsam durch Beteiligung oder auf sonstige Weise überwiegend finanzieren oder über ihre Leitung die Aufsicht ausüben oder mehr als die Hälfte der Mitglieder eines ihrer zur Geschäftsführung oder zur Aufsicht berufenen Organe bestimmt haben. Das gleiche gilt dann, wenn die Stelle, die einzeln oder gemeinsam mit anderen die überwiegende Finanzierung gewährt oder die Mehrheit der Mitglieder eines zur Geschäftsführung oder Aufsicht berufenen Organs bestimmt hat, unter Satz 1 fällt,

3. Verbände, deren Mitglieder unter Nummer 1 oder 2 fallen,

4. natürliche oder juristische Personen des privaten Rechts, die auf dem Gebiet der Trinkwasser- oder Energieversorgung oder des Verkehrs oder der Telekommunikation tätig sind, wenn diese Tätigkeiten auf der Grundlage von besonderen oder ausschließlichen Rechten ausgeübt werden, die von einer zuständigen Behörde gewährt wurden, oder wenn Auftraggeber, die unter Nummern 1 bis 3 fallen, auf diese Personen einzeln oder gemeinsam einen beherrschenden Einfluß ausüben können,

5. natürliche oder juristische Personen des privaten Rechts in den Fällen, in denen sie für Tiefbaumaßnahmen, für die Errichtung von Krankenhäusern, Sport-, Erholungs- oder Freizeiteinrichtungen, Schul-, Hochschul- oder Verwaltungsgebäuden oder für damit in Verbindung stehende Dienstleistungen und Auslobungsverfahren von Stellen, die unter Nummern 1 bis 3 fallen, Mittel erhalten, mit denen diese Vorhaben zu mehr als 50 vom Hundert finanziert werden,

6. natürliche oder juristische Personen des privaten Rechts, die mit Stellen, die unter Nummern 1 bis 3 fallen, einen Vertrag über die Erbringung von Bauleistungen abgeschlossen haben, bei dem die Gegenleistung für die Bauarbeiten statt in einer Vergütung in dem Recht auf Nutzung der baulichen Anlage, ggf. zuzüglich der Zahlung eines Preises besteht, hinsichtlich der Aufträge an Dritte (Baukonzession).

Inhaltsübersicht

I. Einführung

1. Inhaltsübersicht

1   § 98 bestimmt die öffentlichen Auftraggeber und somit den Kreis
derjenigen Personen, die verpflichtet sind, den 4. Teil des GWB und
die übrigen Bestimmungen des Vergaberechts, auf welche das GWB
verweist, anzuwenden. § 98 beruht auf verschiedenen Bestimmungen europäischer Richtlinien, deren Text im Gesetz teilweise wörtlich wiedergegeben wird. Der Rückgriff auf diese Richtlinien ist
mitunter schwierig, da der deutsche Gesetzgeber einem anderen
System als das Gemeinschaftsrecht folgt. Die BKR, LKR, DLR und
SKR regeln für ihren Anwendungsbereich gesondert, welche Auftraggeber der jeweiligen Richtlinie unterfallen. Hierbei ergeben sich in
zentralen Bereichen Überschneidungen zwischen den Richtlinien.
Das GWB hingegen definiert die öffentlichen Auftraggeber zunächst
„abstrakt", das heißt, ohne festzulegen, welche der einzelnen Verdingungsordnungen auf den jeweiligen Auftraggeber Anwendung finden. Dies führt dazu, daß Vorschriften der Richtlinien auf mehrere
unterschiedliche Ziffern des § 98 GWB verteilt werden, andererseits
diese Ziffern verschiedene Definitionen aus den unterschiedlichen
Richtlinien zusammenfassen.

2   Die Zuweisung der Geltung der einzelnen Verdingungsordnungen zu
den in § 98 definierten öffentlichen Auftraggebern erfolgt nicht im
GWB, sondern durch die Vergabeverordnung. Hierbei tritt die zusätzliche Schwierigkeit auf, daß die Vergabeverordnung im Rahmen der
Einführung des Vergaberechtsänderungsgesetzes nicht neu gefaßt
wurde (vgl. § 97 Tz. 32). Sie nimmt daher noch auf den zwischenzeitlich außer Kraft getretenen § 57a HGrG Bezug. Diese Vorschrift
wurde durch § 98 ersetzt, wobei die acht Ziffern des § 57a HGrG in
sechs Ziffern zusammengefaßt wurden. Dies erschwert die Bestimmung der auf die in § 98 genannten öffentlichen Auftraggeber anzuwendenden Vergabebestimmungen zusätzlich.

3   Die in § 98 genannten öffentlichen **Auftraggeber** lassen sich in **zwei
Gruppen** einteilen. Die erste Gruppe bildet die öffentliche Hand im
weiten Sinne zuzüglich der von ihr beherrschten oder finanzierten
privaten Gesellschaften. Es handelt sich um die in § 98 Nr. 1, 2, 3
und 4, 2. Alt. genannten Auftraggeber. Diese unterliegen vollum-
fänglich den Bestimmungen des GWB. Die zweite Gruppe (§ 98
Nr. 4, 1. Alt., Nr. 5 und 6) umfaßt private Unternehmen, deren Einbeziehung unter ein zwangsweises Vergabeverfahren für Aufträge
einer marktwirtschaftlichen Ordnung grundsätzlich fremd ist. Diese

Unternehmen werden aus unterschiedlichen Gründen dem Anwendungsbereich des Gesetzes unterworfen. Bezüglich der in § 98 Nr. 4, 1. Alt. genannten Sektorenauftraggeber liegt der Grund in deren Monopolstellung, die einen Wettbewerb ausschließt; die Erfassung der Auftraggeber nach § 98 Nr. 5 und 6 erfolgt, da diese mit öffentlichen Geldern wirtschaften. Es handelt sich um begrenzte Ausnahmefälle, die einer analogen Ausdehnung nicht zugänglich sind.

Den Richtlinien folgend enthält § 98 keinen instutionellen, sondern einen **funktionalen Auftraggeberbegriff**[1]. Da die Vorschrift Bestimmungen der Vergaberichtlinien umsetzt, ist sie anhand der europäischen Vorgaben auszulegen.   4

2. Entstehungsgeschichte

Der Gesetzestext entspricht § 107 des Regierungsentwurfs[2]:   5

Begründung zu § 107 des Regierungsentwurfs[3]:   6

Die Vorschrift enthält in sechs Kategorien die Umschreibung der von den EG-Vergaberichtlinien erfaßten Auftraggeber, die bisher in § 57a Abs. 1 Nr. 1 bis 8 HGrG aufgeführt sind. Der Text entspricht im wesentlichen dem Text des § 57a Abs. 1 HGrG. Änderungen sind nur vorgenommen worden, um eine formale textliche Vereinfachung zu erreichen, in materieller Hinsicht wird der Kreis der Auftraggeber nicht verändert.

Angesichts der Liberalisierung und Privatisierung von bisher primär öffentlich geprägten Wirtschaftsbereichen ist in jedem Einzelfall sorgfältig zu prüfen, ob ein Auftraggeber privaten Rechts zu dem besonderen Zweck gegründet wurde, im Allgemeininteresse liegende Aufgaben nicht gewerblicher Art zu erfüllen. Dabei kommt es darauf an, welche Aufgabenverteilung zwischen dem Staat und dem Unternehmen das Gesetz, insbesondere das Gesetz, auf dem Privatisierung und Neuordnung beruhen, vornimmt, welche Aufgaben dem Unternehmen nach dem jeweiligen Rechtsakt, auf dem die Privatisierung beruht, zukommen und wie der Unternehmensgegenstand und ein etwaiger Unternehmenszweck festgelegt sind.

---

1 EuGH v. 20. 9. 1988 – Rs. 31/87, Slg. 1988, 4635 – Beentjes; EuGH v. 10. 11. 1998 – Rs. C 360/96, WuW 1999, 101, 106 = WuW/E Verg 161, 166 – Gemeente Arnhem; EuGH v. 17. 12. 1998 – Rs. C 353/96, WuW 1999, 211, 214 = WuW/E Verg 171, 174 – Kommission ./. Irland; *Bechtold*, GWB, 2. Aufl. 1999, § 98, Rz. 1; *Hailbronner*, Forum Vergabe 95, Öffentliches Auftragswesen, S. 127, 126; *Noch*, WuW 1998, 1059, 1060; *Pietzcker*, ZHR 162 (1998), 427, 444.
2 BT-Drucks. 13/9340.
3 BT-Drucks. 13/9340.

Zum Kreis der betroffenen Auftraggeber wird im übrigen verwiesen auf die Stellungnahme des Bundesrates zum Entwurf eines Zweiten Gesetzes zur Änderung des Haushaltsgrundsätzegesetzes sowie die Gegenäußerung der Bundesregierung (Drucksache 12/4636).

II. Gebietskörperschaften (§ 98 Nr. 1)

7   Die Vorschrift beruht auf Art. 1 lit. b 1. UA BKR, Art. 1 lit. b 1. UA LKR, Art. 1 lit. b 2. UA DLR und Art. 2 Abs. 1 lit. a i. V. m. Art. 1 Nr. 1 SKR. Von ihr werden Gebietskörperschaften sowie deren Sondervermögen umfaßt. Bei den Gebietskörperschaften handelt es sich um die klassischen öffentlich-rechtlichen Auftraggeber. Dies sind der Bund, die Länder, die Landkreise und die Gemeinden. Unter Sondervermögen sind rechtlich unselbständige, aber als gesonderte Einheit im Rechtsverkehr auftretende Eigenbetriebe oder sonstige Einheiten dieser Körperschaften zu verstehen[1]. § 98 Nr. 1 entspricht weitgehend § 57a Abs. 1 Nr. 1 HGrG, wobei letztere Vorschrift auch die aus Gebietskörperschaften sowie deren Sondervermögen bestehenden Verbände umfaßte. Diese Ergänzung wurde in § 98 Nr. 1 nicht übernommen, da sich die Auftraggebereigenschaft der Verbände aus Nr. 3 ergibt.

8   Soweit die jeweiligen Schwellenwerte erreicht sind, haben die in § 98 Nr. 1 genannten öffentlichen Auftraggeber Abschnitt 2 der VOL/A (§ 1 Abs. 1 VgV), die VOF (§ 2 Abs. 1 VgV) oder Abschnitt 2 VOB/A (§ 3 Abs. 1 VgV) anzuwenden. Sind die Auftraggeber in einem der in § 4 Abs. 3 VgV genannten Sektoren tätig, findet anstelle des Abschnitts 2 der Abschnitt 3 der VOL/A bzw. VOB/A Anwendung (§ 4 Abs. 1 VgV).

III. Sonstige Einrichtungen des öffentlichen Rechts (§ 98 Nr. 2)

9   Die Vorschrift beruht auf Art. 1 lit. b 2. UA BKR, Art. 1 lit. b 2. UA LKR, Art. 1 lit. b 2. UA DLR und Art. 2 Abs. 1 lit. a i. V. m. Art. 1 Nr. 1 2. UA SKR. Sie bezieht juristische Personen des öffentlichen und privaten Rechts unter bestimmten Voraussetzungen in den Anwendungsbereich des GWB ein. In ihr spiegelt sich der **funktionale**

---

1 *Bechtold*, GWB, 2. Aufl. 1999, § 98, Rz. 5; *Rusam* in Heiermann/Riedl/Rusam, Handkommentar zur VOB, 8. Aufl. 1997, Vorbemerkungen zur VOB/A Rz. 18.

Auftraggeberbegriff (Tz. 4) des Gemeinschaftsrechts. Die Vorschrift trägt dem Umstand Rechnung, daß sich die öffentliche Hand zur Erledigung ihrer Aufgabe zusehends Unternehmen bedient, die privatrechtlich organisiert sind. Diese werden teilweise unmittelbar von Gebietskörperschaften oder deren Sondervermögen gehalten, teilweise bestehen indirekte und weitverzweigte Verbindungen. Die Richtlinien stehen dieser privatrechtlichen Organisation öffentlicher Aufgaben nicht entgegen, wollen jedoch sicherstellen, daß sich die öffentliche Hand durch eine „Flucht" in das Privatrecht dem Anwendungsbereich des Vergaberechts nicht entzieht. Die in § 98 Nr. 2 genannten Auftraggber werden unbeschadet der Einbeziehung juristischer Personen des Privatrechts in den Vergaberichtlinien als **„Einrichtungen des öffentlichen Rechts"** bezeichnet. Dieser Begriff wird auch nachfolgend verwendet.

1. Eigene Rechtspersönlichkeit

Die europäischen Vergaberichtlinien fordern eine eigene Rechtspersönlichkeit der Einrichtungen des öffentlichen Rechts. § 98 Nr. 2 bringt dies zum Ausdruck, indem er seinen Anwendungsbereich auf natürliche oder juristische Personen des öffentlichen oder privaten Rechts beschränkt. Zu den juristischen Personen des **öffentlichen Rechts** zählen neben den von Nr. 1 umfaßten Gebietskörperschaften die bundes-, landes- und gemeindeunmittelbaren Körperschaften, Anstalten und Stiftungen des öffentlichen Rechts. Diese sind beispielhaft in Anhang I zur BKR aufgeführt. **Eigenbetriebe** von Gebietskörperschaften, die keine eigene Rechtspersönlichkeit besitzen, fallen somit nicht unter Nr. 2, sind allerdings von Nr. 1 umfaßt.

Juristische Personen des **Privatrechts** sind der eingetragene Verein, die GmbH, die KG auf Aktien, die eingetragene Genossenschaft, die AG und der Versicherungsverein auf Gegenseitigkeit. Soweit diese Gesellschaften bereits vor Wirksamwerden ihrer Gründung, also beispielsweise vor Eintragung einer GmbH in das Handelsregister, im Vorgriff auf ihre zukünftige Tätigkeit Aufträge erteilen, unterfallen sie ebenfalls dem Anwendungsbereich des § 98 Nr. 2[1]. Auch hierin zeigt sich der funktionale Auftraggeberbegriff. Ist eine juristische Person nach nationalem Recht schon vor ihrer Gründung in der Lage, rechtswirksam Verpflichtungen einzugehen, unterliegt sie bereits den vergaberechtlichen Bestimmungen.

---

1 *Bechtold,* GWB, 2. Aufl. 1999, § 98, Rz. 8; *Dreher,* DB 1998, 2579, 2580.

12   Umstritten ist die Einbeziehung der **OHG,** der **KG** und der Europäischen wirtschaftlichen Interessenvereinigung **(EWIV)**[1]. Hierbei handelt es sich nicht um juristische Personen[2], die genannten Gesellschaften sind diesen im Rechtsverkehr jedoch weitgehend gleichgestellt. Der Vergabeüberwachungsausschuß des Landes Brandenburg hatte entschieden, daß eine KG nicht unter § 57a Abs. 1 Nr. 1 HGrG falle[3], da auch im Lichte der EG-Richtlinien eine formale Betrachtungsweise anzuwenden sei. Dem kann nicht gefolgt werden. Der Begriff der „Rechtspersönlichkeit" im Sinne der BKR, LKR, DLR und SKR ist nicht nach nationalem Recht, sondern gemeinschaftsrechtlich auszulegen. Es kommt nicht darauf an, ob das nationale Recht einer wirtschaftlichen Einheit auch formale Rechtspersönlichkeit zugesteht, soweit diese in der Lage ist, im Rechtsverkehr wie eine juristische Person aufzutreten und Verpflichtungen einzugehen[4]. Der gemeinschaftsrechtlich vorgegebene funktionale Auftraggeberbegriff verbietet gerade eine formale Betrachtung.

2. Gründung zu dem Zweck, im Allgemeininteresse liegende Aufgaben nicht gewerblicher Art zu erfüllen

a) Einleitung

13   Hierbei handelt es sich um das zentrale Merkmal des § 98 Nr. 2, mit dem die dem Vergaberecht unterliegende Tätigkeit der öffentlichen Hand von deren übrigen Handeln abgegrenzt werden soll, worunter insbesondere die erwerbswirtschaftliche Tätigkeit fällt[5]. Dort unterliegt auch die öffentliche Hand den Regeln des Wettbewerbs, so daß es nicht erforderlich ist, die Marktteilnehmer über die Anwendung des Vergaberechts vor Diskriminierungen durch die öffentliche Hand zu schützen.

---

1 Zur EWIV vgl. *Baumbach/Hopt,* Handelsgesetzbuch, 29. Aufl. 1995, Anh. § 160, Rz. 1 ff.

2 *v. Gerkan* in Röhricht/Graf v. Westphalen, Handelsgesetzbuch, 1998, § 105, Rz. 6.

3 VÜA Brandenburg v. 9. 5. 1996 – VÜA 3/96, WuW 1996, 853 = WuW/E VergAL 39 – Heizkraftwerk Cottbus.

4 *Bechtold,* GWB, 2. Aufl. 1999, § 98, Rz. 8; *Dreher,* DB 1998, 2579, 2580.

5 *Bechtold,* GWB, 2. Aufl. 1999, § 98, Rz. 10.

b) Gründung

Voraussetzung für die Anwendung des § 98 Nr. 2 ist, daß der Auf-   14
traggeber zu dem **besonderen Zweck gegründet** wurde, im Allgemeininteresse liegende Aufgaben zu erfüllen. Soweit derartige Aufgaben von einer juristischen Person nur gelegentlich ausgeübt werden und nicht dem eigentlichen Gründungszweck entsprechen, findet § 98 Nr. 2 keine Anwendung. Bei Zweifeln kann auf den in der
Gründungsakte vorgesehenen Gesellschaftszweck abgestellt werden[1]. Die Form in der die Zweckbestimmung erfolgt, spielt keine
Rolle. Im Hinblick auf den funktionalen Auftraggeberbegriff ist es
nicht erforderlich, daß die Zweckbestimmung in einem Gesetz, einer verwaltungsrechtlichen Vorschrift oder einem Verwaltungsakt
enthalten ist[2]. Maßgeblich ist die jeweils aktuell und tatsächlich
durchgeführte Tätigkeit. Durch eine Änderung oder Neufestsetzung
des Zwecks kann daher eine juristische Person erstmalig unter den
Anwendungsbereich des § 98 Nr. 2 fallen[3]. Dies gilt auch dann,
wenn die Zweckänderung nicht auf einem formalen Beschluß beruht, sondern sich mit Willen der die juristische Person bestimmenden Personen rein faktisch vollzieht. Nach *Bechtold*[7] ergibt sich aus
der Rechtsprechung des EuGH[4], daß eine Einrichtung, die zur Erfüllung von im Allgemeininteresse liegender Aufgaben gegründet wurde, auch dann noch unter § 98 Nr. 2 fällt, wenn sie diese Aufgaben
zwischenzeitlich nicht mehr ausübt. Dies geht aus der Entscheidung
des EuGH jedoch nicht hervor. Genauso, wie eine ursprünglich nicht
dem Vergaberecht unterfallende juristische Person dadurch zum öffentlichen Auftraggeber werden kann, daß sie nachträglich ihre
Zweckbestimmung ändert, kann ein öffentlicher Auftraggeber dem
Anwendungsbereich des Vergaberechts entfallen, indem er – getragen von dem Willen seiner Gründer – keine der in § 98 Nr. 2 genannten Tätigkeiten mehr ausübt.

Erfolgt die Gründung einer juristischen Person sowohl zum **Zweck**   15
der **Ausübung im Allgemeininteresse liegender,** als auch **sonstiger**
Tätigkeiten, findet § 98 Nr. 2 Anwendung. Auf die Frage, ob die im

---

1 BT-Drucks. 13/9340 S. 15.
2 EuGH v. 10. 11. 1998 – Rs. C 360/96, WuW 1999, 101, 106 = WuW/E Verg
    161, 166 – Gemeente Arnhem.
3 VüA Bund v. 17. 11. 1998 – 1 VÜ 15/98, WuW 1999, 1047, 1049 = WuW/E
    Verg 249, 251 – Werttransporte; *Bechtold,* GWB, 2. Aufl. 1999, § 98,
    Rz. 10; *Dreher,* DB 1998, 2579, 2580.
4 EuGH v. 15. 1. 1998 – Rs. C 44/96, WuW 1998, 311 = WuW/E Verg 23 –
    Mannesmann.

Allgemeininteresse liegenden Tätigkeiten überwiegen, kommt es
aus Gründen der Rechtssicherheit nicht an[1]. Mit der gleichen Begründung führt der EuGH aus, daß der gesamte Tätigkeitsbereich
eines öffentlichen Auftraggebers nach § 98 Nr. 2 den Bestimmungen
des Vergaberechts unterliegt. Erfolgte die Gründung des Auftraggebers mit der Zielsetzung, neben im Allgemeininteresse liegender
Tätigkeiten auch einer wirtschaftlichen Tätigkeit nachzugehen, finden die Bestimmungen des Vergaberechts auch auf die Erfüllung
gewerblicher Aufgaben Anwendung[2]. Eine Erstreckung der vergaberechtlichen Bestimmungen auf den gewerblichen Bereich kann nur
dadurch verhindert werden, daß für diese Tätigkeiten eine eigene
Rechtspersönlichkeit begründet wird, denn allein der Umstand, daß
ein Unternehmen einer Gruppe angehört, zu der auch Einrichtungen
des öffentlichen Rechts zählen, genügt nicht, um dieses Unternehmen dem Anwendungsbereich des § 98 Nr. 2 zu unterwerfen[3].
Durch die Verpflichtung, die Vorschriften des 4. Teils des GWB auch
auf gewerbliche Tätigkeiten anzuwenden, wenn nur auch solche
Tätigkeiten ausgeübt werden, die § 98 Nr. 2 unterfallen, unterscheiden sich die in dieser Vorschrift genannten Auftraggeber von den
Sektorenauftraggebern nach § 98 Nr. 4. Diese unterliegen den Bindungen des Vergaberechts ausschließlich im Bereich ihrer Tätigkeit
auf den Sektoren (§ 4 Abs. 4 VgV) (§ 4 VgV Tz. 28).

c) Allgemeininteresse

16   Die zu erfüllenden Aufgaben müssen im Allgemeininteresse liegen.
Dieser Begriff ist der deutschen Rechtssprache fremd und basiert auf
dem Gemeinschaftsrecht. Er entspricht weitgehend dem Begriff des
„öffentlichen Interesses", den das deutsche Recht verwendet[4]. Zur
Auslegung des § 98 Nr. 2 ist auf das Gemeinschaftsrecht abzustellen. Eine umfassende Definition des Begriffs der „Allgemeininteres-

---

1 EuGH v. 15. 1. 1998 – Rs. C 44/96, WuW 1998, 311, 313 = WuW/E Verg 23,
   25 – Mannesmann; EuGH v. 10. 11. 1998 – Rs. C 360/96, WuW 1999, 101,
   106 = WuW/E Verg 161, 164 – Gemeente Arnhem.
2 EuGH v. 15. 1. 1998 – Rs. C 44/96, WuW 1998, 311, 314 = WuW/E Verg
   23,26 – Mannesmann; *Byok*, NJW 1999, 2774, 2777.
3 EuGH v. 15. 1. 1998 – Rs. C 44/96, WuW 1998, 311, 314 = WuW/E Verg 23,
   26 – Mannesmann; v. 10. 11. 1998 – Rs. C 360/96, WuW 1999, 101, 106 =
   WuW/E Verg 161, 164 – Gemeente Arnhem; *Byok*, NJW 1999, 2774, 2777.
4 *Heiermann/Ax*, Rechtsschutz bei der Vergabe öffentlicher Aufträge, 1997,
   S. 54; *Rusam* in Heiermann/Riedl/Rusam, Handkommentar zur VOB,
   8. Aufl. 1997, Vorbemerkungen zur VOB/A Rz. 26; *Seidel*, ZfBR 1995, 227,
   228.

sen" existiert bisher nicht. In der Regel werden Allgemeininteressen von privaten Interessen abgegrenzt. Dies entspricht der sogenannten „Interessentheorie", die zur Abgrenzung des öffentlichen von dem privaten Recht entwickelt wurde[1]. In Literatur und Rechtsprechung wird diese Theorie heute allgemein abgelehnt, da sie zu keinen klaren Ergebnissen führt. So kann auch der Schutz individueller Rechtsgüter im öffentlichen Interesse liegen[2]. Der Wortlaut der gemeinschaftsrechtlichen Richtlinien zwingt jedoch, auf diese Theorie zurückzugreifen[3]. Ein Handeln im Allgemeininteresse scheidet demnach aus, wenn die öffentliche Hand vorwiegend oder ausschließlich im wirtschaftlichen Eigeninteresse oder im Interesse eines Dritten tätig ist, ohne daß letzteres durch Interessen der Allgemeinheit, wie etwa einer öffentlich-rechtliche Verpflichtung, gerechtfertigt wäre. Die Abgrenzung ist im Einzelfall schwierig und wirft insbesondere dann Probleme auf, wenn die öffentliche Hand neue Tätigkeitsfelder besetzt, die bis dahin üblichen Zuteilungsmuster folglich versagen.

d) Aufgaben nicht gewerblicher Art

Die obigen Ausführungen legen nahe, die im Allgemeininteresse   17
liegenden Aufgaben von Aufgaben gewerblicher Art abzugrenzen. Auch der Wortlaut des § 98 Nr. 2 kann in diesem Sinne verstanden werden. Er spricht von im Allgemeininteresse liegenden Aufgaben nicht gewerblicher Art, worunter verstanden werden könnte, daß im Allgemeininteresse liegende Aufgaben nie in gewerblicher Form erfüllt werden können. Dieser Interpretation hat der EuGH jedoch zu Recht eine Absage erteilt. Er führt aus, daß es sich bei den erstgenannten Aufgaben um einen Oberbegriff handelt. Aufgaben, die im Allgemeininteresse liegen, können sowohl nicht gewerblicher als auch gewerblicher Art sein. Die Nennung der Aufgaben nicht gewerblicher Art grenzt somit nicht die im Allgemeininteresse liegenden Aufgaben gegenüber den gewerblichen Aufgaben ab, sondern schränkt die im Allgemeininteresse liegenden Aufgaben ein[4]. Für die

---

1 Die Interessentheorie wird auf *Ulpian* zurückgeführt: „Publicum ius est quod ad statum rei Romanae spectat, privatum quod ad singulorum utilitatem" (Dig. 1, 1, 1, 2).
2 *Erichsen*, Allgemeines Verwaltungsrecht, 11. Aufl. 1998, § 2 Rz. 15.
3 *Korbion*, Vergaberechtsänderungsgesetz, 1999, § 98 Rz. 3; *Rusam* in Heiermann/Riedl/Rusam, Handkommentar zur VOB, 8. Aufl. 1997, Vorbemerkungen zur VOB/A Rz. 26.
4 EuGH v. 10. 11. 1998 – Rs. C 360/96, WuW 1999, 101, 104 = WuW/E Verg 161, 164 – Gemeente Arnhem.

Abgrenzung zwischen gewerblichen und nicht gewerblichen Tätigkeiten kommt es nicht darauf an, ob die Aufgabe im Wettbewerb mit Privaten ausgeführt wird. Fast jede Aufgabe kann auch von der Privatwirtschaft erfüllt werden. Eine Beschränkung auf wettbewerbsfreie Tätigkeiten würde § 98 Nr. 2 daher weitgehend leerlaufen lassen[1]. Das Vorliegen eines entwickelten Wettbewerbs und insbesondere der Umstand, daß der Auftraggeber im Wettbewerb steht, kann allerdings darauf hinweisen, daß es sich nicht um eine im Allgemeininteresse liegende Aufgabe nicht gewerblicher Art handelt[2]. Der EuGH[3] nimmt zur Abgrenzung auf **Anhang 1 zur BKR** Bezug. Dort werden beispielhaft diejenigen Bereiche genannt, die unter die Allgemeininteressen nicht gewerblicher Art zu subsumieren sind. Diese Auflistung ist zwar nicht abschließend, soll aber so vollständig wie möglich gehalten werden. Soweit eine der in Anhang 1 Ziff. III.2 zur BKR genannten Tätigkeiten durch eine juristische Person des Privatrechts ausgeübt wird, besteht die Vermutung, daß § 98 Nr. 2 Anwendung findet[4]. Für die in dieser Vorschrift nicht aufgeführten Tätigkeiten, spricht umgekehrt die widerlegbare Vermutung, daß es sich nicht um eine im Allgemeininteresse liegende Aufgabe nicht gewerblicher Art handelt.

18   Diese Herangehensweise des EuGH ist pragmatisch, dogmatisch jedoch schwer einzuordnen. Eine für alle Fälle taugliche Abgrenzung zwischen gewerblichen und nicht gewerblichen Tätigkeiten wurde noch nicht gefunden. Zum Teil wird die § 98 Nr. 2 zugrundeliegende Vorschrift des Art. 1 lit. a BKR im Sinne des Art. 1 Nr. 1 SKR verstanden. Demnach seien von dem Anwendungsbereich des Vergaberechts nur solche privaten Unternehmen ausgeschlossen, bei denen es sich um rein gewerbliche, auf Gewinnmaximierung ausgerichtete Wirtschaftsunternehmen handele[5]. Das Abstellen auf die Gewinnerzielungsabsicht entspricht der Definition der gewerblichen Tätigkeit

---

1 EuGH v. 10. 11. 1998 – Rs. C 360/96, WuW 1999, 101, 105 = WuW/E Verg 161, 165 – Gemeente Arnhem; *Noch,* NVwZ 1999, 1083, 1084.

2 EuGH v. 10. 11. 1998 – Rs. C 360/96, WuW 1999, 101, 105 = WuW/E Verg 161, 165 – Gemeente Arnhem; *Dreher,* WuW 1999, 244 ff.; *Hailbronner,* Forum Vergabe 95, Öffentliches Auftragswesen, S. 127, 136 f.; *Pietzcker,* ZHR 162 (1998), 427, 445.

3 EuGH v. 10. 11. 1998 – Rs. C 360/96, WuW 1999, 101, 105 = WuW/E Verg 161, 165 – Gemeente Arnhem.

4 *Hailbronner,* Forum Vergabe 95, Öffentliches Auftragswesen, S. 127, 129 f.; *Heise,* LKV 1999, 210, 212.

5 *Seidel,* ZfBR 1995, 227, 229.

im deutschen Handels- und Gewerberecht[1]. Zu Recht wird jedoch darauf hingewiesen, daß privatrechtliche Organisationsformen fast immer mit Gewinnabzielungsabsicht handeln, so daß dieses Kriterium allein nicht ausschlaggebend sein kann[2].

e) Ergebnis

Entscheidend ist somit eine Gesamtschau der unterschiedlichen Abgrenzungskriterien[3]. Ein Handeln im Allgemeininteresse liegt zumindest stets dann vor, wenn der Auftraggeber nicht mit Gewinnerzielungsabsicht tätig wird. Hiervon werden beispielsweise Aufgaben der Daseinsvorsorge umfaßt[4]. Liegt Gewinnerzielungsabsicht vor, ist entscheidend, ob diese bei Aufnahme der Tätigkeit im Vordergrund stand[5] oder ob Allgemeininteressen überwogen. Hierbei ist auf die Vorstellung des Auftraggebers bei Aufnahme der jeweiligen Tätigkeit abzustellen, so daß durchaus die bisher tradierten Vorstellungen von der Abgrenzung zwischen Allgemein- und Privatinteressen (Tz. 16) bei der Beurteilung mit herangezogen werden können. Von einer nicht gewerblichen Tätigkeit kann ausgegangen werden, wenn unabhängig vom Kostendeckungsprinzip und auch im Fall des Eintritts lang anhaltender Verluste gehandelt wird[6].

Soweit eine Person des öffentlichen Rechts tätig wird, kann vermutet werden, daß die öffentliche Zwecksetzung des Handels überwiegt und somit eine Tätigkeit im Allgemeininteresse vorliegt[7]. In diesen Fällen kann eine Anwendung des § 98 Nr. 2 nur dann verneint werden, wenn eindeutig ausschließlich private oder eigene Interessen verfolgt werden. Ein Handeln nach wirtschaftlichen Grundsätzen steht dem Vorliegen eines Allgemeininteresses nicht entgegen. Ent-

19

20

---

1 BGH v. 18. 1. 1968 – VII ZR 101/65, BGHZ 49, 258, 260; BGH v. 10. 5. 1979 – VII ZR 97/78, BGHZ 74, 273, 276; BGH v. 22. 4. 1982 – VII ZR 191/81, BGHZ 83, 382, 386.
2 *Bechtold*, GWB, 2. Aufl. 1999, § 98 Rz. 14.
3 *Bechtold*, GWB, 2. Aufl. 1999, § 98 Rz. 14.
4 *Heise*, LKV 1999, 210, 211.
5 *Korbion*, Vergaberechtsänderungsgesetz, 1999, § 98 Rz. 3.
6 VüA Bund v. 17. 11. 1998 – 1 VÜ 15/98, WuW 1999, 1047, 1050 = WuW/E Verg 249, 252 – Werttransporte.
7 *Bechtold*, GWB, 2. Aufl. 1999, § 98 Rz. 12; *Hailbronner*, Forum Vergabe 95, Öffentliches Auftragswesen, S. 127, 135; *Heiermann/Ax*, Rechtsschutz bei der Vergabe öffentlicher Aufträge, 1997, S. 54; *Heise*, LKV 1999, 210, 211; *Müller* in Daub/Eberstein, Kommentar zur VOL/A, 4. Aufl. 1998, § 1a Rz. 13.

sprechend wird angenommen, daß ein Handeln juristischer Personen des privaten Rechts die Vermutung erlaubt, daß keine Allgemeininteressen verfolgt werden[1]. Hierbei ist jedoch zu beachten, daß Gebietskörperschaften in vielen Fällen aufgrund gesetzlicher Vorschriften nur dann berechtigt sind, wirtschaftliche Unternehmen zu gründen, wenn dies durch einen öffentlichen Zweck gerechtfertigt ist und dieser nicht besser und wirtschaftlicher durch einen Dritten erfüllt werden kann[2]. Prinzipiell ist zu unterstellen, daß die Gebietskörperschaften bei der Gründung wirtschaftlicher Unternehmen diese Grundsätze beachten und daher – soweit dies gesetzlich vorgesehen ist – zur Erfüllung eines öffentlichen Zwecks tätig werden. Eine Vermutung, daß eine privatrechtliche Organisation auf gewerbliches Handeln schließen läßt, ist demnach abzulehnen. Auch soweit eine derartige Vermutung angenommen wird, gilt diese jedenfalls als widerlegt, wenn ein in privater Rechtsform handelndes Unternehmen eine originär staatliche Aufgabe erfüllt[3].

21   Neben der oder den übertragenen Aufgaben, der Organisationsform und dem Vorliegen einer Gewinnerzielungsabsicht ist insbesondere die Nennung der konkreten Aufgabe in Ziff. III.2 des Anhang I zur BKR entscheidend (Tz. 17).

3. Finanzierung und Beherrschung

a) Gemeinsame Voraussetzung

22   Voraussetzung für die Anwendbarkeit des § 98 Nr. 2 ist weiterhin, daß Stellen, die unter Nr. 1, 2 oder 3 fallen, den Auftraggeber einzeln oder gemeinsam durch Beteiligung oder auf sonstige Weise überwiegend finanzieren oder über seine Leitung die Aufsicht ausüben oder mehr als die Hälfte der Mitglieder eines seiner zur Geschäftsführung oder zur Aufsicht berufenen Organe bestimmt haben. Das Gesetz stellt auf die Finanzierung (Tz. 23 f.) oder die Beherrschung

---

1 *Bechtold*, GWB, 2. Aufl. 1999, § 98 Rz. 12; *Hailbronner*, Forum Vergabe 95, Öffentliches Auftragswesen, S. 127, 135; *Heiermann/Ax*, Rechtsschutz bei der Vergabe öffentlicher Aufträge, 1997, S. 55; *Heise*, LKV 1999, 210, 211.

2 So beispielsweise § 97 Abs. 1 SächsGemO.

3 VÜA Bund v. 12. 4. 1995 – 1 VÜ 1/95, WuW 1995, 1057, 1063 = WuW/E VergAB 27, 33 – Kraftwerkkomponenten; VÜA Bund v. 20. 11. 1995 – 1 VÜ 5/95, WuW 1996, 338, 342 = WuW/E VergAG 58, 62 – Abrißarbeiten; *Hailbronner*, Forum 95, Öffentliches Auftragswesen, 127, 134; *Heise*, LKV 1999, 210, 211.

(Tz. 25 ff.) ab. In beiden Fällen ist Voraussetzung, daß die Finanzierung bzw. die Beherrschung von den in Nr. 1, 2 oder 3 genannten Stellen ausgeübt wird. Der Einschluß der in Nr. 2 genannten Stellen ergibt sich aus § 98 Nr. 2 Satz 2 (Tz. 29).

b) Finanzierung

Diese Variante liegt vor, wenn der Auftraggeber von Stellen, die   23
unter Nr. 1, 2 oder 3 fallen, durch Beteiligung oder auf sonstige Weise überwiegend finanziert wird. Die Worte „durch Beteiligung oder auf sonstige Weise" finden sich lediglich in § 98 Nr. 2, nicht hingegen im Text der Richtlinien. Hierdurch soll klargestellt werden, daß die Finanzierung über Eigenkapital derjenigen über Fremdkapital gleichgestellt wird. Auch Sachleistungen oder die Gestellung von Material kann eine Finanzierung darstellen[1]. Im übrigen regelt das Gesetz nicht, welche Zahlungsflüsse zu der Finanzierung eines Unternehmens zählen. Ausschlaggebend ist nicht die rechtliche Form, in der dem Auftraggeber durch die in Nr. 1, 2 und 3 genannten Stellen Finanzmittel zur Verfügung gestellt werden. Dies kann durch Eigenkapital, eigenkapitalersetzende Darlehen, stille Beteiligungen oder Darlehen erfolgen. Nach seinem Wortlaut könnte § 98 Nr. 2 auch die Finanzierung durch Subventionen umfassen. Wie die ausdrückliche Erwähnung der staatlich subventionierten Auftraggeber in § 98 Nr. 5 zeigt, ist dies jedoch nicht der Fall. Es wird die Auffassung vertreten, daß öffentlich-rechtliche Rundfunkanstalten nicht § 98 Nr. 2 unterfallen, da sie sich überwiegend durch Gebühren und Werbeeinnahmen, nicht hingegen durch staatliche Zuwendungen finanzieren (Tz. 33). Die Einnahmen eines Unternehmens zählen jedoch nicht zu dessen Finanzierungsmitteln. Anderenfalls würden selbst Unternehmen, die ihre ursprüngliche Kapitalausstattung ausschließlich von Auftraggebern nach § 98 Nr. 1 bis 3 erhalten hatten, nicht zu den Einrichtungen des öffentlichen Rechts zählen, wenn sie Gewinne erzielen, die einen Rückgriff auf andere Finanzierungsmittel unnötig machen.

Erfolgt die Finanzierung auch über Stellen, die nicht in Nr. 1, 2 oder   24
3 genannt sind, ist darauf abzustellen, welche Stellen den **überwiegenden**, also 50% übersteigenden **Anteil** beisteuern[2]. Unklar ist, welche Finanzierungsperiode heranzuziehen ist. Keine Schwierigkeiten entstehen, wenn die Quote der von den in Nr. 1, 2 oder 3 genannten

---

1 *Korbion*, Vergaberechtsänderungsgesetz, 1999, § 98 Rz. 6.
2 *Korbion*, Vergaberechtsänderungsgesetz, 1999, § 98 Rz. 6.

Stellen zur Verfügung gestellten Finanzierung seit Gründung des
Auftraggebers nahezu konstant war. Grundsätzlich ist auf das letzte
bilanziell abgeschlossene Geschäftsjahr des Auftraggebers abzustellen. Weicht dieses bezüglich der Herkunft der Finanzierung erheblich von den vorherigen Geschäftsjahren ab, ist zu überprüfen, ob die
Abweichung voraussichtlich nur vorübergehender Art sein wird.
Trifft dies zu, ist auf die Quotierung in den vorangangenen Geschäftsjahren abzustellen. Anderenfalls ist das letzte Geschäftsjahr
ausschlaggebend. Entsprechendes gilt, wenn für noch nicht bilan-
zierte Geschäftsjahre sowie das laufende Geschäftsjahr eine Ver-
schiebung der Herkunft der Finanzierungsmittel feststellbar ist, die
voraussichtlich von Dauer sein wird.

c) Beherrschung

25   Unabhängig von der Herkunft der Finanzierungsmittel greift § 98
      Nr. 2 auch dann ein, wenn Stellen, die unter Nr. 1, 2 oder 3 fallen,
      über die Leitung des Auftraggebers die Aufsicht ausüben (1. Alt.)
      oder mehr als die Hälfte der Mitglieder eines seiner zur Geschäfts-
      führung oder zur Aufsicht berufenen Organe bestimmt haben
      (2. Alt.).

26   Der Vergabeüberwachungsausschuß des Bundes wendet zur Bestim-
      mung einer Beherrschung mittels der **Ausübung der Aufsicht über
      die Leitung** (1. Alt.) § 17 AktG analog an[1]. Auch wenn § 98 Nr. 2
      gemeinschaftsrechtlich auszulegen ist, rechtfertigt sich ein Rück-
      griff auf § 17 AktG, da die hierzu entwickelte Rechtsprechung der
      nationalen Gerichte der Intention des Art. 1 lit. b 2. UA BKR ent-
      spricht. Demnach ist ausschlaggebend, daß die Leitung des Auftrag-
      gebers der Aufsicht durch eine andere Stelle unterliegt. Nach § 17
      Abs. 1 AktG genügt bereits, daß das herrschende Unternehmen ei-
      nen beherrschenden Einfluß ausüben kann. *Dreher*[2] folgert hieraus,
      daß § 17 AktG weitergehe, als der Beherrschungsbegriff der Richtli-
      nien. Dies trifft jedoch nicht zu. Steht einer der in § 98 Nr. 1 bis 3
      genannten Stellen die Möglichkeit offen, jederzeit einen beherr-
      schenden Einfluß auf einen Auftraggeber auszuüben, liegt bereits ein

1 VÜA Bund v. 12. 4. 1995 – 1 VÜ 1/95, WuW 1995, 1057 ff. = WuW/E
  VergAB 27 ff. – Kraftwerkkomponenten; VÜA Bund v. 20. 11. 1995 – 1 VÜ
  5/95, WuW 1996, 338 ff. = WuW/E VergAG 58 ff. – Abrißarbeiten; *Rusam*
  in Heiermann/Riedl/Rusam, Handkommentar zur VOB, 8. Aufl. 1997, Vorbemerkungen zur VOB/A Rz. 28.
2 DB 1998, 2579, 2583.

Beherrschungstatbestand vor. Es kommt nicht darauf an, ob der potentiell mögliche Einfluß tatsächlich ausgeübt wird. Allein die Tatsache, daß dieser Einfluß jederzeit geltend gemacht werden könnte, führt dazu, daß nicht ausgeschlossen werden kann, daß die Leitung des Auftraggebers den Willen der beherrschenden Stelle antizipiert und diesen berücksichtigt. Dieses Abstellen auf die bloße Möglichkeit der Einflußnahme entspricht auch der zweiten Alternative der Beherrschung nach § 98 Nr. 2, wonach es genügt, daß mehr als die Hälfte der Mitglieder der Geschäftsführung oder des Aufsichtsgremiums von einer der in Nr. 1 bis 3 genannten Stellen bestimmt wurde (hierzu Tz. 28). Ausreichend ist, daß die Aufsicht über die Leitung des Auftraggebers mittelbar, das heißt über Dritte, ausgeübt werden kann.

In allen Fällen muß die Beherrschung oder deren Möglichkeit jedoch **beständig und umfassend** sein. Eine bloß punktuelle oder ungewisse Einflußnahmemöglichkeit genügt nicht[1]. Darüber hinaus muß die Einflußmöglichkeit auf gesellschaftsrechtlicher Basis oder durch einen Beherrschungsvertrag bestehen. Externe Abhängigkeiten, etwa infolge von Kredit- oder Lieferbeziehungen sind unbeachtlich[2]. Nach § 17 Abs. 2 AktG wird von einem in Mehrheitsbesitz stehenden Unternehmen vermutet, daß es von dem an ihm mit Mehrheit beteiligten Unternehmen abhängig ist. Diese Vermutungsregel ist in § 98 Nr. 2 nicht ausdrücklich enthalten, jedoch auch im Vergaberecht anwendbar[3]. In aller Regel wird der Mehrheitsgesellschafter in der Lage sein, die Leitung der Gesellschaft zu beaufsichtigen. Umstände, warum dies ausnahmsweise nicht der Fall sein sollte, müssen von dem Auftraggeber dargelegt werden. 27

Eine Beherrschung liegt auch dann vor, wenn die in Nr. 1 bis 3 genannten Stellen **mehr als die Hälfte der Mitglieder der zur Geschäftsführung oder zur Aufsicht berufenen Organe des Auftraggebers** bestimmt haben (2. Alt.). Dies bezieht sich sowohl auf gesetzlich vorgeschriebene Vertretungs- und Aufsichtsorgane (z. B. Geschäftsführung, Vorstand, Aufsichtsrat usw.), als auch auf solche Organe, die ohne gesetzlichen Zwang eingerichtet wurden (z. B. Beirat einer GmbH). Soweit neben dem Aufsichtsorgan auch eine Geschäftsführung besteht, was regelmäßig der Fall ist, genügt es, wenn die in Nr. 1 bis 3 genannten Stellen mehr als die Hälfte der Mitglie- 28

---

1 *Hüffer*, Aktiengesetz, 4. Aufl. 1999, § 17 Rz. 7.
2 *Hüffer*, Aktiengesetz, 4. Aufl. 1999, § 17 Rz. 8.
3 VÜA Bund v. 12. 4. 1995 – 1 VÜ 1/95, WuW 1995, 1057 ff. = WuW/E VergAB 27 ff. – Kraftwerkkomponenten; *Heise*, LKV 1999, 210, 211.

der eines der beiden Organe bestimmt haben. Das Bestimmungsrecht muß sich nicht auf beide Organe gleichzeitig beziehen. Entscheidend ist allein, wer das Bestimmungsrecht tatsächlich ausgeübt hat. Es kommt nicht darauf an, ob hierbei die im Gesetz oder Gesellschaftsvertrag vorgesehenen Regelungen eingehalten wurden. Ebenfalls ohne Bedeutung ist, ob die bestimmten Mitglieder des Vertretungs- oder Aufsichtsorgans bei Ausübung ihrer Tätigkeit rechtlich oder faktisch gehalten sind, dem Willen der sie benennenden Stelle zu folgen. § 98 Nr. 2 stellt allein auf die abstrakte Gefahr ab, daß die Mitglieder eines Organs der Stelle, die sie berufen hat, besonders nahe stehen können.

d) In § 98 Nr. 2 genannte Auftraggeber als finanzierende oder beherrschende Stelle (§ 98 Nr. 2 Satz 2)

29　§ 98 Nr. 2 Satz 2 bestimmt, daß die Voraussetzungen dieser Vorschrift auch dann erfüllt sind, wenn die Stelle, die einzeln oder gemeinsam mit anderen die überwiegende Finanzierung gewährt oder die Mehrheit der Mitglieder eines zur Geschäftsführung der Aufsicht berufenen Organs bestimmt hat, unter Satz 1 fällt, also eine Einrichtung des öffentlichen Rechts im Sinne dieser Vorschrift darstellt. In Satz 2 wird die Variante der Ausübung der Leitung über die Aufsicht dieser Unternehmen nicht erwähnt. Hierbei handelt es sich offensichtlich um ein Reaktionsversehen. Nach Art. 1 lit. b 2. UA BKR (und gleichlautend der LKR und der DLR) unterfallen auch Auftraggeber, deren Leitung der Aufsicht einer Einrichtung des öffentlichen Rechts unterliegen, dem Anwendungsbereich der Richtlinie. Diese Alternative ist daher unzutreffend ist § 98 Nr. 2 Satz 2 nicht berücksichtigt worden. Im Wege der richtlinienkonformen Auslegung[1] des § 98 ist sein Anwendungsbereich jedoch auch auf diese Auftragnehmer zu erweitern.

---

1 EuGH v. 20. 9. 1988 – Rs. 31/87, Slg. 1988, 4635, 4662 – Beentjes; EuGH v. 13. 11. 1990 – Rs. C 106/89, Slg. 1990 I, 4135, 4159 – Marleasing; EuGH v. 16. 12. 1993 – Rs. C 334/92, Slg. 1993 I, 6911, 6932 – Wagner Miret; EuGH v. 14. 7. 1994 – Rs. C 91/92, Slg. 1994 I, 3325, 3357 – Dori; *Bleckmann*, Europarecht, 6. Aufl. 1997, Rz. 441; *Geiger*, EG-Vertrag, 2. Aufl. 1995, Art. 189 Rz. 13.

4. Einzelfälle

Die Abgrenzung des Anwendungsbereichs des § 98 Nr. 2 hat in der   30
Praxis zu erheblichen Schwierigkeiten geführt, die von Literatur und
Rechtsprechung bisher lediglich teilweise geklärt werden konnten.

a) Sparkassen, Landesbanken und Wettbewerbsversicherer

Der Gesetzgeber hat in der Begründung zur Einführung der §§ 57a   31
bis 57c HGrG die Auffassung vertreten, daß die öffentlich-rechtlichen Kreditinstitute (Sparkassen und Landesbanken) sowie Wettbewerbsversicherer nicht unter § 98 Nr. 2 fallen[1]. Zur Begründung
wurde ausgeführt, daß deren Einbeziehung in den Kreis der zur
Beachtung des Vergaberechts zählenden Personen zu einschneiden-
den Wettbewerbsverzerrungen führen würde. Dieses Argument ist
für die Abgrenzung der öffentlichen Auftraggeber jedoch nicht taug-
lich. Zweifelsfrei erfüllen öffentlich-rechtliche Kreditinstitute und
Wettbewerbsversicherer Aufgaben, die im Allgemeininteresse liegen. Es wird darauf hingewiesen, daß die genannten Institutionen
gewerblich tätig werden[2]. Allein die Gewerbsmäßigkeit eines Handelns ist jedoch nicht ausschlaggebend (vgl. oben Tz. 18).

Die Europäische Kommission vertritt die Auffassung, daß Sparkas-   32
sen dem Anwendungsbereich der Richtlinien unterfallen, da die von
ihnen geförderten Allgemeininteressen unabhängig von einer etwaigen Gewinnerzielungsabsicht erfüllt werden müßten[3]. Tatsächlich
erfüllen Sparkassen nach dem Willen des Gesetzgebers einen öffentlichen Auftrag nach kaufmännischen Grundsätzen[4]. Nach der im
Rahmen des § 98 Nr. 2 vorzunehmenden Abgrenzung (vgl. hierzu
Tz. 20) ist zu berücksichtigen, daß es sich bei Sparkassen um Anstalten des öffentlichen Rechts handelt. Dies spricht dafür, daß eine
Tätigkeit im Allgemeininteresse überwiegt. Schließlich dienen Sparkassen nach dem Willen des Gesetzgebers und ihrem Selbstverständ-
nis der Versorgung des Mittelstands und breiter Bevölkerungsschich-
ten, unter anderem durch Unterhaltung eines dichten Filialnetzes.

---

1 BT-Drucks. 12/4636 S. 16.
2 *Heiermann/Ax,* Rechtsschutz bei der Vergabe öffentlicher Aufträge, 1997,
  S. 57; *Müller* in Daub/Eberstein, Kommentar zur VOL/A, 4. Aufl. 1998,
  § 1a Rz. 18.
3 *Hailbronner,* Forum 95, Öffentliches Auftragswesen, S. 127, 144; *Heier-
  mann/Ax,* Rechtsschutz bei der Vergabe öffentlicher Aufträge, 1997, S. 57;
  Seidel, ZfBR 1995, 227, 232.
4 Beispielsweise § 2 Abs. 3 SächsSparkG.

All dies spricht dafür, Sparkassen als öffentliche Auftraggeber einzuordnen[1].

b) Öffentlich-rechtliche Rundfunkanstalten

33   Öffentlich-rechtliche Rundfunkanstalten erfüllen im Allgemeininteresse liegende Aufgaben. Die Absicht Gewinne zu erzielen steht zumindest nicht im Vordergrund ihrer Tätigkeit. Fraglich ist, ob ihre Finanzierung überwiegend durch in § 98 Nr. 1 bis 3 genannte Stellen erfolgt. Es wird darauf hingewiesen, daß sich öffentlich-rechtliche Rundfunkanstalten hauptsächlich durch durch Gebühreneinnahmen und Werbung finanzieren[2]. Hiergegen wird eingewendet, daß eine aufgrund staatlicher Gebührenfestsetzung geregelte Finanzierung letztlich eine überwiegende Finanzierung durch den Staat bedeutet[3]. Ausschlaggebend dürfte jedoch sein, daß die Einnahmen, die ein Unternehmen erzielt, nicht zu seiner Finanzierung im Sinne des § 98 Nr. 2 zählt (Tz. 23). Gegen eine Einordnung der öffentlich-rechtlichen Rundfunkanstalten als öffentliche Auftraggeber spricht, daß sie lediglich einer eingeschränkten staatlichen Aufsicht unterliegen, da sich ihre Aufsichtsgremien aus verschiedenen gesellschaftlichen Gruppen zusammensetzen[4]. Der Anwendungsbereich des § 98 Nr. 2 kann jedoch dann eröffnet sein, wenn im Einzelfall mehr als die Hälfte der Mitglieder der zur Geschäftsführung oder zur Aufsicht berufenen Organe von in § 98 Nr. 1 bis 3 genannten Stellen bestimmt wurden. Ob dies der Fall ist, bestimmt sich nach dem jeweils anzuwendenden Bundes- oder Landesrecht.

34   Die Europäische Kommission vertritt die Auffassung, daß öffentlich-rechtliche Rundfunkanstalten außerhalb ihrer eigentlichen Rundfunktätigkeit dem Vergaberecht unterliegen. Sie beruft sich insoweit auf Art. 1 lit. a. iv. DLR, dem § 100 Abs. 2 lit. j entspricht (§ 100 Tz. 24). Demnach ist der Kauf, die Entwicklung und die Produktion

---

1 Im Ergebnis zustimmend *Pietzcker*, ZHR 162 (1998), 427, 447; a. A. *Boesen*, Vergaberecht, 2000, § 98 Rz. 71.
2 BT-Drucks. 12/4636 S. 16; *Korbion*, Vergaberechtsänderungsgesetz, 1999, § 98 Rz. 25; *Rusam* in Heiermann/Riedl/Rusam, Handkommentar zur VOB, 8. Aufl. 1997, Vorbemerkungen zur VOB/A Rz. 30.
3 *Bechtold*, GWB, 2. Aufl. 1999, § 98 Rz. 17; *Boesen*, Vergaberecht, 2000, § 98 Rz. 73; *Hailbronner*, Forum Vergabe 95, Öffentliches Auftragswesen, S. 127, 142.
4 *Hailbronner*, Forum Vergabe 95, Öffentliches Auftragswesen, S. 127, 143; *Rusam* in Heiermann/Riedl/Rusam, Handkommentar zur VOB, 8. Aufl. 1997, Vorbemerkungen zur VOB/A Rz. 30.

von Programmen durch Rundfunk- oder Fernsehanstalten sowie die Ausstrahlung von Sendungen vom Anwendungsbereich der DKR ausgenommen. Der Umkehrschluß, daß alle übrigen Tätigkeiten einer öffentlich-rechtlichen Rundfunkanstalt dem Anwendungsbereich der Richtlinien unterliegen, rechtfertigt sich hingegen nicht. Ausschlaggebend ist allein, ob die in § 98 Nr. 2 genannten Kriterien erfüllt sind.

Nach der hier vertretenen Auffassung unterliegen die öffentlich-rechtlichen Rundfunkanstalten § 98 Nr. 2, da sie überwiegend von in Nr. 1 bis 3 genannten Stellen finanziert werden. Darüber hinaus können im Einzelfall mehr als die Hälfte der Mitglieder ihrer Geschäftsführungs- oder Aufsichtsorgane von diesen Stellen bestimmt worden sein. Nach Auffassung der Bundesregierung und des Bundesrats stellen öffentlich-rechtliche Rundfunkanstalten hingegen keine Einrichtungen des öffentlichen Rechts dar[1]. Sie wurden folglich in § 6 Abs. 4 VgV ausdrücklich vom Anwendungsbereich des Vergaberechts ausgenommen. Da die Voraussetzungen des § 98 Nr. 2 und der DLR auf diese Anstalten Anwendung finden, verstößt der Ausschluß durch den nationalen Gesetzgeber gegen das Gemeinschaftsrecht.   35

c) Religionsgemeinschaften

Bezüglich der Tätigkeit von Religionsgemeinschaften und deren Gesellschaften, Verbände, Stiftungen usw. ist zunächst zu prüfen, inwieweit deren Tätigkeit im Allgemeininteresse liegt. Dies ist prinzipiell zu bejahen. Sowohl die eigentlich religiöse Tätigkeit der Religionsgemeinschaften, als auch der überwiegende Teil ihrer sonstigen Betätigung (Betrieb von Schulen, Krankenhäusern, Sozialeinrichtungen usw.) liegt im Allgemeininteresse. Hiergegen wird eingewendet[2], daß der Aufgabenbereich der Religionsgemeinschaften originär kirchlich und damit spezifisch auf die Wahrnehmung der Zwecke der Glaubensgemeinschaft bezogen sei. Dies ist zweifellos richtig, führt jedoch nicht dazu, ein Handeln im Allgemeininteresse zu verneinen. Auch eine originär kirchliche Tätigkeit kann im Allgemein-   36

---

1 So die Begründung zu §§ 57a bis 57c HGrG: BT-Drucks. 12/4636 S. 15 f. und S. 20.
2 *Hailbronner,* Forum Vergabe 95, Öffentliches Auftragswesen, S. 127, 141; *Müller* in Daub/Eberstein, Kommentar zur VOL/A, 4. Aufl. 1998, § 1a Rz. 19; *Rusam* in Heiermann/Riedl/Rusam, Handkommentar zur VOB, 8. Aufl. 1997, Vorbemerkungen zur VOB/A Rz. 31.

interesse liegen. Teilweise wird die Auffassung vertreten, daß unabhängig von der Bejahung eines Handelns im Allgemeininteresse der kultisch-religiöse Bereich und die damit unmittelbar im Zusammenhang stehenden Vorgänge als rein innerkirchliche Angelegenheiten nicht den Regelungen des Vergaberechts unterliegen können. Für eine derartige Einschränkung findet sich in Art. 1 der Vergaberichtlinien jedoch kein Anhaltspunkt. Die Tätigkeit der Religionsgemeinschaften erfolgt auch grundsätzlich im nicht gewerblichen Bereich[1]. Insoweit gelten die allgemeinen Abgrenzungskriterien (vgl. o. Tz. 17 f.). Es ist nicht ausgeschlossen, daß auch Religionsgemeinschaften ausnahmsweise gewerbliche Zwecke verfolgen. In diesem Fall unterfallen sie keinesfalls § 98 Nr. 2.

37   Eine Beherrschung (Tz. 25 ff.) der Religionsgemeinschaften durch die öffentliche Hand scheidet aus. Der Anwendungsbereich des § 98 Nr. 2 auf Religionsgemeinschaften wäre demnach nur dann eröffnet, wenn deren Finanzierung überwiegend durch die in § 98 Nr. 1 bis 3 genannten Stellen erfolgen würde. Religionsgemeinschaften finanzieren sich grundsätzlich durch die in Art. 140 GG i. V. m. Art. 137 Abs. 6 WRV geregelte Kirchensteuer. Hierdurch wird die Unabhängigkeit der Religionsgemeinschaften von dem Staat begründet, da diese weitgehend nicht von dessen Zuwendungen abhängig sind. Teilweise wird die Auffassung vertreten, daß es sich bei der Kirchensteuer letztlich um eine staatliche Finanzierung handele, so daß der Anwendungsbereich des § 98 Nr. 2 eröffnet sei[2]. Das Steueraufkommen stammt jedoch nicht von einer der in § 98 Nr. 1 bis 3 genannten Stellen, sondern vielmehr direkt von den Mitgliedern der jeweiligen Religionsgemeinschaft. Auch wenn sich die Religionsgemeinschaften bei der Erhebung der Steuern der staatlichen Finanzämter bedienen, handelt es sich nicht um eine Finanzierung durch den Staat. Vielmehr soll durch das Recht der Religionsgemeinschaften, Kirchensteuer zu erheben, deren Unabhängigkeit von staatlichen Stellen gewährleistet werden. Die Religionsgemeinschaften haben das Privileg, sich wie, nicht aber durch den Bund und die Länder zu finanzieren. Da eine Finanzierung durch die in § 98 Nr. 1 bis 3 genannten Stellen fehlt, fallen Religionsgemeinschaften grundsätzlich nicht unter den Anwendungsbereich des § 98 Nr. 2[3]. Dies steht

---

1 *Bechtold*, GWB, 2. Aufl. 1999, § 98 Rz. 18; *Heiermann/Ax*, Rechtsschutz bei der Vergabe öffentlicher Aufträge, 1997, S. 58; *Rusam* in Heiermann/Riedl/Rusam, Handkommentar zur VOB, 8. Aufl. 1997, Vorbemerkungen zur VOB/A Rz. 31.
2 *Bechtold*, GWB, 2. Aufl. 1999, § 98 Rz. 18.
3 *Weyand*, BauR 1996, 780, 782.

nicht im Widerspruch zu der in der Literatur vorherrschenden Meinung, wonach öffentlich-rechtliche Religionsgemeinschaften in den Bereichen Schulwesen, Sozial- und Betreuungswesen sowie im Krankenhausbereich dem Vergaberecht unterliegen[1]. In diesen Bereichen werden kirchliche Tätigkeiten oftmals durch staatliche Stellen subventioniert. Soweit die Voraussetzungen des § 98 Nr. 5 vorliegen, sind die Religionsgemeinschaften daher in diesen Bereichen verpflichtet, das Vergaberecht einzuhalten.

d) Deutsche Bahn AG

Umstritten ist die Einordnung der Deutschen Bahn AG. Insoweit   38
liegen zwei sich widersprechende Entscheidungen des Vergabeüberwachungsausschusses des Bundes vor. In einer Entscheidung vom 8. 9. 1994[2] zählte der Ausschuß die Deutsche Bahn AG ohne weitere Begründung zu den Sektorenauftraggebern nach § 98 Nr. 4 (damals § 57a Abs. 1 Nr. 4 HGrG). Nach einer Entscheidung vom 13. 12. 1995[3] hingegen unterfällt die Deutsche Bahn AG § 98 Nr. 2 (zum damaligen Zeitpunkt § 57a Abs. 1 Nr. 2 HGrG). In der letztgenannten Entscheidung führt der Vergabeüberwachungsausschuß des Bundes aus, daß der Ausbau des Schienennetzes eine vom Bund garantierte Gemeinwohlaufgabe sei, für welche der Bund Zuwendungen zur Finanzierung von Investitionen für den Ausbau der Schienenwege zur Verfügung stelle. Bei der Verwendung dieser Mittel unterliege die Bahn dem Haushaltsrecht.

Zutreffend ist, daß die Deutsche Bahn AG eine im Allgemeininteresse   39
liegende Aufgabe wahrnimmt. Dies ergibt sich aus Art. 87e Abs. 4 GG, wonach der Bund gewährleistet, daß dem Wohl der Allgemeinheit beim Ausbau und Erhalt des Schienennetzes der Eisenbahnen des Bundes sowie bei deren Verkehrsangeboten Rechnung getragen wird. Allerdings wird die Deutsche Bahn AG gewerblich tätig und handelt insbesondere mit Gewinnerzielungsabsicht. Dies ergibt sich aus Art. 5 Abs. 1 Satz 2 der Richtlinie 91/404/EWG, wonach Eisenbahnunternehmen nach den Grundsätzen geführt werden müssen, die für

---

1 *Bechtold,* GWB, 2. Aufl. 1999, § 98 Rz. 18; *Heiermann/Ax,* Rechtsschutz bei der Vergabe öffentlicher Aufträge, 1997, S. 58; *Rusam* in Heiermann/Riedl/Rusam, Handkommentar zur VOB, 8. Aufl. 1997, Vorbemerkungen zur VOB/A Rz. 31.
2 VÜA Bund v. 8. 9. 1994 – 1 VÜ 7/94, WuW 1995, 873 = WuW/E VergAB 17 – Überführungsbauwerk.
3 VÜA Bund v. 13. 12. 1995 – 1 VÜ 6/95, WuW 1996, 344 = WuW/E VergAG 64 – Ausbaustrecke.

Handelsgesellschaften gelten. Dementsprechend wird die Bahn als Wirtschaftsunternehmen in privatrechtlicher Form geführt (Art. 87e Abs. 3 Satz 1 GG). Dies gilt sowohl für die Erbringung von Personen-beförderungs-Dienstleistungen als auch für den Bau und Erhalt der Schienen und Fahrwege, wie sich aus Art. 87 E GG eindeutig ergibt. Die Deutsche Bahn AG unterfällt somit nicht § 98 Nr. 2. Vielmehr stellt sich einen Sektoren-Auftraggeber nach § 98 Nr. 4 dar[1].

e) Deutsche Post AG

40   Auch die Deutsche Post AG, die nach der Privatisierung der Deut-schen Bundespost für das Postwesen mit Ausnahme der Telekom-munikation zuständig ist, erfüllt eine im Allgemeininteresse liegen-de Aufgabe. In denjenigen Bereichen, für welche sie vorübergehend noch ein Monopol besitzt, wird sie nach Art. 87f Abs. 2 GG privat-wirtschaftlich tätig, da sie jedoch auch dort zur flächendeckenden Versorgung verpflichtet ist, wo dies unwirtschaftlich ist, liegt keine gewerbliche Tätigkeit vor. Die Deutsche Post AG unterfällt daher § 98 Nr. 2[2].

f) Deutsche Telekom AG

41   Die Deutsche Telekom AG ist gewerblich tätig, so daß sie nicht § 98 Nr. 2 unterfällt. Allerdings ist sie auf dem Gebiet der Telekommunika-tion tätig, so daß § 98 Nr. 4 Anwendung findet[3]. Die ursprüngliche Einordnung als Sondervermögen des Bundes, für welche § 98 Nr. 1 gilt[4], scheidet nach der Privatisierung der Deutschen Telekom AG aus.

---

1 *Bechtold*, GWB, 2. Aufl. 1999, § 98 Rz. 19; *Heiermann*, BauR 1996, 443 ff.; *Rusam* in Heiermann/Riedl/Rusam, Handkommentar zur VOB, 8. Aufl. 1997, Vorbemerkungen zur VOB/A Rz. 61; a. A. *Boesen*, Vergaberecht, 2000, § 98 Rz. 85; *Möschel*, WuW 1997, 120, 123; *Pietzcker*, ZHR 162 (1998), 427, 449.

2 VüA Bund v. 17. 11. 1998 – 1 VÜ 15/98, WuW 1999, 1047 = WuW/E Verg 249 – Werttransporte; *Bechtold*, GWB, 2. Aufl. 1999, § 98 Rz. 20; *Korbion*, Vergaberechtsänderungsgesetz, 1999, § 98 Rz. 23; *Möschel*, WuW 1997, 120, 123; *Noch*, NVwZ 1999, 1083, 1084; *Pietzcker*, ZHR 162 (1998), 427, 447 f.; a. A. *Boesen*, Vergaberecht, 2000, § 98 Rz. 80.

3 *Möschel*, WuW 1997, 120, 123.

4 VÜA Bund v. 8. 9. 1994 – 1 VÜ 6/94, WuW 1995, 870 = WuW/E VergAB 14 – Telefonhauben und -säulen.

g) Wohnungsbaugesellschaften

Staatliche oder kommunale Wohnungsbaugesellschaften erfüllen im 42
Allgemeininteresse liegende Aufgaben und sind regelmäßig nicht
gewerblich tätig. Allerdings ist eine Einzelprüfung erforderlich. Sollte aufgrund der Satzung oder der konkreten Handhabung im Einzelfall eine gewerbliche Tätigkeit im Vordergrund stehen, scheidet eine
Anwendung des Vergaberechts aus. Anderenfalls – das heißt im Regelfall – findet § 98 Nr. 2 Anwendung, soweit – was ebenfalls die
Regel bildet – die Gesellschaften überwiegend durch die öffentliche
Hand finanziert oder von dieser beherrscht werden[1].

h) Messegesellschaften

Messegesellschaften erfüllen im Allgemeininteresse liegende Aufga- 43
ben. Sie werden regelmäßig in privatrechtlicher Form betrieben und
mit dem Auftrag ausgestattet, laufende Einnahmen und Überschüsse
nach betriebswirtschaftlichen Grundsätzen zu erwirtschaften, so
daß ein gewerbliches Handeln vorliegt. Nach der überwiegenden
Auffassung in der Literatur werden Messegesellschaften trotz allem
den in § 98 Nr. 2 genannten Einrichtungen des öffentlichen Rechts
zugeordnet, da die Erfüllung der im Allgemeininteresse liegenden
Aufgabe bei Gründung der Gesellschaft im Vordergrund gestanden
hätte und die Durchführung von Messen traditionell eine öffentliche
Aufgabe sei[2]. Diese Argumentation zeigt die Schwierigkeit der Anwendung des § 98 Nr. 2. Auch das Telekommunikationswesen stellt
in Europa traditionell eine öffentliche Aufgabe dar, die nunmehr,
nach der Privatisierung, mit Gewinnerzielungsabsicht betrieben
wird. Dieser Ansatz würde es rechtfertigen, Messegesellschaften –
ebenso wie die Deutsche Telekom AG – als gewerbliche Unterneh-

---

1 *Bechtold*, GWB, 2. Aufl. 1999, § 98 Rz. 21; *Heiermann/Ax*, Rechtsschutz
bei der Vergabe öffentlicher Aufträge, 1997, S. 58; *Korbion*, Vergaberechtsänderungsgesetz, 1999, § 98 Rz. 26; *Rusam* in Heiermann/Riedl/Rusam,
Handkommentar zur VOB, 8. Aufl. 1997, Vorbemerkungen zur VOB/A
Rz. 32; *Seidel*, ZfBR 1995, 227, 230; im Ergebnis zustimmend *Hailbronner*,
Forum Vergabe 95, Öffentliches Auftragswesen, S. 127, 135; ausführlich zu
dieser Problematik *Prieß*, BauR 1999, 1354 ff.

2 *Bechtold*, GWB, 2. Aufl. 1999, § 98 Rz. 22; *Hailbronner*, Forum Vergabe
95, Öffentliches Auftragswesen, S. 127, 135; *Heiermann/Ax*, Rechtsschutz
bei der Vergabe öffentlicher Aufträge, 1997, S. 58; *Korbion*, Vergaberechtsänderungsgesetz, 1999, § 98 Rz. 27; *Rusam* in Heiermann/Riedl/Rusam,
Handkommentar zur VOB, 8. Aufl. 1997, Vorbemerkungen zur VOB/A
Rz. 33; *Seidel*, ZfBR 1995, 227, 230.

men einzuordnen, die nicht dem Anwendungsbereich des § 98 Nr. 2 unterfallen[1]. Fraglich erscheint, ob allein die Intention bei Gründung der jeweiligen Gesellschaft, wonach die Verfolgung von Allgemeininteressen im Vordergrund stehen sollte, eine Einordnung als Einrichtung des öffentlichen Rechts rechtfertigt (vgl. hierzu Tz. 14 f.).

i) Kommunale Energieversorgungsunternehmen

44   Kommunale Energieversorgungsunternehmen, die auf den Bereichen der Belieferung von Endkunden mit Energie, Gas, Fernwärme und Wasser tätig sind, erfüllen im Allgemeininteresse liegende Aufgaben[2]. Dies ergibt sich aus den Gemeindeordnungen der Länder. Fraglich ist demnach, ob ein gewerbliches Handeln vorliegt. Regelmäßig werden kommunale Versorgungsunternehmen mit Gewinnerzielungsabsicht tätig. Mit der Übernahme der kommunalen Versorgung durch Stadtwerke lassen sich erhebliche Gewinne erzielen, so daß ein großes Interesse der Städte und Gemeinden besteht, die Versorgung selbst auszuführen. Zur Beantwortung der Frage, ob § 98 Nr. 2 Anwendung findet, ist darauf abzustellen, ob die Verfolgung der Allgemeininteressen oder die Gewinnerzielungsabsicht im Vordergrund steht. Überwiegend wurde bisher ersteres bejaht, so daß der Anwendungsbereich des § 98 Nr. 2 als eröffnet angesehen wurde[3]. Dies kann sich durch die Reaktion der kommunalen Energieversorgungsunternehmen auf die Liberalisierung der Energiemärkte ändern.

5. Anzuwendende Verdingungsordnungen

45   Soweit die jeweiligen Schwellenwerte erreicht sind, haben die in § 98 Nr. 2 genannten öffentlichen Auftraggeber Abschnitt 2 der VOL/A (§ 1 Abs. 1 VgV), die VOF (§ 2 Abs. 1 VgV) oder Abschnitt 2 VOB/A (§ 3 Abs. 1 VgV) anzuwenden. Ist der Auftraggeber in einem in § 4 Abs. 3 VgV genannten Sektoren tätig, findet anstelle des Abschnitts 2 der Abschnitt 3 der VOL/A bzw. VOB/A Anwendung (§ 4 Abs. 1 VgV) (zur Abgrenzung zwischen § 98 Nr. 2 und Nr. 4 vgl. Tz. 51 f.).

---

1 *Boesen*, Vergaberecht, 2000, § 98 Rz. 96.
2 A. A. *Hailbronner*, Forum Vergabe 95, Öffentliches Auftragswesen, S. 127, 135.
3 *Bechtold*, GWB, 2. Aufl. 1999, § 98 Rz. 23; *Prieß*, DB 1998, 405 ff.; für die kommunale Wasserversorgung: VG Koblenz v. 8. 7. 1997 – 2 K 2971/96. KO, NVwZ 1999, 1133, 1134 f.

IV. Verbände (§ 98 Nr. 3)

Die Vorschrift ersetzt § 57a Abs. 1 Nr. 3 HGrG. Sie umfaßt Verbän- 46
de der Gebietskörperschaften nach Nr. 1 und der sonstigen Einrichtung des öffentlichen Rechts nach Nr. 2. Hierbei handelt es sich
insbesondere um Zweckverbände.

Soweit die jeweiligen Schwellenwerte erreicht sind, haben die in § 98 47
Nr. 3 genannten öffentlichen Auftraggeber Abschnitt 2 der VOL/A
(§ 1 Abs. 1 VgV), die VOF (§ 2 Abs. 1 VgV) oder Abschnitt 2 VOB/A
(§ 3 Abs. 1 VgV) anzuwenden. Ist der Auftraggeber in einem der in § 4
Abs. 3 VgV genannten Sektoren tätig, findet anstelle des Abschnitts 2
der Abschnitt 3 der VOL/A bzw. VOB/A Anwendung (§ 4 Abs. 1 VgV).

V. Sektorenauftraggeber (§ 98 Nr. 4)

1. Überblick

Durch § 98 Nr. 4 wird Art. 2 Abs. 1 SKR in nationales Recht umge- 48
setzt. Die Vorschrift vereinigt § 57a Abs. 1 Nr. 4 und Nr. 5 HGrG,
wobei § 57a Abs. 1 Nr. 5 HGrG der ersten Alternative des § 98 Nr. 4,
§ 57a Abs. 1 Nr. 4 dessen zweiter Alternative entspricht. Die Aufteilung in zwei Alternativen beruht auf den Vorgaben der SKR. § 98
Nr. 4, 2. Alt. bezieht sich auf „staatsnahe" Einrichtungen, die von
den in § 98 Nr. 1 bis 3 genannten Stellen beherrscht werden
(Tz. 50 ff.). § 98 Nr. 4, 1. Alt. erweitert den Anwendungsbereich des
Vergaberechts erheblich. Unter diese Vorschrift fallen auch solche
Auftraggeber, die von der öffentlichen Hand völlig unabhängig sind.
Sie werden, soweit sie ihre Tätigkeit in den Sektoren entfalten und
besondere oder ausschließliche Rechte ausüben, die von einer zuständigen Behörde gewährt wurden, dem 4. Teil des GWB unterworfen (Tz. 53 ff.). Beide Alternativen finden ausschließlich auf Personen des privaten Rechts Anwendung.

2. Definition der Sektoren

Die unter § 98 Nr. 4 fallenden Sektoren sind in § 4 Abs. 3 VgV 49
definiert (§ 4 VgV Tz. 16 ff.). Die Aufzählung der Sektoren Trinkwasserversorgung, Energieversorgung, Verkehr und Telekommunikation
ist abschließend. Eine Erweiterung auf andere Bereiche, die ebenfalls
durch staatliche Monopole geprägt sind, wie etwa das Postwesen, ist
ohne gesetzliche Grundlage nicht möglich.

3. Sektorenauftraggeber kraft beherrschenden Einflusses (§ 98 Nr. 4, 2. Alt.)

50   Unter § 98 Nr. 4, 2. Alt. fallen Auftraggeber, auf welche Stellen, die in Nr. 1 bis 3 genannt sind, einzeln oder gemeinsam einen beherrschenden Einfluß ausüben können. Ihre Einbeziehung in den Anwendungsbereich des Vergaberechts entspricht den allgemeinen Grundsätzen, wonach eine Ausschreibung stets dann zu erfolgen hat, wenn die öffentliche Hand selbst oder durch die Einschaltung von Dritten, die von ihr abhängen, tätig wird. Der **Begriff der Beherrschung** ist in § 98 Nr. 4 nicht näher definiert. Insoweit ist auf Art. 1 Nr. 2 SKR zurückzugreifen. Im Ergebnis besteht zwischen der Beherrschung nach § 98 Nr. 2 (vgl. o. Tz. 25 ff.) und derjenigen nach § 98 Nr. 4, 2. Alt. kein wesentlicher Unterschied[1]. In der nationalen Praxis wurde bisher zur Bestimmung des Begriffs der Beherrschung weitgehend § 17 AktG angewendet[2]. Dies rechtfertigt sich im Ergebnis, da die zu § 17 AktG entwickelte Rechtsprechung der Intention des Art. 1 Nr. 2 SKR entspricht (vgl. auch oben Tz. 26). Nach Art. 1 Nr. 2 SKR liegt eine Beherrschung vor, wenn aufgrund von Eigentum, finanzieller Beteiligung oder der für das Unternehmen einschlägigen Vorschriften unmittelbar oder mittelbar ein beherrschender Einfluß ausgeübt werden kann. Es kommt nicht darauf an, ob der potentiell mögliche Einfluß tatsächlich ausgeübt wird. Entscheidend ist allein die Möglichkeit der Einflußnahme. Diese kann auch mittelbar, also über Dritte, bestehen. Ähnlich wie in § 17 Abs. 2 AktG wird die Ausübung eines beherrschenden Einflusses nach Art. 1 Nr. 2 SKR unter bestimmten Voraussetzungen vermutet. Dies ist der Fall, wenn die in § 98 Nr. 1 bis 3 genannten Stellen a) die Mehrheit des gezeichneten Kapitals des Unternehmens besitzen oder b) über die Mehrheit der mit den Anteilen des Unternehmens verbundenen Stimmrechte verfügen oder c) mehr als die Hälfte der Mitglieder des Verwaltungs-, Leitungs- oder Aufsichtsorgans des Unternehmens bestellen können. Bezüglich der letzten Alternative wird auf Tz. 28 verwiesen. In allen Fällen muß die Beherrschung oder die Möglichkeit ihrer Ausübung beständig und umfassend sein (Tz. 27).

51   Schwierigkeiten bereitet die **Abgrenzung des § 98 Nr. 2 von Nr. 4, 2. Alt.** Diese ist allein im deutschen Recht erforderlich. Art. 2 Abs. 1 und Art. 1 Nr. 1 SKR unterwerfen auch die in § 98 Nr. 1 bis 3

---

1 *Heise*, LKV 1999, 210, 212.

2 *Bechtold*, GWB, 2. Aufl. 1999, § 98 Rz. 26; *Korbion*, Vergaberechtsänderungsgesetz, 1999, § 98 Rz. 16.

genannten Auftraggeber ausschließlich den Bestimmungen der Sektorenkoordinierungsrichtlinie, die weit weniger streng als die Anforderungen der BKR, der LKR und der DLR sind. Auf der Ebene des Gemeinschaftsrecht spielt daher die Frage der Abgrenzung zwischen den in § 98 Nr. 1 bis 3 genannten Auftraggebern und denjenigen, die zusätzlich in den Anwendungsbereich der SKR fallen, keine Rolle[1]. Das deutsche Recht hat sich für eine andere Abgrenzung entschieden. Nach § 4 Abs. 1 VgV haben die in § 98 Nr. 1 bis 3 genannten Auftraggeber auf dem Gebiet der Sektoren Abschnitt 3 der VOL/A, beziehungsweise der VOB/A anzuwenden. Diese Abschnitte enthalten nicht nur die eingeschränkten Anforderungen der SKR, sondern unterwerfen die Auftraggeber auch den allgemeinen Vergabebestimmungen der jeweiligen Abschnitte 1. Das deutsche Recht stellt folglich höhere Anforderungen, als das Gemeinschaftsrecht, was rechtlich unbedenklich ist[2]. Die (nur) in § 98 Nr. 4 genannten Auftraggeber haben nach § 4 Abs. 2 VgV hingegen lediglich Abschnitt 4 der VOL/A und der VOB/A anzuwenden. Diese Abschnitte beschränken sich darauf, die Anforderungen der SKR umzusetzen.

Aus den Regelungszusammenhang zwischen § 4 Abs. 1 und Abs. 2 VgV folgt ein Vorrang des § 98 Nr. 2 gegenüber § 98 Nr. 4[3]. Soweit ein Auftraggeber die Voraussetzungen des § 98 Nr. 1 bis 3 erfüllt, unterliegt er § 4 Abs. 1 VgV. Ob er daneben auch unter § 98 Nr. 4 fällt, spielt keine Rolle. Im Ergebnis findet § 98 Nr. 4, 2. Alt. nur auf solche Sektorenauftraggeber Anwendung, die von der öffentlichen Hand beherrscht werden und ihre Tätigkeit gewerblich ausüben, da die nichtgewerbliche Tätigkeit unter § 98 Nr. 2 fällt[4].   52

---

1 *Kaufhold/Mayerhofer/Reichl,* Die VOF im Vergaberecht, 1999, S. 102; *Pietzcker,* ZHR 162 (1998), 427, 449.
2 VG Koblenz v. 8. 7. 1997 – 2 K 2971/96. KO, NVwZ 1999, 1133, 1135.
3 *Bechtold,* GWB, 2. Aufl. 1999, § 98 Rz. 27; *Dreher,* DB 1998, 2579, 2584; *Heise,* LKV 1999, 210, 212; *Jaspers,* DB 1998, 2151, 2153; *Möschel,* WuW 1997, 120, 122; *Pietzcker,* ZHR 162 (1998), 427, 449; a. A. *Schabel/Ley,* Öffentliche Auftragsvergabe im Binnenmarkt, Loseblattsammlung, Stand Oktober 1999, Teil A4 S. 7.
4 *Bechtold,* GWB, 2. Aufl. 1999, § 98 Rz. 27; *Kaufhold/Mayerhofer/Reichl,* Die VOF im Vergaberecht, 1999, S. 103; *Rusam* in Heiermann/Riedl/Rusam, Handkommentar zur VOB, 8. Aufl. 1997, Vorbemerkungen zur VOB/A Rz. 58.

4. Sektorenauftraggeber aufgrund von Rechtsgewährung (§ 98 Nr. 4, 1. Alt.)

53   § 98 Nr. 4, 1. Alt. entspricht § 57a Abs. 1 Nr. 5 HGrG. Er gilt für die in Art. 2 Abs. 1 lit. b SKR genannten Unternehmen, die ihre Tätigkeit auf der Grundlage von besonderen oder ausschließlichen Rechten ausüben, die von einer zuständigen Behörde gewährt wurden, das heißt ein **Monopol oder eine monopolartige Stellung** innehaben. Es handelt sich um private Unternehmen, die von der staatlichen Verwaltung völlig unabhängig sind. In ihrer Einbeziehung unter die Regelungen des Vergaberechts liegt eine Durchbrechung des allgemeinen Grundsatzes, wonach diesem lediglich die öffentliche Hand unterfällt[1]. Die Begründung für die Ausdehung des Anwendungsbereichs des 4. Teils des GWB liegt darin, daß auf dem traditionell daseinsvorsorgeorientierten Gebiet der Sektoren in den Mitgliedstaaten teils der Staat selbst, teils die Privatwirtschaft tätig wird. Ein Anknüpfen allein an die Rechtsform oder die staatliche Beherrschung hätte sich daher in den Mitgliedstaaten unterschiedlich ausgewirkt. Daneben fehlt im Sektorenbereich aufgrund des Monopols der Auftraggeber bzw. deren monopolartiger Stellung ein funktionierender Wettbewerb, was durch die Regelungen über die Vergabe von Aufträgen ausgeglichen werden soll[2]. Die privaten Unternehmen unterliegen im Sektorenbereich allerdings wesentlich geringeren Einschränkungen, als die in § 98 Nr. 1 bis 3 genannten Auftraggeber. So sind sie insbesondere berechtigt, zwischen dem offenen, dem nicht offenen und dem Verhandlungsverfahren frei zu wählen (101 Abs. 5 Satz 2).

54   Der Anwendungsbereich des § 98 Nr. 4, 1. Alt. unterliegt einem Wandel. Durch die Abschaffung eines bestehenden Monopols oder dessen Neuerrichtung wird der Geltungsbereich der Vorschrift ausgeschlossen bzw. begründet. Aus der Rechtsprechung des EuGH zu Art. 8 SKR[3] kann allerdings gefolgert werden, daß es nicht genügt, wenn ursprünglich bestehende ausschließliche Rechte aufgehoben werden. Vielmehr muß hinzukommen, daß sich in Folge dieser Aufhebung tatsächlich ein Wettbewerb entwickelt. Erst wenn dies der Fall ist, liegen die Voraussetzungen des § 98 Nr. 4, 1. Alt. nicht mehr vor[4].

---

1 *Pietzcker*, ZHR 162 (1998), 427, 449.
2 *Hailbronner*, Forum Vergabe 95, Öffentliches Auftragswesen, S. 127, 131.
3 EuGH v. 26. 3. 1996 – Rs. C 392/93, Slg. 1996 I, 1631, 1666 f. – British Telecom.
4 *Byok*, NJW 1998, 2774, 2777.

Der Begriff „der **besonderen oder ausschließlichen Rechte**" stimmt   55
wörtlich mit Art. 86 Abs. 1 EGV überein und ist in diesem Sinne
auszulegen[1]. Eine Definition findet sich in Art. 2 Abs. 3 SKR. Demnach zählen hierzu solche Rechte, die sich aus der von einer zuständigen Behörde aufgrund einer Rechts- oder Verwaltungsvorschrift
erteilten Genehmigung ergeben, wonach die Ausübung einer Tätigkeit auf dem Gebiet der Sektoren einem oder mehreren Auftraggebern vorbehalten wird. Nach Art. 2 Abs. 3, 2. UA SKR wird eine
Tätigkeit auf der Grundlage von besonderen oder ausschließlichen
Rechten insbesondere angenommen, wenn ein Auftraggeber zum
Bau einer Einrichtung durch ein Enteignungsverfahren oder Ge-
brauchsrechte begünstigt werden kann oder Einrichtungen auf, unter
oder über dem öffentlichen Wegenetz anbringen darf. Das gleiche
gilt, wenn ein Auftraggeber ein Netz mit Trinkwasser, Elektrizität,
Gas oder Wärme versorgt, das seinerseits von einem Auftraggeber
betrieben wird, der von einer zuständigen Behörde gewährte besondere oder ausschließliche Rechte genießt. Durch diesen letzten Fall
werden Energielieferanten umfaßt, soweit deren Abnehmer ein Mo-
nopolbetrieb ist. Beispiele für besondere oder ausschließliche Rechte
sind die Anordnung eines gemeindlichen Anschluß- und Benut-
zungszwangs zugunsten eines privaten Unternehmens oder die Erteilung einer Konzession nach dem Energiewirtschaftsrecht[2].

5. Abgrenzung der beiden Alternativen des § 98 Nr. 4

Unternehmen, die im Bereich der Sektoren aufgrund von besonderen   56
oder ausschließlichen Rechten tätig sind, unterstehen oftmals dem
beherrschenden Einfluß der in § 98 Nr. 1 bis 3 genannten Stellen, so
daß beide Alternativen des § 98 Nr. 4 erfüllt sind. § 57a Abs. 1 Nr. 5
HGrG beschränkte seinen Anwendungsbereich auf „andere natürliche oder juristische Personen des privaten Rechts", woraus sich
ergab, daß er nur solche Unternehmen betraf, die nicht bereits von
§ 57a Abs. 1 Nr. 4 HGrG umfaßt waren[3]. § 98 Nr. 4 hat dieses Rang-
verhältnis zwischen beiden Alternativen nicht übernommen. Auch
ein Rückgriff auf die SKR führt nicht weiter, da diese in Art. 2 Abs. 1
ebenfalls beide Alternativen gleichwertig nebeneinanderstellt. Es erscheint daher sehr fraglich, ob das bisherige Abgrenzungsverhältnis

---

1 *Bechtold*, GWB, 2. Aufl. 1999, § 98 Rz. 28.
2 *Heise*, LKV 1999, 210, 212.
3 *Heiermann/Ax*, Rechtsschutz bei der Vergabe öffentlicher Aufträge, 1997,
  S. 60; *Rusam* in Heiermann/Riedl/Rusam, Handkommentar zur VOB,
  8. Aufl. 1997, Vorbemerkungen zur VOB/A Rz. 59.

weiterhin Gültigkeit besitzt. Eine Klärung dieser Frage ist nicht erforderlich, da die Vergabeverordnung an beide Alternativen des § 98 Nr. 4 – soweit nicht § 4 Abs. 1 VgV eingreift (vgl. oben Tz. 52) – die gleichen Rechtsfolgen knüpft. In der Praxis spielt daher keine Rolle, welche der beiden Alternativen erfüllt ist.

6. Anzuwendende Verdingungsordnungen

57   Soweit die jeweiligen Schwellenwerte erreicht sind, haben die in § 98 Nr. 4 genannten öffentlichen Auftraggeber Abschnitt 4 der VOL/A beziehungsweise der VOB/A anzuwenden (§ 4 Abs. 2 VgV). Erfüllen die Auftraggeber die Anforderungen des § 98 Nr. 2, unterliegen sie hingegen Abschnitt 3 der VOL/A beziehungsweise der VOB/A (§ 4 Abs. 1 VgV).

VI. Staatlich subventionierte Auftraggeber (§ 98 Nr. 5)

58   § 98 Nr. 5 setzt Art. 2 BKR und Art. 3 Abs. 3 DLR in nationales Recht um. Danach findet das Vergaberecht für bestimmte Aufträge auch dann Anwendung, wenn es sich bei dem Auftraggeber um ein privates Unternehmen handelt, das von staatlichen Stellen unabhängig ist, die Maßnahme von diesen jedoch überwiegend finanziert wird. Dem liegt der Gedanke zugrunde, daß der Auftraggeber in diesen Fällen als „verlängerter Arm" der öffentlichen Hand tätig wird, so daß sich eine Anwendung des Vergaberechts rechtfertigt. Die Vorschrift ersetzt § 57a Abs. 1 Nr. 6 HGrG. Dort wurden „Vorhaben zu einem gemeinnützigen Zweck" genannt, während sich § 98 Nr. 5 lediglich auf Tiefbaumaßnahmen und auf die Errichtung von Krankenhäusern, Sport-, Erholungs- oder Freizeiteinrichtungen, Schul-, Hochschul- oder Verwaltungsgebäuden bezieht. § 57a Abs. 1 Nr. 6 HGrG wurde jedoch durch § 1 Abs. 2, § 2 Abs. 2 und § 3 Abs. 2 VgV auf diejenigen Bereiche konkretisiert, die nunmehr in § 98 Nr. 5 ausdrücklich genannt sind. Es besteht daher keine Diskrepanz zwischen der bisherigen und der neuen Rechtslage[1].

59   Der **Katalog** des § 98 Nr. 5 (der Art. 2 Abs. 2 BKR entspricht) ist **abschließend,** eine Ausdehnung auf verwandte Bereiche somit ausgeschlossen[2]. Umfaßt werden sowohl die genannten Bauleistungen (§ 99 Abs. 3) als auch hiermit in Verbindung stehende Dienstleistungen (§ 99

---

1 *Kaufhold/Mayerhofer/Reichl*, Die VOF im Vergaberecht, 1999, S. 94.
2 *Bechtold*, GWB, 2. Aufl. 1999, § 98 Rz. 29.

Abs. 4) und Auslobungsverfahren (§ 99 Abs. 5). Hierzu zählen beispielsweise die Vergabe von Architekten- oder Ingenieurleistungen oder des Betriebs der baulichen Anlage, soweit nicht eine Baukonzession (§ 32 VOB/A) vorliegt. Erforderlich ist stets, daß die Dienstleistungen in Verbindung mit einem Bauauftrag vergeben werden. Erfolgt die Vergabe des Dienstleistungsauftrags völlig isoliert von Bauarbeiten, also etwa im deutlichen zeitlichen Abstand von der Errichtung der Maßnahme, findet § 98 Nr. 5 auf den Dienstleistungsauftrag keine Anwendung. Um eine Umgehung der Vorschrift zu verhindern, sind geringfügige zeitliche Abstände zwischen der Vergabe der Bauleistungen und des Dienstleistungsauftrags jedoch unbeachtlich. § 98 Nr. 5 gilt nur für natürliche oder juristische Personen des privaten Rechts. Soweit eine juristische Person des öffentlichen Rechts tätig wird, bestimmt sich die Anwendung des Vergaberechts allein nach § 98 Nr. 1 bis 3.

Voraussetzung ist, daß Stellen, die unter Nr. 1 bis 3 fallen, Mittel **60** bereitstellen, mit denen die in Nr. 5 genannten Vorhaben zu **mehr als 50% finanziert** werden. Hierbei ist nicht auf die nach den jeweiligen Vorschriften förderfähigen Kosten, sondern auf die gesamten Projektkosten, die sich im Zweifel nach § 1a VOB/A bestimmen, abzustellen[1]. § 98 Nr. 5 spricht (ebenso wie § 57a Abs. 1 Nr. 6 HGrG) von der „Finanzierung" durch die in § 98 Nr. 1 bis 3 genannten Stellen. Nach dem Wortlaut der Vorschrift würde somit auch eine Kreditgewährung durch die öffentliche Hand, beispielsweise durch Sparkassen oder Landesbanken, zu einer Verpflichtung zur Anwendung der Verdingungsordnungen führen, soweit diese 50% der Projektkosten übersteigt. Art. 2 Abs. 1 BKR spricht demgegenüber vom „Subventionieren" durch die öffentliche Hand. Bei einer richtlinienkonformen Auslegung[2] des § 98 Nr. 5 könnte das Wort „Finanzieren" im Sinne eines „Subventionierens" verstanden werden. Allerdings ist der nationale Gesetzgeber berechtigt, den Anwendungsbereich des Vergaberechts über den Wortlaut der europäischen Richtlinien hinaus auszudehnen. Sollte sich der Gesetzgeber bewußt

---

1 *Bechtold*, GWB, 2. Aufl. 1999, § 98 Rz. 30; *Rusam* in Heiermann/Riedl/Rusam, Handkommentar zur VOB, 8. Aufl. 1997, Vorbemerkungen zur VOB/A Rz. 37.
2 EuGH v. 20. 9. 1988 – Rs. 31/87, Slg. 1988, 4635, 4662 – Beentjes; EuGH v. 13. 11. 1990 – Rs. C 106/89, Slg. 1990 I, 4135, 4159 – Marleasing; EuGH v. 16. 12. 1993 – Rs. C 334/92, Slg. 1993 I, 6911, 6932 – Wagner Miret; EuGH v. 14. 7. 1994 – Rs. C 91/92, Slg. 1994 I, 3325, 3357 – Dori; *Bleckmann*, Europarecht, 6. Aufl. 1997, Rz. 441; *Geiger*, EG-Vertrag, 2. Aufl. 1995, Art. 189 Rz. 13.

dazu entschieden haben, für die Anwendung des § 98 Nr. 5 nicht auf die Gewährung von Subventionen durch die öffentliche Hand, sondern auf sämtliche Finanzierungsarten einschließlich der Kreditvergabe zu marktüblichen Konditionen abzustellen, würde sich ein Rückgriff auf den Wortlaut der Richtlinie verbieten. Für eine derartige Entscheidung des Gesetzgebers finden sich jedoch weder in den Gesetzesmaterialien zum Haushaltsgrundsätzegesetz noch zum Vergaberechtsänderungsgesetz Hinweise. Folglich ist ein Rückgriff auf den Wortlaut der BKR bei Auslegung des Begriffs „Finanzieren" geboten, so daß dieser als „Subventionieren" zu lesen ist. Demnach ist der Anwendungsbereich des § 98 Nr. 5 nur dann eröffnet, wenn Subventionen oder subventionsähnliche Mittel gewährt werden. Dies ist beispielsweise bei niedrigeren als marktüblichen Zinssätzen der Fall oder wenn ein Kredit an einen Auftraggeber gewährt wird, der sich auf dem freien Finanzmarkt keine Darlehensmittel beschaffen könnte. Die Gewährung von Darlehen zu marktüblichen Bedingungen führt hingegen nicht zum Anwendungsbereich des § 98 Nr. 5, selbst wenn Darlehensgeber die öffentliche Hand, beispielsweise in Form einer Sparkasse oder Landesbank ist[1].

61   § 98 Nr. 5 greift auch dann nicht ein, wenn **Private,** die Krankenhäuser errichten und betreiben, von Krankenkassen durch Pflegesätze finanziert werden. Solange dies in marktüblicher Weise geschieht, liegt keine Subventionierung vor[2]. Entsprechendes gilt für den Fall, daß Einrichtungen, die unter § 98 Nr. 5 fallen, von einem privaten Auftraggeber errichtet und daraufhin an die öffentliche Hand vermietet oder verleast werden. Eine Ausnahme besteht lediglich dann, wenn der Mietzahlung Subventionscharakter zukommt, also beispielsweise eine höhere als die marktübliche Miete gezahlt wird und dies mehr als 50% der Projektkosten abdeckt[3].

62   Sind die jeweiligen **Schwellenwerte erreicht,** besteht eine Verpflichtung der in § 98 Nr. 5 genannten öffentlichen Auftraggeber, Abschnitt 2 VOB/A anzuwenden (§ 3 Abs. 2 VgV). Soweit mit den Baumaßnahmen die Vergabe von Dienstleistungen oder Auslobungen in

---

1 *Bechtold,* GWB, 2. Aufl. 1999, § 98 Rz. 30; *Boesen,* Vergaberecht, 2000, § 98 Rz. 118; *Rusam* in Heiermann/Riedl/Rusam, Handkommentar zur VOB, 8. Aufl. 1997, Vorbemerkungen zur VOB/A, Rz. 38.
2 *Bechtold,* GWB, 2. Aufl. 1999, § 98 Rz. 30; *Rusam* in Heiermann/Riedl/Rusam, Handkommentar zur VOB, 8. Aufl. 1997, Vorbemerkungen zur VOB/A, Rz. 39.
3 *Bechtold,* GWB, 2. Aufl. 1999, § 98 Rz. 30; *Rusam* in Heiermann/Riedl/Rusam, Handkommentar zur VOB, 8. Aufl. 1997, Vorbemerkungen zur VOB/A, Rz. 40.

Verbindung stehen, sind auf diese daneben, soweit nicht die Bestimmungen des Abschnitts 2 der VOB/A vorgehen, Abschnitt 2 der VOL/A (allerdings lediglich in Hinblick auf Dienstleistungsaufträge, da Lieferaufträge in § 98 Nr. 5 nicht genannt sind) (§ 1 Abs. 2 VgV) bzw. die VOF (§ 2 Abs. 2 VgV) anzuwenden.

VII. Baukonzessionäre (§ 98 Nr. 6)

§ 98 Nr. 6, der Art. 3 Abs. 3 BKR in nationales Recht umsetzt, bezieht sich auf **Baukonzessionen** im Sinne des § 32 Nr. 1 VOB/A. Die Vorschrift ersetzt § 57a Abs. 1 Nr. 7 HGrG. Bei Baukonzessionen handelt es sich um Bauaufträge, bei denen die Gegenleistung statt in einer Vergütung in dem Recht auf Nutzung der baulichen Anlage, gegebenenfalls zuzüglich der Zahlung eines Preises besteht (hinsichtlich der Abgrenzung zwischen Bauauftrag und Baukonzession vgl. § 99 Tz. 29). Nr. 6 wendet sich **nicht an den Konzessionsgeber,** also denjenigen, der eine Baukonzession vergibt. Soweit dieser ein öffentlicher Auftraggeber ist, was regelmäßig der Fall sein dürfte, ergibt sich seine Verpflichtung, die Vergabe der Konzession auszuschreiben, aus § 98 Nr. 1 bis 3. Nr. 6 richtet sich demnach an den **Konzessionär,** der von einem öffentlichen Auftraggeber nach Nr. 1 bis 3 eine Baukonzession erhalten hat. Die Vorschrift gilt für natürliche und juristische Personen des privaten Rechts und enthält – ähnlich wie § 98 Nr. 4 und 5 – eine Durchbrechung des Grundsatzes, wonach lediglich die öffentliche Hand bzw. solche Personen des privaten Rechts, die mit der öffentlichen Hand verbunden sind, den Bestimmungen des 4. Teils des GWB unterliegen. Grund für diese Durchbrechung ist der Umstand, daß der Baukonzessionär, soweit er die Bauausführung Dritten überläßt, letztlich als verlängerter Arm des den Bindungen des GWB unterliegenden Konzessionsgebers tätig wird, so daß eine Beteiligung aller Unternehmen, die ihren Sitz in einem Mitgliedstaat der Europäischen Union haben, an der Untervergabe ermöglicht werden muß[1].

Handelt es sich bei dem Baukonzessionär um eine **juristische Person des öffentlichen Rechts,** findet Nr. 6 keine Anwendung. Soweit der Konzessionär die Voraussetzungen der Nr. 1 bis 3 erfüllt, ist er jedoch aufgrund dieser Vorschriften verpflichtet, bei der Untervergabe von

63

64

---

1 *Lampe-Helbig/Wörmann,* Handbuch der Bauvergabe, 2. Aufl. 1995, Rz. 316; *Reidt/Stickler,* BauR 1997, 241, 249; *Reidt/Stickler* in Beck'scher Kommentar zur VOB/A, 2000, § 32a Rz. 11.

Bauarbeiten die Vergabevorschriften zu beachten. Dies wird in § 32 a Nr. 3 VOB/A in Übereinstimmung mit Art. 3 Abs. 3 BKR klargestellt[1].

65 Die **Dienstleistungskonzession** (§ 99 Tz. 33) ist von § 98 Nr. 6 nicht umfaßt. Diese liegt vor, wenn die von dem Konzessionär zu erbringenden Leistungen andere als Bauarbeiten umfassen[2]. Für die Vergabe einer Dienstleistungskonzession bestehen somit keine spezifischen gemeinschaftsrechtlichen oder nationalen Vorgaben[3]. Allerdings sind auch hier die allgemeinen Bestimmungen des Gemeinschaftsrechts, wie beispielsweise die Grundsätze der Gleichbehandlung, Transparenz und Verhältnismäßigkeit anzuwenden[4].

66 Ist der maßgebliche **Schwellenwert erreicht,** hat der in § 98 Nr. 6 genannte Baukonzessionär diejenigen Bestimmungen des Abschnitts 2 der VOB/A anzuwenden, die auf ihn Bezug nehmen (§ 3 Abs. 3 VgV). Diese ergeben sich aus § 32 a Nr. 2 VOB/A. Die Verpflichtungen des privaten Baukonzessionärs beschränken sich im wesentlichen darin, die Absicht, Bauaufträge an Dritte zu vergeben, bekannt zu machen. Die Bekanntmachung hat nach Anhang H zur VOB/A zu erfolgen.

VIII. Auftragnehmer von Bauträgern, Mietverkäufern und Leasinggebern (ehemals § 57a Abs. 1 Nr. 8 HGrG)

67 § 57a Abs. 1 Nr. 8 HGrG wurde in § 98 nicht übernommen. Die Vorschrift betraf die Vergabe von Bauleistungen durch eine natürliche oder juristische Person des Privatrechts, die mit einem der in § 57a Abs. 1 Nr. 1 bis 3 HGrG genannten Auftraggeber einen Vertrag über die Erbringung einer Bauleistung, gleichgültig mit welchen Mitteln, gemäß den vom öffentlichen Auftraggeber genannten Erfordernissen geschlossen hatte. Hierbei handelte es sich insbesondere um

1 *Heiermann* in Heiermann/Riedl/Rusam, Handkommentar zur VOB, 8. Aufl. 1997, A § 32 Rz. 33; *Ingenstau/Korbion,* VOB, 13. Aufl. 1996, A § 32a Rz. 11; *Kuß,* VOB, 2. Aufl. 1997, Teil A § 32a Rz. 11; *Lampe-Helbig/Wörmann,* Handbuch der Bauvergabe, 2. Aufl. 1995, Rz. 317; *Reidt/Stickler* in Beck'scher Kommentar zur VOB/A, 2000, § 32a Rz. 24.

2 *Reidt/Stickler* in Beck'scher Kommentar zur VOB/A, 2000, § 32 Rz. 7.

3 VÜA Bayern v. 28. 8. 1998 – VÜA 16/97, WuW 1999, 218, 219 = WuW/E Verg 178, 179 – Flugbetriebsstoffversorgung; *Noch,* BauR 1998, 1998, 941, 943; *Reidt/Stickler* in Beck'scher Kommentar zur VOB/A, 2000, § 32 Rz. 11.

4 Entwurf einer Mitteilung der Kommission, ABl. 1999, C 99/4 S. 7.

Bauträger und Vertragspartner der öffentlichen Hand bei Abschluß eines Mietkauf- oder Leasingvertrags[1]. Die Vorschrift war bedeutungslos, da diese Personen durch § 3 Abs. 1 Satz 2 VgV von der Verpflichtung zur Anwendung der Vergabevorschriften befreit waren. Das Vergaberechtsänderungsgesetz hat daher konsequenter Weise auf eine Übernahme des § 57a Abs. 1 Nr. 8 HGrG verzichtet[2]. Teilweise wurde die Auffassung vertreten, daß § 3 Abs. 1 Satz 2 VgV gegen Art. 1 lit. a BKR verstieß, da die Richtlinie die in § 3 VgV von dem Anwendungsbereich des Vergaberechts ausgenommenen Auftraggeber ausdrücklich umfasse[3]. Diese Auslegung läßt der Wortlaut des Art. 1 lit. a BKR jedoch nicht zu[4]. Die Nichterwähnung der in § 57a Abs. 1 Nr. 8 HGrG genannten Auftraggeber in § 98 verstößt daher nicht gegen das Gemeinschaftsrecht.

§ 57a Abs. 1 Nr. 8 HGrG bezog sich allein auf die Vergabe von   68 Bauleistungen durch den **Vertragspartner** des öffentlichen Auftraggebers nach § 98 Nr. 1 bis 3[5]. Unberührt von der Aufhebung des § 57a Abs. 1 Nr. 8 HGrG bzw. der Regelung in § 3 Abs. 1 S. 2 VgV bleibt die Verpflichtung der in § 98 Nr. 1 bis 3 genannten Auftraggeber, die einen Bauträger-, Mietkauf- oder Leasingvertrag abschließen wollen, hierfür ein Vergabeverfahren durchzuführen. Diese ergibt sich aus § 99 Abs. 3, 3. Alt., der solche Verträge bei Vorliegen weiterer Voraussetzungen als Bauaufträge definiert. Eine Herausnahme dieser Verträge aus dem Anwendungsbereich des GWB wäre im übrigen im Hinblick auf Art. 1 lit. a 3. Alt. BKR nicht möglich (§ 99 Tz. 12).

---

1 *Rusam* in Heiermann/Riedl/Rusam, Handkommentar zur VOB, 8. Aufl. 1997, Vorbemerkungen zur VOB/A Rz. 42; *Lampe-Helbig/Wörmann*, Handbuch der Bauvergabe, 2. Aufl. 1995, Rz. 31 ff.; *Kaufhold/Mayerhofer/Reichl*, Die VOF im Vergaberecht, 1999, S. 95.
2 *Heise*, LKV 1999, 210, 213; *Kaufhold/Mayerhofer/Reichl*, Die VOF im Vergaberecht, 1999, S. 95. Unzutreffend *Bechtold*, GWB, 2. Aufl. 1999, § 98 Rz. 4, wonach § 57a Abs. 1 Nr. 8 HGrG auch im neuen Vergaberecht Geltung beanspruchen würde.
3 *Seidel*, ZfBR 1995, 227, 231.
4 *Bornheim/Stockmann*, BB 1995, 577, 580.
5 *Pietzcker*, ZHR 162 (1998), 427, 451.

§ 99 Öffentliche Aufträge

(1) Öffentliche Aufträge sind entgeltliche Verträge zwischen öffentlichen Auftraggebern und Unternehmen, die Liefer-, Bau- oder Dienstleistungen zum Gegenstand haben, und Auslobungsverfahren, die zu Dienstleistungsaufträgen führen sollen.

(2) Lieferaufträge sind Verträge zur Beschaffung von Waren, die insbesondere Kauf oder Ratenkauf oder Leasing, Miete oder Pacht mit oder ohne Kaufoption betreffen. Die Verträge können auch Nebenleistungen umfassen.

(3) Bauaufträge sind Verträge entweder über die Ausführung oder die gleichzeitige Planung und Ausführung eines Bauvorhabens oder eines Bauwerks, das Ergebnis von Tief- oder Hochbauarbeiten ist und eine wirtschaftliche oder technische Funktion erfüllen soll, oder einer Bauleistung durch Dritte gemäß den vom Auftraggeber genannten Erfordernissen.

(4) Als Dienstleistungsaufträge gelten die Verträge über Leistungen, die nicht unter Absatz 2 oder 3 fallen und keine Auslobungsverfahren sind.

(5) Auslobungsverfahren im Sinne dieses Teils sind nur solche Auslobungsverfahren, die dem Auftraggeber auf Grund vergleichender Beurteilung durch ein Preisgericht mit oder ohne Verteilung von Preisen zu einem Plan verhelfen sollen.

Inhaltsübersicht

I. Einführung

1. Inhaltsübersicht

§ 99 definiert die Aufträge, die unter den Anwendungsbereich des   1
4. Teils des GWB fallen. Die Vorschrift bringt erstmals eine Übersicht und einheitliche Abgrenzung der einzelnen Auftragsarten untereinander. Bisher fanden sich Definitionen ausschließlich in den Verdingungsordnungen.

2. Entstehungsgeschichte

Der Gesetzestext entspricht § 108 des Regierungsentwurfs[1]:   2

Begründung zu § 108 des Regierungsentwurfs[2]:   3

Die Legaldefinition der öffentlichen Aufträge beruht auf der Definition der EG-Richtlinien. Danach sind öffentliche Aufträge privatrechtliche Verträge über die Erbringung einer Leistung gegen Entgelt. Andere Grundlagen für die Erbringung einer Leistung, wie z. B. Zuständigkeitszuweisungen an Behörden oder innerhalb von Behörden oder an Durchführungsorganisationen per Gesetz, Gründungsstatut oder öffentlich-rechtlichem Vertrag, fallen grundsätzlich nicht hierunter. Auslobungsverfahren und Wettbewerbe (insbesondere auf den Gebieten der Raumplanung, Stadtplanung, der Architektur und des Bauwesens sowie der Datenverarbeitung), die erst zu einem Auftrag führen sollen, werden von der Definition erfaßt und sind öffentliche Aufträge. Die Definition der öffentlichen Lieferaufträge entspricht Artikel 1 Buchstabe a der Richtlinie 93/36/EWG des Rates vom 14. Juni 1993 über die Koordinierung der Verfahren zur Vergabe öffentlicher Lieferaufträge (LKR), die der Bauaufträge Artikel 1 Buchstabe a der Richtlinie 93/37/EWG des Rates vom 14. Juni 1993 zur Koordinierung der Verfahren öffentlicher Bauaufträge (BKR).

Aufträge, die weder Bau- noch Lieferaufträge sind, gelten grundsätzlich als öffentliche Dienstleistungsaufträge (vgl. Artikel 1 Buchstabe a der Richtlinie 92/50/EWG des Rates vom 18. Juni 1992 über die Koordinierung der Verfahren zur Vergabe öffentlicher Dienstleistungsaufträge – DLR). Die Definition des Auslobungsverfahrens entspricht den „Wettbewerben" des Artikels 1 Buchstabe g der DLR.

II. Öffentlicher Auftrag (§ 99 Abs. 1)

Nach § 99 Abs. 1 sind öffentliche Aufträge entgeltliche Verträge   4
zwischen öffentlichen Auftraggebern und Unternehmen, die Liefer-,

---

1 BT-Drucks. 13/9340.
2 BT-Drucks. 13/9340.

Bau- oder Dienstleistungen zum Gegenstand haben, und Auslobungsverfahren, die zu Dienstleistungsaufträgen führen sollen. Die Definition der öffentlichen Auftraggeber enthält § 98. Nähere Ausführungen zu Lieferaufträgen finden sich in § 99 Abs. 2. Abs. 3 regelt Bauaufträge, Dienstleistungsverträge finden sich in Abs. 4, während sich Abs. 5 mit Auslobungsverfahren beschäftigt. Ein öffentlicher Auftrag liegt nur vor, wenn dem Vertragspartner des öffentlichen Auftraggebers ein **Entgelt** gewährt wird. Regelmäßig wird es sich hierbei um eine Zahlung von Geld handeln. Auch ein Tausch oder die Gewährung einer sonstigen Gegenleistung ist jedoch möglich. Zu Konzessionen vergleiche u. Tz. 27 ff. und 33. Der Wortlaut des § 99 Abs. 1 kann dahingehend verstanden werden, daß auch Verträge, bei denen der öffentliche Auftraggeber gegen Entgelt eine Leistung erbringt, erfaßt werden. Dies ist jedoch nicht der Fall. Vielmehr beschränkt sich das Vergaberecht auf Beschaffungsvorgänge der öffentlichen Auftraggeber[1].

5 Die öffentlichen Aufträge beschränken sich auf die in § 99 genannten Vertragsarten. Andere Verträge, die öffentliche Auftraggeber mit einem Unternehmen schließen, fallen daher nicht unter den Anwendungsbereich des Vergaberechts.

6 Die öffentlichen Aufträge unterfallen als fiskalische Hilfsgeschäfte grundsätzlich dem Zivilrecht. Auch bei Abschluß öffentlich-rechtlicher Verträge ist jedoch der 4. Teil des GWB zu beachten (Vorb. zu §§ 97–101 Tz. 7). Hingegen unterfallen Leistungen, die ihren Rechtsgrund in Gesetzen oder Verordnungen haben, nicht dem Vergaberecht[2].

III. Lieferaufträge (§ 99 Abs. 2)

7 Abs. 2 Satz 1 definiert Lieferaufträge als Verträge zur Beschaffung von Waren, die insbesondere Kauf, Ratenkauf, Leasing, Miete oder Pacht mit oder ohne Kaufoption betreffen. Dies entspricht der Definition in Art. 1 lit. a LKR. Unter „Waren", die in Art. 23 EGV erwähnt werden, sind alle beweglichen Sachen zu verstehen, die einen Geldwert haben und Gegenstand eines Handelsgeschäfts sein kön-

---

1 *Boesen*, Vergaberecht, 2000, § 99 Rz. 11.
2 BT-Drucks. 13/9340 S. 15; *Bechtold*, GWB, 2. Aufl. 1999, § 99 Rz. 1; *Dreher*, DB 1998, 2579, 2587; *Müller* in Daub/Eberstein, Kommentar zur VOL/A, 4. Aufl. 1998, § 1a Rz. 48.

nen[1]. Unbewegliche Gegenstände unterfallen nicht dem Anwendungsbereich § 99 Abs. 2. Dies wird in § 100 Abs. 2 lit. h klargestellt. Umstritten ist die Einordnung von **Immobilien-Leasingverträgen**[2]. Soweit die Voraussetzungen des § 99 Abs. 3, 3. Alt., der Art. 1 lit. a, 3. Alt. BKR entspricht, vorliegen, stellt der Immobilien-Leasing- oder Mietkaufvertrag einen Bauauftrag dar (Tz. 23). Im übrigen ist er nach § 100 Abs. 2 lit. h dem Anwendungsbereich des Vergaberechts entzogen. Eine Ausnahme gilt lediglich für die im Zusammenhang mit einem solchen Vertrag erbrachten Finanzierungsdienstleistungen, die § 99 Abs. 4 unterfallen (§ 100 Abs. 2 lit. h a. E.).

§ 99 Abs. 2 nennt beispielhaft Kauf, Ratenkauf, Leasing, Miete oder Pacht mit und ohne Kaufoption. Diese Aufzählung ist **nicht abschließend.** Auch andere Vertragsarten können einen Lieferauftrag darstellen. Dies ist immer dann der Fall, wenn sich der Auftraggeber für einen längeren Zeitraum die tatsächliche Verfügungsgewalt über eine Ware gegen Zahlung eines Entgelts verschafft. Auch der Werklieferungsvertrag im Sinne des § 651 Abs. 1 BGB stellt daher einen Lieferauftrag dar[3], soweit es sich nicht um einen Bauvertrag handelt (zu dieser Abgrenzung Tz. 19 f.). Das gleiche gilt für Lagerverträge, da diese wesentliche mietvertragliche Elemente enthalten[4]. **8**

Nach § 99 Abs. 2 Satz 2 können Lieferaufträge auch **Nebenleistungen** umfassen. Art. 1 lit. a LKR nennt beispielhaft Verlege- und Anbringsarbeiten. Isoliert gesehen handelt es sich hierbei um Dienstleistungen. Abs. 2 Satz 2 spricht folglich gemischte Verträge an. Zu deren Einordnung als Liefer- bzw. Dienstleistungsauftrag vgl. Tz. 39. **9**

Die Vorschriften, die öffentliche Auftraggeber bei Vergabe eines Lieferauftrags zu beachten haben, ergeben sich aus § 1 und § 4 VgV. **10**

IV. Bauaufträge (§ 99 Abs. 3)

1. Die drei Alternativen des § 99 Abs. 3

§ 99 Abs. 3 definiert den Begriff des Bauauftrags. Die Vorschrift nennt drei Fallgestaltungen. Hierbei handelt es sich um: **11**

---

1 EuGH v. 10. 12. 1968 – Rs. 7/68, Slg. 1968, 634, 642 – Kunstschätze; *Müller* in Daub/Eberstein, Kommentar zur VOL/A, 4. Aufl. 1998, § 1 Rz. 30.
2 *Bechtold*, GWB, 2. Aufl. 1999, § 99 Rz. 3; *Seidel*, ZfBR 1995, 227, 231.
3 VÜA Bund v. 2. 8. 1994 – 1 VÜ 1/94, WuW 1995, 857, 860 = WuW/E VergAB 1,4 – Rollbehälter.
4 VÜA Bund v. 12. 12. 1994 – 1 VÜ 9/94, WuW 1996, 142, 144 f. = WuW/E VergAB 38, 40 f. – Kühlhäuser.

– Verträge über die Ausführung oder die gleichzeitige Planung und
  Ausführung eines Bauvorhabens,

– Verträge über die Ausführung oder die gleichzeitige Planung und
  Ausführung eines Bauwerks, das Ergebnis von Tief- und Hochbauarbeiten ist und eine wirtschaftliche oder technische Funktion
  erfüllen soll und

– Verträge über die Ausführung oder die gleichzeitige Planung und
  Ausführung einer Bauleistung durch Dritte gemäß den vom Auftraggeber genannten Erfordernissen.

12 Die Vorschrift entspricht weitgehend Art. 1 lit. a BKR, gibt dessen
    Wortlaut jedoch nur teilweise wieder, wodurch Verständnisschwie-
    rigkeiten entstehen. Diese können durch einen Rückgriff auf den
    Text der Richtlinie vermieden werden. Die 1. und 2. Alternative
    umfassen die Bauleistungen nach § 1 VOB/A, die 3. Alternative ist
    in § 1a Nr. 6 VOB/A geregelt.

13 Die Bestimmungen, die öffentliche Auftraggeber bei Vergabe eines
    Bauauftrags zu beachten haben, ergeben sich aus § 3 und § 4 VgV.

a) Gemeinsame Voraussetzungen

14 Den drei in § 99 Abs. 3 genannten Alternativen ist gemeinsam, daß
    sie sich jeweils sowohl auf die Ausführung von Bauarbeiten als auch
    die **gleichzeitige Planung und Ausführung** beziehen. Beabsichtigt der
    öffentliche Auftraggeber die Planung und Errichtung eines Bauvorha-
    bens an einen einzigen Auftragnehmer, etwa einen Generalüberneh-
    mer, zu vergeben, ist folglich unter vergaberechtlichen Gesichts-
    punkten eine Trennung in die Ausschreibung der Bauarbeiten nach
    der VOB/A und einer Vergabe der Planungsleistungen nach der VOF
    nicht erforderlich. Vielmehr hat eine gemeinsame Vergabe zu erfol-
    gen, auf die einheitlich die VOB/A Anwendung findet[1]. Wird die
    Planung getrennt vergeben, liegt jedoch ein Dienstleistungsauftrag
    nach § 99 Abs. 4 vor, der regelmäßig zur Anwendung der VOF führt.
    Abzustellen ist darauf, ob die Vergabe von Ausführungs- und Pla-
    nungsleistungen nach der Intention des Auftraggebers gemeinsam
    erfolgt, wobei auf den Text der Bekanntmachung bzw. der Ausschrei-
    bungsunterlagen abzustellen ist. Werden Ausführungs- und Pla-
    nungsleistungen für ein einheitliches Bauvorhaben getrennt vonein-

1 *Rusam* in Heiermann/Riedl/Rusam, Handkommentar zur VOB, 8. Aufl.
  1997, A § 1 Rz. 28.

ander ausgeschrieben, verbleibt es bei dieser Trennung[1], selbst wenn
an beiden Ausschreibungen die gleichen Bieter teilnehmen bzw. der
Zuschlag an den gleichen Auftragnehmer erteilt wird.

§ 99 Abs. 3 setzt voraus, daß Ausführungs- und Planungsleistungen   15
gleichzeitig vergeben werden. Im Regelfall wird sich die auszuschreibende Planung auf das gesamte Bauvorhaben beziehen. Möglich ist
jedoch, daß die Ausführungsleistungen umfangreicher als die Planungsleistungen sind. Dies ist etwa dann der Fall, wenn für das
beabsichtigte Bauvorhaben bereits eine Vor- oder Entwurfsplanung
vorliegt, das heißt sich die zu vergebenden Planungsleistungen auf
die Genehmigungs- und/oder Ausführungsplanung beschränken. Daneben sind Fälle denkbar, in denen für einen Teil der beabsichtigten
Ausführungsleistungen bereits eine Ausführungsplanung vorliegt,
während die Planung für weitere Teilbereiche noch zu erstellen ist
und gemeinsam mit den Ausführungsleistungen vergeben werden
soll. In beiden Fällen greift § 99 Abs. 3 ein. Es liegt folglich ein
einheitlicher Bauauftrag vor, der nach den Regeln der VOB/A zu
vergeben ist.

Schwierigkeiten können im umgekehrten Fall entstehen, wenn eine   16
komplette Planungsleistung (Vor- bis einschließlich Ausführungsplanung) lediglich mit einem Teil der Ausführungsleistungen (etwa
den Rohbauarbeiten) vergeben wird oder wenn die Beplanung eines
Gesamtbauvorhabens gemeinsam mit der Ausführung lediglich eines Teilgebäudes vergeben werden soll. In beiden Fällen geht der
Umfang der Planungsleistungen über die zu vergebenden Ausführungsleistungen hinaus. Nach dem Wortlaut des § 99 Abs. 3 ist
grundsätzlich auch in diesen Fällen von dem Vorliegen eines Bauauftrags auszugehen. Dies kann nur dann nicht gelten, wenn die zu
vergebenden Ausführungsleistungen gegenüber den Planungsleistungen in ihrer Bedeutung völlig zurücktreten, so daß die Planungsleistungen eindeutig überwiegen. In diesen Fällen ist es gerechtfertigt,
den Gesamtauftrag als Dienstleistungsvertrag im Sinne des § 99
Abs. 4 einzustufen[2].

---

1 *Korbion,* Vergaberechtsänderungsgesetz, 1999, § 99 Rz. 4.
2 So für die Kombination eines Bauauftrags mit einem Dienstleistungsauftrag, der nicht Planungsleistungen zum Gegenstand hatte, EuGH v. 19. 4.
1994 – Rs. C 331/92, Slg. 1994 I, 1329, 1351 Gestión Hotelera Internacional SA. unter Berufung auf die 16. Begründungserwägung zur DLR.

b) Bauvorhaben (§ 99 Abs. 3, 1. Alt.)

17 Die 1. Alternative des § 99 Abs. 3 umfaßt die Ausführung oder die
gleichzeitige Planung und Ausführung eines Bauvorhabens. Dieser
Begriff ist in § 99 nicht definiert. Insoweit kann auf Art. 1 lit. a BKR
zurückgegriffen werden. Dieser bezeichnet als 1. Alternative die
Ausführung von Bauvorhaben im Zusammenhang mit einer der in
Anlage II genannten Tätigkeiten. Anhang II stellt das Verzeichnis der
Berufstätigkeiten im Baugewerbe entsprechend dem Allgemeinen
Verzeichnis der wirtschaftlichen Tätigkeiten in der Europäischen
Gemeinschaft (NACE) dar. Dieses umfaßt alle Tätigkeit, die für ein
Bauwerk oder an einem Bauwerk erbracht werden. Die Auflistung ist
insoweit mit den in § 1 VOB/A genannten „Bauleistungen" und dem
Begriff der „Arbeiten bei Bauwerken" nach § 635 BGB weitgehend
identisch[1]. Die Auflistung des NACE-Verzeichnisses ist jedoch nicht
abschließend. Die im Anhang II zur BKR nicht aufgeführten Leistungen, die zur Erstellung eines Bauwerks erforderlich sind, sind jeweils
der Untergruppe „Allgemeines" der im Anhang genannten Tätig-
keitsgruppen zuzuordnen[2]. Die 1. Alternative des § 99 Abs. 3 bezieht
sich auf die Instandhaltung, Änderung oder Beseitigung eines Bauwerks. Hierdurch wird klargestellt, daß keinesfalls nur die Neuerrichtung baulicher Anlagen von dem Anwendungsbereich des 4. Teil
des GWB umfaßt werden. Es ist nicht erforderlich, daß sich eine
Tätigkeit auf das Bauwerk als Ganzes bezieht. Vielmehr fällt auch
die Herstellung einzelner Bauteile und Bauglieder unter § 99 Abs. 3,
ohne daß es darauf ankommt, ob sie einen äußerlich hervortreten-
den, körperlich abgesetzten Teil des ganzen Baus darstellen[3]. § 99
Abs. 3 unterscheidet nicht zwischen Werk- und Werklieferungsver-
trägen (§ 651 BGB). Auch letztere zählen zu den Bauaufträgen, soweit sie die Ausführung eines Bauvorhabens zum Gegenstand haben[4].

18 Grundsätzlich fallen auch alle **Instandhaltungsarbeiten und Repara-
turen** an einem Bauwerk unter § 99 Abs. 3. Eine Ausnahme besteht
für untergeordnete Ausbesserungsarbeiten. Nach der Rechtsprechung
des RG und des BGH zu § 638 BGB liegen Bauwerksarbeiten nur dann
vor, wenn sie für die Konstruktion, den Bestand und die Erhaltung des

---

1 *Lampe-Helbig/Wörmann*, Handbuch der Vergabe, 2. Aufl. 1995, Rz. 43.
2 *Lampe-Helbig/Wörmann*, Handbuch der Vergabe, 2. Aufl. 1995, Rz. 43.
3 *Ingenstau/Korbion*, VOB, 13. Aufl. 1996, A § 1 Rz. 10.
4 *Ingenstau/Korbion*, VOB, 13. Aufl. 1996, A § 1 Rz. 48; *Noch*, BauR 1998,
   941, 947.

Gebäudes von wesentlicher Bedeutung sind[1]. Diese Definition ist für Art. 1 lit. a BKR zu eng. Auch unwesentliche Arbeiten fallen unter § 99 Abs. 3, soweit sie mit einem existierenden Bauwerk im engen Zusammenhang stehen. So sind umfangreiche Malerarbeiten und Abdichtungsmaßnahmen grundsätzlich ebenso als Bauauftrag zu verstehen wie – in Übereinstimmung mit der Rechtsprechung zu § 638 BGB – das feste Verlegen eines Teppichbodens mittels Kleber in einer Wohnung, da eine feste und dauerhafte Verbindung zum Gebäude hergestellt wird[2]. Auch bei dem Einbau einer Einbauküche liegt regelmäßig ein Bauauftrag vor, sofern die Einbauteile- und Geräte nach einem auf dem Grundriß abgestellten Einbauplan geliefert, zusammengesetzt und vor Ort montiert werden[3].

Nicht unter § 99 Abs. 3 fallen hingegen etwa die Anfertigung einer Freskomalerei an der Außenwand eines Hauses oder das Anbringen einer Neonleuchtreklame an einem Ladengeschäft. Letzteres gilt jedoch bereits dann nicht mehr, wenn die Leuchtreklame aufgrund ihrer festen Verbindung mit dem Gebäude und ihrer Größe nach der Verkehrsanschauung Bestandteil des Bauwerks geworden ist[4]. Auch reine Lieferungen zählen nicht zu den Bauaufträgen, selbst wenn die angelieferten Gegenstände einem Gebäude dienen (wie beispielsweise Möbel). Das gleiche gilt für die Lieferung von Baustoffen und Bauteilen, soweit mit der Lieferung nicht gleichzeitig eine Be- oder Verarbeitung auf der Baustelle verbunden ist[5]. Derartige Verträge fallen unter § 99 Abs. 2. Das gleiche gilt für das bloße Bereitstellen von Baugeräten in Form eines Mietvertrags[6]. 19

Hat hingegen der **Auftragnehmer** die **Baustoffe selbst zu stellen,** erfolgt also die Vergabe des Bauauftrags zusammen mit der Ver- 20

---

1 *Ingenstau/Korbion*, VOB, 13. Aufl. 1996, A § 1 Rz. 14; *Rusam* in Heiermann/Riedl/Rusam, Handkommentar zur VOB, 8. Aufl. 1997, A § 1 Rz. 19.

2 *Ingenstau/Korbion*, VOB, 13. Aufl. 1996, A § 1 Rz. 16; *Rusam* in Heiermann/Riedl/Rusam, Handkommentar zur VOB, 8. Aufl. 1997, A § 1 Rz. 18.

3 VÜA Brandenburg v. 19. 12. 1996 – VÜA 1/96, WuW 1997, 541, 544 = WuW/E VergAL 81, 84 – Einbauschränke; *Ingenstau/Korbion*, VOB, 13. Aufl. 1996, A § 1 Rz. 19; *Noch*, BauR 1998, 941, 947; *Rusam* in Heiermann/Riedl/Rusam, Handkommentar zur VOB, 8. Aufl. 1997, A § 1 Rz. 16.

4 *Ingenstau/Korbion*, VOB, 13. Aufl. 1996, A § 1 Rz. 18.

5 *Ingenstau/Korbion*, VOB, 13. Aufl. 1996, A § 1 Rz. 37; *Rusam* in Heiermann/Riedl/Rusam, Handkommentar zur VOB, 8. Aufl. 1997, A § 1 Rz. 26a.

6 *Ingenstau/Korbion*, VOB, 13. Aufl. 1996, A § 1 Rz. 42.

pflichtung, Baustoffe und Teile anzuliefern, liegt ein einheitlicher Vertrag vor, der unter § 99 Abs. 3 fällt[1]. Auch die Lieferung und Montage maschineller Einrichtungen fällt unter § 99 Abs. 3, soweit diese Einrichtungen nicht von der baulichen Anlage ohne Beeinträchtigung der Vollständigkeit oder Benutzbarkeit abgetrennt werden und einem selbständigen Nutzzweck dienen können[2].

21   Auch ein Vertrag über **Abbrucharbeiten** stellt einen Bauauftrag dar. Dies ergibt sich aus Anhang II zur BKR und der seit 1990 geltenden Fassung des § 1 VOB/A[3].

c) Ausführung eines Bauwerks (§ 99 Abs. 3, 2. Alt.)

22   Die 2. Alternative des § 99 Abs. 3 umfaßt die Ausführung oder die gleichzeitige Planung und Ausführung eines Bauwerks, das Ergebnis von Tief- oder Hochbauarbeiten ist und eine wirtschaftliche oder technische Funktion erfüllen soll. Die Vorschrift geht auf die 2. Alternative des Art. 1 lit. a in Verbindung mit der Definition des „Bauwerks" in lit. c BKR zurück. Hiervon werden Verträge über die Erstellung eines Gesamtbauwerks umfaßt. Es handelt sich um jede unbewegliche, durch Verwendung von Arbeit und Material in Verbindung mit dem Erdboden hergestellte Sache[4], soweit diese eine funktionsfähige Anlage darstellt. Wesensmerkmal des Bauwerks ist die feste und innige Verbindung mit dem Boden[5]. Diese Voraussetzung liegt stets vor, wenn das Ergebnis der Arbeiten nach § 94 BGB wesentlicher Bestandteil des Grund und Bodens wird[6]. § 99 Abs. 3

---

1   *Ingenstau/Korbion,* VOB, 13. Aufl. 1996, A § 1 Rz. 49; *Rusam* in Heiermann/Riedl/Rusam, Handkommentar zur VOB, 8. Aufl. 1997, A § 1 Rz. 23.

2   BGH v. 3. 12. 1998 – VII ZR 109/97, NJW 1999, 2434; *Ingenstau/Korbion,* VOB, 13. Aufl. 1996, A § 1 Rz. 59; *Lampe-Helbig/Wörmann,* Handbuch der Bauvergabe, 2. Aufl. 1995, Rz. 48; *Rusam* in Heiermann/Riedl/Rusam, Handkommentar zur VOB, 8. Aufl. 1997, A § 1 Rz. 34a.

3   *Ingenstau/Korbion,* VOB, 13. Aufl. 1996, A § 1 Rz. 63; *Rusam* in Heiermann/Riedl/Rusam, Handkommentar zur VOB, 8. Aufl. 1997, A § 1 Rz. 20.

4   *Ingenstau/Korbion,* VOB, 13. Aufl. 1996, A § 1 Rz. 4; *Lampe-Helbig/Wörmann,* Handbuch der Bauvergabe, 2. Aufl. 1995, Rz. 42; *Rusam* in Heiermann/Riedl/Rusam, Handkommentar zur VOB, 8. Aufl. 1997, A § 1 Rz. 5.

5   *Rusam* in Heiermann/Riedl/Rusam, Handkommentar zur VOB, 8. Aufl. 1997, A § 1 Rz. 4.

6   *Ingenstau/Korbion,* VOB, 13. Aufl. 1996, A § 1 Rz. 27; *Noch,* BauR 1998, 941, 947; *Rusam* in Heiermann/Riedl/Rusam, Handkommentar zur VOB, 8. Aufl. 1997, A § 1 Rz. 4.

stellt klar, daß ein Bauwerk sowohl aus Tief- als auch aus Hochbauarbeiten oder einer Kombination von beiden entstehen kann. Gemeinsam umfassen die beiden ersten Alternativen des § 99 Abs. 3
somit sämtliche Arbeiten, die die Errichtung, Instandhaltung, Änderung oder Beseitigung eines Bauwerks oder Teilen hiervon zum Gegenstand haben. Eine exakte Abgrenzung zwischen beiden Alternativen ist nicht erforderlich, da das Gesetz an sie keine unterschiedlichen Rechtsfolgen knüpft.

d) Bauleistungen durch Dritte (§ 99 Abs. 3, 3. Alt.)

Die 3. Alternative des § 99 Abs. 3 behandelt die Ausführung oder die   23
gleichzeitige Planung und Ausführung einer Bauleistung durch Dritte
gemäß den vom Auftraggeber genannten Erfordernissen. Ihr entspricht § 1a Nr. 6 VOB/A. Unter **„Bauleistung"** sind sämtliche Arbeiten zu verstehen, die unter die 1. oder 2. Alternative des § 99 Abs. 3
fallen. Die Vorschrift umfaßt insbesondere Bauträger-, Mietkauf- und
Leasingverträge[1]. Hierbei wird die öffentliche Hand nicht als Auftraggeber einer Werkleistung tätig. Vielmehr kauft (Bauträgervertrag)
oder mietet (Leasing- oder Mietkaufvertrag) der öffentliche Auftraggeber ein bereits durch einen Dritten fertiggestelltes Bauvorhaben an.
Ein Bauauftrag liegt nur dann vor, wenn die Bauausführung gemäß
den vom Auftraggeber genannten Erfordernissen erfolgte, das heißt
der Auftraggeber auf die Bauausführung einen erheblichen Einfluß
ausübte. Wirtschaftlich führen diese Verträge zu dem gleichen Ergebnis wie die Vergabe eines Werkvertrags über Bauleistungen. Der Auftraggeber erhält ein Bauwerk, das nach seinen Wünschen errichtet
und auf seine Nutzungsabsichten zugeschnitten ist. Lediglich aus
finanziellen oder steuerrechtlichen Gründen wird nicht der Abschluß
eines Werkvertrags, sondern eine hiervon abweichenden Gestaltung
gewählt. Zu Recht werden diese Verträge den Werkverträgen über
Bauleistungen daher vergaberechtlich gleichgesetzt.

Ein **Leasing**[2]**- oder Mietkaufvertrag**[3] im Sinne des § 99 Abs. 3 liegt   24
vor, wenn dem Mieter das Recht zusteht, den Mietgegenstand nach
Ablauf einer bestimmten Nutzungsdauer zu erwerben (Ankauf- oder

---

1 Unzutreffend *Korbion,* Vergaberechtsänderungsgesetz, 1999, § 99 Rz. 7,
  wonach sich diese Alternative auch auf Baukonzessionäre bezieht.
2 Zum Begriff *Putzo* in Palandt, BGB, 58. Aufl. 1999, Einf. vor § 535
  Rz. 27 ff.
3 Zum Begriff *Putzo* in Palandt, BGB, 58. Aufl. 1999, Einf. vor § 535 Rz. 22.

Optionsrecht)[1]. Nach der allgemeinen Definition ist die Vereinbarung eines Ankaufsrechts für das Vorliegen eines Leasingvertrags nicht begriffsnotwendig[2]. Eine Gleichstellung des Immobilien-Leasings mit anderen Bauaufträgen rechtfertigt sich jedoch nur, wenn der Leasingnehmer zumindest die Möglichkeit hat, das Gebäude auf Dauer zu erwerben. Anderenfalls liegt ein mietähnliches Rechtsgeschäft vor, das als Lieferauftrag (§ 99 Abs. 2) einzuordnen ist. Unerheblich ist, ob der öffentliche Auftraggeber im Zeitpunkt der Auftragsvergabe beabsichtigt, das Ankaufsrecht auszuüben, oder ob er hiervon tatsächlich Gebrauch macht. Unabhängig von der Bezeichnung des Vertrags greift § 99 Abs. 3 nur dann ein, wenn der Auftraggeber eine eigentümerähnliche Stellung erhält oder die Möglichkeit besitzt, eine solche Stellung ohne Zutun seines Vertragspartners zu erhalten.

25   Voraussetzung für die Anwendung des § 99 Abs. 3, 3. Alt. ist, daß die Bauleistungen gemäß den **vom Auftraggeber genannten Erfordernissen** durchgeführt wird. Hierdurch scheiden alle Verträge aus, bei denen der Auftraggeber ein ohne seine Mitwirkung errichtetes Gebäude kauft oder least. Dies ist stets dann der Fall, wenn Kauf- oder Leasinggegenstand ein Gebäude ist, das bereits von Dritten benutzt wurde, soweit nicht umfangreiche Umbauarbeiten für den öffentlichen Auftraggeber stattfanden. Auch der Erstbezug eines neu errichteten Gebäudes fällt nicht unter § 99 Abs. 3, wenn der Auftraggeber in der Errichtungsphase keinerlei Einfluß auf die Bauausführung genommen hatte. In diesen Fällen liegt ein Lieferauftrag nach § 99 Abs. 2 vor, der über § 100 Abs. 2 lit. h jedoch von dem Anwendungsbereich des Vergaberechts ausgenommen ist (§ 100 Tz. 22). Eine Errichtung nach den Erfordernissen des Auftraggebers liegt immer dann vor, wenn im Rahmen der Planung oder Ausführung eine wie auch immer geartete unmittelbare oder mittelbare Einwirkungsmöglichkeit des Auftraggebers bestand. Antizipiert der Bauherr hingegen die voraussichtlichen Bedürfnisse eines öffentlichen Auftraggebers und errichtet ein Gebäude, das auf diesen Auftraggeber zugeschnitten ist, in der Hoffnung, daß der Auftraggeber das Gebäude im Anschluß an seine Fertigstellung kaufen oder leasen würde, ohne daß ihm eine konkrete Möglichkeit der Einflußnahme eingeräumt wurde, liegt kein Bauauftrag vor[3]. Das gleiche gilt, wenn sich die Einflußmöglichkeit lediglich auf einige Details, wie beispielsweise den

---

1 *Bornheim/Stockmann*, BB 1995, 577, 579; *Ingenstau/Korbion*, VOB, 13. Aufl. 1996, A § 1a Rz. 18.

2 *Putzo* in Palandt, BGB, 58. Aufl. 1999, Einf. vor § 535 Rz. 27.

3 *Ingenstau/Korbion*, VOB, 13. Aufl. 1996, A § 1a Rz. 16.

Innenausbau bezieht. Bei der Vermietung von neu errichteten Gebäuden versucht der Vermieter oftmals, den Wünschen der Mieter nach Raumaufteilung oder Ausstattung des Mietobjekts soweit wie möglich nachzukommen. Auch bei dem Ankauf oder dem Leasing eines Objekts, das bereits vorher von Dritten genutzt wurde, ist dies im Rahmen von Umbauarbeiten möglich. Ein solches Berücksichtigen von Mieter- oder Käuferwünschen führt jedoch nicht zur Einordnung des Vertrags als Bauauftrag. Hierzu ist vielmehr erforderlich, daß dem öffentliche Auftraggeber bezüglich der Gestaltung der Bauarbeiten in Hinsicht auf deren Planung, Ausführung und gegebenenfalls auch den Fertigstellungszeitpunkt eine Stellung zukommt, die derjenigen eines Bauherren vergleichbar ist.

Der Wortlaut des § 99 Abs. 3, 3. Alt. könnte dahingehend verstanden   26
werden, daß die Vorschrift auch Verträge zwischen dem „**Dritten**" (beispielsweise einem Bauträger) und seinen Auftragnehmern umfaßt. Dies trifft jedoch nicht zu. Bauträger-, Leasing- und Mietkaufverträge werden in § 99 Abs. 3 erwähnt, soweit sie im Ergebnis dem Abschluß eincs Werkvertrags über Bauleistungen gleichkommen. Genauso wie bei Abschluß eines Werkvertrags der Auftragnehmer des öffentlichen Auftraggebers grundsätzlich nicht dem Vergaberecht unterliegt, findet dieses auch auf einen privaten Dritten, der im Auftrag eines öffentlichen Auftraggebers als Bauträger oder zukünftiger Leasinggeber Bauverträge an Subunternehmer vergibt, keine Anwendung. § 57a Abs. 1 Nr. 8 HGrG hatte zwar vorgesehen, daß auch natürliche und juristische Personen des Privatrechts, die mit der öffentlichen Hand einen der in § 99 Abs. 3, 3. Alt. genannten Verträge abgeschlossen hatten, bezüglich der Erteilung von Bauaufträgen an Dritte dem Vergaberecht unterliegen. Diese Vorschrift war jedoch gegenstandslos, da die in ihr genannten Auftraggeber durch § 3 Abs. 1 S. 2 VgV von dem Anwendungsbereich des Vergaberechts ausgeschlossen wurden. § 57a Abs. 1 Nr. 8 HGrG wurde daher folgerichtig nicht in § 98 aufgenommen[1]. Hierdurch wird klargestellt, daß Auftragnehmer, die mit einem öffentlichen Auftraggeber einen der in § 99 Abs. 3, 3. Alt. genannten Verträge abgeschlossen haben, bei der Beauftragung Dritter mit Bauleistungen nicht den Bindungen des Vergaberechts unterliegen, was mit dem Vorgaben des Gemeinschaftsrechts vereinbar ist (§ 98 Tz. 67).

---

1 A. A. *Bechtold*, GWB, 2. Aufl. 1999, § 98 Rz. 4, wonach die Nichterwähnung dieser Auftraggeber in § 98 keine Änderung gegenüber dem HGrG verursachen würde.

2. Baukonzessionen

27 Baukonzessionen werden in § 99 Abs. 3 nicht ausdrücklich genannt. Es handelt sich hierbei um Verträge, bei denen die Gegenleistung für die Bauausführung ausschließlich in dem Recht zur Nutzung des Bauwerks oder in diesem Recht zuzüglich der Zahlung eines Preises besteht (§ 32 Nr. 1 VOB/A, Art. 1 lit. d BKR). Eine ausdrückliche Erwähnung wäre nicht erforderlich, wenn es sich auch bei einer Baukonzession um einen entgeltlichen Vertrag handeln würde, da § 99 Abs. 1 ausdrücklich alle entgeltliche Bauaufträge erfaßt. Unter Entgelt ist nicht nur die Hingabe von Zahlungsmitteln, sondern jede andere Gegenleistung zu verstehen (vgl. oben Tz. 4). Bei der Baukonzession gewährt der öffentliche Auftraggeber dem Konzessionär die Nutzung der Anlage. Würde hierin ein Entgelt liegen, wäre die Baukonzession von § 99 Abs. 3 i. V. m. Abs. 1 umfaßt, eine ausdrückliche Erwähnung folglich nicht nötig. Voraussetzung für das Vorliegen einer Konzession (dies gilt sowohl für Bau- als auch für Dienstleistungskonzessionen) ist jedoch, daß der Konzessionär ein zumindest nicht ganz unerhebliches Nutzungsrisiko trägt[1]. Der Konzessionär muß sich das Entgelt für die Errichtung der baulichen Anlage, etwa durch die Erhebung von Nutzungsgebühren im Bereich des Fernstraßenbauprivatfinanzierungsgesetzes[2], selbst „verdienen". Die hiermit verbundenen Chancen und Risiken hat der Konzessionär – zumindest teilweise – zu tragen. Anderenfalls liegt keine Konzession vor. Selbst wenn folglich dem Konzessionär durch den öffentlichen Auftraggeber eine Gegenleistung in Form der Einräumung des Nutzungsrechts gewährt wird, wie dies § 32 Nr. 1 VOB/A und Art. 1 lit. d BKR ausdrücklich vorsehen, rechtfertigt es sich, Konzessionen nicht als entgeltliche Verträge im Sinne des § 99 Abs. 1 zu verstehen[3]. Dieser Ansicht folgt auch die Kommission. Sie vertritt die Auffassung, daß es sich bei einer Dienstleistungskonzession nicht um einen entgeltlichen Vertrag handelt, was zur Folge hat, daß diese nicht dem Anwendungsbereich der DLR unterliegt, da sie dort nicht ausdrücklich genannt wird[4].

---

1 *Prieß* in Jestaedt/Kemper/Marx/Prieß, Das Recht der Auftragsvergabe, 1999, S. 80; *Reidt/Stickler* in Beck'scher Kommentar zur VOB/A, 2000, § 32 Rz. 28.
2 *Reidt/Stickler* in Beck'scher Kommentar zur VOB/A, 2000, § 32 Rz. 45 ff.
3 *Prieß*, Das öffentliche Auftragswesen in der Europäischen Union, 1994, S. 53; *ders.* in Jestaedt/Kemper/Marx/Prieß, Das Recht der Auftragsvergabe, 1999, S. 67, 80.
4 Entwurf einer Mitteilung der Kommission, ABl. 1999, C 94/4 S. 6, Fn. 9.

Da die Baukonzession somit nicht zu den in § 99 Abs. 1 genannten   28
Aufträgen zählt und auch im übrigen in § 99 keine Erwähnung findet, könnte geschlossen werden, daß sie nicht den Vorschriften des
GWB unterfällt. Dies würde jedoch gegen die BKR verstoßen und
nicht dem Willen des Gesetzgebers entsprechen. Art. 3 Abs. 1 BKR
bestimmt, daß öffentliche Auftraggeber bei der Vergabe von Baukon-
zessionsverträgen den dort genannten Vorschriften unterliegen. Es
besteht eine Verpflichtung der Mitgliedstaaten der Europäischen
Union, die Richtlinie auch insoweit umzusetzen. Darüber hinaus
zeigen die Regelungen in § 98 Nr. 6 und § 3 Abs. 3 VgV, die auf den
Baukonzessionär Anwendung finden, sowie §§ 32, 32a VOB/A, daß
es der Gesetzgeber als selbstverständlich vorausgesetzt hat, daß auch
die Vergabe einer Baukonzession dem Vergaberecht unterliegt. Die
Nichterwähnung der Baukonzession in § 99 stellt eine offensichtliche Regelungslücke dar. Diese ist möglicherweise dadurch hervorge-
rufen, daß der Gesetzgeber davon ausging, daß die Baukonzession
einen entgeltlichen Vertrag darstellt und von § 99 Abs. 1 umfaßt
wird. Da Art. 3 BKR die Baukonzession ausdrücklich nennt und § 99
nicht zu entnehmen ist, daß der nationale Gesetzgeber die Baukonzession vom Anwendungsbereich des GWB ausschließen wollte, ist
die Vorschrift dahingehend richtlinienkonform auszulegen[1], daß es
sich auch bei der Baukonzession um einen Bauauftrag im Sinne des
§ 99 Abs. 3 handelt[2].

Im Hinblick auf den eingeschränkten Anwendungsbereich des 2. Ab-   29
schnitts der VOB/A auf Baukonzessionen (§ 32a Nr. 1 Abs. 1 VOB/A)
ist die Baukonzession vom „üblichen" Bauauftrag nach § 99 Abs. 3
abzugrenzen. § 32 Nr. 1 VOB/A und Art. 1 lit. d BKR stellen klar,
daß eine Baukonzession auch dann vorliegt, wenn der Konzessionär
zusätzlich zu dem Recht, die bauliche Anlage zu nutzen, ein Entgelt
erhält („Draufzahlung")[3]. Die Besonderheit der Baukonzession besteht darin, daß der Konzessionär zumindest einen Teil der Bau- und
Betriebskosten selbst finanziert und hierfür kein Entgelt von dem

---

1 EuGH v. 20. 9. 1988 – Rs. 31/87, Slg. 1988, 4635, 4662 – Beentjes; EuGH
  v. 13. 11. 1990 – Rs. C 106/89, Slg. 1990 I, 4135, 4159 – Marleasing; EuGH
  v. 16. 12. 1993 – Rs. C 334/92, Slg. 1993 I, 6911, 6932 – Wagner Miret;
  EuGH v. 14. 7. 1994 – Rs. C 91/92, Slg. 1994 I, 3325, 3357 – Dori; *Bleckmann*, Europarecht, 6. Aufl. 1997, Rz. 441; *Geiger*, EG-Vertrag, 2. Aufl.
  1995, Art. 189 Rz. 13.
2 OLG Brandenburg v. 3. 8. 1999 – 6 Verg 1/99, WuW 1999, 929, 930 f. =
  WuW/E Verg 231, 232 f. – Flughafen Berlin.
3 Hierzu *Reidt/Stickler* in Beck'scher Kommentar zur VOB/A, 2000, § 32
  Rz. 26 f.

Auftraggeber erhält. Er trägt somit das Risiko, daß die bauliche Anlage von den potentiellen Nutzern nicht in dem kalkulierten Umfang in Anspruch genommen wird und es ihm nicht gelingt, seine Investitionen über Nutzungsentgelte vollständig zu amortisieren. Dieses Betriebsrisiko ist wesentliches Merkmal des Konzessionsvertrags. Wird dem Konzessionär eine Daraufzahlung gewährt, so läßt dies die Einordnung des Vertrags als Baukonzession unberührt, solange derjenige Teil der Bau- und Betriebskosten, die der Konzessionär selbst zu finanzieren hat und für welche er das Betriebsrisiko trägt, zumindest nicht völlig unbeachtlich ist[1]. Die Schwerpunkttheorie, die generell zur Abgrenzung der unterschiedlichen Auftragsarten des § 99 angewendet wird (vgl. Tz. 39), kann auf die Unterscheidung zwischen einem Bauauftrag und einer Baukonzession zu keinen verwertbaren Ergebnissen führen[2].

V. Dienstleistungsaufträge (§ 99 Abs. 4)

1. Definition

30   § 99 Abs. 4 bezeichnet Dienstleistungsaufträge als Verträge über Leistungen, die nicht unter Abs. 2 oder Abs. 3 fallen und keine Auslobungsverfahren darstellen. Das Gesetz verzichtet auf eine ausdrückliche Definition und beschränkt sich darauf, Dienstleistungsaufträge in Abgrenzung zu sonstigen Aufträgen zu beschreiben. Dabei werden nach dem Wortlaut der Vorschrift sämtliche „Leistungen" als Dienstleistungen verstanden. Auch die DLR kennt keine positive Definition des Dienstleistungsauftrags. Art. 1 lit. c DLR beschränkt den Anwendungsbereich der Richtlinie jedoch auf „Dienstleistungen". Die Erweiterung dieses Begriffs in § 99 Abs. 4 auf „Leistungen" stellt keine inhaltliche Ausdehnung dar. Im Sprachgebrauch werden sämtliche Leistungen in Abgrenzung zu Lieferungen als Dienstleistungen bezeichnet. Nur bedingt ist zur Bestimmung des Begriffs der Dienstleistung ein Rückgriff auf Art. 50 EGV möglich, da dieser einerseits auch Bauleistungen umfaßt, andererseits den Kapitalverkehr ausnimmt.

31   Bei Prüfung der Frage, ob ein Dienstleistungsauftrag vorliegt, ist zunächst zu untersuchen, ob § 99 Abs. 2, 3 oder 5 eingreift. Soweit

---

1 OLG Schleswig v. 6. 7. 1999 – 6 U Kart 22/99, WuW 2000, 99, 103 f. = WuW/E Verg 269, 273 f. – Herrenbrücke; Entwurf einer Mitteilung der Kommission, ABl. 1999, C 94/4 S. 6; *Reidt/Stickler* in Beck'scher Kommentar zur VOB/A, 2000, § 32 Rz. 28.

2 *Reidt/Stickler* in Beck'scher Kommentar zur VOB/A, 2000, § 32 Rz. 28.

dies der Fall ist, liegt kein Dienstleistungsauftrag vor. Anderenfalls ist der Anwendungsbereich des § 99 Abs. 4 grundsätzlich eröffnet. Das Gesetz bestimmt hierzu jedoch zahlreiche Ausnahmen, die sich aus § 100 Abs. 2 ergeben. Der Dienstleistungsauftrag ist daher in doppelter Hinsicht negativ abzugrenzen. Zum einen von den Lieferaufträgen, Bauaufträgen und Auslobungsverfahren, zum anderen von den in § 100 Abs. 2 genannten Tätigkeiten[1].

Die Bestimmungen, die öffentliche Auftraggeber bei der Vergabe von   32 Dienstleistungsaufträgen anzuwenden haben, ergeben sich aus §§ 1, 2 und 4 VgV, wobei zwischen gewerblichen Dienstleistungen, die dem Anwendungsbereich der VOL/A unterfallen und freiberuflichen Tätigkeiten, auf welche die VOF Anwendung finden, unterschieden wird (vgl. § 2 VgV Tz. 6 f.).

2. Dienstleistungskonzession

Eine Definition der Dienstleistungskonzession findet sich weder in   33 der DLR noch im GWB. In Anlehnung an den Begriff der Baukonzession in § 32 Nr. 1 VOB/A und Art. 1 lit. d BKR handelt es sich hierbei um einen Vertrag, bei dem sich ein Unternehmen gegenüber einem öffentlichen Auftraggeber zur Erbringung von Dienstleistungen verpflichtet, wobei Leistungsempfänger nicht notwendig der Auftraggeber sein muß und die Gegenleistung ausschließlich in dem Recht der Ziehung der Nutzungen aus diesen Dienstleistungen, gegebenenfalls zuzüglich der Zahlung eines Preises besteht. Ebenso wie bei der Baukonzession handelt es sich bei der Dienstleistungskonzession nicht um einen entgeltlichen Vertrag im Sinne des § 99 Abs. 1 (vgl. hierzu oben Tz. 27). Dies führt dazu, daß die Dienstleistungskonzession nicht den Bestimmungen des europäischen oder nationalen Vergaberechts unterliegt[2]. Allerdings sind auch hier die allgemeinen Bestimmungen des Gemeinschaftsrechts, wie beispielsweise die Grundsätze der Gleichbehandlung, Transparenz und Verhältnismäßigkeit, anzuwenden[3].

---

1 *Bechtold*, GWB, 2. Aufl. 1999, § 99 Rz. 7; *Noch*, BauR 1998, 941, 945.
2 VÜA Bayern v. 28. 8. 1998 – VÜA 16/97, WuW 99, 218, 220 = WuW/E Verg 178, 180 – Flugbetriebsstoffversorgung; *Noch*, BauR 1998, 941, 943; *Reidt/Stickler* in Beck'scher Kommentar zur VOB/A, 2000, § 32 Rz. 11; Entwurf einer Mitteilung der Kommission, ABl. 1999, C 1994/4 S. 6.
3 *Reidt/Stickler* in Beck'scher Kommentar zur VOB/A, 2000, § 32 Rz. 11; Entwurf einer Mitteilung der Kommission, ABl. 1999, C 1994/4 S. 6.

VI. Auslobungsverfahren (§ 99 Abs. 5)

34 § 99 Abs. 5 definiert Auslobungsverfahren als solche Verfahren, die
dem Auftraggeber aufgrund vergleichbarer Beurteilung durch ein
Preisgericht mit oder ohne Verteilung von Preisen zu einem Plan
verhelfen sollen. Dies entspricht weitgehend Art. 1 lit. g DLR, der
allerdings von „Wettbewerben" spricht und beispielsweise aufführt,
daß der Plan, der Ziel des Auslobungsverfahrens ist, auf den Gebieten der Raumplanung, Stadtentwicklung, der Architektur und des
Bauwesens und der Datenverarbeitung liegen wird. Daneben kommen Auslobungsverfahren unter anderem auch im Bereich der Werbung einschließlich Industrie- und Kommunikationsdesign in Betracht[1]. Nähere Regelungen zum Auslobungsverfahren finden sich in
§ 20 VOF, der ebenfalls von „Wettbewerben" spricht.

35 Ein Auslobungsverfahren dient der Vorbereitung der Vergabe eines
Dienstleistungsauftrags[2]. Ziel des Auftraggebers ist es, die bestgeeig-
nete Projektlösung und denjenigen Bewerber zu ermitteln, der in der
Lage ist, diese im Falle einer sich anschließenden Beauftragung zu
verwirklichen[3]. Die Auswahl erfolgt hierbei nicht direkt durch den
Auftraggeber, sondern durch ein von ihm eingesetztes Preisgericht,
wobei es nach § 99 Abs. 5 keine Rolle spielt, ob beabsichtigt ist,
einen Preis für die bestplazierte Bewerbung zu erteilen. Die Zusammensetzung des Preisgerichts ist für Planungswettbewerbe in § 25
Abs. 5 VOF näher geregelt.

36 Die Bestimmungen, die öffentliche Auftraggeber bei der Durchführung von Auslobungsverfahren anzuwenden haben, ergeben sich aus
§§ 1, 2 und 4 VgV, wobei zwischen Wettbewerben, die zur Beauftragung gewerblicher Dienstleistungen, die dem Anwendungsbereich
der VOL/A unterfallen und zu Beauftragung freiberuflicher Tätigkeiten, auf welche die VOF Anwendung finden, unterschieden wird (vgl.
§ 2 VgV Tz. 6 f.).

VII. Abgrenzung zwischen den Auftragsarten

37 Die Abgrenzung der in §§ 99 Abs. 2 bis 5 genannten Auftragsarten
wurde vorstehend bereits behandelt. Bezüglich der Abgrenzung zwischen Bau- und Lieferaufträgen wird auf Tz. 19 f. verwiesen. Dienst-

---

1 *Kaufhold/Mayerhofer/Reichl*, Die VOF im Vergaberecht, 1999, § 20 Rz. 1.
2 *Bechtold*, GWB, 2. Aufl. 1999, § 99 Rz. 8.
3 *Kaufhold/Mayerhofer/Reichl*, Die VOF im Vergaberecht, 1999, § 20 Rz. 1.

leistungsaufträge werden gegenüber Bau- und Lieferaufträgen negativ abgegrenzt (§ 99 Abs. 4). Das gleiche gilt für das Verhältnis zwischen Dienstleistungsaufträgen und Auslobungsverfahren. Die Abgrenzung zwischen Auslobungsverfahren einerseits und Bau- sowie Lieferaufträgen andererseits dürfte in der Praxis keine Schwierigkeiten bereiten. Die Einordnung eines öffentliches Auftrags unter § 99 Abs. 2 bis 5 erfolgt nach objektiven Gesichtspunkten und unterliegt nicht der Disposition des Auftraggbers[1].

VIII. Gemischte Verträge

Das GWB enthält keine Bestimmungen über die Zuordnung gemischter Verträge. Insoweit ist auf die Bestimmungen der Vergaberichtlinien zurückzugreifen. Dort existieren folgende Vorschriften: 38

– Nach Art. 1 Nr 4, 2. UA SKR gelten Aufträge, die Dienstleistungen und Lieferungen umfassen, als Lieferaufträge, wenn der Gesamtwert der Waren höher ist als der Wert der von dem Auftrag erfaßten Dienstleistungen (so auch § 1a Nr. 5 Abs. 4 VOL/A). Die gleiche Regelung enthält Art. 2 DLR.

– Nach dem 16. Erwägungsgrund der DLR ist ein Vertrag, der Bau- und Dienstleistungen umfaßt, als Bauauftrag einzuordnen, soweit er die hauptsächliche Errichtung eines Bauwerks zum Inhalt hat. Sind die Bauleistungen hingegen lediglich von untergeordneter Bedeutung, führen sie nicht zu einer Einordnung als öffentlicher Bauauftrag.

Zur Abgrenzung gemischter Verträge wird die Anlehnung an diese Bestimmungen auf eine **Schwerpunkttheorie** abgestellt[2]. Allerdings ist hierbei zu unterscheiden. Bei der Abgrenzung zwischen **Lieferungen und Dienstleistungen** ist diejenige Auftragsart maßgeblich, die **überwiegt,** das heißt mehr als 50% beträgt, wie sich aus Art. 1 Nr. 4, 2. UA SKR und Art. 2 DLR ergibt. Bei der Abgrenzung zwischen **Bau- und Dienstleistungsaufträgen** kommt ersteren hingegen ein stärkeres Gewicht zu. Ein derart gemischter Vertrag ist erst dann als Dienstleistungsauftrag einzuordnen, wenn die Bauleistung von **untergeordneter Bedeutung** ist[3]. Überwiegt der Wert der Dienstleistun-   39

---

1 VÜA Bayern v. 28. 8. 1998 – VÜA 16/97, WuW 1999, 218, 220 = WuW/E Verg 178, 180 – Flugbetriebsstoffversorgung.
2 *Bechtold*, GWB, 2. Aufl. 1999, § 99 Rz. 11.
3 EuGH v. 19. 4. 1994 – Rs. C 331/92, Slg. 1994 I, 1329, 1351 Gestión Hotelera Internacional SA.; für die Abgrenzung einer Bau- von einer

gen geringfügig (beträgt er also etwa 55%), ist der Vertrag weiterhin als Bauauftrag zu behandeln. Wann von einer untergeordneten Bedeutung der Bauleistungen auszugehen ist, läßt sich lediglich im Einzelfall bestimmen. Die Angabe einer exakten Prozentzahl ist nicht möglich. Soweit die Bauleistung zumindest 40% oder mehr beträgt, dürfte jedoch regelmäßig ein Bauauftrag vorliegen[1]. Bezüglich der Abgrenzung gemischter Verträge, die **Bauleistungen und Lieferungen** umfassen, enthalten die Richtlinien keine Regelungen. Es ist daher fraglich, ob insoweit von der „Überwiegensregelung" des Art. 1 Nr. 4, 2. UA SKR und Art. 2 DLR oder der „untergeordneten Bedeutung" nach der 16. Begründungserwägung der DLR auszugehen ist. Soweit Lieferungen sich auf Baustoffe oder Bauteile beziehen und damit lediglich der Ausführung von Bauleistungen dienen, liegt kein gemischter Vertrag vor. Vielmehr ist ein derartiger Vertrag als Bauauftrag einzuordnen (vgl. oben Tz. 19 f.). Auch im übrigen muß davon ausgegangen werden, daß Bauleistungen im System des Vergaberechts eine besondere Stellung zukommt. Dies zeigt sich nicht zuletzt darin, daß zuerst Bedarf zur Koordinierung der Vergabe von Bauleistungen gesehen wurde und die BKR daher als Vorbild aller weiterer Vergabe-Richtlinien gelten kann[2]. Es rechtfertigt sich daher, auch für die Bestimmung gemischter Verträge, die sich aus Bauleistungen und Lieferungen zusammensetzen, auf die Regelungen in der 16. Erwägungsbegründung zur DLR abzustellen.

Dienstleistungskonzession OLG Brandenburg v. 3. 8. 1999 – 6 Verg 1/99, WuW 1999, 929, 931 = WuW/E Verg 231, 233 – Flughafen Berlin; *Noch,* BauR 1998, 941, 948 f.
1 *Bechtold,* GWB, 2. Aufl. 1999, § 99 Rz. 10; *Noch,* BauR 1998, 941, 949.
2 *Noch,* BauR 1998, 941, 945 f.

§ 100 Anwendungsbereich

(1) Dieser Teil gilt nur für Aufträge, welche die Auftragswerte erreichen oder überschreiten, die durch Rechtsverordnung nach § 127 festgelegt sind (Schwellenwerte).

(2) Dieser Teil gilt nicht für Arbeitsverträge und für Aufträge,

a) die auf Grund eines internationalen Abkommens im Zusammenhang mit der Stationierung von Truppen vergeben werden und für die besondere Verfahrensregeln gelten;

b) die auf Grund eines internationalen Abkommens zwischen der Bundesrepublik Deutschland und einem oder mehreren Staaten, die nicht Vertragsparteien des Übereinkommens über den Europäischen Wirtschaftsraum sind, für ein von den Unterzeichnerstaaten gemeinsam zu verwirklichendes und zu tragendes Projekt, für das andere Verfahrensregeln gelten, vergeben werden;

c) die auf Grund des besonderen Verfahrens einer internationalen Organisation vergeben werden;

d) die in Übereinstimmung mit den Rechts- und Verwaltungsvorschriften in der Bundesrepublik Deutschland für geheim erklärt werden oder deren Ausführung nach diesen Vorschriften besondere Sicherheitsmaßnahmen erfordert oder wenn der Schutz wesentlicher Interessen der Sicherheit des Staates es gebietet;

e) die dem Anwendungsbereich des Artikels 223 Abs. 1 Buchstabe b des Vertrages zur Gründung der Europäischen Gemeinschaft unterliegen;

f) die von Auftraggebern, die auf dem Gebiet der Trinkwasser- oder Energieversorgung oder des Verkehrs oder der Telekommunikation tätig sind, nach Maßgabe näherer Bestimmung durch Rechtsverordnung nach § 127 auf dem Gebiet vergeben werden, auf dem sie selbst tätig sind;

g) die an eine Person vergeben werden, die ihrerseits Auftraggeber nach § 98 Nr. 1, 2 oder 3 ist und ein auf Gesetz oder Verordnung beruhendes ausschließliches Recht zur Erbringung der Leistung hat;

h) über Erwerb oder Miete von oder Rechte an Grundstücken oder vorhandenen Gebäuden oder anderem unbeweglichen Vermögen ungeachtet ihrer Finanzierung;

i) über Dienstleistungen von verbundenen Unternehmen, die durch Rechtsverordnung nach § 127 näher bestimmt werden, für Auftraggeber, die auf dem Gebiet der Trinkwasser- oder Energieversorgung oder des Verkehrs oder der Telekommunikation tätig sind;

j) über die Ausstrahlung von Sendungen;

k) über Fernsprechdienstleistungen, Telexdienst, den beweglichen Telefondienst, Funkrufdienst und die Satellitenkommunikation;

l) über Schiedsgerichts- und Schlichtungsleistungen;

m) über finanzielle Dienstleistungen im Zusammenhang mit Ausgabe, Verkauf, Ankauf oder Übertragung von Wertpapieren oder anderen Finanzinstrumenten sowie Dienstleistungen der Zentralbanken;

n) über Forschungs- und Entwicklungsdienstleistungen, es sei denn, ihre Ergebnisse werden ausschließlich Eigentum des Auftraggebers für seinen Gebrauch bei der Ausübung seiner eigenen Tätigkeit und die Dienstleistung wird vollständig durch den Auftraggeber vergütet.

Inhaltsübersicht

I. Einführung

1. Inhaltsübersicht

§ 100 regelt den Anwendungsbereich des 4. Teils des GWB. Nach   1
Abs. 1 gilt dieser nur für Aufträge, welche die Schwellenwerte erreichen oder überschreiten. Abs. 2 enthält zahlreiche Ausnahmen, die
auf den unterschiedlichsten Gründen beruhen.

2. Entstehungsgeschichte

§ 109 des Regierungsentwurfs[1]:   2

Anwendungsbereich

(1) Dieser Teil gilt nur für Aufträge, welche die Auftragswerte erreichen oder
überschreiten, die durch Rechtsverordnung nach § 136 festgelegt sind
(Schwellenwerte).

(2) Dieser Teil gilt nicht für Arbeitsverträge und für Aufträge,

a) die auf Grund eines internationalen Abkommens im Zusammenhang mit
der Stationierung von Truppen vergeben werden und für die besondere Verfahrensregeln gelten;

b) die auf Grund eines internationalen Abkommens zwischen der Bundesrepublik Deutschland und einem oder mehreren Staaten, die nicht Vertragsparteien des Übereinkommens über den Europäischen Wirtschaftsraum sind,
für ein von den Unterzeichnerstaaten gemeinsam zu verwirklichendes und
zu tragendes Projekt, für das andere Verfahrensregeln gelten, vergeben werden;

c) die auf Grund des besonderen Verfahrens einer internationalen Organisation vergeben werden;

d) die in Übereinstimmung mit den Rechts- und Verwaltungsvorschriften in
der Bundesrepublik Deutschland für geheim erklärt werden oder deren Ausführung nach diesen Vorschriften besondere Sicherheitsmaßnahmen erfordert oder wenn der Schutz wesentlicher Interessen der Sicherheit des Staates
es gebietet;

e) die dem Anwendungsbereich des Artikels 223 Abs. 1 Buchstabe b des
Vertrages zur Gründung der Europäischen Gemeinschaft unterliegen;

f) die von Auftraggebern, die auf dem Gebiet der Trinkwasser- oder Energieversorgung oder des Verkehrs oder der Telekommunikation tätig sind, nach
Maßgabe näherer Bestimmung durch Rechtsverordnung nach § 136 auf dem
Gebiet vergeben werden, auf dem sie selbst tätig sind;

---

1 BT-Drucks. 13/9340. Die unterstrichenen Passagen weichen vom späteren
Gesetzestext ab.

g) die an eine Person vergeben werden, die ihrerseits Auftraggeber nach § 107 Nr. 1, 2 oder 3 ist und ein auf Gesetz oder Verordnung beruhendes ausschließliches Recht zur Erbringung der Leistung hat;

h) über Erwerb oder Miete von oder Rechte an Grundstücken oder vorhandenen Gebäuden oder anderem unbeweglichen Vermögen ungeachtet ihrer Finanzierung;

i) über Dienstleistungen von verbundenen Unternehmen, die durch Rechtsverordnung nach § 136 näher bestimmt werden, für Auftraggeber, die auf dem Gebiet der Trinkwasser- oder Energieversorgung oder des Verkehrs oder der Telekommunikation tätig sind;

j) über die Ausstrahlung von Sendungen;

k) über Fernsprechdienstleistungen, Telexdienst, den beweglichen Telefondienst, Funkrufdienst und die Satellitenkommunikation;

l) über Schiedsgerichts- und Schlichtungsleistungen;

m) über finanzielle Dienstleistungen im Zusammenhang mit Ausgabe, Verkauf, Ankauf oder Übertragung von Wertpapieren oder anderen Finanzinstrumenten sowie Dienstleistungen der Zentralbanken;

n) über Forschungs- und Entwicklungsdienstleistungen, es sei denn, ihre Ergebnisse werden ausschließlich Eigentum des Auftraggebers für seinen Gebrauch bei der Ausübung seiner eigenen Tätigkeit und die Dienstleistung wird vollständig durch den Auftraggeber vergütet.

3 Begründung zu § 109 des Regierungsentwurfs[1]:

Die Vergaberegeln gelten nur für Vergaben oberhalb der in den EG-Richtlinien festgesetzten Auftragswerte (Schwellenwerte).

Auch unterhalb der Schwellen haben alle Auftraggeber die Vorschriften des sonstigen EU-Rechts, insbesondere das Diskriminierungsverbot, zu beachten. Für juristische Personen des öffentlichen Rechts besteht unabhängig von dem Schwellenwert nach nationalem Recht generell die Verpflichtung zur Beachtung haushaltsrechtlicher Grundsätze, der Gebote der Wirtschaftlichkeit und Sparsamkeit (vgl. § 6 Abs. 1 HGrG) sowie des Vorranges der öffentlichen Ausschreibung (vgl. § 30 HGrG). Das auf dem EG-Richtlinienrecht beruhende Rechtsschutzverfahren kann dagegen schon wegen der Vielzahl der Fälle nicht auf die Aufträge unterhalb der Schwellen ausgedehnt werden.

In Absatz 2 sind alle Aufträge beschrieben, die nach den Richtlinien nicht von Vergabevorschriften erfaßt sind. Der Katalog ist abschließend.

---

1 BT-Drucks. 13/9340.

II. Schwellenwerte (§ 100 Abs. 1)

1. Verfahren oberhalb der Schwellenwerte

Der 4. Teil des GWB (§§ 97 bis 129) findet nur auf solche öffentli-   4
chen Aufträge Anwendung, bei denen die Schwellenwerte erreicht
oder überschritten werden. Die Vorschrift geht auf entsprechende
Regelungen der Vergaberichtlinien zurück und ist Ausfluß des Ge-
dankens, daß bei Aufträgen, die einen gewissen Wert nicht überschreiten, nicht mit der Beteiligung von ausländischen Bietern zu
rechnen ist. Darüber hinaus würde ein Mißverhältnis zwischen dem
Aufwand, den eine gemeinschaftsweite Ausschreibung erfordert, und
dem Auftragswert bestehen[1]. § 127 Nr. 1 ermächtigt die Bundesregierung zur Umsetzung der Schwellenwerte der Richtlinien der Europäischen Gemeinschaften durch Rechtsverordnung, die mit Zustimmung des Bundesrates zu erlassen ist. Von dieser Ermächtigung
hat die Bundesregierung bisher keinen Gebrauch gemacht (vgl. § 97
Tz. 32). Zwar liegt eine neue Vergabeverordnung im Entwurf vor,
diese hat jedoch noch nicht die Zustimmung des Bundesrates gefunden. Bis zum Inkrafttreten der neuen Vergabeverordnung finden sich
die Regelungen über die Schwellenwerte in den Verdingungsordnungen. Im einzelnen gelten folgende Schwellenwerte[2]:

– Für Liefer- und Dienstleistungsaufträge im Bereich der Trinkwas-
  ser- und Energieversorgung oder im Verkehrsbereich 400 000
  Euro[3] (Art. 14 Abs. 1 lit. b. i. und ii., lit. c. i. SKR; § 1b Nr. 2 lit. a
  VOL/A; § 1 Nr. 2 lit. a VOL/A 4. Abschn.);

– für Liefer- und Dienstleistungsaufträge im Bereich der Telekommunikation 600 000 Euro (Art. 14 Abs. 1 lit. a. i. SKR; § 1b Nr. 2
  lit. b VOL/A; § 1 Nr. 2 lit. b VOL/A 4. Abschn.);

– für Liefer- und Dienstleistungsaufträge der Bundesministerien ein-
  schließlich ihrer Geschäftsbereiche 130 000 Sonderziehungsrechte
  (SZR) (Art. 5 Abs. 1 lit. a. ii. LKR; Art. 7 Abs. 1 lit. a DLR; § 1a
  Nr. 1 Abs. 3 VOL/A; § 2 Abs. 2 VOF);

– für alle anderen Liefer- und Dienstleistungsaufträge 200 000 Euro
  (Art. 5 Abs. 1 lit. a. i. LKR; Art. 7 Abs. 1 lit. a DLR; § 1a Nr. 1
  Abs. 1 VOL/A; § 2 Abs. 2 Satz 1 VOF);

---

1 *Bechtold*, GWB, 2. Aufl. 1999, § 100 Rz. 1.
2 Vgl. auch *Bechtold*, GWB, 2. Aufl. 1999, § 100 Rz. 2.
3 Die Richtlinien und die Verdingungsordnungen verwenden noch den Begriff „ECU". Der ECU ist mit Wirkung zum 1. 1. 1999 durch den Euro
  ersetzt worden (Art. 2 VO [EG] Nr. 1103/97).

- für Bauaufträge 5 Mio. Euro (Art. 6 Abs. 1 BKR; Art. 14 Abs. 1 lit. a. ii., lit. b. iii. und lit c. ii. SKR; § 1a Nr. 1 Abs. 1 VOB/A);
- für Auslobungsverfahren, bei denen die Summe der Preisgelder und Zahlungen an Teilnehmer einen für Dienstleistungsaufträge geltenden Wert erreichen oder übersteigen, bzw. für Auslobungsverfahren, die zu einem Dienstleistungsauftrag führen sollen, dessen geschätzter Wert ohne Umsatzsteuer den für Dienstleistungsaufträge geltenden Wert erreicht oder übersteigt (Art. 13 DLR; § 20 Abs. 2 VOF).

5   Die Schwellenwerte beziehen sich jeweils auf den **geschätzten Auftragswert ohne Umsatzsteuer.** Der Auftragswert ist von dem Auftraggeber vor Beginn des Ausschreibungsverfahrens zu schätzen, wobei keine übertriebenen Anforderungen gestellt werden dürfen[1]. Der Auftraggeber muß im Rahmen der Schätzung die ihm zur Verfügung stehenden Informationen, beispielsweise Preisspiegel, berücksichtigen. Liegt eine ordnungsgemäße Schätzung vor, die unterhalb der Schwellenwerte liegt und stellt sich nach Vorlage der Angebote heraus, daß die Schwellenwerte tatsächlich überschritten werden, hat dies auf die Rechtmäßigkeit des Vergabeverfahrens keinen Einfluß. Wurde die Schätzung hingegen nicht pflichtgemäß erstellt, insbesondere nicht alle zur Verfügung stehenden Informationen beachtet, oder hat der Auftraggeber gar bewußt versucht, eine Ausschreibung nach dem 4. Teil des GWB zu umgehen, liegt hingegen ein Verstoß gegen die Vergabevorschriften vor, der im Rahmen eines Verfahrens vor der Vergabekammer geltend gemacht werden kann und zu Schadensersatzansprüchen nach § 126 führt[2]. Die Vergaberichtlinien und die Verdingungsordnungen enthalten detaillierte Vorschriften zu Schwellenwerten im Falle einer Aufteilung des Vorhabens in Lose sowie den Abschluß von Optionsverträgen. Insbesondere für die Losvergabe geltend regelmäßig niedrigere Schwellenwerte.

6   Für Liefer- und Dienstleistungsaufträge der **Bundesministerien** ist der Schwellenwert nicht in Euro, sondern in **Sonderziehungsrechten** (SZR) angegeben. Diese Bestimmung geht auf die Vereinbarungen des General Procurement Agreement (GPA) zurück, dem die Europäische Union mit Wirkung zum 1. 1. 1996 beigetreten ist[3]. Die Einheit „Sonderziehungsrecht" wird von der Weltbank und den in-

---

1 *Ingenstau/Korbion,* VOB, 13. Aufl. 1996, A § 1a Rz. 3.
2 *Rusam* in Heiermann/Riedl/Rusam, Handkommentar zur VOB, 8. Aufl. 1997, A § 1a Rz. 14.
3 *Boesen,* Vergaberecht, 2000, Einl. Rz. 51–58; *Eberstein* in Daub/Eberstein, Kommentar zur VOL/A, 4. Aufl. 1998, Einführung, Rz. 48 f.

ternationalen Währungsfonds verwendet[1]. Der Gegenwert eines SZR in DM wird von der Kommission jeweils für zwei Jahre festgelegt und von dem Bundesministerium für Wirtschaft im Bundesanzeiger bekanntgegeben (§ 1a Nr. 4 VOL/A). Bis zum 31. 12. 1999 entsprechen 130 000 SZR 133 914 Euro[2].

Als Folge des Beitritts zum GPA wurden die Schwellenwerte der 7 BKR, der LKR und der DLR durch Richtlinie 97/52/EG vom 13. 10. 1997, diejenigen der SKR durch Richtlinie 98/4/EWG vom 16. 2. 1998 geändert. Im Anwendungsbereich des GPA sind die Schwellenwerte nunmehr generell in Sonderziehungsrechten angegeben. Die Fristen zur Umsetzung dieser Richtlinien sind abgelaufen, ohne daß die Verdingungsordnungen angepaßt wurden. Eine geänderte Fassung der VOB/A, die auch die neuen Schwellenwerte enthält, liegt vor und soll Anfang 2000 in Kraft treten. Mit Fristablauf sind die beiden genannten Änderungsrichtlinien daher unmittelbar anwendbar[3]. Allerdings liegen die in den Verdingungsordnungen festgesetzten Werte geringfügig unter denen der Änderungsrichtlinien und gelten somit fort, da die unmittelbare Anwendung einer Richtlinie nicht zugunsten des Richtlinienadressaten wirkt[4].

2. Verfahren unterhalb der Schwellenwerte

Werden die Schwellenwerte nicht erreicht, findet der 4. Teil des 8 GWB keine Anwendung. Der Gesetzgeber hat sich hierbei an den Vorgaben des Gemeinschaftsrechts orientiert, die für ihren Anwendungsbereich das Erreichen der Schwellenwerte voraussetzen. Dies führt dazu, daß, wie schon vor dem Zeitpunkt des Inkrafttretens des Vergaberechtsänderungsgesetzes, in Deutschland ein **zweigeteiltes Vergaberecht** besteht[5].

Auch unterhalb der Schwellenwerte unterliegen öffentliche Auftrag- 9 geber nach deutschem Recht weitgehenden Bindungen. Diese erge-

---

1 *Bechtold,* GWB, 2. Aufl. 1999, § 100 Rz. 3.
2 Mitteilung der Kommission (ABl. C 22 vom 23. 1. 1998, S. 2).
3 OLG Brandenburg v. 3. 8. 1999 – 6 Verg 1/99, Umdruck S. 23 – Flughafen Berlin (in WuW 1999, 929 insoweit nicht abgedruckt); *Schnabel/Ley,* Öffentliche Auftragsvergabe im Binnenmarkt, Loseblattsammlung Stand Oktober 1999, Teil A 1.3 S. 15.
4 EuGH v. 22. 2. 1990 – Rs. C 221/88, Slg. 1990 I, 495, EGKS ./. Busseni; *G. Schmidt* in Groeben/Thiesing/Ehlermann, Kommentar zum EU-/EG-Vertrag, Band 4, 5. Aufl. 1997, Art. 189, Rz. 41.
5 *Byok,* NJW 1999, 2774, 2776; *Schneevogl/Horn,* NVwZ 1998, 1242, 1243.

ben sich jedoch nicht aus dem GWB, sondern – wie schon bisher – aus dem **Haushaltsrecht.** So sieht § 55 BHO vor, daß dem Abschluß von Verträgen über Lieferungen und Leistungen grundsätzlich eine öffentliche Ausschreibung vorausgehen muß. Entsprechende Regelungen finden sich in den Haushaltsordnungen aller Bundesländer. Auf dieser Grundlage wurden Verwaltungsanweisungen erlassen, wonach die staatlichen Verwaltungen die Verdingungsordnungen zu beachten haben. Entsprechende Regelungen finden sich in Anweisungen, Richtlinien und Satzungen zahlreicher Eigenbetriebe, Verbände, Anstalten und Unternehmen, die von der öffentlichen Hand unterhalten, betrieben oder subventioniert werden. Gemeinsam ist diesen Bestimmungen, daß sie lediglich auf den 1. Abschnitt der VOB/A und den 1. Abschnitt der VOL/A verweisen. Die Abschnitte 2 bis 4 der VOB/A und der VOL/A sowie die VOF finden unterhalb der Schwellenwerte regelmäßig keine Anwendung.

10   Daneben gelten auch unterhalb der Schwellenwerte die Anforderungen des **primären Gemeinschaftsrechts.** Insbesondere finden die Grundsätze der Gleichbehandlung, Transparenz, Verhältnismäßigkeit und der gegenseitigen Anerkennung Anwendung[1]. Diese Grundsätze werden von dem 1. Abschnitt der VOB/A und der VOL/A umgesetzt, so daß ein Verstoß gegen das Gemeinschaftsrecht bei Einhaltung der Verdingungsordnungen grundsätzlich ausscheidet.

11   Das materielle Vergaberecht unterhalb der Schwellenwerte entspricht in wesentlichen Teilen demjenigen, das im Anwendungsbereich des 4. Teils des GWB gilt. Gravierende Unterschiede bestehen jedoch im **formalen Recht,** insbesondere im Bereich des Rechtsschutzes. Insoweit hat die Einführung des Vergaberechtsänderungsgesetzes die Rechtsstellung der Bewerber und Bieter gegenüber dem bis zum 31.12.1998 geltenden Recht verschlechtert. Bis zu diesem Zeitpunkt konnte jedes Vergabeverfahren auf Antrag eines Bieters durch die Vergabeprüfstellen (§ 57b Abs. 1 Satz 1 HGrG) und die Vergabeüberwachungsausschüsse (§ 57c Abs. 1 Satz 1 HGrG) überprüft werden. Durch Einführung des Vergaberechtsänderungsgesetzes sind die Vergabeüberwachungsausschüsse aufgelöst worden. Die Einführung von Vergabeprüfstellen ist dem Bund und den Ländern zwar möglich, eine Verpflichtung hierfür besteht gemäß § 103 jedoch nicht (vgl. oben § 103 Tz. 4). Eine Anrufung der Vergabekammer ist aufgrund des § 100 Abs. 1 nur dann möglich, wenn die Schwellenwerte erreicht oder überschritten sind. Soweit der Bund und die Länder keine

---

1 Entwurf einer Mitteilung der Kommission, ABl. 1999, C 94/4 ff.; *Byok,* NJW 1999, 2774, 2776.

Vergabeprüfstellen einrichten verbleibt einem Bieter, der Verstöße gegen das Vergaberecht geltend machen will, lediglich die Möglichkeit der Gegenvorstellung, der Dienst- oder Fachaufsichtsbeschwerde[1]. Soweit VOB-Beratungsstellen oder VOB-Prüfstellen[2] eingerichtet wurden, dürften diese zukünftig verstärkt in Anspruch genommen werden. Vor Inkrafttreten des Vergaberechtsänderungsgesetzes war umstritten, inwieweit Rechtsschutz gegen Verstöße gegen das Vergaberecht vor den ordentlichen Gerichten geltend gemacht werden konnte. Zwar bestand Einigkeit darüber, daß der Auftraggeber, der gegen das Vergaberecht verstieß, sich unter Umständen schadensersatzpflichtig machen konnte (sogenannte Sekundäransprüche), inwieweit dem Bieter ein Anspruch auf Unterlassen der Erteilung eines rechtswidrigen Zuschlags zustand (sogenannte Primäransprüche), war hingegen ungeklärt. Die herrschende Meinung und die überwiegende Praxis der Gerichte ließ derartige Unterlassungsansprüche zu, die insbesondere in Form von einstweiligen Verfügungsanträgen verfolgt wurden[3]. § 104 Abs. 2 Satz 2 stellt klar, daß der Rechtsweg vor die ordentlichen Gerichte zur Erlangung von Primärrechtsschutz im Anwendungsbereich des 4. Teils des GWB zukünftig ausgeschlossen ist (vgl. § 104 Tz. 13 ff.). Auch diese Vorschrift findet jedoch unterhalb der Schwellenwerte keine Anwendung (§ 100 Abs. 1). Die bisher weitgehend anerkannte Möglichkeit, einen Unterlassungsanspruch vor den ordentlichen Gerichten geltend zu machen, existiert demnach für öffentliche Aufträge, welche die Schwellenwerte nicht erreichen, auch zukünftig[4]. Die bis zum 31. 12. 1998 bestehenden Schadensersatzansprüche (Sekundäransprüche) bei Verstößen gegen das Vergaberecht bestehen ebenso unbeschadet der Einführung des § 126 für öffentliche Aufträge unterhalb der Schwellenwerte fort (vgl. § 126 Tz. 28 ff.). Eine weitere Vorschrift, die unterhalb der Schwellenwerte keine Anwendung findet ist § 97 Abs. 7, wonach den Bietern subjektive Rechte auf Einhaltung der Vorschriften des Vergaberechts zustehen. Auch insoweit verbleibt es bei der bis zum 31. 12. 1998 geltenden Rechtslage[5].

---

1 *Bechtold,* GWB, 2. Aufl. 1999, § 100 Rz. 6.
2 Hierzu *Ingenstau/Korbion,* VOB, 13. Aufl. 1996, Einl. Rz. 41.
3 Ausführlich hierzu: *Heiermann/Ax,* Rechtsschutz bei der Vergabe öffentlicher Aufträge, 1997, S. 96 ff.; auch *Noch,* WuW 1998, 1059, 1062 ff.
4 *Byok,* NJW 1999, 2774, 2776.
5 *Heiermann/Ax,* Rechtsschutz bei der Vergabe öffentlicher Aufträge, 1997, S. 100 f.

III. Ausnahmen (§ 100 Abs. 2)

1. Überblick

12   § 100 Abs. 2 enthält zahlreiche Ausnahmen vom Anwendungsbereich des 4. Teils des GWB. Der Katalog ist abschließend[1] und beruht auf Vorgaben in den Vergaberichtlinien. Die Gründe, welche den Ausnahmen zugrunde liegen, sind vielgestaltig. Zum Teil werden einzelne Vertragstypen (z. B. Arbeitsverhältnisse) ausgeschlossen, teilweise beziehen sich die Ausnahmen auf den Bereich, in dem die Verträge abgeschlossen werden (z. B. schutzwürdige Sicherheitsinteressen), teilweise auf den Auftragsgegenstand (z. B. Forschungs- und Entwicklungsdienstleistungen).

2. Arbeitsverträge

13   Ausgenommen vom Anwendungsbereich des 4. Teils des GWB sind Arbeitsverträge (§ 100 Abs. 2). Die Bestimmung entspricht Art. 1 lit. a. viii. DLR und Art. 1 Nr. 4 lit. c. v. SKR. Ein Arbeitsvertrag ist ein Rechtsverhältnis, in dem sich der Arbeitnehmer gegenüber dem Arbeitgeber verpflichtet, unter dessen Leitung für eine bestimmte Zeit Arbeitsleistungen gegen Entgelt zu erbringen[2].

3. Internationale Abkommen in Zusammenhang mit der Stationierung von Truppen (§ 100 Abs. 2 lit. a)

14   Ausgenommen vom Anwendungsbereich sind Aufträge, die aufgrund eines internationalen Abkommens im Zusammenhang mit der Stationierung von Truppen vergeben werden und für die besondere Verfahrensregeln gelten. Diese Regelung beruht auf Art. 5 lit. b BKR, Art. 4 lit. b LKR, Art. 5 lit. b DLR und Art. 12 Nr. 2 SKR. Ihr entspricht § 6 Abs. 1 Nr. 1 VgV. Der Vorschrift unterfallen beispielsweise Aufträge, die im Bereich der Finanzbauverwaltung des Bundes für die Bauvorhaben der gemeinsam finanzierten Nato-Infrastruktur vergeben werden[3]. Die Vergabe dieser Aufträge richtet sich nach geson-

---

1 BT-Drucks. 13/9340 S. 15; *Bechtold*, GWB, 2. Aufl. 1999, § 100 Rz. 7.

2 EuGH v. 21. 6. 1988 – Rs. 197/86, Slg. 1988, 3205 – Brown; vgl. auch *Geiger*, EG-Vertrag, 2. Aufl. 1995, Art. 48 Rz. 6; *Schaub*, Arbeitsrechts-Handbuch, 8. Aufl. 1996, S. 1.

3 *Bechtold*, GWB, 2. Aufl. 1999, § 100 Rz. 9; *Lampe-Helbig/Wörmann*, Handbuch der Bauvergabe, 2. Aufl. 1995, Rz. 35; *Prieß*, Das öffentliche Auftragswesen in der Europäischen Union, 1994, S. 62.

derten Richtlinien (RiNato). Auch die Vergabe von Baumaßnahmen
für die Stationierungsstreitkräfte, die auf Grundlage der Auftragsbau-
tengrundsätze erteilt werden, fällt unter diese Ausnahmevorschrift[1].
Voraussetzung für ihre Anwendung ist, daß für die betroffenen Aufträge besondere Verfahrensregeln gelten. Diese werden sich regelmäßig aus den internationalen Abkommen ergeben.

4. Gemeinsame Projekte aufgrund internationaler Abkommen (§ 100 Abs. 2 lit. b)

Ausgenommen sind Aufträge, die aufgrund eines internationalen   15
Abkommens zwischen der Bundesrepublik Deutschland und einem
oder mehreren Staaten, die nicht Vertragsparteien des Übereinkommens über den Europäischen Wirtschaftsraum sind, für ein von den
Unterzeichnerstaaten gemeinsam zu verwirklichendes und zu tragendes Projekt, für das andere Verfahrensregeln gelten, vergeben
werden. Die Vorschrift beruht auf Art. 5 lit. a BKR, Art. 4 lit. a LKR,
Art. 5 lit. a DLR und Art. 12 Nr. 1 SKR und entspricht § 6 Abs. 1
Nr. 2 VgV. Voraussetzung ist, daß Vertragspartner ein anderer Staat,
nicht etwa ein staatliches Unternehmen ist[2], und das Abkommen
gesonderte Verfahrensregeln vorsieht.

5. Vergaben aufgrund des Verfahrens einer internationalen Organisation (§ 100 Abs. 2 lit. c)

Nicht dem Anwendungsbereich des Vergaberechts unterliegen Auf-   16
träge, die aufgrund eines besonderen Verfahrens einer internationalen Organisation vergeben werden. Diese Vorschrift beruht auf Art. 5
lit. c BKR, Art. 4 lit. c LKR, Art. 5 lit. c DLR und Art. 12 Nr. 3
SKR. Ihr entspricht § 6 Abs. 1 Nr. 3 VgV. Wiederum ist Voraussetzung für den Anwendungsbereich dieser Ausnahmevorschrift, daß
das Statut oder sonstige Regelungen der internationalen Organisation Bestimmungen über die Vergabe von Aufträgen enthalten.

6. Geheimhaltung/sicherheitsrelevanter Bereich (§ 100 Abs. 2 lit. d)

Eine Ausnahme gilt für Aufträge, die in Übereinstimmung mit den   17
Rechts- und Verwaltungsvorschriften in der Bundesrepublik Deutsch-

---

1 *Lampe-Helbig/Wörmann*, Handbuch der Bauvergabe, 2. Aufl. 1995, Rz. 35.
2 *Lampe-Helbig/Wörmann*, Handbuch der Bauvergabe, 2. Aufl. 1995, Rz. 35.

land für geheim erklärt werden oder deren Ausführung nach diesen
Vorschriften besondere Sicherheitsmaßnahmen erfordert oder wenn
der Schutz wesentlicher Interessen der Sicherheit des Staates es gebietet. Die Vorschrift beruht auf Art. 4 lit. b BKR, Art. 2 Abs. 1 lit. b LKR,
Art. 4 Abs. 2 DLR und Art. 10 SKR. Ihr entspricht § 6 Abs. 1 Nr. 4
VgV. Voraussetzung ist in allen Fällen das Vorliegen einer Rechts-
oder Verwaltungsvorschrift. Die Regelung muß somit nicht in einem
materiellen Gesetz enthalten sein. Vielmehr genügt im Hinblick auf
die Geheimhaltungsbedüftigkeit bzw. den sicherheitsrelevanten Bezug, daß die Ausnahme von dem Anwendungsbereich des Vergaberechts durch eine Verwaltungsvorschrift erfolgt. Die Regelung steht
im engen Zusammenhang mit lit. e.

7. Art. 296 Abs. 1 lit. b EGV n. F. (§ 100 Abs. 2 lit. e)

18   Eine weitere Ausnahme besteht für Aufträge, die dem Anwendungsbereich des Art. 223 Abs. 1 lit. b EGV unterliegen. Seit Inkrafttreten
des Amsterdamer Vertrages vom 2. 10. 1997 am 1. 5. 1999 findet
sich diese Vorschrift in **Art. 296 Abs. 1 lit. b** EGV. Vom Anwendungsbereich der Vergaberichtlinien werden die in Art. 296 Abs. 1
lit. b EGV genannten Verträge ausdrücklich nur in Art. 3 LKR und
Art. 4 Abs. 1 DLR ausgenommen. Nach dem Regelungszusammenhang gebietet sich jedoch eine analoge Anwendung im Geltungsbereich der BKR und der SKR[1]. § 100 Abs. 2 lit. e entspricht § 6 Abs. 2
VgV, wo allerdings auf § 123 des EWR-Abkommens Bezug genommen wird. Inhaltlich liegt keine Diskrepanz vor, da Art. 296 Abs. 1
lit. b EGV und Art. 123 EWR-Abkommen weitgehend identisch
sind[2].

19   Art. 296 Abs. 1 lit. b EGV bestimmt, daß jeder Mitgliedstaat die
Maßnahmen ergreifen kann, die seines Erachtens für die Wahrung
seiner wesentlichen Sicherheitsinteressen erforderlich sind, soweit
sie die Erzeugung von Waffen, Munition und Kriegsmaterial oder den
Handel damit betreffen. Allerdings dürfen diese Maßnahmen die
Wettbewerbsbedingungen hinsichtlich der nicht eigens für militäri-
sche Zwecke bestimmten Waren auf dem Gemeinsamen Markt
nicht beeinträchtigen. Es existiert eine Warenliste vom 15. 4. 1958,
die von dem Rat auf Vorschlag der Kommission einstimmig geändert

---

1 *Bechtold*, GWB, 2. Aufl. 1999, § 100 Rz. 10; *Prieß*, Das öffentliche Auftragswesen in der Europäischen Union, 1994, S. 62 f.
2 *Kaufhold/Mayerhofer/Reichl*, Die VOF im Vergaberecht, 1999, S. 109.

werden kann (Art. 296 Abs. 2 EGV). Eine Änderung der Liste, die nicht veröffentlicht ist, ist bisher nicht erfolgt[1].

8. Sektorenauftraggeber in Gebieten, auf denen sie selbst tätig sind (§ 100 Abs. 2 lit. f)

Der 4. Teil des GWB ist nicht anwendbar auf bestimmte Verträge,   20
die von Sektorenauftraggebern auf dem Gebiet vergeben werden, auf
dem sie selbst tätig sind. Nähere Bestimmungen sind durch Rechtsverordnung nach § 127 zu regeln. Die Vorschrift beruht auf Art. 7 bis
9 SKR. Von der Möglichkeit, eine Rechtsverordnung nach § 127 zu
erlassen, hat der Gesetzgeber bisher keinen Gebrauch gemacht. Es
gilt daher die Vergabeverordnung fort (§ 97 Tz. 32). Demnach bestehen die folgenden Ausnahmeregelungen, die auf § 100 Abs. 2 lit. f
zurückgehen:

– Ausnahme für Aufträge, die zum Zweck der Weiterveräußerung
  oder Weitervermietung an Dritte vergeben werden, vorausgesetzt,
  daß der Auftraggeber kein besonderes oder ausschließliches Recht
  zum Verkauf oder zur Vermietung des Auftragsgegenstands besitzt
  und daß andere Unternehmen die Möglichkeit haben, diese Waren
  unter gleichen Bedingungen wie der betreffende Auftraggeber zu
  kaufen oder zu vermieten (Art. 7 Abs. 1 SKR, § 4 Abs. 6 Satz 1
  VgV);

– Ausnahme für die Erbringung von Telekommunikationsdienstleistungen für die Öffentlichkeit, soweit andere Unternehmen die
  Möglichkeit haben, diese Dienste in demselben geographischen
  Gebiet und unter im wesentlichen gleichen Bedingungen anzubieten (Art. 8 Abs. 1 SKR; § 4 Abs. 3 Nr. 8 Satz 2 VgV);

– Aufträge, die die Beschaffung von Wasser durch Unternehmen der
  Trinkwasserversorgung zum Gegenstand haben (Art. 9 Abs. 1
  lit. a SKR, § 4 Abs. 3 Nr. 1 Satz 3 VgV);

– Aufträge, die die Beschaffung von Energie und Brennstoffen zum
  Zwecke der Energie-, Gas- bzw. Wärmeerzeugung durch Auftraggeber, die auf dem Gebiet der Elektrizitäts-, Gas- oder Wärmeversorgung tätig sind, zum Gegenstand haben (Art. 9 Abs. 1 lit. b
  SKR; § 4 Abs. 3 Nr. 2 Satz 2, Nr. 3 Satz 2 und Nr. 4 Satz 2 VgV).

---

1 *Bechtold*, GWB, 2. Aufl. 1999, § 100 Rz. 10.

9. Aufträge zwischen öffentlichen Auftraggebern (§ 100 Abs. 2 lit. g)

21 Eine Ausnahme besteht für Aufträge, die an eine Person vergeben werden, die ihrerseits Auftraggeber nach § 98 Nr. 1, 2 oder 3 ist und ein auf Gesetz oder Verordnung beruhendes ausschließliches Recht zur Erbringung der Leistung hat. Diese Vorschrift beruht auf Art. 6 DLR und Art. 11 SKR. Sie entspricht § 6 Abs. 3 VgV und betrifft **staatliche Monopole.** Eine Ausschreibung ist in den Fällen des Abs. 2 lit. g nicht erforderlich, da aufgrund der Existenz eines staatlichen Monopols feststeht, daß aus Rechtsgründen nur ein Unternehmen in der Lage ist, die Leistung zu erbringen. Während sich Art. 11 SKR und Art. 6 DKR (ebenso wie § 6 Abs. 3 VgV) nur auf Dienstleistungsaufträge beziehen, umfaßt der Wortlaut des § 100 Abs. 2 lit. g sämtliche öffentliche Aufträge, einschließlich Liefer- und Bauaufträge. Die Vorschrift muß jedoch richtlinienkonform[1] auf Dienstleistungsaufträge beschränkt werden. Praktische Konsequenzen dürften sich hieraus nicht ergeben. Insbesondere im Bereich der Erbringung von Bauleistungen existiert kein staatliches Monopol. Selbstverständlich stellt § 100 Abs. 2 lit. g keine Ermächtigung für die Errichtung staatlicher Monopole dar. Vielmehr müssen diese die Voraussetzungen der Art. 81 ff. EGV erfüllen[2].

10. Erwerb oder Miete von Grundstücken (§ 100 Abs. 2 lit. h)

22 Eine Ausnahme besteht für Aufträge über den Erwerb oder die Miete von oder Rechten an Grundstücken oder vorhandenen Gebäuden oder anderen unbeweglichen Vermögen ungeachtet ihrer Finanzierung. Die Vorschrift beruht auf Art. 1 lit. a. iii. DLR und Art. 1 Nr. 4 lit. c. ii. SKR. Beabsichtigt ein öffentlicher Auftraggeber den Ankauf oder die Anmietung eines Grundstücks, kommt eine Ausschreibung in vielen Fällen nicht in Betracht, da nur wenige, unter Umständen sogar nur ein einziges Grundstück den Anforderungen des Auftraggebers entspricht. Um Abgrenzungsschwierigkeiten zu denjenigen Fällen zu vermeiden, in denen eine Ausschreibung aufgrund des Ange-

---

1 EuGH v. 20. 9. 1988 – Rs. 31/87, Slg. 1988, 4635, 4662 – Beentjes; EuGH v. 13. 11. 1990 – Rs. C 106/89, Slg. 1990 I, 4135, 4159 – Marleasing; EuGH v. 16. 12. 1993 – Rs. C 334/92, Slg. 1993 I, 6911, 6932 – Wagner Miret; EuGH v. 14. 7. 1994 – Rs. C 91/92, Slg. 1994 I, 3325, 3357 – Dori; *Bleckmann*, Europarecht, 6. Aufl. 1997, Rz. 441; *Geiger*, EG-Vertrag, 2. Aufl. 1995, Art. 189 Rz. 13.
2 EuGH v. 10. 11. 1998 – Rs. C 360/96, WuW 1999, 101, 105 = WuW/E Verg 161, 165 – Gemeente Arnhem.

bots am Markt möglich ist, werden diese Verträge grundsätzlich von
dem Anwendungsbereich des Vergaberechts ausgenommen. Unter
den genannten Rechten an Grundstücken sind insbesondere Erbbau-
rechte zu verstehen. Allerdings ist § 99 Abs. 3, 3. Alt. zu beachten.
Sind dessen Voraussetzungen erfüllt, liegt ein Bauauftrag vor, so daß
die Ausnahmevorschrift des § 100 Abs. 2 lit. h nicht eingreift. Zur
Abgrenzung vgl. § 99 Tz. 25. Art. 1 lit. a. iii. DLR und Art. 1 Nr. 4
lit. c. ii. SKR stellen klar, daß der Finanzierungsvertrag des öffentlichen Auftraggebers unabhängig davon, ob er vor oder nach dem
Grundstückskauf- oder Mietvertrag abgeschlossen wurde, dem Vergaberecht unterfällt.

11. Dienstleistungen verbundener Unternehmen (§ 100 Abs. 2 lit. i)

Der 4. Teil des GWB findet keine Anwendung auf Aufträge über   23
Dienstleistungen, die von Auftraggebern, die auf dem Gebiet der
Trinkwasser- oder Energieversorgung oder des Verkehrs oder der
Telekommunikation tätig werden (Sektorenauftraggeber), an verbundene Unternehmen, die durch Rechtsverordnung nach § 127 näher
bestimmt werden, erteilt werden. Die Vorschrift geht auf Art. 13
Abs. 1 SKR zurück. Von der Ermächtigung in § 127 hat der Gesetzgeber noch keinen Gebrauch gemacht (§ 97 Tz. 32). Folglich findet
weiterhin § 4 Abs. 7 und 8 VgV Anwendung (§ 4 VgV Tz. 31 ff.).

12. Ausstrahlung von Sendungen (§ 100 Abs. 2 lit. j)

Nach dieser Vorschrift sind Aufträge über die Ausstrahlung von   24
Sendungen ausgnommen. Die Vorschrift beruht auf Art. 1 lit. a iv.
DLR. Von ihr werden sowohl Fernseh- als auch Radiosendungen
umfaßt. Die Art der Übermittlung der Sendung spielt keine Rolle.

13. Telekommunikationsdienstleistungen (§ 100 Abs. 2 lit. k)

Ebenfalls ausgenommen sind Aufträge über Fernsprechdienstleistun-   25
gen, Telexdienst, den beweglichen Telefondienst, Funkrufdienst und
die Satelittenkommunikation. Die Bestimmung geht auf Art. 1
lit. a. v. DLR und Art. 1 Nr. 4 lit. c. ii. SKR zurück.

14. Schiedsgerichts- und Schlichtungsleistungen (§ 100 Abs. 2 lit. l)

26 Ausgenommen vom Anwendungsbereich des Vergaberechts sind Aufträge über Schiedsgerichts- und Schlichtungsleistungen. Grundlage dieser Bestimmung sind Art. 1 lit. a. vi. DLR und Art. 1 Nr. 4 lit. c. iii. SKR. Die 12. Begründungserwägung zur DLR führt aus, daß diese Leistungen normalerweise von Organisationen und Personen übernommen werden, deren Festlegung oder Auswahl in einer Art und Weise erfolgt, die sich nicht nach Vorschriften über die Vergabe öffentlicher Aufträge richten kann. Die Vorschrift bezieht sich auch auf Sachverständigenleistungen im Rahmen der Erstellung eines Schiedsgutachtens[1].

15. Finanzielle Dienstleistungen (§ 100 Abs. 2 lit. m)

27 Eine Ausnahme besteht für Aufträge über finanzielle Dienstleistungen im Zusammenhang mit Ausgabe, Verkauf, Ankauf oder Übertragung von Wertpapieren oder anderen Finanzinstrumenten sowie Dienstleistungen der Zentralbanken. Die Vorschrift beruht auf Art. 1 lit. a. vii. DLR und Art. 1 Nr. 4 lit. c. iv. SKR. Sie trägt dem Umstand Rechnung, daß finanzielle Dienstleistungen ein besonderes Vertrauensverhältnis zwischen den Parteien voraussetzen, das der Anwendung des Vergaberechts entgegensteht. Darüber hinaus sind die Besonderheiten des Kapitalmarkts zu beachten[2]. Die Definition des Begriffs „Wertpapier" ergibt sich aus der Richtlinie 93/22/EWG vom 11. 6. 1993[3]. Hierunter fallen Aktien und andere, Aktien gleichzustellende Wertpapiere, Schuldverschreibungen und sonstige verbriefte Schuldtitel, die auf dem Kapitalmarkt gehandelt werden können, und alle anderen üblicherweise gehandelten Titel, die zum Erwerb solcher Wertpapiere durch Zeichnung oder Austausch berechtigen oder zu einer Barzahlung führen mit Ausnahme von Zahlungsmitteln. Finanzinstrumente sind in Art. 1 Nr. 5 der Richtlinie 93/6/EWG definiert[4]. Hierzu zählen Wertpapiere, Anteile an Organismen für gemeinsame Anlagen, Geldmarktinstrumente, Finanzterminkontrakte, Zinsterminkontrakte, Zins- und Devisenswaps sowie Swaps auf Aktien oder Aktienindexbasis.

---

1 *Kaufhold/Mayerhofer/Reichl,* Die VOF im Vergaberecht, 1999, S. 147.
2 *Bechtold,* GWB, 2. Aufl. 1999, § 100 Rz. 17.
3 *Müller* in Daub/Eberstein, Kommentar zur VOL/A, 4. Aufl. 1998, § 1a Rz. 45.
4 *Müller* in Daub/Eberstein, Kommentar zur VOL/A, 4. Aufl. 1998, § 1a Rz. 45.

Nach dem Gesetzeswortlaut bezieht sich die Ausnahme auf alle   28
Dienstleistungen „im Zusammenhang" mit den genannten Tätigkeiten. Sie umfaßt somit auch Beratungs- und sonstige Leistungen, die
über den Ver- und Ankauf hinausgehen. Die Abgrenzung richtet sich
danach, ob die konkrete Tätigkeit noch von dem besonderen, finanziellen Dienstleistungen eigenen Vertrauensverhältnis umfaßt wird[1].

16. Forschungs- und Entwicklungsdienstleistungen (§ 100 Abs. 2 lit. n)

Das Vergaberecht findet auf Aufträge über Forschungs- und Entwick-   29
lungsdienstleistungen keine Anwendung, es sei denn, ihre Ergebnisse werden ausschließlich Eigentum des Auftraggebers für seinen
Gebrauch bei der Ausübung seiner eigenen Tätigkeit und die Dienstleistung wird vollständig durch den Auftraggeber vergütet. Die Vorschrift beruht auf Art. 1 lit. a. ix. DLR und Art. 1 Nr. 4 lit. c. vi.
SKR. Die 9. Begründungserwägung zur DLR verweist auf Art. 163
EGV (Art. 103 f. a. F.) und erläutert, daß die Unterstützung der For-
schung und Entwicklung gefördert werden solle. Ausgenommen sind
Forschungsaufträge, die nicht zumindest auch dem Allgemeinwohl,
sondern ausschließlich den Interessen des Auftraggebers dienen.
Voraussetzung ist allerdings zusätzlich, daß die Ergebnisse dieser
Forschungs- und Entwicklungsdienstleistungen ausschließlich Ei-
gentum des Auftraggebers werden und er diese vollständig vergütet.

17. Wirtschaftsprüfer

Die Freie und Hansestadt Hamburg und das Land Nordrhein-Westfa-   30
len hatten beantragt, Aufträge über die Tätigkeit in der gesetzlich
vorgeschriebenen Prüfung von Jahresabschlüssen durch Wirtschaftsprüfer oder vereidigte Buchprüfer bzw. Wirtschaftsprüfungsgesell-
schaften oder Buchprüfungsgesellschaften in den Katalog des § 100
aufzunehmen[2]. Dieser Vorschlag wurde nicht aufgegriffen. Allerdings sieht § 6 Abs. 5 VgV die Ausnahme dieser Tätigkeit vom Anwendungsbereich des Vergaberechts vor. Diese Vorschrift war bei
bereits bei ihrer Einführung umstritten. Die Bundesregierung hatte
die Auffassung vertreten, daß die Bestimmung gegen die DLR verstößt, da deren Anhang I. A Kategorie 9 auch die Prüfung des Jahres-

---

1 *Bechtold*, GWB, 2. Aufl. 1999, § 100 Rz. 17; a. A. *Prieß*, Das öffentliche
   Auftragswesen in der Europäischen Union, 1994, S. 51.
2 BT-Drucks. 646/6/97.

abschlusses erfaßt[1]. Der Bundesrat ist diesen Bedenken nicht gefolgt und hat § 6 Abs. 5 in die VgV aufgenommen. Eine Ermächtigung, Regelungen über Ausnahmen vom Anwendungsbereich des 4. Teils des GWB durch Rechtsverordnung zu treffen, ist in §§ 97 bis 129 nicht vorgesehen. Vielmehr hat der Gesetzgeber in der Begründung zu § 100 ausdrücklich ausgeführt, daß es sich um eine abschließende Regelung über die Ausnahmen handelt[2]. Folglich fehlt § 6 Abs. 5 VgV zumindest seit Inkrafttreten des VgRÄndG die Ermächtigungsgrundlage, so daß die Vorschrift nichtig ist.

1 *Kaufhold/Mayerhofer/Reichl*, Die VOF im Vergaberecht, 1999, S. 109.
2 BT-Drucks. 13/9340 S. 15.

§ 101 Arten der Vergabe

(1) Die Vergabe von öffentlichen Liefer-, Bau- und Dienstleistungsaufträgen erfolgt im Wege von offenen Verfahren, nicht offenen Verfahren oder Verhandlungsverfahren.

(2) Offene Verfahren sind Verfahren, in denen eine unbeschränkte Anzahl von Unternehmen öffentlich zur Abgabe von Angeboten aufgefordert wird.

(3) Bei nicht offenen Verfahren wird öffentlich zur Teilnahme, aus dem Bewerberkreis sodann eine beschränkte Anzahl von Unternehmen zur Angebotsabgabe aufgefordert.

(4) Verhandlungsverfahren sind Verfahren, bei denen sich der Auftraggeber mit oder ohne vorherige öffentliche Aufforderung zur Teilnahme an ausgewählte Unternehmen wendet, um mit einem oder mehreren über die Auftragsbedingungen zu verhandeln.

(5) Öffentliche Auftraggeber haben das offene Verfahren anzuwenden, es sei denn, auf Grund dieses Gesetzes ist etwas anderes gestattet. Auftraggebern, die nur unter § 98 Nr. 4 fallen, stehen die drei Verfahren nach ihrer freien Wahl zur Verfügung.

Inhaltsübersicht

I. Einführung

1. Inhaltsübersicht

§ 101 bestimmt, daß die Vergabe öffentlicher Liefer-, Bau- und 1
Dienstleistungsaufträge im Wege von offenen Verfahren, nicht offenen Verfahren oder Verhandlungsverfahren erfolgt. Die Absätze 2 bis 4 definieren die unterschiedlichen Vergabearten. Abs. 5 der Vorschrift regelt den grundsätzlichen Vorrang des offenen Verfahrens und sieht des weiteren vor, daß die Auftraggeber gemäß § 98 Nr. 4 zwischen den drei Verfahrensarten frei wählen können.

2. Entstehungsgeschichte

2   § 110 des Regierungsentwurfs[1]:

Arten der Vergabe

(1) Die Vergabe von öffentlichen Liefer-, Bau- und Dienstleistungsaufträgen erfolgt im Wege von offenen Verfahren, nicht offenen Verfahren oder Verhandlungsverfahren.

(2) Offene Verfahren sind Verfahren, in denen eine unbeschränkte Anzahl von Unternehmen öffentlich zur Abgabe von Angeboten aufgefordert wird.

(3) Bei nicht offenen Verfahren wird öffentlich zur Teilnahme, aus dem Bewerberkreis sodann eine beschränkte Anzahl von Unternehmen zur Angebotsabgabe aufgefordert.

(4) Verhandlungsverfahren sind Verfahren, bei denen sich der Auftraggeber mit oder ohne vorherige öffentliche Aufforderung zur Teilnahme an ausgewählte Unternehmen wendet, um mit einem oder mehreren über die Auftragsbedingungen zu verhandeln.

(5) Öffentliche Auftraggeber haben das offene Verfahren anzuwenden, es sei denn, auf Grund dieses Gesetzes ist etwas anderes gestattet. Auftraggebern, die nur unter § 107 Nr. 4 fallen, stehen die drei Verfahren nach ihrer freien Wahl zur Verfügung.

3   Begründung zu § 110 des Regierungsentwurfs[2]:

Zu den Absätzen 1 bis 4

Hier werden abschließend die Vergabeverfahrensarten, die die Auftraggeber bei der Beschaffung zu verwenden haben, festgelegt. Sie sind auf der Basis der gemeinschaftsrechtlichen Vorgaben (vgl. Artikel 1 Buchstabe e bis g BKR, Artikel 1 Buchstabe d bis f LKR, Artikel 1 Buchstabe d bis f DLR, Artikel 1 Nr. 5 Buchstabe a bis c SKR) definiert.

Zu Absatz 5

Das geltende deutsche Vergaberecht enthält für alle Auftraggeber gemäß § 57a Abs. 1 Nr. 1 bis 3 HGrG den Vorrang der öffentlichen Ausschreibung. Dadurch wird größtmögliche Transparenz des Beschaffungsmarktes erreicht; außerdem entspricht das offene Verfahren am besten dem Gebot der Wirtschaftlichkeit.

Die Bindung gilt nicht für solche Sektorenauftraggeber, die privatrechtlich organisiert und nicht Auftraggeber nach § 57a Abs. 1 Nr. 2 oder 3 HGrG bzw. § 107 Nr. 2 oder 3 sind. Diesen Auftraggebern steht die Wahl des Vergabeverfahrens frei (vgl. Artikel 20 Abs. 1 SKR). Damit wird insbesondere der Tatsache Rechnung getragen, daß diese Auftraggeber als Unternehmen agieren und deshalb bei Beschaffungen flexibler reagieren müssen als klassische staatli-

---

1 BT-Drucks. 13/9340. Die unterstrichenen Passagen weichen vom späteren Gesetzestext ab.
2 BT-Drucks. 13/9340.

che Institutionen, auch wenn sie nicht unter vollem Wettbewerbsdruck stehen. Die Freiheit bezieht sich allerdings nur auf die Auswahl der ansonsten in den Verdingungsordnungen mehr oder minder streng geregelten Vergabearten.

II. Verhältnis zu den Verdingungsordnungen

1. Öffentliche Liefer-, Bau- und Dienstleistungsaufträge

Nach § 101 Abs. 1 werden öffentliche Liefer-, Bau und Dienstleistungsaufträge im Wege von offenen Verfahren, nicht offenen Verfahren oder Verhandlungsverfahren vergeben. Umfaßt werden von der Vorschrift also alle Aufträge, die unter die **materiellen Vergaberichtlinien** (BKR, LKR, DKR, SKR, dazu Einleitung Tz. 5) fallen. Alle diese Aufträge sollen im weiteren den gemeinschaftsrechtlichen Anforderungen aus den **Rechtsmittelrichtlinien** (Einleitung Tz. 5), insbesondere dem durch den 2. Abschnitt (§ 102 ff.) gewährleisteten Bieterschutz, unterstellt werden[1].   4

Die materiellen Vergaberichtlinien waren auch vor Inkrafttreten des Vergaberechtsänderungsgesetzes am 1. 1. 1999 bereits durch die **Verdingungsordnungen**, also durch die VOB/A, die VOL/A und die VOF umgesetzt, denen über die derzeit noch weiter geltende **Vergabeverordnung** Außenrechtsqualität zukommt (§ 97 Tz. 32). Es handelt sich also insofern oberhalb der sog. Schwellenwerte nicht nur um – haushaltsrechtlich begründete – staatsintern wirkende Verwaltungsvorschriften[2].   5

§ 101 ist zwar einerseits gegenüber den durch die Vergabeverordnung zu Außenrecht erstarkten Verdingungsordnungen in der **Normenhierarchie** höher angesiedelt, anderseits sind die Verdingungsordnungen in Bezug auf die verschiedenen Auftragsarten detaillierter und damit letztlich **speziell.** Nur aus den Verdingungsordnungen ergibt sich, auf welche unterschiedlichen Liefer-, Bau- oder Dienstleistungsaufträge welche Verdingungsordnung konkret anzuwenden ist (s. etwa § 1 VOL/A zur Abgrenzung gegenüber der VOB/A und der VOF, § 1a Nr. 2, 3 und 5 VOL/A zur Abgrenzung von Liefer- und Dienstleistungsaufträgen).   6

---

1 Zur Abgrenzung der materiellen Vergaberichtlinien von den Rechtsmittelrichtlinien *Noch,* Vergaberecht kompakt, 1999, S. 36 f.
2 S. etwa *Marx* in Jestaedt/Kemper/Marx/Prieß, Das Recht der Auftragsvergabe, 1999, S. 3, 9; s. auch bereits Einleitung Tz. 7.

2. Arten der Vergabe

7   Wesentliche Bedeutung hat die detaillierte Ausgestaltung in der
VOB/A, der VOL/A und der VOF für die **Auswahl** zwischen den drei
zur Verfügung stehenden Arten der Vergabe (offenes Verfahren, nicht
offenes Verfahren, Verhandlungsverfahren)[1], die in § 101 selbst nicht
im einzelnen geregelt ist. Die in § 101 Abs. 1 genannten und in
Abs. 2 bis 4 definierten Vergabearten finden sich in der VOB/A und
in der VOL/A wieder (s. insbesondere § 3a i. V. m. § 3 VOB/A, § 3a
i. V. m. § 3 VOL/A). Wegen der inhaltlichen Übereinstimmung der
Begriffsdefinitionen für die verschiedenen Vergabearten kommt es
auf die jeweils unterschiedliche Normqualität (o. Tz. 6) dabei letztlich nicht an.

8   Festgeschrieben ist in § 101 Abs. 5 Satz 1 lediglich, daß **grundsätzlich**
das offene Verfahren gemäß Abs. 2 der Vorschrift anzuwenden ist.
Nur die sog. Sektorenauftraggeber, die ausschließlich unter § 98
Nr. 4 fallen, nicht hingegen auch von weiteren Bestimmungen des
§ 98 erfaßt werden, dürfen gemäß § 101 Abs. 5 Satz 2 zwischen den
drei Verfahrensarten frei wählen[2].

9   Der Grundsatz des § 101 Abs. 5 Satz 1 steht allerdings unter der
Einschränkung, daß von der Wahl des offenen Verfahrens abgewichen werden darf, wenn dies aufgrund des Gesetzes gestattet ist.
Diese Abweichungen sind auch nach Inkrafttreten des Vergaberechtsänderungsgesetzes in der weiter geltenden **Vergabeverordnung**
in Verbindung mit den für die verschiedenen Auftragsarten einschlägigen Verdingungsordnungen (VOB/A, VOL/A, VOF) geregelt (zu den
öffentlichen Aufträgen s. die Kommentierung zu § 99). Aus diesen
ergibt sich konkret, wann das offene Verfahren, das nicht offene
Verfahren oder das Verhandlungsverfahren zu wählen ist[3]. Für die
nicht unter § 98 Nr. 4 fallenden Auftraggeber sind die Fälle, in denen

---

1 Zu Überlegungen, einen sog. „wettbewerblichen Dialog" als weitere Vergabeart einzuführen bzw. dadurch das Verhandlungsverfahren zu ersetzen,
  s. die Mitteilung der Kommission vom 11. 3. 1998 (KOM 1998, 143); dazu
  auch *Bechtold*, GWB, 2. Aufl. 1999, § 101 Rz. 2; *Leinemann/Weihrauch*,
  Die Vergabe öffentlicher Aufträge, 1999, Rz. 61; in diesem Zusammenhang
  auch *Reidt*, Rechtsfragen im Zusammenhang mit der Vergabe von Baukonzessionen, NordÖR 1999, 435 ff.
2 *Bechtold*, GWB, 2. Aufl. 1999, § 101 Rz. 13.
3 Durch den vierten Abschnitt der VOL/A und der VOB/A ist auf der Ebene
  der Verdingungsordnungen ebenfalls eine § 101 Abs. 5 Satz 2 entsprechende Regelung vorhanden.

anstelle des offenen Verfahrens das nicht offene Verfahren oder das Verhandlungsverfahren jeweils mit oder ohne vorhergehende öffentliche Vergabebekanntmachung durchgeführt werden darf, in § 3a bzw. § 3b i. V. m. § 3 VOB/A sowie in § 3a bzw. in § 3b i. V. m. § 3 VOL/A **abschließend** geregelt.

Noch weiter geht die Abweichung im Sinne von § 101 Abs. 5 Satz 1 für den Bereich der **freiberuflichen Leistungen** gem. § 1 VOF. Nach § 5 VOF werden Aufträge über freiberufliche Leistungen immer im Verhandlungsverfahren vergeben, d.h. dort ist die Abweichung vom offenen Verfahren als Regelfall normiert[1].   10

Insgesamt führt dies dazu, daß § 101 neben der speziellen Ausgestaltung in der jeweils einschlägigen Verdingungsordnung **praktisch keine zusätzliche Bedeutung** hat. Allerdings zieht die Vorschrift für die Ausgestaltung durch untergesetzliche Normen dahingehend eine **Grenze,** daß keine zusätzlichen oder abweichenden Vergabearten zu denjenigen des § 101 Abs. 1 bis 4 geschaffen werden dürfen. Im übrigen sieht § 101 Abs. 5 zwar den grundsätzlichen Vorrang des offenen Verfahrens vor, überläßt jedoch die weitergehende Ausgestaltung der Verfahrenswahl umfassend den untergesetzlichen Bestimmungen der Vergabeverordnung in Verbindung mit den Verdingungsordnungen, d.h. nur durch diese untergesetzlichen Regelungen werden Abweichungen von dem prinzipiellen Vorrang des offenen Verfahrens überhaupt möglich. Dies gilt sowohl für die derzeit noch maßgebliche Fassung der Vergabeverordnung (o. § 97 Tz. 32) in Verbindung mit den Verdingungsordnungen als auch für zukünftige Änderungen dieser untergesetzlichen Bestimmungen, die freilich jeweils den gemeinschaftsrechtlichen Anforderungen genügen müssen[2]. Ohne diese Regelungen wäre also wegen fehlender diesbezüglicher Bestimmungen im GWB selbst ausnahmslos das offene Verfahren durchzuführen.   11

III. Wahl der richtigen Vergabeart, Einzelfragen

Wegen der speziellen Regelungen hinsichtlich der im Einzelfall maßgeblichen Vergabeart in den Verdingungsordnungen als Teil des ma-   12

---

1 S. in diesem Zusammenhang Art. 11 Abs. 2 lit. c der Dienstleistungskoordinierungsrichtlinie; *Kaufhold/Mayerhofer/Reichl,* Die VOF im Vergaberecht, 1999, § 5 Rz. 1 f.

2 Daran bestehen indes für die gegenwärtige Fassung wohl keine durchgreifenden Zweifel.

teriellen Vergaberechts wird dazu von einer gesonderten Kommentierung abgesehen. Es wird stattdessen auf die einschlägigen Erläuterungen zur VOB/A, VOL/A und VOF verwiesen[1].

---

1 Zur VOB/A s. insbesondere *Heiermann/Riedel/Rusam*, Handkommentar zur VOB, 8. Aufl. 1997; *Ingenstau/Korbion*, VOB Teil A und B, 13. Aufl. 1996; *Franke/Höfler/Bayer*, Bauvergaberecht in der Praxis, Stand: Oktober 1999, Abschnitt II., 3.; zur VOL/A *Daub/Eberstein*, Kommentar zur VOL/A, 4. Aufl. 1998; zur VOF *Kaufhold/Mayerhofer/Reichl*, Die VOF im Vergaberecht, 1999; s. darüber hinaus etwa *Jestaedt* in Jestaedt/Kemper/Marx/Prieß, Das Recht der Auftragsvergabe, 1999, S. 92 ff.; *Noch*, Vergaberecht kompakt, 1999, S. 93 ff.; *Boesen*, Vergaberecht, 2000, § 101 Rdnr. 52 ff.

Zweiter Abschnitt:
Nachprüfungsverfahren

Vorbemerkung zu §§ 102–124

Der zweite Abschnitt des 4. Teils regelt das Nachprüfungsverfahren 1
durch die Aufsichtsbehörden, die fakultativ einzurichtenden Vergabeprüfstellen (§ 103), die Vergabekammern (§§ 107 ff.) sowie das Verfahren vor den Vergabesenaten der Oberlandesgerichte als gerichtlicher Kontrollinstanz (§§ 116 ff.). Der 2. Abschnitt stellt gewissermaßen das Kernstück der vergaberechtlichen Vorschriften im GWB
dar, mit dem den gegen die frühere haushaltsrechtliche Lösung geltend gemachten gemeinschaftsrechtlichen und auch verfassungsrechtlichen Bedenken Rechnung getragen wird (dazu Einleitung
Tz. 6 ff.).

Sowohl bei dem fakultativen Verfahren vor der Vergabeprüfstelle als 2
auch bei dem Verfahren vor der Vergabekammer handelt es sich um
Verwaltungsverfahren im Sinne des Verwaltungsverfahrensgesetzes
des Bundes und der Länder. Die dortigen Vorschriften finden daher
ergänzend Anwendung, wenn im GWB zu den jeweils maßgeblichen
Punkten keine speziellen und abschließenden Regelungen enthalten
sind (s. § 103 Tz. 8, § 107 Tz. 7). Demgegenüber handelt es sich bei
der sofortigen Beschwerde zum OLG (§§ 116 ff.) um eine **gerichtliche
Kontrolle,** die sowohl aus gemeinschaftsrechtlichen Gründen (s. insbesondere Art. 2 Abs. 8 der Rechtsmittelrichtlinien, dazu Einleitung
Tz. 4 f.) als auch aus verfassungsrechtlichen Gründen geboten ist, da
die **subjektiven Rechte** der Bieter (s. insbesondere § 97 Tz. 37 ff.
sowie § 114 Tz. 8 f.) die verfassungsrechtlichen Garantien des
Art. 92 und, soweit Hoheitsakte ergehen, des Art. 19 Abs. 4 GG mit
der Folge auslösen, daß echter Gerichtsschutz nach deutschem Verfassungsrecht zu gewähren ist[1] (im einzelnen § 114 Tz. 30 ff.).

Das gesamte Nachprüfungsverfahren, so wie es im 2. Abschnitt des 3
4. Teils des GWB geregelt ist, gibt den verfahrensrechtlichen Rahmen, um die subjektiven Rechte von Unternehmen im Sinne von
§ 97 Abs. 7 (dazu § 97 Tz. 37 ff.) zu gewährleisten und durchzusetzen. Die **materiellen Rechte,** um deren Gewährleistung es dabei
geht, sind im zweiten Abschnitt des 4. Teils selbst nicht geregelt.
Die diesbezüglichen Bestimmungen finden sich ohnehin nur teilwei-

---

1 *Pietzcker,* ZHR 162 (1998), 427, 439.

se im GWB selbst, dort im wesentlichen im ersten Abschnitt, der u. a. die allgemeinen Grundsätze der Vergabe öffentlicher Aufträge und die Auftraggeber regelt, deren Vergaben einem Nachprüfungsverfahren gemäß dem 2. Abschnitt unterliegen. Eine andere und davon strikt zu trennende Frage ist, ob und ggf. welche Auftraggeber außerhalb des Anwendungsbereichs der vergaberechtlichen Vorschriften des GWB verpflichtet sind, subjektive Rechte von Bietern zu beachten, wie dies insbesondere für die gemeinschaftsrechtlichen Grundfreiheiten und den verfassungsrechtlichen Gleichbehandlungsgrundsatz (Diskriminierungsverbot) angenommen wird[1]. Die Verletzung derartiger Rechte unterfällt jedenfalls nicht den Nachprüfungsverfahren gemäß dem 2. Abschnitt des 4. Teils.

4   Für die unter die Nachprüfungsverfahren fallenden Vergaben, also für die Vergabe von Bau-, Liefer- und Dienstleistungsaufträgen der Auftraggeber im Sinne von § 98 GWB oberhalb der Schwellenwerte (Art. 100 Tz. 4 ff.), sollen die Nachprüfungsmöglichkeiten **effektiven Rechtsschutz** für die geschützten subjektiven Rechte derjenigen Unternehmen vermitteln, die zulässigerweise ein Nachprüfungsverfahren einleiten. Sowohl das Verfahren vor der Vergabekammer als auch die sich daran gegebenenfalls anschließende sofortige Beschwerde dienen nicht einer bloßen objektiven Beanstandung. Dies bedeutet im Kern, daß ein Unternehmen nicht erfolgreich rügen kann, wenn etwaige vergaberechtliche Vorschriften verletzt sind, die keinen Schutz von Bietern bezwecken. Dies gilt etwa für bloße Ordnungsvorschriften oder auch für Mitteilungspflichten, die für den Auftraggeber nach Zuschlagserteilung bestehen, die jedoch die Vergabeentscheidung selbst nicht mehr zu beeinflussen vermögen. Ebensowenig kann sich ein Unternehmen darauf berufen, daß subjektive Rechte im Sinne von § 97 Abs. 7 verletzt sind, wenn im konkreten Fall diese Rechte einem dritten Unternehmen zustehen (im einzelnen § 114 Tz. 8 f.).

5   Der Umstand, daß für das Nachprüfungsverfahren nicht ausdrücklich geregelt wurde, **welche vergaberechtlichen Bestimmungen subjektive Rechte** darstellen und damit auch eine Antragsbefugnis vermitteln und bei welchen Bestimmungen dies nicht der Fall ist, ist teilweise kritisiert worden (im einzelnen § 97 Tz. 40 ff.). Diese Kritik ist allerdings nicht berechtigt. Eine solche Herangehensweise entspricht der Handhabung, wie sie etwa auch aus dem sonstigen

---

1 Dazu etwa *Noch,* Vergaberecht kompakt, 1999, S. 23 ff.; *Marx* in Jestaedt u. a., Das Recht der Auftragsvergabe, 1999, S. 143 ff.; *Mader,* EuZW 1999, 331, 332 f.

Verwaltungsverfahrensrecht und dem Verwaltungsprozeßrecht bekannt ist. Dort ist ebenfalls das Erfordernis einer Klagebefugnis und die Notwendigkeit einer Rechtsverletzung verfahrensrechtlich „abstrakt" geregelt (s. insbesondere §§ 42 Abs. 2, 113 Abs. 1 Satz 1 VwGO)[1]. Auch dort bestehen naturgemäß in den einzelnen Rechtsbereichen Streitigkeiten zu der Frage, welche Vorschriften eine geschützte Rechtsposition vermitteln und bei welchen Bestimmungen dies nicht der Fall ist. Gleichwohl ist dies letztlich durch eine sachgerechte Auslegung der jeweiligen Vorschriften ermittelbar. Abgesehen davon würde allein eine solche Aufzählung nicht genügen, da es für die Antragsbefugnis auf die Möglichkeit einer Rechtsverletzung und für die Begründetheit eines Antrags auf die tatsächliche Rechtsverletzung **im konkreten Fall** ankommt.

Eine **Sonderstellung** nimmt in diesem Zusammenhang allerdings das Verfahren vor der (fakultativ einzurichtenden) **Vergabeprüfstelle** ein, das nicht nur auf Antrag sondern auch von Amts wegen durchgeführt werden kann. Dies gilt auch für ein Einschreiten der **Aufsichtsbehörde.** Dementsprechend sind dort Fragen der Antragsbefugnis o. ä. irrelevant. Vielmehr kann jedermann tatsächliche oder vermeintliche Vergabeverstöße bei der Vergabeprüfstelle oder der Aufsichtsbehörde zur Anzeige bringen, unabhängig davon, ob er davon selbst betroffen ist oder nicht.

6

Das Nachprüfungsverfahren nach dem GWB ist **zweistufig** ausgestaltet. Zunächst bedarf es einer Überprüfung durch die Vergabekammer, danach kann mittels der sofortigen Beschwerde das Oberlandesgericht angerufen werden. Unabhängig davon besteht die Möglichkeit zur Anrufung der Vergabeprüfstelle, sofern eine solche eingerichtet ist (§ 103 Tz. 4 f.). Diese zweistufige Ausgestaltung wäre gemeinschaftsrechtlich nicht notwendig gewesen, sie ist allerdings ohne weiteres möglich (s. insbesondere Art. 2 Abs. 8 der Rechtsmittelrichtlinien). Auch im übrigen hält die Ausgestaltung des Nachprüfungsverfahrens nach der kartellrechtlichen Lösung, den durch die gemeinschaftsrechtlichen Anforderungen gesetzten Rahmen ein. Soweit dagegen teilweise Bedenken geltend gemacht werden, wird darauf im Zusammenhang mit den jeweils betroffenen Bestimmungen eingegangen (z. B. § 114 Tz. 30 ff. hinsichtlich der Ausgestaltung der Zuschlagserteilung).

7

---

1 BVerwG v. 15. 11. 1985 – 8 C 43.83 – BVerwGE 72, 226, 229 f.; dazu etwa *Redeker/von Oertzen*, VwGO, 12. Aufl. 1997, § 42 Rz. 102 ff.; *Happ* in Eyermann, VwGO, 10. Aufl. 1998, § 42 Rz. 71 ff., 86, § 113 Rz. 18.

8   Während die Ausgestaltung und die Tätigkeit der Vergabekammern in weiten Teilen derjenigen der früheren Vergabeüberwachungsausschüssen entspricht, liegen die **eigentlichen Neuerungen** gegenüber der früheren haushaltsrechtlichen Lösung zum einen in der Möglichkeit der **sofortigen Beschwerde** zum Oberlandesgericht, zum anderen – und vor allem – in dem sogenannten **Zuschlagsverbot** des § 115, das dazu führt, daß nach Zustellung des Nachprüfungsantrags beim Auftraggeber bis zum Abschluß des Verfahrens der Zuschlag nicht erteilt werden darf (§ 115 Tz. 4 ff.). Damit geht das GWB zur Gewährleistung effektiven Rechtsschutzes über die Erfordernisse hinaus, die sich aus dem Gemeinschaftsrecht ergeben (s. insbesondere Art. 2 Abs. 3 der Rechtsmittelrichtlinien).

9   Das gesamte Nachprüfungsverfahren stellt sich in seinen wesentlichen Schritten wie folgt dar:

10   **– Anrufung der Vergabeprüfstelle (§ 103), fakultativ**

Die Vergabeprüfstelle prüft auf Antrag oder von Amts wegen die Einhaltung der von den Auftraggebern im Sinne des § 98 Nr. 1 bis 3 anzuwendenden Vergabevorschriften. Sie kann diese Auftraggeber zur Aufhebung von rechtswidrigen Maßnahmen und zur Durchführung von rechtmäßigen Maßnahmen verpflichten. Ebenfalls kann sie diese Auftraggeber bei der Anwendung der Vergabevorschriften beraten und Streitigkeiten schlichten, also letztlich (auch) als Mediator[1], tätig werden.

11   **– Antrag an die Vergabekammer (§§ 107 ff.)**

Die Vergabekammer trifft ihre Entscheidung auf Antrag eines antragsbefugten Unternehmens, d.h. wenn ein Unternehmen die Verletzung von eigenen Rechten nach § 97 Abs. 7 dargelegt hat und mit diesen Rügen nicht gemäß § 107 Abs. 3 ausgeschlossen ist. Die Vergabekammer entscheidet, ob eine Verletzung des Antragstellers in seinen Rechten tatsächlich vorliegt und trifft zugleich geeignete Maßnahmen, um diese Rechtsverletzung und damit verbundene – bereits eingetretene oder zu erwartende – Schädigungen des Antragstellers zu verhindern bzw. zu beseitigen. Nach einem wirksam erteilten Zuschlag (zum Begriff § 114 Tz. 24 ff.) kann sie nur noch die Feststellung treffen, ob eine Rechtsverletzung des Antragstellers vorgelegen hat (§ 114 Abs. 2 Satz 2). Das während der Dauer des Verfahrens bestehende Zuschlagsverbot kann auf besonderen Antrag

---

1 *Sturmberg*, BauR 1998, 1063, 1065; zur Mediation s. etwa *Breidenbach* (Hrsg.), Mediation für Juristen, 1997.

des Auftraggebers durch die Vergabekammer aufgehoben werden, mit der Folge, daß der Zuschlag wirksam erteilt werden darf (§ 115 Abs. 2). Gegen diese in das Nachprüfungsverfahren bei der Vergabekammer integrierte Entscheidung kann das Oberlandesgericht als Beschwerdegericht angerufen werden, um bei einer Stattgabe das Zuschlagsverbot wiederherzustellen (Antrag des Unternehmens) oder bei einer Ablehnung das Zuschlagsverbot aufzuheben (Antrag des Auftraggebers).

– Sofortige Beschwerde zum Oberlandesgericht (§§ 116 ff.)   12

Gegen die Hauptsacheentscheidung der Vergabekammer gemäß § 114 Abs. 1 kann durch jeden der Verfahrensbeteiligten (Antragsteller, Antragsgegner, Beigeladene) sofortige Beschwerde eingelegt werden, sofern der Beschwerdeführer durch die Entscheidung selbst beschwert ist. Auch im Rahmen des Beschwerdeverfahrens kommt eine Vorabentscheidung über den Zuschlag in Betracht (§ 121).

§ 102 Grundsatz

Unbeschadet der Prüfungsmöglichkeiten von Aufsichtsbehörden und Vergabeprüfstellen unterliegt die Vergabe öffentlicher Aufträge der Nachprüfung durch die Vergabekammern.

Inhaltsübersicht

I. Einführung

1. Inhaltsübersicht

1 § 102 regelt die prinzipielle Aufgabenzuständigkeit der Vergabekammern für die Überprüfung der Vergabe öffentlicher Aufträge. Er schreibt die Nachrangigkeit der Einschaltung von Aufsichtsbehörden und Vergabeprüfstellen verbindlich fest.

2. Entstehungsgeschichte

2 Der Gesetzestext entspricht § 112 des Regierungsentwurfs[1].

3 Begründung zu § 112 des Regierungsentwurfs[2]:

Die Vergabekammern sind künftig die primären Kontrollinstanzen für Vergabeverfahren. Unternehmen, die sich in ihren Rechten nach § 106 Abs. 6 verletzt fühlen, können sich zur Nachprüfung an die Kammer wenden. Sie kann angerufen werden, ohne daß zuvor eine Vergabeprüfstelle befaßt werden müßte. Eine Pflicht, vor der Anrufung der Vergabekammern die Vergabeprüfstellen zu befassen, würde zu einem langwierigen dreistufigen Kontrollverfahren (Vergabeprüfstelle – Vergabekammer – OLG) führen. Das öffentliche Auftragswesen würde dadurch allzu stark belastet.

Ist dagegen eine Vergabeprüfstelle eingerichtet, steht es jedem Unternehmen frei, diese anzurufen, wenn es zunächst eine formlose und in der Regel

---

1 BT-Drucks. 13/9340.
2 BT-Drucks. 13/9340.

kostenlose Nachprüfung durch eine vorgesetzte Stelle anstrebt, ohne gleich formalen Rechtsschutz zu begehren. Die Vergabeprüfstelle kann auch parallel zu einem Antrag gemäß § 117 befaßt werden.

Der Lauf der in § 123 Abs. 1 genannten Frist beginnt in jedem Fall erst mit der Anrufung der Vergabekammer.

II. Möglichkeiten der Vergabeüberwachung

§ 102 spricht **drei** verschiedene Möglichkeiten der Überwachung bei   4
der Vergabe öffentlicher Aufträge an. Diese kann durch die Aufsichtsbehörden, die Vergabeprüfstellen und die Vergabekammern erfolgen.

1. Aufsichtsbehörden

Nachgeordnete Bundes- und Landesbehörden unterliegen einer   5
Rechts-, Fach- und Dienstaufsicht. Die **Dienstaufsicht** ist dabei vorliegend zu vernachlässigen. Sie erstreckt sich auf den Aufbau, die
innere Ordnung, die allgemeine Geschäftsführung und die Personal-
angelegenheiten nachgeordneter Behörden[1]. Die **Fachaufsicht** bezieht sich auf die rechtmäßige und zweckmäßige Wahrnehmung der
den nachgeordneten Behörden obliegenden Aufgaben[2]. In Selbstver-
waltungsangelegenheiten, also im Rahmen des eigenen Wirkungs-
kreises einer juristischen Person des öffentlichen Rechts, besteht
lediglich eine **Rechtsaufsicht,** die sich auf die rechtmäßige Wahrnehmung der jeweiligen Aufgaben bezieht. Dies ist typischerweise etwa
bei der allgemeinen Aufsicht über Gemeinden der Fall[3].

Im Rahmen der jeweiligen Aufsicht besteht insbesondere die **Mög-**   6
lichkeit zur Beanstandung getroffener oder auch geplanter Maßnahmen und Entscheidungen einer nachgeordneten Behörde, zur Anordnung von zu treffenden Maßnahmen oder Entscheidungen sowie ggf.
auch zur Ersatzvornahme[4]. Diese Aufsichtsmöglichkeiten können
im Bereich des Vergaberechts durchaus eine Rolle spielen. Sie unterscheiden sich allerdings letztlich nicht von den Aufsichtsmöglich-

---

1 Z. B. § 12 Landesorganisationsgesetz NW.
2 Z. B. § 13 Landesorganisationsgesetz NW.
3 Z. B. § 116 Abs. 1 Gemeindeordnung NW, § 20 Abs. 1 Landesorganisationsgesetz NW.
4 S. im einzelnen etwa §§ 118 ff. Gemeindeordnung NW.

keiten bei sonstigem Staatshandeln[1]. Entscheidend für den Bereich des öffentlichen Auftragswesens ist allerdings zum einen, daß Aufsichtsbehörden in diesem Sinne **nicht für alle Auftraggeber** im Sinne von § 98 existieren. Etwa bei juristischen Personen des Privatrechts, die von der öffentlichen Hand beherrscht werden (§ 98 Nr. 2, s. dazu § 98 Tz. 22 ff.), ist dies nicht der Fall. Allerdings kann dort über die entsprechenden Kontroll- und Aufsichtsgremien (z. B. Gesellschafterversammlung) zumindest mittelbar Einfluß auf die Rechtmäßigkeit des Vergabeverhaltens genommen werden.

7 Zum anderen ist von Bedeutung, daß die Ausübung der Rechts- und Fachaufsicht im **Ermessen** der jeweiligen Aufsichtsbehörde steht. Schutz- und Zielrichtung ist dabei die **Rechtmäßigkeit des Staatshandelns als solche,** nicht hingegen die Wahrung subjektiver Rechte. Demgemäß erfolgt die Rechts- und Fachaufsicht auch von Amts wegen, dabei freilich auch aufgrund von entsprechenden Hinweisen, die von dritter Seite zu den Aufsichtsbehörden gelangen. Ein Rechtsanspruch darauf, daß eine Rechts- oder Fachaufsichtsbehörde tätig wird, besteht jedoch in der Regel nicht.

8 Gleichwohl sind die Möglichkeiten, über die Rechts- und Fachaufsichtsbehörden auf die Rechtmäßigkeit des Vergabeverhaltens von öffentlichen Auftraggebern einzuwirken, nicht zu unterschätzen. Sie entsprechen letztlich den Möglichkeiten, die gemäß § 103 auch bei dem Weg über die Vergabeprüfstellen bestehen (§ 103 Tz. 9 ff.). Ebenso wie dort besteht allerdings ein gravierender Nachteil in der **Zeitdauer,** die die rechts- und fachaufsichtliche Prüfung und das sich ggf. anschließende Einschreiten in Anspruch nehmen kann, ohne daß die Fortsetzung des Vergabeverfahrens ausgesetzt wird (s. in diesem Zusammenhang für das Verfahren bei der Vergabekammer § 115 Abs. 1, dazu § 115 Tz. 4 ff.). Da die wirksame Erteilung eines Zuschlags daher nicht verhindert wird (dazu § 114 Tz. 20 ff.), ist diese Möglichkeit häufig nicht ausreichend effektiv. Andererseits kommt ihr der Vorteil zu, daß nicht nur die Verletzung von subjektiven Rechten sondern auch die Mißachtung von nicht bieterschützenden Vorschriften gerügt werden und die Rechts- und Fachaufsichtsbehörden zum Einschreiten veranlassen kann (zu den subjektiven Rechten im Sinne von § 97 Abs. 7, § 97 Tz. 37 ff. sowie § 114 Tz. 8 f.).

---

1 Dazu im einzelnen etwa *Walter* in Erichsen, Allgemeines Verwaltungsrecht, 11. Aufl. 1998, § 52 Rz. 48 ff.; für den Bereich des Vergaberechts *Heiermann/Ax*, Rechtsschutz bei der Vergabe öffentlicher Aufträge, 1997, S. 12 ff.

2. Vergabeprüfstellen, Vergabekammern

Während die Prüfungsmöglichkeiten von Aufsichtsbehörden ledig- 9
lich in der Grundsatzregelung des § 102 genannt sind, finden sich für
die Tätigkeit der Vergabeprüfstellen und insbesondere der Vergabekammern weitere Detailregelungen in § 103 bzw. in den §§ 104 ff.

III. Verhältnis der Nachprüfungsmöglichkeiten zueinander

Die Prüfungsmöglichkeiten von Aufsichtsbehörden und Vergabe- 10
prüfstellen bestehen **unabhängig** von der Nachprüfung durch die
Vergabekammern. Daraus ergibt sich zum einen, daß **kein Vorrang-
verhältnis** dergestalt besteht, daß Bieter zunächst Aufsichtsbehörden
oder Vergabeprüfstellen einschalten müssen, bevor sie die Vergabekammern anrufen[1]. Des weiteren ergibt sich aus der Formulierung
„unbeschadet", daß die Überprüfung eines konkreten Vergabeverfahrens auch **parallel** durch die verschiedenen Nachprüfungsbehörden
(Aufsichtsbehörde, Vergabeprüfstelle, Vergabekammer) erfolgen
kann. Dies gilt unabhängig davon, ob die Aufsichtsbehörde oder
Vergabeprüfstelle von Amts wegen oder auf Einschaltung desjenigen
Unternehmens erfolgt, das parallel dazu ein Nachprüfungsverfahren
bei der Vergabekammer angestrengt hat. In letzterem Fall fehlt also
nicht etwa das notwendige Sachentscheidungsinteresse für das Verfahren bei der Vergabekammer. Dies folgt neben dem Wortlaut des
§ 102 auch aus den verfahrensrechtlichen Wirkungen einer Nachprüfung durch die Vergabekammer, insbesondere also aus dem Zuschlagsverbot des § 115 Abs. 1, das auf Verwaltungsebene allein dem
Verfahren gemäß den §§ 107 ff. zukommt.

Allerdings kann das **Rechtsschutzbedürfnis** für ein Verfahren vor der 11
Vergabekammer dann fehlen oder wegfallen, wenn die Aufsichtsbehörde oder Vergabeprüfstelle Anordnungen gegenüber dem Auftraggeber getroffen hat, die den Belangen des Unternehmens Rechnung
tragen und der Auftraggeber diese Beanstandungen oder Weisungen
auch respektiert (zu den Rechtsschutzmöglichkeiten des Auftraggebers gegen Entscheidungen der Vergabeprüfstelle, die für Entscheidungen der Rechts- oder Fachaufsichtsbehörde entsprechend gelten,
§ 103 Tz. 24 ff.)[2].

---

1 *Bechtold*, GWB, 2. Aufl. 1999, § 2 Rz. 2.
2 So auch *Boesen*, Vergaberecht, 2000, § 103 Rz. 19.

IV. Divergierende Entscheidungen

12   Wie dies bei der parallelen Prüfung von ganz oder teilweise identischen Sach- und Rechtsfragen immer der Fall ist, stellt sich die
Frage, wie bei widersprüchlichen Entscheidungen zu verfahren ist.
So ist es etwa denkbar, daß die Rechts- oder Fachaufsichtsbehörde
ein bestimmtes Vergabeverhalten des Auftraggebers für rechtmäßig
hält, während die Vergabekammer und ggf. auch der Vergabesenat
des OLG eben dieses Verhalten für rechtswidrig erachtet.

13   In diesem Fall ist für den Auftraggeber im Ergebnis die **jeweils
weiterreichende Entscheidung** maßgeblich. Er kann sich also nicht
darauf verlassen und darauf berufen, daß durch eine Nachprüfungs-
behörde ein bestimmtes Vergabeverhalten nicht beanstandet wurde:

14   Die **Vergabekammer** trifft ihre Entscheidung gemäß §§ 114 Abs. 3
Satz 1 durch **Verwaltungsakt.** Wird dem Auftraggeber durch diese
Entscheidung bzw. durch eine entsprechende Entscheidung des Ver-
gabesenats beim OLG ein bestimmtes Vergabeverhalten bestands-
bzw. rechtskräftig untersagt, ist diese rechtsverbindliche Entscheidung für den Auftraggeber **zwingend** zu beachten. Sie kann anderenfalls mit den – wenn auch beschränkten – Möglichkeiten des Ver-
waltungsvollstreckungsrechts durchgesetzt werden (§ 114 Tz. 71).
Der Auftraggeber darf also einen Zuschlag nicht auf der Grundlage
eines Vergabeverfahrens erteilen, das die Vergabekammer für rechtswidrig und in Bezug auf das antragsstellende Unternehmen für
rechtsverletzend hält. Daran ändert auch der Umstand nichts, daß
möglicherweise die zuständige Aufsichtsbehörde oder Vergabeprüfstelle einen Verstoß weder gegen subjektive Rechte noch gegen objektives Vergaberecht festgestellt hat oder jedenfalls dagegen nicht
im Rahmen ihres Entschließungs- und Auswahlermessens einschreitet. Will der Auftraggeber die Entscheidung der Vergabekammer
nicht akzeptieren, so bleibt ihm nur die Möglichkeit, den Vergabesenat beim OLG anzurufen (§ 116). Entscheidet auch dieser zu Lasten
des Auftraggebers, ist er endgültig an die Entscheidung gebunden.

15   Zusätzlich muß der Auftraggeber allerdings auch die rechtsverbindlichen Anordnungen der **Vergabeprüfstelle** oder seiner **Rechts- oder
Fachaufsichtsbehörde** beachten. Verneint also die Vergabekammer
und ggf. auch der Vergabesenat einen Verstoß gegen materielles
Vergaberecht zu Lasten eines antragstellenden Unternehmens, ergeht jedoch gleichwohl eine Anordnung der Aufsichtsbehörde oder
Vergabeprüfstelle, bestimmte Änderungen im Rahmen des Vergabeverfahrens – insbesondere bei einem Verstoß gegen nicht bieter-

schützende Vorschriften im Sinne von § 97 Abs. 7 (§ 97 Tz. 37 ff.) –
vorzunehmen, ist auch diese, in einem solchen Fall also weiterreichende, Entscheidung zu beachten[1]. Dem Auftraggeber verbleibt ggf.
nichts anderes, als gegen eine solche Entscheidung, die in der Regel
ebenfalls als Verwaltungsakt ergeht, Rechtsmittel einzulegen (zu
den diesbezüglichen Möglichkeiten bei Entscheidungen der Vergabeprüfstelle § 103 Tz. 25). Läßt der Auftraggeber die aufsichtliche Entscheidung bestandskräftig werden, muß er sie beachten, da anderenfalls die aufsichtlichen Vollstreckungsmöglichkeiten drohen. Allerdings ändern auch diese im Regelfall nichts an der Wirksamkeit
eines gleichwohl erteilten Zuschlags (s. dazu im Zusammenhang
mit der Tätigkeit der Vergabekammer § 114 Tz. 20 ff.).

---

1 Anders *Boesen*, Vergaberecht, 2000, § 103 Rz. 21.

§ 103 Vergabeprüfstellen

(1) Der Bund und die Länder können Vergabeprüfstellen einrichten, denen die Überprüfung der Einhaltung der von Auftraggebern im Sinne des § 98 Nr. 1 bis 3 anzuwendenden Vergabebestimmungen obliegt. Sie können auch bei den Fach- und Rechtsaufsichtsbehörden angesiedelt werden.

(2) Die Vergabeprüfstelle prüft auf Antrag oder von Amts wegen die Einhaltung der von den Auftraggebern im Sinne des § 98 Nr. 1 bis 3 anzuwendenden Vergabevorschriften. Sie kann die das Vergabeverfahren durchführende Stelle verpflichten, rechtswidrige Maßnahmen aufzuheben und rechtmäßige Maßnahmen zu treffen, diese Stellen und Unternehmen bei der Anwendung der Vergabevorschriften beraten und streitschlichtend tätig werden.

(3) Gegen eine Entscheidung der Vergabeprüfstelle kann zur Wahrung von Rechten aus § 97 Abs. 7 nur die Vergabekammer angerufen werden. Die Prüfung durch die Vergabeprüfstelle ist nicht Voraussetzung für die Anrufung der Vergabekammer.

Inhaltsübersicht

I. Einführung

1. Inhaltsübersicht

§ 103 regelt die fakultative Einrichtung von Vergabeprüfstellen   1
durch den Bund und die Länder (§ 103 Abs. 1). Die Tätigkeit der
Vergabeprüfstellen erfolgt auf Antrag oder von Amts wegen. Sie
führt bei einem Verstoß gegen vergaberechtliche Vorschriften durch
Auftraggeber im Sinne von § 98 Nr. 1 bis 3 zu der Möglichkeit, in
das Vergabeverfahren einzuschreiten oder auch nur beratend oder
streitschlichtend tätig zu werden (§ 103 Abs. 2). § 103 Abs. 3 regelt
die Anrufung der Vergabekammer als ausschließliche Rechtsschutzmöglichkeit zur Wahrung von Rechten aus § 97 Abs. 7 und stellt
zugleich klar, daß ein Nachprüfungsantrag an die Vergabekammer
sofort, also ohne vorherige Anrufung der Vergabeprüfstelle, möglich
ist.

2. Entstehungsgeschichte

§ 113 des Regierungsentwurfs[1]:   2

Vergabeprüfstellen

(1) Der Bund und die Länder können Vergabeprüfstellen einrichten, denen
die Überprüfung der Einhaltung der von Auftraggebern im Sinne des § 107
Nr. 1 bis 3 anzuwendenden Vergabebestimmungen obliegt. Sie <u>können bei</u>
den Fach- und Rechtsaufsichtsbehörden angesiedelt werden.

(2) Die Vergabeprüfstelle prüft auf Antrag oder von Amts wegen die Einhaltung der von den Auftraggebern im Sinne des § 107 Nr. 1 bis 3 anzuwendenden Vergabevorschriften. Sie kann die das <u>Vergabeverfahren</u> durchführende
Stelle verpflichten, rechtswidrige Maßnahmen aufzuheben und rechtmäßige
Maßnahmen zu treffen, diese Stellen und Unternehmen bei der Anwendung
der Vergabevorschriften beraten und streitschlichtend tätig werden.

(3) Gegen eine Entscheidung der Vergabeprüfstelle kann zur Wahrung von
Rechten aus § 106 Abs. 6 nur die Vergabekammer angerufen werden. . . .

Begründung zu § 113 des Regierungsentwurfs[2]:   3

Die Vorschrift stellt es Bund und Ländern frei, die Vergabeprüfstellen beizubehalten oder sie abzuschaffen. Werden sie eingerichtet, kann bei ihnen für
einen größeren Geschäftsbereich die Fach- und Rechtsaufsicht über die Auftragsvergabe konzentriert werden.

---

1 BT-Drucks. 13/9340. Die unterstrichenen Passagen weichen vom späteren
  Gesetzestext ab.
2 BT-Drucks. 13/9340.

Um ihren Sachverstand umfassend zu nutzen, können sie um Rat gefragt und als Schlichter angerufen werden. Sie übernehmen damit eine Befriedungsfunktion, die dazu beitragen kann, Streit ohne formalisiertes Verfahren und ohne nennenswerte Kostenbelastung beizulegen. Sie tragen so zur Entlastung der formellen Nachprüfungsinstanzen bei.

Rechtsschutz für Rechte auf Einhaltung der Vergabevorschriften soll soweit wie möglich auf das Verfahren vor der Vergabekammer und dem Beschwerdegericht konzentriert werden. Der Verwaltungsrechtsweg kann jedoch nicht ausgeschlossen werden, wenn sich ein öffentlicher Auftraggeber mit eigener Rechtspersönlichkeit gegen die Aufsichtsverfügung einer anderen juristischen Person wehren will. Dies gilt insbesondere im Verhältnis zwischen Kommunen und Aufsichtsbehörden der Länder.

II. Einrichtung von Vergabeprüfstellen (§ 103 Abs. 1)

4   § 103 Abs. 1 räumt dem Bund und den Ländern die **Möglichkeit** ein, Vergabeprüfstellen einzurichten bzw. beizubehalten. Dies kann, muß also nicht erfolgen. Werden Vergabeprüfstellen nicht eingerichtet, scheidet deren Anrufung naturgemäß aus. Es verbleibt dann lediglich außerhalb eines Nachprüfungsverfahrens vor der Vergabekammer die Anrufung der zuständigen Aufsichtsbehörden (§ 102 Tz. 5 ff.).

5   Die Kompetenz zur Einrichtung von Vergabeprüfstellen bezieht sich sowohl auf das „ob" als auch auf die Zahl der einzurichtenden Prüfstellen sowie auf deren Zusammensetzung und organisatorische Anbindung[1]. Insofern greifen die **allgemeinen Grundsätze der Organisations- und Verwaltungskompetenz** für Bund und Länder (Art. 83 ff. GG). Die Bestimmung in § 103 Abs. 1 Satz 2 hat daher letztlich deklaratorischen Charakter. Immerhin kann man der Regelung entnehmen, daß die Tätigkeit der Vergabeprüfstellen fach- und/oder rechtsaufsichtlichen Charakter hat, zumindest aber mit dieser Tätigkeit in einem unmittelbaren Zusammenhang steht. Dies gilt um so mehr deshalb, weil die nach Abs. 2 möglichen Maßnahmen typischerweise auch in den Kompetenzbereich von Fach- oder Rechtsaufsichtbehörden fallen. Demgemäß ist eine besondere gesetzliche Regelung selbst mit Blick auf den organisationsrechtlichen Gesetzesvorbehalt[2] nicht

---

1 Vgl. *Bechtold*, GWB, 2. Aufl. 1999, § 103 Rz. 1; *Boesen*, Vergaberecht, 2000, § 103 Rz. 4.

2 Vgl. VerfGH NW v. 9. 2. 1999 – VerfGH 11/98 – Zusammenlegung des Justizministeriums mit dem Innenministerium in NW, NJW 1999, 1243, 1244 ff.; im einzelnen *Achterberg*, Allgemeines Verwaltungsgericht, 2. Aufl. 1986, § 13 Rz. 4 ff.; *Rudolf* in Erichsen, Allgemeines Verwaltungsrecht, 11. Aufl. 1998, § 52 Rz. 3 ff.

erforderlich, wenn die jeweils zuständige Fach- oder Rechtsaufsichtsbehörde als Vergabeprüfstelle fungieren soll. Hingegen bedarf es aufgrund der Anordnungsbefugnisse, die den Vergabeprüfstellen zustehen sollen, dann einer **besonderen gesetzlichen Regelung,** wenn diese Tätigkeit bei einer anderen Behörde angesiedelt werden soll. Für eine solche Regelung steht dem zuständigen Gesetzgeber (Bund, Land) ein weites Organisationsermessen zu. Dies gilt sowohl für die Frage, bei welcher Behörde die Vergabeprüfstelle angesiedelt werden soll als auch für die Zahl der Prüfstellen, deren örtliche oder ggf. auch vergabebereichsspezifische Zuständigkeit u. ä.

Da der Bund und die Länder bestimmen können, ob überhaupt Vergabeprüfstellen eingerichtet werden können, dürfen sie auch deren **Tätigkeit** gemäß Abs. 2 **unter bestimmte Maßgaben stellen,** also z. B. auf bestimmte Auftragsarten beschränken, besondere Schwellenwerte für das Tätigwerden einführen oder auch die Tätigkeit auf Antragsverfahren beschränken. Allerdings muß dies, wie jede andere staatliche Tätigkeit auch, von sachgerechten Erwägungen getragen und vor allem diskriminierungs- und willkürfrei sein, da diese Anforderungen auch unterhalb der Schwellenwerte (s. § 100 Tz. 4 ff.) gelten (vgl. dazu bereits o. Vorb. zu §§ 102–124 Tz. 3).

6

III. Verwaltungsverfahren

Bei der Tätigkeit der Vergabeprüfstelle handelt es sich um ein Verwaltungsverfahren im Sinne von **§ 9 VwVfG** des Bundes und der Länder[1]. Die Vergabeprüfstelle wird tätig, um auf der Grundlage ihres Prüfungsergebnisses ggf. eine Anordnung gegenüber der Vergabestelle, also einen Verwaltungsakt gem. § 35 Satz 1 VwVfG zu erlassen. Es werden mithin im Sinne von § 9 VwVfG zumindest die Voraussetzungen zum Erlaß einer solchen Regelung geprüft. Ob diese im Ergebnis tatsächlich erfolgt, ist für den Begriff des Verwaltungsverfahrens ohne Bedeutung[2].

7

---

1 Anders *Boesen*, Vergaberecht, 2000, § 103 Rz. 5 ff., der dem Verfahren lediglich den Charakter einer formlosen Aufsichtsbeschwerde beimißt.
2 *Stelkens/Schmitz* in Stelkens/Bonk/Sachs, Verwaltungsverfahrensgesetz, 5. Aufl. 1998, § 9 Rz. 121; *Obermeyer*, Kommentar zum Verwaltungsverfahrensgesetz, 3. Aufl. 1999, § 9 Rz. 9; zur Verwaltungsaktqualität von Anordnungen im behördlichen Weisungsverhältnis *Stelkens/Stelkens* in Stelkens/Bonk/Sachs, Verwaltungsverfahrensgesetz, 5. Aufl. 1998, § 35 Rz. 100 ff., 117 ff.; *Henneke* in Knack, Verwaltungsverfahrensgesetz, 6. Aufl. 1998, § 35 Rz. 4.5.2.

8   Aus der Einordnung als Verwaltungsverfahren folgt zugleich, daß die
    dafür maßgeblichen **Bestimmungen des Verwaltungsverfahrensge-**
    setzes Anwendung finden. Dies gilt etwa für die Nichtförmlichkeit
    des Verfahrens (§ 10 VwVfG), für die Besorgnis der Befangenheit
    (§ 21 VwVfG) oder auch für die Möglichkeit zur Akteneinsicht ge-
    mäß § 29 VwVfG, die allerdings engeren Voraussetzungen unterliegt
    als die Akteneinsicht gemäß § 111 anläßlich eines Verfahrens vor
    der Vergabekammer. Aufgrund des Umstandes, daß ein Antrag auf
    Nachprüfung durch die Vergabeprüfstelle von jedermann gestellt
    werden kann, ist eine sorgfältige Prüfung der tatbestandlichen Vor-
    aussetzungen des Akteneinsichtsrechts und seiner Grenzen vorzu-
    nehmen. So kommt eine Einsicht in die Verfahrensakten zur Gel-
    tendmachung oder Verteidigung von rechtlichen Interessen in der
    Regel nur dann in Betracht, wenn auch die Voraussetzungen des
    § 111 erfüllt sind.

IV. Aufgaben, Prüfungsumfang

1. Tätigwerden

9   Gemäß § 103 Abs. 2 kann die Vergabeprüfstelle auf Antrag oder von
    Amts wegen tätig werden (zu den diesbezüglichen Einschränkungs-
    möglichkeiten o. Tz. 6).

10 Wenn ein **Antrag** gestellt wird, muß die Vergabeprüfstelle den Vor-
    gang zumindest prüfen. Sie hat insofern kein Ermessen[1]. Wird hinge-
    gen kein Antrag auf Nachprüfung gestellt, liegt die Durchführung
    eines **Amtsverfahrens** im pflichtgemäßen Ermessen der Vergabeprüf-
    stelle, das bei evidenten vergaberechtlichen Verstößen jedoch auf
    Null schrumpfen und sich damit zu einer Verpflichtung zum Tätig-
    werden verdichten kann[2].

11 Eine von dieser Prüfung zu unterscheidende Frage ist, ob und unter
    welchen Voraussetzungen die Vergabeprüfstelle tatsächlich Anord-
    nungen oder sonstige Entscheidungen gegenüber der Vergabestelle in
    Bezug auf das konkrete Vergabeverfahren trifft. Dies ist in § 103
    Abs. 2 Satz 2 gesondert geregelt (dazu u. Tz. 15 ff.).

---

1 *Stelkens/Schmitz* in Stelkens/Bonk/Sachs, Verwaltungsverfahrensgesetz,
   5. Aufl. 1998, § 22 Rz. 23; *Obermeyer*, Kommentar zum Verwaltungsverfahrensgesetz, 3. Aufl. 1999, § 22 Rz. 43 ff.; *Achterberg*, Allgemeines Verwaltungsrecht, 2. Aufl. 1986, § 22 Rz. 27.
2 *Stelkens/Schmitz* in Stelkens/Bonk/Sachs, Verwaltungsverfahrensgesetz,
   5. Aufl. 1998, § 22 Rz. 6, 10.

2. Subjektive Beschränkungen

Die Tätigkeit der Vergabeprüfstellen ist auf Vergabeverfahren von **Auftraggebern im Sinne von § 98 Nr. 1 bis 3** beschränkt. Demgemäß fallen Auftraggeber gemäß § 91 Nr. 4 bis 6 nicht in den Zuständigkeits- und Kompetenzbereich von Vergabeprüfstellen. Grund für diese Einschränkung, die sich in § 57b Abs. 4 HGrG (Einleitung Tz. 6) in dieser Weise nicht fand, ist die aufsichtsähnliche Qualität, die der Tätigkeit der Vergabeprüfstellen im Gesamtkontext der Nachprüfungsverfahren nach dem GWB zukommt. Eine Fach- und Rechtsaufsicht gegenüber den Auftraggebern im Sinne von § 98 Nr. 4 bis 6 besteht nicht. Bei diesen Auftraggebern kann also die Vergabeprüfstelle weder auf Antrag noch von Amts wegen tätig werden. Insofern gilt also selbst bei der Einrichtung von Vergabeprüfstellen nichts anderes als für die in § 102 ebenfalls als Nachprüfungsbehörden genannten Aufsichtsbehörden.

12

3. Prüfungsumfang

Die Vergabeprüfstelle prüft die Einhaltung der durch die Auftraggeber gemäß § 98 Nr. 1 bis 3 anzuwendenden Vergabevorschriften nach dem Gesetzeswortlaut **in vollem Umfang,** also ohne eine Beschränkung auf subjektive Rechte im Sinne von § 97 Abs. 7. Dies gilt sowohl für den Fall eines auf Antrag als auch für ein von Amts wegen eingeleitetes Verfahren. Dies entspricht der Sache nach dem Untersuchungsgrundsatz des § 24 VwVfG, der hier Anwendung findet.

13

Das bedeutet allerdings nicht, daß ein Antragsteller die umfassende Überprüfung des Vergabeverfahrens durch die Vergabeprüfstelle auch verlangen und durchsetzen kann. Er braucht vielmehr das für jedes Verwaltungsverfahren notwendige **Sachbescheidungsinteresse.** Eine Überprüfung des gesamten Vergabeverfahrens muß die Vergabeprüfstelle also auf etwaige Behauptungen Dritter hin, die ins Blaue hinein erfolgen, nicht vornehmen.

14

4. Entscheidungsmöglichkeiten der Vergabeprüfstelle

Die Vergabeprüfstelle kann die Aufhebung von rechtswidrigen Maßnahmen und deren Ersetzung durch rechtmäßige Maßnahmen anordnen. Daneben kann sie gegenüber den Vergabestellen beratend sowie im Verhältnis zu Unternehmen auch streitschlichtend tätig werden.

15

Der eine Teil der Tätigkeit der Vergabeprüfstellen hat also **anordnenden und regelnden Charakter.** Der andere Tätigkeitsbereich umfaßt ein eher **informelles Verwaltungshandeln**[1].

a) Anordnende Tätigkeit

aa) Rechtswidrige Maßnahmen

16   Ein anordnende Tätigkeit der Vergabeprüfstelle kommt bei rechtswidrigen Maßnahmen der Vergabestelle in Betracht. Es kann die Verpflichtung ausgesprochen werden, diese aufzuheben. Das setzt naturgemäß voraus, daß ein **Vergabeverfahren bereits eingeleitet** ist, da andernfalls nur interne Überlegungen und Vorstellungen der Vergabestelle vorliegen, nicht jedoch außenwirksame Maßnahmen, die aufgehoben werden könnten.

17   Daneben ist die **Erteilung des Zuschlags** (zum Begriff § 114 Tz. 24 ff.) als äußerste Grenze für die Möglichkeit zur tatsächlichen Aufhebung von rechtswidrigen Maßnahmen innerhalb eines Vergabeverfahrens zu sehen. Ebenso wie für die Vergabekammer gilt auch für die Vergabeprüfstelle, daß ein bereits erteilter Zuschlag nicht aufgehoben werden kann. Dem steht die Rechtsverbindlichkeit des abgeschlossenen Vertrages entgegen. Anderes kommt lediglich dann in Betracht, wenn der Vertrag Ausstiegsmöglichkeiten vorsieht, wie etwa Rücktrittsrechte o. ä. In diesem Fall kann die Anordnung zur Aufhebung rechtswidriger Maßnahmen auch die Verpflichtung umfassen, derartige Möglichkeiten auszunutzen.

bb) Anordnung rechtmäßiger Maßnahmen

18   Die Vergabekammer kann neben einer Anordnung zur Aufhebung von rechtswidrigen Maßnahmen auch die Verpflichtung aussprechen, rechtmäßige Maßnahmen zu treffen. Dies kommt im unmittelbaren Zusammenhang mit rechtswidrigen Maßnahmen in Betracht, für die eine Ersetzung durch rechtmäßige Maßnahmen möglich ist.

19   Die Anordnung ist allerdings **auch isoliert**, also ohne (außenwirksame) vorherige rechtswidrige Maßnahmen möglich, etwa dann, wenn der Vergabeprüfstelle bekannt wird, daß die Vergabestelle die Durch-

---

1 Vgl. *Bechtold,* GWB, 2. Aufl. 1999, § 103 Rz. 4; *Boesen,* Vergaberecht, 2000, § 103 Rz. 9.

führung von rechtswidrigen vergaberechtlichen Schritten beabsichtigt, diese jedoch noch nicht zur Ausführung gekommen sind (z. B. die Absicht, gar kein Vergabeverfahren durchzuführen oder anstelle eines offenen Verfahrens ein nicht offenes Verfahren durchzuführen, ohne daß dafür die entsprechenden Voraussetzungen vorliegen). Insofern besteht ein gewisser Zusammenhang mit der Beratungskompetenz der Vergabeprüfstelle, der aus Gründen der **Verhältnismäßigkeit** bei noch nicht erfolgten rechtswidrigen Schritten der Vergabestelle sogar Vorrang zukommen kann. Diese Beratungskompetenz kann allerdings insbesondere dann zu einer Anordnungskompetenz erstarken, wenn die Vergabestelle den Empfehlungen der Vergabeprüfstelle im Rahmen einer vorhergehenden Beratung ohne anordnenden Charakter nicht nachkommt.

cc) Behördliches Ermessen

Das **Entscheidungsprogramm** der Vergabeprüfstelle bezieht sich sowohl auf subjektive Rechte von Bietern als auch auf objektives, d.h. nicht bieterschützendes Vergaberecht (o. Tz. 13). Die bei einer festgestellten Verletzung der anzuwendenden Vergabevorschriften bestehenden Entscheidungsmöglichkeiten zur Herbeiführung eines rechtskonformen Zustandes stehen im Ermessen der Vergabeprüfstelle. Sie hat sowohl ein Entschließungsermessen, ob sie überhaupt einschreiten will, als auch ein Auswahlermessen hinsichtlich des konkreten Anordnungsinhaltes. Ermessen bedeutet indes nicht Beliebigkeit. Vielmehr gelten die Anforderungen des § 40 VwVfG. Danach hat die Vergabeprüfstelle ihr Ermessen entsprechend dem Zweck der Ermächtigung auszuüben und die gesetzlichen Grenzen des Ermessens einzuhalten[1]. Bei der Ermessensausübung im Zusammenhang mit einem Einschreiten der Vergabeprüfstelle ist insbesondere die Frage bedeutsam, ob es bei der Verletzung von anzuwendenden Vergabevorschriften um solche mit bieterschützender Relevanz geht oder nicht. Ist dies der Fall, spricht das für eine **Ermessensreduzierung,** zumindest bei schweren Verstößen sogar für eine Ermessensreduzierung auf Null. Dies gilt jedenfalls dann, wenn die Vergabeprüfstelle auf Antrag eines betroffenen Unternehmens tätig wird. Dem kann in der Regel nicht entgegengehalten werden, daß das Unternehmen auch ein Verfahren bei der Vergabekammer einleiten

20

---

1 Im einzelnen etwa *Sachs* in Stelkens/Bonk/Sachs, Verwaltungsverfahrensgesetz, 5. Aufl. 1998, § 40 Rz. 53 ff.; *Kopp,* Verwaltungsverfahrensgesetz, 6. Aufl. 1996, § 40 Rz. 8.

könnte, da dies durch die Tätigkeit der Vergabeprüfstellen gerade vermieden werden soll.

21   Im Rahmen der Ermessensausübung der Vergabeprüfstelle sind des weiteren allerdings auch die **Belange der Vergabestelle** zu berücksichtigen. Dies gilt namentlich dann, wenn eine Weiterführung des Vergabeverfahrens aus einzelfallspezifischen Gründen dringlich geboten ist. Insofern können die Maßstäbe des § 115 Abs. 2 (§ 115 Tz. 33 ff.) herangezogen werden.

dd) Konkreter Anordnungsinhalt

22   Soweit es um die bloße Anordnung geht, eine **rechtswidrige Maßnahme** in einem Vergabeverfahren aufzuheben, ist der Entscheidungsinhalt unproblematisch. Es steht dann in der Entscheidungskompetenz der Vergabestelle, wie sie die rechtswidrige Maßnahme durch eine rechtmäßige ersetzt.

23   Schwieriger ist der Fall, wenn die Vergabeprüfstelle die **Verpflichtung** aussprechen möchte, **rechtmäßige Maßnahmen zu treffen.** Dabei ist dann, wenn hierfür unterschiedliche Möglichkeiten bestehen, der Entscheidungsspielraum der Vergabestelle zu respektieren, zumindest dann, wenn es um Fälle der Rechtsaufsicht geht (z. B. Anordnung der Vergabeprüfstelle gegenüber einer Gemeinde bei der Ausschreibung einer Leistung, die in die gemeindliche Selbstverwaltungskompetenz fällt, vgl. § 102 Tz. 5 ff.). Wird dieser Entscheidungsspielraum durch die Vergabeprüfstelle mißachtet, ist die Anordnung zumindest insofern für die Vergabestelle rechtswidrig und rechtsverletzend (zu den Rechtsschutzmöglichkeiten u. Tz. 30). In der Regel kommt es daher in diesem Fall nur in Betracht, daß die Vergabeprüfstelle ein den rechtlichen Anforderungen entsprechendes **Entscheidungsziel** vorgibt und es im übrigen der Vergabestelle überläßt, mit welchen konkreten Maßnahmen sie dieses Ziel erreicht[1].

b) Rechtswirkungen der Entscheidung

aa) Anordnung gegenüber der Vergabestelle

24   Sofern nicht ein Fall der uneingeschränkten Fachaufsicht vorliegt (vgl. § 102 Tz. 5 ff.), stellt eine Anordnung der Vergabeprüfstelle

---

1 Vgl. *Bechtold*, GWB, 2. Aufl. 1999, § 103 Rz. 5.

gemäß § 103 Abs. 2 Satz 2 gegenüber der Vergabestelle einen **Verwaltungsakt** im Sinne von § 35 Satz 1 VwVfG dar[1]. Da § 103 Abs. 3 für die Vergabestelle nicht einschlägig ist (u. Tz. 30), bestehen für sie nur die allgemeinen Rechtsschutzmöglichkeiten gegen Verwaltungsakte (Widerspruch, §§ 68 ff. VwGO; Anfechtungsklage, §§ 74 ff. VwGO).

In einem solchen Fall sind also trotz der Zuständigkeitskonzentration bei den Nachprüfungsbehörden und den Vergabesenaten der Oberlandesgerichte auch die **Verwaltungsgerichte** zur Prüfung vergaberechtlicher Fragen zuständig, wenn die Vergabestelle eine Anordnung der Vergabeprüfstelle nicht akzeptiert[2]. Ebenfalls greifen die sonstigen verfahrensrechtlichen Besonderheiten des verwaltungsrechtlichen Rechtsschutzes. Insbesondere haben Widerspruch und Klage gegen entsprechende Entscheidungen aufschiebende Wirkung, sofern nicht durch Bundes- oder Landesrecht gemäß § 80 Abs. 2 Nr. 3 VwGO etwas anderes geregelt wird. Das Vergabeverfahren kann daher fortgesetzt werden, wenn nicht die Vergabeprüfstelle gemäß § 80 Abs. 2 Nr. 4 VwGO die sofortige Vollziehung ihrer Entscheidung anordnet, gegen die dann wiederum die Möglichkeiten des vorläufigen Rechtsschutzes gemäß § 80 Abs. 5 VwGO eröffnet wären.

Ist die Anordnung der Vergabeprüfstelle hingegen bestandskräftig oder sofort vollziehbar, muß sie durch die Vergabestelle beachtet werden. Ansonsten greifen die allgemeinen verwaltungsvollstrekkungs- und organisationsrechtlichen Durchsetzungsmöglichkeiten, insbesondere also die Möglichkeiten zum Selbsteintritt bzw. zur Ersatzvornahme[3]. Allerdings verbleibt es dabei, daß ein gleichwohl **erteilter Zuschlag** grundsätzlich wirksam ist, wenn nicht besondere Nichtigkeitsgründe eingreifen, z. B. § 138 BGB bei kollusivem Zusammenwirken mit dem Unternehmen, das den Zuschlag erhält. Dies ist insbesondere bei einer vorhergehenden streitschlichtenden Tätigkeit der Vergabeprüfstelle denkbar, wenn das den Zuschlag erhaltende Unternehmen daran beteiligt war und es daher Kenntnis von der Rechtswidrigkeit des Vergabeverfahrens hat.

25

26

---

1 Vgl. *Stelkens/Stelkens* in Stelkens/Bonk/Sachs, Verwaltungsverfahrensgesetz, 5. Aufl. 1998, § 35 Rz. 103 ff.

2 So auch *Gröning*, ZIP 1998, 370, 374, insbesondere Fußnote 29.

3 S. etwa aus dem Bereich der Kommunal- und Körperschaftsaufsicht § 120 Gemeindeordnung NW, § 20 Landesorganisationsgesetz NW; unklar insofern *Boesen*, Vergaberecht, 2000, § 103 Rz. 14.

bb) Nichterlaß einer Anordnung

27 Wird durch die Vergabeprüfstelle eine Anordnung nicht erlassen, kommen besondere Rechtswirkungen gegenüber der Vergabestelle nicht zum Tragen. Wenn es nicht um ein Amtsverfahren sondern um ein auf einen entsprechenden Antrag hin eingeleitetes Verfahren geht, sind in diesem Fall Rechtsmittel des Antragstellers denkbar. Im Unterschied zur Vergabestelle (o. Tz. 25) greifen in diesem Fall die verwaltungsprozessualen Rechtsschutzmöglichkeiten allerdings nicht ein. Für diesen Fall findet sich vielmehr in § 103 Abs. 3 eine abschließende Sonderregelung (u. Tz. 31 f.).

V. Beratende und streitschlichtende Tätigkeit

28 Neben der in ein Verwaltungsverfahren eingebetteten Tätigkeit im Zusammenhang mit der Prüfung, ob die anzuwendenden Vergabevorschriften eingehalten werden, hat die Vergabeprüfstelle auch eine beratende und streitschlichtende Aufgabe[1]. Diese Beratungs- und Streitschlichtungsaufgabe besteht sowohl **gegenüber Vergabestellen** als auch gegenüber **Unternehmen,** d. h. sowohl Vergabestellen als auch Unternehmen können diesbezüglich die Vergabeprüfstelle anrufen.

29 Auch in diesem Zusammenhang hat die Vergabeprüfstelle ein Ermessen, ob und ggf. in welcher Art und in welchem Umfang sie tätig werden will (zum Ermessen bei der Überprüfung von etwaigen Vergaberechtsverstößen o. Tz. 10 f., 20). Das Ziel dieser Beratung und Streitschlichtung muß es dabei sein, in Bezug auf konkrete Vergabeverfahren Fehler von vornherein zu vermeiden oder ohne eine förmliche Anordnung zu korrigieren sowie im Sinne einer Mediation Streitverfahren bei der Vergabekammer und beim Vergabesenat des Oberlandesgerichts zu vermeiden[2]. Dies kann naturgemäß auch im Interesse vermeintlich benachteiligter Unternehmen liegen, die in der Regel nicht daran interessiert sind, unnötige Konfrontationen mit der Vergabestelle aufzubauen[3].

---

1 Vgl. *Bechtold*, GWB, 2. Aufl. 1999, § 103 Rz. 4.
2 Zur Mediation im allgemeinen s. etwa *Breidenbach* (Hrsg.), Mediation für Juristen, 1997, im Bereich des Verwaltungsrechts insb. S. 147 ff. m. w. N.
3 Vgl. etwa *Sturmberg*, BauR 1998, 1063, 1065.

VI. Rechtsmittel

1. Vergabestelle

§ 103 Abs. 3 regelt, daß gegen eine Entscheidung der Vergabeprüfstelle zur Wahrung von Rechten aus § 97 Abs. 7 nur die Vergabekammer angerufen werden kann. Da die Vergabestelle selbst keine Rechte aus § 97 Abs. 7 hat, bedeutet dies, daß sie auch im Falle einer Anordnung gemäß § 103 Abs. 2 Satz 2 nicht an die Vergabekammer verwiesen werden kann. Für die Vergabestellen greifen vielmehr die **verwaltungsgerichtlichen Rechtsschutzmöglichkeiten** (o. Tz. 25)[1].

30

2. Unternehmen, sonstige Dritte

Für Unternehmen und sonstige Dritte ergibt sich aus § 103 Abs. 3 Satz 1, daß ihnen zur Wahrung von Rechten aus § 97 Abs. 7 allein der Weg zur **Vergabekammer** eröffnet ist. Diese hat dann nach Maßgabe der Anforderungen der §§ 107 ff. zu prüfen, ob ein solcher Antrag zulässig und begründet ist oder nicht. Bei sonstigen Dritten, die keine eigenen Rechte im Sinne des § 97 Abs. 7 in Bezug auf das konkrete Vergabeverfahren geltend machen können, ist ein derartiger Antrag zwar möglich, jedoch bereits offensichtlich unzulässig (zu den diesbezüglichen Anforderungen § 107 Tz. 14 ff.).

31

§ 103 Abs. 3 Satz 1 bezieht sich ausdrücklich **nur auf Rechte gemäß § 97 Abs. 7.** Aus dem Wortlaut läßt sich daher ableiten, daß für andere Fälle nicht der Weg zu den Vergabekammern eröffnet ist und Unternehmen und sonstige Dritte daher anderweitig um Rechtsschutz nachsuchen können, wenn sie mit der Entscheidung der Vergabeprüfstelle nicht einverstanden sind (s. auch § 104 Tz. 13 ff.).

32

3. Keine Vorrangigkeit für die Vergabeprüfstellen

§ 103 Abs. 3 Satz 2 regelt ergänzend zu der Grundsatzbestimmung in § 102, daß die Einschaltung der Vergabeprüfstelle gegenüber der Anrufung der Vergabekammer nicht vorrangig ist (s. bereits § 102 Tz. 10). Antragsbefugte Unternehmen können daher **unmittelbar** den Weg **zu den Vergabekammern** beschreiten, was insbesondere mit Blick auf das Zuschlagsverbot gem. § 115 Abs. 1 (§ 115 Tz. 4 ff.) gerade dann wichtig sein kann, wenn kurzfristig mit einer

33

---

1 Dies wird auch durch die Begründung zu § 113 des Regierungsentwurfs bestätigt (s. o. Tz. 3); ebenso *Bechtold*, GWB, 2. Aufl. 1999, § 103 Rz. 6.

Zuschlagserteilung gerechnet werden muß. Dies macht indes das
Verfahren vor der Vergabeprüfstelle auch aus Sicht von betroffenen
Unternehmen nicht ohne weiteres bedeutungslos, weil es die Prüfung von nicht bieterschützenden Vorschriften einschließt, die für
ein Unternehmen von jedenfalls faktischer Bedeutung sein können
(z. B. Zeitgewinn aufgrund der erforderlichen Korrektur oder Wiederholung von Verfahrensschritten). Auch können sich Kostenvorteile
ergeben (zu den Verfahrenskosten s. § 128 und § 129). Letztlich kann
der „sanfte Weg" zur Vergabeprüfstelle und die Vermeidung einer
streitigen Entscheidung auch für das Verhältnis zwischen der Vergabestelle und dem betreffenden Unternehmen von Bedeutung sein[1].

---

1 In diesem Sinne auch *Bechtold*, GWB, 2. Aufl. 1999, § 103 Rz. 4.

§ 104 Vergabekammern

(1) Die Nachprüfung der Vergabe öffentlicher Aufträge nehmen die Vergabekammern des Bundes für die dem Bund zuzurechnenden Aufträge, die Vergabekammern der Länder für die diesen zuzurechnenden Aufträge wahr.

(2) Rechte aus § 97 Abs. 7 sowie sonstige Ansprüche gegen öffentliche Auftraggeber, die auf die Vornahme oder das Unterlassen einer Handlung in einem Vergabeverfahren gerichtet sind, können außer vor den Vergabeprüfstellen nur vor den Vergabekammern und dem Beschwerdegericht geltend gemacht werden. Die Zuständigkeit der ordentlichen Gerichte für die Geltendmachung von Schadensersatzansprüchen und die Befugnisse der Kartellbehörden bleiben unberührt.

I. Einführung

1. Inhaltsübersicht

§ 104 Abs. 1 bestimmt die Zuständigkeit der Vergabekammern des Bundes und der Länder. Abs. 2 der Vorschrift regelt die Ausschließlichkeit des Vergaberechtsschutzes durch die Nachprüfungsbehörden und die zuständigen Beschwerdegerichte, sofern es nicht um die Geltendmachung von Schadensersatzansprüchen oder die (allgemeinen) Befugnisse der Kartellbehörden geht.

1

2. Entstehungsgeschichte

2   § 114 des Regierungsentwurfs[1]:

Vergabekammern

(1) Die Nachprüfung der Vergabe öffentlicher Aufträge nehmen die Vergabekammern des Bundes für die dem Bund zuzurechnenden Aufträge, die Vergabekammern der Länder für die diesen zuzurechnenden Aufträge wahr.

(2) Rechte aus § 106 Abs. 6 können außer vor den Vergabeprüfstellen nur vor
den Vergabekammern und dem Beschwerdegericht geltend gemacht werden.
Die Zuständigkeit der ordentlichen Gerichte für die Geltendmachung von
Schadensersatzansprüchen und die Befugnisse der Kartellbehörden bleiben
unberührt.

(3) Ist wegen Verletzung einer Vergabevorschrift von einem öffentlichen
Auftraggeber Schadensersatz zu leisten, so kann der Gläubiger Entschädigung
nur in Geld verlangen.

3   Begründung zu § 114 des Regierungsentwurfs[2]:

Die Vorschrift grenzt den sachlichen Zuständigkeitsbereich der Bundes- und
Landesvergabekammern gegeneinander ab; dabei wird an die Regelung des
§ 57c HGrG angeknüpft, die heute die Zuständigkeit der Vergabeüberwachungsausschüsse von Bund und Ländern festlegt.

Absatz 2 Satz 1 stellt klar, daß das Recht auf Einhaltung der Vergabevorschriften nur hier und in diesem Verfahren geltend gemacht werden kann.
Für den Primärrechtsschutz in Vergabesachen wird hiermit ein eigenständi-
ger ausschließlicher Rechtsweg begründet. Das Recht auf Einhaltung der
Vergaberegeln kann nur bis zum Abschluß des Vergabeverfahrens geltend
gemacht werden, weil nach erteiltem Zuschlag und Abschluß eines Vertrages
kein Raum mehr für Rechte auf Einhaltung von Verfahrensregeln ist; nach
deutschem Recht kommt durch den Zuschlag der Vertrag zustande, der
grundsätzlich nicht mehr aufhebbar ist (§ 124 Abs. 2).

Die Klarstellung des Absatzes 2 Satz 1 findet ihre – negative – Entsprechung
in der Bestimmung des Absatzes 2 Satz 2. Die Kompetenz der Landgerichte
zur Entscheidung über Schadensersatzansprüche und die Kompetenzen der
Kartellbehörden bleiben uneingeschränkt bestehen.

Bei Absatz 3 handelt es sich um eine Schadensersatzvorschrift, die hier
primär dem Zweck dient, einen mit dem Anspruch aus § 106 Abs. 6 inhalts-
gleichen vorbeugenden Unterlassungsanspruch gegenüber einer drohenden
Schädigung durch Verstoß gegen Vergabevorschriften und damit einen Antrag
auf einstweilige Verfügung vor einem ordentlichen Gericht auszuschließen.

---

1 BT-Drucks. 13/9340. Die unterstrichenen Passagen weichen vom späteren
  Gesetzestext ab.
2 BT-Drucks. 13/9340.

II. Zuständigkeit (§ 104 Abs. 1)

§ 104 Abs. 1 unterscheidet hinsichtlich der Zuständigkeit der Verga- 4
bekammern nach öffentlichen Aufträgen, die dem **Bund** zuzurechnen sind, und öffentlichen Aufträgen, die den **Ländern** zugerechnet
werden. Da sich dabei im Einzelfall durchaus Abgrenzungsschwierigkeiten ergeben können (s. noch u. Tz. 6 ff.), enthält § 127 Nr. 5
eine **Verordnungsermächtigung** für eine präzisere Unterscheidung.
Die frühere Zuständigkeitsregelung in § 1 der Nachprüfungsverordnung vom 22. 2. 1994 für die Zuständigkeit der Vergabeprüfstellen
kann in diesem Zusammenhang eine gewisse Hilfestellung bieten[1].

1. § 98 Nr. 1 (Gebietskörperschaften)

Unproblematisch sind hinsichtlich der Zuständigkeitsregelung die 5
Gebietskörperschaften sowie deren Sondervermögen (dazu § 98
Tz. 7). Hier läßt sich eine Zuordnung auf die Bundes- und Landesebe-
ne ohne weiteres vornehmen. Außer dem Bund sind sämtliche Gebietskörperschaften den einzelnen Ländern zuzuordnen[2]. Bei Fällen
der Organleihe ist auf die Körperschaft abzustellen, für die gehandelt
wird[3]. Die Zuständigkeit der konkreten Vergabekammer des Bundes
bzw. der Länder ergibt sich aus den entsprechenden Einrichtungsre-
gelungen gemäß § 106.

2. § 98 Nr. 2 (sonstige Einrichtungen des öffentlichen Rechts)

Keine besonderen Schwierigkeiten bereiten hier die juristischen Per- 6
sonen des öffentlichen und des privaten Rechts, die **nur** dem Bund
oder einem einzelnen Land zugeordnet werden können[4]. Probleme
können sich allerdings dann ergeben, wenn es um juristische Personen des öffentlichen oder des privaten Rechts geht, die von **mehreren
Ländern bzw. dem Bund** und einem oder mehreren Ländern errichtet
und getragen werden. Dies ist etwa bei einer von mehreren Ländern
errichteten Anstalt des öffentlichen Rechts (z. B. Rundfunkanstalt)
der Fall oder auch bei einer juristischen Person des Privatrechts, die
von Gemeinden unterschiedlicher Länder im Sinne von § 98 Nr. 2
beherrscht wird (z. B. gemeinsame Abfallentsorgungsgesellschaft
mehrerer Gemeinden aus unterschiedlichen Ländern für eine ge-

---

1 Zu den einzelnen Vergabekammern s. die Aufstellung in Anhang IV.
2 *Bechtold*, GWB, 2. Aufl. 1999, § 104 Rz. 2.
3 BKartA v. 21. 10. 1999 – VK – 26/99 –, NZBau 2000, 108.
4 *Bechtold*, GWB, 2. Aufl. 1999, § 104 Rz. 2.

meinsame Aufgabenerfüllung). In diesem Fall stellt sich die Frage, wie die **Zurechnung** im Sinne von § 104 Abs. 1 erfolgen kann.

7   Dabei ist zu sehen, daß die Zuständigkeitsregelung für die Effektivität des Vergaberechtsschutzes von entscheidender Bedeutung ist, da die Aussetzung des Vergabeverfahrens gemäß § 115 Abs. 1 von der Zustellung des Antrags auf Nachprüfung an den Auftraggeber abhängt. Diese wiederum erfolgt gemäß § 110 Abs. 2 Satz 1 nur dann, wenn der Antrag nicht offensichtlich unzulässig oder unbegründet ist. Zu den Zulässigkeitsvoraussetzungen gehört dabei die Zuständigkeit der angerufenen Vergabekammer. Dementsprechend muß für die betroffenen Unternehmen **eindeutig bestimmbar** sein, welche Vergabekammer im konkreten Fall zuständig ist, damit nicht etwaige **Zuständigkeitsstreitigkeiten** dazu führen, daß eine Zustellung des Nachprüfungsantrags an den Auftraggeber nicht erfolgt. Aus diesem Grunde ist die Zuständigkeitsregelung u. a. mit Blick auf Art. 2 Abs. 1a der Rechtsmittelrichtlinien (o. Einleitung Tz. 4 f.) **weit auszulegen**. Steht daher ein öffentlicher Auftraggeber im Sinne von § 98 Nr. 2 in Rede, an dem der Bund und/oder mehrere Länder bzw. diesen Ländern zuzurechnende Untergliederungen beteiligt sind, ist **jedem dieser Beteiligten** der betreffende Auftrag im Sinne von § 104 Abs. 1 **zuzurechnen.** Auf den Sitz des Auftraggebers, die Verteilung der Anteile auf verschiedene öffentliche Hände u. ä. kommt es also zusätzlich nicht an.

8   Dies führt zugleich dazu, daß für einen solchen Auftrag **mehrere Vergabekammern** zuständig sein können[1]. Dies ist nicht ungewöhnlich, wie etwa auch die Wahlmöglichkeit unter mehreren Gerichtsständen im Zivilprozeß zeigt (§ 35 ZPO). Die mehrfache Zuständigkeit kann freilich mittels der Verordnung gemäß § 127 Nr. 5 eingeschränkt werden[2]. Sie muß dann allerdings an hinreichend eindeutige und für betroffene Unternehmen ohne weiteres prüfbare Kriterien gebunden sein.

3. § 98 Nr. 3 (Verbände)

9   Für Verbände im Sinne von § 98 Nr. 3 gelten die vorstehenden Ausführungen (Tz. 7 f.) entsprechend. Auch hier kommt eine **mehrfache Zuständigkeit** unterschiedlicher Vergabekammern in Betracht.

---

1 A. A. *Bechtold*, GWB, 2. Aufl. 1999, § 104 Rz. 2: Vergabekammer des Bundes; *Boesen*, Vergaberecht, 2000, § 104 Rz. 6, der auf die zuständige Rechtsaufsicht über die Vergabestelle abstellt; unklar OLG Brandenburg v. 3. 8. 1999 – 6 Verg 1/99 – Flughafen Schönefeld, WuW 1999, 929 = WuW/E Verg 231, das offensichtlich auf die diesbezügliche Angabe in der Ausschreibung abstellt, die freilich die gesetzliche Zuständigkeit nicht modifizieren kann.

2 Vgl. dazu § 18 des Entwurfs der neuen Vergabeverordnung vom 14. 12. 1999.

4. § 98 Nr. 4 (Sektorenauftraggeber)

Auch für die öffentlichen Auftraggeber im Sinne von § 98 Nr. 4 gilt 10
nichts anderes. Zuständig ist die Vergabekammer des Bundes bzw.
des Landes, dem die Einräumung des Rechts zuzurechnen ist. Bei
mehrfacher Zurechenbarkeit sind also auch hier ggf. mehrere Vergabekammern zuständig.

5. § 98 Nr. 5 (staatlich subventionierte Auftraggeber)

Die vorstehenden Erläuterungen (insbesondere Tz. 7 f.) gelten hier 11
entsprechend.

6. § 98 Nr. 6 (Baukonzessionäre)

Die vorstehenden Erläuterungen (insbesondere Rz. 7 f.) gelten hier 12
entsprechend.

III. Ausschließlichkeit des Vergaberechtsschutzes (§ 104 Abs. 2)

1. Rechte aus § 97 Abs. 7

§ 104 Abs. 2 Satz 1 korrespondiert in Bezug auf die Festschreibung 13
eines ausschließlichen Rechtswegs zu den Vergabekammern mit
§ 103 Abs. 3 (§ 103 Tz. 30 ff.). Andere Rechtsschutzmöglichkeiten
kommen mithin nicht in Betracht, d. h. der Primärrechtsschutz in
Vergabesachen ist **ausschließlich und abschließend** (zu Sekundäransprüchen und Befugnissen der Kartellbehörde u. Tz. 17 ff.).[1]

2. Sonstige Ansprüche

§ 104 Abs. 2 Satz 1 regelt des weiteren, daß auch sonstige Ansprüche 14
gegen öffentliche Auftraggeber im Zusammenhang mit einem Vergabeverfahren vor der Vergabekammer geltend gemacht werden müssen. Insofern scheiden also andere Rechtsschutzmöglichkeiten aus.
Welche – mit Blick insbesondere auch auf § 103 Abs. 3 und § 107

---

1 OLG Schleswig v. 6. 7. 1999 – 6 U Kart 22/99 –, Herrentunnel, ZVgR 1999,
249, 250; *Leinemann/Weihrauch*, Die Vergabe öffentlicher Aufträge, 1999,
Rz. 509.

Abs. 2 – zulässigen sonstigen Ansprüche in diesem Zusammenhang überhaupt in Betracht kommen, ist unklar[1].

15 Es fällt auf, daß **§ 103 Abs.** 3 bei einer vorhergehenden Entscheidung der Vergabeprüfstelle nur von der Wahrung von Rechten aus § 97 Abs. 7 durch die Vergabekammer spricht, also sonstige Ansprüche gar nicht erwähnt. Dies läßt jedenfalls systematisch den Schluß zu, daß bei einer vorhergehenden Entscheidung der Vergabeprüfstelle für sonstige Ansprüche die Ausschließlichkeitsregelung des § 104 Abs. 2 nicht eingreift, also – anders als in § 104 Abs. 2 vorgesehen – auch außerhalb des Rechtswegs zu den Vergabekammern Rechtsschutzmöglichkeiten bestehen könnten. Diese Frage hat allerdings letztlich keine praktische Relevanz, weil es außerhalb des Regelungsbereiches des § 97 Abs. 7 schon an der verfahrensrechtlich in jedem Fall notwendigen Antragsbefugnis für ein Nachprüfungsverfahren bei der Vergabekammer gem. § 107 Abs. 2 fehlt, wenn der Antragsteller Ansprüche geltend macht, ohne sich dabei auf Rechte im Sinne von § 97 Abs. 7 berufen zu können.

16 Man wird die Regelung im Ergebnis so verstehen müssen, daß sie ausdrücklich und unmißverständlich die abschließende Zuständigkeit der Vergabekammer auch für den Fall festschreibt, daß die **Qualifizierung bestimmter Regelungen als Rechte aus § 97 Abs. 7 Zweifeln** unterliegt, d. h. auch in einem solchen Fall soll allein die Vergabekammer prüfen, welche Qualität die betreffenden Vorschriften haben, auf die sich einzelne Anspruchsteller berufen. Sind diese Regelungen aufgrund der entsprechenden Prüfung der Vergabekammer nicht als Rechte aus § 97 Abs. 7 einzuordnen, fehlt es zu der entsprechenden Rüge eines Vergabefehlers bereits an der Antragsbefugnis gemäß § 107 Abs. 2 (§ 107 Tz. 18 ff.), zumindest aber an einer Rechtsverletzung gemäß § 114 Abs. 1 (§ 114 Tz. 8 ff.). Der Antrag an die Vergabekammer kann also in dem Fall, daß keine Rechte aus § 97 Abs. 7 verletzt sind, schon aufgrund des vergaberechtlichen Prüfungsmaßstabs nicht erfolgreich sein (zur anderweitigen Geltendmachung von Ansprüchen, die – jedenfalls auch – unter § 97 Abs. 7 fallen u. Tz. 18 ff.)[2]. Folglich kann § 104 Abs. 2 Satz 1 nicht anders als in der dargelegten Weise verstanden werden. Ansonsten wären die Zuständigkeitsregelungen einerseits und der gesetzliche Prüfungsauftrag andererseits inkongruent.

---

1 *Noch*, Vergaberecht kompakt, 1999, S. 62.
2 So wohl auch *Bechtold*, GWB, 2. Aufl. 1999, § 104 Rz. 3; VK Düsseldorf v. 21. 9. 1999 – VK-12/99-L – Abfalltransport; anders *Boesen*, Vergaberecht, 2000, § 104 Rz. 11 f.

3. Zuständigkeit der ordentlichen Gerichte und Kartellbehörden

a) Ordentliche Gerichte

Unberührt von der alleinigen Zuständigkeit der Vergabekammer für 17
Vergaberechtsverstöße im Rahmen des Primärrechtsschutzes bleibt
die Inanspruchnahme des ordentlichen Rechtswegs für Schadensersatzansprüche, gleich nach welcher Anspruchsgrundlage (sog. **Sekundärrechtsschutz**). Dies bedeutet zugleich, daß die Zuständigkeit der
Vergabekammer grundsätzlich mit Erteilung des Zuschlags endet
(vgl. § 114 Abs. 2 Satz 1, dazu § 114 Tz. 20 ff.), also Rechtsschutz
durch die Vergabekammer nur im oder im Vorfeld eines Vergabeverfahrens gewährt wird, nicht hingegen nach einem abgeschlossenen
oder nach einem vollständig unterlassenen Vergabeverfahren (zum
Anspruch auf Ersatz des Vertrauensschadens als Schadensersatz im
Sinne dieser Regelung u. § 126 Tz. 26 f., 45; zur Geltendmachung
kartell- oder zivilrechtlicher Ansprüche, die – jedenfalls auch – unter
§ 97 Abs. 7 fallen u. Tz. 19).

b) Befugnisse der Kartellbehörden

Die Befugnisse der Kartellbehörden bleiben nach § 104 Abs. 2 Satz 2 18
unberührt. Dies ist auch folgerichtig, weil das Verfahren vor der
Vergabekammer antragsgebunden ist, also der **Dispositionsmaxime**
unterliegt, und Kartellbehörden nicht gemäß § 107 Abs. 2 antragsbefugt sind. Durch die Beschränkungen des Rechtsschutzes auf
das Verfahren vor den Vergabekammern sollen allerdings nicht die
der **Offizialmaxime** und dem **Opportunitätsprinzip** unterliegenden
Befugnisse der **Kartellbehörden** insbesondere gemäß § 32 eingeschränkt werden[1]. Demnach können die Kartellbehörden tätig werden, wenn die entsprechenden Untersagungs- oder sonstigen Eingriffstatbestände erfüllt sind, wie etwa § 19 oder § 20 GWB. Dies gilt
unabhängig davon, ob mit diesen kartellrechtlichen Tatbeständen
auch Rechte im Sinne von § 97 Abs. 7 angesprochen sind oder
nicht[2]. Erst recht ist es also ohne Bedeutung, ob sich einzelne Unter

---

1 Zum kartellbehördlichen Verwaltungsverfahren im Zusammenhang mit
  kartellbehördlichen Verfügungen nach § 22 Abs. 5 a. F. *Baur/Weyer* in
  Frankfurter Kommentar, § 22 a. F. Tz. 663 ff.; *Möschl* in Immenga/Mestmäcker, GWB, 2. Aufl. 1992, § 22 a. F. Rz. 187 ff.; allgemein zur Dispositions- und Offizialmaxime *Stelkens/Schmitz* in Stelkens/Bonk/ Sachs, Verwaltungsverfahrensgesetz, 5. Aufl. 1998, § 22 Rz. 1 ff.
2 So auch *Bechtold*, GWB, 2. Aufl. 1999, § 104 Rz. 5.

nehmen auf solche Rechte im Sinne von § 97 Abs. 7 berufen oder nicht[1].

19   § 104 Abs. 2 Satz 2 spricht allein davon, daß die **Befugnisse** der Kartellbehörden unberührt bleiben. Wenn es daher um **Ansprüche** von Unternehmen geht, die unter § 97 Abs. 7 subsumiert werden können, ändert dies nichts an dem ausschließlichen Rechtsschutz durch die Vergabekammern. Unternehmen können also **nicht neben oder anstelle einer Anrufung der Vergabekammer gemäß den §§ 107 ff. einen kartellrechtlichen Unterlassungsanspruch (§ 33 Satz 1)** geltend machen, sofern der betreffende Sachverhalt und die darauf gestützten Ansprüche auch unter § 97 Abs. 7 fallen. Der Weg zu den Vergabekammern ist diesbezüglich abschließend und speziell. Dies gilt auch für ansonsten vor den allgemeinen Zivilgerichten geltend zu machende zivilrechtliche Primäransprüche etwa aus §§ 823 Abs. 2, 1004 BGB oder aus c.i.c. in Verbindung mit § 1004 BGB[2].

20   Anderes kommt nur dann in Betracht, wenn es um **Sachverhalte** geht, bei denen **keine Rechte im Sinne von § 97 Abs. 7** in Rede stehen, weil Bestimmungen über das Vergabeverfahren nicht betroffen sind. Denkbar ist dies insbesondere für etwaige Kartellrechtsverstöße vor dem Ausschreibungsverfahren, wie etwa die Bildung eines unzulässigen Nachfragekartells, das gegen § 1 verstößt, jedoch das sich erst daran anschließende Vergabeverfahren unberührt läßt[3]. Dieser Eröffnung von gesonderten Rechtsschutzmöglichkeiten für nicht unter § 97 Abs. 7 fallende Sachverhalte kann nicht entgegengehalten werden, daß in § 104 Abs. 2 Satz 1 auch von sonstigen Ansprüchen die Rede ist. Denn zum einen geht es dort nur um sonstige

---

1 Zur Anwendbarkeit des Kartellrechts auf die öffentliche Hand s. etwa BKartA v. 3. 11. 1997 – B5-75123-VX-61/95 – Tariftreueerklärung, WuW 1998, 207 = WuW/E Verg 97; *Noch*, Vergaberecht kompakt, 1999, S. 210 ff.; *Bechtold*, GWB, 2. Aufl. 1999, § 1 Rz. 3 f.
2 So auch OLG Schleswig v. 6. 7. 1999 – 6 U Kart 22/99 – Herrentunnel, ZVgR 1999, 249, 250.
3 VK Düsseldorf v. 21. 9. 1999 – VK-12/99-L – Abfalltransport; s. in diesem Zusammenhang etwa auch LG Hannover v. 6. 11. 1997 – 21 O 129/97 (Kart) (Feuerwehrbedarfsartikel), WuW 1998, 322 = WuW/E Verg 34, sowie die diesbezügliche Berufungsentscheidung OLG Celle v. 13. 5. 1998 – 13 U (Kart) 269/97, WuW 1999, 320 = WuW/E Verg 188; LG Dortmund v. 13. 2. 1998 – 8 O 49/98 (Kart) (Kooperation Gemeinden), DZWir 1998, 298; *Noch*, Vergaberecht kompakt, 1999, S. 216; in diesem Sinne wohl auch OLG Schleswig v. 6. 7. 1999 – 6 U Kart 22/99 – Herrentunnel, ZVgR 1999, 249, 250.

Ansprüche in einem Vergabeverfahren. Zum anderen fehlt es in den Fällen, in denen es nicht um Rechte aus § 97 Abs. 7, also um Bestimmungen über das Vergabeverfahren geht, an der für ein Verfahren vor der Vergabekammer unverzichtbaren Antragsbefugnis gemäß § 107 Abs. 2 (s. bereits o. Tz. 16), d. h. in einem solchen Fall wäre ein Nachprüfungsantrag an die Vergabekammer unzulässig oder zumindest unbegründet.

§ 105 Besetzung, Unabhängigkeit

(1) Die Vergabekammern üben ihre Tätigkeit im Rahmen der Gesetze unabhängig und in eigener Verantwortung aus.

(2) Die Vergabekammern entscheiden in der Besetzung mit einem Vorsitzenden und zwei Beisitzern, von denen einer ein ehrenamtlicher Beisitzer ist. Der Vorsitzende und der hauptamtliche Beisitzer müssen Beamte auf Lebenszeit mit der Befähigung zum höheren Verwaltungsdienst oder vergleichbar fachkundige Angestellte sein. Der Vorsitzende oder der hauptamtliche Beisitzer müssen die Befähigung zum Richteramt haben; in der Regel soll dies der Vorsitzende sein. Die Beisitzer sollen über gründliche Kenntnisse des Vergabewesens, die ehrenamtlichen Beisitzer auch über mehrjährige praktische Erfahrungen auf dem Gebiet des Vergabewesens verfügen.

(3) Die Kammer kann das Verfahren dem Vorsitzenden oder dem hauptamtlichen Beisitzer ohne mündliche Verhandlung durch unanfechtbaren Beschluß zur alleinigen Entscheidung übertragen. Diese Übertragung ist nur möglich, sofern die Sache keine wesentlichen Schwierigkeiten in tatsächlicher oder rechtlicher Hinsicht aufweist und die Entscheidung nicht von grundsätzlicher Bedeutung sein wird.

(4) Die Mitglieder der Kammer werden für eine Amtszeit von fünf Jahren bestellt. Sie entscheiden unabhängig und sind nur dem Gesetz unterworfen.

Inhaltsübersicht

I. Einführung

1. Inhaltsübersicht

§ 105 Abs. 1 regelt die Weisungsungebundenheit der Vergabekam- 1
mern bei ihrer Tätigkeit. Abs. 2 regelt die Besetzung der Vergabekammern und die erforderlichen Qualifizierungen ihrer Mitglieder. Abs. 3
sieht vor, daß das Verfahren von der Kammer auf eines ihrer Mitglieder zur alleinigen Entscheidung übertragen werden kann. Abs. 4 bestimmt die Amtsdauer für die Mitglieder der Vergabekammer und
betont noch einmal deren – auch kammerinterne – Weisungsfreiheit.

2. Entstehungsgeschichte

§ 115 des Regierungsentwurfs[1]: 2

Besetzung; Unabhängigkeit

(1) Die Vergabekammern üben ihre Tätigkeit im Rahmen der Gesetze unabhängig und in eigener Verantwortung aus.

(2) Die Vergabekammern entscheiden in der Besetzung mit einem Vorsitzenden und zwei Beisitzern, von denen einer ein ehrenamtlicher Beisitzer ist.
Der Vorsitzende und der hauptamtliche Beisitzer müssen Beamte auf Lebenszeit mit der Befähigung zum höheren Verwaltungsdienst oder vergleichbar
fachkundige Angestellte sein. Der Vorsitzende oder der hauptamtliche Beisitzer müssen die Befähigung zum Richteramt haben; in der Regel soll dies der
Vorsitzende sein. Die Beisitzer sollen über gründliche Kenntnisse des Vergabewesens verfügen.

(3) Die Mitglieder der Kammer werden für eine Amtszeit von fünf Jahren
bestellt. Sie entscheiden unabhängig und sind nur dem Gesetz unterworfen.

Begründung zu § 115 des Regierungsentwurfs[2]: 3

Den Vergabekammern sichert das Gesetz Unabhängigkeit und Weisungsfreiheit zu. Die Besetzung der Kammern erfolgt wie die Besetzung der Vergabe-
überwachungsauschüsse.

Wie bisher wird auch künftig ein Dreierkollegium über die gestellten Anträge
entscheiden. Der juristische Sachverstand des Spruchkörpers wird dadurch
sichergestellt, daß zwei Mitglieder die Befähigung zum höheren Verwaltungsdienst besitzen müssen und der Vorsitzende in der Regel Volljurist sein soll.
Nur in besonderen Fällen kann von diesem Grundsatz abgewichen werden.
Dann muß allerdings der hauptamtliche Beisitzer die Befähigung zum Richteramt haben. Durch die Aufnahme eines ehrenamtlichen Beisitzers ist die

---

1 BT-Drucks. 13/9340. Die unterstrichenen Passagen weichen vom späteren
  Gesetzestext ab.
2 BT-Drucks. 13/9340.

Einbeziehung des Sachverstandes aus Wirtschaft und Vergabepraxis gewährleistet. Mit der in Absatz 2 Satz 4 getroffenen Regelung soll darüber hinaus sichergestellt werden, daß die Beisitzer über die erforderliche Sachkenntnis in der jeweils betroffenen Materie verfügen. So soll beispielsweise bei einem Vergabeverfahren in Bausachen zumindest einer der Beisitzer bautechnischen Sachverstand besitzen. Um eine kurzfristige Abberufung einzelner Mitglieder des Spruchkörpers zu verhindern und so die Unabhängigkeit des Gremiums zu stärken, wurde sowohl für ehrenamtliche als auch hauptamtliche Mitglieder der Kammer die Amtszeit einheitlich festgelegt. Die 5jährige Amtszeit gewährleistet auch Kontinuität in der Spruchpraxis und trägt damit zu Rechtssicherheit im Vergabewesen bei.

II. Unabhängigkeit der Vergabekammern, eigene Verantwortung (§ 105 Abs. 1)

4   § 105 Abs. 1 ist an Art. 97 Abs. 1 GG und an § 25 DRiG angelehnt. Die Vergabekammern sind danach in Bezug auf ihre fachliche Tätigkeit weisungsungebunden (zur Unabhängigkeit der einzelnen Kammermitglieder gem. Abs. 4 Satz 2 Tz. 21). Sie unterliegen also nur der allgemeinen Dienstaufsicht. Trotz dieses **gerichtsähnlichen Charakters**[1] sind die Vergabekammern eine lediglich verwaltungsinterne Instanz, also **Teil der Exekutive.** Sie sind nicht Rechtsprechung im Sinne von Art. 92 GG[2].

5   Diese besondere Ausgestaltung wäre mit Blick auf die sich anschließende gerichtliche Überprüfung aus Rechtsgründen nicht notwendig gewesen. Sie wird weder durch die Rechtmittelrichtlinien (Einleitung Tz. 4 f.) oder durch sonstiges Gemeinschaftsrecht noch durch nationales Verfassungsrecht gefordert, zumal auch ansonsten eine derartige Überprüfung der Verwaltungstätigkeit, etwa im Rahmen von Widerspruchsverfahren gemäß den §§ 68 ff. VwGO nicht erfolgt, sofern dies nicht spezialgesetzlich gefordert ist (§ 73 Abs. 2 VwGO)[3]. Ziel einer solchen Ausgestaltung ist es, den Vergabekam-

---

1 *Leinemann/Weihrauch,* Die Vergabe öffentlicher Aufträge, 1999, Rz. 511; zur Vorlageberechtigung der alten Vergabeüberwachungsausschüsse gemäß § 177 EGV EuGH v. 17. 9. 1997 – Rs. C-54/96 – Dorsch Consult, EuZW 1997, 625 ff.

2 *Schneevogel/Horn,* NVwZ 1998, 1242, 1244; *Pietzcker,* ZHR 162 (1998), 427, 438 f. unter Hinweis insbesondere auf die Erforderlichkeit einer gerichtlichen Überprüfung aus gemeinschafts- und verfassungsrechtlichen Gründen.

3 S. etwa § 26 Abs. 2 VermG, § 6 AGVwGO Rheinland-Pfalz; *Redeker/von Oertzen,* VwGO, 12. Aufl. 1997, § 73 Rz. 4 ff.; *Rennert* in Eyermann, VwGO, 10. Aufl. 1998, § 73 Rz. 7.

mern ein so hohes Ansehen zu verschaffen, daß der Weg zu den Gerichten nur in Ausnahmefällen beschritten wird[1].

Diese „Gerichtsähnlichkeit" wird dadurch verstärkt, daß es sich bei   6 der Vergabekammer um einen **Ausschuß im Sinne von § 88 VwVfG** handelt, so daß die §§ 89 bis 93 VwVfG Anwendung finden, soweit nicht für die Tätigkeit der Vergabekammer Sonderregelungen des GWB eingreifen. Anzuwenden sind daher insbesondere die Vorschriften zur Sitzungsordnung (§ 89 VwVfG), zur Beschlußfassung (§ 91 VwVfG) sowie zur Niederschrift über die Sitzung der Vergabekammer (§ 93 VwVfG). Ebenfalls sind die Ausschlußtatbestände des § 20 Abs. 4 und die Befangenheitsregelungen des § 21 VwVfG anzuwenden[2]. Nicht einschlägig hingegen sind aufgrund der Spezialregelung in § 105 Abs. 2 die Regelungen zur Beschlußfähigkeit, soweit es um die Möglichkeit geht, daß auch in einer anderen als der in § 105 Abs. 2 genannten (vollständigen) Besetzung entschieden werden kann.

III. Besetzung der Vergabekammern (§ 105 Abs. 2)

Die gesetzlich geregelte Besetzung der Vergabekammern verstärkt   7 ebenfalls deren Bedeutung und gerichtsähnliche Funktion (Tz. 5 f.). Die Regelung gilt uneingeschränkt für alle Vergabekammern, also unabhängig davon, ob es sich um Kammern des Bundes oder der Länder handelt, sofern sich nicht aus der speziellen Regelung für die Vergabekammern der Länder und den entsprechenden Ausführungsregelungen etwas anderes ergibt (dazu u. § 106 Tz. 19 ff.). Werden die Besetzungsanforderungen nicht eingehalten, ist die Entscheidung der Vergabekammer, die als Verwaltungsakt ergeht (§ 114 Abs. 3 Satz 1, dazu § 114 Tz. 61 ff.), zwar nicht nichtig (§ 44 Abs. 3 Nr. 3 VwVfG), jedoch liegt zumindest ein **Verfahrensfehler** vor, der die Entscheidung rechtswidrig macht. Allerdings führt dies wegen **§ 46 VwVfG** im Rahmen einer sofortigen Beschwerde gemäß den §§ 116 ff. nicht zu einer Änderung der Entscheidung der Vergabekammer, wenn diese inhaltlich richtig war.

---

1 *Schneevogel/Horn*, NVwZ 1998, 1242, 1245.
2 Dies galt bereits für die früheren Vergabeüberwachungsausschüsse, so daß Analogien zu § 54 VwGO bzw. §§ 41 ff. ZPO nicht gezogen werden mußten; so aber z. B. VÜA Hessen v. 22. 10. 1997 – VÜA 10/97 – Umbau, und VÜA Sachsen-Anhalt v. 17. 11. 1997 – 1 VÜ 6/95 – Wasserweg, WuW 1999, 798 = WuW/E Verg 96; dazu *Prieß*, EuZW 1999, 196, 201.

8   § 105 Abs. 2 unterscheidet zwischen **zwingenden Anforderungen** an die Besetzung der Vergabekammern, die keine Ausnahme zulassen und solchen, bei denen unter besonderen Umständen **Abweichungen** in Betracht kommen.

9   **Zwingend** ist, daß die Kammer in einer Besetzung mit **drei Mitgliedern** entscheidet, von denen ein Mitglied ehrenamtlicher Beisitzer sein muß (zur Besetzung noch § 106 Tz. 6 ff.). Von dieser Besetzung ist eine Ausnahme nicht zulässig, wenn nicht ein Fall der Übertragung gemäß § 105 Abs. 3 vorliegt (u. Tz. 13 ff.).

10   Ebenfalls zwingend ist, daß die beiden **nicht ehrenamtlichen Mitglieder** der Vergabekammer Lebenszeitbeamte sein und die Befähigung zum höheren Verwaltungsdienst haben oder vergleichbar fachkundige Angestellte sein müssen (vgl. § 19 BBG und die entsprechenden Regelungen der Landesbeamtengesetze). Aus dem Umstand, daß § 105 Abs. 2 nur vom ehrenamtlichen **Beisitzer** spricht, ergibt sich zugleich, daß das ehrenamtliche Kammermitglied nicht den Vorsitz haben kann.

11   Zwingend ist des weiteren, daß eines der beiden hauptamtlichen Mitglieder der Kammer die **Befähigung zum Richteramt** im Sinne von § 5 DRiG haben muß. Dies soll in der Regel der Vorsitzende sein, d. h. in Ausnahmefällen kann davon abgewichen werden. Allerdings muß dafür ein besonderer Grund bestehen (z. B. besondere theoretische und praktische Kenntnisse in der Vergabeüberwachung bei einem nicht mit der Befähigung zum Richteramt ausgestatteten Vorsitzenden einer Vergabekammer)[1].

12   Eine Sollregelung enthält auch § 105 Abs. 2 Satz 4, nach dem die **Beisitzer** über **umfassende Kenntnisse** des Vergabewesens verfügen sollen, der ehrenamtliche Beisitzer dabei auch über mehrjährige praktische Erfahrungen.

IV. Übertragung, Entscheidung durch nur ein Mitglied der Vergabekammer (§ 105 Abs. 3)

13   Grundsätzlich entscheidet die Vergabekammer in der in § 105 Abs. 2 Satz 1 genannten Besetzung mit 3 Mitgliedern. Gemäß Abs. 3 Satz 1 kann das Verfahren allerdings auf ein Mitglied der Kammer zur

---

1 Allgemein zu Sollvorschriften *Sachs* in Stelkens/Bonk/Sachs, Verwaltungsverfahrensgesetz, 5. Aufl. 1998, § 40 Rz. 26 f.; *Wolff/Bachof/Stober*, Verwaltungsrecht, Band 1, 10. Aufl. 1994, § 31 Rz. 34.

alleinigen Entscheidung übertragen werden. Die Regelung ist – auch hinsichtlich ihrer tatbestandlichen Voraussetzungen – mit § 6 VwGO und § 348 ZPO vergleichbar. Die Regelung dient einer **Beschleunigung und Entlastung** im Rahmen des sehr engen Prüfungs- und Entscheidungsprogramms (§ 113 Tz. 4 ff.)[1].

Eine alleinige Entscheidung kommt nur durch den **Vorsitzenden**   14
oder den **hauptamtlichen Beisitzer** in Betracht. Das Verfahren kann also nicht dem ehrenamtlichen Mitglied der Vergabekammer zur alleinigen Entscheidung übertragen werden. Allerdings ist es möglich, daß die alleinige Entscheidung durch jemanden getroffen wird, der nicht die Befähigung zum Richteramt hat. Dies ist zwar rechtlich unbedenklich, kann allerdings die den Vergabekammern zugedachte – insbesondere rechtliche – Autorität (o. Tz. 5 f.) beeinträchtigen.

Die Übertragung darf zwar **ohne mündliche Verhandlung** (§ 112)   15
erfolgen, jedoch nur durch die **vollständige Kammer** im Sinne von § 105 Abs. 2 Satz 1. Dabei ist allerdings eine Beschlußfassung auch im schriftlichen Verfahren möglich (§ 90 Abs. 1 Satz 2 VwVfG). Die Vergabekammer muß also für eine Übertragung zur alleinigen Entscheidung nicht zusammenkommen. Dies entbindet unter Berücksichtigung der tatbestandlichen Voraussetzungen für die Übertragung (Tz. 19) jedoch nicht davon, daß sich die einzelnen Kammermitglieder den erforderlichen Überblick über das Verfahren und die relevanten Sach- und Rechtsfragen verschaffen. Eine pauschale Übertragung zur alleinigen Entscheidung ohne Berücksichtigung des konkreten Einzelfalls (z. B. Vorabübertragung verschiedener Fallgruppen) ist nicht zulässig. Allerdings kann die Übertragung in einem konkreten Fall auch unter Berücksichtigung von fachspezifischen Kenntnissen, arbeitsmäßiger Belastung usw. erfolgen. Da es sich bei der Vergabekammer nicht um eine gerichtliche Instanz handelt (o. Tz. 4), muß dem Erfordernis des gesetzlichen Richters (Art. 101 Abs. 1 Satz 2 GG) nicht Rechnung getragen werden, was anderenfalls abstrakte Regelungen in einem Geschäftsverteilungsplan dazu erforderlich machen würde, welchem hauptamtlichen Mitglied der Vergabekammer welche Fälle übertragen werden[2].

---

1 S. dazu die Empfehlung des Wirtschaftsausschusses und des Ausschusses für Städtebau, Wohnungswesen und Raumordnung, BR-Drucksache 646/2/97 S. 19.

2 S. etwa OVG Hamburg v. 24. 9. 1993 – Bs IV 177/93 –, NJW 1994, 274, 275; BVerwG v. 18. 10. 1990 – 3 C 19/88 –, NJW 1991, 1370; *Redeker/von Oertzen*, VwGO, 12. Aufl. 1997, § 6 Rz. 2.

16 § 105 Abs. 3 enthält keine Regelungen, **wann** die Übertragung zur
alleinigen Entscheidung erfolgen darf. Daraus ist zu schließen, daß
eine Übertragung auch noch nach der mündlichen Verhandlung gemäß § 112 möglich ist. Dies gilt insbesondere dann, wenn sich noch
eine weitere Verhandlung als erforderlich erweisen sollte. Allerdings
dürften in einem solchen Fall regelmäßig die tatbestandlichen Voraussetzungen des § 105 Abs. 3 Satz 2 nicht erfüllt sein.

17 Da die Entscheidung durch die gesamte Kammer der Regelfall und
die Entscheidung durch nur ein Mitglied die Ausnahme darstellt, ist
eine **Rückübertragung** – auch gegen den Willen des Mitglieds, dem
die Sache zur alleinigen Entscheidung wurde[1] – auf die gesamte
Kammer jederzeit möglich, wenn sie dies (mehrheitlich) beschließt,
etwa weil sich bei der alleinigen Bearbeitung des Verfahrens heraus-
gestellt hat, daß sich der Fall dazu entgegen der ursprünglichen
Einschätzung nicht eignet (zur zeitlichen Entscheidungsperspektive
u. Tz. 19).

18 Der Beschluß der Kammer über die Übertragung ist **unanfechtbar**. Es
kommt also nur die Einlegung von Rechtsmitteln in der Hauptsache
in Betracht (sofortige Beschwerde zum OLG gemäß §§ 116 ff.), die
allerdings nur dann Erfolg haben kann, wenn die getroffene Entscheidung auch in der Sache selbst unrichtig ist. Eine fehlerhafte Übertragung der Sache zur alleinigen Entscheidung durch ein Mitglied der
Kammer genügt dafür nicht.

19 Die **tatbestandlichen Voraussetzungen** für die Übertragung sind in
§ 105 Abs. 3 Satz 2 geregelt. Wenn diese Voraussetzungen erfüllt
sind, ist die Übertragung möglich, nicht jedoch erforderlich. Notwendig ist, daß die Sache keine wesentlichen Schwierigkeiten in
tatsächlicher oder rechtlicher Hinsicht aufweist und nicht von
grundsätzlicher Bedeutung sein wird. Dabei ist die **ex-ante-Perspek-
tive** maßgeblich, wie sich bereits aus der Formulierung „sein wird"
ergibt. **Keine besonderen Schwierigkeiten** tatsächlicher oder rechtlicher Art liegen vor, wenn es sich um eine durchschnittliche und
überschaubare Angelegenheit mit typischen Sachverhalts- und ge-
klärten Rechtsfragen handelt. **Grundsätzliche Bedeutung** ist anzunehmen, wenn die in dem Verfahren angesprochenen Rechtsfragen
ganz oder teilweise noch nicht geklärt sind und über den Einzelfall
hinausgehende Bedeutung haben[2].

---

1 Insofern a. A. *Bechtold*, GWB, 2. Aufl. 1999, § 105 Rz. 6.
2 Zu den vergleichbaren Anforderungen im Verwaltungsprozeß *Redeker/von
Oertzen*, VwGO, 12. Aufl. 1997, § 6 Rz. 5 f.

V. Amtsdauer, Unabhängigkeit der einzelnen Kammermitglieder (§ 105 Abs. 4)

§ 105 Abs. 4 Satz 1 regelt die **Amtszeit** der (hauptamtlichen und 20 ehrenamtlichen) Mitglieder der Vergabekammern für Bund und Länder **verbindlich**. Die gesetzlich geregelte Amtszeit von 5 Jahren sichert dabei die Unabhängigkeit der Kammermitglieder, die also nicht aufgrund ihrer Entscheidungspraxis abberufen werden können. Weder eine längere noch eine kürzere Amtszeit ist zulässig. Eine **erneute Bestellung** ist zulässig, allerdings wiederum nur für die gesetzlich festgelegte Amtsdauer. Nicht geregelt ist, anders als etwa für Richter (§§ 26 ff. DRiG), die in Ausnahmefällen erforderliche **Versetzung oder Amtsenthebung.** Da die Bestellung zum Mitglied einer Vergabekammer ein Verwaltungsakt im Sinne von § 35 Satz 1 VwVfG ist, greifen neben den beamtenrechtlichen Sondertatbeständen[1] auch die §§ 48 f. VwVfG ein. So kann etwa die Bestellung eines ehrenamtlichen Kammermitglieds widerrufen werden, wenn die für die Bestellung zuständige Behörde (dazu § 106 Tz. 8, 16 ff.) aufgrund nachträglich eingetretener Tatsachen nicht berechtigt wäre, die Bestellung zum Kammermitglied vorzunehmen, und wenn ohne den Widerruf das öffentliche Interesse gefährdet würde.

§ 105 Abs. 4 Satz 2 betont noch einmal die **Weisungsunabhängig-** 21 **keit.** Die eigenständige Bedeutung der Regelung liegt darin, daß § 105 Abs. 1 die Weisungsunabhängigkeit der Vergabekammer regelt, während sich § 105 Abs. 4 Satz 2 auf die Unabhängigkeit und Weisungsungebundenheit des einzelnen Kammermitglieds bei seiner Tätigkeit **innerhalb der Kammer** bezieht. Dies schließt sowohl externe als auch interne Anordnungen (z. B. durch den Vorsitzenden der Kammer) aus, in einer bestimmten Weise zu entscheiden.

---

1 Vgl. *Bechtold*, GWB, 2. Aufl. 1999, § 105 Rz. 3.

§ 106 Einrichtung, Organisation

(1) Der Bund richtet die erforderliche Anzahl von Vergabekammern beim Bundeskartellamt ein. Einrichtung und Besetzung der Vergabekammern sowie die Geschäftsverteilung bestimmt der Präsident des Bundeskartellamts. Ehrenamtliche Beisitzer und deren Stellvertreter ernennt er auf Vorschlag der Spitzenorganisationen der öffentlich-rechtlichen Kammern. Der Präsident des Bundeskartellamts erläßt nach Genehmigung durch das Bundesministerium für Wirtschaft eine Geschäftsordnung und veröffentlicht diese im Bundesanzeiger.

(2) Die Einrichtung, Organisation und Besetzung der in diesem Abschnitt genannten Stellen (Nachprüfungsbehörden) der Länder bestimmen die nach Landesrecht zuständigen Stellen, mangels einer solchen Bestimmung die Landesregierung, die die Ermächtigung weiter übertragen kann. Bei der Besetzung der Vergabekammern muß gewährleistet sein, daß mindestens ein Mitglied die Befähigung zum Richteramt besitzt und nach Möglichkeit gründliche Kenntnisse des Vergabewesens vorhanden sind. Die Länder können gemeinsame Nachprüfungsbehörden einrichten.

Inhaltsübersicht

I. Einführung

1. Inhaltsübersicht

1 § 106 Abs. 1 regelt die Einrichtung der Vergabekammern des Bundes, deren Besetzung und interne Organisation. Abs. 2 enthält die entsprechenden Regelungen für die Nachprüfungsbehörden der Länder (Vergabeprüfstellen, Vergabekammern, § 102 Tz. 4 ff.).

2. Entstehungsgeschichte

§ 116 des Regierungsentwurfs[1]: 2

Einrichtung; Organisation

(1) Der Bund richtet die erforderliche Anzahl von Vergabekammern beim Bundeskartellamt ein. Einrichtung und Besetzung der Vergabekammern sowie die Geschäftsverteilung bestimmt der Präsident des Bundeskartellamtes. Ehrenamtliche Beisitzer und deren Stellvertreter ernennt er auf Vorschlag der Spitzenorganisationen der öffentlich-rechtlichen Kammern. Der Präsident des Bundeskartellamtes erläßt nach Genehmigung durch das Bundesministerium für Wirtschaft eine Geschäftsordnung und veröffentlicht diese im Bundesanzeiger.

(2) <u>Die Einrichtung und Organisation der Vergabekammern</u> der Länder bestimmen die nach Landesrecht zuständigen Stellen, <u>mangels einer solchen</u> Bestimmung die Landesregierung, die die Ermächtigung weiter übertragen <u>kann. Die</u> Länder können gemeinsame <u>Vergabekammern</u> einrichten.

Begründung zu § 116 des Regierungsentwurfs[2]: 3

Die Regelung entspricht weitgehend § 57c Abs. 9 HGrG. Den Ländern wird wie bisher die Möglichkeit eröffnet, aus Kosten- oder Zweckmäßigkeitsgesichtspunkten gemeinsame Vergabekammern einzurichten. Es bleibt auch die im Bund und in einer Reihe von Bundesländern geübte Praxis weiterhin möglich, spezielle Kammern zur Nachprüfung von Liefer- und Dienstleistungen einerseits sowie Bauleistungen andererseits einzurichten. Mit dieser Spezialisierung kann in der Kammer sofort abrufbarer Sachverstand entwickelt werden.

Mit der organisatorischen Ansiedlung der Vergabekammer des Bundes beim Bundeskartellamt wird an den dort verankerten Vergabeüberwachungsausschuß angeknüpft, der bisher in § 57c Abs. 7 HGrG geregelt ist. Das Vorschlagsrecht der Spitzenorganisationen der öffentlich-rechtlichen Kammern für die ehrenamtlichen Beisitzer wird beibehalten. Die Vorschrift über die Geschäftsordnung ist an § 48 Abs. 2 angelehnt.

II. Vergabekammern des Bundes

Die Vergabekammern des Bundes werden beim **Bundeskartellamt** 4 eingerichtet. Sowohl die Einrichtung als auch die Besetzung und Geschäftsverteilung werden durch den Präsidenten des Bundeskartellamtes vorgenommen.

---

1 BT-Drucks. 13/9340. Die unterstrichenen Passagen weichen vom späteren Gesetzestext ab.
2 BT-Drucks. 13/9340.

1. Anzahl von Vergabekammern

5   Die Anzahl der einzurichtenden Vergabekammern richtet sich nach der **Erforderlichkeit.** Insofern besteht zwar ein organisatorischer Entscheidungsspielraum. Dieser muß allerdings gewährleisten, daß die in § 113 geregelte Verfahrensdauer grundsätzlich eingehalten werden kann[1]. Derzeit sind beim Bundeskartellamt in Bonn zwei Vergabekammern eingerichtet.

2. Besetzungen der Kammern

6   Gemäß § 105 Abs. 2 entscheiden die Vergabekammern mit einer Besetzung durch drei Mitglieder. Dies bedeutet allerdings nicht, daß die einzelnen Vergabekammern nicht auch **mehr Mitglieder** haben können, die nach einer bestimmten Geschäftsverteilung und ggf. auch in unterschiedlicher Zusammensetzung entscheiden[2]. Dies wird durch § 106 Abs. 1 Satz 3 bestätigt, in dem ausdrücklich von den Stellvertretern der ehrenamtlichen Beisitzer die Rede ist. Auch diese sind Mitglieder der entsprechenden Vergabekammer.

7   Hauptamtlich im Sinne von § 105 Abs. 2 bedeutet nicht, daß die **hauptamtlichen Mitglieder** ausschließlich in einer oder mehreren Vergabekammern tätig sind. Es ist vielmehr lediglich der Gegenbegriff zu Ehrenamtlichkeit im Sinne der damit jeweils verbundenen gesetzlichen Anforderungen[3].

8   Für die hauptamtlichen Mitglieder der Vergabekammern stellt § 106 Abs. 1 über die Qualifizierungsanforderungen des § 105 Abs. 2 Satz 2 hinausgehend (§ 105 Tz. 10 ff.) keine besonderen Anforderungen. Demgegenüber sind die **ehrenamtlichen Mitglieder** und deren Stellvertreter auf Vorschlag der **Spitzenorganisationen der öffentlich-rechtlichen Kammern** zu benennen. Diese sind u. a. die Bundesarchitektenkammer, die Bundesingenieurkammer, der Deutsche Handwerkerkammertag, der Deutsche Industrie- und Handelstag, der Verband der Landeswirtschaftskammern und die Wirtschaftsprüferkammer[4]. An diese Vorschläge ist der Präsident des Bundeskartellamts

---

1 *Bechtold*, GWB, 2. Aufl. 1999, § 106 Rz. 1.
2 *Bechtold*, GWB, 2. Aufl. 1999, § 105 Rz. 4; zu der entsprechenden Situation bei den Beschlußabteilungen des Bundeskartellamts gemäß § 51 *Finkelnburg* in Frankfurter Kommentar, § 48 a. F. Tz. 28.
3 So auch *Bechtold*, GWB, 2. Aufl. 1999, § 105 Rz. 5.
4 Eingehend zu den Kammern und ihren Spitzenorganisationen *Tettinger*, Kammerrecht, 1997; *Reidt* in Jarass, Wirtschaftsverwaltungsrecht, 3. Aufl. 1997, § 6 Rz. 1 ff.

gebunden, d. h. er kann niemanden zum ehrenamtlichen Mitglied einer Vergabekammer bestellen, der nicht durch die Spitzenorganisationen benannt worden ist. Werden durch diese allerdings mehr Personen vorgeschlagen als erforderlich, steht dem Präsidenten des Bundeskartellamts ein **Auswahlermessen** zu, sofern sich die Spitzenorganisationen nicht auf eine einvernehmliche Reihenfolge der Vorschläge verständigt haben[1].

Das Vorschlagsrecht bezieht sich nur auf die **Personen,** die als ehrenamtliche Beisitzer ernannt werden können, nicht hingegen auf die Besetzung einzelner Vergabekammern mit bestimmten **Geschäftsbereichen.** Allerdings hat der Präsident des Bundeskartellamts bei seinen Organisationsentscheidungen die jeweiligen spezifischen Kenntnisse der vorgeschlagenen ehrenamtlichen Kammermitglieder zu berücksichtigen. Dies gilt sowohl für deren praktische Erfahrungen auf dem Gebiet des Vergabewesens (§ 105 Abs. 2 Satz 4) als auch für die Bereiche, in denen sie diese praktischen Erfahrungen gesammelt haben.

9

3. Geschäftsverteilung

Die Geschäftsverteilung wird durch den Präsidenten des Bundeskartellamts geregelt. Dies bezieht sich zunächst auf die Geschäftsverteilung **zwischen den einzelnen Vergabekammern.** Die Geschäftsverteilung muß sich dabei an sachgerechten Kriterien orientieren. Maßgeblich können dabei besondere bereichsspezifische Erfahrungen (z. B. besondere vergaberelevante Kenntnisse im Hoch- oder Tiefbau), die unterschiedliche Fallzahl in verschiedenen Vergabebereichen, die damit verbundene Auslastung usw. sein.

10

Nicht hingegen bezieht sich die Geschäftsverteilung zwingend auf die Verteilung **innerhalb der Vergabekammer,** die auch durch Kammer selbst organisiert werden darf. Dies gilt sowohl für die Federführung (Einsetzung als Berichterstatter) als auch für die Frage, welchem Kammermitglied ggf. ein Verfahren zur alleinigen Entscheidung übertragen wird (§ 105 Tz. 13 ff.)[2]. Da es sich bei den Vergabekammern nicht um Gerichte handelt (§ 105 Tz. 4), sind an die Geschäftsverteilung nicht die Anforderungen zu stellen, die das Gerichtsverfassungsgesetz enthält (§ 21e GVG)[3].

11

---

1 Ebenso *Bechtold,* GWB, 2. Aufl. 1999, § 106 Rz. 1.
2 So auch für die Verteilung innerhalb eines gerichtlichen Spruchkörpers § 21g GVG.
3 So zutreffend *Finkelnburg* in Frankfurter Kommentar, § 48 a. F. Tz. 28 für die Beschlußabteilungen des Bundeskartellamts: „Ein dem Anspruch auf

4. Geschäftsordnung

12   Ebenfalls zuständig ist der Präsident des Bundeskartellamts für den
Erlaß einer Geschäftsordnung[1]. Zu deren Erlaß ist er **verpflichtet.**
Insofern besteht also kein Entscheidungsspielraum dem Grunde
nach. Allerdings ist der Inhalt der Geschäftsordnung nicht weiter
präzisiert. Es sind daher alle Regelungen zu treffen, die für eine reibungslose Tätigkeit der Vergabekammern geboten sind und für die
eine Bekanntmachung gegenüber der Allgemeinheit angezeigt ist.

13   Der gesetzliche Rahmen, der insbesondere durch den 4. Teil des
GWB gezogen wird, ist bei der Geschäftsordnung zu beachten. Die
Bestimmungen der Geschäftsordnung dürfen also gesetzlichen Rege-
lungen nicht zuwiderlaufen. Ansonsten sind sie unwirksam.

14   In der Geschäftsordnung zu regeln ist insbesondere die **Geschäftsverteilung** auf die einzelnen Vergabekammern (o. Tz. 10). Daneben
kann die Geschäftsverteilung innerhalb der Kammer für den Fall
geregelt werden, daß diese mit mehr als 3 Mitgliedern besetzt ist,
ebenso die Frage der Stellvertretung von Kammermitgliedern. Allerdings brauchen diese Regelungen nicht den Detaillierungsgrad zu
haben, wie er für einen gerichtlichen Geschäftsverteilungsplan erforderlich wäre (o. Tz. 11). Daneben können in der Geschäftsordnung
auch noch ergänzende Regelungen zum **allgemeinen Geschäftsbetrieb** enthalten sein (Einrichtungen von Geschäftsstellen, grundsätzliche Regelungen zum Verfahrensablauf u. ä.).

5. Genehmigung, Veröffentlichung

15   Die Geschäftsordnung bedarf der Genehmigung durch das Bundesministerium für Wirtschaft. Dabei handelt es sich um eine rechts-
und fachaufsichtliche Kontrolle[2]. Erst nach erteilter Genehmigung
darf die Geschäftsordnung erlassen und zur Herstellung der notwendigen Publizität[3] veröffentlicht werden.

---

den gesetzlichen Richter entsprechender Anspruch auf den gesetzlichen
Verwaltungsbeamten ist unserem Verwaltungsverfahrensrecht prinzipiell
fremd."
1 Abgedruckt in Anhang V.
2 Allgemein zur Weisungsgebundenheit des Bundeskartellamts als selbständige Bundesbehörde im Geschäftsbereich des Bundesministeriums für
Wirtschaft gemäß § 51 Abs. 1 *Finkelnburg* in Frankfurter Kommentar, § 48
a. F. Tz. 9 ff.
3 *Noch,* Vergaberecht kompakt, 1999, S. 59.

III. Nachprüfungsbehörden der Länder

1. Einrichtung, Organisation und Besetzung der Nachprüfungsbehörden

§ 106 Abs. 2 trägt dem **Grundsatz der Länderexekutive** gemäß   16
Art. 83 f. GG Rechnung. Die Länder führen danach die für das Nachprüfungsverfahren maßgeblichen bundesrechtlichen Bestimmungen
als eigene Angelegenheit aus. Solange sie die bundesrechtlichen Vorgaben einhalten, haben sie dabei freie Hand. Dies gilt für sämtliche
Nachprüfungsbehörden im Sinne des 2. Abschnitts des GWB (dazu
§ 102 Tz. 4 ff.), deren Organisation und Besetzung.

Auch die Zuständigkeit für die Einrichtung, Organisation und Beset-   17
zung bestimmt sich nach dem jeweiligen Landesrecht. § 106 Abs. 2
Satz 1 regelt daher lediglich eine **Auffangzuständigkeit.** Wenn zuständige Stellen (bisher) nicht existieren, sind die Landesregierungen
für die Einrichtung, Organisation und Besetzung der Nachprüfungsbehörden zuständig. Dies gilt hinsichtlich der Vergabeprüfstellen
ebenfalls für die Frage, ob diese überhaupt eingerichtet werden
(§ 103 Tz. 4).

Die Landesregierungen können gemäß § 106 Abs. 2 Satz 1 diese   18
„Auffangzuständigkeit" weiter übertragen. Dies gilt indes mit der
Einschränkung, daß dem jeweils landesrechtliche Vorgaben nicht
entgegenstehen dürfen.

2. Besetzung der Vergabekammern

Nicht ganz eindeutig ist das Verhältnis zwischen § 106 Abs. 2 Satz 2   19
zu den Anforderungen des § 105 Abs. 2 Satz 2. Die Regelungen waren im Gesetzgebungsverfahren Gegenstand intensiver Diskussio-
nen. § 116 Abs. 2 des Regierungsentwurfs enthielt den jetzigen
2. Satz nicht. Im 1. Satz war die Besetzung der Kammer nicht erwähnt. Damit war zunächst klar, daß auch für die Besetzung der
Vergabekammern der Länder allein § 105 Abs. 2 maßgeblich sein
sollte. Dies stieß allerdings auf Widerstand des Bundesrates, der die
Auffassung vertrat, daß die Besetzung der Vergabekammern gemäß
§ 105 Abs. 2 (§ 115 Abs. 2 des Regierungsentwurfs) überqualifiziert
sei, weil die Vergabekammern keine gerichtsäquivalenten letzten
Instanzen darstellen[1]. Die Stellungnahme enthielt einen Formulie-

---

1 Ziff. 18 der Stellungnahme des Bundesrates, Anlage 2 der BT-Drucksache
13/9340.

rungsvorschlag, der die Besetzung der Vergabekammern vollständig und ohne präzise Qualifizierungsanforderungen an die Mitglieder der Vergabekammern in die Entscheidungskompetenz der Länder stellte[1]. Die Gegenäußerung der Bundesregierung widersprach diesem Vorschlag[2].

20 Die jetzt in § 106 Abs. 2 Satz 2 enthaltene Regelung entspricht der Beschlußempfehlung des Vermittlungsausschusses, der die Ergänzung des § 106 Abs. 2 um den jetzigen 2. Satz empfiehlt, ohne allerdings eine Änderung des § 105 Abs. 2 Satz 2 vorzusehen[3]. Gleichwohl wird man in § 106 Abs. 2 Satz 2 eine Spezialregelung für die Vergabekammern der Länder gegenüber § 105 Abs. 2 sehen müssen. Dies gilt allerdings nur insoweit, wie in § 106 Abs. 2 Satz 2 tatsächlich spezielle Regelungen enthalten sind. Im übrigen ist § 105 Abs. 2, der von seinem Wortlaut her für sämtliche Vergabekammern gilt, auch in den Ländern uneingeschränkt zugrunde zu legen. Dies ist vor allem für § 105 Abs. 2 Satz 1 der Fall, der die Besetzung der Kammer mit zwei hauptamtlichen und einem ehrenamtlichen Beisitzer regelt. Dies wird dadurch bestätigt, daß ganz offensichtlich durch § 106 Abs. 2 Satz 2 nichts daran geändert werden sollte, daß ein aus mehreren Personen bestehender Ausschuß tätig wird.

21 Eine spezielle Regelung stellt § 106 Abs. 2 Satz 2 allerdings gegenüber § 105 Abs. 2 Satz 2 bis 4 dar. Danach muß zwar bei den Vergabekammern der Länder mindestens ein Mitglied die Befähigung zum Richteramt haben, dies muß jedoch nicht der Vorsitzende sein. Des weiteren ist es nach den bundesrechtlichen Vorgaben für die Vergabekammern der Länder nicht erforderlich, daß die hauptamtlichen Mitglieder Lebenszeitbeamte mit der Befähigung zum höheren Verwaltungsdienst oder vergleichbar fachkundige Angestellte sind. Ebenfalls wird das Erfordernis, daß die Beisitzer über gründliche Kenntnisse des Vergabewesens verfügen sollen, dadurch ersetzt, daß nach Möglichkeit gründliche Kenntnisse des Vergabewesens vorhanden sind. Dies muß also zum einen nicht der Regelfall sein, zum anderen genügt es aus Rechtsgründen, wenn solche Kenntnisse bei einem Mitglied der Vergabekammer vorhanden sind.

---

1 Nr. 20 der Stellungnahme des Bundesrates vom 7. 11. 1997, Anlage 2 der BT-Drucks. 13/9340.
2 Anlage 3 der BT-Drucks. 13/9340.
3 BT-Drucks. 13/10876.

3. Gemeinsame Nachprüfungsbehörden

Gemäß § 106 Abs. 2 Satz 3 können die Länder gemeinsame Nach- 22
prüfungsbehörden einrichten. Dies gilt für sämtliche Nachprüfungsbehörden im Sinne des 2. Abschnitts (§ 102 Tz. 4 ff.). Solche Einrichtungen, die aufgrund der ihnen zustehenden Entscheidungskompe-
tenzen einer besonderen gesetzlichen Grundlage in den jeweiligen
Ländern bedürfen, können sowohl unter Kosten- als auch Effizienz-
gesichtspunkten sinnvoll sein.

§ 107 Einleitung, Antrag

(1) Die Vergabekammer leitet ein Nachprüfungsverfahren nur auf Antrag ein.

(2) Antragsbefugt ist jedes Unternehmen, das ein Interesse am Auftrag hat und eine Verletzung in seinen Rechten nach § 97 Abs. 7 durch Nichtbeachtung von Vergabevorschriften geltend macht. Dabei ist darzulegen, daß dem Unternehmen durch die behauptete Verletzung der Vergabevorschriften ein Schaden entstanden ist oder zu entstehen droht.

(3) Der Antrag ist unzulässig, soweit der Antragsteller den gerügten Verstoß gegen Vergabevorschriften bereits im Vergabeverfahren erkannt und gegenüber dem Auftraggeber nicht unverzüglich gerügt hat. Der Antrag ist außerdem unzulässig, soweit Verstöße gegen Vergabevorschriften, die aufgrund der Bekanntmachung erkennbar sind, nicht spätestens bis zum Ablauf der in der Bekanntmachung benannten Frist zur Angebotsabgabe oder zur Bewerbung gegenüber dem Auftraggeber gerügt werden.

Inhaltsübersicht

I. Einführung

1. Inhaltsübersicht

§ 107 regelt in Abs. 1 ein Antragserfordernis für das Verfahren vor   1
der Vergabekammer (Dispositionsmaxime). Abs. 2 enthält Bestimmungen zur Antragsbefugnis und zur Darlegungslast. Abs. 3 regelt
besondere Treue- und Mitwirkungspflichten des antragstellenden
Unternehmens gegenüber der Vergabestelle, deren Mißachtung die
Antragsbefugnis ausschließt.

2. Entstehungsgeschichte

§ 117 des Regierungsentwurfs[1]:   2

Einleitung; Antrag

(1) Die Vergabekammer leitet ein Nachprüfungsverfahren nur auf Antrag ein.

(2) Antragsbefugt ist jedes Unternehmen, das ein Interesse am Auftrag hat
und eine Verletzung in seinen Rechten nach § 106 Abs. 6 durch Nichtbeachtung von Vergabevorschriften geltend macht. . . .

(3) Der Antrag ist unzulässig, soweit der Antragsteller den gerügten Verstoß
gegen Vergabevorschriften bereits im Vergabeverfahren erkannt und gegenüber dem Auftraggeber nicht unverzüglich gerügt hat. . . .

Begründung zu § 117 des Regierungsentwurfs[2]:   3

Die Mitgliedstaaten der Gemeinschaft müssen gewährleisten, daß das Prüfungsverfahren jedem zur Verfügung steht, der ein Interesse an einem öffentlichen Auftrag hat und dem durch einen behaupteten Rechtsverstoß ein
Schaden entstanden ist bzw. zu entstehen droht (Artikel 1 Abs. 1 Satz 1
Nachprüfungsrichtlinie 89/665/EWG, Artikel 1 Abs. 3 Satz 1 Sektorenüberwachungsrichtlinie 92/13/EWG). Dem wird durch die Nachprüfung Rechnung getragen, die auf Antrag in Gang gesetzt wird.

Die Antragsberechtigung ergibt sich aus dem objektiven Kriterium, daß der
Antragsteller ein Interesse an dem Auftrag hat und daraus, daß er geltend
macht, in eigenen Rechten verletzt zu sein, die durch § 106 Abs. 6 eingeräumt werden. Die Verletzung kann auch darin bestehen, daß die Ausschreibung einer Vergabe rechtswidrig unterblieb. Gegenstand der Nachprüfung ist
das noch nicht abgeschlossene Vergabeverfahren.

Absatz 3 enthält eine Präklusionsregel unter dem Gesichtspunkt von Treu
und Glauben zur Vermeidung unnötiger Verfahren. Erkennt der Unternehmer
Fehler im Vergabeverfahren, muß er dem Auftraggeber Gelegenheit geben,

---

1 BT-Drucks. 13/9340. Die unterstrichenen Passagen weichen vom späteren
Gesetzestext ab.
2 BT-Drucks. 13/9340.

diese Fehler zu korrigieren. Der Unternehmer, der auf einen erkannten Fehler spekuliert, weil er sich möglicherweise zu seinen Gunsten auswirken könnte, soll insoweit nicht Rechtmäßigkeit des Vergabeverfahrens einfordern dürfen, wenn seine Spekulation nicht aufgeht.

II. Antragserfordernis (§ 107 Abs. 1)

1. Verwaltungsverfahren

4   Bei dem Verfahren vor der Vergabekammer handelt es sich ebenso wie bei dem Verfahren vor der Vergabeprüfstelle (§ 103 Tz. 7) um ein Verwaltungsverfahren im Sinne von § 9 VwVfG des Bundes und der Länder. Dies ergibt sich neben der Tätigkeit der Kammer als einem Teil der Exekutive (§ 105 Tz. 4) daraus, daß die Vergabekammer durch **Erlaß eines Verwaltungsaktes** entscheidet (§ 114 Abs. 3 Satz 1, § 114 Tz. 61 ff.)[1].

5   Die Bestimmungen über das Verfahren vor den Kartellbehörden (§§ 54 ff.) sind demgegenüber nicht unmittelbar anwendbar, weil die Vergabekammer nicht Kartellbehörde im Sinne von § 48 ist. Die dortigen Bestimmungen sind daher nur dann heranzuziehen, wenn und soweit sie ausdrücklich für anwendbar erklärt werden, wie dies in § 114 Abs. 3 Satz 3 und § 120 Abs. 2 der Fall ist.

6   Bei der Vergabekammer handelt es sich um einen **Ausschuß im Sinne von § 88 VwVfG,** so daß die §§ 89 bis 93 Anwendung finden, sofern nicht Spezialvorschriften des GWB etwas abweichendes bestimmen[2].

7   Hingegen ist das Verfahren vor der Vergabekammer kein förmliches Verwaltungsverfahren im Sinne der §§ 63 ff. VwVfG, weil die entsprechenden Vorschriften nicht gemäß § 63 Abs. 1 VwVfG für anwendbar erklärt worden sind[3]. Es handelt sich daher um ein **nicht-förmliches Verfahren,** so daß lediglich die sonstigen das Verwaltungsverfahren betreffenden Vorschriften des VwVfG ergänzend zu den Bestimmungen im 4. Teil des GWB anwendbar sind[4].

---

1 So auch *Boesen,* Vergaberecht, 2000, § 102 Rz. 4.
2 Ebenso für die Beschlußabteilungen des Bundeskartellamtes gemäß § 51 Abs. 2 *Finkelnburg* in Frankfurter Kommentar, § 48 a. F. Tz. 23.
3 *Clausen* in Knack, Verwaltungsverfahrensgesetz, 6. Aufl. 1998, vor § 9 Anm. 5.2.
4 *Clausen* in Knack, Verwaltungsverfahrensgesetz, 6. Aufl. 1998 vor § 9 Anm. 5.2.

2. Beginn des Verwaltungsverfahrens

§ 107 Abs. 1 ist eine Bestimmung im Sinne von **§ 22 Satz 2 Nr. 2**   8
VwVfG, nach dem ein Verwaltungsverfahren nur auf Antrag hin
eingeleitet werden darf. Die Einzelheiten zu Form und Inhalt des zu
stellenden Nachprüfungsantrages sind in § 108 geregelt (§ 108
Tz. 4 ff.). Die Einleitung eines Nachprüfungsverfahrens vor der Vergabekammer **ohne einen wirksamen Antrag** ist **unzulässig** (s. demgegenüber zur Tätigkeit der Vergabeprüfstellen § 103 Tz. 9 ff.). Innerhalb des Verfahrens gilt allerdings § 114 Abs. 1 Satz 2. Danach ist die
Vergabekammer nicht an Anträge gebunden (zur Bedeutung dieser
Regelung § 114 Tz. 12 ff.).

Das Nachprüfungsverfahren vor der Vergabekammer beginnt noch   9
nicht mit der Antragstellung selbst, sondern wird erst auf der Grundlage des Antrags durch die Vergabekammer eingeleitet, indem sie
sich mit diesem Antrag im Sinne von **§ 9 VwVfG** befaßt, also eine
nach außen wirkende Tätigkeit aufnimmt, die auf die Prüfung der
Voraussetzungen, die Vorbereitung und den Erlaß der von ihr gemäß
§ 114 Abs. 3 Satz 1 durch Verwaltungsakt zu treffenden Entscheidung gerichtet ist. Die gegenteilige Auffassung des OLG Düsseldorf[1]
überzeugt nicht. § 22 VwVfG, auf den das Gericht in diesem Zusammenhang abhebt, bezieht sich nur auf die Frage, ob und wann die
zuständige Behörde, hier also die Vergabekammer, ein Verwaltungsverfahren (Nachprüfungsverfahren) **einleiten muß.** Die Vorschrift beantwortet indes nicht die Frage, ab wann ein Verwaltungsverfahren
tatsächlich **vorliegt.** Dies ist in § 9 VwVfG geregelt, der für ein
Verwaltungsverfahren die nach außen wirkende Tätigkeit der Behörde zwingend voraussetzt, d.h. bis dahin liegt ein Verwaltungsverfahren noch nicht vor. Insbesondere genügt also für dessen Beginn
nicht die vollständige Passivität der Behörde. Der Hinweis des OLG
Düsseldorf auf § 113 Abs. 1 Satz 1 und die dort geregelte Fünf-
Wochen-Frist[2] führt in diesem Zusammenhang nicht weiter. Denn
§ 113 Abs. 1 Satz 1 stellt gerade nicht auf den Beginn des Verwaltungsverfahrens sondern – mit Blick auf die Eindeutigkeit der Fristberechnung völlig zu Recht – auf die Stellung des Nachprüfungsantrages ab (§ 113 Tz. 7). Auch die mögliche „Willkür der Behör-

---

1 OLG Düsseldorf v. 13. 4. 1999 – Verg 1/99 – Restabfallbehandlungsanlage,
  BauR 1999, 751, 758; inkonsequent *Boesen,* Vergaberecht, 2000, § 107
  Rz. 32 ff.
2 OLG Düsseldorf v. 13. 4. 1999 – Verg 1/99 – Restabfallbehandlungsanlage,
  BauR 1999, 751, 758.

de"[1] rechtfertigt keine andere Betrachtung. Käme es darauf an, könnte die Vergabekammer auch aus anderweitigen Gründen eine Zustellung des Nachprüfungsantrages unterlassen, etwa mit der Behauptung, der Antrag sei offensichtlich unzulässig oder unbegründet (vgl. § 110 Tz. 16 ff.). Insofern ist von Bedeutung, daß die Vergabekammer – ohne jedes Spruchrichterprivileg o.ä. – die Amtspflicht hat, die erforderlichen Schritte unverzüglich durchzuführen (§ 110 Tz. 17). Eine Mißachtung dieser Pflicht kann wie jede willkürliche Handlung von Staatsorganen Amtshaftungsansprüche gemäß § 839 BGB i. V. m. Art. 34 GG auslösen[2].

10   Der **Verfahrensgegenstand,** also der Gegenstand der konkreten Befassung der Vergabekammer wird durch den **gestellten Antrag** bestimmt (Dispositionsmaxime). Dieser umreißt den zur Entscheidung gestellten konkreten Lebenssachverhalt und das Ziel des Antragstellers[3]. In diesem Rahmen ist die Kammer in ihrer Entscheidung weitgehend frei (dazu noch u. § 114 Tz. 10 ff.). Dies ändert indes nichts an dem bestehenden Antragserfordernis. Wird der Antrag vor Bekanntgabe der Entscheidung der Vergabekammer zurückgenommen, darf eine Entscheidung der Vergabekammer nicht mehr ergehen, weil es an einer notwendigen Verfahrensvoraussetzung fehlt[4].

III. Antragsbefugnis (§ 107 Abs. 2)

11   Die Antragsbefugnis erfordert, daß der Antrag durch ein Unternehmen gestellt wird, das ein Interesse am Auftrag hat und eine Verletzung in seinen Rechten nach § 97 Abs. 7 durch Nichtbeachtung von Vergabevorschriften geltend macht. Ergänzend ist ein zumindest

---

1 OLG Düsseldorf v. 13. 4. 1999 – Verg 1/99 – Restabfallbehandlungsanlage, BauR 1999, 751, 758.

2 Der Frage, wann das Nachprüfungsverfahren im Rechtssinne beginnt, kommt mit Blick auf § 113 Abs. 1 Satz 1 allerdings ohnehin nur Bedeutung für die Zulässigkeit eines Fortsetzungsfeststellungsantrags zu (§ 114 Tz. 47 ff.). Selbst wenn diese allerdings unzulässig ist, ändert das nichts an der Möglichkeit, einen Schadensersatzanspruch unmittelbar zivilgerichtlich geltend zu machen.

3 *Stelkens/Schmitz* in Stelkens/Bonk/Sachs, Verwaltungsverfahrensgesetz, 5. Aufl. 1998, § 9 Rz. 98; *Clausen* in Knack, Verwaltungsverfahrensgesetz, 6. Aufl. 1998, § 22 Rz. 3.2.

4 *Stelkens/Schmitz* in Stelkens/Bonk/Sachs, Verwaltungsverfahrensgesetz, 5. Aufl. 1998, § 22 Rz. 24, 67 ff.; *Kopp,* Verwaltungsverfahrensgesetz, 6. Aufl. 1996, § 22 Rz. 34e.

drohender Schaden für das Unternehmen durch die behauptete Rechtsverletzung darzulegen.

1. Unternehmen

Die Antragsbefugnis für das Verfahren vor der Vergabekammer steht 12
nur Unternehmen zu, also nicht etwa der Vergabestelle selbst oder sonstigen Dritten, die ein (ideelles) Interesse an der Ordnungsgemäßheit von Vergabeverfahren haben (z. B. Unternehmensverbände o. ä.). Ebenfalls nicht antragsbefugt sind die Aufsichtsbehörden der jeweiligen Vergabestelle.

Der Begriff des Unternehmens ist im 4. Teil des GWB nicht geson- 13
dert definiert. Er ist daher im allgemeinen kartellrechtlichen Sinne zu verstehen[1]. Danach handelt es sich unabhängig von der Rechtsform um ein Unternehmen, wenn eine Tätigkeit im geschäftlichen Verkehr stattfindet, die auf den Austausch von Waren oder gewerblichen Leistungen gerichtet ist und sich nicht auf die Deckung des privaten Verbrauchs beschränkt (zu Personenmehrheiten Tz. 23). Verkürzt formuliert genügt also **jedwede Tätigkeit im geschäftlichen Verkehr (funktionaler Unternehmensbegriff)**[2].

2. Interesse am Auftrag

Die Antragsbefugnis setzt voraus, daß das antragstellende Unterneh- 14
men ein Interesse an dem betreffenden Auftrag hat. Dabei geht es um ein **tatsächliches wirtschaftliches Interesse**[3]. Dieses Interesse ist durch das Unternehmen geltend zu machen. Das ergibt sich zwar nicht unmittelbar aus § 107 Abs. 2, jedoch mittelbar daraus, daß ihm nur in diesem Fall ein Schaden im Sinne von § 107 Abs. 2 Satz 3 drohen kann.

Sinn und Zweck der Antragsbefugnis ist es, den Kreis der potentiel- 15
len Antragsteller einzuengen, um Popularrechtsmittel zu vermei-

---

1 Zum einheitlichen Unternehmensbegriff des GWB *Huber* in Frankfurter Kommentar, § 1 n. F. Tz. 25 mit Verweis auf § 1 a. F. Tz. 38; *Immenga* in Immenga/Mestmäcker, GWB, 2. Aufl. 1992, § 1 Rz. 34.

2 *Marx* in Jestaedt u. a., Das Recht der Auftragsvergabe, 1999, 149; im einzelnen BGHZ 67, 81, 84; *Huber* in Frankfurter Kommentar, § 1 n. F. Tz. 25 mit Verweis auf § 1 a. F. Tz. 37 ff.; *Emmerich*, Kartellrecht, 8. Aufl. 1999, S. 17 ff.

3 So auch *Noch*, ZfBR 1997, 221, 224.

den[1]. In der Regel wird man hinsichtlich des Nachweises für ein
Interesse an dem betreffenden Auftrag keine besonders hohen Anforderungen stellen müssen[2]. Umfassendere Nachweise sind jedoch geboten, wenn es um einen Auftrag aus einem Bereich geht, in dem das
betreffende Unternehmen bisher gar nicht tätig war.

16   Daran schließt sich die weitere Frage an, ob auch **Vorlieferanten** oder
Subunternehmen ein Interesse am Auftrag im Sinne von § 107
Abs. 2 haben können und daher ggf. auch antragsbefugt sind. Dies ist
zu verneinen. Gemeint ist in § 107 Abs. 2 ein **unmittelbares eigenes
Interesse** an dem ausgeschriebenen Auftrag. Ein solches unmittelbares Interesse haben Vorlieferanten oder Subunternehmen nicht. Sie
haben lediglich ein Interesse an einem Auftrag des Bieters, nicht aber
an einem eigenen Auftrag durch die Vergabestelle. Es besteht daher
nur ein nicht ausreichendes mittelbares Interesse im Sinne eines
Rechtsreflexes. Demgemäß haben Vorlieferanten oder Subunternehmen in Bezug auf das konkrete Vergabeverfahren auch keine eigenen
Rechte im Sinne von § 97 Abs. 7[3]. Etwaige Bedenken, ob dies mit
den Rechtsmittelrichtlinien (Einleitung Tz. 5) im Einklang steht,
sind unbegründet. Auch Art. 1 Abs. 3 der beiden Richtlinien ist
dahingehend zu verstehen, daß ein unmittelbares eigenes Interesse
an einem bestimmten öffentlichen Liefer- oder Bauauftrag gemeint
ist. Stellt der potentielle Auftragnehmer der Vergabestelle – aus welchen Gründen auch immer – selbst keinen Nachprüfungsantrag,
muß sich ein (potentieller) Vorlieferant oder Subunternehmer ggf.
zivilrechtlich an diesen halten.

17   Fraglich kann desweiteren sein, *wann* das Interesse an dem Auftrag
bestehen muß. Es genügt insofern kein erst nachträglich, also nach
einem Vergabefehler des Auftraggebers entstandenes Interesse. Das
Nachprüfungsverfahren soll nicht Unternehmen schützen, die vor-
weg etwaige Fristen versäumt haben, ohne daß der Vergabestelle bis
dahin ein Fehler unterlaufen war. So hat etwa ein Unternehmen, das

---

1 Zu der vergleichbaren Regelung des §§ 42 Abs. 2 VwGO *Redeker/von
  Oertzen*, VwGO, 12. Aufl. 1997, § 42 Rz. 25; *Kopp/Schenke*, VwGO,
  11. Aufl. 1998, § 42 Rz. 60 ff.
2 S. etwa VÜA Hessen v. 11. 8. 1999 – VK 1/99 – Linienbusverkehr, ZVgR
  1999, 278; *Franke/Höfler/Bayer*, Bauvergaberecht in der Praxis, Stand: Oktober 1999, III. Abschnitt Rz. 100 f.
3 *Boesen*, Vergaberecht, 2000, § 107 Rz. 40; *Leinemann/Weihrauch*, Die Vergabe öffentlicher Aufträge, 1999, Rz. 514; ebenso – allerdings kritisch –
  Byok, NJW 1998, 1774, 2778; anders *Franke/Höfler/Bayer*, Bauvergaberecht in der Praxis, Stand: Oktober 1999, III. Abschnitt Rz. 102.

in einem fehlerfrei durchgeführten Teilnahmewettbewerb gemäß § 3 Nr. 1 Abs. 2 VOB/A keinen Teilnahmeantrag abgegeben hat, keine Antragsbefugnis, wenn es einen Fehler des sich anschließenden weiteren Vergabeverfahrens rügt. Nichts anderes gilt bei einem einstufigen Vergabeverfahren, wenn der Auftraggeber erst nach Ablauf der Angebotsfrist einen Fehler gemacht hat, das antragstellende Unternehmen aber gar kein Angebot abgegeben hat, ohne daß die Nichtbeteiligung in einem ursächlichen Zusammenhang mit diesem Fehler des Vergabeverfahrens steht.

3. Geltendmachung einer Verletzung von Rechten nach § 97 Abs. 7 durch Nichtbeachtung von Vergabevorschriften

a) Rechtliche Konzeption

Die rechtliche Konzeption des § 107 Abs. 2 ist der Formulierung in § 42 Abs. 2 VwGO und dessen Verhältnis zu § 113 Abs. 1 VwGO vergleichbar[1]. Danach genügt für die Zulässigkeit eines Antrags die **Möglichkeit einer Rechtsverletzung.** Erst im Rahmen der Begründetheit des Rechtsmittels ist dann zu prüfen, ob die Rechtsverletzung tatsächlich vorliegt. Vergleichbar zu § 113 VwGO erfolgt dies bei dem Verfahren vor der Vergabekammer im Rahmen der Begründetheitsprüfung gemäß § 114.

18

Die Antragsbefugnis ist **Sachentscheidungsvoraussetzung.** Wenn sie fehlt, ist der Antrag unzulässig. Dabei genügt allerdings die substantiierte Geltendmachung einer Rechtsverletzung, ohne daß es darauf ankommt, ob eine solche wirklich vorliegt[2]. Die Geltendmachung einer Rechtsverletzung ist dabei mehr als ein bloßes Behaupten. Aus dem Vorbringen des antragstellenden Unternehmens muß sich die **konkrete Möglichkeit** einer Rechtsverletzung ergeben (sog. Möglichkeitstheorie). Dies ist nicht der Fall, wenn offensichtlich und eindeutig nach keiner Betrachtungsweise eigene Rechte des Unternehmens nach § 97 Abs. 7 verletzt sein können[3]. Ob der Antragsteller tatsäch-

19

---

1 So auch *Bechtold*, GWB, 2. Aufl. 1999, § 107 Rz. 1.
2 OLG Düsseldorf v. 13. 4. 1999 – Verg 1/99 – Restabfallbehandlungsanlage, BauR 1999, 751, 759; *Kulartz*, BauR 1999, 724, 727 f.; *Redeker/von Oertzen*, VwGO, 12. Aufl. 1997, § 42 Rz. 20; *Sodan* in Sodan/Ziekow, VwGO, Stand: Juli 1998, § 42 Rz. 356 ff.
3 Zur Geltendmachung einer Rechtsverletzung im Sinne von § 42 Abs. 2 VwGO BVerwG v. 17. 6. 1993 – 3 C 3.89 –, BVerwGE 92, 313, 315 f.; *Redeker/von Oertzen*, VwGO, 12. Aufl. 1997, § 42 Rz. 15; *Kopp/Schenke*, VwGO, 11. Aufl. 1998, § 42 Rz. 59.

lich in seinen Rechten verletzt ist, ist eine Frage der Begründetheit des Antrags[1].

b) Nichtbeachtung von Vergabevorschriften

20 Die Möglichkeit einer Verletzung von eigenen Rechten des Antragstellers kommt nur dann in Betracht, wenn Vergabevorschriften nicht beachtet worden sind. Gemeint sind damit alle Bestimmungen des Vergaberechts, die materielles außenwirksames Recht darstellen. Dazu gehören im wesentlichen die Regelungen des 4. Teils des GWB, die Vergabeverordnung sowie die über die Vergabeverordnung zum Außenrecht erstarkten Verdingungsordnungen (§ 97 Tz. 32; zu den sonstigen Ansprüchen i. S. v. § 104 Abs. 2 s. § 104 Tz. 14 f.)

c) Verletzung eigener Rechte nach § 97 Abs. 7

21 Allein die Verletzung von Vergabebestimmungen genügt für die Antragsbefugnis nicht. Es muß vielmehr um die Verletzung **eigener** Rechte des Antragstellers nach § 97 Abs. 7 gehen. Diese eigenen (subjektiven) Rechte stellen einen Ausschnitt der gesamten Vergabevorschriften dar. Das Verfahren vor der Vergabekammer ist also – wie sich bereits aus der Beschränkung der in Betracht kommenden Antragsteller (o. Tz. 14 ff.) ergibt – kein objektives Beanstandungsverfahren[2].

22 Entsprechend der sonstigen deutschen Rechtstraditionen bei Rechtsmitteln gegenüber der öffentlichen Hand haben Bieter daher **keinen allgemeinen Überprüfungsanspruch** hinsichtlich des staatlichen Verhaltens. Sie können vielmehr nur erfolgreich geltend machen, daß Vorschriften verletzt sind, die **ihrem eigenen Schutz** zu dienen bestimmt sind (subjektive Rechte)[3]. Es genügt also nicht die Mißachtung einer Norm, die lediglich Ordnungsfunktion hat oder lediglich die Interessen der Allgemeinheit wahren soll (z. B. Schutz der öffentlichen Haushalte, Wirtschaftlichkeit und Sparsamkeit)[4]. Ebensowe-

---

1 Vgl. BVerwG v. 9. 12. 1983 – 4 C 44.80 –, BVerwGE 68, 241, 243.
2 Zur Konformität mit den gemeinschaftsrechtlichen Anforderungen *Boesen*, Vergaberecht, 2000, § 107 Rz. 46 ff.
3 *Marx* in Jestaedt u. a., Das Recht der Auftragsvergabe, 1999, S. 149.
4 *Gröning*, ZIP 1999, 52, 54; kritisch *Byok*, NJW 1998, 2774, 2777; vgl. auch EuGH v. 11. 8. 1995 – Rs. C-433/93 (Kommission/Deutschland), ZIP 1995, 1895, 1897; zum Verwaltungsprozeßrecht, wo jedoch nicht von subjektiven Rechten, sondern von subjektiv-öffentlichen Rechten die Rede ist

nig können Unternehmen (subjektive) Rechte Dritter geltend machen, selbst wenn diese Dritten tatsächlich in Rechten verletzt sein sollten, die ihnen eine Antragsbefugnis im Sinne von § 107 Abs. 2 vermitteln würden. Da zu den subjektiven Rechten i. S. v. § 97 Abs. 7 auch die Bestimmungen gehören, aus denen sich ergibt, ob überhaupt ein und ggf. welches Vergabeverfahren durchzuführen ist (§ 97 Tz. 44), kann ein Nachprüfungsverfahren auch ohne ein laufendes Vergabeverfahren eingeleitet werden. § 107 läßt dies ohne weiteres zu. Der Annahme eines gesonderten vorbeugenden Rechtsschutzverfahrens über § 107 hinausgehend bedarf es daher nicht[1].

Bei **Personenmehrheiten,** die keine juristische Person sind (Vereinigungen, insbesondere BGB-Gesellschaften), die gemeinsam als Konsortium ein Angebot abgegeben haben, ist sowohl die Bietergemeinschaft insgesamt[2] als auch jedes einzelne Mitglied, das Unternehmen im Sinne von § 107 Abs. 2 ist (o. Tz. 13), antragsbefugt. § 107 Abs. 2 enthält insofern keine weitergehenden Beschränkungen. Die Vorschrift bezieht sich vielmehr auf jedes Unternehmen und dessen (jeweils eigene) Rechte[3]. Allerdings muß sich das einzelne Unternehmen das **Verhalten seiner Konsortialmitglieder** zurechnen lassen. Dies gilt insbesondere für die Ausschlußtatbestände des § 107 Abs. 3 (dazu u. Tz. 31 ff.).   23

4. Darlegung eines zumindest drohenden Schadens (§ 107 Abs. 2 Satz 2)

§ 107 Abs. 2 fordert für die Antragsbefugnis nicht nur die Möglichkeit der Verletzung eines subjektiven Rechts, sondern auch die Möglichkeit eines daraus resultierenden Schadens. Dies soll der Durchführung unnötiger Nachprüfungsverfahren im Sinne eines Rechtsschutzbedürfnisses entgegenwirken. Rechtsverstöße der Vergabestelle müssen sich danach auch ausgewirkt haben oder noch mit hinreichender Wahrscheinlich zum Nachteil des Antragstellers **auswirken** können (Kausalität). Wenn dies nicht der Fall ist, fehlt es an der   24

Redeker/von Oertzen, Verwaltungsgerichtsordnung, 12. Aufl. 1997, § 42 Rz. 102.
1 So allerdings VK Hessen v. 3. 9. 1999 – VK 3/99 – Aramidgewebe.
2 BayObLG v. 21. 5. 1999 – Verg 1/99 – Trinkwasserstollen, WuW 1999, 1037 = WuW/E Verg 239.
3 So im Ergebnis auch *Noch,* ZfBR 1997, 221, 224; anders *Franke/Höfler/Bayer,* Bauvergaberecht in der Praxis, Stand: Oktober 1999, III. Abschnitt Rz. 111.

erforderlichen Antragsbefugnis, so daß der Nachprüfungsantrag unzulässig ist. Dies ist etwa anzunehmen, wenn anstelle eines erforderlichen offenen Verfahrens gemäß § 101 Abs. 2 ein nicht offenes Verfahren gemäß § 101 Abs. 3 durchgeführt wird, das betreffende Unternehmen jedoch zur Angebotsabgabe aufgefordert wurde. In diesem Fall ist dem Unternehmen in der Regel kein Schaden entstanden und droht ihm auch nicht[1].

25   Ebenfalls droht einem antragstellenden Unternehmen kein Schaden, wenn es vergaberechtliche Verstöße rügt, jedoch gleichwohl **evident keine Aussicht auf Erteilung des Zuschlags** hat, selbst wenn der geltend gemachte Vergabeverstoß ausgeräumt würde. Dies ist vor allem dann denkbar, wenn das Angebot des antragstellenden Unternehmens in der Wertungsreihenfolge so weit hinten liegt, daß es für einen Zuschlag eindeutig nicht in Betracht kommt. Dabei sind allerdings im Rahmen der Antragsbefugnis, für die es genügt, daß ein Schaden droht, hohe Anforderungen zu stellen. Besteht die nicht ganz fernliegende Möglichkeit, daß das Angebot des betreffenden Unternehmens doch noch in den Kreis derjenigen Angebote kommt, die für eine Zuschlagserteilung ernsthaft in Betracht zu ziehen sind, dann genügt dies für die Antragsbefugnis.

26   Für den **„entstandenen Schaden"** im Sinne des § 107 Abs. 2 ist bedeutsam, ob dieser durch Maßnahmen im Sinne von § 114 Abs. 1 (dazu § 114 Tz. 10 ff.) **wieder beseitigt** werden kann. Dies ist insbesondere nach dem Vertragsabschluß über die zu vergebende Leistung nicht mehr möglich (Zuschlag gem. § 114 Abs. 2, dazu § 114 Tz. 20 ff.). Dies führt dazu, daß ein erst nach Vertragsabschluß gestellter Nachprüfungsantrag unzulässig ist[2]. Eine Erledigung im Sinne von § 114 Abs. 2 Satz 2 liegt in diesem Fall nicht vor. Ein Feststellungsantrag nach dieser Vorschrift kommt nur in Betracht, wenn die Zuschlagserteilung (Vertragsabschluß) nach Einleitung des Nachprüfungsverfahrens erfolgt ist (zum Beginn des Nachprüfungsverfahrens o. Tz. 8 f.). Ansonsten ist nur die unmittelbare Geltendmachung eines etwaigen Schadensersatzanspruches möglich (s. § 126 Tz. 4 ff.)[3].

---

1 OLG Saarbrücken v. 22. 10. 1999 – 5 Verg 2/99 –, ZVgR 2000, 24, 29; vgl. auch BayObLG v. 21. 5. 1999 – Verg 1/99 – Trinkwasserstollen, WuW 1999, 1037 = WuW/E Verg 239.
2 OLG Düsseldorf v. 13. 4. 1999 – Verg 1/99 – Restabfallbehandlungsanlage, BauR 1999, 751, 757; BKartA v. 18. 10. 1999 – VK 1 – 25/99 –; *Boesen*, Vergaberecht, 2000, § 107 Rz. 15 f.; *Gröning*, ZIP 1999, 52/56; a. A. *Bechtold*, GWB, 2. Aufl. 1999, § 102 Rz. 3, § 107 Rz. 1.
3 *Gröning*, ZIP 1999, 52, 56.

5. Geltendmachung

Das antragstellende Unternehmen hat **selbst** die Verletzung von   27
subjektiven Rechten im Sinne von § 97 Abs. 7 geltend zu machen
und einen zumindest möglichen Schaden durch die Verletzung von
Vergabevorschriften darzulegen. Diese **Darlegungslast** bezieht sich
nur auf die dem Unternehmen bereits im Vorfeld einer etwaigen
Akteneinsicht gemäß § 111 bekannten Umstände. Dementsprechend sind die Anforderungen auch mit Blick auf Sinn und Zweck
der Antragsbefugnis als Zulässigkeitsvoraussetzung (o. Tz. 15) eher
niedrig.

IV. Rügepflichten (§ 107 Abs. 3)

Die Rügepflichten des § 107 Abs. 3 sind das Gegenstück zu dem mit   28
dem Vergaberechtsänderungsgesetz gegenüber der früheren haushaltsrechtlichen Lösung eingeführten stärkeren Bieterschutz (§ 97
Tz. 37). Es handelt sich dabei um **Präklusionsregelungen,** die dazu
führen, daß eine Nichtbeachtung der Rügepflichten Nachprüfungs-
anträge unzulässig macht[1]. Dies beruht darauf, daß Auftraggeber und
Bieter eine **Vertrauensgemeinschaft mit wechselseitigen Rechten
und Pflichten** bilden. Dies verbietet zwar einerseits auf Seiten des
Auftraggebers, schutzwürdige Rechte von Bietern zu mißachten. Andererseits dürfen diese allerdings auch nicht zu eigenen Gunsten
darauf spekulieren, daß Vergaberechtsverstöße nicht zu ihren Lasten, sondern nur zu Lasten anderer Unternehmen gehen, sie selbst
daraus unter Umständen also Vorteile ziehen[2].

Die gegen die Präklusionsregelungen des § 107 Abs. 3 in der Litera-   29
tur teilweise geäußerte heftige Kritik[3] ist im Ergebnis vor diesem
Hintergrund nicht gerechtfertigt. Auch die Anforderungen der
Rechtsmittelrichtlinien (s. insbesondere Art. 1 Abs. 3 Satz 2 der
Richtlinien) sind gewahrt. Dort ist ausdrücklich vorgesehen, daß die

---

1 BR-Drucks. 646/2/97 S. 21 f.; a. A. OLG Saarbrücken v. 22. 10. 1999 –
  5 Verg 2/99 –, ZVgR 2000, 24, 29, das davon ausgeht, daß es auch nicht
  rügebedürftige Vergabefehler gibt, die im Nachprüfungsverfahren geltend
  gemacht werden können (dort entschieden für sog. Doppelmandate, s. dazu
  § 97 Tz. 9).
2 Vgl. *Leinemann/Weihrauch,* Die Vergabe öffentlicher Aufträge, 1999,
  Rz. 518.
3 S. insbesondere *Byok,* NJW 1998, 2774, 2778; *Boesen,* EuZW 1998, 551,
  554 f.

Mitgliedstaaten verlangen dürfen, daß derjenige, der ein Nachprüfungsverfahren einzuleiten beabsichtigt, den öffentlichen Auftraggeber zuvor von dem behaupteten Rechtsverstoß unterrichten muß. Dies schließt es im Rahmen des nationalen Umsetzungsspielraums ohne weiteres mit ein, daß ein Verstoß gegen eine solche Regelung sanktioniert werden darf. Ansonsten läuft eine derartige Verpflichtung im Ergebnis leer, was auch gemeinschaftsrechtlich offensichtlich nicht gefordert wird. Dies gilt sowohl für erkannte Verstöße als auch für Verstöße, die der betreffende Bieter ohne weiteres hätte erkennen können und müssen. Insbesondere ein arglistiges Verhalten[1] wird auch gemeinschaftsrechtlich nicht „belohnt". Bei nicht positiven erkannten (§ 107 Abs. 3 Satz 1, dazu u. Tz. 31 ff.) sondern nur im Sinne von § 107 Abs. 3 Satz 2 erkennbaren Verstößen (dazu u. Tz. 37 ff.) muß der Auftraggeber davon ausgehen können, daß sich der Bieter rechtzeitig vor Ablauf der Angebotsfrist mit der Ausschreibung auseinandersetzt. Dabei kann er – jedenfalls bei gebotener Sorgfalt – die Umstände, die ihn belasten bzw. durch die er sich belastet fühlt, erkennen. Dann allerdings ist es auch gerechtfertigt, ihm eine Rügepflicht aufzulegen. Fühlt sich der betreffende Bieter jedoch durch Umstände, die aufgrund der Bekanntmachung bei gebotener Sorgfalt erkennbar waren, nicht beschwert oder läßt er sich gleichwohl aus sonstigen Gründen auf das Vergabeverfahren ein, muß er das Verfahren auch weiterhin akzeptieren.

30 Letztlich ist in diesem Zusammenhang auch zu sehen, daß der Nachprüfungsantrag im Falle einer Präklusion aufgrund eines Verstoßes gegen die Rügepflichten des § 107 Abs. 3 **nicht insgesamt unzulässig** wird[2]. Vielmehr gilt dies nur für die konkreten Vergaberechtsverstöße, die das betreffende Unternehmen hätte rügen müssen, jedoch nicht gerügt hat. Alle verbleibenden Verstöße können nach wie vor uneingeschränkt geltend gemacht werden und dann ggf. auch Gegenstand der Begründetheitsprüfung durch die Vergabekammer sein. Insofern gilt also nichts anderes als bei sonstigen Präklusionsregelungen, wie sie aus dem Verwaltungsverfahrens- und Verwaltungsprozeßrecht bekannt sind (s. insbesondere § 73 Abs. 4 VwVfG; zur Möglichkeit ungeachtet der Rüge eines Vergabefehlers ein Angebot abzugeben u. Tz. 41)[3].

---

1 Die Arglist in derartigen Fällen räumt auch *Boesen*, EuZW 1998, 551, 555, ein.

2 Davon gehen wohl *Boesen*, EuZW 1998, 551, 555 sowie *Byok*, NJW 1998, 2774, 2278 aus.

3 Dazu etwa *Bonk* in Stelkens/Bonk/Sachs, Verwaltungsverfahrensgesetz, 5. Aufl. 1998, § 73 Rz. 73 ff.

1. Erkannte Verstöße gegen Vergabevorschriften, Präklusion

Nach § 107 Abs. 3 Satz 1 ist der Nachprüfungsantrag unzulässig, 31
wenn der Antragsteller den gerügten Verstoß bereits im Vergabeverfahren erkannt und nicht gegenüber dem Auftraggeber unverzüglich gerügt hat. Die Rüge ist dabei **formfrei** und auch mündlich
bzw. telefonisch[1] möglich, wenngleich sich für einen entsprechenden Nachweis die Schriftform einschließlich Telefax anbietet[2]. Der
Begriff „Rüge" muß nicht unbedingt verwendet werden. Ebensowenig ist es erforderlich, daß die Bestimmungen benannt werden, die das Unternehmen für verletzt hält. Zum Ausdruck kommen muß allerdings, **welchen Sachverhalt** das Unternehmen für
vergaberechtswidrig hält und zu dem es der Vergabestelle vor Anrufung der Vergabekammer die Möglichkeit einer Korrektur geben
möchte[3].

a) Positive Kenntnis

Der Begriff „erkannt" ist so zu verstehen, daß der Antragsteller 32
positive Kenntnis von dem gerügten Vergabeverstoß gehabt haben
muß. Da es dabei um die Kenntnis des Verstoßes geht, bezieht sich
diese positive Kenntnis sowohl auf den **tatsächlichen Sachverhalt** als
auch auf dessen **rechtliche Bedeutung.**

Der Nachweis der positiven Kenntnis wird vielfach schwierig, wenn 33
nicht gar unmöglich sein. Dies wirft die Frage auf, ob nicht auch ein
Kennenmüssen der konkreten Umstände und ihrer rechtlichen Bedeutung ausreicht. Allerdings wird man hier sehen müssen, daß
§ 103 in seinem zweiten Satz ausdrücklich den Fall der Erkennbar-
keit von Vergaberechtsverstößen regelt und auf die dort genannten
Fälle beschränkt. Dieser **eindeutigen Unterscheidung** ist zu entnehmen, daß es in § 107 Abs. 3 Satz 1 nur um tatsächlich erkannte
Verstöße geht, also ein Erkennenmüssen nicht ausreicht[4]. Allerdings
kann es für die **Beweislage** bedeutsam sein, wenn dem Unternehmen

---

1 BKartA v. 4. 8. 1999 – VK 2 – 16 –, NZBau 2000, 112.
2 VÜA Lüneburg v. 4. 8. 1999 – 203-VgK-6/1999 – Abwasserentsorgung,
  ZVgR 1999, 282; *Boesen*, Das neue Vergaberecht, 1999, S. 86.
3 BKartA v. 21. 10. 1999 – VK 2-26/99 –, NZBau 2000, 108, 109; Willenbruch, NVwZ 1999, 1062, 1066.
4 VÜA Lüneburg v. 4. 8. 1999 – 203-VgK-6/1999 – Abwasserentsorgung,
  ZVgR 1999, 282; *Sturmberg*, BauR 1998, 1063, 1068; *Bechtold*, GWB,
  2. Aufl. 1999, § 107 Rz. 2; *Kulartz*, BauR 1999, 724, 728.

der Sachverhalt als solcher bekannt und die daraus resultierende Rechtswidrigkeit eindeutig ist[1].

b) Unverzügliche Rüge

34   Ein positiv erkannter Vergaberechtsverstoß muß gegenüber dem Auftraggeber unverzüglich gerügt werden, wenn das Unternehmen nicht mit dieser Rüge präkludiert sein will. Der Begriff unverzüglich ist dabei im Sinne von § 121 BGB auszulegen, d. h. die Rüge muß **ohne schuldhaftes Verzögern** erfolgen[2]. In der Regel führt dies zu einer sehr kurzfristen Rügepflicht, da verschuldensausschließende Umstände zumeist nicht eingreifen dürften[3]. Es ist allerdings zumindest bei zweifelhaften Vergaberechtsverletzungen kein Verstoß gegen das Unverzüglichkeitsgebot, wenn ein Unternehmen vor der Rüge noch externe Berater, z. B. eine Rechtsanwaltspraxis mit Spezialwissen im Bereich des Vergaberechts, einschaltet[4]. Dies gilt jedenfalls dann, wenn eine solche Beratung kurzfristig erfolgen kann. Ist dies nicht der Fall, muß ein Unternehmen ggf. auch einen nicht völlig eindeutigen Vergaberechtsverstoß rügen. Es kann sich dann nicht darauf berufen, daß ihm ein Verstoß gegen das Unverzüglichkeitsgebot nicht zuzurechnen sei, weil die Prüfung eines externen Beraters besonders lange gedauert hat. Dessen Verhalten ist dem Unternehmen in einem solchen Fall also zuzurechnen.

35   Mit Blick auf Sinn und Zweck der Rügepflicht ist etwa die Besorgnis, daß der Auftraggeber über eine solche Rüge verärgert sein könnte, nicht von Bedeutung[5]. Es besteht also kein „Recht zur Lüge", das hier ein Verschulden ausschließen könnte[6]. Bei Vergabeverfahren,

---

1 Vgl. BayObLG v. 21. 5. 1999 – Verg 1/99 – Trinkwasserstollen, WuW 1999, 1037 = WuW/E 239; VÜA Hessen v. 11. 8. 1999 – VK 1/99 – Linienbusverkehr, ZVgR 1999, 278.

2 OLG Düsseldorf v. 13. 4. 1999 – Verg 1/99 – Restabfallbehandlungsanlage, BauR 1999, 751, 756; *Bechtold*, GWB, 2. Aufl. 1999, § 107 Rz. 2.

3 VÜA Hessen v. 11. 8. 1999 – VK 1/99 – Linienbusverkehr, ZVgR 1999, 278 (4–5 Tage); *Korbion*, Vergaberechtsänderungsgesetz, 1999, § 107 Rz. 5; deutlich großzügiger OLG Düsseldorf v. 13. 4. 1999 – Verg 1/99 – Restabfallbehandlungsanlage, BauR 1999, 751, 757, das eine Frist von bis zu zwei Wochen nach Kenntnis des Verstoßes für angemessen hält.

4 BKartA v. 13. 7. 1999 – VK 2-14/99 – Dienst- und Wohngebäude, Entscheidungssammlung Europäisches Vergaberecht, V5.

5 Unklar insofern OLG Düsseldorf v. 13. 4. 1999 – Verg 1/99 – Restabfallbehandlungsanlage, BauR 1999, 751, 757.

6 Zum Recht zur Lüge im Arbeitsrecht aufgrund der dortigen besonderen Gegebenheiten etwa BAG v. 28. 5. 1998 – 2 AZR 549/97 –, NZA 1998,

die **vor dem Inkrafttreten** des Vergaberechtsänderungsgesetzes am 1. 1. 1999 eingeleitet wurden, hat die Rügefrist erst am ersten Werktag des Jahres 1999, also am **4. 1. 1999,** begonnen[1]. Dem steht nicht entgegen, daß auch bereits vorher der Grundsatz von Treu und Glauben im Verhältnis der an dem Ausschreibungsverfahren Beteiligten zueinander galt, da der zwingende Ausschluß des Antragsrechts als Konsequenz einer unterlassenen Rüge eine neue und erstmalig abschließend geregelte Rechtsfolge ist[2]. Dies schließt es indes nicht aus, daß auch außerhalb des § 107 Abs. 3 bereits früher im Einzelfall die unterlassene Mitteilung an den Auftraggeber zu einer solchen Konsequenz führen konnte.

Die Rüge muß durch das Unternehmen, das den Nachprüfungsantrag 36 stellt, **selbst** erfolgt sein. Es genügt also nicht, wenn ein Dritter den Verstoß gegenüber dem Auftraggeber gerügt hat oder dem Auftraggeber aus sonstigen Gründen der Vergaberechtsverstoß zwischenzeitlich bekannt ist.

2. Erkennbare Verstöße

§ 107 Abs. 3 Satz 2 bezieht sich auf Verstöße gegen Vergabevorschrif- 37 ten, die aufgrund der Bekanntmachung des Vergabeverfahrens erkennbar waren. Maßgeblich ist dabei die Erkenntnismöglichkeit für einen **durchschnittlichen Antragsteller.** Bei eindeutiger Rechtslage hat daher eine Rüge zu erfolgen[3]. Ob das betreffende Unternehmen den Verstoß tatsächlich erkannt hat, ist in diesem Fall unerheblich. Während § 107 Abs. 3 Satz 1 beweismäßig zu Lasten des Auftraggebers geht (vgl. oben Tz. 32 f.), gehen die Verstöße gem. § 107 Abs. 3 Satz 1 aufgrund der eindeutigen Prüfbarkeit anhand der Vergabebekanntmachung zu Lasten des Bieters.

Im Unterschied zu § 107 Abs. 3 Satz 1 ist auch die **Rügefrist** exakt 38 bestimmt. Die Rüge muß bis zum Ablauf der Angebots- oder Bewerbungsfrist gegenüber dem Auftraggeber erfolgen.

1052, 1053 ff.; *Dieterich* in Erfurter Kommentar zum Arbeitsrecht, 1998, Art. 2 GG Rz. 104, 107.

1 OLG Düsseldorf v. 13. 4. 1999 – Verg 1/99 – Restabfallbehandlungsanlage, BauR 1999, 751, 756; ebenso OLG Brandenburg v. 3. 8. 1999 – 6 Verg 1/99 – Flughafen Schönefeld, WuW 1999, 929 = WuW/E Verg 231.

2 OLG Düsseldorf v. 13. 4. 1999 – Verg 1/99 – Restabfallbehandlungsanlage, BauR 1999, 751, 756; OLG Brandenburg v. 3. 8. 1999 – 6 Verg 1/99 – Flughafen Schönefeld, WuW 1999, 929 = WuW/E Verg 231.

3 So auch *Korbion*, Vergaberechtsänderungsgesetz, 1999, § 107 Rz. 6; anders *Boesen*, Vergaberecht, 2000, § 107 Rz. 67 f.

3. Zeitlicher Abstand zwischen Rüge und Stellung eines Nachprüfungsantrags

39   Gesetzlich nicht geregelt ist das zeitliche Verhältnis zwischen der Rüge von Vergaberechtsverstößen gemäß § 107 Abs. 3 und der Stellung eines Nachprüfungsantrages gemäß § 107 Abs. 1. Sinn und Zweck der Rügepflicht ist es, der Vergabestelle die Möglichkeit einzuräumen, selbst etwaige Vergaberechtsverstöße auszuräumen. Dies setzt eine dafür hinreichende Frist voraus. Andererseits ist jedoch zu sehen, daß allein die Rüge des Vergaberechtsverstoßes nicht zu dem **Zuschlagsverbot** gemäß § 115 Abs. 1 (dazu § 115 Tz. 4 ff.) führt. Das rügende Unternehmen hat daher ein Interesse daran, den Nachprüfungsantrag für den Fall, daß der Rüge nicht abgeholfen wird, möglichst umgehend zu stellen. Denn es muß zumindest damit rechnen, daß die Zuschlagserteilung und Auftragsvergabe – gerade auch vor dem Hintergrund der ausgebrachten Rüge – kurzfristig erfolgen, um so dem Zuschlagsverbot gemäß § 115 Abs. 1 zuvorzukommen. Dies gilt selbst dann, wenn die Vergabestelle ihren Informationspflichten vor Zuschlagserteilung in der gebotenen Weise nachgekommen ist (§ 114 Tz. 36 ff.). Dementsprechend ist auch vor dem Hintergrund, daß gesetzlich ein besonderer zeitlicher Abstand nicht geregelt wurde, davon auszugehen, daß nach erfolgter Rüge **umgehend** ein Nachprüfungsantrag gestellt werden darf[1].

40   Wenn der Rüge durch die Vergabestelle nicht **abgeholfen** wird, verbleibt es bei der Zulässigkeit eines bereits anhängigen Nachprüfungsantrags. Trägt die Vergabestelle der Rüge des Unternehmens hingegen Rechnung, entfällt in der Regel das Rechtsschutzinteresse für eine Fortsetzung des Nachprüfungsverfahrens. Es kommt dann allenfalls noch ein Verfahren auf Feststellung der Rechtswidrigkeit gemäß § 114 Abs. 2 Satz 2 in Betracht (§ 114 Tz. 50).

4. Rügepflichten und Angebotsabgabe

41   Nicht gehindert ist ein Unternehmen, ungeachtet der Rüge eines (vermeintlichen) Vergaberechtsverstoßes auch ein Angebot oder eine Bewerbung abzugeben[2]. Dies ist mit Blick auf die Antragsbefugnis für ein späteres Nachprüfungsverfahren **nicht treuwidrig**, denn für den

---

1 So auch BKartA v. 13. 7. 1999 – VK 2-14/99 – Dienst- und Wohngebäude, Entscheidungssammlung Europäisches Vergaberecht, V5.

2 So auch *Leinemann/Weihrauch*, Die Vergabe öffentlicher Aufträge, 1999, Rz. 522.

Fall, daß der Vergaberechtsverstoß nach Auffassung der Vergabekammer nicht vorliegt, muß das Unternehmen gleichwohl in der Lage sein, ein fristgerechtes Angebot oder eine Bewerbung einzureichen. Allerdings kann es in solchen Fällen durchaus sein, daß die Antragsbefugnis aus anderen Gründen fehlt. Rügt das betreffende Unternehmen etwa eine zu kurze Angebotsfrist, hat es aber gleichwohl ein Angebot abgegeben, wird es vielfach an einem entstandenen oder drohenden Schaden im Sinne von § 107 Abs. 2 Satz 2 fehlen (oben Rz. 24 ff.).

§ 108 Form

(1) Der Antrag ist schriftlich bei der Vergabekammer einzureichen und unverzüglich zu begründen. Er soll ein bestimmtes Begehren enthalten. Ein Antragsteller ohne Wohnsitz oder gewöhnlichen Aufenthalt, Sitz oder Geschäftsleitung im Geltungsbereich dieses Gesetzes hat einen Empfangsbevollmächtigten im Geltungsbereich dieses Gesetzes zu benennen.

(2) Die Begründung muß die Bezeichnung des Antragsgegners, eine Beschreibung der behaupteten Rechtsverletzung mit Sachverhaltsdarstellung und die Bezeichnung der verfügbaren Beweismittel enthalten sowie darlegen, daß die Rüge gegenüber dem Auftraggeber erfolgt ist; sie soll, soweit bekannt, die sonstigen Beteiligten benennen.

Inhaltsübersicht

I. Einführung

1. Inhaltsübersicht

1 § 108 Abs. 1 bestimmt die formalen Anforderungen an den Nachprüfungsantrag. Abs. 2 der Vorschrift regelt die Mindestanforderungen, die an die Antragsbegründung zu stellen sind.

Reidt

2. Entstehungsgeschichte

Der Gesetzestext entspricht § 118 des Regierungsentwurfs[1]. 2

Begründung zu § 118 des Regierungsentwurfs[2]: 3

Neben der Schriftform wird der Mindestinhalt des Antrags geregelt. Die Vorschrift orientiert sich an den entsprechenden Regelungen für den Inhalt von Klageschriften (vgl. § 253 Abs. 2 ZPO, § 82 VwGO). Die Festlegung des Mindestinhalts der Begründung der Antragsschrift dient der Beschleunigung des Nachprüfungsverfahrens. Die Verletzung macht den Antrag unzulässig, soweit es nicht nur um Soll-Bestimmungen geht. Die Benennung der sonstigen Beteiligten soll erfolgen, um (i. V. m. § 119) möglicherweise gegenläufige Interessen anderer Beteiligter so früh wie möglich berücksichtigen und die Beiladung veranlassen zu können. Verzögerungen des Vergabeverfahrens durch ein mögliches weiteres Nachprüfungsverfahren werden damit vermieden. Satz 3 enthält abweichend von § 5 VwVfG für den ausländischen Antragsteller die gesetzliche Verpflichtung, einen inländischen Empfangsbevollmächtigten zu bestellen. Dies dient der Beschleunigung des Verfahrens.

II. Formelle Mindestanforderungen (§ 108 Abs. 1)

1. Schriftform, ergänzende Anwendung des Verwaltungsverfahrensgesetzes

§ 108 Abs. 1 orientiert sich hinsichtlich der Formvorschriften an den 4
entsprechenden Regelungen für den Inhalt von Klageschriften im Verwaltungsprozeß (§ 82 VwGO) und im Zivilprozeß (§ 253 ZPO). Ungeachtet dessen handelt es sich jedoch gleichwohl um einen Antrag an die Verwaltung, so daß für den Antrag über die ausdrücklichen vergaberechtlichen Anforderungen hinausgehend nicht die verwaltungs- oder zivilprozessualen Anforderungen gelten sondern die Bestimmungen des Verwaltungsverfahrensgesetzes des Bundes und der Länder (§ 107 Tz. 4 ff.). Soweit allerdings die spezialgesetzlichen Bestimmungen des GWB sich inhaltlich mit den prozessualen Regelungen in der Verwaltungsgerichtsordnung und der Zivilprozeßordnung decken, kann die diesbezügliche Rechtsprechung und Literatur zumindest zur Auslegung herangezogen werden.

§ 108 Abs. 1 Satz 1 regelt für den Nachprüfungsantrag ausdrücklich 5
die **Schriftform**. Der Antrag kann also abweichend von § 22 VwVfG[3]

---

1 BT-Drucks. 13/9340.
2 BT-Drucks. 13/9340.
3 *Stelkens/Schmitz* in Stelkens/Bonk/Sachs, Verwaltungsverfahrensgesetz, 5. Aufl. 1998, § 22 Rz. 30; *Ule/Laubinger,* Verwaltungsverfahrensrecht, 4. Aufl. 1995, § 20 Rz. 5.

nicht mündlich gestellt werden. Er ist durch den Antragsteller oder seinen **Bevollmächtigten** zu unterschreiben. Eine Vollmacht muß dem Antrag beigefügt sein. Sie ist nur auf Verlangen der Vergabekammer nachzuweisen (§ 14 Abs. 1 Satz 3 VwVfG). Die Form der Übermittlung des Antrags an die Vergabekammer ist unerheblich. Er ist durch den Antragsteller oder seinen **Bevollmächtigten** zu unterschreiben. Eine Vollmacht muß nicht beigefügt sein. Sie ist nur auf Verlangen der Vergabekammer nachzuweisen (§ 14 Abs. 1 Satz 3 VwVfG).

2. Zuständigkeit

6 Der Antrag ist **bei der Vergabekammer** einzureichen. Eine Einreichung bei der Vergabestelle genügt also nicht. Ebenfalls muß es sich um die im konkreten Fall zuständige Vergabekammer handeln. Ansonsten muß zwar der Antrag gleichwohl entgegengenommen werden (§ 24 Abs. 3 VwVfG), jedoch besteht **keine Rechtspflicht zur Weiterleitung** oder Weiterverweisung an die zuständige Vergabekammer. Allerdings hat die unzuständige Vergabekammer gemäß § 25 VwVfG eine Beratungs- und Auskunftspflicht[1]. Wird der Antrag nicht bei der zuständigen Vergabekammer gestellt, ist er offensichtlich unzulässig und daher nicht gemäß § 110 Abs. 2 zuzustellen (§ 110 Tz. 16 ff.), wenn er nicht auf die Empfehlung der Vergabekammer hin zurückgenommen wird.

7 Selbst wenn die Zustellung des Nachprüfungsantrags erfolgt und ggf. auch von der Vergabestelle sowie von den sonstigen Verfahrensbeteiligten im Sinne von § 109 hingenommen wird, macht dies den bei einer örtlich oder sachlich unzuständigen Vergabekammer gestellten Nachprüfungsantrag nicht zulässig, da eine ausdrückliche oder gar stillschweigende **Zuständigkeitsvereinbarung gesetzlich nicht vorgesehen** ist. Es handelt sich daher um eine von Amts wegen zu prüfende Anforderung, für die indes § 46 VwVfG einschlägig sein kann.

3. Sonstige verfahrensrechtliche Bestimmungen

8 Daneben gelten auch die weiteren Vorschriften des Verwaltungsverfahrensrechts, wie etwa die Regelung der für das Verfahren maßgeb-

---

1 *Bonk* in Stelkens/Bonk/Sachs, Verwaltungsverfahrensgesetz, 5. Aufl. 1998, § 3 Rz. 12, § 24 Rz. 87, § 25 Rz. 30 ff.; *Obermayer*, Kommentar zum Verwaltungsverfahrensgesetz, 3. Aufl. 1999, § 3 Rz. 11, § 24 Rz. 59 f.; a. A. *Kopp*, Verwaltungsverfahrensgesetz, 6. Aufl. 1996, § 3 Rz. 52 f.: auf Antrag Pflicht zur Weiterleitung sowie Wahrung der Wirkungen der Anhängigkeit analog § 17b Abs. 1 Satz 2 GVG, § 16 Abs. 2 Satz 2 SGB I.

lichen Amtssprache (§ 23 VwVfG) oder die Regelung zur Vertretung durch Bevollmächtigte und Beistände gemäß § 14 VwVfG[1]. Wie in anderen Verwaltungsverfahren auch, besteht anders als in dem Verfahren der sofortigen Beschwerde gemäß § 116 ff. **kein Anwaltszwang.**

4. Pflicht zur unverzüglichen Begründung

Während sich aus § 108 Abs. 2 die Anforderungen an den Inhalt der Begründung eines Nachprüfungsantrages ergeben, regelt § 108 Abs. 1 die Unverzüglichkeit der Begründung. Unverzüglich ist dabei nach allgemeinem Verständnis so zu verstehen, daß die Begründung ohne schuldhaftes Zögern erfolgen muß (vgl. § 121 Abs. 1 Satz 1 BGB, dazu § 107 Tz. 34).   9

Die Unverzüglichkeit bezieht sich auf den Mindestinhalt der Antragsbegründung gemäß Abs. 2. In der Regel führt dies dazu, daß die **Begründung bereits weitestmöglich in der Antragsschrift** enthalten sein muß. Anders kann dies nur dann sein, wenn dem antragstellenden Unternehmen bestimmte Informationen nicht oder noch nicht vorliegen[2]. In diesem Fall muß die Begründung nachgeholt bzw. ergänzt werden, sobald dies dem Unternehmen möglich ist. Dies gilt etwa für in der Antragsschrift noch nicht geltend gemachte Rechtsverletzungen, die sich erst aus der Akteneinsicht (§ 111) ergeben haben. Rechtsausführungen dürfen bis zur Entscheidung der Vergabekammer jederzeit erfolgen (dazu noch § 113 Tz. 31).   10

In jedem Fall muß die in der Antragsschrift enthaltene Begründung bereits so umfassend sein, daß die Vergabekammer prüfen kann, ob der Antrag **offensichtlich unzulässig oder unbegründet** ist (s. § 110 Tz. 21 ff.). Ansonsten wird der Antrag nicht mit den Folgen des § 115 Abs. 1 (§ 115 Tz. 4 ff.) zugestellt. Dementsprechend ist dann auch eine Akteneinsicht bei der Vergabekammer gemäß § 111 nicht möglich. Ein Unternehmen kann also nicht einen vollständig unbegründeten Antrag ins Blaue hinein stellen, um anläßlich einer etwaigen Akteneinsicht festzustellen, ob unter Umständen eine Verletzung von Rechten im Sinne von § 97 Abs. 7 (dazu § 97 Tz. 37 ff.) vorliegen könnte.   11

---

1 Vgl. auch OLG Düsseldorf v. 13. 4. 1999 – Verg 1/99 – Restabfallbehandlungsanlage, BauR 1999, 751, 759.

2 Großzügiger *Bechtold*, GWB, 2. Aufl. 1999, § 108 Rz. 1; *Korbion*, Vergaberechtsänderungsgesetz, 1999, § 108 Rz. 4.

5. Bestimmtes Begehren

12   Der Antrag soll gemäß § 108 Abs. 1 Satz 2 ein bestimmtes Begehren enthalten. Da es sich dabei nur um eine **Soll-Vorschrift** handelt, führt das Fehlen eines bestimmten Begehrens nicht zur Unzulässigkeit des Antrags. Auch wenn sich daher aus dem Antrag nicht zwingend ergeben muß, **wie** die geltend gemachte Rechtsverletzung beseitigt werden soll, muß gleichwohl deutlich werden, **welche** Rechtsverletzung nach Auffassung des antragstellenden Unternehmens beseitigt werden muß.

13   Mit der fehlenden Notwendigkeit eines bestimmten Begehrens korrespondiert § 114 Abs. 1 Satz 2. Danach ist die Vergabekammer selbst bei einem gestellten Antrag nicht an diesen gebunden. Vielmehr kann sie auch auf andere Weise der begehrten Beseitigung einer von ihr festgestellten Rechtsverletzung Rechnung tragen (§ 114 Tz. 12).

6. Benennung eines Empfangsbevollmächtigten

14   § 108 Abs. 1 Satz 3 enthält eine gegenüber § 15 VwVfG spezielle Regelung. Danach hat ein ausländischer Antragsteller einen inländischen Empfangsvollmächtigen zu benennen. Dazu bedarf es **keiner besonderen Aufforderung** durch die Vergabekammer. Genügt der Antrag eines ausländischen Antragstellers diesen Anforderungen nicht, ist er unzulässig[1]. In diesem Fall greift also nicht lediglich die in § 15 Satz 2 VwVfG geregelte Bekanntgabefrist für Schriftstücke. Mit Blick auf die Beschleunigungsanforderungen, die an das Nachprüfungsverfahren zu stellen sind, ist dies sachlich gerechtfertigt und auch mit Blick auf die Rechtsmittelrichtlinien (Einleitung Tz. 5) unbedenklich.

III. Antragsbegründung (§ 108 Abs. 2)

15   § 108 Abs. 2 regelt den **Mindestinhalt** der Antragsbegründung. In der Regel muß diese bereits in der Antragsschrift selbst enthalten sein, sofern dem nicht durch das antragstellende Unternehmen nicht zu vertretende Hindernisse entgegenstehen (o. Tz. 10). Jedoch sind – unter Beachtung etwaiger Fristsetzungen gemäß § 113 Abs. 2 Satz 2 (§ 113 Tz. 26 ff.) sowie der Präklusionsregelungen des § 107 Abs. 3 (§ 107 Tz. 28 ff.) – bis zur Entscheidung der Vergabekammer jederzeit Ergänzungen möglich.

---

1 *Boesen,* Vergaberecht, 2000, § 108 Rz. 9.

1. Antragsgegner

Zwingend zu benennen ist in dem Nachprüfungsantrag der Antrags- 16
gegner, also der Auftraggeber (Vergabestelle), um dessen Vergabeverfahren es geht.

2. Sachverhaltsdarstellung, Rechtsverletzung

In der Antragsbegründung muß der Sachverhalt einschließlich der 17
behaupteten Rechtsverletzung dargelegt werden. Dies hat zumindest
so umfassend erfolgen, daß die Vergabekammer die **Antragsbefugnis**
(§ 107 Tz. 11 ff.) feststellen kann. Fehlt es daran, ist der Antrag
sowohl wegen eines Verstoßes gegen § 108 als auch gegen § 107
Abs. 2 Satz 2 unzulässig.

Ungeachtet des Untersuchungsgrundsatzes gemäß § 110 (dazu § 110 18
Tz. 4 ff.) folgt daraus, daß die diesbezügliche Darlegungslast bei dem
antragstellenden Unternehmen liegt[1]. Zugleich werden durch die
Darlegungen des Unternehmens in seiner Antragsbegründung dem
Untersuchungsgrundsatz des § 110 Grenzen gezogen. Die Vergabekammer muß nicht ins Blaue hinein Sachverhaltsermittlungen vornehmen. Vielmehr hat sie den Sachverhalt nur in dem durch den
Antragsteller als entscheidungserheblich dargestellten Rahmen und
mit Blick auf die behaupteten Rechtsverletzungen zu untersuchen
(§ 110 Tz. 6 ff.).

3. Bezeichnung der verfügbaren Beweismittel

Was unter den **Begriff der Beweismittel** fällt, ergibt sich aus § 26 19
Abs. 1 VwVfG. Dazu gehören

- Auskünfte jeder Art
- die Anhörung von Beteiligten
- die Vernehmung von Zeugen und Sachverständigen
- die Einholung von schriftlichen Äußerungen von Beteiligten,
  Sachverständigen und Zeugen
- die Beiziehung von Urkunden und Akten
- die Einnahme des Augenscheins.

Der Antragsteller muß die **verfügbaren Beweismittel** bezeichnen. 20
Vom Wortlaut her ist die Regelung strenger als § 26 Abs. 2 Satz 2

---

1 *Braun*, BB 1999, 1069, 1070.

VwVfG, der lediglich verlangt, daß die Beteiligten die ihnen bekannten Beweismittel angeben sollen. Dies wirft Abgrenzungsfragen zum Untersuchungsgrundsatz gemäß § 110 auf:

21   Dafür ist zunächst von Bedeutung, daß die fehlende Angabe von verfügbaren Beweismitteln den Antrag nicht unzulässig macht. Wie dies auch sonst bei Beweismitteln in Verwaltungsverfahren der Fall ist, sind sie nur dann von Bedeutung, wenn **Sachverhaltsfragen streitig oder unklar** sind[1]. Ergibt sich aus dem Verlauf des Nachprüfungsverfahrens, daß dies nicht der Fall ist, bedarf es auch der Bezeichnung von Beweismitteln nicht. Dies ist etwa dann der Fall, wenn die entscheidungserheblichen Umstände bereits der Vergabeakte entnommen werden können.

22   Sind allerdings Sachverhaltsfragen ungeklärt, stellt sich die Frage, welche Bedeutung die Verpflichtung zur Bezeichnung von verfügbaren Beweismitteln hat. Dabei sind zunächst die Beweismittel auszugrenzen, die das antragstellende Unternehmen **nicht kennt**. Diese Beweismittel sind für das Unternehmen im Sinne von § 108 Abs. 2 Satz 3 nicht verfügbar. Ergeben sich diese Beweismittel durch die Sachverhaltserforschung der Vergabekammer, hat sie sich dieser Beweismittel auch zu bedienen, wenn sie diese zur Aufklärung des Sachverhalts für erforderlich hält. Daran ändert die nicht erfolgte Bezeichnung durch den Antragsteller nichts.

23   Es verbleiben dann noch die Beweismittel, deren Inanspruchnahme für die Aufklärung der entscheidungserheblichen Sachverhaltsfragen **erforderlich** ist, die jedoch durch den Antragsteller **nicht bezeichnet** wurden, obwohl sie ihm bekannt waren. In diesem Fall kann es zweifelhaft sein, ob die Vergabekammer die entsprechenden Beweise erheben darf oder sogar erheben muß.

24   Die Zulässigkeit der Beweiserhebung ist zu bejahen. Denn bei dem Nachprüfungsverfahren handelt es sich um ein durch den Untersuchungsgrundsatz geprägtes Verwaltungsverfahren, nicht hingegen um ein durch den Beibringungsgrundsatz geprägtes Verfahren, wie es aus der Zivilprozeßordnung bekannt ist[2]. Daraus folgt, daß die Verfahrensbeteiligten in Bezug auf die Sachverhaltsaufklärung **lediglich Mitwirkungslasten** haben. Diese sind zwar im Nachprüfungsverfahren gegenüber den allgemeinen Bestimmungen des Verwaltungsverfahrensrechts verstärkt (Tz. 20), jedoch ändert dies nichts an diesem

---

1 *Clausen* in Knack, Verwaltungsverfahrensgesetz, 6. Aufl. 1998, § 26 Anm. 2.2.

2 Zum Beibringungsgrundsatz (Verhandlungsmaxime) *Greger* in Zöller, Zivilprozeßordnung, 21. Aufl. 1999, vor § 128 Rz. 10 ff.

prinzipiellen Verständnis. Die Bedeutung der Bezeichnung von verfügbaren Beweismitteln liegt in der Verpflichtung der Verfahrensbeteiligten, zur **Förderung und Beschleunigung** des Verfahrens beizutragen. Dies wird auch durch § 113 Abs. 2 und § 110 Abs. 1 bestätigt. Das bedeutet im Ergebnis, daß die Vergabekammer grundsätzlich auch auf Beweismittel zugreifen darf, die der Antragsteller nicht bezeichnet hat, obgleich sie ihm bekannt waren. Dies gilt namentlich dann, wenn sich die Aufklärungsmaßnahmen aus dem Sachvortrag oder aus den beigezogenen Unterlagen **aufdrängen**.

Andererseits endet die Verpflichtung zur Erforschung des Sachverhalts dort, wo die Mitwirkungspflicht der Beteiligten einsetzt. Bezeichnet daher der Antragsteller bestimmte Beweismittel nicht und drängen sich diese der Vergabekammer auch nicht auf, dann muß sie auch keine vertieften Sachverhaltsermittlungen vornehmen. Dieses **Zusammenspiel von Untersuchungsgrundsatz einerseits und Mitwirkungslast der Verfahrensbeteiligten** andererseits gilt allgemein im Verwaltungsverfahrens- und Verwaltungsprozeßrecht[1]. Erst recht ist es in dem auf eine schnelle Entscheidung angelegten Nachprüfungsverfahren von Bedeutung. Die Vergabekammer kann also in der Regel davon ausgehen, daß die Antragsbegründung und die Bezeichnung der verfügbaren Beweismittel durch das antragstellende Unternehmen vollständig sind, dieses also seiner Mitwirkungslast uneingeschränkt nachkommt. Daher muß sie in der Regel außer in den sich dafür aufdrängenden Fällen nicht von Beweismitteln Gebrauch machen, die der Antragsteller nicht bezeichnet hat, obgleich ihm dies möglich gewesen wäre. 25

4. Darlegung der rechtzeitigen Rüge

Des weiteren ist in der Antragsbegründung darzulegen, daß die erforderlichen Rügen gem. § 107 Abs. 3 (dazu § 107 Tz. 31 ff.) erfolgt sind und wann dies konkret erfolgte. Die Ausführungen müssen diesbezüglich so präzise sein, daß die Vergabekammer insofern die Zulässigkeit des Nachprüfungsantrags feststellen und dementsprechend auch klären kann, ob das Antragsbegehren auf bestimmte gerügte Verstöße gestützt werden kann oder nicht (vgl. § 107 Tz. 30; zum zeitlichen Abstand zwischen Rüge und Antragstellung § 107 Tz. 39)[2]. 26

---

1 S. etwa *Redeker/von Oertzen*, VwGO, 12. Aufl. 1997, § 86 Rz. 7 ff. mit ausführlichen Nachweisen zur Rechtsprechung und Literatur.
2 VÜA Hessen v. 11. 8. 1999 – VK 1/99 – Linienbusverkehr, ZVgR 1999, 278.

5. Benennung sonstiger Beteiligter

27 Die Regelung des § 108 Abs. 2, 2. Halbs. ist ungenau. Gemeint sind in der Bestimmung Unternehmen, deren Interessen durch die von der Vergabekammer zu treffende Entscheidung schwerwiegend berührt werden (§ 109 Tz. 9 ff.). Die betreffenden Unternehmen werden allerdings **erst durch die Beiladung** seitens der Vergabekammer Verfahrensbeteiligte. Bei den Unternehmen, die der Antragsteller benennen soll, handelt es sich daher um solche, die dem Verfahren noch beigeladen werden sollen.

28 Aus der Formulierung der Vorschrift folgt, daß es sich dabei **nicht** um eine **Verpflichtung** handelt, die die Zulässigkeit des Nachprüfungsantrages in Frage stellt. Die möglichst frühzeitige Benennung soll lediglich dem das gesamte Nachprüfungsverfahren durchziehenden Beschleunigungsgrundsatz Rechnung tragen.

§ 109 Verfahrensbeteiligte, Beiladung

Verfahrensbeteiligte sind der Antragsteller, der Auftraggeber und die Unternehmen, deren Interessen durch die Entscheidung schwerwiegend berührt werden und die deswegen von der Vergabekammer beigeladen worden sind. Die Entscheidung über die Beiladung ist unanfechtbar.

Inhaltsübersicht

I. Einführung

1. Inhaltsübersicht

§ 109 regelt, wer an einem Nachprüfungsverfahren beteiligt ist einschließlich der Möglichkeit zur Beiladung bestimmter Unternehmen. 1

2. Entstehungsgeschichte

Der Gesetzestext entspricht § 119 des Regierungsentwurfs[1]. 2

Begründung zu § 119 des Regierungsentwurfs[2]: 3

Auch die Festlegung des Kreises der Verfahrensbeteiligten muß mit dem Ziel der Beschleunigung des Vergabeverfahrens erfolgen. Durch Beiladung, die so-

---

1 BT-Drucks. 13/9340.
2 BT-Drucks. 13/9340.

wohl auf Antrag als auch von Amts wegen erfolgen kann, soll die Beteiligung all derer sichergestellt werden, die durch eine für sie nachteilige Entscheidung der Vergabekammer eine Verletzung ihrer eigenen Rechte erfahren und – bei Nichtbeteiligung – ein weiteres Überprüfungsverfahren beantragen könnten. Die Abgrenzung des Beteiligtenkreises durch das Merkmal „schwerwiegend berührt" erfolgte, da die im GWB z. B. in § 66 Abs. 1 Nr. 3 übliche Bezeichnung „erheblich betroffen" bereits durch die Rechtsprechung in einem bestimmten Sinne geprägt ist. Das Tatbestandsmerkmal wurde gewählt, um der künftigen Rechtsprechung den für den Einzelfall erforderlichen Spielraum zu geben. In der Praxis werden z. B. die Unternehmen beizuladen sein, deren Angebote in die engere Wahl kommen, insbesondere dann, wenn ihre Angebote nach einer bereits vorliegenden Wertung des Auftraggebers dem Angebot des Antragstellers vorgehen. Als Verfahrensbeteiligte verfügen die Beigeladenen auch grundsätzlich über alle Angriffs- und Verteidigungsrechte wie der Antragsteller.

Die Anfechtung der Beiladungsentscheidung ist im Interesse eines raschen Verfahrensabschlusses in der Hauptsache ausgeschlossen.

II. Antragsteller, Antragsgegner

4 Es versteht sich von selbst, daß das antragstellende Unternehmen und der Auftraggeber Beteiligte des Nachprüfungsverfahrens sind (vgl. § 13 Abs. 1 Nr. 1 VwVfG). Man kann dabei von **geborenen Verfahrensbeteiligten** sprechen. Für die Beteiligungsfähigkeit, die Handlungsfähigkeit sowie die Einschaltung von Bevollmächtigten und Beiständen gelten dabei die allgemeinen Regelungen des Verwaltungsverfahrensgesetzes (§§ 11 ff. VwVfG).

III. Weitere Unternehmen

5 § 109 sieht die Möglichkeit vor, daß weitere Unternehmen durch die Vergabekammer dem Verfahren beigeladen werden können, wenn deren Interessen durch die zu treffende Entscheidung schwerwiegend berührt werden. Diese Unternehmen sind erst dann Verfahrensbeteiligte, wenn sie tatsächlich beigeladen worden sind (§ 108 Tz. 27). Man kann sie als **gekorene Verfahrensbeteiligte** bezeichnen.

6 Die Beiladung ist auch in § 54 Abs. 2 Nr. 3 für das Verfahren vor den Kartellbehörden geregelt. Ebenfalls findet sich der Begriff in § 65 VwGO. Demgegenüber spricht § 13 Abs. 2 VwVfG nicht von einer Beiladung sondern von einer Hinzuziehung.

7 Die gegenüber § 13 VwVfG abweichende Begrifflichkeit ist gerechtfertigt, weil es sich bei § 109 um eine spezielle Regelung handelt, die

den Besonderheiten des vergaberechtlichen Nachprüfungsverfahrens
Rechnung trägt (s. insbesondere Tz. 11). Ebenfalls unterscheidet sich
die Beiladung nach § 109 hinsichtlich ihrer Voraussetzungen von der
Beiladung gemäß § 54 Abs. 2 Nr. 3 (s. insbesondere Tz. 15, 18)[1].

1. Begriff des Unternehmens

Beigeladen werden können nur Unternehmen, nicht hingegen Ver-   8
bände oder sonstige Dritte, die ein bestimmtes Interesse an dem
Verlauf und Ausgang des Nachprüfungsverfahrens haben[2]. Für den
Begriff des Unternehmens gelten dabei dieselben Anforderungen wie
für den Antragsteller (dazu § 107 Tz. 13).

2. Materieller Maßstab für die Beiladung

Voraussetzung für die Beiladung ist, daß Interessen von anderen   9
Unternehmen als dem Antragsteller durch die von der Vergabekammer zu treffende Entscheidung schwerwiegend berührt werden.

a) Mögliches Berührtsein von Interessen

Es genügt entgegen dem insofern mißverständlichen Wortlaut die   10
Möglichkeit der Interessenberührung (s. Tz. 17). Diese muß im konkreten Fall unter sachgerechter Berücksichtigung aller Umstände
möglich erscheinen[3]. Eine tatsächliche Betroffenheit durch die Entscheidung der Vergabekammer muß also noch nicht definitiv festste-
hen. Sofern etwa mehrere Unternehmen noch den Zuschlag auf ihr
Angebot erhalten können und dafür ernsthaft in Betracht kommen,
kann dies auch gar nicht anders sein.

b) Interessen

Im Unterschied zu § 13 VwVfG spricht § 109 nur von Interessen,   11
nicht hingegen von rechtlichen Interessen. Die Interessen, die eine
Beladung rechtfertigen können, müssen also nicht durch eine
Rechtsnorm des öffentlichen oder privaten Rechts geschützt sein. Es

---

1 Anders *Bechtold*, GWB, 2. Aufl. 1999, § 109 Rz. 2.
2 Anders wohl *Franke/Höfler/Bayer*, Bauvergaberecht in der Praxis, Stand:
  Oktober 1999, III. Abschnitt Rz. 156 ff.
3 So auch für die Beiladung im Kartellverwaltungsverfahren *Bracher* in
  Frankfurter Kommentar, § 51 a. F. Tz. 49.

genügt mithin ein bloßes wirtschaftliches Interesse, etwa die **wirtschaftliche Chance,** den Zuschlag zu erhalten[1].

c) Berührtsein

12 Berührt werden Interessen im Sinne von § 109 dann, wenn sie durch die Entscheidung der Vergabekammer **negativ betroffen** sein können. Es muß sich um eine für das beizuladende Unternehmen möglicherweise nachteilige Entscheidung der Vergabekammer handeln, die dieses Unternehmen unter Umständen veranlassen könnte, gegen die veränderte Fortsetzung des Vergabeverfahrens vorzugehen. Dies soll aus Gründen der Verfahrensökonomie und der Beschleunigung vermieden werden[2].

13 Daraus folgt, daß Unternehmen, die ein gleiches Interesse wie der Antragsteller haben, in der Regel nicht beizuladen sind, weil sie durch die Entscheidung der Vergabekammer typischerweise nicht negativ betroffen sind. Allenfalls wirkt die Entscheidung für sie mittelbar begünstigend, wenn dem Nachprüfungsantrag stattgegeben wird. Wenn dies hingegen nicht erfolgt, stehen diese Unternehmen nicht besser und nicht schlechter dar, als wenn das Nachprüfungsverfahren gar nicht durchgeführt worden wäre[3].

14 Für die Beiladung kommen daher in der Regel Unternehmen in Betracht, die nach dem Stand des Vergabeverfahrens eine **größere Chance** als das antragstellende Unternehmen haben, den Zuschlag zu erhalten[4]. Diese Unternehmen können etwa bei einer durch die Vergabekammer für erforderlich gehaltenen Veränderung der Bewertungs- und Zuschlagskriterien in ihrer Chance, den Zuschlag zu erhalten, beinträchtigt sein.

15 Anders als für die Beiladung im Kartellverwaltungsverfahren gem. § 54 Abs. 2 Nr. 3 ist für § 109 eine **unmittelbare** negative Betroffenheit erforderlich. Eine lediglich mittelbare Berührung von Interessen genügt hingegen nicht. Dies zeigt bereits der Kreis der Beiladungsfähigen in § 54 Abs. 2 Nr. 3 einerseits und in § 109 andererseits[5].

---

1 Vgl. *Clausen* in Knack, Verwaltungsverfahrensgesetz, 6. Aufl. 1998, § 13 Anm. 4.1.1; *Bonk* in Stelkens/Bonk/Sachs, Verwaltungsverfahrensgesetz, 5. Aufl. 1998, § 13 Rz. 32.
2 So auch *Schneevogel/Horn,* NVwZ 1998, 1242, 1245.
3 Anders wohl *Bechtold,* GWB, 2. Aufl. 1999, § 109 Rz. 2.
4 *Boesen,* Das neue Vergaberecht, 1999, 88.
5 A. A. *Bechtold,* GWB, 2. Aufl. 1999, § 109 Rz. 2.

Auch wenn für die Beiladung ein bloßes wirtschaftliches Interesse   16
genügt (o. Tz. 11), müssen die Beizuladenden zumindest **potentiell
eigene Rechte** im Sinne von § 97 Abs. 7 in Bezug auf das konkrete
Vergabeverfahren haben. Dies entspricht dem Sinn und Zweck der
Regelung, aus Gründen der Verfahrensökonomie, vor allem aber
auch aus Gründen der Beschleunigung weitere Nachprüfungsverfahren zu vermeiden[1]. Demgemäß fallen etwa Muttergesellschaften,
Zulieferer u.s.w. nicht in den Kreis der Beizuladenden (zur fehlenden
Antragsbefugnis solcher Unternehmen § 107 Tz. 16)[2].

Während § 54 Abs. 2 Nr. 3 für eine Beiladung fordert, daß Interessen   17
erheblich berührt werden, ist für die Beiladung gemäß 109 eine
schwerwiegende Berührung notwendig. Dieser Wortlaut spricht für
höhere Anforderungen an die Beiladung. Andererseits ist jedoch der
Sinn und Zweck des § 109 zu sehen, zusätzliche Nachprüfungsverfahren zu vermeiden (o. Tz. 16). Dies spricht für eine eher großzügige
Auslegung, damit alle Verfahrensbeteiligten durch die Entscheidung
der Vergabekammer gebunden sind (zur Stellung des Beigeladenen
im Verfahren u. Tz. 29 ff.). In jedem Fall erfolgte die von § 54 Abs. 2
Nr. 3 abweichende Wortwahl bewußt, um so eine jeweils eigenständige Auslegung der Beiladungsvoraussetzungen zu ermöglichen[3].

Im Ergebnis ist der **Kreis** der für eine Beiladung gemäß § 109 in   18
Betracht kommenden Unternehmen enger zu ziehen als bei § 54
Abs. 2 Nr. 3. Für die **Qualität der Betroffenheit** wird man demgegenüber ebenso wie bei § 54 Abs. 2 Nr. 3 sehen müssen, daß die hinreichend konkrete Möglichkeit einer Beeinträchtigung genügt, was einen eher großzügigen Maßstab rechtfertigt. Gleichwohl verbleibt es
dabei, daß – ebenso wie im Kartellverwaltungsverfahren – sowohl
qualitative als auch quantitative Kriterien zur Ausfüllung des unbe-
stimmten Rechtsbegriffs „schwerwiegend" heranzuziehen sind. In
Fällen einer **notwendigen Beiladung** (s. u. Tz. 22 ff.) wird man dabei
allerdings ohne weitere Prüfung **immer** von einer schwerwiegenden
Betroffenheit ausgehen müssen.

---

1 S. dazu die Begründung zu § 119 des Regierungsentwurfs, Rz. 3.
2 S. demgegenüber für das Kartellverwaltungsverfahren *Bracher* in Frankfurter Kommentar, § 51 a. F. Tz. 51 f.
3 Begründung zu § 119 des Regierungsentwurfs, Rz. 3.

d) Qualität der berührten Interessen, Intensität der Interessenberührung

19 § 109 spricht für die Beiladung von Interessen der betreffenden Unternehmen, nicht hingegen von Rechten im Sinne von § 97 Abs. 7. Da allerdings die Beiladung aus Gründen der Verfahrensbeschleunigung und der Verfahrensökonomie weitere Nachprüfungsverfahren vermeiden soll, können die Interessen im Sinne des § 109 nur dann rechtserheblich sein, wenn es um Rechte aus § 97 Abs. 7 geht und dem betreffenden Unternehmen bei einer antragsgemäßen Veränderung des Vergabeverfahrens aufgrund der Entscheidung der Vergabekammer ein Schaden droht (dazu bereits Tz. 16). Nur in einem solchen Fall muß ernsthaft damit gerechnet werden, daß dieses Unternehmen ein weiteres Nachprüfungsverfahren einleitet, um so seinen eigenen Rechtsstandpunkt zur Geltung zu bringen.

3. Verfahrensrechtliche Fragen

a) Entscheidung über die Beiladung

20 § 109 regelt die verfahrensmäßigen Voraussetzungen für die Beiladung nicht. Diese ist daher sowohl von Amts wegen möglich als auch auf Antrag derjenigen Unternehmen, die beigeladen werden möchten (§ 13 Abs. 2 Satz 1 VwVfG)[1]. Dies gilt unabhängig davon, ob es sich um eine einfache oder um eine notwendige Beiladung handelt.

b) Notwendige Beiladung, einfache Beiladung

21 Das Verwaltungsverfahrensgesetz unterscheidet in § 13 Abs. 2 VwVfG zwischen einer im Ermessen der Behörden stehenden Hinzuziehung und einer Hinzuziehung, die zwingend erfolgen muß. Im Kartellverwaltungsverfahren ist diese Regelung zu beachten, da § 54 Abs. 2 Nr. 3 insofern nicht abschließend ist[2]. Man wird dies für das Verfahren vor der Vergabekammer nicht anders sehen können[3].

---

1 Anders *Bechtold*, GWB, 2. Aufl. 1999, § 109 Rz. 3, der offensichtlich immer einen Antrag auf Beiladung für erforderlich hält.
2 *Bracher* in Frankfurter Kommentar, § 51 a. F. Tz. 58.
3 BayObLG v. 21. 5. 1999 – Verg 1/99 – Trinkwasserstollen, WuW 1999, 1037 = WuW/E 239; *Boesen*, Vergaberecht, 2000, § 109 Rz. 14.

aa) Notwendige Beiladung

Notwendig ist die Beiladung ohne jedweden Entscheidungsspielraum 22
der Vergabekammer dann, wenn der Ausgang des Nachprüfungsverfahrens **rechtsgestaltende Wirkung** für ein drittes Unternehmen hat.

Ein rechtsgestaltende Wirkung ist dann gegeben, wenn die in Be- 23
tracht kommende Entscheidung unmittelbar Rechte eines dritten
Unternehmens begründet, ändert oder aufhebt[1]. Ob der Ausgang des
Verfahrens tatsächlich rechtsgestaltende Wirkung hat, ist für die
Notwendigkeit der Beiladung unerheblich, da dies erst bei Abschluß
des Verfahrens feststeht. Es genügt daher die **konkrete Möglichkeit**
einer rechtsgestaltenden Wirkung der Nachprüfungsentscheidung
für ein drittes Unternehmen[2]. Denkbar ist eine solche Möglichkeit
etwa dann, wenn das antragstellende Unternehmen geltend macht,
daß ein drittes Unternehmen zugunsten des Antragstellers nicht auf
der Grundlage eines Präqualifikationsverfahrens zur Angebotsabgabe
hätte aufgefordert werden dürfen, weil es bestimmte Voraussetzungen nicht erfüllt, z. B. den Teilnahmeantrag nicht fristgerecht abgegeben hat (zum nicht offenen Verfahren o. § 101 Tz. 7 ff.)[3].

bb) Einfache Beiladung (Ermessensbeiladung)

Sofern kein Fall der notwendigen Beiladung vorliegt, steht diese im 24
Ermessen der Vergabekammer. Dieses Ermessen knüpft allerdings
erst an die **tatbestandlichen Voraussetzungen** des § 109 an, d. h. eine
Beiladung ist auch als Ermessensentscheidung nur dann zulässig,
wenn die Interessen des beizuladenden Unternehmens durch die Entscheidung der Vergabekammer schwerwiegend berührt werden
(o. Tz. 9 ff.).

Auf der Ermessensebene kann die Vergabekammer alle insofern rele- 25
vanten Aspekte berücksichtigen. Besondere Bedeutung hat dabei der
das Nachprüfungsverfahren prägende **Beschleunigungsgrundsatz**
(§ 113). Bei Unternehmen, bei denen mit großer Wahrscheinlichkeit
mit einem weiteren Nachprüfungsverfahren gerechnet werden muß,

---

1 *Bonk* in Stelkens/Bonk/Sachs, Verwaltungsverfahrensgesetz, 5. Aufl. 1998,
§ 13 Rz. 38 ff.; *Redeker/von Oertzen*, VwGO, 12. Aufl. 1997, § 65 Rz. 8.
2 *Bonk* in Stelkens/Bonk/Sachs, Verwaltungsverfahrensgesetz, 5. Aufl. 1998,
§ 13 Rz. 40; *Clausen* in Knack, Verwaltungsverfahrensgesetz, 6. Aufl.
1998, § 132 Rz. 4.2.
3 S. auch *Leinemann/Weihrauch*, Die Vergabe öffentlicher Aufträge, 1999,
Rz. 531.

spricht auf der Ermessensebene vieles für eine Beiladung. Auch kann
für die Frage der Beiladung etwa die Wahrung von **Betriebs- und
Geschäftsgeheimnissen** eine Rolle spielen. Zwar sieht § 111 Abs. 2
Einschränkungen für die Möglichkeit zur Akteneinsicht vor (§ 111
Tz. 12 ff.), jedoch werden nicht selten die betroffenen Punkte auch
schriftsätzlich sowie in der mündlichen Verhandlung behandelt.
Geht es dabei um für die Vergabestelle, den Antragsteller oder auch
für sonstige Dritte besonders wichtige und sensible Fragen, spricht
dies für eine größere Zurückhaltung hinsichtlich einer Beiladung.
Dies gilt namentlich dann, wenn ein Antrag auf Beiladung offensichtlich in ganz erheblichem Umfang auch dadurch motiviert ist, derartige Informationen zu erhalten.

c) Dauer der Beiladung

26   Die Beiladung setzt ein **laufendes Nachprüfungsverfahren** voraus.
Vorher ist sie noch nicht möglich, etwa als vorsorgliche Beiladung
o. ä. für ein potentielles Nachprüfungsverfahren.

27   In Betracht kommt die Beiladung **nur bis zur Entscheidung** der Vergabekammer, also nicht mehr im Beschwerdeverfahren (dazu noch
u. § 116 Tz. 13)[1]. Dies folgt aus § 119. Danach sind an dem Verfahren vor dem Beschwerdegericht nur diejenigen beteiligt, die bereits
an dem Verfahren vor der Vergabekammer beteiligt waren. Dieses
Verfahren endet jedoch mit der Sachentscheidung der Vergabekammer durch Erlaß eines Verwaltungsaktes gemäß § 114 Abs. 3 (§ 9
VwVfG)[2]. Die insofern andere Handhabung im Kartellverwaltungsverfahren[3] rechtfertigt sich aus dem unterschiedlichen Wortlaut der
jeweiligen Bestimmungen.

28   Wird der **Nachprüfungsantrag zurückgenommen,** endet die Beila-
dungswirkung. Dies gilt sowohl für die einfache als auch für die
notwendige Beiladung. Das beigeladene Unternehmen kann nicht
verlangen, daß der Nachprüfungsantrag aufrechterhalten oder das
Verfahren ohne einen entsprechenden Antrag fortgesetzt wird. Die
Durchführung des Verfahrens liegt also auch bei erfolgter Beiladung
im ausschließlichen Dispositionsbereich des Antragstellers[4].

---

1 A. A. *Bechtold,* GWB, 2. Aufl. 1999, § 109 Rz. 2.
2 *Stelkens/Schmitz* in Stelkens/Bonk/Sachs, Verwaltungsverfahrensgesetz,
   5. Aufl. 1998, § 9 Rz. 182 ff.
3 *Bracher* in Frankfurter Kommentar, § 51 a. F. Tz. 66, § 66 a. F. Tz. 7.
4 Vgl. für die Beiladung im Verwaltungsprozeß *Redeker/von Oertzen,*
   VwGO, 12. Aufl. 1997, § 66 Rz. 6 f.

d) Stellung des Beigeladenen

Sobald ein Unternehmen beigeladen worden ist, hat es innerhalb des 29
Nachprüfungsverfahrens die Stellung eines Verfahrensbeteiligten.
Das Unternehmen kann in dem Verfahren daher ebenso wie der
Antragsteller und der Antragsgegner tatsächliche und rechtliche
Ausführungen machen, Akteneinsicht nehmen (§ 111) sowie alle
sonstigen **Angriffs- und Verteidigungsmittel** geltend machen. Das
Unternehmen ist ebenso wie der Antragsteller und der Antragsgeg-
ner an die Entscheidung der Vergabekammer gebunden. Gegen die
Entscheidung der Vergabekammer kann das beigeladene Unterneh-
men daher **Rechtsmittel** einlegen, sofern es durch die Entscheidung
beschwert ist (dazu § 116 Tz. 13).

Das beigeladene Unternehmen muß den Verfahrensstand des Nach- 30
prüfungsverfahrens übernehmen. Es hat **keinen Anspruch auf Wiederholung früherer Verfahrenshandlungen**[1]. Ist das beigeladene Unternehmen der Auffassung, daß es aufgrund einer erst sehr spät
erfolgten Beiladung nicht mehr in der Lage war, sich sachgerecht zu
äußern, kann es dies lediglich im Rahmen eines Beschwerdeverfahrens gemäß den §§ 116 ff. geltend machen, wenn es auch materiell
beschwert ist.

Es ist **nicht möglich,** daß das Unternehmen auf die Stellung als 31
Beigeladener **verzichtet.** Ist die (einfache oder notwendige) Beiladung
erfolgt, dann ist die damit einhergehende Bindungswirkung seitens
der Vergabekammer gerade gewollt. Dem kann sich das betreffende
Unternehmen nicht einseitig entziehen.

e) Rechtsschutzfragen

Die **Beiladungsentscheidung** der Vergabekammer ist gemäß § 109 32
Satz 2 **unanfechtbar,** also nicht gesondert überprüfbar. Das gilt sowohl für eine positive als auch für eine negative Entscheidung über
die Beiladung[2]. Dies ist auch mit Blick auf die tatsächlichen und
rechtlichen Folgen unbedenklich:

Wird ein **Unternehmen nicht beigeladen,** obgleich es dies beantragt 33
hat, dann kann es ggf. mit einem eigenen Antrag die Vergabekammer

---

1 Vgl. zur Beiladung im Kartellverwaltungsverfahren *Bracher* in Frankfurter
  Kommentar, § 51 a. F. Tz. 73; zur Beiladung im Verwaltungsprozeß *Eyermann,* VwGO, 10. Aufl. 1998, § 65 Rz. 19.
2 Ebenso *Bechtold,* GWB, 2. Aufl. 1999, § 109 Rz. 4.

anrufen, wenn es sich durch das Vergabeverfahren des Auftraggebers in eigenen Rechten aus § 97 Abs. 7 beschwert fühlt und ihm ein Schaden zumindest droht. Die Entscheidung der Vergabekammer gemäß § 114 Abs. 3 entfaltet in diesem Fall für das nicht beigeladene Unternehmen keine Bindungswirkung[1].

34 Erfolgt aus Sicht eines der anderen Verfahrensbeteiligten **zu Unrecht eine Beiladung,** dann ist dies hinzunehmen. Die Wahrung der Interessen der weiteren Beteiligten ist vor allem durch § 111 Abs. 2 und 3 hinreichend gewahrt.

f) Analoge Anwendung von § 108 Abs. 1 Satz 2

35 § 108 Abs. 1 Satz 2 sieht vor, daß ein ausländischer Antragsteller einen **Empfangsbevollmächtigten** in der Bundesrepublik Deutschland zu benennen hat (§ 108 Tz. 14). Der Sinn und Zweck dieser Vorschrift, das Nachprüfungsverfahren möglichst zu beschleunigen, greift auch für beizuladende Unternehmen ein. Dementsprechend kann in entsprechender Anwendung dieser Regelung einem beizuladenden Unternehmen mit der Beiladungsentscheidung aufgegeben werden, einen inländischen Empfangsbevollmächtigten zu benennen.

---

1 Zu den Folgen einer unterbliebenen Beiladung im einzelnen *Clausen* in Knack, Verwaltungsverfahrensgesetz, 6. Aufl. 1998, § 13 Anm. 4.4.

§ 110 Untersuchungsgrundsatz

(1) Die Vergabekammer erforscht den Sachverhalt von Amts wegen. Sie achtet bei ihrer gesamten Tätigkeit darauf, den Ablauf des Vergabeverfahrens nicht unangemessen zu beeinträchtigen.

(2) Sofern er nicht offensichtlich unzulässig oder unbegründet ist, stellt die Vergabekammer den Antrag nach Eingang dem Auftraggeber zu und fordert bei ihm die Akten an, die das Vergabeverfahren dokumentieren (Vergabeakten). Sofern eine Vergabeprüfstelle eingerichtet ist, übermittelt die Vergabekammer der Vergabeprüfstelle eine Kopie des Antrags. Der Auftraggeber stellt die Vergabeakten der Kammer sofort zur Verfügung. Die §§ 57 bis 59 Abs. 1 bis 5 gelten entsprechend[1].

Inhaltsübersicht

---

1 Die genannten Vorschriften sind im Anhang II, S. 465 ff., abgedruckt.

I. Einführung

1. Inhaltsübersicht

1 § 110 Abs. 1 regelt für das Nachprüfungsverfahren den Untersuchungsgrundsatz, der jedoch gleichzeitig durch die Eilbedürftigkeit des Nachprüfungsverfahrens relativiert wird. Abs. 2 der Vorschrift regelt die Zustellung des Nachprüfungsantrages an die Vergabestelle, die Anforderung der Vergabeakten, die Unterrichtung der Vergabeprüfstelle sowie die Möglichkeiten zur Ermittlung und Beweiserhebung.

2. Entstehungsgeschichte

2 § 120 des Regierungsentwurfs[1]:

Untersuchungsgrundsatz

(1) Die Vergabekammer erforscht den Sachverhalt von Amts wegen. Sie achtet bei ihrer gesamten Tätigkeit darauf, den Ablauf des Vergabeverfahrens nicht unangemessen zu beeinträchtigen.

(2) Die Vergabekammer stellt den Antrag nach Eingang dem Auftraggeber zu und fordert bei ihm die Akten an, die das Vergabeverfahren dokumentieren (Vergabeakten). Sofern eine Vergabeprüfstelle eingerichtet ist, übermittelt die Vergabekammer der Vergabeprüfstelle eine Kopie des Antrags. Der Auftraggeber stellt die Vergabeakten der Kammer sofort zur Verfügung. § 46 Abs. 1 bis 5 und 9 und §§ 54, 55 gelten entsprechend.

3 Begründung zu § 120 des Regierungsentwurfs[2]:

Das öffentliche Interesse an der Rechtmäßigkeit des Vergabeverfahrens und die knappe Frist, innerhalb der die Überprüfung durch die Kammer zu erfolgen hat, erfordern die Klärung des Sachverhalts von Amts wegen. Das entspricht dem Untersuchungsgrundsatz des § 24 VwVfG und des § 54 für die allgemeinen Kartellsachen. In der Praxis wird sich die Kammer aber im Interesse eines zügigen Verfahrens und der Effizienz ihrer Arbeit in aller Regel auf die Prüfung der vorliegenden Anträge und der vorgetragenen Beanstandungen beschränken.

Der Auftraggeber hat nach Aufforderung durch die Vergabekammer sämtliche bei ihm vorhandenen Unterlagen schnellstmöglich zur Verfügung zu stellen. Auch auf entschuldbare Verzögerungen bei der Vorlage der Akten soll sich der Auftraggeber nicht berufen können. Ansonsten könnte die Fünf-Wochen-Frist in vielen Fällen nicht eingehalten werden. Mit der Übermittlung

---

1 BT-Drucks. 13/9340. Die unterstrichenen Passagen weichen vom späteren Gesetzestext ab.
2 BT-Drucks. 13/9340.

einer Kopie des Antrags an die Vergabeprüfstelle soll eine parallele Prüfung zur Beschleunigung des Verfahrens ermöglicht werden. Gelangt die Vergabeprüfstelle zum Ergebnis, daß das Vergabeverfahren mangelhaftet und der Bewerber in seinen Rechten verletzt ist, so wird sich durch Tätigwerden der Vergabeprüfstelle das Verfahren vor der Vergabekammer erledigen.

Die Verweise auf die §§ 46, 54 und 55 GWB geben der Kammer u. a. Durchsuchungs- und Beschlagnahmebefugnisse gegenüber öffentlichen und privaten Auftraggebern. Die Einräumung dieser Rechte korrespondiert mit der Verantwortung der Kammer zur Ermittlung der tatsächlichen Entscheidungsgrundlagen. Wie bei jeder staatlichen Maßnahme ist auch hier der Grundsatz der Verhältnismäßigkeit zu beachten. Die Praxis der Kartellbehörden zeigt, daß sie von den ihnen eingeräumten Befugnissen verantwortlich Gebrauch machen.

Im übrigen gilt, soweit nicht Spezialregelungen getroffen sind oder auf andere Verfahrensvorschriften des GWB verwiesen ist, das Verwaltungsverfahrensgesetz subsidiär.

II. Grundsatz der Amtsermittlung (§ 110 Abs. 1)

§ 110 Abs. 1 Satz 1 entspricht inhaltlich im wesentlichen dem auch   4
in § 24 VwVfG allgemein für das Verwaltungsverfahren geregelten **Untersuchungsgrundsatz.** Unabhängig von der den Verfahrensbeteiligten, insbesondere dem Antragsteller, auferlegten Beibringungslast (s. insbesondere § 108 Tz. 15 ff., § 113 Tz. 23 ff.) prägt dieser Grundsatz – ebenso wie andere Verwaltungsverfahren auch – das Nachprüfungsverfahren[1]. Soweit § 110 keine besonderen Regelungen trifft, ist daher im Zusammenhang mit Fragen der Sachverhaltsermittlung das Verwaltungsverfahrensgesetz ergänzend heranzuziehen. Soweit § 24 VwVfG durch das GWB verdrängt wird, kann die Regelung zumindest zur Auslegung der GWB-Vorschriften herangezogen werden[2].

---

[1] Ungenau in diesem Zusammenhang *Noch,* Vergaberecht kompakt, 1999, S. 67, der den Untersuchungsgrundsatz als Gegenstück zur Dispositionsmaxime und nicht als Gegenstück zum Beibringungsgrundsatz darstellt; zu diesen Begriffen im einzelnen *Clausen* in Knack, Verwaltungsverfahrensgesetz, 6. Aufl. 1998; *Stelkens/Kallerhoff* in Stelkens/Bonk/Sachs, Verwaltungsverfahrensgesetz, 5. Aufl., § 24 Rz. 12.

[2] Ebenso für das kartellrechtliche Verwaltungsverfahren *Bracher* in Frankfurter Kommentar, § 54 a. F. Tz. 4.

1. Verpflichtung zur Sachverhaltserforschung

5   Gemäß § 110 Abs. 1 Satz 1 erforscht die Vergabekammer den Sachverhalt von Amts wegen. Daraus folgt, daß die Vergabekammer insofern **kein Ermessen** hat. Dies muß vielmehr in dem erforderlichen Umfang erfolgen.

2. Erforderliche Ermittlungen

a) Eigenverantwortlichkeit der Verfahrensbeteiligten

6   Die Vergabekammer muß nur den für ihre Entscheidung **notwendigen Sachverhalt** ermitteln. Dies bedeutet, daß sie an das Vorbringen und an bestimmte Anträge der Verfahrensbeteiligten nicht gebunden ist. Die Vergabekammer muß also nicht etwaigen Sachverhaltsfragen nachgehen, die zwar von den Verfahrensbeteiligten angesprochen sind, die jedoch keinen entscheidungserheblichen Bezug zu subjektiven Rechten des Antragstellers gemäß § 97 Abs. 7 haben und auch nicht aus sonstigen Gründen entscheidungsrelevant sind.

7   Diese Einschränkung der Untersuchungspflichten folgt nicht aus § 114 Abs. 1 Satz 3, der nur auf Sachanträge der Verfahrensbeteiligten bezogen ist (§ 114 Tz. 12). Dies ergibt sich vielmehr aus Sinn und Zweck des Untersuchungsgrundsatzes selbst[1], darüber hinaus auch aus dem Sinn und Zweck von § 110 Abs. 1 Satz 2 (dazu u. Tz. 9 ff.).

8   **Ohne** entsprechende **Darlegungen** der Verfahrensbeteiligten muß die Vergabekammer nur das ermitteln, was aus ihrer Sicht bedeutsam ist (§ 24 Abs. 2 VwVfG), was sich also der Kammer bei vernünftigen Überlegungen aufdrängt (s. in diesem Zusammenhang bereits zu den Beweismitteln § 108 Tz. 24)[2]. Dabei ist zu beachten, daß der Antragsteller gemäß § 108 Abs. 1 seinen Nachprüfungsantrag unverzüglich begründen muß. Die Vergabekammer kann in der Regel davon ausgehen, daß in der Begründung die wesentlichen entscheidungsrelevanten Punkte zumindest dem Grunde nach enthalten sind (§ 108 Tz. 18).

---

1 *Ule/Laubinger,* Verwaltungsverfahrensrecht, 4. Aufl. 1995, § 21 Rz. 2.

2 *Willenbruch,* NVwZ 1999, 1062, 1067; *Boesen,* Das neue Vergaberecht, 1999, 89; *Stelkens/Kallerhoff* in Stelkens/Bonk/Sachs, Verwaltungsverfahrensgesetz, 5. Aufl. 1998, § 24 Rz. 26.

b) Umfang der Ermittlungen, Beweiswürdigung

Der Umfang der Sachverhaltsermittlungen ist begrenzt durch den 9
Verfahrensgegenstand. § 114 Abs. 2 ändert nichts daran, daß das Verfahren auf den zur Entscheidung gestellten Sachverhalt einschließlich des durch den Antragsteller verfolgten Ziels beschränkt ist. Es dürfen und müssen daher keine Ermittlungen der Vergabekammer dahingehend angestellt werden, ob etwa ein anderes Unternehmen, das keinen Nachprüfungsantrag gestellt hat, in subjektiven Rechten gemäß § 97 Abs. 7 verletzt ist (s. dazu auch noch § 114 Tz. 10 f.). Nichts anderes gilt für etwaige Vergaberechtsverstöße zu Lasten des antragstellenden Unternehmens, die in keinem erkennbaren Zusammenhang mit dem durch den Antragsteller unterbreiteten Sachverhalt stehen. Für etwaige diesbezügliche Ermittlungen ist nicht die antragsgebundene Vergabekammer sondern die Vergabeprüfstelle zuständig, die auch von Amts wegen tätig werden kann (dazu § 103 Tz. 9; zur Unterrichtung der Vergabeprüfstelle u. Tz. 37 ff.).

Innerhalb dieses Rahmens ergibt sich der Umfang der Sachverhalts- 10
ermittlung aus dem materiellen Vergaberecht. Es ist alles das aufzuklären, was für die dem Antragsgegner vorgeworfene Verletzung von subjektiven Rechten des Antragstellers gemäß § 97 Abs. 7 maßgeblich und für die Überzeugungsbildung der Vergabekammer notwendig ist[1]. Der das Nachprüfungsrecht prägende Beschleunigungsgrundsatz (§ 110 Abs. 1 Satz 2, § 113) führt dabei nicht zu geringeren Anforderungen an die Sachverhaltsermittlung und Überzeugungsbildung als dies bei anderen Verwaltungsverfahren der Fall ist. Es handelt sich also **nicht um ein Eilverfahren mit reduzierten Anforderungen** an die Ermittlungspflichten und die Überzeugungsbildung der Vergabekammer[2]. Die Vergabekammer muß daher mit an Sicherheit grenzender Wahrscheinlichkeit von der Richtigkeit des ihrer Entscheidung zugrunde gelegten Sachverhalts überzeugt sein. Zeigt sich bei der Beurteilung, daß im konkreten Fall der Sachverhalt auch anders sein kann als vorgetragen, muß weiter ermittelt werden. Dies gilt erst recht dann, wenn sich ein anderer Tatbestand aufdrängt. Hingegen muß die Vergabekammer über die Richtigkeit ihrer Entscheidungsgrundlage keine absolute Gewißheit erlangt haben[3].

---

1 Zu den Möglichkeiten der Beweiserhebung gem. § 110 Abs. 2 Satz 3 i. V. m. §§ 57 bis 59 Abs. 1–5 s. Tz. 40 f.
2 *Gröning*, ZIP 1999, 52, 58; in diesem Sinne auch *Bechtold*, GWB, 2. Aufl. 1999, § 110 Rz. 1.
3 *Stelkens/Kallerhoff* in Stelkens/Bonk/Sachs, Verwaltungsverfahrensgesetz, 5. Aufl. 1998, § 24 Rz. 20 ff.

11   Für das Nachprüfungsverfahren gilt dabei wie für jedes Verwaltungsverfahren, sofern nichts anderes geregelt ist, der **Grundsatz der freien Beweiswürdigung.** Die Vergabekammer ist also nicht an bestimmte Beweisregeln gebunden sondern in der Bewertung und Würdigung der Tatsachen, die sie ihrer rechtlichen Entscheidung zu Grunde legt, frei.

c) Verhältnismäßigkeit

12   § 110 Abs. 1 Satz 2 enthält eine besondere Ausprägung des Verhältnismäßigkeitsgrundsatzes, der für die Amtsermittlung der Vergabekammer ebenso zu beachten ist wie dies bei allen anderen staatlichen Tätigkeiten der Fall ist. Der Verhältnismäßigkeitsgrundsatz erfordert insbesondere die Wahl der zur Sachverhaltsaufklärung zur Verfügung stehenden **mildesten Mittel,** d. h. der Mittel, die die Positionen der Betroffenen und der Allgemeinheit am wenigsten beeinträchtigen[1].

13   **Besonderes Gewicht** mißt § 110 Abs. 1 Satz 2 dabei der **zügigen Weiterführung des Vergabeverfahrens** und der Auftragsvergabe bei. Darauf ist folglich besonders zu achten, wenn es um die Frage geht, ob bestimmte Sachverhaltsermittlungen noch verhältnismäßig sind. So braucht die Vergabekammer keine Nachforschungen anzustellen, die sehr zeitintensiv sind oder sehr nachhaltig in schutzwürdige Positionen von Verfahrensbeteiligten oder sonstigen Dritten eingreifen (zum Geheimnisschutz § 111 Tz. 18), gleichwohl jedoch kaum die Aussicht bieten, nachhaltig zur Aufklärung des Sachverhalts beizutragen. Insbesondere muß die in § 113 Abs. 1 genannte Entscheidungsfrist zur Sachverhaltsermittlung nicht vollständig ausgenutzt werden. Diese ist zwar ohnehin sehr eng bemessen (dazu § 113 Tz. 4), jedoch kann es durchaus Fälle geben, in denen sie gleichwohl nicht vollständig ausgeschöpft werden muß.

14   Andererseits gibt der Verhältnismäßigkeitsgrundsatz auch unter Berücksichtigung von § 110 Abs. 1 Satz 2 keine Rechtfertigung für eine nur oberflächliche Sachverhaltsermittlung. In jedem Fall muß die Vergabekammer daher jeweils prüfen, ob und ggf. welche Aufklä-

---

1 Zur Begrenzung von erforderlichen Ermittlungen gemäß § 57 für das Kartellverwaltungsverfahren *Bracher* in Frankfurter Kommentar, § 54 a. F. Tz. 8 ff.; allgemein zum Verhältnismäßigkeitsgrundsatz bei der Amtsermittlung *Stelkens/Kallerhoff* in Stelkens/Bonk/Sachs, Verwaltungsverfahrensgesetz, 5. Aufl. 1998, § 24 Rz. 36 ff.

rungsmaßnahmen sie durchführen oder aus welchen Gründen sie davon ggf. in der konkreten Situation Abstand nehmen will[1].

3. Folgen mangelhafter Sachverhaltserforschung

Die nach Auffassung eines der Verfahrensbeteiligten unzureichende   15
Sachverhaltsaufklärung ist **nicht eigenständig anfechtbar oder zu erzwingen.** Es besteht daher lediglich die Möglichkeit, gegen eine auf einer unzureichenden Sachverhaltsermittlung beruhende Entscheidung der Vergabekammer sofortige Beschwerde gemäß §§ 116 ff. einzulegen, wenn zugleich auch eine materielle Beschwer gegeben ist[2].

III. Zustellung des Nachprüfungsantrags (§ 110 Abs. 2 Satz 1, 1. Halbs.)

Die Vergabekammer stellt den Nachprüfungsantrag der Vergabestel-   16
le zu, wenn dieser nicht offensichtlich unzulässig oder unbegründet ist. Mit Blick auf die Rechtsfolge des § 115 Abs. 1 (dazu § 115 Tz. 4 ff.) ähnelt dies der Regelungssystematik des § 80 Abs. 1 VwGO. Trotz des Fehlens einer ausdrücklichen Regelung entfaltet auch dort nach überwiegender Auffassung zumindest ein offensichtlich unzulässiger Widerspruch bzw. eine offensichtlich unzulässige Klage keine aufschiebende Wirkung[3].

1. Unverzüglichkeit der notwendigen Schritte

Der Zustellung des Nachprüfungsantrages kommt zur Gewährlei-   17
stung eines effektiven Rechtsschutzes für den Antragsteller erhebliche Bedeutung zu. Nur sie kann in der Regel gewährleisten, daß die Zuschlagserteilung und der Vertragsabschluß unterbleiben bzw. ein gleichwohl erteilter Zuschlag nichtig ist (dazu § 115 Tz. 23) und die

---

1 Vgl. BVerwG v. 2. 3. 1971 – 1 C 37.69 –, BVerwGE 37, 283, 291 ff.; *Stelkens/Kallerhoff* in Stelkens/Bonk/Sachs, Verwaltungsverfahrensgesetz, 5. Aufl. 1998, § 24 Rz. 37; *Clausen* in Knack, Verwaltungsverfahrensgesetz, 6. Aufl. 1998, § 24 Rz. 3.1.

2 *Stelkens/Kallerhoff* in Stelkens/Bonk/Sachs, Verwaltungsverfahrensgesetz, 5. Aufl. 1998, § 24 Rz. 7, 58 ff.; *Weides,* Verwaltungsverfahren und Widerspruchsverfahren, 3. Aufl. 1993, S. 144.

3 S. etwa *Redeker/von Oertzen,* VwGO, 12. Aufl. 1997, § 80 Rz. 11; *Eyermann,* VwGO, 10. Aufl. 1998, § 80 Rz. 12 ff.

durch den Antragsteller gerügten Vergabefehler beseitigt werden können.

18   Die Rechtsmittelrichtlinien (Einleitung Tz. 5) verlangen zwar kein automatisches Zuschlagsverbot des Nachprüfungsantrags, so wie er durch § 115 Abs. 1 geregelt ist. Vielmehr räumen die Richtlinien auch die Möglichkeit ein, anstelle der in § 110 Abs. 2 Satz 1 geregelten Offensichtlichkeitsprüfung eine Abwägung der widerstreitenden Interessen vorzunehmen. Eine solche Abwägung kann also gemeinschaftsrechtlich durchaus dem Zuschlagsverbot vorgeschaltet sein (s. insbesondere Art. 2 Abs. 3 und 4 der Rechtsmittelrichtlinien). Der nationale Gesetzgeber indes hat von dieser Möglichkeit keinen Gebrauch gemacht. Statt dessen ist gemäß § 115 Abs. 2 die in Betracht kommende Interessenabwägung dem zunächst eintretenden Zuschlagsverbot nachgeordnet (dazu u. § 115 Tz. 26 ff.). Die Vorschriften des GWB gehen insofern also über die gemeinschaftsrechtlichen (Mindest-)Erfordernisse hinaus. Dies ändert allerdings nichts daran, daß dieser vom Grundsatz her weitergehende Rechtsschutz auch effektiv sein muß. Ausdrücklich sieht Art. 2 Abs. 1 der Rechtsmittelrichtlinien vor, daß vorläufige Maßnahmen zur Gewährleistung eines effektiven Rechtsschutzes „so schnell wie möglich" eingreifen müssen. Dies gilt daher auch für die Herbeiführung des Zuschlagsverbotes gemäß § 115 Abs. 1.

19   § 110 Abs. 2 Satz 1 regelt keinen **Zeitraum für die Prüfung** der offensichtlichen Unzulässigkeit oder Unbegründetheit des Nachprüfungsantrages durch die Vergabekammer und für die Zustellung des Antrags an den Auftraggeber. Da der Vergabekammer in Bezug auf die Zustellung kein Ermessensspielraum eingeräumt ist, diese vielmehr den Antrag zustellen muß, wenn er nicht offensichtlich erfolglos sein wird, ist die Regelung so zu verstehen, daß die Offensichtlichkeitsprüfung und die sich daran ggf. anschließende Zustellung des Nachprüfungsantrages **sofort** zu erfolgen haben[1]. Nicht in Betracht kommt es daher, die Offensichtlichkeitsprüfung in den allgemeinen Geschäftsgang einzuordnen und ggf. erst nach mehreren Tagen zu entscheiden, ob der Antrag zugestellt wird oder nicht. In der Regel wird diese Entscheidung noch am Tag des Antragseingangs oder spätestens am darauffolgenden Tag zu treffen sein[2].

---

1 Vgl. zur fehlenden Bestimmung einer Leistungszeit im Zivilrecht § 271 BGB.

2 Vgl. auch *Leinemann/Weihrauch*, Die Vergabe öffentlicher Aufträge, 1999, Rz. 536.

Mit Blick auf die gebotene Effektivität des Rechtsschutzes darf die 20
Vergabekammer Dritte, insbesondere den Auftraggeber, vor Abschluß der Vorprüfung und der sich ggf. anschließenden Zustellung
des Nachprüfungsantrags nicht von der Antragstellung in Kenntnis
setzen. Anderenfalls besteht die Gefahr, daß zu Lasten des Antragstellers vollendete Tatsachen geschaffen werden[1].

2. Prüfung der offensichtlichen Unzulässigkeit oder Unbegründetheit (Vorprüfung)

Nach Antragseingang hat die Vergabekammer zunächst eine Prüfung 21
dahingehend vorzunehmen, ob der Nachprüfungsantrag offensichtlich unzulässig oder unbegründet ist. Davon hängt es ab, ob das
Vergabeverfahren ausgesetzt und damit verzögert wird oder nicht.
Zwar soll ein Vergabeverfahren nicht ohne Not unterbrochen werden, was auch die Rechtsmittelrichtlinien nicht fordern (s. insbesondere Art. 2 Abs. 3 und 4 der Rechtsmittelrichtlinien), andererseits
soll aber auch nicht der Fall eintreten, daß die Zustellung des Nachprüfungsantrages bewußt unterbleibt und sodann entgegen der ursprünglichen Einschätzung der Vergabekammer ein den Antragsteller in seinen subjektiven Rechten verletzender Zuschlag erteilt wird.
An diesem Rahmen hat sich die Beantwortung der Frage auszurich-
ten, wie umfangreich die Vorprüfung der Vergabekammer zu sein
hat.

a) Vorgaben aus dem Verfahrensablauf

Nach § 110 Abs. 2 Satz 1 erfolgt die Anforderung der Vergabeakten 22
ebenso wie die Zustellung des Nachprüfungsantrages erst nach der
Vorprüfung durch die Vergabekammer. Daraus folgt für diese Prüfung, daß sie **allein anhand des Nachprüfungsantrages** zu erfolgen
hat, also ohne weitergehende Sachverhaltsermittlungen. Nur wenn
sich daher aus dem Nachprüfungsantrag selbst dessen offensichtliche Unzulässigkeit oder Unbegründetheit ergibt, darf von einer Zustellung abgesehen werden. Auch eine Anhörung der Vergabestelle
sowie weiterer (zukünftiger) Verfahrensbeteiligter im Sinne von
§ 109 hat in aller Regel zu unterbleiben (o. Tz. 20). Das insofern
notwendige **Gegengewicht** für rechtsmißbräuchliche Nachprüfungs-
anträge enthält § 125 (§ 125 Tz. 4 ff.).

---

1 Ebenso *Bechtold*, GWB, 2. Aufl. 1999, § 110 Rz. 3.

b) Prüfungsdichte

23   Maßgebliches Kriterium für die Prüfungsdichte der Vergabekammer bei ihrer Vorprüfung ist die **Offensichtlichkeit.** Es muß also evident sein, daß dem Nachprüfungsantrag kein Erfolg beschieden sein wird.

24   Da zum Zeitpunkt der Vorprüfung durch die Vergabekammer in der Regel nur der Nachprüfungsantrag vorliegt, kann sich die Erfolglosigkeit des Antrags zumeist nicht aus einer eigenen Sachverhaltsermittlung und -würdigung der Vergabekammer ergeben. Vielmehr ist der durch den Antragsteller dargelegte **Sachverhalt** grundsätzlich als richtig zu unterstellen, sofern sich dieser nicht als eindeutig falsch aufdrängt oder die Vergabekammer etwa aus vorherigen Nachprüfungsverfahren bereits konkrete Sachverhaltskenntnisse hat.

25   Für die **rechtliche Bewertung** des durch den Antragsteller in seiner Antragsschrift dargestellten Sachverhalts und die gerügten Vergaberechtsverstöße kommt es in Bezug auf die offensichtliche Unzulässigkeit oder Unbegründetheit sowohl auf die maßgeblichen vergaberechtlichen Bestimmungen als auch auf deren Auslegung durch die Vergabekammern und Beschwerdegerichte an. Ist eine von dem Antragsteller zugrunde gelegte Rechtsauffassung zwar mit guten Gründen vertretbar, wird sie jedoch gleichwohl in **ständiger Rechtsprechung** nicht geteilt, dann führt dies zur offensichtlichen Unzulässigkeit oder Unbegründetheit des Nachprüfungsantrags. Die insofern deutlich strengeren Anforderungen in der Rechtsprechung zu § 80 Abs. 1 VwGO[1] können hier nicht herangezogen werden. Denn zum einen enthält § 80 Abs. 1 VwGO keine § 110 Abs. 2 Satz 1 i. V. m. § 115 Abs. 1 entsprechende Regelung, zum anderen ist das Verwaltungsverfahrens- und Verwaltungsprozeßrecht nicht durch einen § 113 vergleichbaren Beschleunigungsgrundsatz geprägt. Letztlich ist insofern auch von Bedeutung, daß § 110 Abs. 2 Satz 1 nicht nur von der offensichtlichen **Unzulässigkeit** sondern auch von der offensichtlichen **Unbegründetheit** spricht, also auch eine materiell-rechtliche Vorprüfung der Vergabekammer erfordert, damit ein Vergabeverfahren nicht unnötig verzögert wird. Diese Prüfung geht über die bloße Feststellung auf der Zulässigkeitsebene hinaus, ob eigene Rechte des Antragstellers im Sinne von § 97 Abs. 7 sowie ein drohender Schaden geltend gemacht worden sind. Denn wenn dies nicht der Fall ist, fehlt es bereits an einer Zulässigkeitsvoraussetzung (§ 107 Tz. 18 ff., § 108 Tz. 15 ff.). Die Frage nach der (offensichtlichen) Unbegründetheit stellt sich dann gar nicht mehr. Diese gesetz-

---

1 S. dazu *Redeker/von Oertzen,* VwGO, 12. Aufl. 1997, § 80 Rz. 11.

liche Unterscheidung ist zu respektieren, wenngleich die Grenzen zwischen (offensichtlicher) Unzulässigkeit und Unbegründetheit durchaus fließend sein können.

Die Vorprüfung der Vergabekammer darf nur dann dazu führen, daß   26
ein Nachprüfungsantrag wegen offensichtlich fehlender Erfolgsaus-sichten nicht zugestellt wird, wenn sich dies **eindeutig** aus den vergaberechtlichen Bestimmungen oder einer eindeutigen und gefestigten diesbezüglichen Rechtsprechung ergibt[1]. Ist dies nicht der Fall, weil es etwa an einer gefestigten Rechtsprechung fehlt oder weil die betreffende Frage in der Rechtsprechung noch nicht behandelt worden ist, dann ist der Antrag nicht offensichtlich unzulässig oder unbegründet. Dies gilt jedenfalls dann, wenn die Rechtsauffas-sung des Antragstellers von plausiblen und vertretbaren Erwägungen getragen ist. Insofern ist die Vorprüfung der Vergabekammer mit einer **Schlüssigkeitsprüfung** vergleichbar. Sie weicht davon aller-dings aufgrund des Offensichtlichkeitsmaßstabs dahingehend ab, daß die maßgeblichen Rechtsfragen in diesem Stadium noch nicht vollständig geklärt werden müssen.

3. Weitere Zustellungsvoraussetzungen, Kostenvorschuß

§ 110 Abs. 2 Satz 1 enthält keine weiteren Voraussetzungen für die   27
Zustellung des Nachprüfungsantrages an die Vergabestelle. Von Be-deutung kann in diesem Zusamemmhang allerdings **§ 128 Abs. 1 i. V. m. den Regelungen des Verwaltungskostengesetzes** sein. Ge-mäß § 16 VwKostG kann eine Amtshandlung, die auf Antrag vorzu-nehmen ist, von der Zahlung eines angemessenen Vorschusses oder von einer angemessenen Sicherheitsleistung bis zur Höhe der vor-aussichtlich entstehenden Kosten abhängig gemacht werden. Da es sich bei dem Nachprüfungsverfahren um ein antragsgebundenes Ver-waltungsverfahren handelt (§ 107 Tz. 8), ist diese Regelung hier ein-schlägig[2]. Dementsprechend sieht etwa die Geschäftsordnung der Vergabekammern des Bundes[3] in § 4 Abs. 1 vor, daß die Zustellung an den Auftraggeber erst erfolgt, wenn eine Vorschußzahlung in Höhe der Mindestgebühr erfolgt ist. Wenn der Antragsteller nicht

---

1 Vgl. OLG Düsseldorf v. 13. 4. 1999 – Verg 1/99 – Restabfallbehandlungsan-lage, BauR 1999, 751, 759; ebenso *Leinemann/Weihrauch,* Die Vergabe öffentlicher Aufträge, 1999, Rz. 551.
2 Ebenso *Willenbruch,* NVwZ 1999, 1062, 1066; a. A. offensichtlich *Leine-mann/Weihrauch,* Die Vergabe öffentlicher Aufträge, 1999, Rz. 537.
3 Abgedruckt in Anhang IV.

bereits von sich aus den entsprechenden Vorschuß leistet, weil er
mit der diesbezüglichen Handhabung der Vergabekammer nicht vertraut ist, hat die Kammer den Vorschuß sofort anzufordern (vgl.
§ 108 Tz. 6).

4. Zustellung des Nachprüfungsantrages

28   § 110 Abs. 2 Satz 1 spricht lediglich von einer Zustellung des Nachprüfungsantrags. Schreibt Bundesrecht die Zustellung vor, haben
Landesbehörden beim Vollzug von Bundesrecht die landesrechtli-
chen Vorschriften über das Zustellungsverfahren anzuwenden[1]. Anderes gilt nur dann, wenn in den einschlägigen bundesrechtlichen
Bestimmungen eine davon abweichende Regelung getroffen ist.
Zwar enthält § 110 Abs. 2 Satz 1 ein solche Spezialregelung nicht.
Allerdings verweist § 114 Abs. 3 Satz 3 i. V. m. § 61 Abs. 1 Satz 1 für
die Entscheidung der Vergabekammer auf das Verwaltungszustellungsgesetz. Gemeint ist damit das **Verwaltungszustellungsgesetz
des Bundes**[2]. Da kein Grund dafür erkennbar ist, innerhalb eines
einheitlichen Verfahrens unterschiedliche Zustellungsregelungen
anzuwenden, wird man den Verweis auf § 61 Abs. 1 Satz 1 auch auf
die Zustellung des Nachprüfungsantrags beziehen müssen, so daß
sich auch dessen Zustellung nach den Regelungen des Verwaltungszustellungsgesetzes des Bundes richtet[3]. Gegenstand der Zustellung
ist dabei der durch das betreffende Unternehmen gestellte Nachprüfungsantrag.

29   Die Zustellung an die Vergabestelle kann auch mittels Telefax erfolgen (vgl. § 5 Abs. 2 VwZG)[4].

---

1 BVerwG v. 9. 12. 1988 – 8 C 38/86 –, NVwZ 1989, 648, 649.
2 Vgl. insofern auch § 56 Abs. 2 VwGO; dazu *Redeker/von Oertzen*, VwGO,
   12. Aufl. 1997, § 56 Rz. 6.
3 So auch OLG Schleswig v. 1. 6. 1999 – 6 VerG 1/99 – Schlüsselfertige
   Schule, WuW 1999, 1259 = WuW/E Verg 259.
4 OVG Hamburg v. 15. 4. 1997 – Bs II 177/96 –, NJW 1997, 2616, 2617;
   Stelkens in Stelkens/Bonk/Sachs, Verwaltungsverfahrensgesetz, 5. Aufl.
   1998, § 41 Rz. 31; s. auch OLG Schleswig v. 1. 6. 1999 – 6 VerG 1/99 –
   Schlüsselfertige Schule, WuW 1999, 1259 = WuW/E Verg 259 sowie z. B.
   § 5 Abs. 3 der Geschäftsordnung der Vergabekammer des Bundes, abgedruckt in Anhang V.

5. Verfahrensfortgang bei nicht erfolgter Zustellung des Nachprüfungsantrages

Wenn die Vergabekammer den Nachprüfungsantrag dem Auftragge- 30
ber nicht zustellt, weil sie den Antrag für offensichtlich unzulässig
oder unbegründet hält, stellt sich die Frage nach dem weiteren Fortgang des Nachprüfungsverfahrens. Der Fall ist im GWB nicht ausdrücklich geregelt.

Eindeutig ist zunächst, daß § 115 Abs. 1 nicht eingreift, d. h. der 31
Zuschlag und der Vertragsabschluß können wirksam erfolgen. Der
Antragsteller muß daher davon Kenntnis erhalten, daß sein Antrag
nicht zugestellt wurde. Ebenfalls muß für ihn auch in diesem Fall
eine Rechtsschutzmöglichkeit bestehen.

Der Antragsteller hat in dieser Situation die Möglichkeit, gemäß 32
§ 116 Abs. 2 nach Ablauf von fünf Wochen sofortige Beschwerde zum
OLG einzulegen, da in diesem Fall sein Antrag als abgelehnt gilt.
Allerdings ist § 116 Abs. 2 auf den Fall zugeschnitten, daß der Nachprüfungsantrag zugestellt wurde und damit auch das Zuschlagsverbot
gem. § 115 Abs. 1 besteht. Demgegenüber ist es für den Antragsteller
nicht akzeptabel, fünf Wochen abwarten zu müssen, ohne daß die
Vergabestelle gehindert wäre, den Zuschlag zu erteilen und die ausgeschriebene Leistung zu vergeben. Eine solche Verzögerung stünde mit
Art. 2 Abs. 1 der Rechtsmittelrichtlinien nicht im Einklang. Die Vergabekammer ist daher verpflichtet, in einem solchen Fall **ohne weitere Durchführung des Nachprüfungsverfahrens** (Anforderung der Vergabeakten, Einräumung der Möglichkeit zur Akteneinsicht, Beiladung, Durchführung einer mündlichen Verhandlung) ihre **Entscheidung gemäß § 114 Abs. 3** zu treffen[1]. Dies hat mit Blick auf das
fehlende Zuschlagsverbot **sofort** zu erfolgen. Der Antragsteller hat
dann die Möglichkeit, gegen diese Entscheidung sofortige Beschwerde
einzulegen (§§ 116 ff.)[2]. Gemäß § 118 Abs. 1 Satz 3 kann er in diesem
Fall zusätzlich beantragen, daß seine sofortige Beschwerde Suspensiveffekt erhält. Es geht in diesem Fall dann allerdings nicht um eine
Verlängerung des Zuschlagsverbotes gemäß § 115 Abs. 1, sondern um
dessen erstmalige Anordnung. Des weiteren sind im Falle eines Fehlverhaltens der Vergabekammer Amtshaftungsansprüche gem. § 839
BGB i. V. m. Art. 34 GG denkbar.

---

1 Vgl. OLG Düsseldorf v. 13. 4. 1999 – Verg 1/99 – Restabfallbehandlungsanlage, BauR 1999, 751, 752.
2 Ebenso *Leinemann/Weihrauch,* Die Vergabe öffentlicher Aufträge, 1999,
  Rz. 552.

IV. Anforderung der Vergabeakten (§ 110 Abs. 2 Satz 1 und 3)

33   Sofern die Voraussetzungen für die Zustellung des Nachprüfungsantrages an die Vergabestelle vorliegen (Tz. 21 ff.), fordert die Vergabekammer bei dem Auftraggeber die Akten an, die das Vergabeverfahren dokumentieren. Das Gesetz bezeichnet diese Unterlagen als Vergabeakten. Sie dienen als Grundlage für die Sachverhaltsermittlung der Vergabekammer (o. Tz. 9 ff.) und die sich daran anschließende rechtliche Bewertung.

34   Zu den Vergabeakten zählen **sämtliche Unterlagen,** die im Zusammenhang mit dem Vergabeverfahren entstanden sind[1]. Die Vergabestelle selbst hat keine eigene Entscheidungs- und Bewertungskompetenz, welche Unterlagen für die Entscheidungsfindung der Vergabekammer von Bedeutung sind und welche nicht. Neben den Ausschreibungsbedingungen und ggf. bereits eingegangenen Angeboten sind daher auch interne Stellungnahmen des Auftraggebers, die im Zusammenhang mit dem Vergabeverfahren erstellt wurden und die für dessen Ausgestaltung und Durchführung von Bedeutung sein können, der Vergabekammer zur Verfügung zu stellen[2].

35   § 110 regelt anders als etwa § 99 Abs. 1 VwGO **keine Beschränkungen** für die Verpflichtung des Auftraggebers zur Vorlage von Unterlagen. Die §§ 57 bis 59 Abs. 1 bis 5, auf die § 110 Abs. 2 Satz 4 verweist, differenzieren nicht zwischen den unterschiedlichen Auftraggebern, die in § 98 zusammengefaßt werden. Damit geht die Verpflichtung zur Aktenvorlage bei der Vergabekammer als „gerichtsähnlicher Instanz" (§ 104 Tz. 4) weiter als gemäß § 99 VwGO bei einem Verwaltungsgericht. In der Regel besteht allerdings für eine Beschränkung insbesondere aus Gründen der Geheimhaltung wegen § 111 Abs. 2 und 3 (dazu § 111 Tz. 12 ff.) auch keine Veranlassung. Dennoch sind durchaus Fälle denkbar, in denen ein besonderes Geheimhaltungsinteresse besteht, dem nicht allein durch die Beschränkungsmöglichkeiten für die Akteneinsicht gemäß § 111 Abs. 2 und 3 Rechnung getragen werden kann (z. B. Verteidigungsaufträge). Jedenfalls dann, wenn es sich bei der Vergabestelle um eine Behörde handelt, ist die Übermittlung der Vergabeakten letztlich als ein spezialgesetzlich, jedoch nicht abschließend geregelter Fall der Amtshilfe anzusehen. Das spricht dafür, auch die **Grenzen der Amtshilfe**

---

1 Vgl. *Korbion*, Vergaberechtsänderungsgesetz, 1999, § 110 Rz. 7.
2 Vgl. *Bechtold*, GWB, 2. Aufl. 1999, § 110 Rz. 4; zum Umfang der Aktenvorlage im gerichtlichen Verfahren gemäß § 99 VwGO *Redeker/von Oertzen*, VwGO, 12. Aufl. 1997, § 99 Rz. 10.

gemäß § 5 Abs. 2 VwVfG heranzuziehen. Danach müssen insbesondere Urkunden und Akten nicht vorgelegt werden, wenn die Vorgänge nach einem Gesetz oder ihrem Wesen nach geheimgehalten werden müssen. Die Vergabestelle hat dies dann ggf. der Vergabekammer mitzuteilen (§ 5 Abs. 5 VwVfG). Sofern die Vergabekammer die Gründe für die (teilweise) Verweigerung einer Vorlage von Vergabeakten nicht akzeptiert, entscheidet die für die Vergabestelle fachlich zuständige Aufsichtsbehörde darüber, ob und ggf. welche Unterlagen vorgelegt werden müssen[1].

Der Auftraggeber hat die Vergabeakten der Vergabekammer sofort zur Verfügung zu stellen. Sofort bedeutet, daß umgehend nach Eingang der Aufforderung die Unterlagen zusammengestellt und auf dem **schnellstmöglichen Weg** an die Vergabekammer überbracht werden müssen[2].   36

V. Information der Vergabeprüfstelle (§ 110 Abs. 2 Satz 2)

Die Vergabekammer übermittelt der Vergabeprüfstelle, sofern eine solche eingerichtet ist, eine Kopie des Nachprüfungsantrags. Dies soll eine zusätzliche Kontrolle ermöglichen, die unter Umständen einer Fortsetzung des Verfahrens vor der Vergabekammer entbehrlich machen kann.   37

Überdies ist in diesem Zusammenhang von Bedeutung, daß die Vergabeprüfstelle auch von Amts wegen tätig werden kann und daher nicht auf die Prüfung beschränkt ist, ob subjektive Rechte des Antragstellers verletzt sind. Vielmehr ist auch eine Kontrolle dahingehend möglich, ob eventuell nicht bieterschützendes Vergaberecht mißachtet wird (§ 103 Tz. 20).   38

Dieser nicht antragsgebundenen Prüfungskompetenz der Vergabekammer entspricht es, daß die **Übermittlung** einer Kopie des Antrags **immer** zu erfolgen hat, also nicht nur dann, wenn die Vergabekammer den Antrag nicht für offensichtlich unzulässig oder unbegründet hält. Denn auch bei einem offensichtlich aussichtslosen Antrag kann ein Vergaberechtsverstoß vorliegen, der ein Einschreiten der   39

---

1 *Bonk* in Stelkens/Bonk/Sachs, Verwaltungsverfahrensgesetz, 5. Aufl. 1998, § 5 Rz. 38 ff.
2 *Bechtold*, GWB, 2. Aufl. 1999, § 111 Rz. 4; *Leinemann/Weihrauch*, Die Vergabe öffentlicher Aufträge, 1999, Rz. 556; vgl. zum Begriff „sofort" in Abgrenzung zu „unverzüglich" auch OLG Düsseldorf v. 13. 4. 1999 – Verg 1/99 – Restabfallbehandlungsanlage, BauR 1999, 751, 756.

Vergabeprüfstelle rechtfertigt (z. B. Aussichtslosigkeit des Antrags wegen Verletzung der Rügepflichten gemäß § 107 Abs. 3, dazu § 107 Tz. 28 ff.; unzulässige Durchführung eines nicht offenen Verfahrens anstelle eines offenen Verfahrens, ohne daß dem Antragsteller jedoch ein Schaden droht, da er zur Angebotsabgabe aufgefordert wurde, vgl. § 107 Tz. 24).

VI. Entsprechende Geltung der §§ 57 bis 59 Abs. 1 bis 5 (§ 110 Abs. 2 Satz 4)

40   Die §§ 57 bis 59 Abs. 1 bis 5 gelten für das Nachprüfungsverfahren vor der Vergabekammer entsprechend. Es geht dabei um die Regelungen zur Sachverhaltsermittlung (dazu bereits o. Tz. 4 ff.) und Beweiserhebung (§ 57), zur Beschlagnahme (§ 58) und zu Auskunftsverlangen (§ 59).

41   Auf die einschlägigen Erläuterungen zu diesen Vorschriften im Zusammenhang mit dem Kartellverwaltungsverfahren kann hier verwiesen werden[1]. Allerdings greifen daneben auch die Bestimmungen des Verwaltungsverfahrensgesetzes, wenn die Verweisregelungen zu bestimmten Punkten nicht abschließend oder lückenhaft sind (in diesem Zusammenhang zu Geheimhaltungsfragen o. Tz. 35)[2].

---

1 S. etwa die Kommentierung bei *Bechtold*, GWB, 2. Aufl. 1999; *Bracher* in Frankfurter Kommentar zu §§ 54 ff. a. F.

2 S. etwa BVerwG v. 20. 3. 1990 – 9 C 12.89 –, BVerwGE 85, 79, 82 f.; *Bonk* in Stelkens/Bonk/Sachs, Verwaltungsverfahrensgesetz, 5. Aufl. 1998, § 1 Rz. 189, 208 f.

§ 111 Akteneinsicht

(1) Die Beteiligten können die Akten bei der Vergabekammer einsehen und sich durch die Geschäftsstelle auf ihre Kosten Ausfertigungen, Auszüge oder Abschriften erteilen lassen.

(2) Die Vergabekammer hat die Einsicht in die Unterlagen zu versagen, soweit dies aus wichtigen Gründen, insbesondere des Geheimschutzes oder zur Wahrung von Fabrikations-, Betriebs- oder Geschäftsgeheimnissen, geboten ist.

(3) Jeder Beteiligte hat mit Übersendung seiner Akten oder Stellungnahmen auf die in Absatz 2 genannten Geheimnisse hinzuweisen und diese in den Unterlagen entsprechend kenntlich zu machen. Erfolgt dies nicht, kann die Vergabekammer von seiner Zustimmung auf Einsicht ausgehen.

(4) Die Versagung der Akteneinsicht kann nur im Zusammenhang mit der sofortigen Beschwerde in der Hauptsache angegriffen werden.

Inhaltsübersicht

I. Einführung

1. Inhaltsübersicht

§ 111 regelt die Akteneinsicht. Abs. 1 der Vorschrift bestimmt dabei ein prinzipielles Akteneinsichtsrecht für die Verfahrensbeteiligten im Sinne von § 109. § 111 Abs. 2 enthält Ausnahmetatbestände für   1

die Akteneinsicht. Nach § 111 Abs. 3 können die Verfahrensbeteiligten auf die aus ihrer Sicht bestehenden Geheimhaltungserfordernisse
hinweisen, um die Ausnahmeregelung des Abs. 2 auf diese Weise
abzusichern. § 111 Abs. 4 befaßt sich mit den Rechtsschutzmöglichkeiten bei Versagung der Akteneinsicht.

2. Entstehungsgeschichte

2   Der Gesetzestext entspricht § 121 des Regierungsentwurfs[1].

3   Begründung zu § 121 des Regierungsentwurfs[2]:

Zu Absatz 1

Das Akteneinsichtsrecht ist für einen effektiven Rechtsschutz im öffentlichen Auftragswesen von zentraler Bedeutung. Es ist eine entscheidende Voraussetzung für die Verbesserung der Transparenz des Vergabeverfahrens. Gegenwärtig sind die das Vergabeverfahren betreffenden Unterlagen des Auftraggebers den Beteiligten an einem Vergabeverfahren grundsätzlich nicht
bekannt. Die Vergabeakten sind ihnen nicht oder allenfalls eingeschränkt
zugänglich.

Zu Absatz 2

Um berechtigte Interessen des Auftraggebers oder eines am Vergabeverfahren
Beteiligten zu schützen und um Rechtsmißbrauch zu verhindern, kann das
Akteneinsichtsrecht eingeschränkt werden. Auf der Seite des Auftraggebers
kann bei bestimmten Vergaben ein besonderes Interesse an der Geheimhaltung bestehen. Darunter fallen auch Erfordernisse des Geheimschutzes.
Ebenso besteht auf Bieterseite das berechtigte Interesse auf Schutz seiner
Geschäftsgeheimnisse. Die Vergabekammer muß Sensibilität und Schutzbe-
dürftigkeit des vorgelegten Materials zweifelsfrei erkennen können. Ob wichtige Gründe vorliegen, die einer Einsichtnahme entgegenstehen, hat sie zu
entscheiden.

Zu den Absätzen 3 und 4

Da die Verfahrensbeteiligten bei den von ihnen eingereichten Unterlagen
selbst am besten und schnellsten in der Lage sind, schutzbedürftiges Material
zu kennzeichnen, trifft sie die Obliegenheit, die entsprechenden Aktenteile
zu benennen und kenntlich zu machen. Weder die teilweise noch die vollständige Versagung des Akteneinsichtsrechts ist isoliert anfechtbar. Damit
sollen eine Zersplitterung der Verfahren und Verfahrensverzögerungen vermieden werden.

---

1 BT-Drucks. 13/9340.
2 BT-Drucks. 13/9340.

II. Recht zur Akteneinsicht (§ 111 Abs. 1)

1. Besonderheiten gegenüber § 29 Abs. 1 VwVfG

§ 111 Abs. 1 entspricht im wesentlichen § 29 Abs. 1 Satz 1 VwVfG.   **4**
Die Vorschrift enthält allerdings einige Abweichungen. So geht
§ 111 Abs. 1 davon aus, daß den Verfahrensbeteiligten im Sinne von
§ 109 **generell und umfassend** ein Anspruch auf Akteneinsicht zusteht. Eine Einschränkung dahingehend, daß der Anspruch nur besteht, soweit die Kenntnis des Akteninhalts zur Geltendmachung
oder Verteidigung ihrer rechtlichen Interessen erforderlich ist, enthält die Vorschrift nicht. Eine Erforderlichkeit in diesem Sinne wird
also aufgrund der Stellung als Verfahrensbeteiligter im Nachprüfungsverfahren unwiderlegbar vermutet. Dies ist daher auch für die
Vergabekammer bindend[1].

Ebenfalls fehlt in § 111 Abs. 1 der in § 29 Abs. 1 Satz 2 enthaltene   **5**
Ausschluß für Entwürfe zu Entscheidungen sowie die Arbeiten zu
ihrer unmittelbaren Vorbereitung. Gleichwohl ist den Verfahrensbeteiligten zwar **volle Akteneinsicht** in die der Vergabekammer zur
Verfügung zu stellenden Akten im Sinne von § 110 Abs. 2 (dazu
§ 110 Tz. 34) zu gewähren, nicht jedoch in Entscheidungsentwürfe,
Voten u. ä. der Vergabekammer selbst. Insofern ergänzt § 29 Abs. 1
Satz 2 VwVfG die Regelung in § 111 Abs. 1[2]. Dies trägt dem gerichtsähnlichen Charakter des Nachprüfungsverfahrens vor der Vergabekammer Rechnung (o. § 105 Tz. 4). Auch im verwaltungsgerichtlichen Verfahren haben die Verfahrensbeteiligten gemäß § 100
VwGO ein umfassendes Akteneinsichtsrecht in die gemäß § 99
VwGO dem Verwaltungsgericht vorzulegenden Akten[3].

Letztlich fehlt in § 111 Abs. 1 auch eine § 29 Abs. 1 Satz 3 VwVfG   **6**
vergleichbare Regelung. Dies ist folgerichtig, weil aufgrund des
durch § 109 begrenzten Kreises der Verfahrensbeteiligten eine derartige Bestimmung für das Nachprüfungsverfahren nicht erforderlich
ist (zu weiteren Abweichungen von § 29 VwVfG u. Tz. 8).

---

1 OLG Thüringen v. 26. 10. 1999 – 6 Verg 3/99 –, BauR 2000, 95, 96.
2 So i. E. auch *Korbion*, Vergaberechtsänderungsgesetz, 1999, § 111 Rz. 2;
   Boesen, Vergaberecht, 2000, § 111 Rz. 3; *Griem*, WuW 1999, 1182, 1184.
3 *Redeker/von Oertzen*, VwGO, 12. Aufl. 1997, § 100 Rz. 1; *Geiger* in Eyermann, VwGO, 10. Aufl. 1998, § 100 Rz. 4.

2. Art und Weise der Akteneinsicht, Fertigung von Kopien

7 § 111 Abs. 1 bezieht sich auf Akten. Gemeint sind dabei nicht allein die Vergabeakten gemäß § 110 Abs. 2 Satz 1. Dies ergibt sich bereits aus einem Vergleich der jeweiligen Formulierung. Unter Akten im Sinne von § 111 Abs. 1 fallen vielmehr **sämtliche der Vergabekammer zur Entscheidung vorliegenden Unterlagen,** also sowohl die Akten der Kammer selbst als auch die beigezogenen Vergabeakten, eingereichten Schriftsätze usw.[1].

8 Die Einsichtnahme in die Vergabeakten kann **nur bei der Vergabekammer** erfolgen. Andere Möglichkeiten der Einsichtnahme sieht die Vorschrift nicht vor. Im Unterschied zu § 29 Abs. 3 Satz 2 VwVfG kommt daher zur Erleichterung der Akteneinsicht für nicht ortsansässige Verfahrensbeteiligte eine Übersendung der Vergabeakten an eine andere Behörde nicht in Betracht[2]. Insofern ist § 111 Abs. 1 auch abschließend und speziell. Dies ist der Beschleunigung des Nachprüfungsverfahrens geschuldet (s. insbesondere § 113 Tz. 4).

9 Die Akteneinsicht findet bei der Vergabekammer statt. Damit ist nur der Ort der Akteneinsicht gemeint, d. h. die Einsichtnahme muß in den Amtsräumen der Vergabekammer stattfinden[3]. Die Mitglieder der Vergabekammer müssen bei der Akteneinsicht nicht anwesend sein. Gleichwohl muß jedoch die Vergabekammer bzw. deren Geschäftsstelle die erforderlichen organisatorischen Maßnahmen treffen, damit die Vergabeakten vollständig erhalten bleiben, also keine Unterlagen entnommen oder beschädigt werden, sofern dies im Einzelfall geboten ist.

10 Die Verfahrensbeteiligten haben einen **Anspruch auf** die – allerdings kostenpflichtige – **Erstellung von Ausfertigungen, Auszügen oder Abschriften** aus den Verwaltungsakten, was nach den Bestimmungen des Verwaltungsverfahrensgesetzes zumindest nicht unproble-

---

1 Ebenso *Bechtold,* GWB, 2. Aufl. 1999, § 111 Rz. 1; vgl. insofern zur Gerichtsakte *Redeker/von Oertzen,* VwGO, 12. Aufl. 1997, § 100 Rz. 1; *Kopp/Schenke,* VwGO, 11. Aufl. 1998, § 100 Rz. 3.

2 Ebenso *Korbion,* Vergaberechtsänderungsgesetz, 1999, § 111 Rz. 2; einschränkend *Boesen,* Vergaberecht, 2000, § 111 Rz. 4; a. A. *Leinemann/Weihrauch,* Die Vergabe öffentlicher Aufträge, 1999, Rz. 553.

3 Vgl. *Bonk* in Stelkens/Bonk/Sachs, Verwaltungsverfahrensgesetz, 5. Aufl. 1998, § 29 Rz. 73; *Obermayer,* Kommentar zum Verwaltungsverfahrensgesetz, 3. Aufl. 1999, § 29 Rz. 51 ff.; *Kopp,* Verwaltungsverfahrensgesetz, 6. Aufl. 1996, § 29 Rz. 30.

matisch ist[1]. Ein Ermessensspielraum der Vergabekammer besteht insofern nicht. Die Höhe der Kosten für Ausfertigungen, Auszüge oder Abschriften aus den Vergabeakten richtet sich nach den Verwaltungskostenregelungen des Bundes und der Länder.

Der Anspruch auf die Erteilung von Ausfertigungen, Auszügen oder Abschriften besteht nicht nur ergänzend zur unmittelbaren Akteneinsicht. Vielmehr können die Verfahrensbeteiligten **auch ohne vorhergehende eigene Akteneinsicht** diesen Anspruch geltend machen, also in der Regel verlangen, daß sie eine Ablichtung der kompletten Akten (zu Ausnahmen u. Tz. 12 ff.) erhalten.

11

III. Versagung der Akteneinsicht (§ 111 Abs. 2)

1. Pflicht zur Versagung der Akteneinsicht

Die Kenntnis der Vergabeakten ist einerseits wichtig für die Geltendmachung von Ansprüchen durch den Antragsteller sowie für die Stellungnahmen der beigeladenen Verfahrensbeteiligten. Allerdings ist auch zu sehen, daß bei Vergabeverfahren häufig sehr sensible Bereiche angesprochen sind. Dies gilt nicht nur auf seiten des Auftraggebers (z. B. im Verteidigungswesen), sondern auch auf seiten der Unternehmen, und zwar unabhängig davon, ob diese Verfahrensbeteiligte sind oder nicht. Zu denken ist dabei etwa an die Ertragslage der anbietenden Unternehmen, deren Bezugsquellen, Kalkulationsgrundlagen, technische Details bei Funktionalausschreibungen, neue technische Verfahrensweisen, betriebswirtschaftliche Konzepte u. ä. oder auch an personenbezogene Daten von Mitarbeitern.

12

Dementsprechend regelt § 111 Abs. 2, daß die Vergabekammer die Einsicht in die Vergabeakten versagen muß, soweit dies aus **wichtigen Gründen** geboten ist. Beispielhaft, also nicht abschließend, werden dafür der Geheimschutz auf seiten des Auftraggebers sowie die Wahrung von Fabrikations-, Betriebs- oder Geschäftsgeheimnissen auf Bieterseite genannt (dazu u. Tz. 18 f.). Auch ist es vielfach nicht ausgeschlossen, daß ein Nachprüfungsverfahren nur deshalb eingeleitet wird oder ein Unternehmen nur deshalb einen Antrag auf Beiladung stellt, weil es auf diese Weise Informationen sammeln

13

---

1 Vgl. *Bonk* in Stelkens/Bonk/Sachs, Verwaltungsverfahrensgesetz, 5. Aufl. 1998, § 29 Rz. 79 f.; *Badura* in Erichsen, Allgemeines Verwaltungsgericht, 11. Aufl. 1998, § 37 Rz. 18; *Ule/Laubinger,* Verwaltungsverfahrensrecht, 4. Aufl. 1995, § 25 Rz. 8.

möchte, an die es ansonsten nicht ohne weiteres käme[1]. Dementsprechend ist die Einsicht **zwingend zu versagen,** wenn wichtige
Gründe im Sinne von § 111 Abs. 2 vorliegen. Die Regelung ist also
enger als § 29 Abs. 2 VwVfG, der der Behörde ein Ermessen ein-
räumt, wenn auch nur unter insofern engen Voraussetzungen[2].

14   Die Möglichkeit zur Versagung der Einsichtnahme bezieht sich auf
     Unterlagen. Darunter fallen die Teile der Akten gemäß § 111 Abs. 1
     (o. Tz. 7), bei denen wichtige Gründe vorliegen, die eine Versagung
     der Einsichtnahme rechtfertigen. Die Versagung kann dergestalt er-
     folgen, daß einzelne Unterlagen von der Akteneinsicht ausgeschlos-
     sen werden oder aber dadurch, daß mittels Schwärzungen die inso-
     fern relevanten Informationen unkenntlich gemacht werden. Eine
     vollständige Verweigerung der Akteneinsicht ist demgegenüber zu-
     meist nicht erforderlich und damit rechtswidrig (zu den damit ver-
     bundenen Folgen u. Tz. 25).

15   Wie sich aus dem Begriff „geboten" ergibt, ist eine **Abwägung** vorzu-
     nehmen. Maßstab hierfür sind die jeweils kollidierenden Rechte und
     Rechtsgüter sowie die Umstände des Einzelfalls. Dabei kommt es
     darauf an, inwieweit die betreffenden Unterlagen **für den gerügten
     Verstoß** gegen den Antragsteller schützende Vorschriften (dazu § 97
     Tz. 37 ff.) von Bedeutung sein können und wie gewichtig anderer-
     seits die konkreten Geheimhaltungsinteressen bei verständiger Wür-
     digung sind[3]. Wird die Akteneinsicht berechtigterweise ganz oder –
     in der Regel – teilweise versagt, ändert dies nichts an der **Verwert-
     barkeit des Akteninhaltes** für die Entscheidung. Dies ist dem Um-
     stand geschuldet, daß an dem Vergabeverfahren eine Mehrzahl von
     Unternehmen beteiligt ist, deren Interessen ggf. gewahrt werden
     müssen. Ohne Berücksichtigung des vollständigen Akteninhaltes
     kann die Vergabekammer keine sachgerechte Entscheidung treffen.
     Ihre Prüfungspflicht liefe daher leer[4].

---

1 S. zu dem vergleichbaren Problem bei Informationsansprüchen nach dem
  Umweltinformationsgesetz (UIG) *Theuer,* NVwZ 1996, 326 ff.; *Berg,* Gew-
  Arch 1996, 177 ff.; *Reidt* in Jarass, Wirtschaftsverwaltungsrecht, 3. Aufl.
  1997, § 11 Rz. 24 f.
2 *Bonk* in Stelkens/Bonk/Sachs, Verwaltungsverfahrensgesetz, 5. Aufl. 1998,
  § 29 Rz. 51 f.
3 Zu den Kriterien im einzelnen insbesondere *Bonk* in Stelkens/Bonk/Sachs,
  Verwaltungsverfahrensgesetz, 5. Aufl. 1998, § 30 Rz. 7 ff.; *Ule/Laubinger,*
  Verwaltungsverfahrensrecht, 4. Aufl. 1995, § 23 Rz. 8 ff.
4 Anders *Griem,* WuW 1999, 1182, 1187 f.

2. Wichtige Gründe

Wichtige Gründe können nur solche sein, die bei einer Abwägung   16
der widerstreitenden Interessen **überwiegen**[1]. Dies können Interessen auf seiten des Auftraggebers (z. B. bei Verteidigungsaufträgen)
oder aber auf seiten von Unternehmen sein (z. B. Vertriebs- und
Geschäftsgeheimnisse).

§ 111 Abs. 2 nennt beispielhaft wichtige Gründe, die eine Versagung   17
der Einsichtnahme in die Akten rechtfertigen können. Auch dabei
genügt es allerdings nicht, daß derartige Gründe überhaupt vorliegen. Vielmehr ist es notwendig, daß diese Gründe **im konkreten Fall**
wichtig sind, also gegenüber dem Interesse an einer Akteneinsicht
als rechtsstaatlicher Voraussetzung für eine ordnungsgemäße Ver-
fahrensbeteiligung überwiegen (zu dem erforderlichen Hinweis
durch denjenigen, der sich auf den wichtigen Grund beruft Tz.
20 ff.).

Unter **Geheimschutz** fallen alle diejenigen Akteninhalte, die auf-   18
grund eines Gesetzes oder ihrem Wesen nach geheimgehalten werden müssen. Vielfach geht es dabei zwar um Fälle, in denen es von
vornherein keiner Ausschreibung bedarf (insbesondere § 100 Abs. 2
lit. d, dazu § 100 Tz. 12 ff.). Allerdings unterliegt auch die Frage, ob
zulässigerweise von einer Ausschreibung abgesehen wird, der Nachprüfung (dazu § 107 Tz. 22). Von Bedeutung für den Geheimschutz
sind auch datenschutzrechtliche Bestimmungen sowie Regelungen,
die sich auf die innere Sicherheit beziehen[2].

§ 111 Abs. 2 nennt weiterhin beispielhaft **Fabrikations-, Betriebs-**   19
oder Geschäftsgeheimnisse. Es handelt sich insofern um eine Konkretisierung des Geheimhaltungsanspruchs gemäß § 30 VwVfG. Unter Fabrikations-, Betriebs- und Geschäftsgeheimnisse fallen insbesondere Informationen über Ertragslagen, Geschäftsbücher, Kunden-
listen, Bezugsquellen, Marktstrategien, Unterlagen zur Kreditwür-
digkeit, Kalkulationsunterlagen, Patentanmeldungen und sonstige
Entwicklungs- und Forschungsprojekte, die bis dahin nur einem sehr
begrenzten Personenkreis bekannt sind und bei denen sich das Un-

---

1 Das OLG Thüringen v. 26. 10. 1999 – 6 Verg 3/99 – BauR 2000, 95, 96
  spricht sogar von dem Erfordernis eines eindeutigen Übergewichts zugunsten des Geheimnisschutzes, wenn die Akteneinsicht verweigert werden
  soll.

2 S. im einzelnen *Bonk* in Stelkens/Bonk/Sachs, Verwaltungsverfahrensgesetz, 5. Aufl. 1998, § 29 Rz. 54 ff.; *Clausen* in Knack, Verwaltungsverfahrensgesetz, 6. Aufl. 1998, § 29 Rz. 5.3.

ternehmen, auf das sich die Geheimnisse beziehen, wünscht, daß diese nicht unkontrolliert verbreitet werden[1]. Aufgrund des wirtschaftlichen Bezuges von Fabrikations-, Betriebs- und Geschäftsgeheimnissen ist dafür jeweils ein berechtigtes **wirtschaftliches Interesse** erforderlich[2]. Ein lediglich ideelles Interesse reicht in aller Regel nicht aus (zur ohnehin erforderlichen Abwägung der widerstreitenden Interessen Tz. 15).

IV. Hinweispflichten (§ 111 Abs. 3)

20   Korrespondierend mit § 111 Abs. 2 regelt Abs. 3 der Vorschrift Hinweispflichten sowie die Verpflichtung zur Kenntlichmachung von Unterlagen, die Geheimnisse enthalten und daher gemäß § 111 Abs. 2 von der Akteneinsicht ausgeschlossen sein sollen.

21   Die Hinweispflicht erstreckt sich auf Akten und Stellungnahmen, die der betreffende Beteiligte selbst an die Vergabekammer übermittelt. Gemeint sind dabei nicht die Akten im Sinne von § 111 Abs. 1 (o. Tz. 7). Es geht vielmehr nur um die **jeweils eigenen Unterlagen** des betreffenden Beteiligten. Diese stellen nur einen Ausschnitt der gesamten Akten im Sinne des § 111 Abs. 1 dar. Die Beteiligten müssen also nicht auf Geheimnisse in Unterlagen hinweisen, die andere Beteiligte bei der Vergabekammer einreichen. Allerdings bleibt ihnen dies unbenommen, um eine entsprechende Prüfung der Vergabekammer gem. § 111 Abs. 2 sicherzustellen.

22   Die Hinweispflicht bezieht sich im weiteren nur auf in Abs. 2 genannte Geheimnisse. Dies bedeutet, daß eine Hinweispflicht nicht für sämtliche wichtigen Gründe besteht, sondern nur für Fabrikations-, Betriebs- oder Geschäftsgeheimnisse. Jedoch läßt dies die Möglichkeit unberührt, auch auf **andere wichtige Gründe** hinzuweisen, damit die Vergabekammer diese prüft und bewertet. Für diese Fälle greift indes nicht die Zustimmungsfiktion des § 111 Abs. 3 Satz 2. Jedoch kann im Einzelfall durchaus ein fehlender Hinweis darauf, daß die entsprechenden Unterlagen nicht durch die weiteren

---

1 Vgl. *Bonk* in Stelkens/Bonk/Sachs, Verwaltungsverfahrensgesetz, 5. Aufl. 1998, § 30 Rz. 13 mit Nachweisen zu vergleichbaren Vorschriften wie etwa § 10 Abs. 2 BImSchG, § 8 Abs. 1 UIG; s. auch *Griem*, WuW 1999, 1182, 1186 f.

2 *Bonk* in Stelkens/Bonk/Sachs, Verwaltungsverfahrensgesetz, 5. Aufl. 1998, § 30 Rz. 13; *Breuer*, Schutz von Betriebs- und Geschäftsgeheimnissen im Umweltrecht, NVwZ 1986, 171, 172.

Verfahrensbeteiligten eingesehen werden sollen, als zumindest konkludente Zustimmung ausgelegt werden[1].

Erfolgt durch den betroffenen Verfahrensbeteiligten kein Hinweis 23
und keine Kennzeichnung, kann die Vergabekammer gemäß § 111
Abs. 3 Satz 2 von seiner **Zustimmung zur uneingeschränkten Akteneinsicht** durch alle weiteren Verfahrensbeteiligten in Bezug auf die
in § 111 Abs. 2 genannten Geheimnisse ausgehen. In diesem Fall
besteht mithin ein Recht zur Offenbarung etwaiger Geheimnisse,
d. h. die Vergabekammer kann aufgrund der gesetzlichen Regelung
allein aus dem Schweigen auf das Einverständnis des Betroffenen
schließen[2]. Diese Zustimmungsfiktion gilt allerdings nur hinsichtlich desjenigen, der die betreffenden Akten oder Stellungnahmen
übermittelt hat. Möglich ist es, daß diese Unterlagen u. a. auch
Geheimnisse Dritter enthalten, die (bisher) nicht an dem Nachprüfungsverfahren beteiligt sind. In Bezug auf diese Betroffenen kann die
Vergabekammer also nicht von deren Zustimmung zur Akteneinsicht ausgehen. Dies bedeutet zugleich, daß allein fehlende Hinweise und Kennzeichnungen die Vergabekammer **nicht von der Prüfung
entbinden,** ob nicht möglicherweise ein Geheimnisschutz erforderlich ist[3].

§ 111 Abs. 3 fordert lediglich – die Vergabekammer nicht bindende – 24
Hinweise und Kennzeichnungen für die Geheimnisse im Sinne von
Abs. 2. Die Vergabekammer hat dann selbst zu prüfen, ob diese
Gründe im Rechtssinne wichtig sind, also gegenüber dem Interesse
an einer uneingeschränkten Akteneinsicht überwiegen[4]. Über den
Gesetzeswortlaut hinausgehend folgt daraus, daß diejenigen, die sich
auf derartige wichtige Gründe berufen, dies auch in einer Weise
begründen müssen, die es der Vergabekammer ermöglicht, eine entsprechende Abwägung auch tatsächlich vorzunehmen (Glaubhaftmachung im Sinne von § 294 ZPO)[5].

---

1 Vgl. *Bonk* in Stelkens/Bonk/Sachs, Verwaltungsverfahrensgesetz, 5. Aufl.
 1998, § 30 Rz. 17; *Clausen* in Knack, Verwaltungsverfahrensgesetz,
 6. Aufl. 1998, § 30 Rz. 3.4.1.
2 Vgl. *Bonk* in Stelkens/Bonk/Sachs, Verwaltungsverfahrensgesetz, 5. Aufl.
 1998, § 30 Rz. 17.
3 So auch *Bechtold,* GWB, 2. Aufl. 1999, § 111 Rz. 3; *Griem,* WuW 1999,
 1182, 1185.
4 OLG Thüringen v. 26. 10. 1999 – 6 Verg 3/99 –, BauR 2000, 95, 96.
5 Vgl. *Bonk* in Stelkens/Bonk/Sachs, Verwaltungsverfahrensgesetz, 5. Aufl.
 1998, § 29 Rz. 60; s. auch § 99 Abs. 2 VwGO, der ebenfalls auf eine Glaubhaftmachung abstellt.

V. Rechtsfolgen bei unrichtiger Entscheidung über die Beschränkung oder Nichtbeschränkung der Akteneinsicht (§ 111 Abs. 4)

1. Ungerechtfertigte Versagung der Akteneinsicht

25 Der Fall, daß die Akteneinsicht zu Unrecht beschränkt wurde, ist in § 111 Abs. 4 ausdrücklich geregelt. Danach ist eine solche Entscheidung nicht isoliert anfechtbar. Vielmehr ist sie zunächst hinzunehmen. Wenn die Hauptsachenentscheidung der Vergabekammer denjenigen, dem die uneingeschränkte Akteneinsicht verwehrt wurde, beschwert, kann er gegen diese Entscheidung mit der sofortigen Beschwerde gemäß den §§ 116 ff. vorgehen. In dem Beschwerdeverfahren kann er dann auch geltend machen, daß ihm eine weitergehende Akteneinsicht als bei der Vergabekammer gewährt werden müsse.

2. Mißachtung von wichtigen Gründen gemäß § 111 Abs. 2

26 Nicht gesetzlich geregelt ist der Fall, daß die Vergabekammer zu Unrecht die Akteneinsicht nicht beschränkt. Es greifen daher die Vorschriften des Verwaltungsverfahrensgesetzes.

27 Die zu Unrecht nicht beschränkte Akteneinsicht stellt einen **Verfahrensfehler** dar, der allerdings in aller Regel nicht zur Nichtigkeit der Entscheidung der Vergabekammer gemäß § 114 Abs. 3 führt (§ 44 VwVfG). Vielmehr hat dieser Fehler zumeist keine Folgen im Sinne von § 46 VwVfG, da die Akten der Vergabekammer vorlagen und von dieser auch der getroffenen Entscheidung zu Grunde gelegt werden durften und mußten (o. Tz. 15). Insofern bleibt ein solcher Fehler in Bezug auf das Nachprüfungsverfahren in der Regel praktisch **folgenlos.** Allerdings können sich aus einer solchen fehlerhaften Verfahrensweise straf- und haftungsrechtliche Konsequenzen ergeben[1].

---

1 Vgl. *Bonk* in Stelkens/Bonk/Sachs, Verwaltungsverfahrensgesetz, 5. Aufl. 1998, § 30 Rz. 27 ff.; *Ule/Laubinger,* Verwaltungsverfahrensrecht, 4. Aufl. 1995, § 23 Rz. 11.

§ 112 Mündliche Verhandlung

(1) Die Vergabekammer entscheidet auf Grund einer mündlichen Verhandlung, die sich auf einen Termin beschränken soll. Alle Beteiligten haben Gelegenheit zur Stellungnahme. Mit Zustimmung der Beteiligten oder bei Unzulässigkeit oder bei offensichtlicher Unbegründetheit des Antrags kann nach Lage der Akten entschieden werden.

(2) Auch wenn die Beteiligten in dem Verhandlungstermin nicht erschienen oder nicht ordnungsgemäß vertreten sind, kann in der Sache verhandelt und entschieden werden.

Inhaltsübersicht

I. Einführung

1. Inhaltsübersicht

§ 112 Abs. 1 regelt die grundsätzliche Notwendigkeit einer mündlichen Verhandlung vor einer Entscheidung der Vergabekammer sowie die dazu bestehenden Ausnahmen. Abs. 2 der Regelung bestimmt, daß bei Abwesenheit auch ohne die betreffenden Beteiligten verhandelt und sodann auch entschieden werden kann.   1

2. Entstehungsgeschichte

2   § 122 des Regierungsentwurfs[1]:

> Mündliche Verhandlung
>
> (1) Die Vergabekammer entscheidet auf Grund einer mündlichen Verhand-
> lung, die sich auf einen Termin beschränken soll. Alle Beteiligten haben
> Gelegenheit zur Stellungnahme. Mit Zustimmung der Beteiligten oder bei
> Unzulässigkeit oder bei offensichtlicher Unbegründetheit des Antrags kann
> nach Lage der Akten entschieden werden.
>
> (2) Sind die Beteiligten in dem Verhandlungstermin nicht erschienen oder
> gehörig vertreten, kann in der Sache verhandelt und entschieden werden.

3   Begründung zu § 122 des Regierungsentwurfs[2]:

> Die Entscheidungen der Vergabekammer ergehen grundsätzlich nach einer
> mündlichen Verhandlung. Diese kann mehrere Termine umfassen, soll sich
> jedoch im Regelfall auf nur einen gut vorbereiteten Termin beschränken, um
> die Entscheidung innerhalb der Frist des § 123 treffen zu können. In den
> Fällen, in denen nach der freien Überzeugung der Kammer aufgrund der
> Aktenlage eindeutig die Zurückweisung des Antrags erfolgen muß und sich
> durch eine mündliche Verhandlung keine andere Bewertung ergeben könnte,
> ist die Anberaumung eines Termins überflüssig. Das gleiche gilt in Anleh-
> nung an § 128 Abs. 2 ZPO auch dann, wenn die Beteiligten zustimmen.

II. Mündliche Verhandlung

1. Entscheidungsgrundlage

4   § 112 Abs. 1 Satz 1 sieht vor, daß die Vergabekammer aufgrund einer
mündlichen Verhandlung entscheidet. Eine Entscheidung nach Ak-
tenlage ist daher – jedenfalls im Grundsatz (zu Ausnahmen
Tz. 13 ff.) – nicht zulässig.

5   Gemäß § 112 Abs. 1 Satz 2 haben alle Beteiligten im Sinne von
§ 109 Gelegenheit zur Stellungnahme, d. h., sie können sich über
den schriftlichen Sach- und Rechtsvortrag hinausgehend auch in der
mündlichen Verhandlung äußern (zum Verlauf der mündlichen Verhandlung Tz. 7 ff.).

---

1 BT-Drucks. 13/9340. Die unterstrichenen Passagen weichen vom späteren
  Gesetzestext ab.
2 BT-Drucks. 13/9340.

2. Beschränkung auf einen Termin

Die mündliche Verhandlung soll sich auf einen Termin beschrän- 6
ken. Die Formulierung „soll" bedeutet in diesem Zusammenhang,
daß die Durchführung eines zweiten Termins nur dann in Erwägung
zu ziehen ist, wenn **besondere Umstände des Einzelfalls** dies ausnahmsweise gebieten. Allerdings muß der Sachverhalt, der der Entscheidung der Vergabekammer zugrunde gelegt wird, dort behandelt
worden sein. Es gilt also der **Grundsatz der Unmittelbarkeit**[1]. Soll die
Entscheidung daher auf Sachverhaltsumstände gestützt werden, die
der mündlichen Verhandlung noch nicht zu Grunde lagen, dann
bedarf es in der Regel eines zweiten Verhandlungstermins. Praktisch
dürfte dies allerdings zumindest dann in aller Regel ausscheiden,
wenn die Vergabekammer von den Fristsetzungsmöglichkeiten gemäß § 113 Abs. 2 Gebrauch macht (dazu § 113 Tz. 25 ff.).

3. Ladung, Verlauf

Der 4. Teil des GWB enthält keine besonderen Regelungen zur Aus- 7
gestaltung und zum Verlauf der mündlichen Verhandlung. Die §§ 63
VwVfG finden keine Anwendung, weil es sich nicht um ein förmliches Verwaltungsverfahren handelt (o. § 107 Tz. 7). Vielmehr greift
§ 10 VwVfG, nach dem das (nicht förmliche) Verwaltungsverfahren
nicht an bestimmte Formen gebunden ist, soweit keine besonderen
Rechtsvorschriften bestehen[2]. Es ist einfach, zweckmäßig und zügig
durchzuführen. Gleichwohl können sich gewisse Anhaltspunkte für
die Ausgestaltung der mündlichen Verhandlung und deren Vorbereitung aus den Vorschriften über das förmliche Verfahren (§§ 63 ff.)
sowie aus den Prozeßordnungen ergeben. Überdies finden die **Vorschriften über Ausschüsse in den § 88 ff.** VwVfG Anwendung (§ 107
Tz. 6). Soweit die Regelungen des GWB und des Verwaltungsverfahrensgesetzes nicht entgegenstehen, können durch **Geschäftsordnung**
Regelungen zur einheitlichen Ausgestaltung des Verfahrens geschaffen werden[3].

---

1 Vgl. insofern zur mündlichen Verhandlung im Verwaltungsprozeß gemäß
§ 101 VwGO *Redeker/von Oertzen*, VwGO, 12. Aufl. 1997, § 101 Rz. 2;
Kopp/Schenke, VwGO, 6. Aufl. 1998, § 101 Rz. 1; *Ortloff* in Schoch/
Schmidt-Aßmann/Pietzner, VwGO, Stand: 3/1999, § 101 Rz. 2.
2 Anders *Korbion*, Vergaberechtsänderungsgesetz, 1999, § 112 Rz. 2, der im
wesentlichen auf die ZPO zurückgreift.
3 S. in diesem Zusammenhang die Geschäftsordnung der Vergabekammern
des Bundes, abgedruckt in Anhang V.

8   Die für die mündliche Verhandlung erforderliche Ladung muß mit **angemessener Frist** erfolgen[1]. Ein Hinweis auf § 112 Abs. 2 ist zwar aus Rechtsgründen nicht notwendig, jedoch aus Gründen der Verfahrensfairness zumindest geboten (vgl. § 67 Abs. 1 VwVfG)[2].

9   Die mündliche Verhandlung ist wie jedes Verwaltungsverfahren, für das nichts anderes gesetzlich geregelt ist, **nicht öffentlich** (vgl. auch § 68 Abs. 1 Satz 1 VwVfG)[3]. Es dürfen also nur die Verfahrensbeteiligten gemäß § 109 mit ihren Bevollmächtigten und Beiständen (§ 14 VwVfG) teilnehmen. Wie sich aus dem Begriff „Verhandlung" sowie aus der Möglichkeit der Beteiligten zur Stellungnahme ergibt, ist die Sach- und Rechtslage im Termin zu erörtern. Ebenfalls können Zeugen und Sachverständige zur mündlichen Verhandlung geladen werden (§ 110 Abs. 2 Satz 4 i. V. m. § 57).

10   Für die **Ordnung in der Sitzung** gilt § 89 VwVfG, für die **Protokollierung** § 93 VwVfG. Diesbezügliche Präzisierungen in der Geschäftsordnung sind möglich (o. Tz. 7)[4].

11   Die mündliche Verhandlung kann auch dann stattfinden, wenn die Beteiligten **nicht erscheinen** bzw. bei juristischen Personen nicht ordnungsgemäß vertreten sind (§ 112 Abs. 2). Dies setzt allerdings eine vorhergehende **ordnungsgemäße Ladung** voraus. Wenn diese nicht erfolgt ist, darf nicht verhandelt bzw. aufgrund einer etwaigen verfahrensfehlerhaften Verhandlung nicht entschieden werden. Dies gilt in Bezug auf alle Verfahrensbeteiligten, also nicht nur für Antragsteller und Antragsgegner, sondern auch für die dem Verfahren Beigeladenen (zu einem diesbezüglichen Hinweis o. Tz. 8).

4. Zeitpunkt der Entscheidung

12   § 112 regelt ebensowenig wie § 114 wann die Entscheidung, die aufgrund der mündlichen Verhandlung ergeht, erlassen werden muß. Daher sind allein die zeitlichen Vorgaben aus § 113 zu beachten (dazu § 113 Tz. 4 ff.). Insbesondere muß die Entscheidung nicht noch in der mündlichen Verhandlung oder im unmittelbaren Anschluß

---

1 Zur Ladungsfrist s. § 6 Abs. 2 der Geschäftsordnung der Vergabekammern des Bundes, abgedruckt in Anhang III.
2 Noch strenger *Boesen*, Vergaberecht, 2000, § 112 Rz. 34, der einen solchen Hinweis für unverzichtbar hält.
3 I. E. ebenso *Boesen*, Vergaberecht, 2000, § 112 Rz. 5.
4 S. diesbezüglich § 7 der Geschäftsordnung der Vergabekammern des Bundes, abgedruckt in Anhang V.

daran ergehen. Den §§ 116 ff. VwGO oder den §§ 310 f. ZPO vergleichbare Vorgaben gibt es für die Entscheidung der Vergabekammer schon wegen des besonderen zeitlichen Rahmens gemäß § 113,
aber auch wegen der besonderen Anforderungen an den Erlaß der
Entscheidung als Verwaltungsakt gemäß § 114 Abs. 3 (dazu § 114
Tz. 61 ff.) nicht.

III. Absehen von der mündlichen Verhandlung

Gemäß § 112 Abs. 1 Satz 3 kann bei Zustimmung der Beteiligten   13
oder bei Unzulässigkeit oder offensichtlicher Unbegründetheit des
Nachprüfungsantrags **nach Lage der Akten,** also ohne mündliche
Verhandlung, entschieden werden. Die Regelung unterscheidet also
zwischen drei Fällen:

1. Zustimmung der Verfahrensbeteiligten

In Betracht kommt zum einen der Fall, daß sämtliche Verfahrensbe-   14
teiligten gemäß § 109, also auch die Beigeladenen, einem Verzicht
auf die mündliche Verhandlung zugestimmt haben, was mangels
anderweitiger Regelung formlos erfolgen kann[1]. Dies macht in sich
dafür anbietenden Fällen eine entsprechende Nachfrage der Vergabekammer erforderlich. Eine einmal erfolgte Zustimmung ist nicht
widerruflich[2].

2. Unzulässigkeit des Nachprüfungsantrags

Zum anderen kann – ohne Zustimmung der Beteiligten – die Verga-   15
bekammer von einer mündlichen Verhandlung absehen, wenn sie
den Nachprüfungsantrag für unzulässig hält, ohne daß es dabei auf
den Grund der Unzulässigkeit im einzelnen ankommt. Dies gilt also
auch dann, wenn die Frage der Zulässigkeit zwischen den Verfahrensbeteiligten streitig ist. Allerdings muß die Nachprüfungskammer nicht von der mündlichen Verhandlung absehen. Dies steht in
ihrem **Verfahrensermessen.**

---

1 *Korbion,* Vergaberechtsänderungsgesetz, 1999, § 112 Rz. 6; *Bechtold,*
    GWB, 2. Aufl. 1999, § 112 Rz. 3; a.A. *Boesen,* Vergaberecht, 2000, § 112
    Rz. 21.
2 Ebenso *Bechtold,* GWB, 2. Aufl. 1999, § 112 Rz. 3.

3. Offensichtliche Unbegründetheit des Nachprüfungsantrags

16 Letztlich kommt ein Absehen von der mündlichen Verhandlung auch dann in Betracht, wenn die Vergabekammer den Nachprüfungsantrag für offensichtlich unbegründet hält. Dieser Fall überschneidet sich häufig mit dem Fall der fehlenden Zulässigkeit. Denn jedenfalls bei offensichtlicher Unbegründetheit wird es häufig auch an der erforderlichen Antragsbefugnis fehlen.

17 Ungeachtet dessen ist der **Entscheidungsmaßstab** bei § 112 Abs. 1 Satz 3 ein anderer als bei § 110 Abs. 2 Satz 1 (dazu § 110 Tz. 23 ff.)[1]. Denn nach § 110 Abs. 2 wird ein offensichtlich unbegründeter Nachprüfungsantrag gar nicht erst zugestellt und löst daher auch nicht das Zuschlagsverbot des § 115 aus. Der entscheidende Unterschied hinsichtlich der maßgeblichen Offensichtlichkeit liegt im **Zeitpunkt der jeweiligen Prüfung.** Bei der Entscheidung, ob von einer mündlichen Verhandlung wegen offensichtlicher Unbegründetheit abgesehen werden kann, liegen der Nachprüfungskammer schon die Vergabeakten sowie die schriftlichen Stellungnahmen der Verfahrensbeteiligten vor. Die sich daraus ergebenden tatsächlichen und rechtlichen Informationen bilden die Grundlage für die Prüfung, ob der Nachprüfungsantrag offensichtlich unbegründet ist (s. demgegenüber § 110 Tz. 22). Dies wird man im wesentlichen dann annehmen können, wenn der maßgebliche Sachverhalt unstreitig oder aus Sicht der Vergabekammer hinreichend aufgeklärt ist und die mündliche Verhandlung daher insofern keinen besonderen Erkenntnisgewinn verspricht. Ebenfalls wird zumeist eine eindeutige Rechtslage erforderlich sein, wenngleich sich der Begriff der Offensichtlichkeit in erster Linie auf die äußeren Umstände, also auf den entscheidungserheblichen Sachverhalt, bezieht.

18 Wenn die Vergabekammer den Antrag für offensichtlich unbegründet hält und nach dem vorliegenden Sach- und Rechtsvortrag der Verfahrensbeteiligten sowie unter Berücksichtigung ggf. gesetzter Fristen gemäß § 113 Abs. 2 Satz 2 (dazu § 113 Tz. 25 ff.) davon ausgeht, daß die mündliche Verhandlung keine entscheidungserheblichen neuen Erkenntnisse mehr liefert, darf sie – auch in diesem Fall ohne Zustimmung der Beteiligten – von der Durchführung der mündlichen Verhandlung absehen. Sie ist ebenso wie bei der fehlenden Zulässigkeit des Antrags dazu allerdings nicht verpflichtet.

---

1 A. A. *Bechtold*, GWB, 2. Aufl. 1999, § 112 Rz. 3.

4. Vorhergehende Anhörung

Sowohl für die Unzulässigkeit als auch für die offensichtliche Unbe- 19
gründetheit des Antrags besteht keine gesetzliche Verpflichtung der
Vergabekammer, die Verfahrensbeteiligten vorher zu der Absicht
anzuhören, von der mündlichen Verhandlung abzusehen. Allerdings
ist dies zulässig und aus Gründen der Verfahrensfairneß vor allem
gegenüber dem Antragsteller in der Regel auch geboten.

5. Keine entsprechende Anwendung bei offensichtlicher Begründetheit

Alle Fälle des Verzichts auf eine mündliche Verhandlung dienen der 20
Verfahrensbeschleunigung, die gerade bei aussichtslosen Nachprü-
fungsanträgen mit Blick auf das Zuschlagsverbot gem. § 115 noch
eher geboten ist als dies ansonsten bereits der Fall ist. Im umgedreh-
ten Fall, also bei offensichtlicher Begründetheit des Nachprüfungsantrags, sieht der Gesetzgeber kein derartiges Beschleunigungsbe-
dürfnis, weil das weitere Vergabeverfahren ohnehin aufgrund der
erforderlichen Nachbesserungen durch die Vergabestelle verzögert
wird. Dementsprechend ist die Möglichkeit, von der mündlichen
Verhandlung abzusehen, nicht analog auf den Fall anzuwenden, daß
der Nachprüfungsantrag offensichtlich begründet ist, d. h. bei einem
nach Auffassung der Vergabekammer (offensichtlich) begründeten
Nachprüfungsantrag muß **in jedem Fall** mündlich verhandelt werden.

IV. Fehlerhaftes Absehen von der mündlichen Verhandlung, fehlerhafte Durchführung der mündlichen Verhandlung

Bei § 112 handelt es sich um eine Verfahrensvorschrift für das Nach- 21
prüfungsverfahren. Dementsprechend richten sich mangels geson-
derter Regelungen im 4. Teil des GWB die Folgen etwaiger Verfahrensfehler nach den §§ 45 ff. VwVfG. In aller Regel greift daher hier
§ 46 VwVfG ein, so daß die Entscheidung der Vergabekammer nur
gleichzeitig mit einer materiellen Beschwer durch den Inhalt der
Entscheidung mit der sofortigen Beschwerde gemäß §§ 116 ff. angefochten werden kann.

§ 113 Beschleunigung

(1) Die Vergabekammer trifft und begründet ihre Entscheidung schriftlich innerhalb einer Frist von fünf Wochen ab Eingang des Antrags. Bei besonderen tatsächlichen oder rechtlichen Schwierigkeiten kann der Vorsitzende im Ausnahmefall die Frist durch Mitteilung an die Beteiligten um den erforderlichen Zeitraum verlängern. Er begründet diese Verfügung schriftlich.

(2) Die Beteiligten haben an der Aufklärung des Sachverhalts mitzuwirken, wie es einem auf Förderung und raschen Abschluß des Verfahrens bedachten Vorgehen entspricht. Den Beteiligten können Fristen gesetzt werden, nach deren Ablauf weiterer Vortrag unbeachtet bleiben kann.

Inhaltsübersicht

I. Einführung

1. Inhaltsübersicht

1 § 113 Abs. 1 legt die regelmäßige Dauer das Nachprüfungsverfahrens mit fünf Wochen fest. Diese Frist kann im Ausnahmefall verlängert werden. Abs. 2 der Vorschrift regelt die Mitwirkungspflichten der

Verfahrensbeteiligten sowie die Möglichkeit der Vergabekammer, Ausschlußfristen zu setzen.

2. Entstehungsgeschichte

Der Gesetzestext entspricht § 123 des Regierungsentwurfs[1].　　　2

Begründung zu § 123 des Regierungsentwurfs[2]:　　　3

Zu Absatz 1

Die Vorschrift enthält die zentrale Regelung für die zügige Durchführung des Nachprüfungsverfahrens vor der Vergabekammer. Innerhalb von maximal fünf Wochen muß grundsätzlich jeder Vergaberechtsstreit durch die Kammer entschieden sein. Investitionsblockaden können so nicht entstehen. Die Präklusions- und Beschleunigungsvorschriften bilden die Grundlage dafür, daß die Fünfwochenfrist in aller Regel eingehalten werden kann.

Nicht auszuschließen ist, daß in besonders gelagerten Einzelfällen eine Entscheidung nicht innerhalb dieses Zeitraums ergehen kann. In diesen voraussichtlich seltenen Fällen kann der Vorsitzende die Frist um einen genau zu bestimmenden Zeitraum verlängern. Die besonderen Gründe, die eine Fristüberschreitung rechtfertigen, sind dann durch den Vorsitzenden der Vergabekammer schriftlich niederzulegen. Dieses Erfordernis läßt erwarten, daß die Zahl der Fristüberschreitungen auf ein Minimum beschränkt bleibt.

Zu Absatz 2

Alle Verfahrensbeteiligten trifft eine Verfahrensförderungspflicht. Angriffs- und Verteidigungsmittel, die nicht innerhalb einer durch die Kammer gesetzten Frist vorgebracht werden, können nach freier Überzeugung der Kammer zurückgewiesen werden. Nichtberücksichtigung des verspäteten Vorbringens ist nicht gesondert angreifbar, so daß keine Verzögerung durch Einlegung eines gesonderten Rechtsbehelfs eintreten kann.

II. Verfahrensdauer

1. Grundsätzliche zeitliche Vorgaben

§ 113 Abs. 1 Satz 1 liegt eine **ehrgeizige Zielsetzung** zugrunde. In der　　4
Regel soll binnen fünf Wochen ab Eingang des Nachprüfungsantrags das gesamte Verfahren abgewickelt werden. Dabei ist zu berücksichtigen, daß der Antrag in der Regel zunächst nur vorläufig und erst nach Akteneinsicht (§ 111) ergänzend begründet werden muß (dazu

---

1 BT-Drucks. 13/9340.
2 BT-Drucks. 13/9340.

§ 108 Tz. 10). Die Vergabekammer muß die Erforderlichkeit von Beiladungen prüfen und soweit geboten auch vornehmen, was bereits eine zumindest grobe Auseinandersetzung mit der gesamten Angelegenheit erfordert, die zumeist erst nach Aktenübersendung durch die Vergabestelle möglich ist (zur Aktenübersendung § 110 Tz. 33). Aufgrund der Notwendigkeit des rechtlichen Gehörs ist den weiteren Verfahrensbeteiligten, also neben dem Antragsteller auch dem Antragsgegner und den Beigeladenen Gelegenheit zur Stellungnahme zu geben, was durch die Beigeladenen in der Regel erst nach vorhergehender Akteneinsicht zu erwarten ist. Für diese wiederum bedarf es zuvor einer Prüfung von Geheimhaltungsinteressen (dazu § 111 Tz. 12 ff.), was bei komplexen Vergabevorgängen einen beträchtlichen Aufwand bedeuten kann. Sodann hat die Vergabekammer im Rahmen des Untersuchungsgrundsatzes den Erfordernissen an die Sachverhaltsermittlung einschließlich etwaiger erforderlicher Beweiserhebungen Rechnung zu tragen (dazu § 110 Tz. 4 ff.). Anschließend ist nach vorhergehender rechtzeitiger Ladung der Verfahrensbeteiligten (dazu § 112 Tz. 8) mündlich zu verhandeln, innerhalb der Vergabekammer zu beraten und zu entscheiden.

5   Die Entscheidung muß schriftlich und mit Begründung abgesetzt werden, wie sich sowohl aus § 113 Abs. 1 Satz 1 als auch aus § 114 Abs. 3 i. V. m. § 61 ergibt. Getroffen ist die Entscheidung erst dann, wenn sie gegenüber den Verfahrensbeteiligten wirksam wird, d. h. mit ihrer **Zustellung**[1]. Dies folgt auch aus § 116 Abs. 2 i. V. m. § 117 Abs. 1, nach dem der Nachprüfungsantrag als abgelehnt gilt, wenn nicht binnen fünf Wochen die Entscheidung getroffen wurde. Dies ist für den Antragsteller nur dann erkennbar, wenn auf die tatsächlich erfolgte Zustellung abgestellt wird.

6   Diese gesamten Bearbeitungsschritte machen die Einrichtung einer genügenden Anzahl von Vergabekammern auf Bundes- und Länderebene erforderlich. Dies schließt eine ggf. notwendige bedarfsbezogene Anpassung ein. Unabhängig davon ist eine sehr straffe Organisation und permanente Ablauf- und Terminkontrolle durch die Vergabekammer unverzichtbar (zu den Mitwirkungspflichten der Verfahrensbeteiligten u. Tz. 23 ff.). Ansonsten sind Qualitätsdefizite in Bezug auf die Entscheidungen der Vergabekammern zu besorgen und entsprechend hohe Eingangszahlen bei den Beschwerdegerichten zu erwarten, was durch die Ausgestaltung der Vergabekammern als

---

1 Anders *Korbion*, Vergaberechtsänderungsgesetz, 1999, § 113 Rz. 2; *Bechtold*, GWB, 2. Aufl. 1999, § 113 Rz. 1, der die Einleitung der Zustellung genügen läßt.

„gerichtsähnliche Instanz" (dazu § 105 Tz. 5) gerade vermieden werden soll. Alternativ ist eine Flucht in die Verlängerungsmöglichkeiten des § 113 Abs. 1 Satz 2 zu befürchten, was wiederum dem Beschleunigungsgrundsatz, der das gesamte Nachprüfungsverfahren prägt, evident widerspräche[1].

2. Fristberechnung, Verlängerung der Verfahrensdauer

Die Frist von fünf Wochen für das Nachprüfungsverfahren ist **prinzipiell zwingend,** wie sich auch aus den Rechtsfolgen des § 116 Abs. 2 ergibt (dazu § 116 Tz. 9). Für die **Fristberechnung** ist § 31 Abs. 1 und Abs. 3 VwVfG i. V. m. § 187 Abs. 1 und § 188 Abs. 2 BGB (sog. Ereignisfrist) maßgeblich. Die Entscheidungsfrist beginnt daher zwingend mit Antragseingang bei der Vergabekammer. Sie endet fünf Wochen nach Eingang des Antrags mit Ablauf des Wochentages, an dem der Eingang bei der Vergabekammer erfolgte, oder – wenn es sich bei dem letzten Tag der Frist um einen Samstag, Sonntag oder um einen gesetzlichen Feiertag nach Bundes- oder Landesrecht am Ort der Vergabekammer oder des Antragstellers handelt (vgl. § 193 BGB) – am nächsten folgenden Werktag. Die Frist darf **in besonders gelagerten Fällen** verlängert werden. Die diesbezüglichen Anforderungen sind durch § 113 Abs. 1 Satz 2 und 3 sehr hoch gesteckt. Dies verstärkt den Ausnahmecharakter einer solchen Verlängerung, die also nicht zum Regelfall werden darf. Eine automatische Verlängerung, etwa bei verspäteter Begründung des Nachprüfungsantrags (§ 108 Tz. 9 ff.), ist nicht möglich[2].

a) Besondere tatsächliche oder rechtliche Schwierigkeiten

Voraussetzung für eine Verlängerung der Verfahrensdauer ist zunächst, daß besondere tatsächliche oder rechtliche Schwierigkeiten vorliegen.

Rechtliche Schwierigkeiten sind im Rahmen der juristischen Bewertung des konkreten Vergabefalls denkbar, etwa bei komplexen Vergabevorgängen oder bei besonderen und eher selten stattfindenden Vergaben (z. B. Vergabe von Baukonzessionen gemäß den §§ 32, 32a VOB/A)[3].

---

1 In diesem Sinne auch *Gröning,* ZIP 1999, 52, 58; *ders.,* ZIP 1998, 370, 375.
2 Anders *Bechtold,* GWB, 2. Aufl. 1999, § 113 Rz. 1.
3 Vgl. *Reidt/Stickler,* in Beck'scher Kommentar zur VOB/A, 2000, § 32 Rz. 2 ff.

10 Besondere **tatsächliche Schwierigkeiten** können in der Vergabe selbst, aber auch im Überwachungsverfahren liegen, etwa bei besonders vielen Beteiligten, denen jeweils Gehör gewährt werden muß oder bei der Notwendigkeit zur Einschaltung von Sachverständigen[1]. Ebenfalls können sich tatsächliche Schwierigkeiten aus einer **Überlastung** der Vergabekammer ergeben[2]. Dies gilt indes nur für eine nicht vorhersehbare kurzzeitige Überlastung im Ausnahmefall, z. B. bei einer unerwartet hohen Zahl von Eingängen in kurzer Zeit. Keinesfalls ermöglicht § 113 Abs. 1 Satz 2 eine – dann praktisch regelmäßige – Verlängerung der Verfahrensdauer aufgrund permanenter Überlastung.

b) Erforderlichkeit eines Ausnahmefalls

11 Neben den besonderen tatsächlichen oder rechtlichen Schwierigkeiten ist zusätzlich gemäß § 113 Abs. 1 Satz 2 ein Ausnahmefall erforderlich, d. h. selbst bei besonderen tatsächlichen oder rechtlichen Schwierigkeiten ist die Frist von fünf Wochen in der Regel einzuhalten.

12 Letztlich ist der Übergang zwischen den besonderen tatsächlichen oder rechtlichen Schwierigkeiten und dem Vorliegen eines Ausnahmefalls fließend, was die ergänzende Hervorhebung der Erforderlichkeit eines Ausnahmefalls entbehrlich erscheinen läßt. Immerhin liegt darin ein zusätzlicher Appell an die Vergabekammer dahingehend, die gesetzlich geregelte Frist einzuhalten.

c) Zeitpunkt der Verlängerung

13 Die Verlängerung des Entscheidungszeitraums muß zwingend **vor Ablauf der festgelegten Entscheidungsfrist** erfolgen. Dies ergibt sich aus § 116 Abs. 2, nach dem ein Nachprüfungsantrag als abgelehnt gilt, wenn nicht innerhalb der gesetzlichen Frist über ihn entschieden wurde. Dabei handelt es sich um eine unwiderlegbare und nicht rückholbare gesetzliche Fiktion, durch die die Entscheidung der Vergabekammer endgültig ersetzt und die Beschwerdefrist in Gang gesetzt wird[3].

---

1 *Gröning*, ZIP 1999, 52, 58.
2 Ebenso *Bechtold*, GWB, 2. Aufl. 1999, § 113 Rz. 2; anders *Boesen*, Vergaberecht, 2000, § 113 Rz. 20.
3 *Korbion*, Vergaberechtsänderungsgesetz, 1999, § 113 Rz. 5; teilweise anders *Bechtold*, GWB, 2. Aufl. 1999, § 113 Rz. 2 f.; *Boesen*, Vergaberecht, 2000, § 113 Rz. 29, 35 ff.

d) Verlängerung um den erforderlichen Zeitraum

§ 113 Abs. 1 spricht nur von dem erforderlichen Zeitraum, um den **14** die Entscheidungsfrist verlängert werden darf. An einer weitergehenden gesetzlichen Konkretisierung fehlt es. Dies dient letztlich der erforderlichen Flexibilität im Einzelfall. Die Erforderlichkeit des Zeitraums hat sich daher an dem prinzipiellen Beschleunigungsgebot zu orientieren. Die Verlängerung muß aus diesem Grund so kurz wie möglich sein. Mehr als eine Verdoppelung der Fünf-Wochen-Frist wird in aller Regel kaum in Betracht kommen.

e) Mehrfache Verlängerung der Entscheidungsfrist

Gesetzlich nicht ausdrücklich geregelt ist, ob die Entscheidungsfrist **15** nur einmal oder ggf. auch mehrfach verlängert werden darf. Man wird letzteres bejahen müssen, wobei sowohl für jede einzelne Fristverlängerung als auch für die Fristverlängerungen insgesamt der Maßstab der Erforderlichkeit gewahrt bleiben muß. Auf diese Weise kann die Vergabekammer sich selbst durch möglichst kurze Fristen in die Pflicht nehmen und auch den Verfahrensbeteiligten gemäß § 113 Abs. 2 Satz 2 entsprechend kurze Fristen setzen (dazu u. Tz. 25 ff.). Ansonsten bestünde die Gefahr, daß von vornherein – gewissermaßen versorglich – unnötig lange Fristverlängerungen erfolgen, was dem Beschleunigungsgebot gerade widerspräche.

f) Zuständigkeit

Für die Verlängerung der Frist und die entsprechende Mitteilung **16** (dazu u. Tz. 17 f.) ist nicht die gesamte Vergabekammer zuständig. Vielmehr entscheidet der **Vorsitzende** darüber alleine, ohne daß es dazu eines Mehrheitsbeschlusses bedarf.

g) Form der Verlängerung, Begründungspflicht

Die Verlängerung der Entscheidungsfrist erfolgt durch Mitteilung an **17** die Verfahrensbeteiligten im Sinne von § 109. Diese **Mitteilung** muß den **konkreten Zeitraum** angeben, um den die Entscheidungsfrist verlängert wird. Aus dem Schriftformerfordernis für die Begründung der Verlängerung (§ 113 Abs. 1 Satz 3) ergibt sich zugleich, daß die gesamte Mitteilung schriftlich zu erfolgen hat.

Reidt 245

18 Die **Begründung** der Verlängerung muß sich sowohl auf das Vorliegen der entsprechenden Voraussetzungen beziehen als auch die Erforderlichkeit des Verlängerungszeitraums darlegen. Neben der **Information** der Verfahrensbeteiligten liegt darin eine **Selbstkontrolle** der Vergabekammer und der gleichzeitige Appell, die gesetzlichen Vorgaben einzuhalten. Dementsprechend darf sich die Begründung nicht auf eine bloße formelhafte Wiedergabe des Gesetzeswortlauts oder auf allgemeine Ausführungen beschränken. Sie muß vielmehr darlegen, warum es im konkreten Fall der Verlängerung bedarf. Andererseits dürften bei dieser bloßen Verfahrenshandlung (dazu u. Tz. 19) die Anforderungen nicht überspannt werden. Keinesfalls wird man die inhaltlichen Anforderungen an die Begründung mit denjenigen gleichsetzen können, die für die Begründung der Entscheidung selbst bestehen.

19 Bei der Mitteilung über die Fristverlängerung handelt es sich um eine bloße **Verfahrenshandlung** ohne Regelungswirkung, nicht hingegen um einen Verwaltungsakt. Dafür fehlt es an einer Regelung mit unmittelbar nach außen gerichteter Rechtswirkung[1].

h) Rechtsfolgen einer rechtswidrigen Fristverlängerung

20 Wird die Entscheidungsfrist verlängert, obgleich die diesbezüglichen tatbestandlichen Voraussetzungen nicht vorliegen oder geht die Dauer der Verlängerung über den erforderlichen zusätzlichen Zeitraum hinaus, ist die diesbezügliche Mitteilung des Vorsitzenden der Vergabekammer gleichwohl als bloße Verfahrenshandlung **nicht selbständig anfechtbar** (vgl. § 44a VwGO).

21 Neben den – allerdings sehr beschränkten – Möglichkeiten der Dienstaufsicht besteht für den **Antragsgegner** in diesem Fall nur die Möglichkeit, einen Antrag auf vorzeitige Gestattung der Zuschlagserteilung gemäß § 115 Abs. 2 zu stellen (dazu § 115 Tz. 26 ff.). Die Vergabekammer hat dann auf der Grundlage der bis dahin ermittelten bzw. noch ganz kurzfristig ermittelbaren Sachlage sowie aufgrund der bis dahin erfolgten rechtlichen Bewertung eine Abwägungsentscheidung zu treffen. Sie kann sich also nicht darauf berufen, daß zunächst noch die für die Hauptsachentscheidung erforderlichen Ermittlungen und rechtlichen Prüfungen stattfinden müssen.

---

1 Vgl. *Stelkens* in Stelkens/Bonk/Sachs, Verwaltungsverfahrensgesetz, 5. Aufl. 1998, § 35 Rz. 87; *Henneke* in Knack, Verwaltungsverfahrensgesetz, 6. Aufl. 1998, § 35 Rz. 4.5.6.

Für den **Antragsteller** führt eine ggf. unzulässige Verlängerung der 22
Entscheidungsfrist in der Regel zu keinen besonderen Problemen, so
daß es bereits an einer damit verbundenen Beschwer fehlen dürfte.
Wenn dies im Ausnahmsfall anders sein sollte, besteht die Möglichkeit, eine **Untätigkeitsbeschwerde** gemäß § 116 Abs. 2 einzulegen
(dazu § 116 Tz. 9 ff.)[1]. Denn mit der in § 116 Abs. 2 genannten Frist
des § 113 Abs. 1 ist allein die gesetzliche oder die zulässigerweise
verlängerte Frist gemeint. Letzteres ist durch den Vergabesenat in
vollem Umfang nachprüfbar[2]. Der Antragsteller ist allerdings nicht
verpflichtet, etwa vorsorglich eine Untätigkeitsbeschwerde für den
Fall zu erheben, daß die Fristverlängerung rechtswidrig sein könnte.
Denn es handelt sich typischerweise wegen der damit einhergehenden Verlängerung des Zuschlagsverbotes zugunsten eines dritten
Unternehmens um eine begünstigende Entscheidung. Selbst wenn
daher die Fristverlängerung rechtswidrig sein sollte, führt dies wegen
des begünstigenden Charakters dieser Verfahrenshandlung und ihrer
fehlenden selbständigen Anfechtbarkeit nicht dazu, daß dem Antragsteller § 116 Abs. 2, 2. Halbs. i. V. m. § 117 Abs. 1, 2. Alternative,
also eine etwaige Verfristung der Beschwerde gegen die Entscheidung der Vergabekammer nach Ablauf des (objektiv rechtswidrigen)
Verlängerungszeitraums entgegengehalten werden kann.

III. Mitwirkungslasten der Verfahrensbeteiligten

1. Pflicht zur Förderung des Verfahrens

Mit den engen zeitlichen Vorgaben für die Vergabekammer gemäß 23
§ 113 Abs. 1 korrespondieren **Mitwirkungslasten** der Verfahrensbeteiligten. Nicht nur die Vergabekammer, sondern auch die Beteiligten des Verfahrens müssen auf dessen Förderung und Beschleunigung bedacht sein.

§ 113 Abs. 2 Satz 1 ist in erster Linie ein Programmsatz, der an 24
verschiedenen Stellen des 4. Teils des GWG konkretisiert wird
(s. insbesondere § 107 Abs. 3, dazu § 107 Tz. 31 ff.; § 110 Abs. 2

---

1 So im Ergebnis auch *Boesen*, Vergaberecht, 2000, § 113 Rz. 34.
2 Vgl. insofern zur Beschwerde im Kartellverwaltungsverfahren *Bracher* in
Frankfurter Kommentar, § 62 a. F. Tz. 27 ff.; *Schmidt* in Immenga/Mestmäcker, GWB, 2. Aufl. 1992, § 62 a. F. Rz. 38 sowie zur Untätigkeitsklage
gemäß § 75 VwGO *Redeker/von Oertzen*, VwGO, 12. Aufl. 1997, § 75
Rz. 5; *Dolde* in Schoch/Schmidt-Aßmann/Pietzner, VwGO, Stand: 3/1999,
§ 75 Rz. 5 ff.

Satz 3, dazu § 110 Tz. 33 ff.; § 111 Abs. 1, dazu § 111 Tz. 8; § 112 Abs. 1, dazu § 112 Tz. 7 sowie Tz. 14 ff.).

2. Ausschlußfristen

25   Besondere und eigenständige Bedeutung hat § 113 Abs. 2 Satz 2. Danach können den Beteiligten für ihren Sach- und Rechtsvortrag durch die Vergabekammer Ausschlußfristen gesetzt werden.

a) Zulässigkeit einer Fristsetzung

26   Ausschlußfristen gemäß § 113 Abs. 2 Satz 2 **können** gesetzt werden, d. h. dies muß nicht erfolgen. In der Regel ist dies allerdings zur Verfahrenssteuerung und -kontrolle zweckmäßig. Dies gilt sowohl für eine etwaige ergänzende Antragsbegründung durch den Antragsteller nach erfolgter Akteneinsicht als auch für den Sach- und Rechtsvortrag des Antragsgegners und der ggf. dem Verfahren beigeladenen Unternehmen.

b) Angemessenheit der gesetzten Frist

27   Die dem jeweiligen Verfahrensbeteiligten gesetzte Frist muß angemessen sein, um einen qualifizierten Sach- und Rechtsvortrag zu ermöglichen. Andererseits sind dabei allerdings auch die zeitlichen Vorgaben des § 113 Abs. 1 zu beachten. Die Vergabekammer muß also im Regelfall noch die Möglichkeit haben, innerhalb der gesetzten Frist die Stellungnahmen der Parteien zu würdigen, mündlich zu verhandeln und sodann eine schriftlich begründete Entscheidung zu erlassen.

28   Die jeweiligen Fristsetzungen müssen dem Grundsatz der **Verfahrensgerechtigkeit** Rechnung tragen. Die Vergabekammer darf also nicht ohne besonderen Grund einzelnen Beteiligten besonders lange und anderen Beteiligten besonders kurze Fristen setzen. Dies schließt es gleichwohl nicht aus, daß die Fristen unterschiedlich lang sein können. Dies hängt u. a. vom Zeitpunkt der Fristsetzung sowie dem bis dahin bereits vorliegenden Sach- und Rechtsvortrag des Beteiligten ab. In jedem Fall muß die einem Verfahrensbeteiligten gesetzte Frist eindeutig bestimmt sein.

c) Unbeachtlichkeit des Vortrags

Nach Ablauf einer gesetzten Frist erfolgter Vortrag des betreffenden   29
Verfahrensbeteiligten kann gemäß § 113 Abs. 2 Satz 2 unbeachtet
bleiben. Dies ist allerdings keine zwingende Rechtsfolge, d. h. die
Vergabekammer ist nicht verpflichtet, diesen Vortrag als unbeachtlich zurückzuweisen. Dies ist vielmehr nur dann geboten, wenn der
ergänzende Vortrag zu Verzögerungen führen würde. Bei Sach- und
Rechtsvortrag vor der mündlichen Verhandlung ist dies in der Regel
zu verneinen, sofern sich nicht aus dem Vortrag neue Ermittlungs-
und ggf. auch Beweiserhebungspflichten für die Vergabekammer ergeben (zum Untersuchungsgrundsatz § 110 Tz. 4 ff.).

Ebenfalls ist von Bedeutung, ob der betreffende Verfahrensbeteiligte   30
überhaupt in der Lage war, zu einem bestimmten Punkt früher vorzutragen. Dies ist etwa dann nicht der Fall, wenn erst diesbezügliche
Ausführungen eines anderen Beteiligten dazu Veranlassung gegeben
haben.

Bloße Ausführungen zur Rechtslage führen niemals zu einer Verzö-   31
gerung der Entscheidung. Die Vergabekammer muß in jedem Fall
eine den rechtlichen Anforderungen entsprechende Entscheidung
treffen, also unabhängig davon, ob einer der Verfahrensbeteiligten
auf bestimmte rechtliche Aspekte hingewiesen hat oder nicht.

Die Fristsetzung ist an **keine besondere Form** gebunden. Insbesonde-   32
re bedarf es daher keiner Zustellung der diesbezüglichen Mitteilung[1].
Aus § 113 Abs. 2 Satz 2 wird man jedoch zumindest herleiten müssen, daß der Grund für die Fristsetzung anzugeben ist, also die ggf.
beabsichtigte Nichtberücksichtigung von verfristetem Vortrag.

d) Fehlerfolgen

Bei der Fristsetzung der Vergabekammer handelt es sich um eine   33
bloße **Verfahrenshandlung,** die nicht gesondert anfechtbar ist. Es
kommt daher nur die sofortige Beschwerde gemäß den §§ 116 ff. für
denjenigen Verfahrensbeteiligten in Betracht, der durch die Entscheidung der Vergabekammer materiell beschwert ist (zur dortigen Berücksichtigung von neuem Sach- und Rechtsvortrag § 117 Tz. 14).

---

1 Anders *Boesen*, Vergaberecht, 2000, § 113 Rz. 48, jedoch ohne Begründung,
  woraus sich ein Zustellungserfordernis ergeben soll.

§ 114 Entscheidung der Vergabekammer

(1) Die Vergabekammer entscheidet, ob der Antragsteller in seinen Rechten verletzt ist, und trifft die geeigneten Maßnahmen, um eine Rechtsverletzung zu beseitigen und eine Schädigung der betroffen Interessen zu verhindern. Sie ist an die Anträge nicht gebunden und kann auch unabhängig davon auf die Rechtmäßigkeit des Vergabeverfahrens einwirken.

(2) Ein bereits erteilter Zuschlag kann nicht aufgehoben werden. Hat sich das Nachprüfungsverfahren durch Erteilung des Zuschlags, durch Aufhebung oder durch Einstellung des Vergabeverfahrens oder in sonstiger Weise erledigt, stellt die Vergabekammer auf Antrag eines Beteiligten fest, ob eine Rechtsverletzung vorgelegen hat. § 113 Abs. 1 gilt in diesem Fall nicht.

(3) Die Entscheidung der Vergabekammer ergeht durch Verwaltungsakt. Die Vollstreckung richtet sich, auch gegen einen Hoheitsträger, nach den Verwaltungsvollstreckungsgesetzen des Bundes und der Länder. § 61 gilt entsprechend[1].

Inhaltsübersicht

---

1 § 61 ist abgedruckt im Anhang II, S. 466.

I. Einführung

1. Inhaltsübersicht

§ 114 Abs. 1 regelt das Entscheidungsprogramm und den Prüfungs-maßstab der Vergabekammer. Abs. 2 der Vorschrift bestimmt Gren-zen für die Entscheidungsmöglichkeiten der Vergabekammer bei er-folgter Zuschlagserteilung und regelt die Möglichkeit einer sog. Fort-setzungsfeststellungsentscheidung. § 114 Abs. 3 regelt die Rechtsna-tur der Entscheidung sowie deren Durchsetzung. 1

2. Entstehungsgeschichte

§ 124 des Regierungsentwurfs[1]: 2

Entscheidung der Vergabekammer

(1) Die Vergabekammer entscheidet, ob der Antragsteller in seinen Rechten verletzt ist und trifft die geeigneten Maßnahmen, um eine Rechtsverletzung zu beseitigen und eine Schädigung der betroffenen Interessen zu verhindern. Sie ist an die Anträge nicht gebunden und wirkt auch unabhängig davon auf die Rechtmäßigkeit des Vergabeverfahrens hin.

(2) Ein bereits erteilter Zuschlag kann nicht aufgehoben werden. Hat sich das Nachprüfungsverfahren durch Erteilung des Zuschlags, durch Aufhebung oder durch Einstellung des Vergabeverfahrens oder in sonstiger Weise erle-

---

1 BT-Drucks. 13/9340. Die unterstrichenen Passagen weichen vom späteren Gesetzestext ab.

digt, stellt die Vergabekammer auf Antrag eines Beteiligten fest, ob eine Rechtsverletzung vorgelegen hat. § 123 Abs. 1 gilt in diesem Fall nicht.

(3) Die Entscheidung der Vergabekammer ergeht durch Verwaltungsakt. Die Vollstreckung richtet sich, auch gegen einen Hoheitsträger, nach den Verwaltungsvollstreckungsgesetzen des Bundes und der Länder. § 57 gilt entsprechend.

3 Begründung zu § 124 des Regierungsentwurfs[1]:

Zu Absatz 1

Ob ein festgestellter Mangel eines Vergabeverfahrens die Verletzung eines subjektiven Rechts des Bewerbers beinhaltet oder nur einen Verstoß gegen eine Ordnungsvorschrift darstellt, kann nur durch die Kammer oder das Gericht im Einzelfall entschieden werden. Kammer und Gericht sind bei der Prüfung dieser Frage nicht an die vom Antragsteller geltend gemachten Verstöße gebunden. Der Entscheidung können auch andere, nicht gerügte Verstöße zugrunde gelegt werden, durch welche Schutzgesetze verletzt worden sind.

Der Kammer wird eine weitgehende Entscheidungskompetenz eingeräumt, um eine flexible Reaktion zu ermöglichen, die einerseits in einer effektiven Weise die Belange des Bieters schützt, andererseits auch dem öffentlichen Interesse an einer möglichst zügigen Auftragsvergabe gerecht wird.

Zu Absatz 2

Satz 1 schreibt ein Prinzip des deutschen Vergaberechts fest. Mit dem Zuschlag wird das Vergabeverfahren beendet und zugleich der Vertrag zwischen Auftraggeber und Auftragnehmer geschlossen. Eine Aufhebung dieses Vertrags ist nicht möglich, so daß mit dem Zuschlag ein Streit um Rechte nach § 106 Abs. 6 vor der Vergabekammer erledigt ist. Im Hinblick auf die Bindungswirkung der Kammerentscheidung für eventuelle Schadensersatzprozesse besteht jedoch in der Regel ein Rechtsschutzinteresse des Antragstellers an der Feststellung der Rechtmäßigkeit oder Rechtswidrigkeit des Vergabeverfahrens fort. Dabei ist die Vergabekammer nicht an die Fristen des § 123 Abs. 1 gebunden. Nach Zuschlagserteilung ist die Gefahr einer Investitionsblockade nicht mehr gegeben.

Zu Absatz 3

Die Vergabekammer ist kein Gericht. Ihre Entscheidung kann deshalb nicht durch Urteil ergehen. Um dennoch die EG-rechtlich (Artikel 2 Abs. 1 Nachprüfungsrichtlinie) geforderte Durchsetzbarkeit der Entscheidung sicherzustellen, ergeht sie als vollstreckbarer Verwaltungsakt. Die Vollstreckungsmöglichkeit ist damit sichergestellt. Eine Klage gegen diese Entscheidungen vor den Verwaltungsgerichten ist ausgeschlossen. Als Rechtsmittel steht gemäß § 114 Abs. 2 nur die sofortige Beschwerde zum Oberlandesgericht zur Verfügung (§ 126).

Mit dem Verweis auf § 57 wird die Verpflichtung zur Rechtsmittelbelehrung und die Zustellung der Entscheidung geregelt.

---

1 BT-Drucks. 13/9340.

II. Prüfungsprogramm der Vergabekammer (§ 114 Abs. 1, 1. Halbsatz)

1. Rechtskontrolle

Die Vergabekammer hat zu prüfen, ob der Antragsteller in seinen   4
Rechten verletzt ist. Gemeint sind damit die **subjektiven Rechte** im
Sinne von § 97 Abs. 7 (dazu § 97 Tz. 37 ff.). Die Notwendigkeit einer
tatsächlichen Rechtsverletzung, die über die für die Zulässigkeit des
Antrags ausreichende Möglichkeit einer Rechtsverletzung (§ 107
Abs. 2, dazu § 107 Tz. 18 ff.) hinausgeht, entspricht den auch anson-
sten aus dem Verwaltungsverfahrens- und Verwaltungsprozeßrecht
bekannten Gegebenheiten (s. insbesondere §§ 42 Abs. 2, 113 Abs. 1
VwGO)[1]. Insbesondere gilt dies für die Konstellation des sog. mehr-
poligen Verwaltungsverhältnisses, bei dem der Notwendigkeit einer
Rechtsverletzung besondere Bedeutung zukommt[2].

Während es für die **Zulässigkeit** des Nachprüfungsantrages gemäß   5
§ 107 Abs. 2 genügt, daß die Möglichkeit besteht, daß der Antragsteller in **zumindest einer** ihn schützenden Vorschrift verletzt sein
kann (§ 107 Tz. 21), ist die Prüfung im Rahmen der **Begründetheit**
umfassender und tiefer. Geprüft werden müssen **alle** den Antragsteller schützenden Vorschriften, also nicht nur diejenigen, die der Antragsteller geltend gemacht hat und die für die Bejahung der Zulässigkeit herangezogen wurden. Ungeachtet dessen greifen auch für
Vorschriften, auf die sich der Antragsteller nicht konkret beruft, die
Rügepflichten des § 107 Abs. 3 (dazu § 107 Tz. 28 ff.), d. h. diejenigen konkreten Verstöße, die durch den Antragsteller hätten gerügt
werden müssen, jedoch nicht gerügt worden sind, können dem Antrag nicht zum Erfolg verhelfen.

Die Prüfung der Vergabekammer beschränkt sich – anders als dies   6
bei einer Fachaufsicht der Fall wäre (dazu § 102 Tz. 5) – im wesentlichen (zu Ausnahmen Tz. 13 ff.) auf eine etwaige Rechtsverletzung
zu Lasten des Antragstellers[3]. Es geht also um eine diesbezügliche
Rechtskontrolle, nicht hingegen um eine Prüfung der Zweckmäßigkeit des Vergabeverfahrens bzw. der in dessen Rahmen getroffenen

---

1 *Redeker/von Oertzen*, VwGO, 12. Aufl. 1997, § 42 Rz. 14 ff., 102 ff.;
   Schmidt in Eyermann, VwGO, 10. Aufl. 1998, § 113 Rz. 18 ff.
2 *Spannowsky* in Sodan/Ziekow, VwGO, Stand: Juli 1998, § 113 Rz. 25;
   Hufen, Verwaltungsprozeßrecht, 3. Aufl. 1998, § 25 Rz. 60.
3 Vgl. BayObLG v. 21. 5. 1999 – Verg 1/99 – Trinkwasserstollen, WuW 1999,
   1037 = WuW/E Verg 239.

Entscheidungen. Insbesondere darf die Vergabekammer bei bestehenden Wertungsspielräumen nicht eigene Wertungen an die Stelle derjenigen der Vergabestelle setzen[1].

2. Entscheidungserheblicher Zeitpunkt

7 Für die Frage, ob der Antragsteller in eigenen Rechten im Sinne von § 97 Abs. 7 verletzt ist, ist die Sach- und Rechtslage entscheidend, die zum **Zeitpunkt der Entscheidung der Vergabekammer** gilt. Etwas anderes kommt lediglich dann in Betracht, wenn die materiellrechtlichen bieterschützenden Vorschriften Abweichendes bestimmen[2].

3. Rechtsverletzung

a) Bieterschützende Vorschriften

8 Die zentrale Frage für die Nachprüfung durch die Vergabekammer ist, welche Vorschriften des formellen und materiellen Vergaberechts bieterschützenden Charakter haben. Man spricht insofern von **subjektiven Rechten,** die von den lediglich objektivrechtlich bedeutsamen Vorschriften des Vergaberechts abzugrenzen sind[3]. Der Begriff entspricht weitgehend dem aus dem klassischen Verwaltungsrecht bekannten **subjektiv-öffentlichen Recht**[4]. Die insofern abweichende Terminologie ist jedoch gerechtfertigt, weil es im Bereich des öffentlichen Auftragswesens zwar auch, jedoch nicht ausschließlich um Rechte gegenüber dem Staat geht (zu den öffentlichen Auftraggebern § 98 Tz. 7 ff.). Zu den weiteren Einzelheiten wird auf die Kommentierung zu § 97 Abs. 7 (§ 97 Tz. 37 ff.) verwiesen.

---

1 VÜA Bayern v. 12. 5. 1999 – VÜA 15/98 – Naturwerksteinarbeiten, ZVgR 1999, 135; vgl. zur diesbezüglich vergleichbaren Situation bei Ermessensentscheidungen und deren gerichtlicher Überprüfung gemäß § 114 VwGO *Redeker/von Oertzen*, VwGO, 12. Aufl. 1997, § 114 Rz. 7 ff.

2 *Sachs* in Stelkens/Bonk/Sachs, Verwaltungsverfahrensgesetz, 5. Aufl. 1998, § 44 Rz. 15 ff.; vgl. auch OLG Schleswig v. 6. 7. 1999 – 6 U Kart 22/99 – Herrentunnel, ZVgR 1999, 249.

3 *Boesen*, EuZW 1998, 552, 554; *Gröning*, ZIP 1999, 52, 54.

4 Dazu *Sachs* in Stelkens/Bonk/Sachs, Verwaltungsverfahrensgesetz, 5. Aufl. 1998, § 40 Rz. 71 ff.; *Redeker/von Oertzen*, VwGO, 12. Aufl. 1997, § 42 Rz. 102 ff.

b) Subjektive Beeinträchtigung

Es genügt nicht, daß eine bieterschützende Vorschrift mißachtet 9
wird. Der Antragsteller muß sich auf diese Verletzung vielmehr auch
konkret berufen können, d. h. die Vorschrift muß **zu seinen eigenen
Lasten** verletzt sein. Ansonsten ist er nicht in seinen Rechten verletzt. Dies ist etwa dann nicht der Fall, wenn ein Unternehmen
einen Fehler bei der Angebotsbewertung rügt, obgleich es selbst gar
kein Angebot abgegeben hat, oder wenn ein Unternehmen geltend
macht, daß anstelle eines offenen Verfahrens eine beschränkte Ausschreibung gewählt wurde (zu dieser Unterscheidung § 101 Tz. 7 ff.),
obgleich es selbst zur Angebotsabgabe aufgefordert wurde (s. dazu
bereits § 107 Tz. 24).

III. Entscheidungsmöglichkeiten, Entscheidungsinhalt

1. Bindung an eine Verletzung von Rechten des Antragstellers

Nur wenn die Vergabekammer eine Verletzung von Rechten des An- 10
tragstellers festgestellt hat, trifft sie die geeigneten Maßnahmen, um
diese Rechtsverletzung zu beseitigen und eine Schädigung der betroffenen Interessen zu verhindern. Dies **muß** dann auch erfolgen, ohne
daß die Vergabekammer insofern einen Ermessensspielraum hätte.

Allerdings ist sie an die **Rechtsverletzung des Antragstellers** gebun- 11
den. Sie kann diesbezügliche Feststellungen nicht zum Anlaß nehmen, um Maßnahmen zu treffen, die keinen Bezug zu dieser Verletzung haben, also nur abstrakt die Rechtmäßigkeit des Vergabeverfahrens sichern oder gezielt Rechtsverletzungen zu Lasten Dritter,
die keinen eigenen Nachprüfungsantrag gestellt haben, verhindern
bzw. beseitigen sollen (zu den Einwirkungsmöglichkeiten gemäß
§ 114 Abs. 1 Satz 2, 2. Halbs. u. Tz. 13 ff.)[1].

2. Keine Bindung an gestellte Anträge

Obgleich die Vergabekammer in der mündlichen Verhandlung auf 12
die Stellung sachgerechter Anträge hinwirken soll, ist sie an gestellte
Anträge letztlich nicht gebunden. Dies bedeutet, daß die Vergabekammer darin frei ist, **wie** sie die Rechtsverletzung und eine damit

---

1 Ebenso *Bechtold*, GWB, 2. Aufl. 1999, § 114 Rz. 1; *Boesen*, Vergaberecht,
2000, § 114 Rz. 32; anders *Leinemann/ Weihrauch*, Die Vergabe öffentlicher Aufträge, 1999, Rz. 563 f.

verbundene Schädigung der betroffenen Interessen beseitigt bzw. verhindert. Dies kann also in der vom Antragsteller gewünschten Weise, aber auch auf andere Art erfolgen, wenn das gesetzlich geforderte Ziel erreicht wird. Insbesondere darf die Vergabekammer also hinter dem Begehren des Antragstellers zurückbleiben. Wurde also z. B. ein Antragsteller aufgrund von sachwidrigen Vergabekriterien (z. B. Abgabe einer Tariftreueerklärung ohne entsprechende gesetzliche Grundlage im Sinne von § 97 Abs. 4, 2. Halbs. (dazu § 97 Tz. 18 ff.)[1] in einem Teilnahmewettbewerb nicht zur Angebotsabgabe zugelassen und beantragt er dies im Rahmen der Nachprüfung, kann die Vergabekammer entscheiden, daß über den Teilnahmeantrag durch die Vergabestelle lediglich neu zu befinden ist. In der Regel muß die Vergabekammer sogar in dieser Weise entscheiden, denn sie hat lediglich eine rechtliche Kontrollkompetenz (o. Tz. 6). Hingegen kann sie sich nicht an die Stelle des Auftraggebers setzen und für ihn die erforderlichen Entscheidungen treffen. Nur dort, wo lediglich eine Entscheidung in Betracht kommt, also völlig unzweifelhaft keine Bewertungsspielräume mehr bestehen, die verschiedene und jeweils rechtmäßige Ergebnisse ermöglichen, darf sie gegenüber dem Auftraggeber konkrete Anordnungen treffen[2].

3. Weitergehende Einwirkungsmöglichkeiten

13   Gemäß § 114 Abs. 1 Satz 2 kann die Vergabekammer auch **unabhängig von gestellten Anträgen** auf die Rechtmäßigkeit des Vergabeverfahrens einwirken. Dies bedeutet indes nicht, daß sie völlig losgelöst von dem angestrengten Nachprüfungsverfahren Regelungsmöglichkeiten in Bezug auf Art und Weise der Vergabe hat. Vielmehr bleibt auch in diesem Fall das Antragsziel, über das der Antragsteller kraft seiner **Dispositionsbefugnis** bestimmt (dazu § 107 Tz. 10), maßgeblich. Gemeint sind daher – abgesehen von immer möglichen Hinweisen und Empfehlungen – Einwirkungen, die im **unmittelbaren Zusammenhang** mit dem Rechtsschutzziel des Antragsstellers stehen. Nur wenn dies der Fall ist, darf die Vergabekammer über dessen Begehren hinausgehen. In bestimmten Fällen muß dies auch erfolgen, um nicht einen neuen Vergabefehler zu provozieren[3]. Dies ist etwa dann anzunehmen, wenn das Angebot des Antragstellers im

---

1 BGH v. 18. 1. 2000 – KVR 23/98 –; VÜA Bund v. 16. 12. 1998 – 2 VÜ 32/98 (ÜAZ Cottbus), WuW 1999, 324 = WuW/E Verg 192.
2 In diesem Sinne auch *Bechtold*, GWB, 2. Aufl. 1999, § 114 Rz. 2; *Braun*, BB 1999, 1069, 1071.
3 Vgl. *Korbion*, Vergaberechtsänderungsgesetz, 1999, § 114 Rz. 16.

Rahmen des Vergabeverfahrens aufgrund von insgesamt falschen Wertungskritieren nicht ordnungsgemäß bewertet wurde und die Vergabekammer den Auftraggeber nicht nur zu einer Neubewertung des einen Angebots, sondern zu einer vollständigen Neubewertung aller Angebote verpflichtet. Nicht hingegen zulässig wäre eine Korrekturverpflichtung des Auftraggebers zu einem Vergabefehler, den die Vergabekammer lediglich bei Gelegenheit des Verfahrens, also gleichsam zufällig und ohne Bezug zu Rechten des Antragstellers, festgestellt hat.

Die Vergabekammer **kann** unabhängig von gestellten Anträgen auf   14
die Rechtmäßigkeit des Verfahrens einwirken. Dies muß allerdings
nicht erfolgen. Sie hat dabei vor allem die Verfahrensökonomie zu
berücksichtigen. Ebenfalls muß sie sich mit der Frage auseinandersetzen, ob die Korrektur eines Vergabefehlers zu Lasten des Antragstellers überhaupt möglich ist, ohne eine darüber hinausgehende
Anordnung zu treffen (s. o. Tz. 13).

Möglich ist ein Einwirken auch bereits im Vorfeld der Entscheidung   15
gem. § 114 Abs. 3, ggf. also auch durch **vorläufige Maßnahmen** (z. B.
Anordnung, Informationsgespräche mit einzelnen Bietern zu bestimmten Punkten zu unterlassen).

4. Geeignete Maßnahmen

Die von der Vergabekammer zu treffenden Maßnahmen müssen ge-   16
eignet sein, um die festgestellte Rechtsverletzung zu beseitigen und
eine Schädigung der betroffenen Interessen zu verhindern.

Die Vergabekammer hat dabei für ihre Anordnung einen weiten   17
Entscheidungsspielraum, der neben den Interessen des Antragstellers
auch die Belange des Auftraggebers berücksichtigen muß. Die Anordnung muß danach – wie jede andere Verwaltungsentscheidung
auch – **verhältnismäßig** sein, also nicht weiter als nötig in das Vergabeverfahren eingreifen, um die Antragstellerinteressen und ggf. weitere damit im Zusammenhang stehende Belange (dazu o. Tz. 13 f.)
zu sichern[1]. Insbesondere kommt also keine Verpflichtung des Auftraggebers zu einem obligatorischen Neubeginn des gesamten Vergabeverfahrens in Betracht, wenn dies nicht unabweisbar ist[2].

---

1 OLG Rostock v. 1. 9. 1999 – 17 W (Verg) 1/99 – Versicherungsdienstleistungen, ZVgR 2000, 18, 22; *Korbion*, Vergaberechtsänderungsgesetz, 1999, § 114 Rz. 4; *Boesen*, Vergaberecht, 2000, § 114 Rz. 15.
2 Vgl. *Gröning*, ZIP 1999, 52, 56.

18   Soweit in § 114 Abs. 1 davon die Rede ist, daß eine Schädigung der betroffenen Interessen verhindert werden muß, weicht der Wortlaut von § 107 Abs. 2 Satz 2 ab, der neben drohenden und damit in der Regel noch verhinderbaren Schäden auch von bereits entstandenen Schäden spricht, die naturgemäß nicht mehr verhindert werden können. Gemeint ist im Ergebnis allerdings letztlich dasselbe. Es geht darum, daß Auswirkungen von Rechtsverletzungen zum Nachteil des Antragstellers verhindert oder beseitigt werden müssen, soweit dies noch möglich ist. Dies ist vor der Auftragsvergabe praktisch immer der Fall. Maßnahmen, die dieses Ziel nicht zu erreichen vermögen, sind ungeeignet.

19   In der Regel muß sich die Entscheidung der Vergabekammer auf die Anordnung beschränken, daß etwaige **fehlerhafte Schritte** des Vergabeverfahrens, die zu einer Verletzung von Rechten des Antragstellers geführt haben, unter Berücksichtigung der rechtlichen Maßgaben der Vergabekammer **wiederholt** werden müssen, während die rechtmäßigen Verfahrensschritte unberührt bleiben. In Betracht kommt auch die Anordnung, etwaige Umstände (z. B. Preisnachlässe einzelner Bieter nach Angebotsabgabe) im weiteren Vergabeverfahren unberücksichtigt zu lassen[1]. Im weitestreichenden Fall kann eine Aufhebung des gesamten Vergabeverfahrens angeordnet werden, etwa dann, wenn bereits die Ausschreibung auf einer falschen Grundlage beruhte und der Antragsteller dadurch verletzt ist (z. B. Durchführung einer beschränkten Ausschreibung, bei der der Antragsteller nicht zur Abgabe eines Angebots aufgefordert wurde)[2]. Die Anordnung, einem bestimmten Unternehmen den Zuschlag zu erteilen, scheidet in aller Regel aus, nicht jedoch die Anordnung, ein bestimmtes Unternehmen vom weiteren Vergabeverfahren auszuschließen[3]. Ebensowenig kann der Auftraggeber verpflichtet werden, ein Vergabeverfahren weiterzuführen, selbst wenn er es rechtswidrig aufgehoben oder eingestellt hat. Es besteht in diesem Fall für die betroffenen Unternehmen lediglich die Möglichkeit, einen Schadensersatzanspruch aus c.i.c. geltend zu machen (§ 126 Tz. 29 ff.)[4].

---

1 BKartA v. 9. 9. 1999 – VK 2 – 24/99 – NZBau 2000, 110, 112.
2 BKartA v. 26. 8. 1999 – VK 2 – 20/99 – Fundmunition, WuW 1999, 1163 = WuW/E Verg 255.
3 VK Düsseldorf v. 21. 9. 1999 – VK-12/99-L – Abfalltransport; *Boesen*, Vergaberecht, 2000, § 114 Rz. 23.
4 OLG Düsseldorf v. 15. 3. 2000 – Verg 4/00 –; a. A. BKartA v. 26. 1. 2000 – VK 1 – 31/99 –.

IV. Keine Aufhebung eines bereits erteilten Zuschlags (§ 114 Abs. 2 Satz 1)

1. Inhaltliche Grenze für die Entscheidungsmöglichkeiten der Vergabekammer

§ 114 Abs. 2 enthält eine inhaltliche Grenze für die Entscheidungsmöglichkeiten der Vergabekammer. Sie kann einen erteilten Zuschlag nicht mehr aufheben, und zwar unabhängig davon, ob das durchgeführte Vergabeverfahren rechtmäßig oder rechtswidrig war. Das Vergabeverfahren ist also mit der Zuschlagserteilung abgeschlossen, ohne daß die Vergabekammer rückwirkende Einflußmöglichkeiten hat (zur Feststellung der Rechtswidrigkeit u. Tz. 47 ff.).

20

Wenn der Zuschlag bereits **vor** Stellung des Nachprüfungsantrags erteilt wurde, ist der Antrag unzulässig, weil das Antragsziel (Beseitigung der Rechtsverletzung des Antragstellers) durch die Vergabekammer nicht mehr erreicht werden kann[1]. Die im Vergabeverfahren unterlegenen Bieter können in diesem Fall nur unmittelbar Schadensersatz geltend machen (§ 126 Tz. 4 ff., zur Zuschlagserteilung nach Zustellung des Nachprüfungsantrags § 115 Tz. 23 ff.). Gemeinschaftsrechtlich ist dies unbedenklich. § 2 Abs. 6 der Rechtsmittelrichtlinien (Einleitung Tz. 5) sieht vor, daß der Rechtsschutz nach Vertragsschluß auf die Zuerkennung von Schadensersatz beschränkt werden darf. Da Schadensersatz nur bei einer rechtswidrigen, gleichwohl jedoch abschließenden und verbindlichen Vergabeentscheidung in Betracht kommt, bedeutet dies zugleich, daß es auch gemeinschaftsrechtlich nicht geboten ist, daß sich Bieter nach Vertragsabschluß noch gegen die Vergabeentscheidung als solche zur Wehr setzen können. Gefordert ist dann allein Sekundärrechtsschutz in Form von Schadensersatz.

21

Maßgeblich ist dabei allerdings, daß es sich um einen **wirksamen und endgültigen Zuschlag** handeln muß. Wurde der Vertrag unter einer aufschiebenden Bedingung oder mit einem Rücktrittsrecht für den Auftraggeber abgeschlossen (v. Tz. 29), bestehen die Einwirkungsmöglichkeiten für die Vergabekammer fort. Sie kann eine Rechtsverletzung zum Nachteil des Antragstellers dann etwa dadurch beseitigen, daß sie der Vergabestelle aufgibt, ein ihr einge-

22

---

1 Vgl. insofern zur Erledigung vor Einlegung von Rechtsmitteln im Verwaltungsverfahren und Verwaltungsprozeß *Weides*, Verwaltungsverfahren und Widerspruchsverfahren, 3. Aufl. 1993, S. 254; *Hopp* in Eyermann, VwGO, 10. Aufl. 1998, § 42 Rz. 14.; *Pietzcker* in Schoch/Schmidt-Aßmann/Pietzner, VwGO, Stand: 3/1999, § 42 Abs. 1 Rz. 20.

räumtes Rücktrittsrecht auszuüben. Ähnliches gilt bei einer etwaigen Nichtigkeit des abgeschlossenen Vertrages. Diese kann sich z. B. aus einem Verstoß gegen das Zuschlagsverbot gemäß § 115 Abs. 1 ergeben (dazu § 115 Tz. 23). Daneben kommt etwa ein Verstoß gegen ein sonstiges gesetzliches Verbot i. S. v. **§ 134 BGB**, ein Verstoß gegen **§ 138 BGB** oder § 20 Abs. 1 oder auch ein Verstoß gegen Formvorschriften wie **§ 313 BGB** in Betracht[1].

23   **Keine Nichtigkeit** des Vertrages ergibt sich in der Regel aus einem Verstoß gegen **Vorschriften, die für das Vergabeverfahren relevant sind.** Das gilt auch für bieterschützende Vorschriften im Sinne von § 97 Abs. 7, da § 114 Abs. 2 Satz 1 bestimmt, daß ein Verstoß gegen vergaberechtliche Bestimmungen für die Wirksamkeit eines bereits abgeschlossenen Vertrages unbeachtlich ist. Etwas anderes kommt – insbesondere über die Regelung des § 138 BGB oder auch über § 20 Abs. 1 – in ganz besonderen Ausnahmefällen in Betracht, wenn es sich um **ganz massive Verstöße** gegen Vergaberecht handelt, durch die gezielt bestimmte Unternehmen benachteiligt werden sollen oder wenn der Auftraggeber mit dem Auftragnehmer kollusiv zusammengewirkt hat[2].

2. Begriff des Zuschlags

24   Der Begriff des Zuschlags hat im Vergaberecht eine zentrale Bedeutung. Er bildet die Zäsur für die Möglichkeit der Vergabekammer und damit auch für Konkurrenzunternehmen, noch auf das Vergabeverfahren einwirken zu können. Dementsprechend können Konkurrenzunternehmen auch nicht erreichen, daß ein einmal wirksam erteilter Zuschlag rückgängig gemacht wird. Sie sind dann auf die Geltendmachung von Sekundäransprüchen in Form von Schadensersatz beschränkt (dazu § 126 Tz. 4 ff.).

a) Annahme des Vertragsangebotes

25   Im deutschen Vergaberecht ist der Zuschlag gleichbedeutend mit der Annahme des Vertragsangebotes eines Bieters, d. h. mit Zuschlagserteilung ist die zu beauftragende Leistung tatsächlich und rechtlich vergeben (s. dazu auch Vorbemerkung zu §§ 97–101 Tz. 6 ff.). Es

---

1 S. etwa OLG Schleswig v. 6. 7. 1999 – 6 U Kart 22/99 – Herrentunnel, ZVgR 1999, 249; *Noch*, Vergaberecht kompakt, 1999, S. 71.
2 OLG Schleswig v. 6. 7. 1999 – 6 U Kart 22/99 – Herrentunnel, ZVgR 1999, 249.

gelten insofern die **allgemeinen Grundsätze des Vertragsrechts** (§§ 145 ff. BGB)[1].

Dies bedeutet zugleich, daß allein die **interne Willensbildung** des Auftraggebers, also z. B. die Entscheidung der Gemeindevertretung oder des Vergabeausschusses einer Stadt, nicht für die Zuschlagserteilung genügt. Sie stellt im Rechtssinne noch keine Annahme des Vertragsangebotes dar. Ebensowenig genügt für den Zuschlag eine das Angebot des Bieters erweiternde, einschränkende oder ändernde Annahme. Eine solche Erklärung gilt gemäß § 150 Abs. 2 BGB als Ablehnung des unterbreiteten Angebots, verbunden mit einem neuen Antrag. Der Vertrag kommt in diesem Fall erst mit der Annahme durch das Unternehmen zustande. Zu diesem Zeitpunkt liegt dann auch erst der Zuschlag im vergaberechtlichen Sinne vor[2].   26

Handelt es sich um ein beurkundungsbedürftiges Rechtsgeschäft, erfolgt der Zuschlag erst mit der Beurkundung bzw. mit Vollzug des beurkundungsbedürftigen Rechtsgeschäfts (§ 313 BGB).   27

Demgegenüber ist es unerheblich, wenn im Anschluß an die mündliche oder schriftliche Annahme des Vertragsangebotes noch eine **ergänzende urkundliche Fixierung** erfolgt. Diese dient lediglich Beweiszwecken, ändert jedoch nichts daran, daß bereits vorher der Vertrag wirksam abgeschlossen wurde (vgl. § 28 Nr. 2 Abs. 1 VOB/A)[3].   28

Eine gewisse **Sonderstellung** nehmen Verträge ein, die zwar abgeschlossen wurden, die jedoch unter **Bedingungen** stehen oder einen **Rücktrittsvorbehalt** zugunsten des Auftraggebers enthalten[4]. In diesem Fall ist zwar der Vertrag abgeschlossen und damit auch ein rechtswirksamer Zuschlag erteilt, jedoch kann die Vergabekammer gleichwohl in den durch den Vertragsinhalt selbst gezogenen Grenzen noch auf die Vergabe einwirken, also z. B. der Vergabestelle aufgeben, von einem Rücktrittsrecht Gebrauch zu machen und über die Vergabe neu zu befinden (o. Tz. 19).   29

---

1 S. nur *Rusam* in Heiermann/Riedel/Rusam, Handkommentar zur VOB, 8. Aufl. 1997, § 28 Rz. 1; *Marx* in Jestaedt u. a., Das Recht der Auftragsvergabe, 1999, S. 144; zum Verhältnis von Zuschlag und Auftragserteilung ausführlich *Reidt*, BauR 2000, 22 ff.

2 *Rusam* in Heiermann/Riedel/Rusam, Handkommentar zur VOB, 8. Aufl. 1997, § 28 Rz. 14 ff.

3 *Rusam* in Heiermann/Riedel/Rusam, Handkommentar zur VOB, 8. Aufl. 1997, § 28 Rz. 13.

4 Zu dieser Möglichkeit etwa OLG Schleswig v. 6. 7. 1999 – 6 U Kart 22/99 – Herrentunnel, ZVgR 1999, 265.

b) Gemeinschaftsrechtliche und verfassungsrechtliche Bedenken

30   Gegen die **eindeutige Ausgestaltung** des deutschen Vergaberechts, in
dem Zuschlag und Annahme des Vertragsangebotes eines bestimmten Bieters zusammenfallen, sind verschiedentlich Bedenken sowohl
aus gemeinschaftsrechtlicher als auch aus verfassungsrechtlicher
Sicht geltend gemacht worden[1]. Gefordert wird in diesem Zusammenhang nicht selten eine **zweistufige Ausgestaltung**, bei der zwischen Vergabentscheidung einerseits und deren Vollzug durch Auftragserteilung andererseits differenziert wird[2]. Diese Stufung sei aus
Gründen der Effektivität des Rechtsschutzes erforderlich, weil andernfalls die unterlegenen Bewerber regelmäßig erst dann, wenn der
Vertrag bereits wirksam zustandegekommen ist und somit vollendete Tatsachen vorliegen, davon erfahren. Aus diesem Grunde müsse
vor Vertragsabschluß die Möglichkeit eingeräumt werden, daß sich
die unterlegenen Bieter gegen eine vorgeschaltete Vergabeentscheidung zur Wehr setzen können[3].

**aa) Keine Notwendigkeit zur zweistufigen Ausgestaltung des Verga-
beverfahrens**

31   Zweistufige Ausgestaltungen im Bereich der wirtschaftlichen Tätigkeit des Staates sind nicht ungewöhnlich. Sie sind insbesondere etwa
aus dem Subventionsrecht, vor allem bei Subventionsdarlehen, bekannt[4] und teilweise auch ausdrücklich gesetzlich geregelt, wie etwa
in § 102 des 2. Wohnungsbaugesetzes. Allerdings führt eine zweistufige Ausgestaltung im Rahmen des nationalen Rechtssystems zu
erheblichen **dogmatischen Schwierigkeiten.** Dies gilt vor allem für
das Verhältnis der beiden Stufen zueinander, also z. B. für die Frage
nach den rechtlichen Konsequenzen für einen abgeschlossenen Vertrag, wenn die auf der ersten Stufe getroffenen Vergabeentscheidung
aufgehoben wird. Ebenfalls ergeben sich Schwierigkeiten, wenn der
abgeschlossene Vertrag – aus welchen Gründen auch immer – unwirksam ist, gleichwohl jedoch eine als für ein bestimmtes Unternehmen begünstigender Verwaltungsakt erlassene Vergabeentschei-

---

1 S. etwa *Hermes*, JZ 1997, 905, 914 f.; *Boesen,* Vergaberecht, 2000, § 114
   Rz. 37 ff.; *Noch,* Vergaberecht kompakt, 1999, S. 71.
2 *Hermes*, JZ 1997, 909, 915.
3 *Hermes*, JZ 1997, 909, 915; s. dazu auch EuGH v. 28. 10. 1999 – C-81/98 –
   Alcatel Austria, WuW 1999, 1262 = WuW/E Verg 262.
4 S. etwa BVerwG v. 13. 2. 1974 – VIII C 193.72 –, BVerwGE 45, 13, 14; BGH
   v. 25. 10. 1973 – III ZR 108/72 –, BGHZ 61, 296, 299.

dung auf der ersten Stufe bestandskräftig vorliegt. Die damit zusammenhängenden Fragen sind gerade im Bereich des Subventionsrechts umfassend problematisiert worden, ohne daß allerdings dogmatisch eindeutige und in der Abwicklung reibungslose Modelle entwickelt werden konnten. Daher überwiegen die dogmatischen Bedenken gegen zweistufige Ausgestaltungen deutlich[1].

Im übrigen wird man die Aufspaltung eines solchen einheitlichen Lebenssachverhaltes in zwei eigenständige rechtliche Vorgänge zumindest auf der Ebene des deutschen Rechtssystems als bloße Fiktion ansehen müssen. Danach ist die Vergabeentscheidung und die Annahme des Vertragsangebotes eine **einzige außenwirksame Rechtshandlung,** die von der **internen Willensbildung** auf seiten des Auftraggebers zu unterscheiden ist (zu Mitteilungspflichten über diese interne Willensbildung allerdings u. Tz. 37). 32

Dennoch stellt sich die Frage, ob nicht aufgrund der gemeinschaftsrechtlichen Vorgaben und auch der Anforderungen des nationalen Verfassungsrechts eine zweistufige Ausgestaltung für das öffentliche Auftragswesen erforderlich sein könnte. Denn während es in den ansonsten relevanten Fällen einer zweistufigen Ausgestaltung der staatlichen Tätigkeit, insbesondere also im Subventionsrecht, typischerweise nur um das Verhältnis zwischen der öffentlichen Hand auf der einen und dem Begünstigten auf der anderen Seite geht, bei dem Konkurrenten praktisch keinen Rechtsschutz genießen[2], soll dieser im Rahmen des Vergaberechts gerade gezielt gewährleistet werden. Die Zwei-Stufen-Theorie könnte in diesem Zusammenhang ein neues Gewand und damit eine neue Rechtfertigung erhalten[3]. Dafür spricht auf den ersten Blick immerhin, daß sich unterlegene Bieter gegen eine durch den Vertragsabschluß erfolgte Auftragsvergabe nicht mehr zur Wehr setzen können, während dies bei einer vorgelagerten und ihnen bekanntgegebenen Entscheidung über die Auswahl des Bieters, mit dem der Vertrag abgeschlossen werden soll, anders wäre[4]. 33

Gegen eine einstufige Ausgestaltung wird man ebenfalls einwenden können, daß Art. 2 Abs. 6 der Rechtsmittelrichtlinien (Einleitung 34

---

1 Dazu im einzelnen etwa *Maurer,* Allgemeines Verwaltungsrecht, 12. Aufl. 1999, § 17 Rz. 11 ff.; *Reidt* in Jarass, Wirtschaftsverwaltungsrecht, 3. Aufl. 1997, § 10 Rz. 69 f.
2 *Reidt* in Jarass, Wirtschaftsverwaltungsrecht, 3. Aufl. 1997, § 10 Rz. 72 f., 83, 86 m. w. N.
3 So ausdrücklich *Hermes,* JZ 1997, 909, 915.
4 S. dazu EuGH v. 28. 10. 1999 – Rs. C-81/98 – Alcatel Austria, WuW 1999, 1262 = WuW/E Verg 262.

Tz. 5) von dem „nach Zuschlagserteilung des Auftrags geschlossenen Vertrag" bzw. von dem „Vertragsschluß im Anschluß an die Zuschlagserteilung" spricht. Dort ist also eine begriffliche Differenzierung vorgenommen, die die Frage aufwirft, ob diese Unterscheidung für den nationalen Gesetzgeber bindend ist. Dies wäre dann sicherlich der Fall, wenn zwischen einer eigenständigen Zuschlagserteilung (1. Stufe) und einem späteren Vertragsabschluß (2. Stufe) eine gemeinschaftsrechtlich ausdrücklich geregelte Frist liegen müßte und durch die Rechtsmittelrichtlinien ausdrücklich gefordert wäre, daß die betroffenen Bieter von der Zuschlagserteilung unterrichtet werden müssen. Derartige Anforderungen ergeben sich indes aus den Rechtsmittelrichtlinien nicht. Dies bedeutet, daß Zuschlagserteilung und Vertragsabschluß durch die Annahme des Angebots eines Bieters zeitlich ganz dicht beieinander liegen dürfen, letztlich bis zu einem Abstand von nur einer logischen Sekunde. Daraus folgt, daß die lediglich konstruktive Vorschaltung einer Vergabeentscheidung mit Blick auf den Rechtsschutz von Bietern nicht entscheidend weiterführt. Für deren Rechtsschutz ist nicht die dogmatische **Trennung** von Zuschlag und Vertragsschluß, sondern die **rechtzeitige Information** über den beabsichtigten Vertragsschluß von Bedeutung[1]. Auch der europäische Gerichtshof fordert daher keine vorgelagerte Entscheidung etwa in Form eines gesonderten Verwaltungsaktes[2].

35   Eine solche rechtzeitige Information ist aufgrund des gemeinschaftsrechtlich geforderten effektiven Bieterschutzes unverzichtbar. Ansonsten ist eine wirksame Nachprüfung, so wie sie durch Art. 1 Abs. 1 der Rechtsmittelrichtlinien gefordert wird, nicht gewährleistet. Allerdings fordert das Gemeinschaftsrecht nicht, daß diese für die Wahrnehmung eines effektiven Rechtsschutzes notwendige Information nach einer eigenständigen und außenwirksamen Zuschlagserteilung erfolgt. Sie muß vielmehr nur **rechtzeitig** vor Abschluß des Vergabeverfahrens stattfinden. Alles andere liegt dann im Umsetzungsspielraum des nationalen Gesetzgebers. Ansonsten hätte es einer präziseren Ausgestaltung des Verhältnisses von Zuschlag und Vertragsabschluß in den Rechtsmittelrichtlinien selbst bedurft. Dies gilt insbesondere für die Frist zwischen Zuschlagserteilung und Vertragsabschluß sowie für die Bekanntgabe des Zuschlags an die unterlegenen Bieter[3].

---

1 So völlig zu Recht *Pietzcker*, ZHR 162 (1998), 427, 458.
2 EuGH v. 28. 10. 1999 – Rs. C-81/98 – Alcatel Austria, WuW 1999, 1262 = WuW/E Verg 262.
3 In diesem Sinne auch *Pietzcker*, ZHR 162 (1998), 427, 458.

bb) Anforderungen an die einstufige Ausgestaltung des Vergabeverfahrens

Dies führt im Ergebnis zu der Schlußfolgerung, daß sich eine einstufige Ausgestaltung der Auftragsvergabe prinzipiell im Rahmen des nationalen Umsetzungsspielraums bewegt. Noch unbeantwortet ist damit allerdings die Frage, ob der mit dieser Ausgestaltung verbundene Rechtsschutz der Bieter hinreichend wirksam ist.

36

Insofern ist von Bedeutung, daß das nationale Vergaberecht keine ausdrückliche Regelung enthält, nach der die unterlegenen Bieter davon zu unterrichten sind, daß die Zuschlagserteilung zugunsten eines bestimmten Unternehmens bevorsteht. **Informationspflichten** sind zwar u. a. in § 27a VOL/A und § 27a VOB/A geregelt, jedoch sind diese Bestimmungen von ihren tatbestandlichen Voraussetzungen und den jeweils geregelten Fristen her nicht ohne weiteres dazu geeignet, eine hinreichende Information der betroffenen Bieter zu gewährleisten. Dies ergibt sich letztlich daraus, daß die Regelungen an sich eine ex-post-Transparenz herstellen sollen[1]. Ob diese Regelungen gemeinschaftsrechtskonform ausgelegt und damit den Anforderungen an einen effektiven Bieterschutz angepaßt werden können[2], erscheint zumindest zweifelhaft, ist aber im Ergebnis auch nicht von entscheidender Bedeutung. Vordringlich ist zunächst vielmehr die Feststellung, daß den Bietern **subjektive Rechte** eingeräumt sind. Sie haben gemäß § 97 Abs. 7 GWB einen Rechtsanspruch darauf, daß der Auftraggeber die (bieterschützenden) Bestimmungen über das Vergabeverfahren einhält. Diese Regelung wird insbesondere durch § 107 Abs. 2 und § 114 Abs. 1 konkretisiert. Danach ist im Rahmen des Nachprüfungsverfahrens zu klären, ob ein Unternehmen, das ein Nachprüfungsverfahren angestrengt hat, in seinen Rechten verletzt ist (dazu § 107 Tz. 18 ff., o. Tz. 8 ff.). Soweit es um staatliche oder staatlich beherrschte Auftraggeber im Sinne von § 98 geht, ist in diesem Zusammenhang die Rechtsschutzgarantie der Art. 19 Abs. 4 und 20 Abs. 2 GG zu beachten[3]. Unerheblich ist es dabei, daß die Auftragsvergabe in al-

37

---

1 S. etwa *Daub/Eberstein*, VOL/A, 4. Aufl. 1998, § 27a Rz. 8; s. allerdings § 13 des Entwurfs der neuen Vergabeverordnung vom 14. 12. 1999, der eine vorhergehende Information vorsieht.
2 So BKartA v. 29. 4. 1999 – VK 1-7/99 – Münzplättchen, BB 1999, 1076.
3 *Pietzcker*, NVwZ 1996, 313, 316 f.; zur Grundrechtsbindung von staatlich beherrschten Unternehmen *Reidt* in Jarass, Wirtschaftsverwaltungsrecht, 3. Aufl. 1997, § 12 Rz. 26 ff.; *Jarass/Pieroth*, Grundgesetz, 4. Aufl. 1997, Art. 1 Rz. 18 f.

ler Regel privatrechtlich erfolgt (Vorbemerkung zu §§ 97–101 Tz. 6 ff.)[1], weil der Staat auch in diesem Fall gemäß Art. 1 Abs. 3 GG seinen verfassungsrechtlichen Bindungen unterliegt. Er kann sich den damit verbundenen Anforderungen also nicht dadurch entziehen, daß er privatrechtlich handelt, d. h. auch fiskalisches Handeln fällt unter den Begriff der öffentlichen Gewalt im Sinne von Art. 1 Abs. 3 GG und Art. 19 Abs. 4 GG[2].

38 Soweit es nicht um einen staatlich oder staatlich beherrschten Auftraggeber geht, dieser jedoch gleichwohl unter § 98 fällt (zu den öffentlichen Auftraggebern § 98 Tz. 7 ff.), greift wegen der einfachgesetzlich eingeräumten subjektiven Rechte zumindest der Justizgewährleistungsanspruch des Art. 20 Abs. 3 i. V. m. Art. 92 GG[3]. Danach sind auch für Streitigkeiten zwischen Privatpersonen Möglichkeiten zur gerichtlichen Entscheidung sicherzustellen[4]. Auch hierbei muß der Rechtsschutz hinreichend effektiv sein[5]. Zwar bedarf der **Justizgewährleistungsanspruch** einer gesetzlichen Ausgestaltung[6], jedoch ist diese mit den Bestimmungen des GWB erfolgt. § 97 Abs. 7 regelt ausdrücklich einen materiellen Anspruch auf Einhaltung der Vergabevorschriften durch den Auftraggeber, unabhängig davon, ob es sich dabei um einen staatlichen oder staatlich beherrschten Auftraggeber handelt oder nicht. Die §§ 107 ff. und 116 ff. regeln die verfahrensmäßige Ausgestaltung auf Verwaltungs- und Gerichtsebene für die

---

1 Es sind allerdings Ausnahmen etwa dann denkbar, wenn der betreffende Vertrag auch öffentlichrechtliche Elemente enthält und diese das gesamte Vertragswerk überwiegend prägen; dies kommt z. B. bei einer Baukonzession gemäß den §§ 32, 32a VOB/A in Betracht, ablehnend allerdings auch insoweit *Reidt/Stickler*, BauR 1997, 365, 365 f.
2 OLG Brandenburg v. 3. 8. 1999 – 6 Verg 1/99 – Flughafen Schönefeld, WuW 1999, 929 = WuW/E Verg 231; BKartA v. 29. 4. 1999 – VK 1-7/99 – Münzplättchen, BB 1999, 1076; *Jarass/Pieroth*, Grundgesetz, 4. Aufl. 1997, Art. 1 Rz. 18, Art. 19 Rz. 24; *Reidt* in Jarass, Wirtschaftsverwaltungsrecht, 3. Aufl. 1997, § 10 Rz. 95; *Ehlers*, Verwaltung in Privatrechtsform, 1984, S. 212 ff.
3 *Pietzcker*, ZHR 162 (1998), 427, 439; s. auch *Jarass/Pieroth*, Grundgesetz, 4. Aufl. 1997, Art. 20 Rz. 64 ff. m. w. N.
4 S. nur OLG Saarbrücken v. 22. 10. 1999 – 5 Verg 2/99 –, ZVgR 2000, 24, 27; BVerfG v. 12. 2. 1992 – 1 BvL 1/89 –, BVerfGE 85, 337, 345; *Sachs* in Sachs, Grundgesetz, 2. Aufl. 1999, Art. 20 Rz. 162.
5 BVerfG v. 12. 2. 1992 – 1 BvL 1/89 –, BVerfGE 85, 337, 345; BVerfG v. 20. 6. 1995 – 1 BvR 166/93 –, BVerfGE 93, 99, 107; *Sachs* in Sachs, Grundgesetz, 2. Aufl. 1999, Art. 20 Rz. 162.
6 BVerfG v. 20. 6. 1995 – 1 BvR 166/93 –, BVerfGE 93, 99, 107; *Jarass/Pieroth*, Grundgesetz, 4. Aufl. 1997, Art. 20 Rz. 65.

Kontrolle, ob der gesetzlich durch § 97 Abs. 7 eingeräumte Anspruch erfüllt wird. Diese verfahrensmäßige Ausgestaltung ist – wie sich insbesondere aus dem Zuschlagsverbot des § 115 Abs. 1 ergibt (dazu § 115 Tz. 4 ff.) – in erster Linie auf **Primärrechtsschutz** ausgerichtet. **Sekundärrechtsschutz** soll nur dann erforderlich sein, wenn der vorrangige Anspruch auf Erfüllung der Anforderungen des § 97 Abs. 7 ausnahmsweise ausscheidet. Der den Bietern gesetzlich eingeräumte Anspruch aus § 97 Abs. 7 ist daher nicht nur auf Erfüllung durch den Auftraggeber ausgelegt sondern auch auf **Information** dahingehend, daß diese Erfüllung tatsächlich und ordnungsgemäß erfolgt. Diese Information kann aufgrund des gesetzlich vorrangigen Primärrechtsschutzes nur **vor Zuschlagserteilung** erfolgen. Ansonsten liefe der normierte Bieterschutz praktisch leer. Im Ergebnis folgt daraus, daß der Auftraggeber unmittelbar aus verfassungsrechtlichen Gründen in Verbindung mit der einfachgesetzlichen Ausgestaltung des Vergaberechtsschutzes im GWB verpflichtet ist, die Bieter **rechtzeitig vorher darüber zu unterrichten,** wem der Zuschlag erteilt werden soll.

Vertragsrechtlich ergibt sich dies im übrigen auch daraus, daß die 39 Bieter ihre jeweiligen Angebote vor dem Hintergrund der vergaberechtlichen Kontroll- und Überprüfungsmöglichkeiten abgeben. Sie vertrauen also darauf, daß das Vergabeverfahren im Einklang mit den rechtlichen Anforderungen durchgeführt wird, insbesondere die subjektiven Bieterrechte beachtet werden und dies ggf. auch gerichtlich überprüfbar ist. Diese Überprüfungsmöglichkeit muß der Auftraggeber den Bietern auch tatsächlich einräumen. Ansonsten verletzt er seine **vorvertraglichen Pflichten,** die im Zusammenhang mit der Ausschreibung und der Angebotsabgabe durch die einzelnen Bieter entstanden sind[1].

Derartige Informationspflichten im Vorfeld von rechtsverbindlichen 40 und damit endgültigen Entscheidungen sind nicht ungewöhnlich. So hat das Bundesverfassungsgericht etwa aus der beamtenrechtlichen **Fürsorgepflicht** das Erfordernis abgeleitet, daß der Dienstherr dem in einem Stellenbesetzungsverfahren unterlegenen Bewerber zur Wahrung seiner Rechte rechtzeitig vor der Ernennung des erfolgreichen Mitbewerbers über den Ausgang des Verfahrens zu unterrichten hat, weil die vollzogene Ernennung späterhin nicht mehr rückgängig ge-

---

1 Vgl. OLG Schleswig v. 6. 7. 1999 – 6 U Kart 22/99 – Herrentunnel, ZVgR 1999, 249; *Boesen*, Vergaberecht, 2000, § 114 Rz. 48; zu Ansprüchen aus c.i.c. im Falle einer rechtswidrigen Aufhebung des Vergabeverfahrens etwa BGH v. 12. 7. 1984 – VII ZR 111/83 –, BauR 1984, 631, 631; *Rusam* in Heiermann/Riedel/Rusam, Handkommentar zur VOB, 8. Aufl. 1997, § 26 Rz. 20 ff.

macht werden kann[1]. Die dort entwickelten Grundsätze sind auch hier für den effektiven Schutz der Bieterrechte anzuwenden[2].

41   Die weitere Frage ist, **wie lange** vor der beabsichtigten Zuschlagserteilung die Bieter davon unterrichtet werden müssen. Die 1. Vergabekammer des Bundes geht offensichtlich davon aus, daß immer eine **Frist von 10 Tagen** vor Erteilung des Zuschlags zu wahren sei[3]. Man wird dies indes nicht als zwingend ansehen können. Es kann durchaus auch eine kürzere Frist genügen, um irreparable Entscheidungen zu vermeiden und den gerichtlichen Rechtsschutz nicht zu vereiteln oder auch nur unzumutbar zu erschweren. Dabei kommt es auf die **Umstände des Einzelfalls** an, insbesondere also auf die Eilbedürftigkeit der Auftragsvergabe und deren Komplexität. Entscheidend ist, daß die unterlegenen Bewerber sich ein Bild von der Situation machen und entscheiden können, ob sie sich durch die vorgesehene Zuschlagserteilung in Rechten verletzt fühlen oder nicht.

42   Aus diesen Anforderungen folgt zugleich, daß die Mitteilung gegenüber den Bietern auch **begründet** werden muß. Zwar handelt es sich bei dieser Mitteilung anders als bei der beamtenrechtlichen Konkurrentenklage[4] nicht um einen Verwaltungsakt. Es geht vielmehr um die **Ablehnung des Angebotes** auf Abschluß eines in aller Regel zivilrechtlichen (Tz. 25 ff.) Vertrages. Jedoch ergibt sich auch dies letztlich aus dem Erfordernis eines effektiven Rechtsschutzes und eines transparenten Vergabeverfahrens im Sinne von § 97 Abs. 1. Zwar fordert das Transparenzgebot **keine ständige lückenlose Unterrichtung** der Bieter über den Fortgang des Vergabeverfahrens[5], jedoch ist eine Unterrichtung zumindest vor Abschluß des Verfahrens erforderlich. Es geht insofern also nicht um eine ex-post-Transparenz

---

1 BVerfG v. 19. 9. 1989 – 2 BvR 1576/88 –, NJW 1990, 501 f.; auch dort wurde also für die Effektivität des Rechtsschutzes keine zweistufige Ausgestaltung für erforderlich gehalten, s. o. Tz. 31 ff.

2 So ausdrücklich auch BKartA v. 29. 4. 1999 – VK 1-7/99 – Münzplättchen, BB 1999, 1076; s. auch *Pietzcker*, ZHR 162 (1998), 427, 458.

3 BKartA v. 29. 4. 1999 – VK 1-7/99 – Münzplättchen, BB 1999, 1076; § 13 des Entwurfs der neuen Vergabeverordnung vom 14. 12. 1999 sieht eine Frist von mindestens 7 Kalendertagen vor.

4 *Schnellenbach*, Beamtenrecht in der Praxis, 4. Aufl. 1998, Rz. 76.; *Gerhardt* in Schoch/Schmidt-Aßmann/Pietzcker, Verwaltungsgerichtsordnung, Stand: 3/1999, § 113 Rz. 79 ff.; *Hufen*, Verwaltungsprozeßrecht, 3. Aufl. 1998, § 18 Rz. 53 ff.

5 So zu Recht BKartA v. 29. 4. 1999 – VK 1-7/99 – Münzplättchen, BB 1999, 1076; auch § 13 des Entwurfs der neuen Vergabeverordnung vom 14. 12. 1999 sieht eine Begründung vor.

sondern um eine **ex-ante-Transparenz,** die den nicht berücksichtigten Bietern die Möglichkeit geben soll, sachgerecht darüber zu entscheiden, ob sie sich in eigenen Rechten verletzt fühlen und daher ein Nachprüfungsverfahren anstrengen wollen oder nicht.

Unter Berücksichtigung der vorstehenden – einfach- und verfassungsrechtlich normierten – Anforderungen genügt das nationale Rechtsschutzkonzept den durch die Rechtsmittelrichtlinien aufgestellten Anforderungen für den Bieterschutz. Wenngleich eine ausdrückliche normative Regelung dafür wünschenswert wäre, liegt damit eine **ausreichende Umsetzung** vor[1], für die nicht allein die vergaberechtlichen Bestimmungen des GWB, sondern **sämtliche außenwirksamen Bestimmungen** der nationalen Rechtsordnung zu berücksichtigen sind[2].   43

cc) Verletzung der Mitteilungspflicht

Wenn die Vergabestelle ihre Mitteilungspflicht (o. Tz. 36 ff.) verletzt, also entweder zu Unrecht vollständig von der Mitteilung absieht, wem der Zuschlag erteilt werden soll, die dafür erforderliche Begründung fehlt oder die Frist zu kurz bemessen ist, stellt sich die Frage nach den daraus resultierenden Konsequenzen.   44

Es handelt sich in diesem Fall um einen Fehler des Vergabeverfahrens. Erfahren die unterlegenen Bieter noch **vor Zuschlagserteilung** von dem bevorstehenden Vertragsabschluß, etwa weil lediglich die ihnen gegebene Begründung unzureichend ist, kann dies im Rahmen eines Nachprüfungsantrags geltend gemacht werden. Dies gilt auch für Bewerber, die im Rahmen eines nicht offenen Verfahrens gar nicht erst zur Abgabe eines Angebots aufgefordert wurden (zum nicht offenen Verfahren § 101 Tz. 7 ff.).   45

Erfahren die Bieter erst **nach Zuschlagserteilung** davon, daß sie nicht berücksichtigt wurden, ändert dies in der Regel nichts an der Wirksamkeit des abgeschlossenen Vertrages. Wie bei anderen Vergabefehlern einschließlich der vollständigen Unterlassung eines an sich notwendigen Vergabeverfahrens, läßt dies den Vertragsabschluß als sol-   46

---

1 Anders etwa *Korbion,* Vergaberechtsänderungsgesetz, 1999, § 114 Rz. 41; *Eydt,* BauR 1999, 1341, 1348.
2 Unberücksichtigt bleiben nach der Rechtsprechung des EuGH indes Verwaltungsvorschriften ohne Gesetzescharakter, EuGH v. 30. 5. 1991 – C-361/88 – Kommission/Deutschland, NVwZ 1991, 886 ff. sowie EuGH v. 30. 5. 1991 – C-59/89 – Kommission/Deutschland, NVwZ 1991, 868 ff.; darum geht es hier indes nicht.

chen mithin unberührt (o. Tz. 23)[1]. Auch hier allerdings kommt im Einzelfall eine Nichtigkeit aus sonstigen Gründen, etwa wegen eines Verstoßes gegen § 138 BGB in Betracht, wenn z. B. die fehlende Information der unterlegenen Bieter auf einer gezielten Abstimmung zwischen Auftraggeber und demjenigen Bieter beruhte, der den Zuschlag erhalten hat.

V. Feststellung der Rechtswidrigkeit (§ 114 Abs. 2 Satz 2 und 3)

47 Für den Fall, daß sich das Nachprüfungsverfahren erledigt, sieht § 114 Abs. 2 Satz 2 vor, daß die Vergabekammer auf Antrag eines Beteiligten feststellen muß, ob eine Rechtsverletzung vorgelegen hat oder nicht (**Fortsetzungsfeststellungsantrag**[2]).

1. Erledigung

48 Erste Voraussetzung für einen solchen Antrag ist, daß sich das Nachprüfungsverfahren erledigt hat.

a) Begriff

49 § 114 Abs. 2 Satz 2 spricht von einer Erledigung durch Erteilung des Zuschlags, durch Aufhebung oder durch Einstellung des Vergabeverfahrens oder von einer Erledigung in sonstiger Weise. Bei den ausdrücklich genannten Fällen liegt schon kraft gesetzlicher Definition eine Erledigung vor. Dies gilt also für den wirksamen, wenn auch ggf. auf einem rechtswidrigen Vergabeverfahren beruhenden Zuschlag (o. Tz. 20 ff.), die rechtmäßige oder auch rechtswidrige Aufhebung des Vergabeverfahrens (s. etwa § 26, 26a Nr. 1 VOB/B) oder die Einstellung des Vergabeverfahrens (s. etwa §§ 26, 26a Nr. 2 VOB/A)[3]. Für die Erledigung in sonstiger Weise kommt es hingegen darauf an, was unter dem Begriff der Erledigung zu verstehen ist.

---

1 Dies ist auch die Rechtsfolge bei einer unterlassenen oder lückenhaften Unterrichtung der unterlegenen Bewerber bei der beamtenrechtlichen Konkurrentenklage, s. *Schnellenbach*, Beamtenrecht in der Praxis, 4. Aufl. 1998, Rz. 77.
2 Zur Terminologie etwa *Redeker/von Oertzen*, VwGO, 12. Aufl. 1997, § 113 Rz. 31.
3 OLG Düsseldorf v. 15. 3. 2000 – Verg 4/00 –; a. A. BKartA v. 26. 1. 2000 – VK 1 – 31/99 – und VK Köln v. 18. 1. 2000 – VK-9/99, für den Fall einer rechtswidrigen Aufhebung.

Diese liegt – ebenso wie bei den gesetzlich ausdrücklich benannten 50
Fällen – dann vor, wenn das Nachprüfungsbegehren gegenstandslos
wird. Dies kommt vor allem bei einer **Nachbesserung** des Vergabeverfahrens durch die Vergabestelle vor Abschluß des Nachprüfungsverfahrens in Betracht, durch die dem Antragsteller seine Beschwer
genommen wird. Im übrigen wird man hier auf die **Grundsätze** abstellen können, die für die verwaltungsgerichtliche **Fortsetzungsfest-
stellungsklage** entwickelt worden sind. Danach gilt folgendes:

Erklären der **Antragsteller und der Antragsgegner** das Verfahren für 51
erledigt, dann ist die Vergabekammer daran gebunden. Denn beide
verzichten dann mit der Erledigungserklärung auf die Sachentscheidung. Ein solcher Verzicht gehört zur Dispositionsbefugnis der Beteiligten, die dem für die Vergabekammer geltenden Untersuchungsgrundsatz vorgeschaltet ist (vgl. § 110 Tz. 9). Die weiteren Verfahrensbeteiligten im Sinne von § 109 müssen Erledigungserklärungen
weder zustimmen noch können sie widersprechen, da sie allein
durch die Beendigung des Verfahrens nicht materiell beschwert sind.
Allenfalls kommt es daher für sie in Betracht, gegen die neu eingetretenen tatsächlichen Umstände, die der Erledigung zugrunde liegen,
eigenständig vorzugehen, wenn sie sich dadurch beschwert fühlen[1].

Geben der Antragsteller und der Antragsgegner **keine Erledigungser-** 52
klärungen ab, obwohl der Nachprüfungsantrag durch Zuschlagserteilung, Aufhebung oder Einstellung des Verfahrens oder in sonstiger
Weise gegenstandslos geworden ist, ist der Nachprüfungsantrag in
der Regel als unzulässig abzulehnen, weil die begehrte Entscheidung
nicht mehr umgesetzt werden kann. Damit fehlt es dann an einem
Rechtsschutzinteresse des Antragstellers. Hingegen kann die Vergabekammer nicht von sich aus die Erledigung feststellen und das
Verfahren einstellen. Sie ist vielmehr an die gestellten Anträge gebunden und muß darüber entscheiden[2].

Erklärt **nur der Antragsteller,** nicht aber der Antragsgegner das Nach- 53
prüfungsverfahren für erledigt, muß die Vergabekammer prüfen, ob
tatsächlich eine Erledigung vorliegt. Ist dies der Fall, stellt sie in
ihrer Entscheidung gemäß § 114 Abs. 3 Satz 1 die Erledigung fest. Ist
eine Erledigung nicht eingetreten, dann ist der Nachprüfungsantrag
abzulehnen, weil es an einem Sachantrag des Antragstellers fehlt. Es

---

1 S. im einzelnen *Redeker/von Oertzen*, VwGO, 12. Aufl. 1997, § 107
Rz. 16 f.
2 *Redeker/von Oertzen*, VwGO, 12. Aufl. 1997, § 107 Rz. 20; anders *Korbion*, Vergaberechtsänderungsgesetz, 1999, § 114 Rz. 81.

handelt sich also letztlich in diesem Fall um eine verdeckte Antragsrücknahme[1].

54   **Allein der Antragsgegner** kann das Verfahren nicht für erledigt erklären, da dies außerhalb seiner Dispositionsbefugnis liegt. Eine solche Erklärung ist daher für die Vergabekammer unbeachtlich.

b) Zeitpunkt der Erledigung

55   Die Erledigung muß **nach** Beginn des Nachprüfungsverfahrens eingetreten sein (zum Beginn des Nachprüfungsverfahrens als Verwaltungsverfahren im Sinne von § 9 VwVfG § 107 Tz. 9)[2]. Ein Nachprüfungsantrag, der sich bereits vor Beginn des Nachprüfungsverfahrens, also ggf. auch erst nach Antragstellung, erledigt hat, ist (offensichtlich) unzulässig. Er muß daher gemäß § 110 Abs. 2 gar nicht mehr zugestellt werden (§ 110 Tz. 28), wenngleich das mit der Zustellung verbundene Zuschlagsverbot ohnehin ins Leere geht.

2. Antrag

56   Allein die Erledigung und die diesbezügliche Erklärung (dazu o. Tz. 51 ff.) genügt nicht dafür, daß die Vergabekammer eine Fortsetzungsfeststellungsentscheidung trifft. Dies bedarf vielmehr eines **gesonderten** Antrages. Dieser Antrag kann anders als im Verwaltungsprozeß[3] nicht nur durch den Antragsteller sondern durch jeden Verfahrensbeteiligten im Sinne von § 109 gestellt werden[4].

57   Auch hierbei ist allerdings die Dipositionbefugnis des Antragstellers zu berücksichtigen. Der Fortsetzungsfeststellungsantrag kann nur in einem noch anhängigen, wenn auch erledigten Nachprüfungsverfahren gestellt werden. Nimmt der Antragsteller den Nachprüfungsantrag zurück, kommt auch ein Fortsetzungsfeststellungsantrag nicht mehr in Betracht. Dieser muß also **vor einer etwaigen Antragsrücknahme** gestellt werden. Ist dies erfolgt, wirkt sich jedenfalls bei

---

1 BVerwG v. 14. 1. 1965 – BVerwG I C 68.61 –, BVerwGE 20, 146, 151; im einzelnen *Redeker/von Oertzen*, VwGO, 12. Aufl. 1997, § 107 Rz. 21.
2 BayObLG v. 7. 10. 1999 – Verg 3/99 –, Kreisstraße, NZBau 2000, 92, 93; OLG Düsseldorf v. 13. 4. 1999 – Verg 1/99 – Restabfallbehandlungsanlage, BauR 1999, 751, 757; *Gröning*, ZIP 1999, 52, 56; anders *Bechtold*, GWB, 2. Aufl. 1999, § 107 Rz. 3; *Höfler*, NJW 2000, 120, 121; differenzierend *Meyer*, WuW 1999, 567, 569 ff.
3 *Redeker/von Oertzen*, VwGO, 12. Aufl. 1997, § 113 Rz. 134.
4 *Korbion*, Vergaberechtsänderungsgesetz, 1999, § 114 Rz. 3.

einem zulässigen Fortsetzungsfeststellungsantrag eine erst danach erfolgte Rücknahme des Nachprüfungsantrages nicht mehr aus.

3. Fortsetzungsfeststellungsinteresse

Unabhängig davon, daß jeder Verfahrensbeteiligte die Feststellung beantragen kann, ob eine Rechtsverletzung vorgelegen hat oder nicht, ist dafür ein entsprechendes Rechtsschutzinteresse erforderlich. Wie jedes andere Verwaltungsverfahren auch, hat das Fortsetzungsfeststellungsverfahren keinen Selbstzweck. Für den Antragsteller ergibt sich ein solches Fortsetzungsfeststellungsinteresse häufig aus der Möglichkeit eines **Schadensersatzanspruchs.** Dafür hat die Entscheidung der Vergabekammer gemäß § 124 Bindungswirkung (dazu § 124 Tz. 4 ff.). Dasselbe Interesse kann aus der umgekehrten Perspektive für den Antragsgegner bestehen. Des weiteren ist ein Fortsetzungsfeststellungsinteresse etwa bei Aufhebung der Ausschreibung wegen einer (konkreten) **Wiederholungsgefahr** in Betracht zu ziehen. Dies ist einer der wenigen Fälle, in denen ein Fortsetzungsfeststellungsinteresse auch für einen Beigeladenen bestehen kann. Eine Wiederholungsgefahr fehlt in derartigen Fällen allerdings zumeist dann, wenn der Antragsgegner ausdrücklich erklärt, daß er die Leistung nicht mehr oder nur in einem völlig umgestalteten Verfahren vergeben will.

58

4. Wegfall des Beschleunigungsgebotes

Gemäß § 114 Abs. 2 Satz 2 gilt für das Fortsetzungsfeststellungsverfahren § 113 Abs. 1 nicht. Dies ist folgerichtig, weil für die Fortsetzungfeststellungsentscheidung der Vergabekammer kein besonderer und von sonstigen Verwaltungsverfahren abweichender Zeitdruck mehr besteht. Allerdings verbleibt es dabei, daß auch dieses Verfahren zügig durchzuführen ist (§ 10 Satz 2 VwVfG).

59

5. Rechtsmittel

Auch die Fortsetzungsfeststellungsentscheidung der Vergabekammer ist eine Entscheidung im Sinne von § 114 Abs. 3 Satz 1 und § 116 Abs. 1. Rechtsmittel ist also die **sofortige Beschwerde.** Dabei sind allerdings die Vorschriften, die sich auf die Beschleunigung im Sinne von § 113 beziehen, nicht anzuwenden. Dies gilt vor allem für § 116 Abs. 2, § 118 und § 121.

60

VI. Entscheidung durch Verwaltungsakt (§ 114 Abs. 3 Satz 1)

1. Form der Entscheidung

61 § 114 Abs. 3 Satz 1 regelt ausdrücklich, daß die Vergabekammer durch Verwaltungsakt im Sinne von § 35 VwVfG entscheidet. Dies liegt bei einem Verwaltungsverfahren auf der Hand, zumal eine Entscheidung durch Urteil wegen der Behördenqualität der Vergabekammer nicht in Betracht kommt.

62 Auch bei **Erledigung** des Nachprüfungsverfahrens (Fortsetzungsfeststellungsentscheidung, Sachentscheidung über den Nachprüfungsantrag, Einstellung des Verfahrens einschließlich Kostenentscheidung bei Erledigung ohne zusätzlichen Fortsetzungsfeststellungsantrag; o. Tz. 48 ff.) ergeht eine Entscheidung durch Verwaltungsakt.

2. Entscheidungsinhalt

63 Für den Inhalt der Entscheidung der Vergabekammer gilt neben den Regelungen des Verwaltungsverfahrensgesetzes (§§ 35 ff. VwVfG), gemäß § 114 Abs. 3 Satz 3 **§ 61 als Spezialvorschrift.** Danach ist die Entscheidung der Vergabekammer zu begründen, mit einer Rechtsmittelbelehrung zu versehen und nach den Vorschriften des Verwaltungszustellungsgesetzes zuzustellen.

a) Entscheidungstenor

64 Damit eine Begründung der Entscheidung überhaupt möglich ist, bedarf es zunächst einer **hinreichend bestimmten Regelung** (§ 37 Abs. 1 VwVfG). Das bedeutet insbesondere für eine dem Nachprüfungsantrag ganz oder teilweise stattgebende Entscheidung, daß eine präzise Tenorierung erfolgen muß. Dem Antragsgegner muß – ggf. unter Hinzunahme der Entscheidungsbegründung, die wie auch sonst bei Verwaltungsakten zur Auslegung herangezogen werden kann[1] – eindeutig erkennbar sein, wie er sich verhalten muß.

b) Entscheidungsbegründung

65 Des weiteren muß die Entscheidung begründet werden. Die Begründung muß die **wesentlichen tatsächlichen und rechtlichen Gründe**

---

1 Vgl. *Groening*, ZIP 1999, 52, 59.

darlegen, die die Behörde zu ihrer Entscheidung bewogen haben. Die Anforderungen an Umfang und Vollständigkeit sind dabei einzelfallabhängig. Je umfangreicher und präziser der Sachvortrag der Verfahrensbeteiligten war, desto höhere Ansprüche sind an die Entscheidungsbegründung zu stellen. Andererseits ist die Vergabekammer jedoch nicht verpflichtet, sich auch mit fernliegenden oder gar abwegigen Ausführungen der Verfahrensbeteiligten detailliert zu befassen[1].

Ist die Begründung unzureichend, führt dies zu einem Verfahrensfehler, der allerdings nicht gesondert beanstandet werden kann (§ 46 VwVfG). Vielmehr kommt lediglich die Einlegung der sofortigen Beschwerde gemäß den §§ 116 ff. in Betracht.   66

c) Rechtsmittelbelehrung

Die Entscheidung muß eine Rechtsmittelbelehrung enthalten. Weder in § 114 Abs. 3 noch in § 61 ist geregelt, wie die Belehrung aussehen muß. Man wird hierfür § 58 Abs. 1 VwGO analog heranziehen können (s. aber noch u. Tz. 68)[2]. Danach muß die Belehrung darüber informieren, daß gegen die Entscheidung der Vergabekammer die sofortige Beschwerde zulässig und bei welchem Gericht diese einzulegen ist. Ebenfalls muß über die dafür einzuhaltende Frist belehrt werden. Obgleich sich dies nicht aus dem Wortlaut des § 58 VwGO ergibt, gilt die Belehrungspflicht auch für die Formvorschriften, die sich hier aus § 117 Abs. 2 bis 4 ergeben[3].   67

Ist die Rechtsmittelbelehrung **unterblieben oder fehlerhaft**, gilt **nicht die Jahresfrist gemäß § 58 Abs. 2 VwGO**[4]. Ebenfalls kann nicht unbefristet die sofortige Beschwerde eingelegt werden, wenn die Entscheidung der Vergabekammer nicht ordnungsgemäß zugestellt wurde. In diesen Fällen greift **§ 117 Abs. 1, 2. Alternative** ein, nach dem die Beschwerdefrist selbst bei einer gänzlich fehlenden Zustellung   68

---

1 S. im einzelnen *Quack* in Frankfurter Kommentar, § 57 a. F. Tz. 15 ff.; *Stelkens* in Stelkens/Bonk/Sachs, Verwaltungsverfahrensgesetz, 5. Aufl. 1998, § 39 Rz. 19 ff.

2 So auch *Bechtold*, GWB, 2. Aufl. 1999, § 61 Rz. 3; *Quack* in Frankfurter Kommentar, § 57 a. F. Tz. 23.

3 *Quack* in Frankfurter Kommentar, § 57 a. F. Tz. 23; *Redeker/von Oertzen*, VwGO, 12. Aufl. 1997, § 58 Rz. 9; ebenso BSG v. 11. 2. 1958 – 10 RV 123/56 –, BSGE 7, 1, 2 f.; anders BVerwG v. 27. 2. 1976 – BVerG IV C 74.74 –, BVerwGE 50, 248, 250.

4 Ebenso *Boesen*, Vergaberecht, 2000, § 114 Rz. 95.

der Entscheidung und einer damit verbundenen Rechtsmittelbelehrung mit Ablauf der Entscheidungsfrist gemäß § 116 Abs. 2 i. V. m. § 113 Abs. 1 für den Antragsteller zu laufen beginnt, weil der Antrag in diesem Fall als abgelehnt gilt (zu den Folgen der fehlerhaften Zustellung und Rechtsmittelbelehrung für das Zuschlagsverbot § 115 Tz. 18 f.)[1]. Für den Antragsgegner und die weiteren Verfahrensbeteiligten gilt diese Fristenregelung entsprechend, da nicht erkennbar ist, warum ihnen eine längere Frist eingeräumt sein sollte als dem Antragsteller.

69   Keine besonderen Probleme wirft die Frage auf, was passiert, wenn die Entscheidung der Vergabekammer gemäß § 44 VwVfG **nichtig** ist. Dies führt gemäß § 43 Abs. 3 VwVfG zur Unwirksamkeit der Entscheidung. Allerdings beendet auch der nichtige Verwaltungsakt formell das Verwaltungsverfahren und damit auch das Zuschlagsverbot gemäß § 115 Abs. 1 mit Ablauf der Beschwerdefrist gemäß § 117 Abs. 1. Das Zuschlagsverbot kann also durch den Antragsteller nur dadurch aufrechterhalten werden, daß er entweder gegen die nichtige Entscheidung sofortige Beschwerde einlegt oder aber einen erneuten Nachprüfungsantrag stellt und dieser dem Auftraggeber sodann auch zugestellt wird[2].

70   Die **Zustellung** der Nachprüfungsentscheidung der Vergabekammer erfolgt gemäß § 114 Abs. 3 Satz 3 i. V. m. § 61 nach den Vorschriften des Verwaltungszustellungsgesetzes des Bundes (§§ 2 ff. VwZG)[3].

VII. Vollstreckung der Entscheidung

71   In der Regel ist jedenfalls bei der öffentlichen Hand oder bei von der öffentlichen Hand beherrschten Unternehmen davon auszugehen, daß diese einer Entscheidung der Vergabekammer ohnehin nachkommen. Gleichwohl ist in § 114 Abs. 3 Satz 2 ausdrücklich die Geltung des Vollstreckungsrechts des Bundes und der Länder auch gegen Hoheitsträger angeordnet.

72   Die Entscheidung der Vergabekammer ist ein **vollstreckbarer Verwaltungsakt** (vgl. § 6 VwVG). Als Vollstreckungsmittel sind in § 9

---

1 Unklar *Boesen*, Das neue Vergaberecht, 1999, S. 91.
2 Vgl. *Sachs* in Stelkens/Bonk/Sachs, Verwaltungsverfahrensgesetz, 5. Aufl. 1998, § 43 Rz. 209.
3 Im einzelnen *Quack* in Frankfurter Kommentar, § 57 a. F. Tz. 25 ff.; zur Benennung eines Empfangsbevollmächtigten s. § 108 Rz. 14, § 109 Tz. 35.

VwVG bzw. den entsprechenden Vollstreckungsregelungen der Länder, denen die Vergabekammer angehört, die Ersatzvornahme, das Zwangsgeld und der unmittelbare Zwang vorgesehen. Praktische Bedeutungen haben dabei allerdings nur die Ersatzvornahme gem. § 10 VwVG und die Festsetzung eines Zwangsgeldes gem. § 11 VwVG. Dabei dürfte das Zwangsgeld allerdings mit Blick auf den Festsetzungsrahmen bis maximal DM 2000,00 nur begrenzte Wirkung entfalten.

Die erforderliche **Androhung des Zwangsmittels** kann bereits in der Entscheidung der Vergabekammer gemäß § 114 Abs. 3 enthalten sein (s. § 13 Abs. 2 VwVG bzw. die Verwaltungsvollstreckungsgesetze der Länder). 73

Aus der Notwendigkeit einer etwaigen Vollstreckung der Nachprüfungsentscheidung ergibt sich, daß ein **Zuschlag nach Abschluß des Nachprüfungsverfahrens** unter Mißachtung dieser Entscheidung nicht ohne weiteres nichtig ist[1]. Das Zuschlagsverbot gemäß § 115 Abs. 1 wirkt also zeitlich nicht über die Bestandskraft der Nachprüfungsentscheidung hinaus. Ansonsten bedürfte es der Vollstreckung nicht. Jedoch kann ein unter Verstoß gegen die Entscheidung der Vergabekammer erfolgter Zuschlag insbesondere gegen **§ 138 BGB** verstoßen und damit nichtig sein, wenn etwa derjenige, der den Zuschlag erhält, diese Umstände kennt und trotzdem den Vertrag abschließt (vgl. in diesem Zusammenhang o. Tz. 22 f.; hinsichtlich der Zuschlagserteilung ohne vorhergehende Unterrichtung der unterlegenen Bewerber o. Tz. 46). 74

Eine Verwaltungsvollstreckung scheidet aus, wenn der Auftraggeber nicht der Entscheidung der Vergabekammer nachkommt, weil er **insgesamt von der Vergabe absieht** (zur Erledigung o. Tz. 49 ff.). Es folgt also aus der Entscheidung der Vergabekammer keine Pflicht, das Vergabeverfahren (rechtmäßig) weiter zu betreiben. Wenn die Voraussetzungen für eine Aufhebung oder Einstellung des Vergabeverfahrens nicht vorliegen, kann dies allerdings Schadensersatzansprüche der Bieter auslösen[2]. 75

Insgesamt sind die Möglichkeiten der Verwaltungsvollstreckung eine eher stumpfe Waffe, um nach Abschluß des Nachprüfungsver- 76

---

1 A. A. *Boesen*, EuZW 1998, 551, 558.
2 S. etwa BGH v. 26. 3. 1981 – VII ZR 185/80 –, BauR 1981, 368, 368 f.; *Rusam* in Heiermann/Riedel/Rusam, Handkommentar zur VOB, 8. Aufl. 1997, § 26, Rz. 20 ff.

fahrens sicherzustellen, daß die Anordnungen der Vergabekammer durch den Auftraggeber eingehalten werden. Die Risiken eines drohenden Schadensersatzanspruches (dazu § 126 Tz. 4 ff.) dürfen daher eher dazu führen, einen Auftraggeber von einem vergaberechtswidrigen Zuschlag nach Abschluß des Nachprüfungsverfahrens abzuhalten.

§ 115 Aussetzung des Vergabeverfahrens

(1) Nach Zustellung eines Antrags auf Nachprüfung an den Auftraggeber darf dieser vor einer Entscheidung der Vergabekammer und dem Ablauf der Beschwerdefrist nach § 117 Abs. 1 den Zuschlag nicht erteilen.

(2) Die Vergabekammer kann dem Auftraggeber auf seinen Antrag gestatten, den Zuschlag nach Ablauf von zwei Wochen seit Bekanntgabe dieser Entscheidung zu erteilen, wenn unter Berücksichtigung aller möglicherweise geschädigten Interessen sowie des Interesses der Allgemeinheit an einem raschen Abschluß des Vergabeverfahrens die nachteiligen Folgen einer Verzögerung der Vergabe bis zum Abschluß der Nachprüfung die damit verbundenen Vorteile überwiegen. Das Beschwerdegericht kann auf Antrag das Verbot des Zuschlags nach Absatz 1 wiederherstellen; § 114 Abs. 2 Satz 1 bleibt unberührt. Wenn die Vergabekammer den Zuschlag nicht gestattet, kann das Beschwerdegericht auf Antrag des Auftraggebers unter den Voraussetzungen des Satzes 1 den sofortigen Zuschlag gestatten. Für das Verfahren vor dem Beschwerdegericht gilt § 121 Abs. 2 Satz 1 und 2 entsprechend. Eine sofortige Beschwerde nach § 116 Abs. 1 ist gegen Entscheidungen der Vergabekammer nach diesem Absatz nicht zulässig.

(3) Sind Rechte des Antragstellers aus § 97 Abs. 7 im Vergabeverfahren auf andere Weise als durch den drohenden Zuschlag gefährdet, kann die Kammer auf besonderen Antrag mit weiteren vorläufigen Maßnahmen in das Vergabeverfahren eingreifen. Sie legt dabei den Beurteilungsmaßstab des Absatzes 2 Satz 1 zugrunde. Diese Entscheidung ist nicht selbständig anfechtbar.

Inhaltsübersicht

I. Einführung

1. Inhaltsübersicht

1 § 115 Abs. 1 regelt ein Zuschlagsverbot des Auftraggebers nach Zustellung des Nachprüfungsantrags bis zum Ablauf der Beschwerdefrist. Abs. 2 der Vorschrift regelt die Möglichkeit einer vorzeitigen
Zuschlagserteilung einschließlich der Möglichkeiten zur Anrufung
des Beschwerdegerichts im Rahmen des vorläufigen Rechtschutzes.
§ 115 Abs. 3 sieht die Möglichkeit für weitere Verfahrensentschei-
dungen der Vergabekammer vor, wenn allein das Zuschlagsverbot
für einen effektiven Rechtsschutz im Rahmen des Nachprüfungsverfahrens nicht genügen sollte.

2. Entstehungsgeschichte

§ 125 des Regierungsentwurfs[1]:   2

Aussetzung des Vergabeverfahrens

(1) Nach Zustellung eines Antrags auf Nachprüfung an den Auftraggeber darf
dieser vor einer Entscheidung der Vergabekammer und dem Ablauf der Beschwerdefrist nach § 127 Abs. 1 den Zuschlag nicht erteilen.

(2) Auf Antrag des Auftraggebers kann die Vergabekammer den Zuschlag
gestatten, wenn unter Berücksichtigung aller möglicherweise geschädigten
Interessen sowie des Interesses der Allgemeinheit an einem raschen Abschluß des Vergabeverfahrens die nachteiligen Folgen einer Verzögerung der
Vergabe bis zum Abschluß der Nachprüfung die damit verbundenen Vorteile
überwiegen. Die Entscheidung kann selbständig mit der sofortigen Beschwerde nach § 126 angefochten werden. § 57 gilt entsprechend.

(3) Sind Rechte des Antragstellers aus § 106 Abs. 6 im Vergabeverfahren auf
andere Weise als durch den drohenden Zuschlag gefährdet, kann die Kammer
auf besonderen Antrag mit weiteren vorläufigen Maßnahmen in das Vergabeverfahren eingreifen. Sie legt dabei den Beurteilungsmaßstab des Absatzes 2
Satz 1 zugrunde. Diese Entscheidung ist nicht selbständig anfechtbar.

Begründung zu § 125 des Regierungsentwurfs[2]:   3

Zu Absatz 1

Mit Einleitung des Nachprüfungsverfahrens durch den Antragsteller wird
das Vergabeverfahren zunächst insoweit angehalten, als der Auftraggeber den
Zuschlag nicht erteilen darf. Nachdem ihm der Antrag des Rechtsschutzsu-
chenden zugestellt wurde, darf er bis zur Entscheidung der Vergabekammer
und danach bis zum Ablauf der Beschwerdefrist den Auftrag nicht vergeben.
Abweichend von der jetzigen Rechtslage ist es dann dem Auftraggeber nicht
mehr möglich, nach Einleitung der Nachprüfung durch schnelle Erteilung des
Zuschlages vollendete Tatsachen zu schaffen. Der Abschluß des Vergabeverfahrens wird unterbrochen bis die behauptete Rechtsverletzung des Bieters
geklärt ist. Insoweit wird dem geltend gemachten Anspruch des Bieters
Vorrang eingeräumt. Ein dennoch erteilter Zuschlag ist als Verstoß gegen ein
gesetzliches Verbot nach § 134 BGB nichtig.

Die automatische Aussetzung des Zuschlags hat – gegenüber einer Aussetzung nur auf Antrag und durch besondere, notgedrungen vorläufige Entscheidung – den weiteren Vorteil, daß das Verfahren insgesamt vor der Kammer
ablaufen kann, ohne durch ein Zwischenverfahren über die Aussetzung zer-
splittert zu werden und in einem frühen Stadium noch relativ unaufgeklärt
vor das Beschwerdegericht zu gelangen.

---

1 BT-Drucks. 13/9340. Die unterstrichenen Passagen weichen vom späteren
  Gesetzestext ab.
2 BT-Drucks. 13/9340.

Zu Absatz 2

Auf Antrag des Auftraggebers kann die Vergabekammer den Zuschlag gestatten, wenn das Interesse am Abschluß des Vertrags so stark ist, daß nicht bis zur Entscheidung (in spätestens fünf Wochen) gewartet werden kann. Gegen diese Entscheidung muß die Anrufung des Gerichts möglich sein, weil dem Antragsteller der Rechtsverlust droht, wenn die Kammer zugunsten des Zuschlags entscheidet. Entscheidet die Vergabekammer gegen den vorzeitigen Zuschlag, kann dann auch dem Auftraggeber der Zugang zu Gericht nicht verwehrt werden.

Zu Absatz 3

Hält der Antragsteller zur Sicherung seiner Rechte einen tieferen Eingriff in den Ablauf des Vergabeverfahrens für notwendig, kann er weitere sichernde Maßnahmen bis hin zu der Festlegung beantragen, der Auftraggeber müsse das Verfahren vollkommen ruhen lassen.

II. Zuschlagsverbot, Suspensiveffekt (§ 115 Abs. 1)

4   § 115 Abs. 1 stellt gewissermaßen das Herzstück des Vergaberechtsschutzes dar. Er ist die für die Effektivität des Bieterschutzes entscheidende Regelung[1].

1. Beginn des Zuschlagsverbotes

5   Das Zuschlagsverbot für den Auftraggeber beginnt **kraft Gesetzes**, sobald ihm der Nachprüfungsantrag wirksam zugestellt wurde (zur Geheimhaltung vor der Zustellung § 110 Tz. 20)[2]. Es bedarf also keiner besonderen diesbezüglichen Anordnung der Vergabekammer. Auf die Zulässigkeit oder Begründetheit des Antrags kommt es nicht an, sofern dieser überhaupt zugestellt wird (§ 110 Tz. 23 ff.).

6   Die **Regelungssystematik** ist insofern mit der aufschiebenden Wirkung gem. § 80 Abs. 1 VwGO vergleichbar. Daher wird in dem vorliegenden Zusammenhang teilweise auch von einem **Suspensiveffekt** gesprochen[3]. Dies ist zwar einerseits zutreffend, andererseits unterscheidet sich das Zuschlagsverbot des § 115 Abs. 1 von § 80 Abs. 1 VwGO dadurch, daß der Zustellung des Nachprüfungsantrags die

---

1 Vgl. *Boesen*, Vergaberecht, 2000, § 115 Rz. 1 ff.; *Noch*, Vergaberecht kompakt, 1999, S. 72.

2 OLG Schleswig v. 1. 6. 1999 – 6 Verg 1/99 – Schlüsselfertige Schule, WuW 1999, 1259 = WuW/E Verg 259.

3 S. etwa *Schnorbus*, BauR 1999, 77, 80; *Braun*, BB 1999, 1069, 1072; *Boesen*, Das neue Vergaberecht, 1999, S. 88.

Evidenzprüfung der Vergabekammer gem. § 110 Abs. 2 vorgeschaltet ist (§ 110 Tz. 21)[1]. Insofern enthält § 115 Abs. 1 also auch Elemente der einstweiligen Anordnung gem. § 123 VwGO und des § 80a VwGO bei sofort vollziehbaren Entscheidungen im mehrpoligen Verwaltungsverhältnis. Dort bedarf es jeweils einer der Aussetzung bzw. einstweiligen Anordnung vorgeschalteten Prüfung des entsprechenden Antrags. Insgesamt ist es wegen der strukturellen Unterschiede zu anderen Ausgestaltungen des vorläufigen Rechtsschutzes und zur Vermeidung von Mißverständnissen sinvoll, im Rahmen des § 115 Abs. 1 den eigenständigen Begriff des Zuschlagsverbotes zu verwenden, zumal damit zugleich auch der **Rechtscharakter** der Vorschrift verdeutlicht wird (zu § 115 Abs. 1 als Verbotsgesetz u. Tz. 23)[2].

Die Vergabestelle ist lediglich gehindert, nach Zustellung des Nach-   7
prüfungsantrags den Zuschlag zu erteilen. Ihr ist es hingegen nicht untersagt, das Vergabeverfahren bis zur Zuschlagserteilung weiter zu betreiben, also etwa **Angebotsbewertungen oder Aufklärungsgespräche** durchzuführen u. ä., sofern nicht eine dem entgegenstehende Anordnung der Vergabekammer gem. § 115 Abs. 3 erfolgt (dazu u. Tz. 63 ff.)[3].

Ein **vor der Zustellung** des Nachprüfungsantrags oder auch bei nicht   8
ordnungsgemäßer Zustellung des Nachprüfungsantrags[4] **erteilter Zuschlag** unterfällt nicht dem Zuschlagsverbot. Dies gilt auch dann, wenn der Nachprüfungsantrag zwar bereits gestellt, dann jedoch pflichtwidrig durch die Vergabekammer nicht bzw. noch nicht zugestellt wurde (zu etwaigen Nichtigkeitsgründen für den abgeschlossenen Vertrag außerhalb der vergaberechtlichen Bestimmungen § 114 Tz. 22 f.).

2. Ende des Zuschlagsverbotes

Das Zuschlagsverbot endet nach dem Gesetzeswortlaut mit der Ent-   9
scheidung der Vergabekammer und dem Ablauf der Beschwerdefrist

---

1 Zu der Frage, ob ein offensichtlich unzulässiger Widerspruch gem. § 80 Abs. 1 VwGO aufschiebende Wirkung entfaltet, *Schmidt* in Eyermann, VwGO, 10. Aufl. 1998, § 80 Rz. 12 ff.; *Redeker/von Oertzen*, VwGO, 12. Aufl. 1997, § 80 Rz. 11.
2 So auch *Boesen*, Vergaberecht, 2000, § 115 Rz. 9.
3 *Schneevogel/Horn*, NVwZ 1998, 1242, 1244; *Willenbruch*, NVwZ 1999, 1062, 1063; *Bechtold*, GWB, 2. Aufl. 1999, § 115 Rz. 1.
4 OLG Schleswig v. 1. 6. 1999 – 6 VerG 1/99 – Schlüsselfertige Schule, WuW 1999, 1259 = WuW/E Verg 259.

nach § 117 Abs. 1. Dabei sind folgende Konstellationen zu unterscheiden:

a) Vollständige Ablehnung des Nachprüfungsantrags

10 Auf den Fall einer vollständigen Ablehnung des Nachprüfungsantrags ist § 115 Abs. 1 an sich zugeschnitten. Der Antragsteller soll die Möglichkeit haben, gegen eine ablehnende Entscheidung der Vergabekammer sofortige Beschwerde einzulegen. Die geforderte Effektivität des Vergaberechtsschutzes gebietet es dabei, das Zuschlagsverbot bis zum Ablauf der Beschwerdefrist andauern zu lassen. Es wird dann durch die Möglichkeiten im Rahmen der sofortigen Beschwerde gem. § 118 Abs. 1 Satz 3, Abs. 2 abgelöst (dazu § 118 Tz. 8 ff.). Wäre dies nicht der Fall, bestünde die Gefahr, daß die gerichtliche Überprüfung wegen einer zwischenzeitlichen Zuschlagserteilung leerliefe.

b) Stattgabe

11 Wenn dem Nachprüfungsantrag in vollem Umfang stattgegeben wird und der Auftraggeber keine sofortige Beschwerde dagegen einlegt, muß er der Entscheidung der Vergabekammer und den darin getroffenen Anordnungen (§ 114 Tz. 10 ff.) Rechnung tragen. Unter Beachtung dieser Anforderungen darf er dann auch den Zuschlag erteilen. Es besteht also in diesem Fall **kein permanentes Zuschlagsverbot**. Dies wäre auch sinnwidrig, da durch das Nachprüfungsverfahren lediglich die Rechtsverletzung zu Lasten des Antragstellers beseitigt, nicht hingegen die Zuschlagserteilung durch den Auftraggeber dauerhaft verhindert werden soll (zur Vollstreckung der Entscheidung der Vergabekammer § 114 Tz. 71 ff.). Die notwendigen Schritte können bereits vor Ablauf der Frist für eine sofortige Beschwerde des Auftraggebers durchgeführt werden. Wenn der Antragsteller der Auffassung ist, daß eine ggf. modifizierte Durchführung bzw. Weiterführung des Vergabeverfahrens oder auch ein neues Vergabeverfahren wiederum mit Rechtsfehlern behaftet ist, kann er dagegen erneut mit einem Nachprüfungsverfahren vorgehen.

12 Selbst wenn der Auftraggeber gegen eine Entscheidung zu seinen Lasten **sofortige Beschwerde** eingelegt hat, ist er nicht daran gehindert, gleichwohl – gewissermaßen vorsorglich – unter Beachtung der Entscheidung der Vergabekammer das Vergabeverfahren fortzusetzen. Der Antragsteller ist dadurch nicht beschwert. Dem Auftragge-

ber wird allerdings regelmäßig, spätestens nach Erteilung eines mit der Entscheidung der Vergabekammer konformen Zuschlags, das Rechtsschutzinteresse für die Weiterführung des Beschwerdeverfahrens fehlen.

Ebenfalls ist es für die Weiterführung bzw. erneute Durchführung des Vergabeverfahrens unter Beachtung der Entscheidung der Vergabekammer unerheblich, wenn die **weiteren Verfahrensbeteiligten** gem. § 109 Beschwerde eingelegt haben. Zwar ist zu sehen, daß durch eine Veränderung des Vergabeverfahrens gemäß der Entscheidung der Vergabekammer für diese eine eigene Betroffenheit ausgelöst werden kann. Allerdings ist der Auftraggeber auch außerhalb der Vergabeüberwachung nicht gehindert, im Rahmen des rechtlich Zulässigen das Vergabeverfahren zu modifizieren, d. h. auch in diesem Fall haben die am Vergabeverfahren beteiligten Unternehmen keinen Anspruch darauf, daß Veränderungen nicht erfolgen. Erst recht muß dies dann gelten, wenn diese Veränderungen erfolgen, um den Anordnungen der Vergabekammer und damit den Rechtmäßigkeitsanforderungen des Vergaberechts zu genügen. Die dem Nachprüfungsverfahren beigeladenen Unternehmen müssen daher ggf. die Vergabekammer selbst und eigenständig anrufen und ihren subjektiven Vergaberechtsschutz auslösen, wenn sie sich durch die veränderte Durchführung des Vergabeverfahrens in ihren Rechten aus § 97 Abs. 7 verletzt fühlen. 13

c) Teilweise Stattgabe

Nicht ausdrücklich geregelt ist der Fall, daß einem Nachprüfungsantrag nur teilweise stattgegeben wird. Dies ist etwa denkbar, wenn der Antragsteller das Vergabeverfahren in verschiedenen Punkten für rechtswidrig hält oder ein ganz konkretes Antragsziel verfolgt (z. B. Zuschlag an ihn selbst), die Vergabekammer seinem Begehren jedoch nicht in allen Punkten stattgibt. 14

Der Antragsteller muß auch in diesem Fall die Möglichkeit haben, sein Begehren vollständig durchzusetzen. Aus diesem Grunde ist eine nur teilweise Stattgabe des Nachprüfungsantrags rechtlich genauso zu sehen wie die **vollständige** Ablehnung des Antrags (o. Tz. 10). 15

d) Ablauf der Beschwerdefrist

16 Mit dem Ablauf der Beschwerdefrist ist in § 115 Abs. 1 die **Beschwerdefrist für den Antragsteller** gemeint, wenn dieser mit seinem Nachprüfungsantrag ganz oder teilweise (o. Tz. 15) nicht durchdringt. Die Frist für den Antragsgegner bei Erfolg des Nachprüfungsantrags ist demgegenüber bedeutungslos. Solange nicht auf seine Beschwerde oder die Beschwerde eines anderen Verfahrensbeteiligten hin die Entscheidung der Vergabekammer durch das Oberlandesgericht aufgehoben wurde, ist die Entscheidung der Vergabekammer gem. § 114 für ihn verbindlich. Der Auftraggeber darf also den Zuschlag im Falle seines Unterliegens erteilen, jedoch darf dies nur unter Beachtung der Entscheidung der Vergabekammer erfolgen (zu den diesbezüglichen Vollstreckungsmöglichkeiten § 114 Tz. 71 ff.).

17 Um sicherzustellen, daß die Beschwerdefrist für den Antragsteller nach § 117 Abs. 1 tatsächlich abgelaufen ist, muß sich der Auftraggeber diesbezüglich bei der Vergabekammer hinreichend informieren, bevor er den Zuschlag erteilt (zur Zustellung der Nachprüfungsentscheidung gem. § 61 s. § 114 Tz. 63).

18 Schwierigkeiten können sich ergeben, wenn dem Antragsteller die – seinen Antrag zumindest teilweise ablehnende – Nachprüfungsentscheidung **nicht ordnungsgemäß zugestellt** wurde. In diesem Fall beginnt die Beschwerdefrist des § 117 Abs. 1 nicht zu laufen. Dies könnte auf den ersten Blick dafür sprechen, daß das Zuschlagsverbot weiter besteht und die Vergabestelle ein erhebliches Risiko hinsichtlich der etwaigen Nichtigkeit des abgeschlossenen Vertrages trägt. Allerdings verweist § 115 Abs. 1 umfassend auf die Beschwerdefrist nach § 117 Abs. 1, also sowohl auf dessen 1. als auch dessen 2. Alternative. Wurde die Entscheidung der Vergabekammer dem Antragsteller nicht ordnungsgemäß zugestellt, beginnt die Frist des § 117 Abs. 1, 1. Alt., die auf die (ordnungsgemäße) Zustellung der Entscheidung abstellt, nicht zu laufen. Dann allerdings greift die Frist des **§ 117 Abs. 1, 2. Alt.**, nach der die Zwei-Wochen-Frist auch dann zu laufen beginnt, wenn die Vergabekammer nicht innerhalb der Frist des § 113 Abs. 1, also in der Regel innerhalb von fünf Wochen (§ 113 Tz. 4 ff., 20 ff.), über den Nachprüfungsantrag entschieden hat. Jedenfalls nach Ablauf dieser Frist besteht das Zuschlagsverbot nicht mehr, sofern der Antragsteller nicht sofortige Beschwerde gegen die Nachprüfungsentscheidung eingelegt und das OLG ggf. ergänzend die aufschiebende Wirkung dieser Beschwerde verlängert hat (§ 118 Tz. 8 ff.).

Ein ähnliches Problem kann sich dann ergeben, wenn die Nachprü-   19
fungsentscheidung zwar ordnungsgemäß zugestellt wurde, jedoch
keine oder eine nicht den rechtlichen Anforderungen genügende
Rechtsmittelbelehrung enthält. Man wird diesen Fall mit einer nicht
ordnungsgemäßen Zustellung gleichstellen müssen. Denn wenn die
Rechtsmittelfrist gem. § 117 Abs. 1, 2. Alt. selbst dann zu laufen
beginnt, wenn eine Nachprüfungsentscheidung dem Antragsteller
gar nicht zugestellt wurde und es damit an einer Entscheidung einschließlich Rechtsmittelbelehrung insgesamt fehlt, kann für den Fall
einer erfolgten Zustellung mit einer lediglich ungenügenden Rechtsmittelbelehrung nichts anderes gelten.

Da in jedem Fall allerdings zwischen dem Ablauf der Rechtsmittel-   20
frist gem. § 117 Abs. 1, 1. Alt. und 2. Alt. eine zeitliche Diskrepanz
bestehen kann, ergibt sich mit Blick auf das Zuschlagsverbot für den
Auftraggeber ein Risiko. Er kann dieses nur dadurch ausschließen,
daß er entweder die Ordnungsgemäßheit der Zustellung und Rechtsmittelbelehrung an den Antragsteller hinreichend prüft oder aber
vorsorglich den Ablauf der im konkreten Fall längeren Frist vorsorglich abwartet.

3. Auswirkung auf die Zuschlags- und Bindefrist

Durch das Zuschlagsverbot begründete Verzögerungen des Vergabe-   21
verfahrens können zu Problemen hinsichtlich der Zuschlags- und
Bindefrist führen (s. etwa § 19 VOB/A). Es stellt sich daher die Frage,
ob diese Frist durch das Zuschlagsverbot gem. § 115 Abs. 1 ebenfalls
ausgesetzt ist. Dies ist zu **verneinen**[1]. Aus dem Gesetz ergibt sich
dazu nichts. Selbst wenn eine Aussetzung dieser Frist für den Auftraggeber wünschenswert ist, können die Bieter nicht an der Kalkulation ihres Angebots, der Freihaltung von personellen und technischen Kapazitäten usw. über den in der Ausschreibung festgelegten
Zeitraum hinaus gegen ihren Willen gebunden werden.

Neben einer vorsorglichen Berücksichtigung etwaiger Nachprüfun-   22
gen bei der Bemessung der Zuschlags- und Bindefrist kommt lediglich deren **nachträgliche Verlängerung** in Betracht. Dabei ist allerdings umstritten, ob die Verlängerung von der Zustimmung aller
Bieter abhängig ist oder nicht. Zumindest hinsichtlich der für die
Vergabe noch in Betracht kommenden Bieter ist ersteres zu bejahen,
da der Zuschlag auf das nach Maßgabe der Ausschreibungskriterien

---

1 BayObLG v. 21. 5. 1999 – Verg 1/99 – Trinkwasserstollen, WuW 1999,
   1037 = WuW/E 239; *Gröning*, ZIP 1998, 370, 377.

annehmbarste Angebot zu erteilen ist, nicht jedoch auf ein Angebot, das zwar nicht das annehmbarste ist, jedoch in bezug auf die Zuschlags- und Bindefrist nachträglich veränderten Vergabebedingungen entspricht[1].

4. Verbotsgesetz

23   Gem. § 115 Abs. 1 darf der Zuschlag nach Zustellung des Nachprüfungsantrags an den Auftraggeber nicht erteilt werden. Die Vorschrift stellt ein **Verbotsgesetz im Sinne von § 134 BGB** dar, d. h., ein entgegen dieser Regelung erteilter uneingeschränkter Zuschlag (zu den Möglichkeiten eines mit Bedingungen oder mit einem Rücktrittsrecht verbundenen Zuschlags § 114 Tz. 29 und u. 25) ist nichtig[2]. Dies gilt selbst dann, wenn dem Nachprüfungsantrag im Ergebnis nicht stattgegeben wird und auch unabhängig davon, ob sich der Auftraggeber des Verstoßes bewußt ist oder nicht.

24   Das Verbot gilt allerdings **nur bis zum Ende des Nachprüfungsverfahrens**. Selbst bei einer dem Nachprüfungsantrag stattgebenden Entscheidung gilt danach nur § 114 Abs. 3 Satz 2 (dazu § 114 Tz. 71 ff.). Die Begrenzung des Zuschlagsverbotes und der damit verbundenen Nichtigkeitsfolge auf die Phase des Nachprüfungsverfahrens, ggf. einschließlich des Beschwerdeverfahrens (dazu § 118 Tz. 17), ist etwas befremdlich. Nahegelegen hätte es, einen Zuschlag, der die Entscheidung der Vergabekammer nicht respektiert, auch nach Abschluß des Nachprüfungsverfahrens dem Verdikt der Nichtigkeit zu unterstellen[3]. Gleichwohl ist die gesetzliche Regelung zu respektieren (zur Nichtigkeit wegen eines Verstoßes gegen andere als vergaberechtliche Vorschriften § 114 Tz. 22 f.)[4].

25   Die Nichtigkeit des Vertrages aufgrund eines Verstoßes gegen das Zuschlagsverbot kann dadurch verhindert werden, daß der Vertrag

---

1 So auch BayObLG v. 21. 5. 1999 – Verg 1/99 – Trinkwasserstollen, WuW 1999, 1037 = WuW/E 239; *Ingenstau/Korbion*, Verdingungsordnung für Bauleistungen, Teile A und B, 12. Aufl. 1993, § 19 Rz. 14; a. A. *Heiermann/Riedl/Rusam*, Handkommentar zur VOB, 8. Aufl. 1997, § 19 Rz. 9.

2 *Gröning*, ZIP 1999, 52, 56; *Boesen*, EuZW 1998, 551, 558; *Schnorbus*, BauR 1999, 70, 80, dagegen allerdings mit kaum überzeugender Begründung *Vill*, BauR 1999, 971, 972 ff.

3 So im Ergebnis *Boesen*, EuZW 1998, 551, 558 f.

4 Anders *Boesen*, Vergaberecht, 2000, § 115 Rz. 12, der in diesem Fall § 118 Abs. 3 analog anwenden will, was jedoch wegen § 114 Abs. 3 schon an der erforderlichen Regelungslücke scheitern dürfte.

unter eine **Bedingung** oder ein hinreichendes **Rücktrittsrecht** für den Auftraggeber gestellt wird. Wird von den entsprechenden Möglichkeiten bei einer dem Nachprüfungsantrag ganz oder teilweise stattgebenden Entscheidung allerdings nicht oder nicht rechtzeitig Gebrauch gemacht, erstarkt das gesetzliche Verbot und die damit verbundenen Nichtigkeitsfolge.

III. Vorzeitige Gestattung des Zuschlags (§ 115 Abs. 2)

§ 115 Abs. 2 sieht ein Verfahren zur vorzeitigen Gestattung des Zuschlags vor, das auf Antrag des Auftraggebers durchzuführen ist. Das Verfahren soll bei besonders dringlichen Vergaben eine **beschleunigte Erteilung** des Zuschlags ermöglichen. Ob allerdings mit Blick auf den in § 113 ohnehin eng gesteckten Zeitrahmen (dazu § 113 Tz. 4 ff.) dadurch tatsächlich ein erheblicher Zeitgewinn möglich ist, muß bezweifelt werden[1].
    26

1. Einschränkung des effektiven Rechtsschutzes

Eine vorzeitige Gestattung des Zuschlags führt zu einer gewissen Einschränkung des effektiven Rechtsschutzes der Bieter. Gemeinschaftsrechtlich ist dies unbedenklich (s. Art. 2 Abs. 4 der Rechtsmittelrichtlinien). Ebenfalls ist eine solche vorzeitige Entscheidung auch im nationalen Verfahrens- und Prozeßrecht nichts Neues. Die Ausgestaltung der Regelung entspricht dabei weitgehend §§ 80, 80a VwGO, denen sie erkennbar nachgebildet ist. Ein Unterschied liegt freilich darin, daß die Entscheidung der Vergabekammer einen rechtsverbindlichen und damit **endgültigen Zuschlag** ermöglichen soll (§ 115 Abs. 2 Satz 2, 2. Halbs.), wenn auch unter dem Vorbehalt einer – ebenfalls summarischen – Prüfung dieser vorzeitigen Gestattung durch das Oberlandesgericht. Demgegenüber beläßt der vorläufige Rechtsschutz gem. den §§ 80, 80a VwGO auf seiten des Begünstigten wegen des vorläufigen Charakters der Entscheidung erhebliche Risiken. Wird die vorläufige Entscheidung im nachhinein korrigiert, dann kann dies für den Begünstigten einschneidende Folgen haben (z. B. vollständiger oder teilweiser Rückbau von baulichen Anlagen, die auf der Basis einer von dritter Seite angefochtenen Baugenehmigung realisiert wurden, die gem. § 80 Abs. 2 Nr. 3 VwGO i. V. m. § 212a BauGB sofort vollziehbar war). Derartige Risi-
    27

---

1 Kritisch auch *Gröning*, ZIP 1998, 370, 374.

ken bestehen für den Auftraggeber bei der vorzeitigen Gestattung des Zuschlags gem. § 115 Abs. 2 auf der Ebene des Primärrechtsschutzes nicht. Die vorzeitige Gestattung des Zuschlages setzt das Zuschlagsverbot gem. § 115 Abs. 1 verbindlich und dauerhaft außer Kraft, so daß ein abgeschlossener Vertrag wirksam ist und auch wirksam bleibt. Möglich sind in diesem Fall jedoch **Sekundäransprüche** des Antragstellers, wenn sich im Ergebnis herausstellt, daß eine Verletzung von bieterschützenden Vorschriften zu seinem Nachteil vorlag und ihm daraus ein Schaden entstanden ist[1].

2. Antragserfordernis

28 Eine vorzeitige Gestattung des Zuschlags kommt nur auf Antrag des **Auftraggebers** in Betracht. Nicht genügend ist ein entsprechender Antrag eines sonstigen Verfahrensbeteiligten im Sinne von § 109.

3. Form und Frist für den Antrag

29 Der Antrag gem. § 115 Abs. 2 Satz 1 ist an keine besondere Form und Frist gebunden. Er muß allerdings gestellt werden, solange das Nachprüfungsverfahren noch nicht durch Zustellung der Entscheidung der Vergabekammer abgeschlossen ist. Danach greift § 121 ein. Der Antrag muß nicht begründet werden. Gleichwohl ist dies in der Regel geboten, um die Voraussetzungen für die vorzeitige Gestattung zu belegen[2].

4. Anhörung der weiteren Verfahrensbeteiligten, Aufklärung der für die vorzeitige Gestattung relevanten Umstände

30 § 115 Abs. 2 sieht eine Anhörung der weiteren Verfahrensbeteiligten vor einer Entscheidung der Vergabekammer über die vorzeitige Gestattung des Zuschlags nicht vor. Eine entsprechende Verpflichtung ergibt sich allerdings aus **§ 28 Abs. 1 VwVfG**, wenn man in der Vorabentscheidung einen Verwaltungsakt sieht. Dies ist zu bejahen, da im Unterschied zu §§ 80, 80a VwGO, wo diese Frage streitig ist, der gestattete Zuschlag endgültig wirkt (§ 115 Abs. 2 Satz 2, 2. Halbs.; o. Tz. 27)[3]. Im übrigen wird selbst im Rahmen des verwal-

---

1 *Gröning*, ZIP 1998, 370, 375, spricht in diesem Zusammenhang von einem sinnverkehrten Eilverfahren.
2 Vgl. *Redeker/von Oertzen*, VwGO, 12. Aufl. 1997, § 80a Rz. 5.
3 So im Ergebnis auch *Willenbruch*, NVwZ 1999, 1062, 1067.

tungsprozessualen vorläufigen Rechtsschutzes, wo dies nicht der Fall ist, überwiegend und zu Recht eine Anhörungspflicht der weiteren Verfahrensbeteiligten bejaht[1].

Die weiteren Verfahrensbeteiligten i. S. v. § 109 müssen bei einem Antrag auf vorzeitige Gestattung des Zuschlags **nicht erneut beigeladen** werden. Es handelt sich vielmehr um ein einheitliches Verfahren, bei dem die für das Nachprüfungsverfahren selbst erfolgte Beiladung auch für das Verfahren hinsichtlich der vorzeitigen Gestattung der Zuschlagserteilung wirkt.   31

Neben einer Anhörung der Verfahrensbeteiligten kann und muß die Vergabekammer selbst die erforderlichen Ermittlungen anstellen, die für die nach § 115 Abs. 2 zu treffende Entscheidung notwendig sind. Es versteht sich aufgrund von Sinn und Zweck der vorzeitigen Gestattung von selbst, daß diese Ermittlungen nicht so umfangreich sein müssen wie für das Hauptsacheverfahren. Ansonsten wäre die Möglichkeit zur vorzeitigen Gestattung des Zuschlags ohne praktische eigenständige Bedeutung. **Maßstab** für die Sachverhaltsermittlung der Vergabekammer muß daher die Möglichkeit zur **umgehenden Entscheidung** über den diesbezüglichen Antrag sein. Nur das, was für eine umgehende Entscheidung noch ohne Verzögerung ermittelt werden kann, ist daher zu berücksichtigen. Wenn der damit vorliegende Sachverhalt noch unvollständig ist und Lücken aufweist, ist das im Rahmen des Entscheidungsprogramms zu berücksichtigen (dazu u. Tz. 33 ff.). Im Zweifel geht dies also zu Lasten des Auftraggebers, der eine vorzeitige Zuschlagserteilung anstrebt. Nicht zulässig ist es hingegen, daß die Vergabekammer ihre Entscheidung über den Antrag auf vorzeitige Gestattung des Zuschlags zurückstellt, um zunächst noch den Sachverhalt abschließend aufzuklären (zur Sachverhaltsermittlung im Nachprüfungsverfahren selbst § 110 Tz. 4 ff.).   32

5. Entscheidungsprogramm der Vergabekammer

Die Vergabekammer kann den vorzeitigen Zuschlag gestatten, wenn unter Berücksichtigung aller möglicherweise geschädigten Interessen sowie des Interesses der Allgemeinheit an einem raschen Abschluß des Vergabeverfahrens die nachteiligen Folgen einer Verzögerung der Vergabe bis zum Abschluß der Nachprüfung die damit verbundenen Vorteile überwiegen. Es handelt sich also um ein **kom-**   33

---

1 *Redeker/von Oertzen*, VwGO, 12. Aufl. 1997, § 80a Rz. 5, § 80 Rz. 27 ff. mit Nachweisen zum Meinungsstand.

plexes Abwägungsprogramm, das insbesondere den zu § 80 Abs. 5 VwGO entwickelten Anforderungen vergleichbar ist. Daher können auch die dortigen Grundsätze für die von der Vergabekammer zu treffende **Ermessensentscheidung** herangezogen werden.

34 Von entscheidender, wenn auch nicht von alleiniger Bedeutung sind demgemäß die **Erfolgsaussichten** in dem Nachprüfungsverfahren selbst[1]. Daneben kommt es aber auch noch auf weitere Aspekte an[2]. Ansonsten käme der Umstand zu kurz, daß die Aussetzung des Vergabeverfahrens bis zum Abschluß der Nachprüfung die Regel und die vorzeitige Gestattung des Zuschlags die Ausnahme sein soll, die nur bei einem überwiegenden Interesse an dieser Ausnahme in Betracht kommt. Eine – jedenfalls theoretisch denkbare – Gleichgewichtigkeit der Interessen genügt also nicht.

35 Hingegen wird man nicht sagen können, daß die Erfolgsaussichten des Nachprüfungsverfahrens generell nicht zu berücksichtigen sind und daher nicht in die durch die Vergabekammer zu treffende Ermessensentscheidung einfließen dürfen[3]. Dies kann nicht aus einem Vergleich mit der parallelen Vorschrift des § 121 Abs. 1 (dazu § 121 Tz. 19 ff.) hergeleitet werden, der die Berücksichtigung der Erfolgsaussichten der sofortigen Beschwerde ausdrücklich anspricht. So werden etwa in § 80 Abs. 4 VwGO ebenfalls ernstliche Zweifel an der Rechtmäßigkeit des angegriffenen Verwaltungsaktes und damit die Erfolgsaussichten des Rechtsmittels bei der Anforderung von öffentlichen Abgaben und Kosten angesprochen. Daraus wird dort allerdings dort ebenfalls nicht die Schlußfolgerung gezogen, daß bei der gerichtlichen Ermessensentscheidung gemäß § 80 Abs. 5 VwGO die Erfolgsaussichten unberücksichtigt bleiben müssen. Auch der Wortlaut des § 115 Abs. 2 Satz 1 spricht nicht dafür, daß die Erfolgsaussichten des Nachprüfungsantrages auszublenden wären. Vielmehr sind nach dieser Regelung u. a. die **möglicherweise geschädigten Interessen** zu berücksichtigen. Gemeint sind damit insbesondere

---

1 Vgl. OLG Thüringen v. 26. 10. 1999 – 6 Verg 3/99, BauR 2000, 95, 97; *Willenbruch,* NVwZ 1999, 1062, 1066; *Boesen,* Vergaberecht, 2000, § 115 Rz. 31.

2 Zur Abwägungscrhcblichkcit der Interessen des Auftraggebers bei einem vor Inkrafttreten des Vergaberechtsänderungsgesetzes (1. 1. 1999) bereits eingeleiteten und kurz vor dem Abschluß stehenden Vergabeverfahren OLG Düsseldorf v. 13. 4. 1999 – Verg 1/99 – Restabfallbehandlungsanlage, BauR 1999, 751, 756.

3 So aber BKartA v. 30. 6. 1999 – VK 2-14/99 – Neubau eines Dienst- und Wohngebäudes, ZVgR 1999, 265; anders OLG Thüringen v. 26. 10. 1999 – 6 Verg 3/99 – BauR 2000, 95, 97.

die möglicherweise geschädigten Interessen des **Antragstellers.** Diese können allerdings nur dann geschädigt werden, wenn der Nachprüfungsantrag erfolgversprechend ist und dennoch eine Zuschlagserteilung an ein anderes Unternehmen erfolgen soll. Ansonsten fehlt es für das betreffende Unternehmen an einem bei der Interessenabwägung zu berücksichtigenden Schaden. Der anderslautenden Formulierung in § 121 Abs. 1 ist daher im wesentlichen nur zu entnehmen, daß es für die gerichtliche Vorabentscheidung über den Zuschlag **in besonderem Maße** auf die Erfolgsaussichten ankommt, wobei die bereits vorliegende Entscheidung der Vergabekammer eine erhebliche Rolle spielen kann. Daneben wird durch § 121 Abs. 1 Satz 2 ergänzend und unmißverständlich klargestellt, daß im Einzelfall auch unabhängig von den Erfolgsaussichten des Nachprüfungsantrages bzw. der sofortigen Beschwerde eine Vorabentscheidung über den Zuschlag zugunsten der Vergabestelle erfolgen kann.

Daraus ist insgesamt folgendes grundsätzliches **Wertungsschema** abzuleiten, das allerdings nichts daran ändert, daß die jeweils konkreten Umstände des Einzelfalls in den Blick zu nehmen sind: 36

a) Offensichtliche Unbegründetheit des Nachprüfungsantrags

Wenn nach dem Stand des Nachprüfungsverfahrens unter Berück-   37
sichtigung der Stellungnahmen der Verfahrensbeteiligten dem Nachprüfungsantrag offensichtlich nicht stattzugeben ist, wird in der Regel das Interesse des Auftraggebers an einer vorzeitigen Zuschlagserteilung überwiegen. Die Offensichtlichkeit der fehlenden Erfolgsaussichten ist dabei wegen des Verfahrensfortschritts nicht mit der Offensichtlichkeit gem. § 110 Abs. 2 im Vorfeld der Zustellung des Nachprüfungsantrags gleichzusetzen (dazu § 110 Tz. 21 ff.).

Ein Überwiegen des Vollzugsinteresses für den Auftraggeber ist in   38
einem solchen Fall jedoch dann nicht gegeben, wenn erkennbar kein besonderes Beschleunigungsinteresse vorliegt, es also unerheblich ist, ob der Zuschlag bereits jetzt oder erst nach Abschluß des Nachprüfungsverfahrens erfolgt.

b) Überwiegend wahrscheinliche Unbegründetheit des Nachprüfungsantrags

Wenn zwar überwiegende Gründe dafür sprechen, daß dem Nachprü-   39
fungsantrag nicht stattgegeben wird, jedoch aufgrund der bis dahin erfolgten Aufarbeitung der Sach- und Rechtslage durch die Vergabe-

kammer nicht ganz unwesentliche Zweifel daran verbleiben, bedarf es einer intensiveren Prüfung, ob die Interessen an einer vorzeitigen Zuschlagserteilung überwiegen. Der Auftraggeber hat in diesem Fall eine entsprechende Darlegungslast.

c) Offene Erfolgsaussichten

40 Wenn der Ausgang des Nachprüfungsverfahrens offen ist, kommt praktisch nur eine Interessenabwägung in Betracht. Dabei hat das Ziel, nach Möglichkeit ein rechtmäßiges Vergabeverfahren zu gewährleisten, einen entsprechend hohen Stellenwert. Nur ausnahmsweise kommt daher in einem solchen Fall die vorzeitige Gestattung einer Zuschlagserteilung in Betracht, wenn dafür besonders gewichtige Gründe auf seiten des Auftraggebers oder der Allgemeinheit sprechen.

d) Offensichtliche oder zumindest überwiegend wahrscheinliche Begründetheit des Nachprüfungsantrags

41 Bei einem offensichtlich zu erwartenden oder auch nur überwiegend wahrscheinlichen Erfolg des Nachprüfungsantrags kommt in aller Regel eine positive Entscheidung zugunsten des Auftraggebers nicht in Betracht. Indes ist dies nicht völlig ausgeschlossen, wenn ansonsten dem Auftraggeber oder der Allgemeinheit massive Nachteile nicht nur drohen, sondern äußerst wahrscheinlich sind und auch durch eine Korrektur oder Wiederholung des Nachprüfungsverfahrens nicht hinreichend kompensiert werden können. Dies ist durch den Auftraggeber im einzelnen darzulegen. Von Bedeutung kann bei einer solchen Interessenabwägung auch die Schwere des Vergabefehlers sein und die damit verbundene Frage, wie wahrscheinlich es ist, daß sich an der vorgesehen Auswahl eines bestimmten Bieters tatsächlich etwas ändert. Insgesamt sind die Anforderungen sehr hoch anzusetzen, weil ansonsten der gesetzlich vorgesehene Bieterschutz praktisch leerliefe. Es muß sich also um eine **besondere Ausnahmesituation** handeln.

6. Entscheidungsinhalt

42 Mit der Entscheidung gemäß § 115 Abs. 2 kann dem Auftraggeber entweder die vorzeitige Erteilung des Zuschlags binnen 2 Wochen nach Bekanntgabe dieser Entscheidung (dazu Tz. 44 ff.) gestatten

oder aber diese Gestattung versagt werden. Die Gestattung muß dabei **nicht vorbehaltlos** erfolgen. Sie kann vielmehr auch mit Maßgaben verbunden sein, die einerseits dem für den Auftraggeber maßgeblichen zeitlichen Aspekt, andererseits aber auch der Möglichkeit Rechnung tragen, schnell und unproblematisch korrigierbare Vergabefehler zu beseitigen[1].

7. Form und Inhalt der Entscheidung

§ 115 Abs. 2 Satz 1 trifft keine besonderen Regelungen zu Form und Inhalt der Entscheidung gem. § 115 Abs. 2. Man wird daher **§ 114 Abs. 3**, also die Regelung zur Entscheidung der Vergabekammer über den Nachprüfungsantrag, anzuwenden haben, zumal auch § 115 Abs. 2 Satz 1 ausdrücklich von einer Entscheidung der Vergabekammer spricht. Danach ist die Entscheidung als Verwaltungsakt durch die Vergabekammer zu begründen, mit einer Rechtsmittelbelehrung zu versehen und nach den Vorschriften des Verwaltungszustellungsgesetzes zuzustellen (dazu § 114 Rz. 61 ff.)[2]. 43

8. Zwei-Wochen-Frist

Der Auftraggeber darf den Zuschlag erst zwei Wochen nach Bekanntgabe der vorzeitigen Gestattung erteilen. Die **Fristberechnung** richtet sich dabei nach § 31 VwVfG (s. § 113 Tz. 7). 44

Durch die Zwei-Wochen-Frist soll dem Antragsteller die Gelegenheit eingeräumt werden, das Beschwerdegericht anzurufen, damit dieses das Zuschlagsverbot wiederherstellen kann (§ 115 Abs. 2 Satz 2, dazu u. Tz. 47 ff.). Daraus ergibt sich zugleich, daß die **Bekanntgabe an den Antragsteller** gemeint ist, da es um dessen Rechtsschutzmöglichkeiten geht. Eine Bekanntgabe an den Auftraggeber oder auch nur eine Berechnung der Zwei-Wochen-Frist anhand der Bekanntgabe der Entscheidung an den Auftraggeber genügt daher nicht. 45

Ein **vor Fristablauf** erteilter Zuschlag fällt unter das bis dahin noch fortwirkende Zuschlagsverbot gemäß § 115 Abs. 1 und wäre daher 46

---

1 Vgl. *Redeker/von Oertzen*, VwGO, 12. Aufl. 1997, § 80 Rz. 15; den Bedenken von *Boesen*, EuZW 1998, 551, 557, dürfte damit jedenfalls teilweise Rechnung getragen sein.

2 *Boesen*, Vergaberecht, 2000, § 115 Rz. 38; anders *Bechtold*, GWB, 2. Aufl. 1999, § 115 Rz. 4.

nichtig (o. Tz. 23). Der Auftraggeber muß folglich sorgsam prüfen, wann die Zustellung der Gestattung bei dem Antragsteller erfolgt ist. Dies gilt auch für die **Ordnungsgemäßheit der Zustellung** sowie die gemäß § 114 Abs. 3 i. V. m. § 61 erforderliche **Rechtsmittelbelehrung** (zu den Problemen einer fehlerhaften Zustellung oder Rechtsmittelbelehrung o. Tz. 18 ff.).

9. Rechtsschutzmöglichkeiten

47   Gemäß § 115 Abs. 2 Satz 5 ist gegen die Entscheidung der Vergabekammer über die Gestattung eines vorzeitigen Zuschlags die sofortige Beschwerde nach § 116 nicht zulässig. Dies gilt für sämtliche Verfahrensbeteiligte. Daher greift lediglich der spezielle Rechtsschutz, der in § 115 Abs. 2 Satz 2–4 geregelt ist.

a) Antragsteller oder sonstige Verfahrensbeteiligte i. S. v. § 109

48   Gemäß § 115 Abs. 2 Satz 2 kann das Beschwerdegericht, gemeint ist damit das Gericht gemäß § 116 Abs. 3, auf Antrag das Zuschlagsverbot wiederherstellen. Der Gesetzeswortlaut sieht für einen solchen Antrag keine Beschränkung auf das Unternehmen vor, das den Nachprüfungsantrag gestellt hat. Dies ist folgerichtig, da auch die anderen Verfahrensbeteiligten gemäß § 116 beschwerdeberechtigt sind. Dies muß dann auch für die gerichtliche Überprüfung der Vorabentscheidung über den Zuschlag gelten[1]. Hier wie dort bedarf es allerdings einer eigenen Beschwer des betreffenden Verfahrensbeteiligten, da es anderenfalls an dem erforderlichen Rechtsschutzinteresse fehlt.

aa) Form und Frist

49   Der Antrag auf Wiederherstellung des Zuschlagsverbots ist an **keine Frist** gebunden. Allerdings läuft das Zuschlagsverbot zwei Wochen nach Bekanntgabe der vorzeitigen Gestattung des Zuschlags ab (o. Tz. 44 ff.). Der erteilte Zuschlag kann gemäß dem ausdrücklichen Hinweis in § 115 Abs. 2 Satz 2, 2. Halbs. auf § 114 Abs. 2 Satz 1 nicht mehr aufgehoben werden. Da der Antrag auf Wiederherstellung des Zuschlagsverbotes gem. § 115 Abs. 2 Satz 2 keine über die Zwei-Wochen-Frist hinausgehende Aussetzung des Vergabeverfahrens herbeiführt, muß der Antrag an das Beschwerdegericht

---

1 *Tilmann*, WuW 1999, 342, 344.

schnellstmöglich und unter Hinweis auf die Gefahr einer Zuschlagserteilung gestellt werden, wenn diese verhindert werden soll. Da das Verfahren beim Oberlandesgericht keine Aussetzung des Vergabeverfahrens herbeiführt, muß das Gericht zur Vermeidung des Zuschlags entweder selbst noch innerhalb der Zwei-Wochen-Frist entscheiden oder eine **Zwischenverfügung** treffen, nach der das Zuschlagsverbot zumindest vorläufig bis zur Entscheidung des Gerichts gem. § 115 Abs. 2 Satz 2 wiederhergestellt wird[1].

Für Form und Inhalt des Antrags an das Beschwerdegericht verweist § 115 Abs. 2 Satz 4 auf § 121 Abs. 2 Satz 1 und 2. Danach ist der Antrag **schriftlich** zu stellen und gleichzeitig zu begründen. Die vorzutragenden Tatsachen sowie der Grund für die Eilbedürftigkeit sind **glaubhaft** zu machen (s. im einzelnen § 121 Tz. 7)[2].   50

bb) Entscheidungsprogramm des Beschwerdegerichts

Ebenfalls nicht ausdrücklich geregelt sind die Entscheidungskriterien für das Beschwerdegericht. Aus Sinn und Zweck des § 115 Abs. 2 Satz 2 ergibt sich allerdings, daß auch für das Gericht die Kriterien des § 115 Abs. 2 Satz 1 zugrunde zu legen sind (o. Tz. 33 ff.)[3].   51

cc) Mündliche Verhandlung, Entscheidungsinhalt

Mangels einer anderweitigen Regelung kann das Beschwerdegericht über den Antrag auf Wiederherstellung des Zuschlagsverbotes **ohne mündliche Verhandlung** entscheiden[4]. Die diesbezüglichen Anforderungen können also nicht weiter gehen als bei der sofortigen Beschwerde gegen die eigentliche Nachprüfungsentscheidung, für die § 121 Abs. 3 Satz 2 ausdrücklich die Erforderlichkeit einer mündlichen Verhandlung verneint. Gleichwohl ist eine mündliche Verhandlung in dem einem wie auch in dem anderen Verfahren zulässig.   52

---

1 Zur Zulässigkeit einer solchen gerichtlichen Zwischenregelung s. etwa BVerwG v. 2. 9. 1963 – I C 142.59 –, BVerwGE 16, 289, 291; OVG Hamburg v. 1. 9. 1987 – Bs V 81/87 –, DÖV 1988, 887, 887; *Redeker/von Oertzen*, VwGO, 12. Aufl. 1997, § 80 Rz. 54.

2 *Tilmann*, WuW 1999, 342, 344.

3 *Bechtold*, GWB, 2. Aufl. 1999, § 115 Rz. 5; *Boesen*, Vergaberecht, 2000, § 115 Rz. 49.

4 *Tilmann*, WuW 1999, 342, 345.

53 Ebenfalls nicht geregelt sind **Form und Inhalt** der Entscheidung. Man wird allerdings aus dem Umstand, daß § 115 Abs. 2 Satz 4 nur auf § 121 Abs. 2 Satz 1 und 2, nicht hingegen auf die weiteren Bestimmungen des § 121 verweist, nicht den Schluß ziehen können, daß diesbezüglich keine Anforderungen bestehen. Unmittelbar aus dem **Rechtsstaatsprinzip** ist vielmehr abzuleiten, daß die Entscheidung schriftlich zu erfolgen hat, den Verfahrensbeteiligten bekanntgegeben werden muß und auch ein Mindestmaß an Begründung zu enthalten hat. Dafür genügt ggf. bei einem die Entscheidung der Vergabekammer bestätigenden Beschluß eine Bezugnahme auf die darin enthaltene Begründung (vgl. etwa § 122 Abs. 2 VwGO)[1].

54 Für die **Dauer des Verfahrens** bis zur Entscheidung des Beschwerdegerichts existiert keine gesonderte Regelung. Auf die Frist des § 121 Abs. 3 Abs. 1 wird man nicht ohne weiteres zurückgreifen können. Zum einen verweist § 115 Abs. 2 gerade nicht auf diese Vorschrift. Zum anderen fehlt es in diesem Zusammenhang an einer § 118 Abs. 1 Satz 3 vergleichbaren Regelung (dazu § 118 Tz. 8 ff.). Vielmehr ist der Antragsteller allein auf seinen Antrag gemäß § 115 Abs. 2 Satz 2 angewiesen. Das Gericht muß daher zur Gewährleistung des gebotenen effektiven Rechtsschutzes nach Möglichkeit vor Ablauf des Zuschlagsverbotes gemäß § 115 Abs. 2 Satz 1 entscheiden. Dies gilt jedenfalls dann, wenn der Antragsteller seinen Antrag nicht erst im letzten Augenblick stellt. Ggf. kommt für das Beschwerdegericht eine Zwischenentscheidung in Betracht, mit der das Zuschlagsverbot zunächst vorläufig verlängert wird (o. Tz. 49).

dd) Kein Anwaltszwang

55 Da § 115 Abs. 2 Satz 4 nicht auf § 121 Abs. 3 Satz 4 bzw. unmittelbar auf § 120 verweist, besteht für das Verfahren auf Wiederherstellung des Zuschlagsverbotes durch das Beschwerdegericht kein Anwaltszwang[2].

ee) Folgen der Entscheidung

56 Bestätigt das Beschwerdegericht die vorzeitige Gestattung des Zuschlags, bleibt es bei dessen Zulässigkeit.

---

1 Anders *Tilmann*, WuW 1999, 342, 345, der eine Begründung überhaupt nicht für erforderlich hält.
2 So auch *Tilmann*, WuW 1999, 342, 344.

Etwas anderes kommt dann in Betracht, wenn **zwischenzeitlich** die　57
Vergabekammer gem. **§ 114** entschieden hat. Diese Entscheidung
wird allein durch die vorzeitige Gestattung des Zuschlags nicht
entbehrlich, weil sich das Nachprüfungsverfahren allein dadurch
noch nicht i. S. v. § 114 Abs. 2 Satz 1 erledigt (dazu § 114 Tz. 49 ff.).
Die Vergabekammer muß also das Verfahren – auch unter Berücksichtigung der Beschleunigungsanforderungen gem. § 113 – weiter
betreiben, solange sie keine Kenntnis von einer tatsächlichen Erledigung, in der Regel durch Zuschlagserteilung, hat. Ist eine solche
Entscheidung gem. § 114 Abs. 3 ergangen, bevor der Zuschlag erteilt
wurde, geht sie dann, wenn sie dem Nachprüfungsantrag ganz oder
zumindest teilweise stattgibt, der Entscheidung über die vorzeitige
Gestattung vor. Der Auftraggeber muß in diesem Fall gem. § 121
einen **erneuten Antrag auf Vorabentscheidung** über den Zuschlag
stellen (dazu § 121 Tz. 4 ff.).[1]

Wurde hingegen der **Zuschlag erteilt,** kann das Verfahren vor der　58
Vergabekammer aufgrund der eingetretenen Erledigung gem. § 114
Abs. 2 allenfalls noch als Fortsetzungsfeststellungsverfahren weiter-
geführt werden (dazu § 114 Tz. 47 ff.). Ebenfalls kommt bei Vorliegen eines Vergaberechtsverstoßes unmittelbar die Geltendmachung
von Schadensersatzansprüchen in Betracht (dazu § 126 Tz. 4 ff.).

Stellt das Beschwerdegericht das Zuschlagsverbot wieder her, ver-　59
bleibt es bei den Anforderungen gemäß § 115 Abs. 1.

b) Auftraggeber

Gibt die Vergabekammer dem **Antrag** des Auftraggebers auf vorzeitige　60
Gestattung des Zuschlags **nicht statt,** kann dieser gem. § 115 Abs. 2
Satz 3 einen entsprechenden Antrag an das Beschwerdegericht richten. Die vorstehenden Erläuterungen (Tz. 49 ff.) gelten dafür sinngemäß. Das gerichtliche Entscheidungsprogramm richtet sich gemäß
dem ausdrücklichen Gesetzeswortlaut nach § 115 Abs. 2 Satz 1 (für
den Antragsteller des Nachprüfungsverfahrens o. Tz. 51).

Wenn das Beschwerdegericht dem **Antrag** auf vorzeitige Gestattung　61
des Zuschlags **stattgibt,** kann dieser **sofort** erfolgen. Eine Zwei-Wochen-Frist wie bei der Entscheidung der Vergabekammer ist in diesem Fall mangels weiterer Rechtsschutzmöglichkeiten für die anderen Verfahrensbeteiligten nicht einzuhalten[2].

---

1 So wohl auch *Boesen*, Vergaberecht, 2000, § 115 Rz. 41.
2 *Bechtold*, GWB, 2. Aufl. 1999, § 115 Rz. 6.

62   Auch in diesem Fall gilt allerdings, daß die vorzeitige Gestattung gem. § 115 Abs. 2 Satz 3 dann nicht eingreift, wenn **zwischenzeitlich die Entscheidung der Vergabekammer** gem. § 114 in der Hauptsache vorliegt und diese einer Zuschlagserteilung entgegensteht (o. Tz. 57). In diesem Fall muß der Auftraggeber gem. § 116 sofortige Beschwerde einlegen und gem. § 121 ggf. eine Vorabentscheidung über den Zuschlag beantragen.

IV. Sonstige Maßnahmen (§ 115 Abs. 3)

63   Wenn die Rechte des Antragstellers i. S. v. § 97 Abs. 7 auf andere Weise als durch den drohenden Zuschlag gefährdet sind, darf die Vergabekammer auf dessen besonderen Antrag hin nach Maßgabe der Entscheidungskriterien aus § 115 Abs. 2 Satz 1 auch mit weiteren vorläufigen Maßnahmen in das Vergabeverfahren eingreifen.

1. Rechte aus § 97 Abs. 7

64   Betroffen sein müssen subjektive Rechte des Antragstellers i. S. v. § 97 Abs. 7. Eine Beeinträchtigung in sonstigen Rechtspositionen reicht also nicht aus (s. oben § 97 Tz. 37 ff.). Es muß sich dabei um **Rechte des Antragstellers** handeln, d. h., dieser muß sich in dem konkreten Fall auf die in Rede stehenden subjektiven Bieterrechte auch berufen können (vgl. § 114 Tz. 9). Es genügt also auch hier nicht, wenn ein Dritter in subjektiven Rechten gefährdet ist.

2. Rechtsgefährdung

65   Subjektive Rechte des Antragstellers müssen auf andere Weise als durch den drohenden Zuschlag gefährdet sein. Gefährdung ist mehr als die bloße Möglichkeit und weniger als eine bereits feststehende Rechtsverletzung. Es kommt daher auf die **ernsthafte Wahrscheinlichkeit** einer Beeinträchtigung an.

66   Die Gefährdung ist dabei vor dem Hintergrund zu sehen, daß § 115 Abs. 3 eine Entscheidung der Vergabekammer gem. § 114 sichern soll. Es ist daher zu gewährleisten, daß sich das Vergabeverfahren nicht zu Lasten des Antragstellers auf andere Weise als durch Zuschlagserteilung erledigt und ihm damit der gesetzlich vorgesehene Primärrechtsschutz genommen wird[1]. Dies ergibt sich sowohl aus

---

1 *Bechtold*, GWB, 2. Aufl. 1999, § 115 Rz. 8.

der systematischen Stellung der Bestimmung als auch aus dem in § 115 Abs. 3 Satz 2 geregelten Beurteilungsmaßstab, der auf das Entscheidungsprogramm des § 115 Abs. 2 Satz 1 verweist (dazu o. Tz. 33 ff.).

Daraus folgt zum einen, daß etwaige geltend gemachte **Rechtsver-** 67 **stöße außerhalb des Vergaberechts** auch im Rahmen des § 115 Abs. 3 keine Rolle spielen. Dies gilt insbesondere für dem Vergabeverfahren vorgelagerte Sachverhalte, bei denen keine subjektiven Bieterrechte i. S. v. § 97 Abs. 7 in Rede stehen, weil Bestimmungen über das Vergabeverfahren nicht betroffen sind (z. B. Bildung eines unzulässigen Nachfragekartells, § 104 Tz. 14 ff.). In einem solchen Fall greifen allein die wettbewerbsrechtlichen oder allgemeinen zivilrechtlichen Anspruchsmöglichkeiten[1].

Aber auch darüber hinaus ist zu sehen, daß sich § 115 Abs. 3 Satz 1 68 nur auf Rechte des Antragstellers im Vergabeverfahren bezieht. Gemeint ist damit eine **Rechtsgefährdung in dem konkreten Vergabeverfahren,** für das das Nachprüfungsverfahren anhängig ist. Demgemäß kann z. B. nicht über § 115 Abs. 3 erreicht werden, daß die Vergabekammer die Einleitung eines neuen Vergabeverfahrens durch den Auftraggeber untersagt[2]. Insbesondere gilt dies selbstverständlich dann, wenn dieses neue Verfahren gerade dazu dienen soll, etwaige gerügte oder auch sonstige Vergabefehler zu beseitigen. Fühlt sich der Antragsteller durch ein solches neues Verfahren in Rechten beeinträchtigt, muß er dagegen ggf. erneut und eigenständig vorgehen.

Ebenfalls kann die Vergabekammer dem Auftraggeber auf der Grund- 69 lage des § 115 Abs. 3 weder aufgeben, das Vergabeverfahren vollständig abzubrechen, noch kann sie den Auftraggeber dazu zwingen, ein Vergabeverfahren weiterzuführen, wenn der Auftraggeber die Ausschreibung aufheben möchte. Dies gilt selbst dann, wenn die diesbezüglichen Voraussetzungen (s. etwa § 26 VOB/A) nicht vorliegen. Denn in beiden Fällen handelt es sich nicht um **vorläufige Maßnahmen** i. S. v. § 115 Abs. 3 Satz 1, sondern um endgültige Entscheidungen, die gerade nicht vorgesehen sind (s. auch § 114 Tz. 49)[3].

Möglich sind im Rahmen des § 115 Abs. 3 allerdings solche Maßnah- 70 men, die zwar nicht unmittelbar den nach Zustellung des Nachprüfungsantrags ohnehin unwirksamen Zuschlag betreffen, jedoch dazu

---

1 A. A. *Noch*, Vergaberecht kompakt, 1999, S. 74.
2 So aber *Bechtold*, GWB, 2. Aufl. 1999, § 115 Rz. 8.
3 A.A. *Willenbruch*, NVwZ 1999, 1062, 1064.

geeignet sind, **für Konkurrenzunternehmen** des Antragstellers die **Aussichten auf eine Zuschlagserteilung in unzulässiger Weise zu erhöhen.** Dazu kann etwa die vorläufige Untersagung gehören, mit einzelnen Unternehmen Aufklärungsgespräche zu führen, ihnen Unterlagen zur Verfügung zu stellen oder sonstige Maßnahmen zu treffen, die letztlich für das weitere Verfahren zu einem Wettbewerbsvorsprung führen können[1]. Ebenfalls kann der Vergabestelle aufgegeben werden, das antragstellende Unternehmen rechtzeitig vorher über eine beabsichtigte Zuschlagserteilung zu unterrichten (s. dazu § 114 Tz. 41).

3. Besonderer Antrag

71   Weitere vorläufige Maßnahmen kann die Vergabekammer nur auf besonderen Antrag hin treffen. Dies bedeutet, daß sich die Vergabekammer dann, wenn ein solcher Antrag gestellt wurde, unter Berücksichtigung der Entscheidungskriterien des § 115 Abs. 2 Satz 1 zwingend mit der Frage auseinandersetzen muß, ob sie solche Maßnahmen trifft oder nicht. Sie kann dies also nicht mit der Erwägung auf sich beruhen lassen, daß ein rechtswirksamer Zuschlag ohnehin nicht erteilt werden kann (o. Tz. 23) und etwaige weitere Vergaberechtsverstöße noch im weiteren Verfahren berücksichtigt werden können, wenngleich dies durchaus beachtliche Erwägungen im Rahmen des § 115 Abs. 3 Satz 1 i. V. m. § 115 Abs. 2 Satz 1 sind.

72   Möglich ist es für die Vergabekammer allerdings auch, **ohne einen solchen Antrag** auf die Rechtmäßigkeit des Vergabeverfahrens einzuwirken, wie sich aus § 114 Abs. 1 ergibt (dazu § 114 Tz. 13 ff.). Dies schließt auch vorläufige Maßnahmen mit ein. Allerdings muß sich die Vergabekammer ohne einen entsprechenden Antrag nicht gezielt mit der Möglichkeit derartiger Maßnahmen auseinandersetzen, sofern sich diese nicht im Einzelfall als zwingend aufdrängen.

73   Der nach § 115 Abs. 3 Satz 1 erforderliche besondere Antrag kann gezielt die Maßnahmen benennen, die durch die Vergabekammer getroffen werden sollen. Notwendig ist dies indes nicht, da die Vergabekammer auch in diesem Fall nicht an den gestellten Antrag gebunden ist (vgl. § 114 Abs. 2, dazu § 114 Tz. 12). Es genügt folglich eine **Darlegung** der nach Ansicht des Antragstellers **zu besorgenden Gefährdung** seiner subjektiven Rechte gem. § 97 Abs. 7 und die

---

1 In diesem Sinne auch *Bechtold*, GWB, 2. Aufl. 1999, § 115 Rz. 8; s. auch *Leinemann/Weihrauch*, Die Vergabe öffentlicher Aufträge, 1999, Rz. 568.

Formulierung des Anliegens, daß die Vergabekammer dagegen mit vorläufigen Maßnahmen einschreitet.

Der Antrag bedarf keiner besonderen **Begründung**. Sie ist allerdings 74 schon zur Unterlegung der Gewichtigkeit der betroffenen subjektiven Belange in aller Regel geboten (vgl. o. Tz. 29).

4. Entscheidungsprogramm

Gemäß § 115 Abs. 3 Satz 2 hat die Vergabekammer bei ihrer Ent- 75 scheidung, ob sie vorläufige Maßnahmen trifft oder nicht, den Beurteilungsmaßstab des § 115 Abs. 2 Satz 1 zugrunde zu legen. Es geht also auch bei solchen Maßnahmen in erster Linie um eine Abwägung der widerstreitenden Interessen, die weitgehend durch die Erfolgsaussichten des Nachprüfungsantrags geprägt ist (dazu o. Tz. 33 ff.).

5. In Betracht kommende Maßnahmen

Die Vergabekammer kann durch **vorläufige Maßnahmen** in das Ver- 76 gabeverfahren eingreifen. Es muß sich um Maßnahmen vor Abschluß des Vergabeverfahrens, also vor Zuschlagserteilung, handeln. Ebenfalls muß es um Maßnahmen im Zusammenhang mit der konkreten Vergabe gehen. Es scheiden daher etwaige Regelungen aus, die außerhalb des Vergaberechts stehen oder die keinen Bezug zu dem konkreten Vergabeverfahren haben (o. Tz. 68). Auch muß es sich um vorläufige Maßnahmen handeln, also um Regelungen, die keinen endgültigen Charakter haben (s. bereits Tz. 69). Im äußersten Fall kann dies eine Entscheidung sein, mit der dem Auftraggeber aufgegeben wird, bis zum Abschluß des Nachprüfungsverfahrens keine Aktivitäten mehr hinsichtlich der Auftragsvergabe zu entfalten (keine interne Angebotsbewertung u. ä.).

6. Form und Inhalt der Entscheidung

§ 115 Abs. 3 regelt nicht, in welcher Weise die Entscheidung der 77 Vergabekammer zu ergehen hat. Da sie gerade dann, wenn bestimmte Maßnahmen gegenüber dem Auftraggeber angeordnet werden, Regelungscharakter hat, der ggf. auch einer Durchsetzung und Vollstreckung bedarf, wird man diese Entscheidung letztlich nicht anders behandeln können als die Entscheidung der Vergabekammer gem. § 115 Abs. 2 Satz 1 (o. Tz. 43) und **§ 114 Abs. 3,** zumal in beiden Fällen ebenfalls von einer Entscheidung der Vergabekammer die Rede ist[1]. Die Entscheidung muß daher schriftlich erfolgen und mit einer Begründung versehen sein. Aufgrund des vorläufigen Charakters der Entscheidung sowie der fehlenden Anfechtbarkeit sind jedoch an die Begründung **keine besonders hohen Anforderungen** zu stellen (s. im übrigen zur Entscheidung der Vergabekammer § 114 Tz. 61 ff. sowie § 115 Tz. 43).

7. Rechtsschutzmöglichkeiten

78   Gesonderte Rechtsschutzmöglichkeiten gegen vorläufige Entscheidungen der Vergabekammer nach § 115 Abs. 3 bestehen nach Satz 3 der Regelung nicht. Dies gilt für alle Verfahrensbeteiligten i. S. v. § 109 und auch unabhängig davon, ob dem Antrag stattgegeben wurde oder nicht.

---

1 A.A. *Boesen*, Vergaberecht, 2000, § 115 Rz. 62, 67.

Vorbemerkung zu §§ 116–124

Inhaltsübersicht

I. Überblick

Gegen die Entscheidung der Vergabekammer kann sofortige Be- 1
schwerde zum OLG eingelegt werden. Das Beschwerdeverfahren ist
in den §§ 116 bis 124 geregelt. Der Verfahrensweg von einer Verwaltungsbehörde zum OLG ist demjenigen in Kartellsachen nachgebildet. Der Gesetzgeber geht davon aus, daß sich das kartellrechtliche
Verfahren bewährt hat[1]. Daneben bestehen für die Zuweisungen der
Zuständigkeit an die Oberlandesgerichte auch materielle Gründe, da
der Auftraggeber bei der Vergabe von Aufträgen zivilrechtlich tätig
wird (vgl. Vorb. §§ 97–101 Tz. 6 ff.). Die Zuständigkeit des OLG als
erster (und mit Ausnahme der Vorlagepflicht nach § 124 Abs. 2 letz-
ter) Instanz rechtfertigt sich unter dem Gesichtspunkt der Beschleunigung des Verfahrens. Darüber hinaus geht der Gesetzgeber davon
aus, daß bereits das Verfahren vor der Vergabekammer gerichtsähnlich ausgestaltet ist. Schließlich hätte im Falle einer Zuständigkeit
der Landgerichte im Interesse der Wahrung der Rechtseinheit ein
weiteres Rechtsmittel vorgesehen werden müssen[2]. Das in §§ 116
bis 124 geregelte Beschwerdeverfahren entspricht in wesentlichen
Bestimmungen den Vorschriften über die kartellrechtliche Beschwerde nach §§ 63 bis 73. Unterschiede bestehen insbesondere im
Hinblick darauf, daß der Gesetzgeber in allen Instanzen eine Beschleunigung des Vergabeverfahrens erreichen will. So ist die Beschwerdefrist in § 117 Abs. 1 gegenüber § 66 Abs. 1 Satz 1 von einem Monat auf zwei Wochen verkürzt. Die sofortige Beschwerde
muß nach § 117 Abs. 2 Satz 1 zugleich, d. h. innerhalb der Zwei-Wochen-Frist, begründet werden. Hingegen bestimmt § 66 Abs. 3 Satz 2
für die kartellrechtliche Beschwerde eine Begründungsfrist von einem Monat, deren Verlängerung möglich ist. Darüber hinaus sehen
§ 118, § 121 und § 122 besondere Beschleunigungsmaßnahmen vor.

---

1 BT-Drucks. 13/9340 S. 20.
2 BT-Drucks. 13/9340 S. 20.

II. Entstehungsgeschichte

2 Begründung zu „III. Sofortige Beschwerde" des Regierungsentwurfs[1]:
Die Entscheidung für das GWB als Standort der Neuregelung führt folgerichtig zur Zuständigkeit des Oberlandesgerichts als gerichtliche Nachprüfungsinstanz. Dieser besondere Rechtsweg hat sich im Kartellrecht bewährt.

Die gerichtliche Nachprüfung im Vergabeverfahren der ordentlichen Gerichtsbarkeit zuzuweisen, hat auch materielle Gründe. Bei der Vergabe von Aufträgen betätigen sich die Auftraggeber zivilrechtlich. Es geht also um die Kontrolle der Einhaltung von Pflichten eines potentiellen Vertragspartners vor Vertragsschluß. Die Geltendmachung von Schadensersatzansprüchen aus der Verletzung dieser Pflichten fällt bereits jetzt in die Zuständigkeit der ordentlichen Gerichtsbarkeit. Ein großer Teil der Verfahren wird sich nur zwischen potentiellen Auftragnehmern und privatrechtlich organisierten Auftraggebern abspielen.

Für diesen Bereich würde die Zuständigkeit der Verwaltungsgerichte ganz und gar nicht passen. Neben dem Vergaberecht wird § 26 GWB auf bestimmte Fallgruppen anwendbar bleiben; hier ist die ordentliche Gerichtsbarkeit bereits zuständig.

Die Zuständigkeit des Oberlandesgerichts als erste gerichtliche Instanz ist deshalb gerechtfertigt, weil mit der Vergabekammer bereits eine erste gerichtsähnliche Instanz vorgeschaltet ist. Die Einführung eines gerichtlichen Rechtsschutzes in Vergabesachen darf nicht zu unerträglichen Verzögerungen des Vergabeverfahrens führen. Deshalb muß sich dieser Rechtsschutz auf eine einzige Gerichtsinstanz beschränken. Das läßt sich aber nur erreichen, wenn der gerichtliche Rechtsschutz beim Oberlandesgericht beginnt und endet. Eine Zuständigkeit der Landgerichte kommt schon deshalb nicht in Frage, weil dann schon zur Wahrung der Rechtseinheit ein Rechtsmittel vorgesehen werden müßte.

III. Rechtsnatur des Beschwerdeverfahrens

3 Bei dem Verfahren der sofortigen Beschwerde nach § 116 handelt es sich um ein Verwaltungsstreitverfahren, da sein Gegenstand die Rechtmäßigkeit der Entscheidung der Vergabekammer bildet, die durch Verwaltungsakt ergeht (§ 114 Abs. 3 Satz 1). Auch insoweit entspricht die vergaberechtliche sofortige Beschwerde der kartellrechtlichen Beschwerde nach §§ 63 ff., die ebenfalls ein Verwaltungsstreitverfahren darstellt[2]. Die wesentlichen Grundzüge des Beschwerdeverfahrens sind im GWB geregelt. Soweit Lücken bestehen,

---

1 BT-Drucks. 13/9340.
2 Frankfurter Kommentar, Stand: Juli 1978, § 62 a. F. Tz. 5 für die kartellrechtliche Beschwerde.

sind diese zunächst unter analoger Anwendung der Bestimmungen zur kartellrechtlichen Beschwerde auszufüllen, da dieses Verfahren der vergaberechtlichen Beschwerde am nächsten steht. Ergänzend kann auf andere Verfahrensordnungen zurückgegriffen werden. Aufgrund der Einordnung des vergaberechtlichen Beschwerdeverfahrens als Verwaltungsstreitverfahren dürften sich regelmäßig die Vorschriften der VwGO als am sachnächsten erweisen[1], soweit nicht das GWB – wie etwa in § 120 Abs. 2 i. V. m. § 73 – ausdrücklich Vorschriften der Zivilprozeßordnung für anwendbar erklärt.

---

1 So für das kartellrechtliche Beschwerdeverfahren: Frankfurter Kommentar, Stand: Juli 1999, § 62 Tz. 8; *Quack* in Frankfurter Kommentar, Stand: Juli 1999, § 72 Tz. 7.

§ 116 Zulässigkeit, Zuständigkeit

(1) Gegen Entscheidungen der Vergabekammer ist die sofortige Beschwerde zulässig. Sie steht den am Verfahren vor der Vergabekammer Beteiligten zu.

(2) Die sofortige Beschwerde ist auch zulässig, wenn die Vergabekammer über einen Antrag auf Nachprüfung nicht innerhalb der Frist des § 113 Abs. 1 entschieden hat; in diesem Fall gilt der Antrag als abgelehnt.

(3) Über die sofortige Beschwerde entscheidet ausschließlich das für den Sitz der Vergabekammer zuständige Oberlandesgericht. Bei den Oberlandesgerichten wird ein Vergabesenat gebildet.

(4) Rechtssachen nach den Absätzen 1 und 2 können von den Landesregierungen durch Rechtsverordnung anderen Oberlandesgerichten oder dem Obersten Landesgericht zugewiesen werden. Die Landesregierungen können die Ermächtigung auf die Landesjustizverwaltungen übertragen.

Inhaltsübersicht

I. Einführung

1. Inhaltsübersicht

1 § 116 Abs. 1 bestimmt die sofortige Beschwerde als zulässiges Rechtsmittel gegen Entscheidungen der Vergabekammern. Die Vorschrift regelt den Kreis der Beschwerdeberechtigten (§ 116 Abs. 1 Satz 2) und die Beschwerdearten. Weiterhin wird das zuständige Gericht bestimmt (§ 116 Abs. 3). Abs. 4 enthält eine Ermächtigung an die Landesregierungen, Vergaberechtssachen einem anderen OLG oder dem Obersten Landesgericht zuzuweisen.

2. Entstehungsgeschichte

§ 126 des Regierungsentwurfs[1]:   2

Zulässigkeit; Zuständigkeit

(1) Gegen Entscheidungen der Vergabekammer ist die sofortige Beschwerde zulässig. Sie steht den am Verfahren vor der Vergabekammer Beteiligten zu.

(2) Die sofortige Beschwerde ist auch zulässig, wenn die Vergabekammer über einen Antrag auf Nachprüfung nicht innerhalb der Frist des § 123 Abs. 1 entschieden hat; in diesem Fall gilt der Antrag als abgelehnt.

(3) Über die sofortige Beschwerde entscheidet ausschließlich das für den Sitz der Vergabekammer zuständige Oberlandesgericht. Bei den Oberlandesgerichten wird ein Vergabesenat gebildet. § 93 gilt entsprechend.

. . .

Begründung zu § 126 des Regierungsentwurfs[2]:   3

Zu Absatz 1

Gegen die Entscheidung der Vergabekammer, die trotz ihrer Unabhängigkeit der Verwaltung zuzurechnen ist, wird als gerichtlicher Rechtsschutz die sofortige Beschwerde zum Oberlandesgericht zugelassen. Das entspricht der Eigenart des Rechtswegs im Kartellrecht (§ 62 GWB), der zwar die Anfechtung eines Verwaltungsaktes zum Gegenstand hat, wegen des vorgelagerten formalisierten Verwaltungsverfahrens aber an einen durchlaufenden Instanzenzug denken läßt. Die besondere Eilbedürftigkeit der Vergabesachen erfordert – anders als in den übrigen Kartellsachen – die kurzen Fristen der sofortigen Beschwerde. Berechtigt zur Einlegung sind alle Verfahrensbeteiligten, die § 119 definiert.

Zu Absatz 2

Damit der gerichtliche Rechtsschutz nicht durch Untätigkeit oder Langsamkeit der Vergabekammer verzögert werden kann, muß die sofortige Beschwerde auch dann gewährt werden, wenn die Vergabekammer nicht oder nicht fristgerecht entscheidet. Dieser Fall der sofortigen Beschwerde ist angelehnt an die Verpflichtungsklage im verwaltungsgerichtlichen Verfahren und die Verpflichtungsbeschwerde nach § 62 Abs. 3 GWB.

Zu Absatz 3

Die Vorschrift regelt die örtliche Zuständigkeit. Sie entspricht der für die übrigen Kartellsachen getroffenen Regelung des § 62 Abs. 4 Satz 1 GWB. Auch innerhalb des jeweils zuständigen Oberlandesgerichts sollen die Vergabesachen wie die Kartellsachen nach § 92 GWB auf einen Senat konzentriert werden. Das fördert die Spezialisierung und diese wiederum die Zügigkeit der

---

1 BT-Drucks. 13/9340. Die unterstrichenen Passagen weichen vom späteren Gesetzestext ab.
2 BT-Drucks. 13/9340.

Entscheidungen. Die Geschäftsverteilung kann und wird nicht selten dazu führen, daß bei dem Oberlandesgericht ein und derselbe Senat Kartellsenat und Vergabesenat ist. Das soll aber gesetzlich nicht vorgeschrieben werden, weil es sich aus der Natur der Vergabesachen und der dort überwiegend zu treffenden Eilentscheidungen empfehlen kann, die Vergabesachen einem anderen Senat zuzuweisen als dem Kartellsenat. Die Konzentrationsmöglichkeiten des § 93 GWB sind zweckmäßigerweise auch für Vergabesachen vorzusehen.

II. Sofortige Beschwerde

4 Während im kartellrechtlichen Verfahren das Rechtsmittel der Beschwerde vorgesehen ist (§ 63 Abs. 1 Satz 1), spricht § 116 Abs. 1 Satz 1 von der **sofortigen** Beschwerde. Diese Unterscheidung rechtfertigt sich, da die Beschwerdefrist gegenüber § 66 Abs. 1 Satz 1 von einem Monat auf zwei Wochen verkürzt ist (§ 117 Abs. 1) und die Beschwerdebegründung innerhalb der zweiwöchigen Beschwerdefrist vorgelegt werden muß, eine gesonderte Beschwerdebegründungsfrist, wie sie § 66 Abs. 3 Satz 2 in kartellrechtlichen Verfahren vorsieht, folglich entfällt. Die ZPO kennt ebenfalls das Rechtsmittel der sofortigen Beschwerde, welches in § 577 geregelt ist. Eine analoge Anwendung dieser Vorschrift auf die sofortige Beschwerde nach § 116 verbietet sich jedoch[1]. Soweit die Regelung der §§ 116 ff. Lükken enthalten, sind vielmehr zunächst die Vorschriften der VwGO analog heranzuziehen (Vorb. §§ 116–124 Tz. 3).

III. Beschwerdearten

5 Zulässig ist die sofortige Beschwerde gegen Entscheidungen der Vergabekammer nach § 114 („Anfechtungsbeschwerde", dazu Tz. 6 ff.). Ausgenommen sind Zwischenentscheidungen nach § 111 (§ 111 Abs. 4) und § 115 (§ 115 Abs. 2 Satz 5) (vgl. § 115 Tz. 47). Darüber hinaus ist die sofortige Beschwerde nach § 116 Abs. 2 auch dann zulässig, wenn die Vergabekammer über einen Antrag auf Nachprüfung nicht innerhalb der Frist des § 113 Abs. 1 entschieden hat („Untätigkeitsbeschwerde", siehe hierzu Tz. 9). Eine Feststellungsbeschwerde ist nur in eng umgrenzten Ausnahmefällen statthaft (vgl. u. Tz. 10 ff.).

---

1 A. A. wohl *Korbion,* Vergaberechtsänderungsgesetz, 1999, § 116 Rz. 2.

1. Anfechtungsbeschwerde (§ 116 Abs. 1 Satz 1)

Gegenstand der Anfechtungsbeschwerde ist eine Entscheidung der   6
Vergabekammer nach § 114 Abs. 1. Auch die Feststellungsentscheidung der Vergabekammer nach § 114 Abs. 2 Satz 2 unterliegt der
Anfechtungs- nicht etwa einer Feststellungsbeschwerde[1]. **Vorausset-**
zung für die Zulässigkeit der Anfechtungsbeschwerde ist, daß eine
Entscheidung der Vergabekammer im Sinne des § 114 vorliegt und
zumindest einem der Beteiligten bekannt gemacht wurde. Ist eine
Entscheidung der Vergabekammer ausnahmsweise nichtig, kann diese aus Gründen der Rechtssicherheit trotz allem mit der Anfechtungsbeschwerde angegriffen werden[2]. Die Nichtigkeit einer Entscheidung der Vergabekammer bestimmt sich in analoger Anwendung des § 44 VwVfG.

Soweit die Entscheidung der Vergabekammer **Nebenbestimmungen**   7
enthält, können diese unter Umständen isoliert mit der sofortigen
Beschwerde angegriffen werden. Dies ist dann der Fall, wenn es sich
bei dieser Nebenbestimmung um eine ergänzende Regelung handelt,
ohne welche die eigentliche Entscheidung der Vergabekammer ebenfalls sinnvoll wäre. Eine isolierte Anfechtung scheidet hingegen aus,
wenn die Nebenbestimmung integrierender, nicht aus dem zu regelnden Gesamtzusammenhang zu lösender Bestandteil der Entscheidung ist[3]. Diese Abgrenzung entspricht den im Verwaltungsverfahrensrecht geltenden Grundsätzen[4].

Die Anfechtungsbeschwerde des § 116 Abs. 1 Satz 1 steht auch dem-   8
jenigen zu, dessen Antrag durch die Vergabekammer abgelehnt wurde
und umfaßt somit diejenige Fälle, die im Kartellrecht (§ 63 Abs. 3
Satz 1) und im allgemeinen Verwaltungsrecht (§ 42 Abs. 1, 2. Alt.
VwGO) als **Verpflichtungsbeschwerde** bzw. Verpflichtungsklage bezeichnet werden. Ein gesondertes Rechtsmittel für den Fall, daß die
Vergabekammer einen Antrag ablehnt, ist für die vergaberechtliche
Beschwerde nicht erforderlich, da das Beschwerdegericht grundsätzlich über die Beschwerde selbst entscheidet (§ 123 Satz 2), während
das Gericht im kartellrechtlichen Beschwerdeverfahren lediglich die
Verpflichtung der Kartellbehörde ausspricht, eine dem Antrag stattgebende Verfügung zu erlassen (§ 71 Abs. 4). Eine derartige Verpflich-

---

1 *Bechtold,* GWB, 2. Aufl. 1999, § 116 Rz. 4; *Tilmann,* WuW 1999, 342, 347.
2 So für die kartellrechtliche Beschwerde: Frankfurter Kommentar, Stand Juli
    1999, § 62 Tz. 11.
3 So für das kartellrechtliche Verfahren: BKartA, WuW/E, BKartA 1047 ff. –
    Ruhrstickstoff IV; Frankfurter Kommentar, Stand Juli 1999 § 62 Tz. 13.
4 *Redeker/von Oertzen,* VwGO, 12. Aufl. 1997, § 42, Rz. 34a.

tung der Vergabekammer ist zwar nach § 123 Satz 2, 2. Alt. in Ausnahmefällen zulässig (§ 123 Tz. 8). Der Beschwerdeführer legt die Beschwerde jedoch mit dem Ziel ein, eine vollständige Aufhebung der von ihm angegriffenen Entscheidung der Vergabekammer zu erreichen. Den Ausspruch einer Verpflichtung der Vergabekammer nach § 123 Satz 2, 2. Alt. wird er allenfalls hilfsweise beantragen.

2. Untätigkeitsbeschwerde (§ 116 Abs. 2)

9 Das Kartellrecht (§ 63 Abs. 3 Satz 2) sowie das allgemeine Verwaltungsrecht (§ 75 VwGO) sehen ein Rechtsmittel für den Fall vor, daß über einen Antrag bzw. einen Widerspruch nicht in angemessener Frist entschieden wird. Dem ist § 116 Abs. 2 nachgebildet. Danach ist die sofortige Beschwerde auch dann zulässig, wenn die Vergabekammer über einen Antrag auf Nachprüfung nicht innerhalb der Fünf-Wochen-Frist des § 113 Abs. 1 Satz 1, bzw. in der nach § 113 Abs. 1 Satz 2 verlängerten Frist entschieden hat. § 116 Abs. 2, 2. Halbs. stellt die **Fiktion** auf, daß der Antrag in diesem Fall als abgelehnt gilt[1]. Hierin liegt der wesentliche Unterschied zu § 75 VwGO, der dem Antragsteller lediglich die Möglichkeit gibt, über die Erhebung der Untätigkeitsklage das Verfahren zu beschleunigen. Solange er diese Möglichkeit nicht nutzt, wird das Verwaltungsverfahren fortgesetzt[2]. Das Vergabeverfahren endet hingegen mit Ablauf der Frist des § 113 Abs. 1 ohne Zutun der Vergabekammer oder der Parteien mit einer den Antragsteller belastenden Entscheidung: sein Antrag gilt als abgelehnt. Legt er hiergegen nicht Untätigkeitsbeschwerde ein, wird die (fingierte) Ablehnung des Antrags mit Ablauf der Beschwerdefrist bestandskräftig, selbst wenn die Vergabekammer das Nachprüfungsverfahren über diesen Zeitraum hinaus fortsetzt (§ 113 Tz. 22). Der Antragsteller ist somit zur Einlegung der Untätigkeitsbeschwerde gezwungen. Das **Ziel** der Untätigkeitsbeschwerde ist identisch mit demjenigen der Anfechtungsbeschwerde. Sie richtet sich gegen die fingierte Ablehnung des Nachprüfungsantrags.

3. Feststellungsbeschwerde

10 Solange eine Anfechtungs- oder Untätigkeitsbeschwerde zulässig ist, scheidet eine Feststellungsbeschwerde, die lediglich mit dem Ziel eingelegt wird, die Rechtswidrigkeit oder Rechtmäßigkeit des Verga-

---

1 *Korbion*, Vergaberechtsänderungsgesetz, 1999, § 116 Rz. 4.
2 *Redeker/von Oertzen*, VwGO, 12. Aufl. 1997, § 75 Rz. 1.

beverfahrens feststellen zu lassen, aufgrund ihrer Subsidiärität aus (zu der Möglichkeit, einen Feststellungsantrag neben der Anfechtungs- oder Untätigkeitsbeschwerde zu stellen, vgl. § 123 Tz. 13). Hat der Auftraggeber vor Abschluß des Verfahrens vor der Vergabekammer den Zuschlag aufgrund einer Eilentscheidung nach § 115 Abs. 2 erteilt, muß der Antragsteller den Antrag auf Nachprüfung des Verfahrens für erledigt erklären (§ 105 Tz. 58). Auf Antrag stellt die Vergabekammer in diesem Fall fest, ob eine Rechtsverletzung vorgelegen hat (§ 114 Abs. 2 Satz 2). Gegen eine derartige Feststellungsentscheidung ist die sofortige Beschwerde zulässig. Hierbei handelt es sich um eine Anfechtungsbeschwerde, da die Aufhebung der (feststellenden) Entscheidung der Vergabekammer begehrt wird (vgl. oben Tz. 6). Eine Feststellungsbeschwerde gegen eine derartige Entscheidung ist unstatthaft.

Auch während des Beschwerdeverfahrens ist eine Zuschlagsertei- 11 lung möglich, wenn ein Antrag auf Verlängerung der aufschiebenden Wirkung nach § 118 Abs. 1 Satz 3 nicht gestellt bzw. abgelehnt wird oder einem Antrag auf Vorabentscheidung nach § 121 entsprochen wird. Erteilt der Auftraggeber in diesen Fällen den Zuschlag, ist die Hauptsache von dem Beschwerdeführer für erledigt zu erklären. Allerdings kann er beantragen, daß das Beschwerdegericht feststellt, ob das Unternehmen, das die Nachprüfung beantragt hatte, durch den Auftraggeber in seinen Rechten verletzt ist (§ 123 Satz 3) (§ 123 Tz. 11 ff.). Dies ändert nichts daran, daß gegen die Entscheidung der Vergabekammer zunächst die Anfechtungs- oder Untätigkeitsbeschwerde zulässig war. Wird ein Antrag nach § 123 Satz 3 gestellt, wird das Beschwerdeverfahren als **Fortsetzungsfeststellungsbeschwerde** fortgesetzt.

Es verbleibt der Fall, daß der Auftraggeber den Zuschlag nach Be- 12 kanntmachung der Entscheidung der Vergabekammer, jedoch vor Einlegung der sofortigen Beschwerde erteilt. Dies ist möglich, wenn die Vergabekammer oder das Beschwerdegericht einem Antrag auf Zuschlagserteilung nach § 115 Abs. 2 Satz 1 oder Satz 3 stattgegeben hat, das Verfahren vor der Vergabekammer danach durch eine Entscheidung abgeschlossen wird, in der keine Verstöße gegen das Vergaberecht feststellt werden[1] und erst in zeitlicher Folge hierauf der Zuschlag erteilt wird. Da die Zuschlagserteilung im Zeitpunkt des Erlasses der Entscheidung der Vergabekammer noch nicht erfolgt

---

1 Stellt die Vergabekammer Rechtsverstöße fest, scheidet eine Zuschlagserteilung aus, da die Entscheidung der Vergabekammer einer Eilentscheidung nach § 115 Abs. 2 vorgeht (§ 115 Tz. 57).

war, liegt keine feststellende Entscheidung nach § 114 Abs. 2 Satz 2 vor. Eine Aufhebung dieser Entscheidung kann im Beschwerdeverfahren jedoch nicht mehr erreicht werden, da auch das Beschwerdegericht den zwischenzeitlich (vor Einlegung der Beschwerde) erteilten Zuschlag nicht aufzuheben vermag (§ 123 Satz 4 i. V. m. § 114 Abs. 2 Satz 1). In diesen Fällen ist es in analoger Anwendung des § 123 Satz 3 zulässig, eine „echte" **Feststellungsbeschwerde** zu erheben und zu beantragen, festzustellen, daß das Unternehmen, das die Nachprüfung beantragt hatte, durch den Auftraggeber in seinen Rechten verletzt wurde (§ 123 Tz. 12). Das Feststellungsinteresse an einer derartigen Beschwerde ergibt sich aus der Bindungswirkung der Entscheidung des Beschwerdegerichts für die ordentlichen Gericht im Rahmen einer Schadensersatzklage (§ 124 Abs. 1). Für die Feststellungsbeschwerde finden die §§ 116 bis 124 mit Ausnahme der Regelungen über die aufschiebende Wirkung (§ 118 Abs. 1 und 2) und die Vorabentscheidung (§§ 121 und 122) Anwendung.

IV. Beschwerdeberechtigung (§ 116 Abs. 1 Satz 2)

13 Berechtigt zur Einlegung der sofortigen Beschwerde sind die am Verfahren vor der Vergabekammer Beteiligten (§ 116 Abs. 1 Satz 2). Diese Vorschrift gilt sowohl für die Anfechtungs-, als auch für die Untätigkeitsbeschwerde. Der Kreis der Verfahrensbeteiligten ergibt sich aus § 109. Beschwerdeberechtigt sind somit der Antragsteller, der Auftraggeber und diejenigen Unternehmen, welche die Vergabekammer zu dem Verfahren beigeladen hat, weil deren Interessen durch die Entscheidung schwerwiegend berührt werden[1]. Soweit eine Beiladung erfolgte, spielt es für die Beschwerdeberechtigung keine Rolle, ob die Voraussetzungen des § 109 Satz 1 vorlagen. Die Entscheidung der Vergabekammer bleibt auch im Beschwerdeverfahren bindend (§ 109 Satz 2). Entsprechendes gilt, wenn die Beiladung eines Unternehmens durch die Vergabekammer – wenn auch zu Unrecht – abgelehnt wurde. Diesem Unternehmen steht keine Beschwerdebefugnis zu. Die Beschwerdebefugnis richtet sich somit allein nach der formellen Stellung als Verfahrensbeteiligter. Eine Beteiligung weiterer Unternehmen durch das Beschwerdegericht ist ausgeschlossen, da in § 119 nicht vorgesehen[2].

---

1 Vgl. zu Beiladung durch die Vergabekammer § 109 Tz. 5 ff.
2 *Bechtold*, GWB, 2. Aufl. 1999, § 116 Rz. 2; a. A. offensichtlich *Tilmann*, WuW 1999, 342, 346; offengelassen von BayObLG v. 21. 5. 1999 – Verg 1/99, WuW 1999, 1037, 1038 = WuW/E Verg 239, 240 – Trinkwasserstollen; a. A. *Boesen*, Vergaberecht, 2000, § 116 Rz. 40.

V. Rechtsschutzbedürfnis (Beschwer)

Voraussetzung für die Zulässigkeit der Beschwerde ist neben dem Vorliegen der Beschwerdebefugnis, daß der Beschwerdeführer durch die angefochtene Entscheidung unmittelbar oder mittelbar beeinträchtigt ist („Beschwer"). Die Beschwer ist **formal** zu bestimmen. Soweit dem ursprünglichen Antrag des Beschwerdeführers entsprochen wurde, ist er durch die Entscheidung der Vergabekammer nicht beschwert, auch wenn beispielsweise die Begründung der Entscheidung der Rechtsauffassung des Beschwerdeführers nicht entspricht oder für ihn nachteilige Feststellungen enthält[1]. Hat ein Beteiligter keinen Antrag gestellt, ist durch das Beschwerdegericht anhand seiner Einlassung vor der Vergabekammer zu ermitteln, welches Ziel verfolgt wurde[2]. Soweit dieses durch die Entscheidung der Vergabekammer erreicht wurde, fehlt es an einer formalen Beschwer. Entgegen *Bechtold*[3] kann eine formale Beschwer auch dann bestehen, wenn sich ein Beteiligter im Verfahren vor der Vergabekammer nicht eingelassen hat. So zeigt der Auftraggeber, der zu einem Antrag nach § 107 Abs. 1 gegenüber der Vergabekammer zwar keine Stellungnahme abgibt, andererseits aber der Rechtsauffassung des Antragstellers nicht ausdrücklich zustimmt, daß er dem Antrag entgegentritt. Handelt es sich bei dem Antragsteller um den von dem Auftraggeber zweitplatzierten Bieter und äußert sich der Erstplatzierte, der von der Vergabekammer an dem Verfahren beteiligt wurde, ihr gegenüber nicht, ist er durch deren Entscheidung, welche feststellt, daß es sich bei dem Angebot des Antragstellers um das wirtschaftlichste im Sinne des § 97 Abs. 5 handelt, trotz allem beschwert, da seine Aussicht, den Zuschlag zu erhalten, zunichte gemacht wurde. Nur dann, wenn sich die Zielsetzung eines an dem Verfahren Beteiligten auch nicht aus den Begleitumständen des Vergabenachprüfungsverfahrens ergibt, fehlt es an einer Beschwer, wenn der Beteiligte in dem Nachprüfungsverfahren keine Anträge stellt und sich auch im übrigen nicht zur Sache einläßt.

14

Die Beschwer muß **in der Entscheidung** der Vergabekammer liegen. Sie besteht selbstverständlich auch dann, wenn der Beschwerdeführer durch diese Entscheidung „erstmalig" beschwert wurde. Dies entpricht der Rechtslage für die Beschwer durch erstinstanzliche Urteile, denen die Entscheidung der Vergabekammer im „Nachprüfungsrechtszug" gleichsteht. Eines Rückgriffs auf § 68 Abs. 1 Nr. 2

15

---

1 *Bechtold*, GWB, 2. Aufl. 1999, § 116 Rz. 2.
2 *Gröning*, ZIP 1999, 181, 182.
3 GWB, 2. Aufl. 1999, § 116 Rz. 2.

VwGO, der durch die Vergabeüberwachungsausschüsse auf die in § 57c Abs. 6 Satz 2 HGrG geregelte Berechtigung, Anträge an diese Ausschüsse zu stellen, angewendet wurde[1], bedarf es nicht. Auf eine materielle Beschwer kommt es nicht an. Für die Zulässigkeit der Beschwerde ist es daher nicht erforderlich, daß der Beschwerdeführer behauptet, in seinen Rechten verletzt zu sein[2].

VI. Beschwerdegericht (§ 116 Abs. 3 und 4)

16   **Sachlich zuständig** für die Entscheidung über die sofortige Beschwerde sind die Oberlandesgerichte (§ 116 Abs. 3 Satz 1). Auch diese Zuständigkeit ist dem kartellrechtlichen Verfahren nachgebildet (§ 63 Abs. 4). Die **örtliche Zuständigkeit** bestimmt sich nach dem Sitz der Vergabekammer, deren Entscheidung angefochten wird. In beiden Fällen handelt es sich um **ausschließliche** Zuständigkeiten. Eine Prorogation, wie sie § 38 ZPO für den Zivilprozeß vorsieht, ist ausgeschlossen[3]. Durch die Konzentration der vergaberechtlichen Verfahren bei den Oberlandesgerichten soll die besondere Fachkompetenz der entscheidenden Spruchkörper sichergestellt sowie die Spezialisierung und Zügigkeit der Verfahren gefördert werden[4].

17   Dem gleichen gesetzgeberischen Zweck dient Abs. 3 Satz 2, wonach bei den einzelnen Oberlandesgerichten jeweils ein spezieller Vergabesenat gebildet werden muß. Hierdurch wird erreicht, daß nicht mehrere oder gar sämtliche Senate eines Gerichts mit vergaberechtlichen Verfahren befaßt werden. Der Gesetzgeber hat sich nicht dazu entschieden, vorzuschreiben, daß die Kartellsenate im Sinne des § 91 Satz 1 auch für Vergaberechtsstreitigkeiten zuständig sind. Zwar besteht selbstverständlich die Möglichkeit, Kartell- und Vergabesachen im Rahmen der Geschäftsverteilung dem gleichen Senat zuzuweisen, jedoch kann auch eine andere Verteilung zweckmäßig sein[5]. Soweit bei Oberlandesgerichten gesonderte Bausenate bestehen,

---

1 VÜA Bayern v. 17. 2. 1995 – VÜA 1/95, WuW 1996, 153, 156 = WuW/E VergAL 1, 4 – Erweiterung der Kläranlage; VÜA Sachsen-Anhalt v. 27. 2. 1996 – 1 VÜ 1/96, WuW 1997, 360 = WuW/E VergAL 62 – Unterschrift Bietergemeinschaft; VÜA Hessen v. 3. 2. 1997 – VÜA 4/96, WuW 1997, 1048 = WuW/E VergAL 106 – Biokompostanlage.
2 *Bechtold*, GWB, 2. Aufl. 1999, § 116 Rz. 2.
3 *Korbion*, Vergaberechtsänderungsgesetz, 1999, § 116 Rz. 5.
4 BT-Drucks. 13/9340 S. 20.
5 BT-Drucks. 13/9340 S. 20.

könnte es sich empfehlen, diesen auch Vergabesachen zuzuweisen, da sich über die VOB/A Berührungspunkte ergeben.

Eine weitere Verstärkung der Konzentrationswirkung ermöglicht   18
Abs. 4, wonach die Entscheidung über die sofortige Beschwerde von den Landesregierungen durch Rechtsverordnung **anderen Oberlandesgerichten oder dem Obersten Landesgericht** zugewiesen werden kann. Der Wortlaut dieser Vorschrift weicht bewußt von § 92 Abs. 1 ab, wonach Länder, in denen mehrere Oberlandesgerichte errichtet sind, Kartellsachen einem oder einigen der Oberlandesgerichte oder dem Obersten Landesgericht nur dann zuweisen können, soweit dies der Rechtspflege in Kartellsachen, insbesondere der Sicherung einer einheitlichen Rechtsprechung, dienlich ist. Auch Länder, in denen mehrere Oberlandesgerichte bestehen, haben die Möglichkeit, lediglich eine Vergabekammer einzurichten. Für sofortige Beschwerden gegen deren Entscheidungen wäre nach Abs. 3 Satz 1 dasjenige OLG zuständig, in dessen Bezirk der Sitz dieser Vergabekammer liegen würde. Es dürften sich kaum Kriterien der Sicherung der einheitlichen Rechtsprechung finden, die es rechtfertigen würden, die Zuständigkeit eines anderen OLG desselben Landes zu begründen. Um den Ländern die Möglichkeit zu geben, trotz allem die Zuständigkeit eines anderen OLG oder des Obersten Landesgerichts zu begründen, wurde die einschränkende Voraussetzung des § 92 Abs. 1 Satz 1, wonach die Konzentration auf ein Gericht der Rechtspflege dienen muß, in § 116 Abs. 4 Satz 1 nicht übernommen[1]. Ländern mit mehreren Oberlandesgerichten steht es daher frei, die Zuständigkeit für Beschwerden gegen Entscheidungen der Vergabekammer ohne Rücksichtnahme auf deren Sitz einem beliebigen OLG oder dem Obersten Landesgericht zuzuweisen.

Die Landesregierungen können gemäß § 116 Abs. 4 Satz 2 die Befug-   19
nis zum Erlaß einer Verordnung nach § 116 Abs. 4 Satz 1 auf die Landesjustizverwaltung weiter übertragen. Art. 80 Abs. 1 Satz 4 GG sieht vor, daß eine derartige Übertragung durch Rechtsverordnung zu erfolgen hat. Um den Ländern bereits vor Inkrafttreten des Vergaberechtsänderungsgesetzes zu ermöglichen, von den Vorzügen der Konzentrationswirkung Gebrauch zu machen, bestimmt Art. 4 VgRÄG, daß § 126 Abs. 4 am ersten Tag des auf die Verkündung des Gesetzes folgenden Monats, und somit am 1. 9. 1998, in Kraft trat.

---

1 BT-Drucks. 13/9340 S. 42.

§ 117 Frist, Form

(1) Die sofortige Beschwerde ist binnen einer Notfrist von zwei Wochen, die mit der Zustellung der Entscheidung, im Fall des § 116 Abs. 2 mit dem Ablauf der Frist beginnt, schriftlich bei dem Beschwerdegericht einzulegen.

(2) Die sofortige Beschwerde ist zugleich mit ihrer Einlegung zu begründen. Die Beschwerdebegründung muß enthalten:

1. die Erklärung, inwieweit die Entscheidung der Vergabekammer angefochten und eine abweichende Entscheidung beantragt wird,

2. die Angabe der Tatsachen und Beweismittel, auf die sich die Beschwerde stützt.

(3) Die Beschwerdeschrift muß durch einen bei einem deutschen Gericht zugelassenen Rechtsanwalt unterzeichnet sein. Dies gilt nicht für Beschwerden von juristischen Personen des öffentlichen Rechts.

(4) Mit der Einlegung der Beschwerde sind die anderen Beteiligten des Verfahrens vor der Vergabekammer vom Beschwerdeführer durch Übermittlung einer Ausfertigung der Beschwerdeschrift zu unterrichten.

Inhaltsübersicht

I. Einführung

1. Inhaltsübersicht

1   § 117 regelt in Abs. 1 die Beschwerdefrist und deren Beginn. Abs. 2 enthält nähere Bestimmungen über den Inhalt der Beschwerdebegründung. Abs. 3 postuliert einen Anwaltszwang. Schließlich sind

die anderen Beteiligten des Verfahrens vor der Vergabekammer gemäß Abs. 4 von der Einlegung der Beschwerde zu unterrichten.

2. Entstehungsgeschichte

§ 127 des Regierungsentwurfs[1]:   2

Frist; Form

(1) Die sofortige Beschwerde ist binnen einer Notfrist von zwei Wochen, die
mit der Zustellung der Entscheidung, im <u>Falle des § 126</u> Abs. 2 mit dem
Ablauf der Frist beginnt, schriftlich bei dem <u>Beschwerdegericht einzulegen.</u>

(2) Die sofortige Beschwerde ist zugleich mit ihrer Einlegung zu begründen.
Die Beschwerdebegründung muß enthalten:

1. die Erklärung, inwieweit die Entscheidung der Vergabekammer angefochten und eine abweichende Entscheidung beantragt wird,

2. die Angabe der Tatsachen und Beweismittel, auf die sich die Beschwerde
stützt.

(3) Die Beschwerdeschrift muß durch einen bei einem deutschen Gericht
zugelassenen Rechtsanwalt unterzeichnet sein. Dies gilt nicht für Beschwerden von juristischen Personen des öffentlichen Rechts.

(4) Mit der Einlegung der Beschwerde sind die anderen Beteiligten des Verfahrens vor der Vergabekammer vom Beschwerdeführer durch Übermittlung
einer Ausfertigung der Beschwerdeschrift zu unterrichten.

Begründung zu § 127 des Regierungsentwurfs[2]:   3

Zu Absatz 1

Nach Zustellung der Entscheidung der Vergabekammer hat der Beteiligte
zwei Wochen Zeit, eine sofortige Beschwerde einzulegen. Diese Frist ist als
Notfrist (§ 223 ZPO) unabänderlich. Erfolgt keine Entscheidung der Vergabekammer und macht der Antragsteller von seinem Recht nach § 126 Abs. 2
Gebrauch, direkt das Beschwerdegericht anzurufen, so ist er ebenfalls an die
Zwei-Wochen-Frist gebunden. Die Frist beginnt mit dem Zeitpunkt, zu dem
die Entscheidung – ggf. nach Verlängerung durch den Vorsitzenden – spätestens hätte ergehen müssen. Die Frist dient dazu, das Verfahren nicht in die
Länge zu ziehen, erscheint aber auch ausreichend.

Zu Absatz 2

Um nach Einlegung der Beschwerde möglichst zügig entscheiden zu können,
muß die Beschwerdeschrift bereits die Begründung enthalten und einen bestimmten Mindestinhalt aufweisen. Der Streitstoff soll soweit wie möglich
und in einer Weise aufbereitet sein, die eine rasche Entscheidung ermöglicht.

---

1 BT-Drucks. 13/9340. Die unterstrichenen Passagen weichen vom späteren
   Gesetzestext ab.
2 BT-Drucks. 13/9340.

Zu Absatz 3

Die Vorschrift statuiert den bei Oberlandesgerichten üblichen Anwaltszwang, der in den eilbedürftigen Vergabesachen der rechtlichen Aufbereitung
des Prozeßstoffes dient.

Zu Absatz 4

Die Vorschrift dient der Beschleunigung und der Konzentration des Streit-
stoffes auf ein Verfahren. Damit soll gleich zu Beginn des Verfahrens darauf
hingewirkt werden, daß alle Verfahrensbeteiligten frühzeitig ihre Interessen
vertreten und sich zur Sach- und Rechtslage äußern.

II. Frist (§ 117 Abs. 1)

4   In Abweichung von § 66 Abs. 1 Satz 1 beträgt die Frist für die sofortige Beschwerde in Vergabesachen **zwei Wochen.** Der Fristbeginn ist
für die Anfechtungs- sowie die Untätigkeitsbeschwerde unterschiedlich geregelt.

1. Anfechtungsbeschwerde[1]

5   Die Frist für die Einlegung der sofortigen Beschwerde gegen eine
Entscheidung der Vergabekammer **beginnt mit** deren **Zustellung.** Für
die Berechnung der Frist gelten §§ 120 Abs. 2, 73 GWB, 222 ZPO,
187 bis 193 BGB. Danach ist der Tag der Zustellung nicht mitzurech-
nen (§ 187 Abs. 1 BGB). Entscheidend ist der Tag der Zustellung an
den jeweiligen Beteiligten, so daß für unterschiedliche Beteiligte
unterschiedliche Fristen laufen können. Unterbleibt eine Zustellung
fehlerhaft, beginnt die Beschwerdefrist nicht zu laufen. Dies gilt
auch dann, wenn der Zustellungsadressat in anderer Weise Kenntnis
von dem Inhalt der Entscheidung der Vergabekammer erlangt hat[2].
Allerdings kann der Beteiligte in diesem Fall die sofortige Beschwerde auch ohne wirksame Zustellung einlegen[3]. Darüber hinaus beginnt im Fall der fehlerhaften Zustellung der Entscheidung der Vergabekammer nach Ablauf der Frist des § 113 Abs. 1 die Beschwerdefrist nach § 117 Abs. 1, 2. Alt. zu laufen. Wird dies Frist versäumt,
ist eine Anfechtung der Entscheidung der Vergabekammer ausgeschlossen (vgl. § 116 Tz. 9).

---

1 § 116 Tz. 6 ff.
2 So für die kartellrechtliche Beschwerde: *Bracher* in Frankfurter Kommentar, Stand: Juli 1999, § 65 a. F. Tz. 5.
3 *Bechtold,* GWB, 2. Aufl. 1999, § 117 Rz. 1.

Nach § 114 Abs. 3 Satz 3 i. V. m. § 61 Abs. 1 Satz 1 ist die Entschei-   6
dung der Vergabekammer mit einer **Rechtsmittelbelehrung** zu versehen. Ist diese Belehrung unterblieben oder unrichtig erteilt, beginnt
die Beschwerdefrist nicht zu laufen. Allerdings ist dieser Fall einer
nicht ordnungsgemäßen Zustellung der Entscheidung der Vergabekammer gleichzustellen (vgl. § 114 Tz. 68), so daß nach Ablauf der
Fünf-Wochen-Frist des § 113 Abs. 1 die Beschwerdefrist nach § 117
Abs. 1, 2. Alt. zu laufen beginnt.

2. Untätigkeitsbeschwerde[1]

In den Fällen des § 116 Abs. 2 beginnt die Beschwerdefrist mit Ab-   7
lauf der Fünf-Wochen-Frist des § 113 Abs. 1 S. 1 bzw. der nach § 113
Abs. 1 Satz 2 verlängerten Frist. Das GWB sieht keine Verpflichtung
der Vergabekammer vor, dem Antragsteller mitzuteilen, wann sein
Antrag bei der Kammer eingegangen ist. Es empfiehlt sich daher mit
oder unmittelbar nach Antragstellung die Vergabekammer um die
Mitteilung des Zeitpunkts des Zugangs des Antrags zu bitten, um
den Beginn der Beschwerdefrist in Fällen des § 116 Abs. 2 berechnen
zu können.

3. Notfrist

§ 117 Abs. 1 bestimmt, daß es sich bei der Frist zur Einlegung der   8
sofortigen Beschwerde um eine Notfrist handelt. Insoweit besteht
eine Parallele zu § 577 ZPO. Ein Rückgriff auf diese Vorschrift ist
jedoch nicht zulässig. Insbesondere gelten für die Form, die Einlegung und die Begründung der sofortigen Beschwerde vorrangig die
Vorschriften des GWB (Vorb. §§ 116–124 Tz. 3). Der Begriff der Notfrist, der der VwGO fremd ist, ergibt sich aus den Regelungen der
ZPO. Danach können Notfristen weder durch Vereinbarung der Parteien abgekürzt (§ 224 Abs. 1 ZPO) noch durch das Gericht verlängert werden[2]. Möglich ist jedoch eine **Wiedereinsetzung** in den vorigen Stand gegen die Versäumnis einer Notfrist, wie sich aus §§ 120
Abs. 2, 73 Nr. 2 GWB, 233 ZPO ergibt. Insoweit wird auf die Kommentierungen zur ZPO verwiesen.

---

1 Vgl. § 116 Tz. 9.
2 *Stöber* in Zöller, ZPO, 21. Aufl. 1999, § 224 Rz. 6; *Bechtold*, GWB, 2. Aufl.
  1999, § 117 Rz. 1.

III. Form

9   Die sofortige Beschwerde ist nach § 117 Abs. 1 **schriftlich** einzulegen. Die Erhebung zu Protokoll der Geschäftsstelle scheidet aus[1].

10 Die Einlegung der Beschwerde hat beim **örtlich zuständigen Beschwerdegericht** – dem OLG – zu erfolgen. Eine Einlegung bei der
Vergabekammer analog der für die zivilrechtliche sofortige Beschwerde geltenden Vorschrift des § 569 Abs. 1 ZPO ist nicht möglich. Für die kartellrechtliche Beschwerde wird in analoger Anwendung des § 83 VwGO i. V. m. § 17b Abs. 1 Satz 2 GVG angenommen, daß die Einlegung der Beschwerde bei einer unzuständigen
Behörde oder einem unzuständigen Gericht die Beschwerdefrist des
§ 66 Abs. 1 Satz 1 wahrt, soweit eine Verweisung an die zuständige
Behörde bzw. das zuständige Gericht erfolgt, auch wenn dies nach
Ablauf der Beschwerdefrist geschieht[2]. Einer analogen Anwendung
des § 83 VwGO dürfte der von dem Gesetzgeber in der Gesetzesbegründung zum Vergaberechtsänderungsgesetz mehrfach hervorgeho-
bene Beschleunigungsgrundsatz entgegenstehen. Diesem Grundsatz
dient insbesondere die kurze Frist zur Einlegung der Beschwerde und
der Wegfall der gesonderten Beschwerdefrist des kartellrechtlichen
Verfahrens. Durch die Zwei-Wochen-Frist des § 117 Abs. 1 soll für
alle Beteiligten so schnell wie möglich Klarheit darüber bestehen, ob
die Entscheidung der Vergabekammer Bestand haben wird, wobei in
Kauf genommen wird, daß die gesetzliche Frist die Beschwerdeführer
unter erheblichen zeitlichen Druck setzt. Hiermit wäre es unverein-
bar, auch die Einreichung einer Beschwerde beim unzuständigen
Gericht als fristwahrend zu behandeln. Eine Verweisung an das zuständige Gericht nach § 83 VwGO i. V. m. § 17b Abs. 1 Satz 2 GVG
würde zu einer erheblichen Verzögerung des Beschwerdeverfahrens
führen. Dabei ist zu beachten, daß die Beschwerde grundsätzlich von
einem Rechtsanwalt unterzeichnet werden (§ 117 Abs. 3 Satz 1)
und die Entscheidung der Vergabekammer zwingend eine Rechtsmittelbelehrung enthalten muß (§ 114 Abs. 3 Satz 3 i. V. m. § 61
Abs. 1 Satz 1). Beide Vorschriften führen dazu, daß Zweifel über
das örtlich und sachlich zuständige Gericht nicht entstehen dürften. Erfolgt trotz allem die Einlegung der Beschwerde bei einem
unzuständigen Gericht, ist es im Hinblick auf die erforderliche
Beschleunigung des Beschwerdeverfahrens vertretbar, die hierdurch entstehenden Nachteile dem Beschwerdeführer aufzubür-

---

1 *Bracher* in Frankfurter Kommentar, Stand: Juli 1999, § 65 a. F. Tz. 8.
2 *Bracher* in Frankfurter Kommentar, Stand: Juli 1999, § 65 a. F. Tz. 20.

den[1]. Allerdings ist die Behörde oder das Gericht, bei dem die sofortige Beschwerde unzutreffend eingelegt wird, verpflichtet, den Beschwerdeführer unverzüglich auf seine Unzuständigkeit hinzuweisen, um ihm Gelegenheit zu geben, die Beschwerde noch innerhalb der Beschwerdefrist beim zuständigen Gericht einzulegen. Ein Verstoß gegen diese Verpflichtung hat jedoch, soweit nicht ausnahmsweise die Voraussetzungen einer Wiedereinsetzung in den vorigen Stand vorliegen (vgl. Tz. 8), keine Auswirkungen.

IV. Beschwerdebegründung (§ 117 Abs. 2)

Die sofortige Beschwerde ist gemäß § 117 Abs. 2 Satz 1 **zugleich** mit ihrer Einlegung zu begründen. Hierdurch soll eine rasche Entscheidung des Beschwerdegerichts ermöglicht werden. Entgegen dem Wortlaut des § 116 Abs. 2 Satz 1 ist es zulässig, die Beschwerdebegründung nachzureichen, wenn dies innerhalb der Beschwerdefrist geschieht[2]. Auch in diesem Fall wird die von dem Gesetzgeber gewünschte Beschleunigung des Verfahrens erreicht.   11

Soweit eine Anfechtungsbeschwerde erhoben wird, muß die Beschwerdebegründung nach Abs. 2 Satz 2 Nr. 1 die **Erklärung** enthalten, inwieweit die Entscheidung der Vergabekammer **angefochten** und eine abweichende Entscheidung **beantragt** wird. Für die Untätigkeitsbeschwerde ist diese Vorschrift entsprechend anzuwenden, da in diesem Fall der Antrag als durch die Vergabekammer abgelehnt gilt (§ 116 Abs. 2, 2. Halbs.). Allerdings ist es ausreichend, wenn sich das Begehren des Beschwerdeführers durch Auslegung der Begründung ergibt. Das Formulieren eines Entscheidungstenors, der von dem Beschwerdegericht übernommen werden könnte, ist zwar zweckmäßig, jedoch nicht erforderlich[3].   12

Darüber hinaus muß die Beschwerdebegründung nach § 117 Abs. 2 Satz 2 Nr. 2 die Angabe der **Tatsachen und Beweismittel** enthalten, auf die sich die Beschwerde stützt. Während die Frist zur Begründung der kartellrechtlichen Beschwerde nach § 66 Abs. 1 Satz 1 und   13

---

1 So im Ergebnis, wenn auch ohne Begründung: *Bechtold*, GWB, 2. Aufl. 1999, § 117 Rz. 2.

2 *Bechtold*, GWB, 2. Aufl. 1999, § 117 Rz. 3; a. A. wohl *Korbion*, Vergaberechtsänderungsgesetz, 1999, § 117 Rz. 5.

3 OLG Düsseldorf v. 13. 4. 1999 – Verg 1/99, BauR 1999, 751, 754; *Bechtold*, GWB, 2. Aufl. 1999, § 117 Rz. 3; *Bracher* in Frankfurter Kommentar, Stand: Juli 1999, § 65 a. F. Tz. 15.

Abs. 3 Satz 2 bis zu zwei Monate beträgt und zusätzlich verlängert werden kann, stehen zur Begründung der sofortigen Beschwerde gegen eine Entscheidung der Vergabekammer lediglich zwei Wochen zur Verfügung. Es handelt sich hierbei um einen äußerst kurz bemessenen Zeitraum. Dies ist bei den Anforderungen, die an die Beschwerdebegründung zu stellen sind, zu berücksichtigen. Obwohl § 117 Abs. 2 Satz 2, in dem der Inhalt der Beschwerdebegründung festgelegt wird, wortgleich mit § 66 Abs. 4 ist, der auf die kartellrechtliche Beschwerde Anwendung findet, können aufgrund der kurzen Beschwerdebegründungsfrist die an die Begründung einer kartellrechtlichen Beschwerde gestellten Anforderungen nicht ungeprüft auf die sofortige Beschwerde nach § 116 übertragen werden. Vielmehr muß eine gedrängte Darstellung der Tatsachen und Beweismittel genügen, ohne das auf deren Vollständigkeit verzichtet werden kann. Ein pauschaler Hinweis auf das Vorbringen gegenüber der Vergabekammer ist nicht ausreichend. Unbedenklich ist es hingegen, wenn einzelne Teile des vorherigen Vorbringens konkret in Bezug genommen werden. Dies gilt insbesondere dann, wenn sich die Vergabekammer mit diesem Vortrag nicht auseinandergesetzt hat. Rechtsausführungen sind entsprechend dem klaren Wortlaut des § 117 Abs. 2 Satz 2 Nr. 2 nicht erforderlich, jedoch selbstverständlich zweckmäßig. Für die kartellrechtliche Beschwerde nach § 63 Abs. 1 wird von Teilen der Literatur eine umfassende Darstellung des Sachverhalts sowie der rechtlichen Ausführungen gefordert[1]. Dies kann für die vergaberechtliche sofortige Beschwerde aufgrund der kurz bemessenen Beschwerdefrist nicht gelten. Zur Bedeutung des Vortrags in der Beschwerdebegründung für den Prüfungsumfang des Gerichts vgl. § 123 Tz. 10.

14   Anders als § 63 Abs. 1 Satz 2 enthält § 116 keine Regelung darüber, ob die sofortige Beschwerde auch auf **neue Tatsachen und Beweismittel** gestützt werden kann. Im Hinblick darauf, daß bereits das Verfahren vor der Vergabekammer unter einem erheblichen Zeitdruck steht, muß den Beteiligten zugestanden werden, die Beschwerde auch mit neuen Tatsachen oder Beweismitteln zu begründen[2].

---

1 Dargestellt bei *Bracher* in Frankfurter Kommentar, Stand: Juli 1999, § 65 a. F. Tz. 16.

2 *Korbion*, Vergaberechtsänderungsgesetz, 1999, § 117 Rz. 7.

V. Anwaltszwang (§ 117 Abs. 3)

1. Grundsatz

§ 117 Abs. 3 sieht vor, daß die Beschwerdeschrift durch einen bei **15** einem deutschen Gericht zugelassenen **Rechtsanwalt** unterzeichnet sein muß. Die Vertretung durch einen Rechtslehrer an einer deutschen Hochschule ist – anders als im verwaltungsgerichtlichen Verfahren (§ 67 Abs. 1 Satz 1 VwGO) – nicht zulässig. Eine Beschränkung der Postulationsfähigkeit auf die bei dem zuständigen OLG zugelassenen Rechtsanwälte entsprechend der Regelung des § 78 Abs. 1 ZPO besteht nicht. Die Beschwerdeschrift kann daher von jedem Rechtsanwalt unterzeichnet werden, der bei einem deutschen Amtsgericht, Landgericht oder OLG zugelassen ist. Die beim BGH zugelassenen Rechtsanwälte sind nach § 172 Abs. 1 BRAO von dem Auftreten vor Oberlandesgerichten ausgeschlossen. Dies umfaßt das Verbot, dort Schriftsätze einzureichen[1]. Trotz allem kann eine sofortige Beschwerde nach § 116 wirksam von einem beim BGH zugelassenen Rechtsanwalt eingelegt werden, da § 172 BRAO die Wirksamkeit einer zu Unrecht vorgenommenen Prozeßhandlung nicht berührt, soweit nicht die Vertretung durch einen postulationsfähigen Rechtsanwalt ausdrücklich vorgeschrieben ist[2]. Ausländische Rechtsanwälte sind durch das Rechtsanwaltsdienstleistungsgesetz (RADG) vom 16. 8. 1980[3] deutschen Rechtsanwälten unter den dort genannten Voraussetzungen[4] gleichgestellt und daher ebenfalls berechtigt, eine sofortige Beschwerdeschrift zu unterzeichnen.

2. Unterschrift

Die Anforderungen an die Unterschrift richten sich nach den allgemeinen Grundsätzen im gerichtlichen Verfahren[5]. Grundsätzlich ist **16** die Einreichung eines Schriftsatzes mit der **Originalunterschrift** des

---

1 *Hartung* in Henssler/Prütting, BRAO, 1997, § 172 Rz. 2.
2 *Hartung* in Henssler/Prütting, BRAO, 1997, § 172 Rz. 4.
3 BGBl. I S. 1453, zuletzt geändert durch Art. 8 Gesetz v. 2. 9. 1994, BGBl. I S. 2278.
4 Näher hierzu: *Albers/Hartmann* in Baumbach/Lauterbach/Albers/Hartmann, ZPO, 57. Aufl. 1999, Schlußanhang VII.
5 Zusammenfassend *Hartmann* in Baumbach/Lauterbach/Albers/Hartmann, ZPO, 57. Aufl. 1999, § 129 Rz. 9 ff.; *Greger* in Zöller, ZPO, 21. Aufl. 1999, § 130 Rz. 5 ff.

Rechtsanwalts erforderlich[1]. Ein Faksimilistempel oder ein Handzeichen (Paraphe) genügen nicht. Unübersehbar ist die Rechtsprechung zu den Anforderungen, die an die Leserlichkeit einer Unterschrift zu stellen sind. Die Anforderungen der Gerichte sind hier teilweise überzogen und sachlich nicht gerechtfertigt.

17   Insbesondere bei der Einreichung fristgebundener Schriftsätze – zu denen auch die sofortige Beschwerde zählt – hat sich eine Übermittlung zunächst per Telegramm und Fernschreiben, in jüngerer Zeit durch Telefax (Telekopie) durchgesetzt. Zusehends werden BTX und e-mail als Übertragungsmedien gewählt. Bei Übermittlung durch **Telegramm** oder **Fernschreiben** genügt die maschinenschriftliche Wiedergabe der Unterschrift des Absenders oder auch nur die zweifelsfrei ersichtliche Angabe der Person, welche die Nachricht als von ihr stammend abgesandt hat[2]. Bei Einreichung der sofortigen Beschwerde per **Telefax** ist erforderlich, daß eine Kopie der handschriftlichen Unterschrift des Einreichers dem Gericht übermittelt wird[3]. Auch die Übermittlung per BTX (jetzt: **T-online**)[4] und per **Computerfax-Modem**[5] wurden als wirksam angesehen, wenn die Person des Ausstellers und dessen Wille, den Schriftsatz in Verkehr zu bringen, unzweifelhaft feststellbar sind. Gegen diese Auffassung richtet sich ein Vorlagebeschluß des XI. Zivilsenats des BGH an den Gemeinsamen Senat der obersten Gerichtshöfe des Bundes. Die Zulässigkeit dieser neuen Übermittlungsarten ist gegenwärtig folglich noch nicht endgültig geklärt[6].

3. Juristische Personen des öffentlichen Rechts

18   Eine Ausnahme vom Anwaltszwang sieht Abs. 3 Satz 2 für Beschwerden, die von juristischen Personen des öffentlichen Rechts

---

1 *Greger* in Zöller, ZPO, 21. Aufl. 1999, § 130 Rz. 7; *Bracher* in Frankfurter Kommentar, Stand: Juli 1999 § 65 a. F. Tz. 6.
2 *Greger* in Zöller, ZPO, 21. Aufl. 1999, § 130 Rz. 10; BGH v. 25. 3. 1986 – IX ZB 15/86, NJW 1986, 1759; BGH v. 9. 3. 1982 – 1 StR 817/81, NJW 1982, 1470; BFH v. 14. 6. 1985 – III R 265/84, BB 1985, 1655.
3 BGH v. 11. 10. 1989 – IVa ZB 7/89, NJW 1990, 188; BAG v. 24. 9. 1986 – 7 AZR 669/84, NJW 1987, 341; OLG München v. 1. 7. 1992 – 21 U 5917/91, NJW 1992, 3042.
4 BVerwG v. 19. 12. 1994 – 5 B 79/94, NJW 1995, 2121.
5 BSG v. 15. 10. 1996 – 14 BEg 9/96, NJW 1997, 1254.
6 BGH v. 29. 9. 1998, Vorlagebeschluß an den Gemeinsamen Senat der obersten Gerichtshöfe des Bundes – XI ZR 367/97, NJW 1998, 3649; hierzu *Volmer*, BB 1999, 1449.

eingereicht werden, vor. Diese müssen nicht von einem Rechtsanwalt unterzeichnet sein. Nach dem Wortlaut der Vorschrift werden in diesem Fall an die Person des Unterzeichners der Beschwerdeschrift keinerlei Anforderungen gestellt. Demnach könnte die Beschwerde auch von einem Nichtjuristen unterzeichnet werden. Für das weitere Verfahren ab Einlegung und Begründung der Beschwerde muß sich eine juristische Person des öffentlichen Rechts nach § 120 Abs. 1 jedoch von einem Rechtsanwalt oder einem Beamten oder Angestellten mit Befähigung zum Richteramt vertreten lassen. Diese Unterscheidung zwischen der Einlegung und Begründung der Beschwerde sowie dem übrigen Verfahren ist nicht gerechtfertigt. § 117 Abs. 3 Satz 2 ist daher dahingehend auszulegen, daß die Person, die im Auftrag einer juristischen Person des öffentlichen Rechts die Beschwerdeschrift unterzeichnet – soweit es sich hierbei nicht um einen Rechtsanwalt handelt – die Voraussetzungen des § 120 Abs. 1 Satz 2 erfüllen muß[1].

4. Unterzeichnung der Beschwerdebegründung

Soweit – was zulässig ist (vgl. o. Tz. 11) – die Beschwerde zunächst   19
nicht begründet und die Begründung innerhalb der Beschwerdefrist nachgereicht wird, gelten auch für die Unterzeichnung des Begründungsschriftsatzes die Anforderungen des § 117 Abs. 3.

VI. Unterrichtung der übrigen Beteiligten (§ 117 Abs. 4)

Die anderen Beteiligten an dem Verfahren vor der Vergabekammer   20
(§ 109 Satz 1) müssen nach § 117 Abs. 4 von dem Beschwerdeführer durch Übermittlung einer Ausfertigung der Beschwerdeschrift von deren Einlegung unterrichtet werden. Auch diese Vorschrift dient der Beschleunigung des Verfahrens[2]. Nach §§ 120 Abs. 2, 73 Nr. 2 finden die Vorschriften der ZPO über Zustellungen von Amts wegen (§§ 208 bis 213a ZPO) Anwendung. Eine Verweisung auf die Vorschriften über Zustellungen im Parteibetrieb (§§ 166 bis 207 ZPO) enthält das GWB nicht. Hieraus folgt, daß die Unterrichtung der Beteiligten nach § 117 Abs. 4 durch Übersendung der Beschwerdeschrift per Post, Telefax oder Boten zulässig ist. Soweit die Beschwerdeschrift noch keine Begründung enthält, was zulässig ist

---

1 *Bechtold*, GWB, 2. Aufl. 1999, § 117 Rz. 4.
2 BT-Drucks. 13/9340 S. 21.

(vgl. o. Tz. 11), muß lediglich die Beschwerdeschrift den anderen Beteiligten übermittelt werden. Auf die spätere Beschwerdebegründung findet § 117 Abs. 4 keine Anwendung. Insofern genügt es, dem Original der Beschwerdebegründung beglaubigte Ablichtungen für die übrigen Beteiligten beizufügen. Zulässig ist es jedoch auch, den Beteiligten direkt beglaubigte Ablichtungen der Beschwerdebegründung zuzusenden.

21 Das Gesetz enthält keine Vorschriften über die **Folgen eines Verstoßes** gegen die Mitteilungspflicht. Es handelt sich um eine bloße **Ordnungsvorschrift.** Verletzt der Beschwerdeführer § 117 Abs. 4, hat dies auf die Wirksamkeit der Beschwerde keinen Einfluß. Das Beschwerdegericht hat nach Bekanntwerden der unterbliebenen Übermittlung den anderen Beteiligten entweder direkt beglaubigte Ablichtungen der Beschwerdeschrift zuzusenden, oder dies dem Beschwerdeführer aufzugeben[1]. Nach Auffassung des *OLG Naumburg*[2] führt ein Verstoß gegen die Mitteilungspflicht des § 117 Abs. 4 dazu, daß der Auftraggeber nach Ablauf der Beschwerdefrist berechtigt ist, den Zuschlag zu erteilen, soweit ihm die Tatsache der Beschwerdeeinlegung nicht bekannt ist. Für diese Auslegung spricht die vom Gesetzgeber beabsichtigte Beschleunigungswirkung des § 117 Abs. 4. Allerdings dürfte der Auftraggeber ohnehin in den seltensten Fällen in der Lage sein, den Ablauf der Beschwerdefrist zu berechnen, da dieser von der Zustellung der Entscheidung der Vergabekammer an den Antragsteller und gegebenenfalls an die übrigen Beteiligten abhängt. Verläßliche Kenntnis über diesen Zeitpunkt kann der Auftraggeber lediglich durch eine Anfrage bei der Vergabekammer über den Zeitpunkt der Zustellung erhalten. Es ist ihm daher auch zumutbar, bei dem zuständigen Beschwerdegericht Auskunft darüber einzuholen, ob eine Beschwerde eingelegt wurde. Darüber hinaus würden sich Unsicherheiten ergeben, wenn der Beschwerdeführer die Beschwerdefrist ausnutzt und die Benachrichtigung nach § 117 Abs. 4 dem Auftraggeber – aus welchen Gründen auch immer – erst zu einem späteren Zeitpunkt zugeht. Die aufschiebende Wirkung der Einlegung der Beschwerde nach § 118 Abs. 1 Satz 1 tritt somit unabhängig von der Kenntnis des Auftraggebers von der Beschwerdeeinlegung ein[3].

---

1 OLG Düsseldorf v. 13. 4. 1999 – Verg 1/99, BauR 1999, 751, 754 f.; *Bechtold*, GWB, 2. Aufl. 1999, § 117 Rz. 5; *Tilmann*, WuW 1999, 342, 347.
2 OLG Naumburg v. 2. 6. 1999 – 10 Verg 1/99, IBR 1999, 447.
3 *Jaeger* in Kapellmann/Vygen, Jahrbuch Baurecht 2000, S. 107, 127 f.

§ 118 Wirkung

(1) Die sofortige Beschwerde hat aufschiebende Wirkung gegenüber der Entscheidung der Vergabekammer. Die aufschiebende Wirkung entfällt zwei Wochen nach Ablauf der Beschwerdefrist. Hat die Vergabekammer den Antrag auf Nachprüfung abgelehnt, so kann das Beschwerdegericht auf Antrag des Beschwerdeführers die aufschiebende Wirkung bis zur Entscheidung über die Beschwerde verlängern.

(2) Bei seiner Entscheidung über den Antrag nach Absatz 1 Satz 3 berücksichtigt das Gericht die Erfolgsaussichten der Beschwerde. Es lehnt den Antrag ab, wenn unter Berücksichtigung aller möglicherweise geschädigten Interessen sowie des Interesses der Allgemeinheit an einem raschen Abschluß des Vergabeverfahrens die nachteiligen Folgen einer Verzögerung der Vergabe bis zur Entscheidung über die Beschwerde die damit verbundenen Vorteile überwiegen.

(3) Hat die Vergabekammer dem Antrag auf Nachprüfung durch Untersagung des Zuschlags stattgegeben, so unterbleibt dieser, solange nicht das Beschwerdegericht die Entscheidung der Vergabekammer nach § 121 oder § 123 aufhebt.

Inhaltsübersicht

I. Einführung

1. Inhaltsübersicht

1 §§ 118 und 121 regeln Eilmaßnahmen während des Beschwerdeverfahrens. § 118 Abs. 1 Satz 1 ordnet an, daß der sofortigen Beschwerde während einer Frist von zwei Wochen nach Ablauf der Beschwerdefrist aufschiebende Wirkung gegenüber der Entscheidung der Vergabekammer zukommt. Diese kann auf Antrag durch das Beschwerdegericht bis zur Entscheidung über die Beschwerde verlängert werden (Abs. 1 Satz 3). Hierdurch wird dem unterlegenen Antragsteller oder sonstigen Beteiligten die Möglichkeit gegeben, eine Zuschlagserteilung durch den Auftraggeber bis zum Abschluß des Beschwerdeverfahrens zu verhindern. § 121 hingegen gewährt dem Auftraggeber das Recht, einen Antrag auf Gestattung der Zuschlagserteilung vor Beendigung des Beschwerdeverfahrens zu stellen.

2. Entstehungsgeschichte

2 § 128 des Regierungsentwurfs[1]:

Wirkung

Die sofortige Beschwerde hat aufschiebende Wirkung gegenüber der Entscheidung der Vergabekammer. Bis zu der Entscheidung über einen Antrag nach § 131 oder, sofern ein solcher nicht gestellt wird, bis zu der Entscheidung über die sofortige Beschwerde darf der Auftraggeber den Zuschlag nicht erteilen.

. . .

3 Begründung zu § 128 des Regierungsentwurfs[2]:

Die Vorschrift gibt der sofortigen Beschwerde einen adäquaten Suspensiveffekt. Auf diese Weise wird sichergestellt, daß vor einer Entscheidung des Oberlandesgerichts keine Entscheidung der Vergabestelle getroffen werden kann, die vollendete Tatsachen schüfe und den gerichtlichen Rechtsschutz zu spät kommen ließe.

---

1 BT-Drucks. 13/9340. Die unterstrichenen Passagen weichen vom späteren Gesetzestext ab.
2 BT-Drucks. 13/9340.

II. Aufschiebende Wirkung (§ 118 Abs. 1 und 2)

1. Grundsatz (§ 118 Abs. 1 Satz 1)

Nach § 118 Abs. 1 Satz 1 kommt der zulässig, also insbesondere 4
fristgerecht[1] eingelegten sofortigen Beschwerde aufschiebende Wirkung gegenüber der Entscheidung der Vergabekammer zu. Diese ist
somit nicht vollstreckbar. Dies gilt sowohl bezüglich der Entscheidung in der Hauptsache, als auch der Kostenentscheidung. Von Bedeutung ist die Vorschrift jedoch insbesondere in dem Fall, daß die
Vergabekammer eine Verletzung der Rechte des Antragstellers verneint und den Nachprüfungsantrag daher abgelehnt hat. Zwar wirkt
zugunsten des Antragstellers zunächst die aufschiebende Wirkung
der Stellung des Nachprüfungsantrags an die Vergabekammer. Diese
endet jedoch mit Ablauf der Beschwerdefrist (§ 115 Abs. 1) (§ 115
Tz. 16). Ohne die Regelung des § 118 Abs. 1 Satz 1 wäre der Auftraggeber im Fall der Ablehnung des Antrags durch die Vergabekammer
berechtigt, den Zuschlag nach Ablauf der Beschwerdefrist zu erteilen
und hierdurch vollendete Tatsachen zu schaffen, da auch das Beschwerdegericht einen bereits erteilten Zuschlag nicht aufzuheben
vermag (§ 123 Satz 4 i. V. m. § 114 Abs. 2 Satz 1). Die Wirksamkeit
eines bereits erteilten Zuschlags bleibt von der aufschiebenden Wirkung des § 118 Abs. 1 unberührt.

Die aufschiebende Wirkung erfaßt grundsätzlich die gesamte Ent- 5
scheidung der Vergabekammer, auch wenn sich die sofortige Beschwerde lediglich auf einen Teil der Entscheidung bezieht[2]. Dies
gilt allerdings nicht, wenn es sich bei dem angefochtenen Teil um
eine selbständige Nebenbestimmung handelt, die einer isolierten
Anfechtung unterliegt (§ 116 Tz. 7). In diesem Fall besteht keinerlei
Veranlassung, die aufschiebende Wirkung auf den nicht angegriffenen Teil der Entscheidung auszudehnen.

2. Frist (§ 118 Abs. 1 Satz 2)

§ 118 Abs. 1 Satz 2 sieht vor, daß die aufschiebende Wirkung zwei 6
Wochen nach Ablauf der Beschwerdefrist entfällt. Die Vorschrift
knüpft an § 115 Abs. 1 an. Danach kommt der Zustellung eines
Antrags auf Nachprüfung gemäß § 107 Abs. 1 aufschiebende Wirkung zu, die bis zum Ablauf der Beschwerdefrist des § 117 Abs. 1

---

1 *Korbion,* Vergaberechtsänderungsgesetz, 1999, § 118 Rz. 3.
2 *Bechtold,* GWB, 2. Aufl. 1999, § 118, Rz. 1.

andauert. Durch § 118 Abs. 1 Satz 2 wird die aufschiebende Wirkung um zwei weitere Wochen verlängert, falls einer der Beteiligten sofortige Beschwerde einlegt. Soweit die Bekanntmachung der Entscheidung der Vergabekammer gegenüber den Beteiligten zu unterschiedlichen Zeitpunkten erfolgte, dauert die aufschiebende Wirkung des § 115 Abs. 1 bis zum Ablauf der zuletzt endenden Beschwerdefrist an. Entsprechend beginnt die Zwei-Wochen-Frist des § 118 Abs. 1 Satz 2 mit dem Ablauf der zuletzt endenden Beschwerdefrist, wobei lediglich auf diejenigen Beteiligten abzustellen ist, die tatsächlich Beschwerde eingelegt haben. Für die Fälle der fehlerhaften Zustellung vgl. § 115 Tz. 18. Der Zeitpunkt der Einlegung der Beschwerde spielt für die Berechnung des Ablaufs der Frist für die aufschiebende Wirkung keine Rolle. Die aufschiebende Wirkung tritt unabhängig von der Kenntnis des Auftraggebers von der Einlegung der Beschwerde ein (vgl. § 117 Tz. 21).

7 Nach Ablauf der Zwei-Wochen-Frist entfällt die aufschiebende Wirkung, soweit diese nicht auf Anordnung des Beschwerdegerichts gemäß § 118 Abs. 1 Satz 3 verlängert wurde. Ab diesem Zeitpunkt ist der Auftraggeber berechtigt, den Zuschlag unbeschadet des Fortgangs des Beschwerdeverfahrens zu erteilen. Die Zuschlagserteilung bleibt auch dann wirksam, wenn die aufschiebende Wirkung durch das Beschwerdegericht zu einem späteren Zeitpunkt verlängert wird (§ 123 Satz 4 i. V. m. § 114 Abs. 2 Satz 1).

3. Verlängerung der aufschiebenden Wirkung (§ 118 Abs. 1 Satz 3)

8 Hat die Vergabekammer den Antrag auf Nachprüfung abgelehnt, kann das Beschwerdegericht auf Antrag des Beschwerdeführers die aufschiebende Wirkung bis zur Entscheidung über die Beschwerde verlängern (§ 118 Abs. 1 Satz 3). Der Antrag kann lediglich von dem Antragsteller nach § 107 Abs. 1 oder einem nach § 109 Satz 1 beteiligten Unternehmen, dessen Interessen durch die Entscheidung schwerwiegend berührt werden, gestellt werden. Eine Antragstellung durch den Auftraggeber scheidet aus[1]. Voraussetzung ist, daß die Vergabekammer den Antrag auf Nachprüfung abgelehnt hat, wobei eine teilweise Ablehnung genügt.

9 Auf die Stellung des Antrags findet § 120 Abs. 1 Anwendung. Antragsvoraussetzung ist, daß die sofortige Beschwerde eingelegt – nicht notwendig bereits begründet – wurde, wobei die Antragstel-

---

1 *Korbion,* Vergaberechtsänderungsgesetz, 1999, § 118 Rz. 4.

lung nach § 118 Abs. 1 Satz 3 mit der Beschwerdeeinlegung verbunden werden kann. Eine **Frist** für die Antragstellung sieht das Gesetz nicht vor. Der Antrag kann daher auch noch nach Ablauf der Zwei-Wochen-Frist des § 118 Abs. 1 Satz 2 und somit nach Beendigung der aufschiebenden Wirkung eingereicht werden[1]. Unzulässig ist der Antrag nach Abs. 1 Satz 3 erst dann, wenn die Zwei-Wochen-Frist des Abs. 1 Satz 2 abgelaufen ist und der Zuschlag durch den Auftraggeber erteilt wurde. In diesem Fall ist die Wiederherstellung der aufschiebenden Wirkung nicht mehr möglich. Der Beschwerdeführer wird daher im eigenen Interesse den Antrag auf Verlängerung der aufschiebenden Wirkung sobald wie möglich, vorzugsweise zusammen mit Einreichung der sofortigen Beschwerde, stellen.

§ 118 enthält (anders als § 113 Abs. 1 und § 121 Abs. 3 Satz 1) **keine**   10 **Frist, innerhalb der das Beschwerdegericht über den Antrag** auf Verlängerung der aufschiebenden Wirkung **zu entscheiden hat.** Auch ist nicht vorgesehen, daß allein die Antragstellung die aufschiebende Wirkung – etwa bis zum Vorliegen einer Entscheidung des Beschwerdegerichts – verlängert. Nach dem Gesetzeswortlaut könnte der Auftraggeber somit nach Ablauf der Zwei-Wochen-Frist des § 118 Abs. 1 Satz 2 den Zuschlag erteilen, selbst wenn ein Antrag auf Verlängerung der aufschiebenden Wirkung gestellt, hierüber durch das Beschwerdegericht aber noch nicht entschieden wurde. Dies entspricht nicht dem Gesetzeszweck, wonach durch die Verlängerung der aufschiebenden Wirkung das Entstehen vollendeter Tatsachen verhindert werden soll[2]. Auch wenn dies der Gesetzestext nicht vorsieht, ist daher das Beschwerdegericht berechtigt, dem Auftraggeber nach Eingang eines Antrags nach § 118 Abs. 1 Satz 3 die **Zuschlagserteilung vorläufig** bis zur Entscheidung über diesen Antrag **zu untersagen**[3]. Diese vorläufige Entscheidung ist an keine weiteren Voraussetzungen geknüpft. Insbesondere ist das Beschwerdegericht nicht verpflichtet, die Erfolgsaussichten der Beschwerde vorab zu überprüfen, da die vorläufige Entscheidung gerade Raum für die Prüfung durch das Gericht schaffen soll. Allerdings kann es berücksichtigen, ob der Antrag bewußt verspätet – etwa nach Ablauf der Zwei-Wochen-Frist – mit der Absicht gestellt wurde, das Verfahren zu verzögern.

---

1 *Bechtold*, GWB, 2. Aufl. 1999, § 118 Rz. 3; a. A. *Korbion*, Vergaberechtsänderungsgesetz, 1999, § 118 Rz. 5.
2 BT-Drucks. 13/9340 S. 21.
3 KG v. 6. 7. 1999 – KartVerg 4/99; NVwZ 2000, 114; *Gröning*, ZIP 1999, 181, 183; *Korbion*, Vergaberechtsänderungsgesetz, 1999, § 118 Rz. 11; *Jaeger* in Kapellmann/Vygen, Jahrbuch Baurecht 2000, S. 107, 129; *Tilmann*, WuW 1999, 342, 347.

11   Eine **Begründung** des Antrags auf Verlängerung der aufschiebenden Wirkung ist nicht erforderlich, aber jedenfalls zweckmäßig. Der Beschwerdeführer sollte in der Begründung zu den entscheidungserheblichen Kriterien des § 118 Abs. 2 Stellung nehmen.

4. Entscheidung über den Verlängerungsantrag (§ 118 Abs. 2)

a) Interessenabwägung

12   Die Kriterien, welche das Beschwerdegericht bei der Entscheidung über einen Antrag nach § 118 Abs. 1 Satz 3 zu beachten hat, sind in Abs. 2 dargestellt. Hierbei entspricht § 118 Abs. 2 Satz 2 wörtlich § 115 Abs. 2 Satz 1. Zusätzlich hat das OLG nach Abs. 2 Satz 1 die Erfolgsaussichten der Beschwerde zu berücksichtigen[1]. Es handelt sich um eine **zweistufige Prüfung**. In einem ersten, vorrangigen[2] Schritt, hat das Beschwerdegericht die Erfolgsaussichten der Beschwerde zu beurteilen. Hierbei handelt es sich lediglich um eine überschlägige Prüfung. Verspricht die sofortige Beschwerde keinen Erfolg, lehnt das Beschwerdegericht den Antrag auf Verlängerung der aufschiebenden Wirkung ab, ohne daß es einer Interessenabwägung nach Abs. 2 Satz 2 bedarf[3]. Kommt es zu dem Ergebnis, daß die Beschwerde voraussichtlich erfolgreich sein wird, ist dies im Rahmen des zweiten Schritts, der Abwägung nach § 118 Abs. 2 Satz 2, zu berücksichtigen[4]. Bezüglich der **Interessenabwägung** wird auf die Ausführungen zu § 115 Tz. 33 verwiesen. Führt die Interessenabwägung zu dem Ergebnis, daß die nachteiligen Folgen einer Verzögerung der Vergabe bis zur Entscheidung über die Beschwerde die damit verbundenen Vorteile nicht überwiegen, was auch der Fall ist, wenn die Vor- und Nachteile gleichgewichtig sind, ist dem Antrag auf Verlängerung der aufschiebenden Wirkung nach dem Wortlaut des Abs. 2 Satz 2 stattzugeben[5].

---

1 Auch wenn dies in § 115 nicht ausdrücklich erwähnt wird, sind auch im Rahmen dieser Vorschrift zunächst die Erfolgsaussichten des Antrags zu prüfen (§ 115 S. 13).
2 KG v. 24. 8. 1999 – KartVerg 5/99; *Bechtold*, GWB, 2. Aufl. 1999, § 118 Rz. 4; *Jaeger* in Kapellmann/Vygen, Jahrbuch Baurecht 2000, S. 107, 129; a. A. wohl OLG Jena v. 26. 10. 1999 – 6 Verg 3/99, BauR 2000, 95, 97.
3 *Gröning*, ZIP 1999, 181, 183.
4 *Bechtold*, GWB, 2. Aufl. 1999, § 118 Rz. 4; *Jaeger* in Kapellmann/Vygen, Jahrbuch Baurecht 2000, S. 107, 130.
5 *Jaeger* in Kapellmann/Vygen, Jahrbuch Baurecht 2000, S. 107, 130; a. A. *Bechtold*, GWB, 2. Aufl. 1999, § 118 Rz. 4.

Im Hinblick auf die Bedeutung der Entscheidung muß das Beschwer- 13
degericht vor der Anordnung der Verlängerung der aufschiebenden
Wirkung den anderen Beteiligten **rechtliches Gehör** gewähren[1]. Die
hiermit verbundene Verzögerung des Verfahrens kann durch die Anordnung, den Zuschlag nicht vor der Entscheidung des Beschwerdegerichts über den Antrag zu erteilen, in ihren Folgen ausgeglichen
werden (hierzu oben Tz. 10).

b) Kosten

Der Streitwert für ein Verfahren über den Antrag nach § 118 Abs. 1 14
Satz 3 beträgt nach § 12a Abs. 2 GKG 5% der Auftragssumme. Gemäß Nr. 1222 des Kostenverzeichnisses zum GKG fallen für die
Entscheidung über den Antrag 3,0 Gerichtsgebühren an. Die Prozeßgebühr der beteiligten Rechtsanwälte erhöht sich um die Hälfte
(§ 65a Satz 2 BRAGO).

Das Gesetz sieht nicht vor, daß die Entscheidung nach § 118 Abs. 1 15
Satz 3 mit einer Kostenentscheidung zu versehen ist. Hiergegen
spricht § 65a Satz 2 BRAGO, der offensichtlich voraussetzt, daß die
in dem Verfahren nach § 118 Abs. 1 Satz 3 entstehenden Gebühren
Teil der Gebühren des Beschwerdeverfahrens sind[2]. Der Auftraggeber, der die Ablehnung eines Antrags nach § 118 Abs. 1 Satz 3 erlangt, kann jedoch sein Ziel, den Zuschlag zu erteilen, endgültig
verwirklichen, selbst wenn das Beschwerdegericht in der Beschwerdeentscheidung eine Verletzung des Vergaberechts feststellen würde.
Dies rechtfertigt es, das Verfahren nach § 118 Abs. 1 Satz 3 in diesem Fall bezüglich der Kosten als selbständiges Verfahren zu behandeln, das eine Kostenentscheidung zu umfassen hat[3]. Anders muß
der Fall beurteilt werden, daß dem Antrag auf Verlängerung der
aufschiebenden Wirkung stattgegeben wird. Dann besteht die Möglichkeit, daß die Beschwerde in der nachfolgenden Hauptsacheentscheidung zurückgewiesen wird, der Auftraggeber folglich endgültig
obsiegt. Es wäre nicht gerechtfertigt, ihn trotz allem mit den Kosten
des (für ihn nachteilig ausgegangenen) Verfahrens über die Verlängerung der aufschiebenden Wirkung zu belasten. In diesem Fall ist die
Entscheidung nach § 118 Abs. 1 Satz 3 nicht mit einer Kostenentscheidung zu versehen[4], auch wenn die unterschiedliche Behandlung

---

1 *Tilmann*, WuW 1999, 342, 347.
2 OLG Jena v. 26. 10. 1999 – 6 Verg 3/99, BauR 2000, 95, 98.
3 KG v. 24. 8. 1999 – KartVerg 5/99; *Gröning*, ZIP 1999, 181, 186.
4 *Jaeger* in Kapellmann/Vygen, Jahrbuch Baurecht 2000, S. 107, 131; a. A. KG
  v. 18. 8. 1999 – KartVerg 4/99.

der Entscheidung des Beschwerdegerichts hinsichtlich der Kosten für die gerichtliche Praxis sicherlich nachteilig ist. Auf die Kostenentscheidung finden die §§ 154 bis 166 VwGO analoge Anwendung (vgl. hierzu § 123 Tz. 19).

c) Vollstreckung

16   Eine Vollstreckung der Entscheidung nach § 118 Abs. 1 Satz 3 ist nicht erforderlich. Lehnt das Beschwerdegericht die Verlängerung der aufschiebenden Wirkung ab, ist der Auftraggeber berechtigt, den Zuschlag zu erteilen. Wird dem Antrag hingegen stattgegeben, würde eine trotz allem stattfindende Zuschlagserteilung gegen ein gesetzliches Verbot verstoßen und wäre daher nach § 134 BGB nichtig (§ 115 Tz. 23).

III. Unzulässigkeit der Zuschlagserteilung

1. Ablehnende Entscheidung der Vergabekammer

17   Hat die Vergabekammer den Antrag auf Nachprüfung des Verfahrens abgelehnt, stehen § 115 Abs. 1 und § 118 Abs. 1 einer Zuschlagserteilung entgegen. Erteilt der Auftraggeber den Zuschlag während der Zwei-Wochen-Frist des § 118 Abs. 1 Satz 2, verstößt er gegen ein gesetzliches Verbot, so daß der Zuschlag nichtig ist (§ 134 BGB) (§ 115 Tz. 23). Die Verlängerung nach § 118 Abs. 1 Satz 3 erfolgt durch das Beschwerdegericht, trotz allem begründet die Vorschrift ebenfalls ein gesetzliches Zuschlagsverbot, da die aufschiebende Wirkung in § 118 Abs. 1 Satz 1 angeordnet wird. Auch die Zuschlagserteilung innerhalb der von dem Beschwerdegericht nach § 118 Abs. 1 Satz 3 verlängerten Frist verstößt folglich gegen ein gesetzliches Verbot und führt zur Nichtigkeit des Zuschlags.

2. Stattgebende Entscheidung der Vergabekammer (§ 118 Abs. 3)

18   Hat die Vergabekammer dem Antrag auf Nachprüfung des Vergabeverfahrens stattgegeben, ist der Auftraggeber an einer Zuschlagserteilung gehindert. Hierbei verbleibt es, wenn der Auftraggeber oder ein anderer Beteiligter sofortige Beschwerde einlegt (§ 118 Abs. 3). Allein die Einlegung der sofortigen Beschwerde führt somit nicht dazu, daß die Wirkungen einer stattgebenden Entscheidung der Vergabekammer entfallen. Dem Auftraggeber steht jedoch die Möglich-

keit offen, nach § 121 zu beantragen, ihm unbeschadet des Beschwerdeverfahrens die Zuschlagserteilung zu gestatten. Erläßt das Beschwerdegericht eine derartige Entscheidung (vgl. hierzu § 121 Tz. 18 ff.), ist der Auftraggeber zur Zuschlagserteilung berechtigt. Auch in diesem Fall kann der Zuschlag nicht mehr durch das Beschwerdegericht aufgehoben werden (§ 123 Satz 4 i. V. m. § 114 Abs. 2 Satz 1). Die Zuschlagserteilung ist darüber hinaus möglich, wenn die Entscheidung der Vergabekammer durch das Beschwerdegericht gemäß § 123 (endgültig) aufgehoben wird. Hat die Vergabekammer nach § 115 Abs. 2 Satz 1 oder das Beschwerdegericht nach § 115 Abs. 2 Satz 3 die Zuschlagserteilung gestattet und gibt die Vergabekammer nachfolgend dem Antrag auf Nachprüfung gemäß § 107 Abs. 1 statt, stellt also einen Verstoß gegen das Vergaberecht fest, so ist der Auftraggeber ab der Bekanntgabe dieser Entscheidung daran gehindert, den Zuschlag zu erteilen. Das in § 118 Abs. 3 statuierte Verbot geht einer Anordnung nach § 115 vor (vgl. § 115 II. 9a. ee.). Will der Auftraggeber die Beendigung des Vergabeverfahrens herbeiführen, ist er somit gehalten, den Zuschlag möglichst umgehend nach Zustellung einer seinem Antrag stattgebenden Entscheidung nach § 115 Abs. 2 zu erteilen.

Erteilt der Auftraggeber den Zuschlag unter Verletzung des § 118 Abs. 3, liegt ein Verstoß gegen ein gesetzliches Verbot vor, der gemäß § 134 BGB zur Nichtigkeit des Zuschlags führt (vgl. hierzu § 115 Tz. 23). **19**

IV. Verhältnis zwischen §§ 115, 118 und 121

§§ 115, 118 und 121 sehen für unterschiedliche Zeitpunkte des Nachprüfungsverfahrens und unter unterschiedlichen Zulässigkeitsvoraussetzungen Eilentscheidungen vor, die zu einer Zuschlagserteilung führen können. Es stellt sich die Frage des Verhältnisses zwischen diesen Vorgehensmöglichkeiten. **20**

1. Folgen einer Entscheidung nach § 115 für die Zulässigkeit von Anträgen nach § 118 Abs. 1 Satz 3 und § 121

Hat die Vergabekammer **nach § 115** Abs. 2 Satz 1 oder das Beschwerdegericht nach § 115 Abs. 2 Satz 3 die **Zuschlagserteilung gestattet,** wird der Zuschlag nicht unverzüglich erteilt und **verbietet** die Vergabekammer im folgenden die Zuschlagserteilung in ihrer **Hauptsacheentscheidung,** geht diese den Anordnungen nach § 115 vor (§ 115 **21**

Tz. 57). Der Auftraggeber ist folglich an einer Zuschlagserteilung aufgrund der Entscheidung der Vergabekammer gehindert (§ 118 Abs. 3). Nach dem Gesetz steht ihm die Möglichkeit offen, eine Vorabentscheidung zu beantragen (§ 121). Die von dem Beschwerdegericht nach § 121 Abs. 1 zu prüfenden Voraussetzungen sind jedoch weitgehend mit denjenigen des § 115 Abs. 2 Satz 1 identisch. Eine Rechtskraft kommt der Entscheidung nach § 115 Abs. 2 nicht zu. Allerdings entfaltet sie eine Bindungswirkung entsprechend derjenigen im einstweiligen Verfügungsverfahren zwischen den gleichen Beteiligten[1]. Diese Bindungswirkung führt nicht dazu, daß das Beschwerdegericht an seine stattgebende Entscheidung, die im Verfahren nach § 115 Abs. 2 getroffen wurde, gebunden ist. Wird ein Antrag auf Vorabentscheidung gestellt, wird es vielmehr die zwischenzeitlich ergangene, ablehnende Entscheidung der Vergabekammer zu berücksichtigen haben. Ein Antrag nach § 121 ist in der genannten Konstellation somit zulässig.

22   Wurde der Zuschlag sowohl im Verfahren **nach § 115** als auch von der Vergabekammer **nach § 114 Abs. 1 erlaubt,** ist die Zuschlagserteilung unbeschadet der aufschiebenden Wirkung der sofortigen Beschwerde nach § 118 Abs. 1 Satz 1 zulässig, da die Anordnung nach § 115 Abs. 2 von der aufschiebenden Wirkung nicht umfaßt wird. Auch eine Wiederherstellung der aufschiebenden Wirkung in analoger Anwendung des § 118 Abs. 1 Satz 3 scheidet aus. Die Wirkung einer Entscheidung nach § 115 Abs. 2 gegenüber der aufschiebenden Wirkung nach § 118 Abs. 1 Satz 1 ist nicht anders zu beurteilen, als gegenüber der aufschiebenden Wirkung nach § 115 Abs. 1.

23   Hat sowohl die Entscheidung **nach § 115 Abs. 2,** als auch diejenige der Vergabekammer **nach § 114 Abs. 1** zu einer **Untersagung** des Zuschlags geführt, steht dem Auftraggeber die Möglichkeit des § 121 offen. Es greift jedoch die bereits erwähnte Bindungswirkung der Entscheidung nach § 115 Abs. 2 ein (Tz. 21). Für eine Vorabentscheidung ist nur dann Raum, wenn neue Tatsachen vorgetragen werden, die nach dem Erlaß der Entscheidung nach § 115 Abs. 2 entstanden sind[2]. Soweit der Antrag nach § 121 nicht auf neue Tatsachen gestützt wird, ist er unzulässig.

24   Es verbleibt der Fall, daß in der Entscheidung **nach § 115 Abs. 2** die Zuschlagserteilung **untersagt** wird, die Vergabekammer diese in ihrer **Hauptsacheentscheidung** hingegen **gestattet.** Wird hiergegen so-

---

1 *Tilmann*, WuW 1999, 342, 346.
2 *Tilmann*, WuW 1999, 342, 346.

fortige Beschwerde eingelegt, kommt dieser die aufschiebende Wirkung des § 118 Abs. 1 Satz 1 zu. Ein Antrag nach § 118 Abs. 1 Satz 3 ist trotz des Vorliegens einer Entscheidung nach § 115 Abs. 2 zulässig, da die anderslautende Entscheidung der Vergabekammer im Hauptsacheverfahren eine neue Tatsache darstellt, die von dem Beschwerdegericht im Rahmen der Prüfung des Antrags nach § 118 Abs. 1 Satz 3 zu berücksichtigen ist[1].

2. Verhältnis zwischen § 118 und § 121

Ein Antrag nach § 118 Abs. 1 Satz 3 setzt voraus, daß die Vergabe- 25 kammer den Antrag auf Nachprüfung abgelehnt hat. In diesem Fall wird der Auftraggeber keinen Antrag nach § 121 stellen. Die Frage, ob ein Antrag nach § 118 Abs. 1 Satz 3 einem Vorabentscheidungsverfahren im Sinne des § 121 nachfolgen kann, dürfte sich daher nicht stellen.

Denkbar ist hingegen, daß das Gericht einem Antrag auf Verlänge- 26 rung der aufschiebenden Wirkung nach § 118 Abs. 1 Satz 3 stattgibt und der Auftraggeber versucht, diese Entscheidung durch Beantragung einer Vorabentscheidung gemäß § 121 in seinem Sinne zu korrigieren. Aufgrund des weitgehend identischen Prüfungsumfangs beider Vorschriften ist ein Antrag nach § 121 in diesen Fällen nur zulässig, wenn neue Tatsachen geltend gemacht werden können[2].

---

1 *Tilmann*, WuW 1999, 342, 346.
2 *Gröning*, ZIP, 1999, 181, 183.

§ 119 Beteiligte am Beschwerdeverfahren

An dem Verfahren vor dem Beschwerdegericht beteiligt sind die an dem Verfahren vor der Vergabekammer Beteiligten.

I. Einführung

1. Inhaltsübersicht

1 Die Vorschrift regelt den Kreis der am Beschwerdeverfahren Beteiligten.

2. Entstehungsgeschichte

2 Der Gesetzestext entspricht § 129 des Regierungsentwurfs[1].

3 Begründung zu § 129 des Regierungsentwurfs[2]:

Den Kreis der Beteiligten am Verfahren vor der Vergabekammer bestimmt § 119. Diese Beteiligten behalten ihre prozessuale Stellung wie im Beschwerdeverfahren nach § 66 Abs. 1 Nr. 3 auch in diesem Beschwerdeverfahren. Einer Wiederholung der Beiladung bedarf es nicht. Die Gründe für die Beteiligung sind im Beschwerdeverfahren die gleichen wie im Verfahren vor der Vergabekammer.

II. Beteiligte am Beschwerdeverfahren

4 Nach § 119 sind die Beteiligten an dem Verfahren vor dem Beschwerdegericht mit denjenigen vor der Vergabekammer identisch. Eine nochmalige Beiladung im Verfahren vor dem Beschwerdegericht ist nicht erforderlich[3]. Insoweit wird auf § 109 Tz. 5 ff. verwiesen. Sollte die Vergabekammer es unter Verstoß gegen § 109 Satz 1

---

1 BT-Drucks. 13/9340.
2 BT-Drucks. 13/9340.
3 BT-Drucks. 13/9340 S. 21.

Stickler

unterlassen haben, eines der dort genannten Unternehmen an dem Verfahren zu beteiligen, kann dies durch das Beschwerdegericht nicht nachgeholt werden[1]. Die Entscheidung der Vergabekammer bleibt auch insoweit bindend (§ 109 Satz 2)[2]. Die Vergabekammer ist am Beschwerdeverfahren nicht beteiligt. Dies entspricht ihrer einem erstinstanzlichen Gericht angenäherten Stellung[3].

---

1 § 116 Tz. 13; *Bechtold*, GWB, 2. Aufl. 1999, § 116 Rz. 2; *Korbion*, Vergabe-rechtsänderungsgesetz, 1999, § 119 Rz. 2.
2 Offengelassen von BayObLG v. 21. 5. 1999 – Verg 1/99, WuW 1999, 1037, 1038 = WuW/E Verg 239, 240 – Trinkwasserstollen.
3 BT-Drucks. 13/9340 S. 20.

§ 120 Verfahrensvorschriften

(1) Vor dem Beschwerdegericht müssen sich die Beteiligten durch einen bei einem deutschen Gericht zugelassenen Rechtsanwalt als Bevollmächtigten vertreten lassen. Juristische Personen des öffentlichen Rechts können sich durch Beamte oder Angestellte mit Befähigung zum Richteramt vertreten lassen.

(2) Die §§ 69, 70 Abs. 1 bis 3, § 71 Abs. 1 und 6, §§ 72, 73 mit Ausnahme der Verweisung auf § 227 Abs. 3 der Zivilprozeßordnung, die §§ 111 und 113 Abs. 2 Satz 1 finden entsprechende Anwendung.

Inhaltsübersicht

I. Einführung

1. Inhaltsübersicht

1 Die Vorschrift statuiert in Abs. 1 einen Anwaltszwang für das Beschwerdeverfahren. Abs. 2 verweist auf Vorschriften des kartellrechtlichen Beschwerdeverfahrens, des GVG und der ZPO.

2. Entstehungsgeschichte

2 § 130 des Regierungsentwurfs[1]:

Verfahrensvorschriften

(1) Vor dem Beschwerdegericht müssen sich die Beteiligten durch einen bei einem deutschen Gericht zugelassenen Rechtsanwalt als Bevollmächtigten vertreten lassen. Juristische Personen des öffentlichen Rechts können sich durch Beamte oder Angestellte mit Befähigung zum Richteramt vertreten lassen.

(2) Die §§ 68, 69, 70 Abs. 1 und 6, §§ 71, 72, 121 und 123 Abs. 2 Satz 1 finden entsprechende Anwendung.

---

1 BT-Drucks. 13/9340. Die unterstrichenen Passagen weichen vom späteren Gesetzestext ab.

Begründung zu § 130 des Regierungsentwurfs[1]:   3

Zu Absatz 1

Die Vorschrift enthält den auch in anderen Kartellsachen (§ 67) vor dem
Oberlandesgericht geltenden Anwaltszwang. Eine Beschränkung auf die An-
wälte mit Zulassung bei dem Oberlandesgericht wäre auch hier nicht sinnvoll. Wie im verwaltungsgerichtlichen Verfahren (§ 67 Abs. 1 Satz 3 VwGO)
besteht für öffentliche Auftraggeber kein Zwang, einen Anwalt zu beauftragen. Die insoweit geforderte Befähigung zum Richteramt erfüllt denselben
Zweck wie der Anwaltszwang.

Zu Absatz 2

Durch die Verweisung werden die Verfahrensgrundsätze des Kartellbeschwer-
deverfahrens anwendbar.

II. Anwaltszwang (§ 120 Abs. 1)

§ 120 Abs. 1 Satz 1 sieht vor, daß sich die Beteiligten vor dem Be-   4
schwerdegericht durch einen bei einem deutschen Gericht zugelassenen Rechtsanwalt vertreten lassen müssen. Die Vertretung durch
einen Rechtslehrer an einer deutschen Hochschule ist – anders als
im verwaltungsgerichtlichen Verfahren (§ 67 Abs. 1 Satz 1 VwGO) –
nicht zulässig. Bezüglich der Einzelheiten wird auf § 117 Tz. 15 ff.
verwiesen. § 120 Abs. 1 gilt für sämtliche Verfahrensbeteiligten im
Sinne des § 119, keinesfalls lediglich für den Beschwerdeführer und
den Auftraggeber. Beauftragen die Beteiligten keinen Rechtsanwalt,
läßt dies ihre Stellung als Verfahrensbeteiligte unberührt. Allerdings
ist es ihnen in diesem Fall nicht möglich, sich aktiv an dem Verfahren zu beteiligen und insbesondere ihren Standpunkt schriftlich oder
mündlich vorzutragen.

Eine Ausnahme vom Anwaltszwang sieht § 120 Abs. 1 Satz 2 für   5
juristische Personen des öffentlichen Rechts vor. Diese können sich
durch Beamte oder Angestellte mit Befähigung zum Richteramt vertreten lassen. Hierin liegt eine erhebliche Einschränkung gegenüber
§ 68 Satz 2, der für die kartellrechtliche Beschwerde gilt. Dort kann
sich die Kartellbehörde durch jedes ihrer Mitglieder vertreten lassen,
ohne daß dieses die Befähigung zum Richteramt besitzen müßte.
§ 120 Abs. 1 Satz 2 entspricht insoweit § 67 Abs. 1 Satz 3 VwGO,
allerdings mit der Einschränkung, daß eine Vertretung durch Di-
plomjuristen im höheren Dienst in vergaberechtlichen Verfahren
ausgeschlossen ist. Die Vorschrift des Abs. 1 Satz 2 dient insbeson-

---

1 BT-Drucks. 13/9340.

dere der Kostenersparnis[1]. Entsprechend der Regelung in § 67 Abs. 1
Satz 3 VwGO muß der Vertreter grundsätzlich der vertretenen juristischen Person des öffentlichen Rechts angehören[2]. Das BVerwG
läßt Ausnahmen zu, wenn der Vertreter die gleiche Sachnähe zu den
streitigen Rechtsfragen besitzt[3]. Die Voraussetzungen der Befähigung zum Richteramt ergeben sich aus § 5 DRiG. Entgegen dem
Wortlaut des § 117 Abs. 3 Satz 2 muß sich eine juristische Person
des öffentlichen Rechts bereits bei Einlegung der sofortigen Beschwerde von einer der in § 120 Abs. 1 Satz 1 oder 2 genannten
Personen vertreten lassen (§ 117 Tz. 18).

III. Anzuwendende Vorschriften (§ 120 Abs. 2)

6   § 120 Abs. 2 verweist auf diejenigen Vorschriften des GWB, die auf
das Verfahren vor dem Beschwerdegericht Anwendung finden. Es
handelt sich hierbei zum einen um Bestimmungen des kartellrechtlichen Beschwerdeverfahren (§§ 69, 70 Abs. 1 bis 3, 71 Abs. 1 und 6,
§§ 72 und 73)[4] zum anderen um Regelungen des Verfahrens vor der
Vergabekammer (§§ 111 und 113 Abs. 2 Satz 1). Im einzelnen gelten
folgende Vorschriften:

- Mündliche Verhandlung (§ 69),

- Untersuchungsgrundsatz (§ 70 Abs. 1 bis 3),

- Beschwerdeentscheidung (§ 71 Abs. 1 und 6); hierzu § 123
  Tz. 4 ff.,

- Akteneinsicht (§ 72); wobei diese Verweisung ohne Bedeutung ist,
  da § 120 Abs. 2 auch § 111 in Bezug nimmt. Die dortige Regelung,
  welche bereits für das Verfahren vor der Vergabekammer Anwendung findet, geht § 72 vor, da anderenfalls die Rechte auf Akteneinsicht derjenigen Unternehmen, die durch die Vergabekammer
  beigeladen wurden, weil ihre Interessen durch die Entscheidung
  schwerwiegend berührt werden, im Beschwerdeverfahren weniger
  umfassend, als im Verfahren vor der Vergabekammer ausgestaltet
  wären[5],

---

1 *Redeker/von Oertzen*, VwGO, 12. Aufl. 1997, § 67 Rz. 9a.
2 BVerwG v. 15. 12. 1994 – 4 C 19.93, DVBl. 1995, 748; VGH München
  v. 1. 4. 1998 – 3 CE 97.2597, NJW 1999, 442, 443; a. A. *Korbion*, Vergaberechtsänderungsgesetz, 1999, § 120 Rz. 4.
3 *Redeker/von Oertzen*, VwGO, 12. Aufl. 1997, § 67 Rz. 9b.
4 Die genannten Vorschriften sind im Anhang II, S. 466 ff., abgedruckt.
5 *Korbion*, Vergaberechtsänderungsgesetz, 1999, § 120 Rz. 20.

- Geltung von Vorschriften des GVG und der ZPO (§ 73). Im   7
  einzelnen wird auf folgende Vorschriften verwiesen[1]:
  - Öffentlichkeit (§§ 169 bis 175 GVG),
  - Sitzungspolizei (§§ 176 bis 183 GVG),
  - Gerichtssprache (§§ 184 bis 191 GVG),
  - Beratung (§§ 192 bis 194 GVG),
  - Abstimmung (§§ 195 bis 197 GVG),
  - Ausschließung und Ablehnung eines Richters (§§ 41 bis 48 ZPO),
  - Prozeßbevollmächtigte und Beistände (§§ 78 bis 90 ZPO); insoweit gehen jedoch § 117 Abs. 3 und § 120 Abs. 1 vor,
  - Zustellungen von Amts wegen (§§ 208 bis 213a ZPO),
  - Ladungen, Termine und Fristen (§§ 214 bis 229 ZPO); jedoch mit Ausnahme des § 227 Abs. 3 ZPO,
  - Anordnung des persönlichen Erscheinens der Parteien (§ 141 ZPO),
  - Verbindung mehrerer Verfahren (§ 147 ZPO),
  - Erledigung des Zeugen- und Sachverständigenbeweises (§§ 375 bis 401 ZPO),
  - Sonstigen Arten des Beweisverfahrens (§§ 355 bis 494a ZPO); wobei die Durchführung eines selbständigen Beweisverfahrens regelmäßig ausscheiden wird,
  - Wiedereinsetzung in den vorigen Stand (§§ 233 bis 238); vgl. hierzu § 117 Tz. 8, bezüglich der Einzelheiten wird auf die Kommentierungen zur Zivilprozeßordnung verwiesen;
- Akteneinsicht (§ 111); bezüglich der gleichzeitigen Verweisung   8
  auf § 72 vgl. o. Tz. 6 und
- Mitwirkungsverpflichtung zur Aufklärung des Sachverhalts
  (§ 113 Abs. 2 Satz 1).

Die Aufzählung in § 120 Abs. 2 ist nicht abschließend. Bestimmun-   9
gen anderer Beschwerdeverfahren können analog angewendet werden, soweit diese sachdienlich sind. Grundsätzlich bieten sich hierbei insbesondere die Regelungen der VwGO an (Vorb. §§ 116–124
Tz. 3).

---

1 *Quack* in Frankfurter Kommentar, Stand: Juli 1999, § 72 a. F. Tz. 4 ff.

Stickler   345

§ 121 Vorabentscheidung über den Zuschlag

(1) Auf Antrag des Auftraggebers kann das Gericht unter Berücksichtigung der Erfolgsaussichten der sofortigen Beschwerde den weiteren Fortgang des Vergabeverfahrens und den Zuschlag gestatten. Das Gericht kann den Zuschlag auch gestatten, wenn unter Berücksichtigung aller möglicherweise geschädigten Interessen sowie des Interesses der Allgemeinheit an einem raschen Abschluß des Vergabeverfahrens die nachteiligen Folgen einer Verzögerung der Vergabe bis zur Entscheidung über die Beschwerde die damit verbundenen Vorteile überwiegen.

(2) Der Antrag ist schriftlich zu stellen und gleichzeitig zu begründen. Die zur Begründung des Antrags vorzutragenden Tatsachen sowie der Grund für die Eilbedürftigkeit sind glaubhaft zu machen. Bis zur Entscheidung über den Antrag kann das Verfahren über die Beschwerde ausgesetzt werden.

(3) Die Entscheidung ist unverzüglich längstens innerhalb von fünf Wochen nach Eingang des Antrags zu treffen und zu begründen; bei besonderen tatsächlichen oder rechtlichen Schwierigkeiten kann der Vorsitzende im Ausnahmefall die Frist durch begründete Mitteilung an die Beteiligten um den erforderlichen Zeitraum verlängern. Die Entscheidung kann ohne mündliche Verhandlung ergehen. Ihre Begründung erläutert Rechtmäßigkeit oder Rechtswidrigkeit des Vergabeverfahrens. § 120 findet Anwendung.

(4) Gegen eine Entscheidung nach dieser Vorschrift ist ein Rechtsmittel nicht zulässig.

Inhaltsübersicht

Stickler

I. Einführung

1. Inhaltsübersicht

Während § 118 Abs. 1 Satz 3 den einstweiligen Rechtsschutz zugun- 1
sten des Antragstellers regelt, dessen Antrag von der Vergabekammer abgewiesen wurde, sieht § 121 eine Eilentscheidung zugunsten
des Auftraggebers vor. Der Gesetzgeber hat sich bei Schaffung des
§ 121 an dem zivilprozeßrechtlichen einstweiligen Verfügungsverfahren (§ 940 ZPO), der verwaltungsrechtlichen einstweiligen Anordnung (§ 123 VwGO) und dem Verfahren über die Herstellung der
aufschiebenden Wirkung von Widerspruch und Anfechtungsklage
(§ 80 Abs. 5 VwGO) orientiert[1]. Demnach kann das Beschwerdegericht dem Auftraggeber auf dessen Antrag hin gestatten, den Zuschlag bereits vor Abschluß des Beschwerdeverfahrens zu erteilen.
Wie im Falle des § 115 Abs. 2 Satz 1 ist ein aufgrund einer Entscheidung nach § 121 erteilter Zuschlag nicht mehr aufhebbar (§ 123
Satz 4 i. V. m. § 114 Abs. 2 Satz 1). Zu Recht wird daher darauf
hingewiesen, daß § 121 erheblich von den einstweiligen Rechtsschutzverfahren, die der Gesetzgeber bei Schaffung der Vorschrift
zum Vorbild nahm, abweicht, als über § 121 eine endgültige Entscheidung über den Verfahrensgegenstand erreicht werden kann[2].
Die Gesetzesbegründung verwendet daher den Begriff des „Zwi-
schenverfahrens"[3], während die Gesetzesüberschrift von einer „Vorabentscheidung" spricht. Der Gesetzgeber geht davon aus, daß das
Beschwerdeverfahren nach dem Erlaß einer Entscheidung nach § 121
in aller Regel von den Parteien nicht fortgesetzt werden wird. Obsiegt der Auftraggeber, wird er den Zuschlag erteilen, so daß allenfalls noch eine Feststellung des Beschwerdegerichts nach § 123
Satz 3 in Frage kommt. Unterliegt hingegen der Auftraggeber,
spricht vieles dafür, daß er nicht versuchen wird, die Entscheidung
des Beschwerdegerichts nach § 121 durch Fortsetzung des Beschwerdeverfahrens vor demselben Senat zu korrigieren. Vielmehr erwartet
der Gesetzgeber, daß der Auftraggeber in diesem Fall den ihm von
dem OLG vorgehaltenen Fehler unverzüglich korrigieren und entweder das Vergabeverfahren auf dieser neuen Grundlage fortsetzen oder
beenden wird[4]. Diese von dem Gesetzgeber gewünschte Wirkung
wird durch § 122 gefördert. Danach wird das Beschwerdeverfahren

---

1 BT-Drucks. 13/9340 S. 21.
2 *Bechtold,* GWB, 2. Aufl. 1999, § 121 Rz. 1; *Gröning,* ZIP 1998, 370, 375,
   ders., ZIP 1999, 181, 183 spricht von einem „sinnverkehrten Eilverfahren".
3 BT-Drucks. 13/9340 S. 21.
4 BT-Drucks. 13/9340 S. 22.

nach Ablehnung eines Antrages nach § 121 nur dann fortgeführt, wenn der Auftraggeber innerhalb einer Frist von zehn Tagen die Maßnahmen zur Herstellung der Rechtmäßigkeit des Verfahrens ergreift (vgl. hierzu § 122 Tz. 8 ff.). Nach diesem gesetzgeberischen Zweck handelt es sich bei dem Verfahren nach § 121 somit weniger um ein Verfahren des einstweiligen Rechtsschutzes oder ein Zwischenverfahren, als vielmehr um ein **beschleunigtes Hauptsacheverfahren.**

2. Entstehungsgeschichte

2   § 131 des Regierungsentwurfs[1]:

Vorabentscheidung über den Zuschlag

(1) Auf Antrag des Auftraggebers kann das Gericht unter Berücksichtigung der Erfolgsaussichten der sofortigen Beschwerde den weiteren Fortgang des Vergabeverfahrens und den Zuschlag gestatten. Das Gericht kann den Zuschlag auch gestatten, wenn unter Berücksichtigung aller möglicherweise geschädigten Interessen sowie des Interesses der Allgemeinheit an einem raschen Abschluß des Vergabeverfahrens die nachteiligen Folgen einer Verzögerung der Vergabe bis zur Entscheidung über die Beschwerde die damit verbundenen Vorteile überwiegen.

(2) Der Antrag ist schriftlich zu stellen und gleichzeitig zu begründen. Die zur Begründung des Antrags vorzutragenden Tatsachen sowie der Grund für die Eilbedürftigkeit sind glaubhaft zu machen. Bis zur Entscheidung über den Antrag ist das Verfahren über die Beschwerde ausgesetzt.

(3) Die Entscheidung ist unverzüglich innerhalb von fünf Wochen nach Eingang des Antrags zu treffen und zu begründen; bei besonderen tatsächlichen oder rechtlichen Schwierigkeiten kann der Vorsitzende im Ausnahmefall die Frist durch begründete Mitteilung an die Beteiligten um den erforderlichen Zeitraum verlängern. Die Entscheidung kann ohne mündliche Verhandlung ergehen. Ihre Begründung erläutert Rechtmäßigkeit oder Rechtswidrigkeit des Vergabeverfahrens. § 130 findet Anwendung.

(4) Gegen eine Entscheidung nach dieser Vorschrift ist ein Rechtsmittel nicht zulässig.

3   Begründung zu § 131 des Regierungsentwurfs[2]:

Die Gewährung eines gerichtlichen Rechtsschutzes darf auf keinen Fall zu einer unerträglichen Verzögerung der Vergabeverfahren führen. Da aber die vergleichbaren regulären Verfahren vor dem Oberlandesgericht im Durchschnitt bis zu neun Monaten dauern können, ist es unerläßlich, ein besonde-

---

1 BT-Drucks. 13/9340. Die unterstrichenen Passagen weichen vom späteren Gesetzestext ab.
2 BT-Drucks. 13/9340.

res gerichtliches Eilverfahren vorzusehen, in welchem innerhalb kurzer Frist entschieden werden kann, ob der Zuschlag erteilt werden darf oder nicht.

Dieses Zwischenverfahren, in welchem die Vergabestelle die Gestattung der Fortsetzung des Vergabeverfahrens und des Zuschlags beantragen kann, ist dem Verfahren über eine einstweilige Verfügung (§ 940 ZPO) und über eine einstweilige Anordnung (§ 123 VwGO) und dem Verfahren über die Wiederherstellung der aufschiebenden Wirkung von Widerspruch und Anfechtungsklage (§ 80 Abs. 5 VwGO) vergleichbar. Auch das Umwandlungsgesetz enthält in § 16 Abs. 3 ein ähnliches Eilverfahren zur Klärung der Frage, ob trotz Erhebung einer Klage eine Verschmelzung bereits in das Register eingetragen werden darf.

Wie bei den erwähnten vergleichbaren Verfahren hat das Gericht zunächst die Erfolgsaussichten der sofortigen Beschwerde zu prüfen und sich hierzu eine Meinung zu bilden. Bereits in diesem Eilverfahren hat das Gericht nach der Rechtsprechung zu vergleichbaren Fällen vorläufigen Rechtsschutzes nach § 80 Abs. 5 VwGO eine möglichst umfassende Klärung der Sach- und Rechtslage mit dem Ziel einer verläßlichen Prognose der Aussichten des Rechtsstreits in der Hauptsache vorzunehmen. Denn nach der Entscheidung über die Erteilung des Zuschlags ist später praktisch nichts mehr rückgängig zu machen (vgl. OVG Lüneburg NJW 1980, S. 253; BVerfGE 69, 315, 363, 364). Bei dieser Prüfung wird das Gericht auf den tatsächlichen Feststellungen und der Bewertung der Vergabekammer aufbauen können. Alsdann sind im Rahmen dieser Eilentscheidung alle möglicherweise geschädigten Interessen sowie das Interesse der Allgemeinheit an einem raschen Abschluß des Vergabeverfahrens zu berücksichtigen. Anders als im Verfahren über eine einstweilige Verfügung wird also in diesem Verfahren auch öffentliche Interessen in die Waagschale zu werfen. Überwiegen bei dieser umfassenden Abwägung die Gründe für einen raschen Abschluß des Vergabeverfahrens, so kann das Gericht den Fortgang des Vergabeverfahrens und den Zuschlag gestatten. Dies wird in der Regel angenommen werden müssen, wenn das Gericht keine Anhaltspunkte für rechtswidriges Verhalten des Auftraggebers erkennt oder ausgeschlossen erscheint, daß trotz eines Vergabefehlers der Antragsteller in die engere Wahl kommt. In außergewöhnlichen Fällen wird es selbst dann gelten, wenn die Vergabestelle nach der Einschätzung des Gerichts Rechte des Beschwerdeführers verletzt hat, die Gründe für eine schnelle Vergabe aber besonders schwer wiegen.

Wie für die Entscheidung der Vergabekammer wird auch für die Eilentscheidung des Gerichts eine Frist von fünf Wochen vorgegeben. Innerhalb dieser Frist ist die Entscheidung auch zu begründen, damit die Erwägungen des Gerichts vom Auftraggeber auch nachvollzogen werden können und dieser unverzüglich reagieren kann. In außergewöhnlichen Fällen kann die Frist durch den Vorsitzenden durch eine begründete Entscheidung um den erforderlichen Zeitraum verlängert werden.

Durch die Freistellung einer mündlichen Verhandlung kann das Gericht flexibel vorgehen. Eine Entscheidung ohne mündliche Verhandlung wird sich immer dann anbieten, wenn die Beschwerde offensichtlich unzulässig oder unbegründet ist und eine mündliche Verhandlung keine weitere Aufklärung oder Förderung des Verfahrens erwarten läßt.

In den meisten Fällen wird sich nach einer Entscheidung über den Antrag gemäß § 131 der Streit teilweise erledigen. Obsiegt als Antragstellerin die Vergabestelle, so wird der Zuschlag erteilt. Der Beschwerdeführer kann das Beschwerdeverfahren dann noch zur Klärung von Vorfragen eines Schadensersatzprozesses weiterbetreiben. Unterliegt dagegen die antragstellende Vergabestelle, wird sie sinnvollerweise die gerichtliche Feststellung eines unkorrekten Verhaltens gegen sich gelten lassen und nicht darauf vertrauen, daß dasselbe Gericht nach weiterer Prüfung auch in der Hauptsache zu einem anderen Ergebnis kommt. Die in dem Eilverfahren unterlegene Vergabestelle wird den ihr vom Oberlandesgericht vorgehaltenen Fehler unverzüglich korrigieren und das Vergabeverfahren auf dieser neuen Grundlage fortsetzen oder gar beenden. § 111 hält die Vergabestelle zu einem solchen Verhalten an.

II. Antragstellung (§ 121 Abs. 2 Satz 1 und 2)

1. Zulässigkeit

4   **Berechtigt,** einen Antrag nach § 121 Abs. 1 zu stellen, ist allein der Auftraggeber[1]. Sonstigen Beteiligten steht das Antragsrecht nicht zu, somit auch nicht demjenigen Bieter, an den der Auftraggeber den Zuschlag zu erteilen beabsichtigt. Die **Beschwer** liegt vor, wenn die Vergabekammer dem Antrag eines Beteiligten nach § 107 Abs. 1 zumindest teilweise stattgegeben hat. Hat der Auftraggeber vor der Vergabekammer obsiegt, das Gericht jedoch eine Verlängerung der aufschiebenden Wirkung der sofortigen Beschwerde nach § 118 Abs. 1 Satz 3 angeordnet, ist ein Antrag auf Vorabentscheidung im Sinne des § 121 nur dann zulässig, wenn seit der Entscheidung nach § 118 Abs. 1 Satz 3 neue Tatsachen bekannt geworden oder aufgetreten sind (§ 118 Tz. 26). Der Antrag auf Vorabentscheidung ist nach § 121 Abs. 2 Satz 1 **schriftlich** zu stellen. Insofern gilt § 120 Abs. 1. Der Antrag ist somit von einem Rechtsanwalt bzw., soweit es sich bei dem Antragsteller um eine juristische Person des öffentlichen Rechts handelt, von einem Beamten oder Angestellten mit Befähigung zum Richteramt zu unterzeichnen. Dies ergibt sich nicht aufgrund der Verweisung in § 121 Abs. 3 Satz 4. Da Abs. 3 allein für die Entscheidung des Beschwerdegerichts gilt, nimmt Satz 4 lediglich die Verfahrensvorschriften des § 120 Abs. 2 in Bezug. § 120 Abs. 1 findet nach seinem Wortlaut auf die Antragstellung nach § 121 Abs. 1 vielmehr direkte Anwendung.

---

1 *Bechtold,* GWB, 2. Aufl. 1999, § 121 Rz. 3.

Das Gesetz enthält keine Regelung darüber, in welcher **Frist** der 5
Antrag zu stellen ist. Da nach § 121 Abs. 1 Satz 1 das Gericht im
Rahmen der Prüfung des Antrags die Erfolgsaussichten der sofortigen
Beschwerde zu berücksichtigen hat, ist der Antrag erst dann zulässig,
wenn eine sofortige Beschwerde eingelegt wurde, wobei die Antragstellung nach § 121 zusammen mit der Beschwerdeeinlegung erfolgen kann. Während der Antrag nach § 121 Abs. 1 dem Auftraggeber
vorbehalten ist, kann die sofortige Beschwerde, deren Erhebung Zulässigkeitsvoraussetzung für den Antrag ist, auch durch einen anderen Verfahrensbeteiligten eingelegt worden sein. Die Stellung des
Antrags auf Vorabentscheidung muß weder innerhalb der Zwei-Wochen-Frist des § 118 Abs. 1 Satz 2, noch innerhalb einer Fünf-Wochen-Frist erfolgen. Im Interesse einer zügigen Zuschlagserteilung
wird dem Auftraggeber jedoch an einer baldigen Antragstellung gele-
gen sein. Ein zu langes Abwarten kann dazu führen, daß die Eilbedürftigkeit für die Antragstellung entfällt (vgl. Tz. 7).

Die **Wiederholung** einer abgelehnten Antragstellung ist nicht zuläs- 6
sig, was sich mittelbar aus § 122 ergibt. Dies gilt auch dann, wenn
ein unzulässiger Antrag gestellt wurde.

In Abweichung von § 118 Abs. 1 Satz 3 (vgl. hierzu § 118, Tz. 11) 7
sieht § 121 Abs. 2 Satz 1 vor, daß der Antrag zu **begründen** ist. Die
Begründung hat **gleichzeitig** mit der Antragstellung zu erfolgen. Ein
Antrag, der keine Begründung enthält, ist unzulässig[1]. Nach § 121
Abs. 2 Satz 2 sind die zur Begründung des Antrags vorzutragenden
Tatsachen sowie der Grund für die Eilbedürftigkeit glaubhaft zu
machen. Wie im Falle der §§ 117 Abs. 2 Satz 2 Nr. 2 und 118 Abs. 1
Satz 3 sieht das Gesetz nicht vor, daß der Antrag Rechtsausführungen zu enthalten hat. Dies ist jedoch jedenfalls zweckmäßig. Allerdings muß der Antrag Angaben über den Grund für die **Eilbedürftigkeit** enthalten. Hieraus ergibt sich, daß die Eilbedürftigkeit der Zuschlagserteilung Voraussetzung für den Erlaß einer Vorabentscheidung nach § 121 ist. Diese wird regelmäßig gegeben sein, da es auf
der Hand liegt, daß eine Verzögerung der Zuschlagserteilung zu
Nachteilen, wenn nicht gar zur Unmöglichkeit der Auftragsvergabe
führt. Die Eilbedürftigkeit kann entfallen, wenn der Antrag auf Vorabentscheidung nicht zeitnah mit der Einlegung der sofortigen Beschwerde gestellt wird (vgl. Tz. 5). Geboten sind im Rahmen der

---

1 *Korbion*, Vergaberechtsänderungsgesetz, 1999, § 121 Rz. 4; a. A. *Bechtold*,
GWB, 2. Aufl. 1999, § 121 Rz. 3, wonach ein nicht begründeter Antrag bis
zum Vorliegen einer Begründung als nicht existent zu behandeln ist. Dies
widerspricht jedoch dem klaren Wortlaut des § 121 Abs. 2 Satz 1.

Begründung der Eilbedürftigkeit insbesondere Ausführungen zu den betroffenen Interessen der Allgemeinheit, die das Gericht im Rahmen der Abwägung nach § 121 Abs. 1 Satz 2 zu berücksichtigen hat. Die Tatsachen sowie der Grund für die Eilbedürftigkeit sind **glaubhaft zu machen**. Zulässig ist auch die Versicherung an Eides Statt (§ 294 Abs. 1 ZPO). Zu den Folgen, die sich aus § 294 ZPO für die Aufklärungspflicht des Beschwerdegerichts ergeben vgl. u. Tz. 9.

2. Hinweispflicht des Gerichts

8 Soweit ein Antrag auf Vorabentscheidung heilbare Zulässigkeitsmängel enthält, ist das Beschwerdegericht verpflichtet, den Antragsteller hierauf hinzuweisen und ihm Gelegenheit zu geben, den Mangel nachzubessern (§ 120 Abs. 2 i. V. m. § 70 Abs. 2). Die hierdurch entstehende Verzögerung wirkt zu Lasten des Antragstellers (vgl. unten Tz. 14 und Tz. 19).

III. Verfahren des Beschwerdegerichts

1. Allgemeine Grundsätze

9 Bezüglich des Verfahrens des Beschwerdegerichts verweist § 121 Abs. 3 Satz 4 auf § 120, in dessen Abs. 2 wiederum auf Vorschriften des GWB, des GVG und der ZPO verwiesen wird (§ 120, Tz. 6 ff.). Hieraus folgt, daß auch im Verfahren nach § 121 der **Untersuchungsgrundsatz** gilt (§ 120 Abs. 2 i. V. m. § 70 Abs. 1 bis 3). Insbesondere ist das Gericht berechtigt, Beweis zu erheben[1] (Abs. 3 Satz 4 i. V. m. § 120 Abs. 2 und § 73 Nr. 2, der wiederum auf die Vorschriften der ZPO zur Erledigung des Zeugen- und Sachverständigenbeweises – §§ 375 bis 401 ZPO – und die sonstigen Arten des Beweisverfahrens – §§ 355 bis 494a ZPO – verweist). Der Amtsermittlungsgrundsatz und die Verpflichtung zur Beweisaufnahme steht der auf fünf Wochen begrenzte Zeitraum für den Erlaß der Entscheidung des Beschwerdegerichts gegenüber. Der Senat muß daher im jeweiligen Einzelfall eine Abwägung zwischen seiner Verpflichtung zur Untersuchung des Sachverhalts und dem Charakter des Verfahrens als Eilmaßnahme abwägen. Nach dem Willen des Gesetzgebers sollen die Erfolgsaussichten der Beschwerde im Antragsverfahren nach § 121 soweit wie möglich aufgeklärt und das Beschwerdeverfahren

---

1 A. A. *Korbion*, Vergaberechtsänderungsgesetz, 1999, § 121 Rz. 5.

nach Erlaß der Vorabentscheidung nach Möglichkeit nicht fortgesetzt werden (vgl. hierzu o. Tz. 1). Dem entspricht es, daß das Beschwerdegericht Beweise nach Möglichkeit vollständig zu erheben hat.

Eine **Verlängerung der Entscheidungsfrist** zur Erhebung weiterer Beweise ist nach § 121 Abs. 3 Satz 1, 2. Halbs. zulässig. Allerdings darf dies nicht dazu führen, die Fünf-Wochen-Frist völlig entfallen zu lassen. In aller Regel verbietet sich eine Verlängerung um mehr als ca. zwei bis drei Wochen. Innerhalb dieses Zeitraums muß sich das Gericht gegebenenfalls auf die wesentlichen Beweismittel beschränken. In diesem Sinne ist auch § 294 Abs. 2 ZPO, der über § 121 Abs. 2 Satz 2 Anwendung findet, auszulegen, wonach eine Beweisaufnahme, die nicht sofort erfolgen kann, unstatthaft ist. „Sofort" im Sinne des § 294 Abs. 2 ZPO bedeutet im Verfahren nach § 121, daß die Beweisaufnahme innerhalb der – gegebenenfalls unter strikter Beachtung der Voraussetzungen des § 121 Abs. 3 Satz 1, 2. Halbs. verlängerten – Frist des § 121 Abs. 3 erfolgen kann.

§ 121 Abs. 3 Satz 2 bestimmt, daß die Entscheidung auch **ohne** 10
mündliche Verhandlung ergehen kann. Nach der Gesetzesbegründung wird sich eine Entscheidung ohne mündliche Verhandlung immer dann anbieten, wenn die Beschwerde offensichtlich unzulässig oder unbegründet ist und eine mündliche Verhandlung keine weitere Aufklärung oder Förderung des Verfahrens erwarten läßt[1]. Liegen diese Voraussetzungen nicht vor, ist eine mündliche Verhandlung grundsätzlich angezeigt[2]. In diesem Fall finden über Abs. 3 Satz 4 und § 120 Abs. 2 die Regelungen über die mündliche Verhandlung in § 69 Anwendung.

In jedem Fall, d. h. auch soweit keine mündliche Verhandlung stattfindet oder das Beschwerdegericht beabsichtigt, den Antrag als unzulässig zurückzuweisen, ist den Beteiligten **rechtliches Gehör** zu gewähren (Art. 103 Abs. 1 GG). Auch in diesem Zusammenhang ist zu beachten, daß die Entscheidung des Beschwerdegerichts nach § 121 Abs. 3 das Verfahren regelmäßig endgültig erledigen wird, so daß den Beteiligten zwingend die Möglichkeit zur Stellungnahme einzuräumen ist. Hierin liegt ein bedeutender Unterschied zu dem einstweiligen Verfügungsverfahren der §§ 935, 940 ZPO, der aus dem besonderen Charakter des Verfahrens nach § 121 als beschleunigte Hauptsacheentscheidung folgt (vgl. hierzu Tz. 1).

---

1 BT-Drucks. 13/9340 S. 22.
2 *Bechtold*, GWB, 2. Aufl. 1999, § 121 Rz. 5.

2. Entscheidungsfrist (§ 121 Abs. 3 Satz 1)

12   In Parallelität zu § 113 Abs. 1 Satz 1 ist die Entscheidung des Beschwerdegerichts unverzüglich längstens innerhalb von fünf Wochen nach Eingang des Antrags zu treffen und zu begründen. Auch diese Vorschrift dient der Beschleunigung des Verfahrens. Die Vorgabe einer Entscheidungsfrist war im Gesetzgebungsverfahren umstritten. Die beteiligten Ausschüsse hatten in ihrer Empfehlung an den Bundesrat ausgeführt, es sei nicht sachgerecht, dem Gericht für seine Vorabentscheidung eine Frist zu setzen. Vielmehr könne man nach den Erfahrungen mit einstweiligen Verfügungen darauf vertrauen, daß die Gerichte ohnehin so zügig wie möglich entscheiden würden. Das Erfordernis, die Fünf-Wochen-Frist gegebenenfalls gemäß § 121 Abs. 3 Satz 1, 2. Halbs. verlängern zu müssen, würde lediglich zu einer zusätzlichen Belastung des Vorsitzenden führen. Dies umsomehr, als der Verlängerungsbeschluß begründet werden müsse[1]. Der Bundesrat hat diese Empfehlung nicht aufgegriffen. Allerdings sieht das Gesetz, anders als in § 116 Abs. 2, keine Rechtsfolgen für den Fall der Überschreitung der Frist des § 121 Abs. 3 durch das Beschwerdegericht vor.

13   Die Entscheidung muß unverzüglich **längstens innerhalb von fünf Wochen** ergehen und begründet werden. Es handelt sich daher um eine Höchstfrist, die nach dem Willen des Gesetzgebers nach Möglichkeit nicht ausgenutzt werden sollte. In der Praxis dürfte sich jedoch erweisen, daß eine merkliche Unterschreitung der Fünf-Wochen-Frist kaum möglich sein dürfte. Das OLG Jena[2] ist offensichtlich der Auffassung, daß über einen Antrag nach § 121 Abs. 1 nicht entschieden werden muß, wenn eine Ablehnung des Antrags zu erwarten ist und diese für den Antragsteller gravierende negative Folgen hätte. Diese Auffassung ist mit § 121 Abs. 3 Satz 1 nicht vereinbar. Das Risiko, daß die Stellung eines Antrags nach § 121 Abs. 1 für den Antragsteller einschneidende negative Folgen haben kann, muß dieser vorab bedenken. Es ist nicht Aufgabe des Gerichts, den Antragsteller durch Untätigkeit vor Nachteilen zu schützen. Die Frist beginnt mit Eingang des Antrags nach § 121 Abs. 1. Dies gilt auch dann, wenn der Antrag unzulässig ist, beispielsweise keine Begründung enthält (vgl. Tz. 7).

14   Im **Ausnahmefall** kann die Frist bei besonderen tatsächlichen oder rechtlichen Schwierigkeiten durch begründete Mitteilung an die Be

---

1 BT-Drucks. 646/2/97 S. 32.
2 OLG Jena v. 26. 10. 1999 – 6 Verg 3/99, BauR 2000, 95, 98.

teiligten um den erforderlichen Zeitraum **verlängert** werden (§ 121 Abs. 3 Satz 1, 2. Halbs.). Diese Entscheidung ergeht durch den Vorsitzenden allein, ohne Beteiligung der beisitzenden Richter. Die Vorschrift entspricht § 113 Abs. 1 Satz 2 (vgl. § 113 Tz. 7 ff.). Nach dem Gesetzeswortlaut soll die Verlängerung der Frist nicht zum Regelfall werden, sondern ist auf Ausnahmen beschränkt. Die Schwierigkeiten, die zu einer Fristverlängerung berechtigen, müssen sich aus tatsächlichen oder rechtlichen Gründen ergeben, können aber auch mit internen Problemen des Gerichtsablaufs wie personeller Unterbesetzung, Urlaub, Feiertagen usw. begründet werden[1]. Tatsächliche Schwierigkeiten liegen beispielsweise vor, wenn sich die Aufklärung des entscheidungserheblichen Sachverhalts etwa wegen der Nichterreichbarkeit von Zeugen oder der sich verspäteten Übermittlung von beigezogenen Akten verzögert. Eine Fristverlängerung aufgrund von rechtlichen Schwierigkeiten dürfte hingegen kaum in Frage kommen. Insofern kann auf die besondere Fachkunde der Vergabesenate vertraut werden. Kein Verlängerungsgrund liegt vor, wenn der Antrag auf Vorabentscheidung zunächst Zulässigkeitsmängel aufwies, die zu einem späteren Zeitpunkt – etwa aufgrund eines Hinweises des Gerichts – beseitigt wurden. Die durch die Einreichung eines unzulässigen Antrags hervorgerufene Verzögerung geht zu Lasten des Antragstellers, was gegebenenfalls im Rahmen der Entscheidungsbegründung zu berücksichtigen ist (vgl. unten Tz. 19). Die Verlängerung hat um den **erforderlichen Zeitraum** zu erfolgen. Aus dem geltenden Beschleunigungsgrundsatz ergibt sich, daß es sich hierbei regelmäßig um einen Zeitraum von nur wenigen Tagen handeln kann. Steht ein Beweismittel nicht innerhalb eines vertretbaren Zeitraums, das heißt im Rahmen einer Verlängerung von ca. zwei bis drei Wochen, zur Verfügung, muß auf dieses Beweismittel verzichtet werden. Eine Fristverlängerung etwa um mehrere Monate, um einen Beweis erheben zu können, scheidet aus.

Die Entscheidung über die Fristverlängerung ist den Beteiligten **mitzuteilen** und zu **begründen.** Ein Verstoß gegen diese Vorschriften hat keine Folgen. Da auch keine Sanktion für den Fall vorgesehen ist, daß die Entscheidung innerhalb der Fünf-Wochen-Frist ergeht, ist eine Verlängerung auch noch nach Fristablauf zulässig[2], sollte jedoch nach Möglichkeit unterbleiben. 15

---

1 *Bechtold,* GWB, 2. Aufl. 1999, § 121 Rz. 4.
2 *Bechtold,* GWB, 2. Aufl. 1999, § 121 Rz. 4.

3. Aussetzung des Beschwerdeverfahrens (§ 121 Abs. 2 Satz 3)

16   Bis zur Entscheidung über den Antrag nach § 121 kann das Verfahren
über die Beschwerde ausgesetzt werden (§ 121 Abs. 2 Satz 3). Der
Gesetzentwurf der Bundesregierung[1] hatte zunächst vorgesehen, daß
das Beschwerdeverfahren bis zur Entscheidung über den Antrag
zwingend auszusetzen ist. Hiergegen hat der Bundesrat in seiner
Stellungnahme[2] eingewendet, daß Fälle denkbar seien, in denen das
Beschwerdeverfahren schon bei Stellung eines Antrags auf Vorabentscheidung über den Zuschlag entscheidungsreif sei. Bei dieser Konstellation erscheine es nicht sachgerecht, eine gleichzeitige Entscheidung über die sofortige Beschwerde gesetzlich zu verhindern.
Daraufhin wurde Abs. 2 Satz 3 dahingehend geändert, daß das Beschwerdeverfahren ausgesetzt werden **kann.** Aus der Stellungnahme
des Bundesrates, die diese Änderung veranlaßte, ergibt sich, daß die
Aussetzung des Beschwerdeverfahrens die Regel bildet. Von ihr kann
nur ausnahmsweise abgesehen werden, wobei die Anordnung der
Aussetzung insbesondere dann zu unterbleiben hat, wenn über die
sofortige Beschwerde sofort entschieden werden kann. In allen anderen Fällen bietet sich die Aussetzung an, da die Stellungnahmen der
Parteien und die Beweiserhebungen, die im Verfahren nach § 121
erfolgen, ohnehin für das Beschwerdeverfahren Verwendung finden,
ein paralleles Betreiben beider Verfahren daher regelmäßig keine
Vorteile bietet.

17   Das Recht des Gerichts, von einer Aussetzung des Verfahrens abzusehen, darf allerdings nicht dazu führen, daß dem Antragsteller die
Möglichkeit genommen wird, die Maßnahmen, die ihm das Gericht
gemäß § 122 in seiner Vorabentscheidung zur Herstellung der Rechtmäßigkeit des Vergabeverfahrens auferlegt, zu erfüllen. Vgl. hierzu
§ 122 Tz. 12.

IV. Entscheidung des Beschwerdegerichts

1. Form

18   § 121 Abs. 3 Satz 4 erklärt § 120 für anwendbar. Dieser verweist
wiederum auf § 71 Abs. 1. Danach ergeht die Vorabentscheidung
durch **Beschluß.** Nach § 120 Abs. 2 i. V. m. § 71 Abs. 6 ist die Vorabentscheidung mit einer Rechtsmittelbelehrung zu versehen. Diese

---

1 BT-Drucks. 13/9340.
2 BT-Drucks. 13/9340 S. 43.

Verpflichtung entfällt, da das Gesetz kein Rechtsmittel vorsieht (§ 121 Abs. 4) (vgl. unten Tz. 27).

2. Prüfungsumfang

Das Beschwerdegericht prüft zunächst die **Zulässigkeit** des Antrags (vgl. hierzu oben Tz. 4 ff.). Bestehen Zulässigkeitsmängel, hat das Gericht den Antragsteller hierauf hinzuweisen und ihm Gelegenheit zur Abhilfe zu geben. Die Fünf-Wochen-Frist des § 121 Abs. 3 beginnt jedoch bereits mit Einlegung des unzulässigen Antrags zu laufen (vgl. o. Tz. 13). Die durch die Einreichung eines unzulässigen Antrags entstehenden Verzögerungen führen dazu, daß dem Gericht weniger Zeit zur Überprüfung der Erfolgsaussichten der Beschwerde zur Verfügung steht. Eine Verlängerung der Entscheidungsfrist nach Abs. 3 Satz 1, 2. Halbs. rechtfertigt sich hierdurch nicht (oben Tz. 14). Vielmehr geht der Umstand, daß der Sachverhalt durch die eingetretene Verzögerung gegebenenfalls nicht umfassender aufgeklärt werden kann, zu Lasten des Antragstellers. Dies hat das Gericht im Rahmen der Prüfung der Erfolgsaussichten nach § 121 Abs. 1 Satz 1 und der Abwägung nach § 121 Abs. 1 Satz 2 zu berücksichtigen. 19

Die Prüfung der **Begründetheit** des Antrags durch das Beschwerdegericht erfolgt in zwei Schritten. Zunächst hat das Gericht die **Erfolgsaussichten** der sofortigen Beschwerde zu prüfen (§ 121 Abs. 1 Satz 1). Hierbei hat es den Parteien rechtliches Gehör zu gewähren und den Sachverhalt, soweit dies im Hinblick auf die Frist des Abs. 3 Satz 1 möglich ist, aufzuklären (vgl. o. Tz. 9). Das Beschwerdegericht kann dem Antrag somit bereits dann stattgeben, wenn es zu der Auffassung gelangt, daß die sofortige Beschwerde voraussichtlich erfolgreich sein wird, ohne daß es einer zusätzlichen Abwägung nach Abs. 1 Satz 2 bedürfte[1]. Dies ergibt sich daraus, daß die Antragsstattgabe nach Abs. 1 Satz 2 „auch", das heißt im Falle einer Verneinung der Voraussetzungen des Abs. 1 Satz 1, erfolgen kann. Die Prüfungsreihenfolge entspricht derjenigen des § 118 Abs. 2 (vgl. § 118 Tz. 12). Ist eine Beurteilung der Erfolgsaussichten der sofortigen Beschwerde auch nach Sachverhaltsaufklärung nicht abschließend möglich, kann das Gericht den Zuschlag auch gestatten, wenn unter Berücksichtigung aller möglicherweise geschädigten Interessen sowie des Interesses der Allgemeinheit an einem raschen Abschluß des Vergabeverfahrens die **nachteiligen Folgen einer Verzögerung der Vergabe** bis 20

---

1 BT-Drucks. 13/9340 S. 21; *Bechtold,* GWB, 2. Aufl. 1999, § 121 Rz. 2.

zur Entscheidung über die Beschwerde die damit verbundenen Nachteile **überwiegen** (§ 121 Abs. 1 Satz 2). Diese Vorschrift stimmt wörtlich mit § 115 Abs. 2 Satz 1 und § 118 Abs. 2 Satz 2 überein. Es wird auf die dortige Kommentierung verwiesen (§ 115, Tz. 41; § 118 Tz. 12). Ein Unterschied zwischen § 121 Abs. 1 Satz 2 und § 118 Abs. 2 Satz 2 liegt jedoch darin, daß in letzterem Fall der Antrag zwingend abzulehnen ist, wenn die Abwägung ergibt, daß die nachteiligen Folgen einer Verzögerung der Vergabe bis zur Entscheidung über die Beschwerde die damit verbundenen Nachteile überwiegen. § 121 Abs. 1 Satz 2 gibt dem Beschwerdegericht hingegen ein **Ermessen,** dem Antrag stattzugeben, wenn die mit einer Verzögerung der Vergabe verbundenen Nachteile die damit verbundenen Vorteile überwiegen. Selbst wenn diese Voraussetzungen vorliegen, kann das Gericht den Antrag ablehnen. Führt die Interessenabwägung zu einem offenen Ergebnis, das heißt sind Vor- und Nachteile gleich zu bewerten, scheidet eine Stattgabe des Antrags nach dem Wortlaut des § 121 Abs. 1 Satz 2 aus[1].

3. Inhalt der Entscheidung (§ 121 Abs. 1 Satz 1)

21   Gibt das Gericht **dem Antrag statt,** so gestattet es nach Abs. 1 Satz 1 den weiteren Fortgang des Vergabeverfahrens und die Erteilung des Zuschlags. Die Aufnahme der Gestattung des Fortgangs des Vergabeverfahrens in das Gesetz ist unnötig. § 115 Abs. 1 untersagt dem Auftraggeber nach Zustellung eines Antrags auf Nachprüfung lediglich die Erteilung des Zuschlags. Er ist jedoch trotz der Antragstellung berechtigt, das Vergabeverfahren – mit Ausnahme der Zuschlagserteilung – fortzuführen und, wenn dies im Zeitpunkt der Antragstellung noch nicht erfolgt sein sollte, das wirtschaftlichste Angebot zu ermitteln (vgl. § 115 Tz. 7). Der Gestattung der Fortsetzung des Vergabeverfahrens durch das Beschwerdegericht bedarf es daher nicht. Insoweit handelt es sich bei § 121 Abs. 1 Satz 1 um einen Redaktionsfehler des Gesetzgebers[2]. Eine Frist für die Erteilung des Zuschlags im Anschluß an eine stattgebende Entscheidung sieht § 121 nicht vor. Für eine analoge Anwendung des § 122, wonach die Zuschlagserteilung innerhalb von zehn Tagen zu erfolgen hätte[3], besteht keine Notwendigkeit. Erfolgt die Zuschlagserteilung nicht zeitnah, geht der Auftraggeber das Risiko ein, daß das Beschwerdegericht eine Hauptsacheentschei-

---

1 A. A. *Bechtold,* GWB, 2. Aufl. 1999, § 121 Rz. 2.

2 *Bechtold,* GWB, 2. Aufl. 1999, § 121 Rz. 1; a. A. *Korbion,* Vergaberechtsänderungsgesetz, 1999, § 121 Rz. 2.

3 *Gröning,* ZIP 1998, 370, 376.

dung trifft, welche die Zuschlagserteilung versagt. In diesem Fall
verliert die Vorabentscheidung ihre Wirksamkeit. Es existiert keine
Veranlassung, den Auftraggeber durch den Zwang zu einem schnellen
Zuschlag vor dieser Gefahr zu schützen.

Weist das Beschwerdegericht **den Antrag** auf Vorabentscheidung   22
nach § 121 als unbegründet **zurück**[1], ist das **Vergabeverfahren** (nicht
das Beschwerdeverfahren) beendet, wenn nicht der Auftraggeber innerhalb von zehn Tagen ab Zustellung der Entscheidung die Maßnahmen zur Herstellung der Rechtmäßigkeit des Verfahrens ergreift,
die sich aus dem Beschluß des Beschwerdegerichts ergeben (§ 122).
Um dem Auftraggeber die Fortsetzung des Vergabeverfahrens nach
§ 122 zu ermöglichen, muß das Bescherdegericht in seiner Entscheidung zwingend diejenigen Maßnahmen nennen, die der Auftraggeber
zur Herstellung der Rechtmäßigkeit des Verfahrens zu ergreifen hat
(vgl. § 122 Tz. 8 ff.).

Die Entscheidung des Beschwerdegerichts ist zu **begründen.** Hierbei   23
hat das Gericht die Rechtmäßigkeit oder Rechtswidrigkeit des Vergabeverfahrens zu erläutern (§ 121 Abs. 3 Satz 3). Der Begründungs-
zwang rechtfertigt sich dadurch, daß der Gesetzgeber davon ausgeht,
daß das Beschwerdeverfahren mit Erlaß der Vorabentscheidung nach
§ 121 regelmäßig endet. Darüber hinaus dient die Begründung der
Erläuterung derjenigen Maßnahmen, die zur Herstellung der Rechtmäßigkeit des Verfahrens erforderlich sind. Problematisch ist der
Zwang zur Erläuterung der Rechtmäßigkeit des Vergabeverfahrens,
wenn das Beschwerdegericht eine Vorabentscheidung nach § 121
Abs. 1 Satz 2 trifft, d. h. sich gerade kein Bild über die Rechtmäßigkeit des Verfahrens machen konnte und auf eine Entscheidung nach
§ 121 Abs. 1 Satz 1 verzichtete. In diesen Fällen sind Erläuterungen
zur Rechtmäßigkeit nicht entscheidungserheblich, da der Vorabentscheidung deren Prüfung gerade nicht zugrunde liegt. Der Gesetzgeber zwingt das Gericht folglich zur Erstattung eines vorläufigen
Rechtsgutachtens[2]. Im Hinblick auf § 122 ist dies jedoch gerechtfertigt. Es empfiehlt sich, daß das Gericht die Maßnahmen, die der
Auftraggeber zur Herstellung der Rechtmäßigkeit des Vergabeverfahrens zu ergreifen hat, im Entscheidungstenor oder im Anschluß
hieran ausdrücklich auszuführen. Allerdings genügt es, wenn sich
die Maßnahmen aus den Entscheidungsgründen ergeben. Enthält die
Entscheidung des Gerichts keine Maßnahmen, das heißt keine Aus-

---

1 Zum Fall der Unzulässigkeit vgl. § 122 Tz. 4.
2 *Gröning,* ZIP 1998, 370, 376; vgl. auch *Däubler-Gmelin,* EuZW 1997, 709,
 712.

führungen zur Begründung der Rechtmäßigkeit oder Rechtswidrigkeit des Vergabeverfahrens, fehlt es an einem zwingenden Entscheidungsinhalt. Der Auftraggeber ist daher berechtigt, innerhalb von zwei Wochen ab Zustellung der Entscheidung eine Beschlußergänzung nach § 120 VwGO analog zu beantragen (§ 122 Tz. 10).

24   Wie sich aus § 121 Abs. 3 Satz 1 ergibt, muß die Begründung innerhalb der Fünf-Wochen-Frist bzw. der nach Abs. 3 Satz 1, 2. Halbs. verlängerten Frist erfolgen. Ein Verstoß gegen diese Vorschrift hat keine Folgen (vgl. oben Tz. 12), so daß die Begründung auch nach Fristablauf abgefaßt werden kann.

4. Kosten

25   Bezüglich des Streitwerts, der Gerichtskosten und der Rechtsanwaltsgebühren wird auf § 118 Tz. 14 f. verwiesen. Auch für das Vorabentscheidungsverfahren sieht das Gesetz nicht vor, daß der Beschluß des Beschwerdegerichts mit einer Kostenentscheidung zu versehen ist. Entsprechend den Ausführungen zu § 118 (§ 118 Tz. 15) ist dies jedoch erforderlich.

5. Vollstreckung

26   Eine Vollstreckung der Entscheidung nach § 121 ist nicht erforderlich. Gibt das Beschwerdegericht dem Antrag auf Vorabentscheidung statt, ist der Auftraggeber berechtigt, den Zuschlag zu erteilen. Wird der Antrag hingegen abgelehnt, würde eine trotz allem erfolgende Zuschlagserteilung gegen § 118 Abs. 3 verstoßen und wäre daher nach § 134 BGB nichtig (vgl. § 118 Tz. 19).

V. Rechtsmittel (§ 121 Abs. 4)

27   Gegen eine Entscheidung nach § 121 ist ein Rechtsmittel nicht zulässig (§ 121 Abs. 4). Die Entscheidung des Beschwerdegerichts ist endgültig. Auch eine Wiederholung des Antrags im Falle seiner Ablehnung durch das Beschwerdegericht scheidet aus (hierzu o. Tz. 6).

VI. Folgen des Vorabentscheidungsverfahrens

Der Gesetzgeber geht davon aus, daß das Beschwerdeverfahren nach 28
Erlaß einer Vorabentscheidung regelmäßig enden wird. Gibt das Beschwerdegericht dem Antrag statt, wird der Auftraggeber unmittelbar danach den Zuschlag erteilen. In diesem Fall kann das Beschwerdeverfahren allenfalls als Fortsetzungsfeststellungsbeschwerde nach § 123 Satz 3 fortgesetzt werden (§ 123 Tz. 11). Unterliegt der Auftraggeber, endet das Vergabeverfahren innerhalb von zehn Tagen nach Zustellung der Entscheidung, soweit der Auftraggeber nicht die von dem Gericht in der Entscheidung genannten Maßnahmen ergreift (§ 122). Auch im Fall der Beendigung des Vergabeverfahrens nach § 122 kann das Bescherdeverfahren allenfalls als Fortsetzungsfeststellungsbeschwerde fortgesetzt werden. Dies dürfte jedoch regelmäßig für den Auftraggeber wenig Aussicht auf Erfolg bieten, da der zuständige Senat im Rahmen der Vorabentscheidung Verstöße gegen das Vergaberecht festgestellt hat und die Wahrscheinlichkeit gering ist, daß es dem Auftraggeber gelingen wird, den Senat bei Fortsetzung des Beschwerdeverfahrens davon zu überzeugen, daß tatsächlich keine Rechtsverstöße vorlagen. Der Gesetzgeber geht daher davon aus, daß der Auftraggeber das Beschwerdeverfahren nicht fortsetzen wird[1]. Für das obsiegende Unternehmen besteht in diesem Fall kein Interesse an der Stellung eines Antrags nach § 123 Satz 3. Mit der Beendigung des Beschwerdeverfahrens wird die Entscheidung der Vergabekammer bestandskräftig, die eine Verletzung des Vergaberechts festgestellt haben muß, da anderenfalls ein Antrag nach § 121 nicht zulässig gewesen wäre. Das Unternehmen kann sich in einem nachfolgenden Schadensersatzprozeß vor den Zivilgerichten auf diese Entscheidung der Vergabekammer berufen (§ 124 Abs. 1). Einer zusätzlichen, feststellenden Entscheidung des Beschwerdegerichts bedarf es nicht.

---

1 BT-Drucks. 13/9340 S. 22.

§ 122 Ende des Vergabeverfahrens nach Entscheidung des Beschwerdegerichts

Ist der Auftraggeber mit einem Antrag nach § 121 vor dem Beschwerdegericht unterlegen, gilt das Vergabeverfahren nach Ablauf von 10 Tagen nach Zustellung der Entscheidung als beendet, wenn der Auftraggeber nicht die Maßnahmen zur Herstellung der Rechtmäßigkeit des Verfahrens ergreift, die sich aus der Entscheidung ergeben; das Verfahren darf nicht fortgeführt werden.

Inhaltsübersicht

I. Einführung

1. Inhaltsübersicht

1   § 122 regelt die Folgen einer Abweisung des Antrags des Auftraggebers auf Vorabentscheidung nach § 121 durch das Beschwerdegericht. Wird der Antrag abgelehnt, gilt das **Vergabeverfahren** nach **Ablauf von zehn Tagen** nach Zustellung der Entscheidung **als beendet**, wenn der Auftraggeber nicht die Maßnahmen zur Herstellung der Rechtmäßigkeit des Verfahrens ergreift, die sich aus der Entscheidung ergeben. Die Vorschrift bezieht sich somit auf die Beendigung des Vergabeverfahrens (nicht des Beschwerdeverfahrens, vgl. unten Tz. 11) und sollte nach dem Gesetzentwurf als § 111 unter dem Ersten Abschnitt stehen, der das Vergabeverfahren regelt[1]. Im Laufe der Beratungen entschied man sich dafür, den Standort der Bestimmung zu verschieben, da diese nur im Zusammenhang mit der Regelung des § 121 verständlich wird[2]. § 122 dient der Beschleunigung des Verfahrens. Das Stellen eines Antrags auf Vorabentschei-

---

1 BT-Drucks. 13/9340.
2 *Bechtold*, GWB, 2. Aufl. 1999, § 122 Rz. 1.

dung ist regelmäßig nur dann zulässig, wenn die Vergabekammer die Zuschlagserteilung untersagt, der Auftraggeber somit unterlegen ist (§ 121 Tz. 4). Nach Abweisung des Antrags auf Vorabentscheidung haben zwei Instanzen Fehler des Vergabeverfahrens festgestellt, wenn auch die Entscheidung des Beschwerdegerichts lediglich in einem Eilverfahren ergangen ist. Es spricht eine überwiegende Wahrscheinlichkeit dafür, daß es dem Auftraggeber in Fortführung des Beschwerdeverfahrens nicht gelingen wird, den Senat, der den Antrag auf Vorabentscheidung abgelehnt hat, davon zu überzeugen, daß die festgestellten Mängel des Vergabeverfahrens nicht bestehen. Würde der Auftraggeber das Beschwerdeverfahren trotz allem fortsetzen, verbliebe das Vergabeverfahren bis zur endgültigen Entscheidung, die unter Umständen erst nach Monaten ergehen würde, in der Schwebe. § 122 soll den Auftraggeber daher von einem Weg abhalten, den er sinnvollerweise nicht gehen sollte[1]. Folglich wird das Vergabeverfahren kraft Gesetzes beendet, wenn sich der Auftraggeber nicht der Auffassung des Beschwerdegerichts beugt und die von diesem gerügten Vergaberechtsverstöße abstellt, soweit dies überhaupt möglich ist. Unbenommen bleibt das Recht des Auftraggebers, das Beschwerdeverfahren trotz der Beendigung des Vergabeverfahrens fortzusetzen. In diesem Fall muß allerdings ein Feststellungsantrag nach § 123 Satz 3 gestellt werden.

2. Entstehungsgeschichte

§ 111 des Regierungsentwurfs[2]:   2

Ende des Vergabeverfahrens nach Entscheidung des Beschwerdegerichts

Ist der Auftraggeber mit einem Antrag nach § 131 vor dem Beschwerdegericht unterlegen, gilt das Vergabeverfahren nach Ablauf von zehn Tagen nach Zustellung der Entscheidung als beendet, wenn der Auftraggeber nicht die Maßnahmen zur Herstellung der Rechtmäßigkeit des Verfahrens ergreift, die sich aus der Entscheidung ergeben; das Vergabeverfahren darf nicht fortgeführt werden.

Begründung zu § 111 des Regierungsentwurfs[3]:   3

Die Vorschrift dient dazu, rasch Klarheit für das laufende Vergabeverfahren zu schaffen, wenn dem Auftraggeber vom Oberlandesgericht in der Vorabentscheidung gemäß § 131 die Fortführung des Vergabeverfahrens verwehrt worden ist.

---

1 BT-Drucks. 13/9340 S. 16.
2 BT-Drucks. 13/9340. Die unterstrichenen Passagen weichen vom späteren Gesetzestext ab.
3 BT-Drucks. 13/9340.

In den meisten Fällen hat die Vergabekammer dann bereits in erster Instanz im Hauptverfahren entschieden, daß der Auftraggeber gegen Vorschriften verstoßen und damit Rechte eines Unternehmens verletzt hat. Danach hat dann auch noch das Oberlandesgericht als zweite Instanz in einem Eilverfahren zwar – aber doch nach sorgfältiger Prüfung – die Rechtsauffassung der Vergabekammer bestätigt und dem Auftraggeber ebenfalls die Fortsetzung des Vergabeverfahrens verwehrt. Damit steht nach einer Prüfung durch zwei Instanzen fest, daß der Auftraggeber einen Fehler gemacht hat, den das Gericht in seiner Entscheidung erläutern muß.

Dennoch könnte in einem solchen Fall der Auftraggeber theoretisch noch das Verfahren über die sofortige Beschwerde in der Hoffnung fortsetzen, das Gericht werde nach weiterer Prüfung nach einigen Monaten seine Auffassung ändern und der Rechtsauffassung des Auftraggebers folgen. In der gesamten Zeit müßte das Vergabeverfahren weiter ruhen.

Ein solches Verhalten des Auftraggebers wäre in aller Regel nicht sinnvoll. Es ist nach Prüfung durch die Kammer und nach einer obergerichtlichen Entscheidung zuungunsten des Auftraggebers äußerst unwahrscheinlich, daß die zweite Entscheidung des Gerichts anders ausfallen würde als die erste, zumal dasselbe Oberlandesgericht über die sofortige Beschwerde entscheiden würde, das dem Auftraggeber bereits in seiner Vorabentscheidung nach § 131 einen Fehler vorgehalten hat.

§ 111 nimmt dem Auftraggeber die Möglichkeit des Zuwartens auf die weitere Entscheidung und versperrt ihm einen Weg, den er ohnehin sinnvollerweise nicht gehen sollte. Die Vorschrift dient also der Beschleunigung und der Klarheit für das laufende Vergabeverfahren. Die Fortsetzung eines Gerichtsverfahrens ohne realistische Erfolgsaussicht soll zumindest bei weiterbestehendem Schwebezustand des Vergabeverfahrens vermieden werden.

In diesen voraussichtlich seltenen Fälle ist es gerechtfertigt, den Auftraggeber auf die Fortsetzungsfeststellung nach § 132 Satz 3 zu verweisen. Deshalb wird, wenn der Auftraggeber in einer angemessenen Frist von zehn Tagen nicht reagiert, das Vergabeverfahren per gesetzlicher Anordnung beendet. Wenn der Auftraggeber an der Beschaffung festhalten will, ist er gezwungen, entweder der Auffassung des Gerichts zu folgen oder das Vergabeverfahren neu zu beginnen. Auch wenn er die Hinweise des Gerichts beachtet und das Vergabeverfahren korrigiert oder gar beendet und neu beginnt, ist der Auftraggeber nicht gehindert, das Hauptsacheverfahren vor dem Oberlandesgericht weiterzubetreiben. Er muß lediglich nach § 132 Satz 2 i. V. m. § 124 Abs. 2 einen Feststellungsantrag stellen.

II. Beendigung des Vergabeverfahrens

1. Unterliegen des Auftraggebers

4   Voraussetzung für die Beendigung des Vergabeverfahrens ist, daß der Auftraggeber mit seinem Antrag auf Erlaß einer Vorabentscheidung

nach § 121 unterliegt. Wird der Antrag lediglich wegen Zulässig-
keitsmängeln oder der fehlenden Eilbedürftigkeit zurückgewiesen,
wird die Frist des § 122 nicht in Gang gesetzt. In diesen Fällen
enthält der Beschluß des Beschwerdegerichts keine Erläuterung der
Rechtmäßigkeit oder Rechtswidrigkeit des Vergabeverfahrens (§ 121
Abs. 3 Satz 3) und folglich keine Maßgaben zur Herstellung der
Rechtmäßigkeit, denen der Antragsteller folgen könnte[1].

2. Zehn-Tages-Frist

Zugunsten des Auftraggebers läuft eine Frist von zehn Tagen, um die   5
zur Herstellung der Rechtmäßigkeit des Vergabeverfahrens erforderlichen Maßnahmen zu ergreifen. Die Frist beginnt mit Zustellung
der Entscheidung des Beschwerdegerichts über die Ablehnung des
Antrags auf Vorabentscheidung an den Auftraggeber. Wann die Entscheidung des Gerichts den übrigen Beteiligten zugestellt wurde,
spielt für den Fristbeginn keine Rolle. Weist die Zustellung Mängel
auf, so kann der Beginn der Frist mit dem Tag als eingetreten angesehen werden, an dem der Beschluß des Beschwerdegerichts dem Auftraggeber zugegangen ist. Dies ergibt sich aus der Verweisungskette
der §§ 121 Abs. 3 Satz 4, 120 Abs. 2, 73 GWB, §§ 208, 187 Satz 1
ZPO. § 187 Satz 1 ZPO findet Anwendung, da es sich bei der Frist
des § 122 nicht um eine Notfrist handelt (§ 187 Satz 2 ZPO). Die
Beurteilung der Wirksamkeit der Zustellung ist in das pflichtgemäße
Ermessen des Beschwerdegerichts gestellt[2]. Sie ist anzunehmen,
wenn der Zweck der Zustellung gesichert ist und setzt die Feststellung des Zeitpunkts des Zugangs durch das Gericht voraus.

Ergeht die Entscheidung des Beschwerdegerichts nicht innerhalb der   6
Fünf-Wochen-Frist des § 121 Abs. 3 Satz 1, steht dies – anders als im
Falle einer Fristversäumnis durch die Vergabekammer (§ 116 Abs. 2,
2. Halbs.) – einer Antragsablehnung nicht gleich. Die Zehn-Tages-
Frist des § 122 beginnt somit nicht in jedem Fall nach Ablauf der in
§ 121 Satz 3 genannten Frist zu laufen. Die Frist bezieht sich auf
Kalender-, nicht lediglich auf Werktage. Fällt das Fristende jedoch
auf einen Sonnabend, Sonntag oder allgemeinen Feiertag, endet die
Frist am darauffolgenden Werktag (§§ 121 Abs. 3 Satz 4, 120 Abs. 2,

---

1 *Boesen*, Vergaberecht, 2000, § 122 Rz. 7–9; für den Fall der fehlenden
  Eilbedürftigkeit: *Tilmann*, WuW 1999, 342, 348.
2 BGH v. 10. 6. 1955 – V ZR 72/54, BGHZ 17, 348, 353; BGH v. 21. 12.
  1983 – IVb ZB 29/82, NJW 1984, 926, 927; *Stöber* in Zöller, ZPO, 21. Aufl.
  1999, § 187 Rz. 8.

73 GWB, § 222 Abs. 2 ZPO). Eine Verlängerung der Zehn-Tages-Frist sieht das Gesetz nicht vor. Hierdurch soll eine Verzögerung des Verfahrens verhindert werden. Das Vergabeverfahren endet selbst dann, wenn die Umsetzung der Maßnahmen des Beschwerdegerichts innerhalb der Zehn-Tages-Frist objektiv nicht möglich ist.

7   Nach **fruchtlosem Ablauf** der Zehn-Tages-Frist gilt das Vergabeverfahren als beendet. Dies bedeutet, daß ein Zuschlag in diesem Verfahren nicht mehr erteilt werden kann. Die Bindungs- und Zuschlagsfristen enden unabhängig von ihrer ursprünglichen Dauer. Wird trotz allem ein Zuschlag erteilt, ist dieser nichtig. Dies ergibt sich aus § 122, 2. Halbs., der ausdrücklich bestimmt, daß das Vergabeverfahren nach fruchtlosem Ablauf der Zehn-Tages-Frist nicht fortgeführt werden darf. Hierin liegt ein gesetzliches Verbot, daß zur Nichtigkeit des trotz allem erteilten Zuschlags nach § 134 BGB führt (vgl. hierzu § 115 Tz. 23).

III. Ergreifen der Maßnahmen

1. Benennung der Maßnahmen durch das Gericht

8   Die Beendigung des Vergabeverfahrens tritt nicht ein, wenn der Auftraggeber die Maßnahmen zur Herstellung der Rechtmäßigkeit des Verfahrens ergreift, die sich aus der Entscheidung des Beschwerdegerichts ergeben. Dies setzt voraus, daß das Gericht derartige Maßnahmen in seiner Entscheidung benennt (§ 121 Abs. 3 Satz 3). Hierbei ist es nicht erforderlich, wenn auch zulässig, die Maßnahmen im Entscheidungstenor oder im Anschluß hieran im einzelnen aufzuführen. Vielmehr genügt es, wenn sich die Maßnahmen aus den Entscheidungsgründen ergeben. Es ist vorteilhaft, wenn das Gericht die einzelnen, von ihm festgestellten Verstöße gegen das Vergaberecht benennt und darlegt, durch welche konkreten Maßnahmen der jeweilige Verstoß behoben werden kann. Hingegen ist es unzulässig, daß der Auftraggeber selbst diejenigen Maßnahmen bestimmt, die zur Behebung des von dem Gericht in der Entscheidung festgestellten Vergaberechtsverstößen erforderlich sind, da in diesem Fall Streit über die Frage entstehen könnte, ob die von dem Auftraggeber ergriffenen Maßnahmen tatsächlich zur Behebung des Fehlers ausreichen. Aus diesem Grund ist es auch nicht zulässig, daß der Auftraggeber andere, als die von dem Gericht benannten Maßnahmen ergreift, die er zur Behebung des Fehlers für ebenfalls oder gar besser geeignet hält.

In zahlreichen Fällen wird die **Behebung** der von dem Beschwerdege- 9
richt festgestellten Verstöße gegen das Vergaberecht nur durch eine
Aufhebung des Vergabeverfahrens und einer erneuten Ausschreibung
möglich sein. Dies gilt etwa dann, wenn die Ausschreibungsunterlagen nicht behebbare Lücken, Unklarheiten oder Fehler enthielten. In
diesen Fällen sollte das Gericht aus Gründen der Rechtsklarheit in
der Entscheidung ausdrücklich festhalten, daß allenfalls eine erneute
Ausschreibung in Frage kommt. Der Auftraggeber ist nicht gehalten,
diese innerhalb der Zehn-Tages-Frist des § 122 einzuleiten. Soweit
die allgemeinen Voraussetzungen für eine Ausschreibung vorliegen,
kann dies vielmehr auch noch zu einem späteren Zeitpunkt geschehen. Unberührt bleibt die Wirkung des § 122. Auch in dem Fall, daß
das Beschwerdegericht irreparable Mängel feststellt, wird das Vergabeverfahren beendet. Die Gegenauffassung[1] übersieht, daß diese
Sanktion die Kehrseite des Rechts des Auftraggebers, einen Antrag
nach § 121 einzureichen, darstellt. Selbst wenn das Gericht Maßnahmen der Herstellung der Rechtmäßigkeit des Verfahrens für möglich
hält, wird deren Umsetzung häufig an der knapp bemessenen Zehn-
Tages-Frist des § 122 scheitern. Es besteht kein Grund, den Auftraggeber bei Vorliegen irreparabler Mängel zu bevorzugen.

Das Gesetz regelt nicht den Fall, daß die Entscheidung des Be- 10
schwerdegerichts **keine Maßnahmen** zur Behebung der Vergaberechtsverstöße **benennt**, solche jedoch objektiv möglich wären. In
diesem Fall würde dem Auftraggeber die Möglichkeit genommen
werden, sich der Rechtsauffassung des Beschwerdegerichts zu beu-
gen und durch die Herstellung eines rechtmäßigen Zustands die
Fortsetzung des Vergabeverfahrens zu erreichen. Da die Benennung
von Maßnahmen zur Herstellung der Rechtmäßigkeit des Vergabeverfahrens zu dem erforderlichen Inhalt der Entscheidung zählt, besteht die Möglichkeit einer Beschlußergänzung in analoger Anwendung des § 120 VwGO. Der Auftraggeber kann innerhalb einer Frist
von zwei Wochen nach Zustellung der Vorabentscheidung (§ 120
Abs. 2 VwGO analog) beantragen, den Beschluß um die Benennung
von Maßnahmen zur Herstellung der Rechtmäßigkeit des Vergabeverfahrens zu ergänzen. Eine Entscheidung über diesen Antrag kann
regelmäßig ohne mündliche Verhandlung ergehen (§ 121 Abs. 3
Satz 2).

---

1 *Tilmann*, WuW 1999, 342, 349.

2. Erfüllung der Maßnahmen

11   Kommt der Auftraggeber den von dem Beschwerdegericht genannten Maßnahmen innerhalb der Zehn-Tages-Frist nach, gilt das Vergabeverfahren nicht als beendet[1]. Das Gesetz regelt jedoch nicht, welchen Einfluß dies auf das Beschwerdeverfahren hat und wie festgestellt wird, ob die Maßnahmen von dem Auftraggeber tatsächlich zutreffend umgesetzt wurden.

Hat der **Auftraggeber nach seiner subjektiven Auffassung** die **Maßnahmen erfüllt,** führt dies nach dem Gesetzeswortlaut zunächst allein dazu, daß das Vergabeverfahren keine Beendigung findet. Dies bedeutet jedoch nicht, daß der Auftraggeber nunmehr berechtigt wäre, den Zuschlag zu erteilen. Dem steht vielmehr weiterhin § 118 Abs. 3 entgegen, da das Beschwerdegericht die Entscheidung der Vergabekammer im Vorabentscheidungsverfahren gerade nicht aufgehoben hat. Folglich kann der Auftraggeber auch nicht einen Feststellungsantrag nach § 123 Satz 3 stellen. Dem scheint die Gesetzesbegründung zu widersprechen. Danach sei der Auftraggeber, der die Hinweise des Gerichts beachtet und das Vergabeverfahren korrigiert oder gar beendet und neu beginnt, nicht gehindert, das Hauptsacheverfahren vor dem OLG weiterzubetreiben. Er müsse lediglich nach § 123 Satz 3 i. V. m. § 114 Abs. 2 einen Feststellungsantrag stellen[2]. Diese Auffassung gilt nur für die zweitgenannte Alternative, in denen der Auftraggeber das Vergabeverfahren beendet und eine Neuausschreibung vornimmt. In diesem Fall erledigt sich das Beschwerdeverfahren, so daß ein Feststellungsantrag nach § 123 Satz 3 zulässig ist. Korrigiert der Auftraggeber hingegen lediglich das Vergabeverfahren, indem er die von dem Beschwerdegericht benannten Maßnahmen erfüllt, enden weder das Vergabe- noch das Beschwerdeverfahren. Allein der Umstand, daß der Auftraggeber die Auflagen des Gerichts erfüllt bzw. dies behauptet, führt nicht zu einer Erledigung des Beschwerdeverfahrens[3]. Dieses ist vielmehr fortzusetzen, wobei das Beschwerdegericht zu beurteilen hat, ob die von ihm in der Vorabentscheidung genannten Maßnahmen erfüllt wurden und das Vergabeverfahren nunmehr rechtmäßig fortgeführt werden kann, da

---

1 A. A. *Korbion,* Vergaberechtsänderungsgesetz, 1999, § 122 Rz. 5.
2 BT-Drucks. 13/9340 S. 16.
3 A. A. offensichtlich *Boesen,* Vergaberecht, 2000, § 122 Rz. 13, wonach dem Bieter im Fall einer unzureichenden Umsetzung der Maßnahmen durch den Auftraggeber das Recht zusteht, ein erneutes Nachprüfungsverfahren einzuleiten.

der Sachstand im Zeitpunkt der letzten mündlichen Tatsachenverhandlung ausschlaggebend ist.

Stellt das Beschwerdegericht fest, daß die von ihm **benannten Maßnahmen nicht** oder nicht innerhalb der Zehn-Tages-Frist des § 122 **umgesetzt** wurde, weist es die sofortige Beschwerde des Auftraggebers (oder eines anderen Beteiligten) zurück, da das Vergabeverfahren zwischenzeitlich seine Beendigung gefunden hat. Über die Frage, ob eine ordnungsgemäße Erfüllung der Maßnahmen aus der Vorabentscheidung vorliegt, ist gegebenenfalls Beweis zu erheben.

Stellt das Beschwerdegericht hingegen fest, daß die **Maßnahmen fristgerecht umgesetzt** wurden, gibt es der Beschwerde des Auftraggebers statt und hebt die Entscheidung der Vergabekammer auf. In diesem Fall kann das Vergabeverfahren fortgesetzt werden. Der Verpflichtung, die Kosten des Beschwerdeverfahrens zu tragen, kann das Unternehmen, welches das Vergabenachprüfungsverfahren eingeleitet hat, durch eine Erledigungserklärung in der Hauptsache entgehen.

Prinzipiell ist es **zulässig,** daß das Beschwerdegericht zusammen mit der Vorabentscheidung **gleichzeitig in der Hauptsache entscheidet.** Zwar sieht § 121 Abs. 2 Satz 3 die Möglichkeit einer Aussetzung des Beschwerdeverfahrens bis zum Abschluß des Vorabentscheidungsverfahrens vor, das Gericht ist jedoch nicht verpflichtet, von dieser Möglichkeit Gebrauch zu machen (§ 121 Tz. 16). Allerdings soll ein Absehen von der Aussetzungsmöglichkeit die Ausnahme bilden. Für das Gericht besteht zumindest die formale Möglichkeit, einen Beschluß nach § 121 zu erlassen, der an den Auftraggeber gerichtete Maßnahmen zur Herstellung der Rechtmäßigkeit des Vergabeverfahrens enthält und gleichzeitig die sofortige Beschwerde abzuweisen. In diesem Fall wäre das Vergabeverfahren endgültig beendet, dem Auftraggeber somit die Möglichkeit genommen, innerhalb der Zehn-Tages-Frist des § 122 den von dem Gericht benannten Maßnahmen nachzukommen und so eine Fortsetzung des Vergabeverfahrens zu erreichen. Eine gleichzeitige Entscheidung des Gerichts über den Vorabentscheidungsantrag und die sofortige Beschwerde kann demnach nur dann erfolgen, wenn Maßnahmen zur Herstellung der Rechtmäßigkeit des Vergabeverfahrens nicht mehr ergriffen werden können. Dies ist der Fall, wenn die sofortige Beschwerde unzulässig ist oder das Vergabeverfahren an grundlegenden, nicht heilbaren Mängeln leidet. Würde das Beschwerdegericht auch in anderen Fällen eine Entscheidung über den Antrag nach § 121 mit der Hauptsacheentscheidung verbinden, würde es dem Auftragnehmer die in § 122 vorgesehene Heilungsmöglichkeit nehmen.

12

IV. Risikoabwägung

13   § 121 gibt dem Auftraggeber die Möglichkeit, nicht die Hauptsacheentscheidung des Beschwerdegerichts, die möglicherweise erst mehrere Monate nach Einlegung der Beschwerde ergehen wird, abzuwarten, sondern zu versuchen, die Zuschlagserteilung unbeachtet des Fortgangs des Beschwerdeverfahrens in einem beschleunigten Verfahren zu erreichen. Diese Beschleunigung führt zwangsläufig dazu, daß sich das Beschwerdegericht mit dem entscheidungserheblichen Sachverhalt lediglich gedrängt auseinandersetzen kann. Dies kann sowohl zugunsten wie zu Lasten des Auftraggebers ausfallen. Hält das Beschwerdegericht aufgrund der Überprüfung des Sachverhalts im Vorabentscheidungsverfahren die sofortige Beschwerde für unbegründet, hat dies weitreichende Folgen für den Auftraggeber. Das Vergabeverfahren endet, soweit es ihm nicht gelingt, die von dem Gericht benannten Maßnahmen zur Herstellung der Rechtmäßigkeit des Vergabeverfahrens umzusetzen (§ 122). Das gleiche gilt, wenn das Gericht feststellt, daß nicht behebbare Mängel des Vergabeverfahrens existieren. In diesen Fällen begibt sich der Auftraggeber der Chance, das Beschwerdegericht im Hauptsacheverfahren, in dem mehr Zeit zur Verfügung steht, von der Richtigkeit seiner Rechtsauffassung zu überzeugen und damit die Gestattung der Zuschlagserteilung zu erreichen. Zwar kann auch nach Erlaß einer Vorabentscheidung nach § 121 das Beschwerdeverfahren als Fortsetzungsfeststellungsverfahren fortgesetzt werden (§ 123 Satz 3). Zu einer Erteilung des Zuschlags kann dies jedoch selbst dann nicht mehr führen, wenn der Auftraggeber in diesem Feststellungsverfahren obsiegt.

14   Der Auftraggeber muß daher bei Stellung des Antrags nach § 121 überprüfen, wie groß die Gefahr einzuschätzen ist, daß im Rahmen des Vorabentscheidungsverfahrens Tatsachen, die er im Hauptsacheverfahren vorbringen könnte, zu seinen Lasten nicht oder nicht umfassend berücksichtigt werden. Andererseits ist zu beachten, daß die langen Verfahrensdauern vor den Oberlandesgerichten dazu führen könnten, daß das Vergabeverfahren selbst im Falle des Obsiegens des Auftraggebers nicht mit der Zuschlagserteilung enden kann, wenn zwischenzeitlich die Zuschlags- und Angebotsfristen abgelaufen sind, diese nicht verlängert werden, die zur Durchführung des Bauvorhabens erforderlichen Mittel nicht mehr bereit stehen oder sich dieses aus anderen Gründen nicht mehr verwirklichen lassen wird. Vor diesem Hintergrund wird dem Auftraggeber in vielen Fällen keine andere Möglichkeit bleiben, als zu versuchen, die Erteilung des Zuschlags über Einleitung eines Vorabentscheidungsverfahrens zu erreichen.

§ 123 Beschwerdeentscheidung

Hält das Gericht die Beschwerde für begründet, so hebt es die Entscheidung der Vergabekammer auf. In diesem Fall entscheidet das Gericht in der Sache selbst oder spricht die Verpflichtung der Vergabekammer aus, unter Berücksichtigung der Rechtsauffassung des Gerichts über die Sache erneut zu entscheiden. Auf Antrag stellt es fest, ob das Unternehmen, das die Nachprüfung beantragt hat, durch den Auftraggeber in seinen Rechten verletzt ist. § 114 Abs. 2 gilt entsprechend.

Inhaltsübersicht

I. Einführung

1. Inhaltsübersicht

§ 123 regelt die Beschwerdeentscheidung (Hauptsacheentscheidung) des OLG. Soweit das Gericht die Beschwerde für begründet hält, hebt es die Entscheidung der Vergabekammer auf und entscheidet grundsätzlich in der Sache selbst. Ausnahmsweise besteht die Möglichkeit, die Vergabekammer zu verpflichten, unter Berücksichtigung der Rechtsauffassung des Beschwerdegerichts über die Sache erneut zu entscheiden (§ 123 Satz 2). Auf Antrag eines der Beteiligten stellt das Beschwerdegericht fest, ob das Unternehmen, das die Nachprüfung beantragt hat, durch den Auftraggeber in seinen Rechten verletzt ist (Satz 3).

1

2. Entstehungsgeschichte

2   § 132 des Regierungsentwurfs[1]:

Beschwerdeentscheidung

Hält das Gericht die Beschwerde für begründet, so hebt es die Entscheidung der Vergabekammer auf. In diesem Fall entscheidet das Gericht in der Sache selbst oder spricht die Verpflichtung der Vergabekammer aus, unter Berücksichtigung der Rechtsauffassung des Gerichtes über die Sache erneut zu entscheiden. Auf Antrag stellt es fest, ob das Unternehmen, das die Nachprüfung beantragt hat, durch den Auftraggeber in seinen Rechten verletzt ist. § 124 Abs. 2 gilt entsprechend.

3   Begründung zu § 132 des Regierungsentwurfs[2]:

Die Vorschrift strukturiert die Beschwerdeentscheidung. Falsche Entscheidungen der Vergabekammer werden aufgehoben. Ist ein Unternehmen, das die Nachprüfung beantragt hat, in seinen Rechten verletzt worden, so stellt das Gericht auf Antrag auch dies fest. Diese Feststellung ist für ein anschließendes Schadensersatzverfahren von Bedeutung.

II. Entscheidung des Beschwerdegerichts

4   Über die sofortige Beschwerde entscheidet das Gericht durch **Beschluß** (§ 120 Abs. 2 i. V. m. § 71 Abs. 1 Satz 1). Eine Frist für die Entscheidung existiert – anders als in den Fällen des § 113 Abs. 1 Satz 1 und § 121 Abs. 3 Satz 1 – nicht.

1. Zurückweisung der Beschwerde

5   Hält das Beschwerdegericht die sofortige Beschwerde für **unzulässig** oder **unbegründet,** weist es diese durch Beschluß zurück. Soweit die Vergabekammer einen **Verstoß** gegen das Vergaberecht **festgestellt** hatte, ist das Vergabeverfahren damit beendet. Eine Erteilung des Zuschlags scheidet auch für die Zukunft aus, da die Untersagung der Zuschlagserteilung durch die Vergabekammer in ihrer Wirkung fortdauert (§ 118 Abs. 3). Wird der Zuschlag trotz allem erteilt, verstößt er gegen das gesetzliche Verbot des § 118 Abs. 3 und ist somit nichtig (§ 134 BGB) (vgl. § 118 Tz. 19). Eine Vorabentscheidung nach § 121, die dem Antrag des Auftraggebers stattgab, aber noch nicht

---

1   BT-Drucks. 13/9340. Die unterstrichenen Passagen weichen vom späteren Gesetzestext ab.
2   BT-Drucks. 13/9340.

durch Erteilung des Zuschlags umgesetzt wurde, verliert durch die gegenteilige Hauptsacheentscheidung ihre Wirkung.

Hatte die Vergabekammer einen **Verstoß** gegen das Vergaberecht **verneint**, kann der Auftraggeber spätestens nach Zurückweisung der sofortigen Beschwerde als unzulässig oder unbegründet den Zuschlag erteilen. Die etwa nach § 118 Abs. 1 Satz 3 angeordnete Verlängerung der aufschiebenden Wirkung entfällt. 6

2. Aufhebung der Entscheidung der Vergabekammer

Ist die sofortige Beschwerde hingegen zulässig und begründet, hebt das Gericht die Entscheidung der Vergabekammer auf und entscheidet grundsätzlich in der Sache selbst (§ 123 Satz 2). Hierdurch unterscheidet sich die vergaberechtliche Beschwerde von der Beschwerde nach §§ 63 ff. GWB. Dort trifft das Beschwerdegericht regelmäßig keine eigene Entscheidung, sondern spricht die Verpflichtung der Kartellbehörde aus, die beantragte Verfügung vorzunehmen (§ 71 Abs. 4). Die Entscheidung durch das Beschwerdegericht anstelle einer Zurückverweisung an die Vergabekammer dient der Beschleunigung des Verfahrens. Fraglich ist der **Umfang der Entscheidungskompetenz** des Beschwerdegericht. Die Vergabekammer ist nicht an die Anträge der Parteien gebunden, sondern trifft nach § 114 Abs. 1 Satz 1 die geeigneten Maßnahmen, um eine Rechtsverletzung zu beseitigen und eine Schädigung der Interessen zu verhindern. § 123 Satz 4 nimmt lediglich auf § 114 Abs. 2, nicht hingegen auf Abs. 1 Bezug. Hieraus wird gefolgert, daß dem Beschwerdegericht die weite Entscheidungsbefugnis des § 114 Abs. 1 nicht zustehen soll[1]. Es ist aber zweifelhaft, ob der Gesetzgeber durch die Verweisung in § 123 Satz 4 die Regelung in § 114 Abs. 1 ausdrücklich ausschließen, oder lediglich die Bedeutung des § 114 Abs. 2 hervorheben wollte. Die Gesetzesbegründung schweigt hierzu. Unabhängig von dem Umfang der Verweisung in § 123 Satz 4 ist das Beschwerdegericht nach allgemeinen Prozeßrecht an die Anträge der Parteien gebunden[2]. Eine Entscheidung in Abweichung von den Anträgen ist lediglich im Rahmen einstweiliger Verfügungsverfahren möglich (§ 938 Abs. 1 ZPO). Hieraus folgt, daß das Beschwerdegericht, anders als die Vergabekammer, nicht über die Anträge der Parteien hinausgehen kann. 7

Hält das Gericht eine Entscheidung für erforderlich, die nicht den Anträgen der Parteien entspricht und werden diese auf einen richter- 8

---

1 *Tilmann*, WuW 1999, 342, 347.
2 *Tilmann*, WuW 1999, 342, 347.

lichen Hinweis hin nicht umgestellt, muß es die **Verpflichtung der Vergabekammer** aussprechen, die Angelegenheit unter Berücksichtigung der Rechtsauffassung des Gerichts entscheiden[1]. Diese Möglichkeit sieht § 123 Satz 2, 2. Alt. vor. Nach dem Gesetzeswortlaut stehen beide Alternativen gleichwertig nebeneinander. Dies widerspricht jedoch der von dem Gesetzgeber für notwenig gehaltenen Beschleunigung des Nachprüfungsverfahrens, da eine Zurückverweisung an die Vergabekammer zwangsläufig zu nicht unerheblichen Verzögerungen führt. Andererseits ist die Vergabekammer auch nach einer Zurückverweisung an die Fünf-Wochen-Frist des § 113 Abs. 1 Satz 1 gebunden, während für das Beschwerdegericht keine zeitliche Beschränkung besteht, es folglich den Sachverhalt umfassender aufzuklären vermag. Die Zurückverweisung an die Vergabekammer muß daher die Ausnahme bilden[2] und rechtfertigt sich regelmäßig nur, um der Vergabekammer die Möglichkeit zu geben, eine Entscheidung ohne Berücksichtigung der Anträge der Parteien zu erlassen[3]. Da das Beschwerdegericht in diesen Fällen auf eine Änderung der Anträge hinwirken wird (§ 120 Abs. 2 i. V. m. § 70 Abs. 2), dürfte die Zurückverweisung in der Praxis keine wesenltiche Bedeutung erlangen. Die gleichen Grundsätze finden Anwendung, wenn aufgrund einer Vorlage anstelle des Beschwerdegerichts der BGH zu entscheiden hat (§ 124 Tz. 13).

9   Erfolgt eine Zurückverweisung an die Vergabekammer, ergeht diese durch Beschluß (§ 120 Abs. 2 i. V. m. § 71 Abs. 1). Für das Verfahren vor der Vergabekammer nach Zurückverweisung finden die §§ 109 bis 115 Anwendung. Insbesondere muß die Vergabekammer innerhalb der Fünf-Wochen-Frist des § 113 Abs. 1 Satz 1 ihre Entscheidung treffen. Hierbei ist sie an die Rechtsauffassung, die sich aus dem Zurückverweisungsbeschluß des Beschwerdegerichts ergibt, gebunden[4]. Gegen die Entscheidung der Vergabekammer nach Zurückverweisung durch das Beschwerdegericht ist die sofortige Beschwerde statthaft.

10   Der **Prüfungsumfang** des Beschwerdegerichts wird in § 123 nicht festgelegt. Nach Auffassung des BayObLG[5] beschränkt sich der Prü-

---

1 *Tilmann*, WuW 1999, 342, 347.
2 *Bechtold*, GWB, 2. Aufl. 1999, § 123 Rz. 4; a. A. *Korbion*, Vergaberechtsänderungsgesetz, 1999, § 123 Rz. 3.
3 Ähnlich *Boesen*, Vergaberecht, 2000, § 123 Rz. 43.
4 *Bechtold*, GWB, 2. Aufl. 1999, § 123 Rz. 4.
5 BayObLG v. 21. 5. 1999 – Verg 1/99, WuW 1999, 1037, 1039 = WuW/E Verg 239, 241 – Trinkwasserstollen.

fungsumfang auf die von dem Beschwerdeführer ausdrücklich nach § 117 Abs. 2 Satz 2 Nr. 1 gerügten Vergaberechtsverstöße. Dies folge aus dem Beschleunigungsgebot. Hiergegen spricht, daß das Beschwerdegericht nach § 120 Abs. 2 in Verbindung mit § 70 Abs. 1 zur Aufklärung des Sachverhalts verpflichtet ist[1]. Die Aufklärungspflicht besteht allerdings entsprechend der Rechtsprechung zur kartellrechtlichen Beschwerde nur insoweit, als der Vortrag der Beteiligten oder der Sachverhalt als solcher bei sorgfältiger Überlegung der sich aufdrängenden Gestaltungsmöglichkeiten dazu Anlaß gibt[2].

3. Feststellungsbeschluß (§ 123 Satz 3)

Auf Antrag stellt das Beschwerdegericht fest, ob das Unternehmen, das die Nachprüfung beantragt hat, durch den Auftraggeber in seinen Rechten verletzt ist. Analog der Regelung in § 114 Abs. 2 Satz 2, die über § 123 Satz 4 Anwendung findet, kommt eine Feststellung durch das Beschwerdegericht in Betracht, wenn sich das Nachprüfungsverfahren durch Erteilung des Zuschlags, durch Aufhebung oder durch Einstellung des Vergabeverfahrens oder in sonstiger Weise erledigt hat. In diesem Fall muß der Beschwerdeführer die Hauptsache für erledigt erklären, da anderenfalls die Beschwerde zurückgewiesen werden müßte, weil deren Ziel nicht mehr erreicht werden kann. Allerdings steht es ihm frei, das Beschwerdeverfahren als „**Fortsetzungsfeststellungsbeschwerde**" fortzusetzen, um eine Entscheidung des Beschwerdegerichts darüber zu erhalten, ob das Vergabeverfahren Rechtsverletzungen beinhaltete. Dies entspricht der Regelung des § 113 Abs. 1 Satz 4 VwGO im Verwaltungsprozeß[3]. Das Interesse des Beschwerdeführers an der Fortsetzung des Beschwerdeverfahrens ergibt sich daraus, daß auch eine feststellende Entscheidung des Beschwerdegerichts in einem anschließenden Schadensersatzprozeß Bindungswirkung nach § 124 Abs. 1 entfaltet.

In analoger Anwendung des § 123 Satz 3 ist darüber hinaus in eng umgrenzten Ausnahmefällen die Erhebung einer **Feststellungsbeschwerde** zulässig (§ 116 Tz. 12). Voraussetzung hierfür ist, daß die Vergabekammer oder das Beschwerdegericht dem Auftraggeber nach § 115 Abs. 2 die Zuschlagserteilung gestattet, daraufhin der Nachprüfungsantrag gemäß § 107 Abs. 1 abgewiesen wird und der Auftraggeber den Zuschlag nach Bekanntmachung dieser Entscheidung

11

12

---

1 *Jaeger* in Kapellmann/Vygen, Jahrbuch Baurecht 2000, S. 107, 127.
2 BGH, WuW/E 990, 993 – Papierfiltertüten II.
3 *Redeker/von Oertzen*, VwGO, 12. Aufl. 1997, § 113 Rz. 30.

der Vergabekammer aber noch vor Einlegung einer sofortigen Beschwerde erteilt. Eine Anfechtungsbeschwerde scheidet in diesen Fällen aus, da die Zuschlagserteilung durch das Beschwerdegericht nicht mehr aufgehoben werden kann (§ 123 Satz 4 i. V. m. § 114 Abs. 2 Satz 1). Für den unterlegenen Antragsteller besteht trotz allem ein Interesse an einer Nachprüfung der Entscheidung der Vergabekammer durch das Beschwerdegericht, da dieser Entscheidung im Falle des Eintritts der Bestandskraft Bindungswirkung für die ordentlichen Gerichte im Rahmen eines Schadensersatzprozesses zukommen würde (§ 124 Abs. 1). In diesen Fällen kann daher eine echte Feststellungsbeschwerde zum Beschwerdegericht eingelegt werden, die allein zum Ziel hat, feststellen zu lassen, daß der Antragsteller durch den Auftraggeber in seinen Rechten verletzt wurde. Für das Verfahren über die Feststellungsbeschwerde finden die §§ 116 bis 124 mit Ausnahme der Regelungen über die aufschiebende Wirkung (§ 118 Abs. 1 und 2) und die Vorabentscheidung (§§ 121 und 122) Anwendung.

13   Es wird die Auffassung vertreten, daß eine Feststellungsentscheidung nach § 123 Satz 3 die Erledigung des Vergabeverfahrens nicht voraussetzt[1]. Vielmehr könne ein Antrag auf Feststellung, daß das Unternehmen, das die Nachprüfung beantragt hatte, durch den Auftraggeber in seinen Rechten verletzt sei, auch dann gestellt werden, wenn das Vergabeverfahren noch keine Erledigung gefunden habe. In diesem Fall komme der Entscheidung über den Feststellungsantrag neben der Hauptsacheentscheidung des Beschwerdegerichts klarstellende Wirkung zu. Allerdings verweist § 123 Satz 4 ausdrücklich auf die Regelungen des § 114 Abs. 2 und somit auch auf dessen Satz 2, der eine feststellende Entscheidung der Vergabekammer nur dann zuläßt, wenn das Vergabeverfahren seine Erledigung gefunden hat. Durch diese Verweisung ist klargestellt, daß auch die Fortsetzungsfeststellungsbeschwerde nach § 123 Satz 3 nur dann zulässig ist, wenn ein erledigendes Ereignis eingetreten ist[2].

---

1 *Bechtold*, GWB, 2. Aufl. 1999, § 123 Rz. 5; *Korbion*, Vergaberechtsänderungsgesetz, 1999, § 123 Rz. 5; *Jaeger* in Kapellmann/Vygen, Jahrbuch Baurecht 2000, S. 107, 131; in diesem Sinne muß wohl auch der Tenor des OLG Brandenburg v. 3. 8. 1999 – 6 Verg 1/99, WuW 1999, 929 = WuW/E Verg 231 – Flughafen Berlin verstanden werden, der neben der Aufhebung der angefochtenen Beschlüsse die Feststellung enthält, daß der Beschwerdeführer in seinen Rechten verletzt wurde.
2 OLG Celle v. 30. 4. 1999 – 13 Verg 1/99, NVwZ 1999, 1257, 1259; *Boesen*, Vergaberecht, 2000, § 123 Rz. 64.

Berechtigt, einen **Antrag** nach § 123 Satz 3 **zu stellen,** ist jeder Ver-　14
fahrensbeteiligte. Auch der Auftraggeber kann einen Antrag nach
§ 123 Satz 3 mit dem Ziel stellen, feststellen zu lassen, daß keine
Rechtsverletzung vorlag[1]. Unter „Rechten" sind die in § 97 Abs. 7
benannten subjektiven Rechte der Unternehmen zu verstehen. Die
Entscheidung beschränkt sich auf die Feststellung der Verletzung
von Rechten. Nicht umfaßt werden kann die Frage, ob der Bieter
eine „echte Chance" auf Erteilung des Zuschlags im Sinne des § 126
Satz 2 hatte[2].

4. Keine Aufhebung eines bereits erteilten Zuschlags (§ 123 Satz 4)

Auch das Beschwerdegericht ist nicht befugt, einen bereits erteilten　15
Zuschlag aufzuheben (§ 123 Satz 4 i. V. m. § 114 Abs. 2 Satz 1). Insoweit gilt die gleiche Regelung, wie für die Befugnisse der Vergabekammer (§ 114 Tz. 20 ff.). Wurde der Zuschlag rechtmäßig, d. h.
aufgrund einer Anordnung der Vergabekammer oder des Beschwerdegerichts nach § 115 Abs. 2 nach Bekanntmachung der Entscheidung
der Vergabekammer, aber vor Einlegung der sofortigen Beschwerde
erteilt, ist die sofortige Beschwerde als Feststellungsbeschwerde zulässig (§ 116 Tz. 10 ff.). Wird der Zuschlag während des Beschwerdeverfahrens erteilt, da eine Verlängerung der aufschiebenden Wirkung
nach § 118 Abs. 1 Satz 3 nicht beantragt, ein derartiger Antrag abgelehnt wird oder das Beschwerdegericht einem Antrag auf Vorabentscheidung nach § 121 stattgibt, muß der Beschwerdeführer die Beschwerde in der Hauptsache für erledigt erklären. Allerdings kann er
in diesem Fall das Verfahren als Fortsetzungsfeststellungsbeschwerde nach § 123 Satz 3 fortführen (Tz. 11).

§ 123 Satz 4 nimmt auch auf § 114 Abs. 2 Satz 3 Bezug, wonach im　16
Falle eines Fortsetzungsfeststellungsverfahrens die Fünf-Wochen-
Frist des § 113 Abs. 1 keine Anwendung findet. Diese Verweisung
geht ins Leere, da für die Entscheidung des Beschwerdegerichts über
die sofortige Beschwerde (anders als für die Vorabentscheidung nach
§ 121) ohnehin keine Frist besteht.

---

1 *Bechtold,* GWB, 2. Aufl. 1999, § 123 Rz. 5.
2 BayObLG v. 21. 5. 1999 – Verg 1/99, WuW 1999, 1037, 1045 f. = WuW/E
　Verg 239, 247 f. – Trinkwasserstollen.

5. Begründung

17 Obwohl gegen die Beschwerdeentscheidung kein Rechtsmittel zulässig ist (vgl. hierzu unten Tz. 27), muß die Entscheidung begründet werden (§ 120 Abs. 2 i. V. m. § 71 Abs. 6). Dies ist insbesondere im Hinblick auf die Bindungswirkung in einem etwaigen Schadensersatzprozeß (§ 124 Abs. 1) von Bedeutung. Je detaillierter das Beschwerdegericht seine Entscheidung begründet, desto eher ist es den Beteiligten möglich einzuschätzen, ob ein Rechtsstreit auf Schadensersatz Erfolg verspricht. Aufgrund der Verweisung in § 120 Abs. 2 auf § 71 Abs. 6 müßte die Beschwerdeentscheidung mit einer Rechtsmittelbelehrung versehen sein. Diese Verpflichtung entfällt, da keine Rechtsmittel bestehen[1].

6. Kostenentscheidung

18 Während § 128 die Kosten des Verfahrens vor der Vergabekammer regelt, ist für das sofortige Beschwerdeverfahren keine entsprechende Bestimmung vorgesehen. *Gröning*[2] spricht für eine analoge Anwendung des § 78. Auf diese Vorschrift wird in § 120 Abs. 2 jedoch gerade nicht verwiesen. Das OLG Düsseldorf[3] wendet § 128 Abs. 3 und 4 analog an. Diese Vorschriften sind jedoch für ein Verwaltungsverfahren geschaffen und nur bedingt auf das gerichtliche Beschwerdeverfahren übertragbar. Dies zeigt sich insbesondere in der Verweisung auf § 80 VwVfG in § 128 Abs. 4 Satz 3. Nach anderer Ansicht[4] sind die §§ 91 ff. ZPO entsprechend anzuwenden. Hiergegen spricht, daß die Vorschriften der VwGO der vergaberechtlichen sofortigen Beschwerde näher stehen und insbesondere die Rolle der nach § 109 an dem Verfahren beteiligten Unternehmen, die von der Vergabekammer beigeladen werden, eher einem nach § 65 VwGO Beigeladenen, als einem Nebenintervenienten oder Streitverkündeten nach §§ 66 und 72 ZPO entspricht[5].

---

1 Vgl. u. Tz. 27; OLG Düsseldorf v. 13. 4. 1999 – Verg 1/99, BauR 1999, 751, 759.
2 ZIP 1999, 181, 185.
3 OLG Düsseldorf v. 13. 4. 1999 – Verg 1/99, BauR 1999, 751, 759.
4 OLG Brandenburg v. 3. 8. 1999 – 6 Verg 1/99, Umdruck S. 38, – Flughafen Berlin (in WuW 1999, 929 insoweit nicht abgedruckt); *Bechtold*, GWB, 2. Aufl. 1999, § 123 Rz. 2; *Boesen*, Vergaberecht, 2000, § 123 Rz. 89; *Korbion*, Vergaberechtsänderungsgesetz, 1999, § 129 Rz. 16.
5 Auf die Beigeladenen wird daher § 154 VwGO auch von dem OLG Brandenburg, das sich prinzipiell für einen Rückgriff auf §§ 91 ff. ZPO ausspricht (3. 8. 1999 – 6 Verg 1/99, Umdruck S. 38) und von *Gröning* angewendet, der grundsätzlich auf § 78 zurückgreift (ZIP 1999, 181, 185).

Entsprechend der Ausgestaltung des Beschwerdeverfahrens als Verwaltungsstreitigkeit (Vorb. §§ 116–124 Tz. 3) sind auf die Kostenentscheidung des Beschwerdegerichts die §§ 154 bis 166 VwGO analog anzuwenden. Beigeladenen können Kosten somit nur dann auferlegt werden, wenn sie Anträge gestellt oder sofortige Beschwerde eingelegt haben (§ 154 Abs. 3 VwGO)[1]. Eine Erstattung der Kosten der Rechtsvertretung vor der Vergabekammer setzt voraus, daß die Zuziehung eines Bevollmächtigten von der Vergabekammer für notwendig erklärt wurde (§ 162 Abs. 2 Satz 2 VwGO, § 128 Abs. 4 Satz 3 GWB i. V. m. § 80 Abs. 3 Satz 2 VwVfG.) Nach § 164 VwGO setzt der Urkundsbeamte des Gerichts des ersten Rechtszugs auf Antrag den Betrag der zu erstattenden Kosten fest. Obwohl das Verfahren vor der Vergabekammer demjenigen vor einem erstinstanzlichen Gericht nachgebildet ist, handelt es sich bei ihr nicht um ein Gericht im Sinne des § 164 VwGO. Die Kostenfestsetzung erfolgt daher durch das OLG. Dies gilt auch im Fall einer Vorlageentscheidung des BGH nach § 124 Abs. 2.

Der Streitwert für das Beschwerdeverfahren beträgt 5% der Auftragssumme (§ 12a Abs. 2 GKG). Es können die Gebühren Nr. 1220 bis 1229 des Kostenverzeichnisses zum GKG anfallen. Für die Gebühren der Bevollmächtigen der Parteien gelten nach § 65a Satz 1 BRAGO die Vorschriften des 3. Abschnitts der BRAGO (§§ 31 bis 67) sinngemäß. Die Gebühren erhöhen sich nach § 65a Satz 3 i. V. m. § 11 Abs. 1 Satz 4 BRAGO um 3/10.

7. Vollstreckung

Eine Vollstreckung der **Hauptsacheentscheidung** des Beschwerdegerichts ist nur in Ausnahmefällen erforderlich. Stellt das **Beschwerdegericht** fest, daß keine Verletzung der subjektiven Rechte desjenigen Unternehmens, das den Nachprüfungsantrag nach § 107 Abs. 1 gestellt hat, vorliegt, **gestattet** es die **Zuschlagserteilung** und hebt eine gegebenenfalls abweichende Entscheidung der Vergabekammer auf. In diesem Fall steht es dem Auftraggeber frei, den Zuschlag zu erteilen. Einer Vollstreckung der Entscheidung des Beschwerdegerichts bedarf es nicht.

Hatte die **Vergabekammer** die **Zuschlagserteilung untersagt** und wird dies durch das **Beschwerdegericht bestätigt,** findet § 118 Abs. 3

19

20

21

22

---

1 OLG Brandenburg v. 3. 8. 1999 – 6 Verg 1/99, Umdruck S. 38, – Flughafen Berlin (in WuW 1999, 929 insoweit nicht abgedruckt).

Anwendung. Danach hat die Zuschlagserteilung zu unterbleiben, da die Entscheidung der Vergabekammer durch das Beschwerdegericht nicht aufgehoben wurde. Ein unter Verstoß gegen diese Vorschrift erteilter Zuschlag ist nichtig (vgl. § 118 Tz. 19). Auch insofern ist eine Vollstreckung der Entscheidung des Beschwerdegerichts nicht erforderlich.

23 Es verbleibt der Fall, daß die **Vergabekammer keinen Verstoß** gegen das Vergaberecht **festgestellt** hat, das **Beschwerdegericht** hingegen die **Zuschlagserteilung untersagt.** Mit Erlaß der Entscheidung des Beschwerdegerichts entfällt die aufschiebende Wirkung der sofortigen Beschwerde nach § 118 Abs. 1. Die Untersagung des Zuschlags durch das Beschwerdegericht stellt kein gesetzliches Verbot dar, so daß ein unter Verletzung der Entscheidung des Gerichts erteilter Zuschlag nicht über § 134 BGB nichtig ist. In diesem Fall muß somit eine Vollstreckung aus dem Beschluß des Beschwerdegerichts stattfinden. Hierfür gelten die §§ 167 bis 172 VwGO. Über § 167 Abs. 1 Satz 1 VwGO finden die §§ 704 bis 945 ZPO Anwendung. Da der erfolgreiche Beschwerdeführer die Unterlassung der Zuschlagserteilung begehrt, richtet sich die Zwangsvollstreckung nach § 890 ZPO. Danach kann auf Antrag des Beschwerdeführers ein Ordnungsgeld gegen den Auftraggeber festgesetzt werden, wenn er den Zuschlag entgegen der Entscheidung des Beschwerdegerichts erteilt. Die Wirksamkeit der Zuschlagserteilung kann der Beschwerdeführer auf diesem Weg jedoch nicht verhindern. Dies entspricht den Regeln des Zwangsvollstreckungsrechts, steht aber im Widerspruch zu dem Zweck des 4. Teils des GWB, die Erteilung eines Zuschlags auf ein rechtskräftig als rechtswidrig erkanntes Vergabeverfahren zu verhindern. Es stellen sich die gleichen Probleme, die sich auch bei einer Vollstreckung der einem Antrag stattgebenden Entscheidung der Vergabekammer nach § 114 Abs. 3 Satz 2 ergeben (§ 114 Tz. 74). Dem Gesetzeszweck würde es daher entsprechen, eine Regelung vorzusehen, wonach die Erteilung eines Zuschlags zu unterbleiben hat, soweit dies von dem OLG in seiner Beschwerdeentscheidung angeordnet wird. Auch im Hinblick auf Art. 2 Abs. 7 der Rechtsmittelrichtlinie, der vorsieht, daß die Entscheidungen der für Nachprüfungsverfahren zuständigen Instanzen wirksam durchgesetzt werden müssen, ist eine derartige Ergänzung des Gesetzes notwendig.

24 Soweit es sich bei dem **Auftraggeber** um den **Bund,** ein Land, einen Gemeindeverband, eine Gemeinde, eine Körperschaft, eine Anstalt oder Stiftung des öffentlichen Rechts handelt, was überwiegend der Fall sein wird, findet § 170 VwGO Anwendung.

Hat das Beschwerdegericht eine **Feststellungsentscheidung** nach   25
§ 123 Satz 3 erlassen, ist eine Vollstreckung der Hauptsacheentscheidung nicht nötig.

Die Vollstreckung der **Kostenentscheidung** richtet sich stets nach   26
§§ 167 bis 172 VwGO.

III. Rechtsmittel

Rechtsmittel gegen die Entscheidung des Beschwerdegerichts beste-   27
hen nicht. Anders als das kartellrechtliche Verfahren sieht der
4. Teil des GWB eine Rechtsbeschwerde zum BGH (§ 74) nicht vor.
Zur Wahrung der Einheit der Rechtsprechung besteht allerdings eine
Vorlagepflicht des Beschwerdegerichts zum BGH nach § 124 Abs. 2
(§ 124 Tz. 9 ff.). Unberührt bleibt die Möglichkeit, gegen die Entscheidung des Beschwerdegerichts Verfassungsbeschwerde (Art. 93
Abs. 1 Nr. 4a GG) einzulegen.

§ 124 Bindungswirkung und Vorlagepflicht

(1) Wird wegen eines Verstoßes gegen Vergabevorschriften Schadensersatz begehrt und hat ein Verfahren vor der Vergabekammer stattgefunden, ist das ordentliche Gericht an die bestandskräftige Entscheidung der Vergabekammer und die Entscheidung des Oberlandesgerichts sowie gegebenenfalls des nach Absatz 2 angerufenen Bundesgerichtshofs über die Beschwerde gebunden.

(2) Will ein Oberlandesgericht von einer Entscheidung eines anderen Oberlandesgerichts oder des Bundesgerichtshofes abweichen, so legt es die Sache dem Bundesgerichtshof vor. Der Bundesgerichtshof entscheidet anstelle des Oberlandesgerichts. Die Vorlagepflicht gilt nicht im Verfahren nach § 118 Abs. 1 Satz 3 und nach § 121.

I. Einführung

1. Inhaltsübersicht

1   § 124 faßt zwei unterschiedliche Regelungsgegenstände zusammen. Nach Absatz 1 entfalten die Entscheidungen der Vergabekammern und der Oberlandesgerichte Bindungswirkung für die ordentlichen Gerichte in Rechtsstreitigkeiten über Schadensersatzansprüche. Absatz 2 statuiert eine Vorlagepflicht an den BGH, soweit das Beschwerdegericht beabsichtigt, von der Entscheidung eines anderen OLG oder des BGH abzuweichen.

2. Entstehungsgeschichte

2   § 133 des Regierungsentwurfs[1]:

---

1 BT-Drucks. 13/9340. Die unterstrichenen Passagen weichen vom späteren Gesetzestext ab.

Bindungswirkung und Vorlagepflicht

(1) Wird wegen eines Verstoßes gegen Vergabevorschriften Schadensersatz begehrt und hat ein Verfahren vor der Vergabekammer stattgefunden, ist das ordentliche Gericht an die bestandskräftige Entscheidung der Vergabekammer und die Entscheidung des <u>Oberlandesgerichts über</u> die Beschwerde gebunden.

(2) Will ein Oberlandesgericht von einer Entscheidung eines anderen Oberlandesgerichts oder des Bundesgerichtshofes abweichen, so legt es die Sache dem Bundesgerichtshof vor. Der Bundesgerichtshof entscheidet anstelle des Oberlandesgerichts. Die Vorlagepflicht gilt nicht im Verfahren nach § 131.

Begründung zu § 133 des Regierungsentwurfs[1]:   3

Die in dieser Vorschrift angeordnete Bindungswirkung der Entscheidungen von Vergabekammer und Oberlandesgericht ist erforderlich, damit eine nochmalige gerichtliche Prüfung derselben Sach- und Rechtsfragen vermieden wird. Die Vorlagepflicht gewährleistet eine bundeseinheitliche Rechtsprechung in Vergabesachen. Eine Verzögerung der Vergabeverfahren ist damit nicht verbunden, weil diese Vorlagen nur in sehr seltenen Fällen stattfinden werden und für die Eilverfahren nach § 131 ausdrücklich ausgeschlossen sind. In diesen Eilverfahren werden im Interesse der Beschleunigung Divergenzen hingenommen; sie werden die Ausnahme bleiben und sich durch gerichtliche Entscheidungen nach § 132 oder in Schadensersatzprozessen auflösen.

II. Bindungswirkung (§ 124 Abs. 1)

Die Zuständigkeit der Vergabekammern und der Oberlandesgerichte   4
nach dem 4. Teil des GWB beschränkt sich auf die Überprüfung von Vergaberechtsverstößen. Die bereits vor Inkrafttreten des Vergaberechtsänderungsgesetzes bestehende Zuständigkeit der ordentlichen Gerichte für die Entscheidung über Klagen auf Schadensersatz, die auf Vergaberechtsverstößen beruhen, bleibt unberührt. Nach dem bis zum 31. 12. 1998 geltenden Recht waren die Entscheidungen der Vergabeprüfstellen sowie der Vergabeüberwachungsausschüsse für die ordentlichen Gerichte nicht bindend[2]. Dies konnte dazu führen, daß in einem gerichtlichen Verfahren über Schadensersatzansprüche die Frage, ob ein Verstoß gegen Vergabevorschriften vorlag, unabhängig und gegebenenfalls abweichend von einer Entscheidung der Vergabeprüfstelle oder des Vergabeüberwachungsausschusses beurteilt werden mußte. Um die hierdurch entstehenden zeitlichen Verzöge-

---

1 BT-Drucks. 13/9340.
2 *Boesen*, EuZW 1998, 551, 557; *Jaeger* in Kapellmann/Vygen, Jahrbuch für Baurecht, S. 107, 111.

rungen, zusätzlichen Kosten und insbesondere die durch die Möglichkeit divigierender Entscheidungen resultierende Rechtsunsicher-
heit zu vermeiden, sieht § 124 Abs. 1 vor, daß die ordentlichen
Gerichte in Verfahren über Schadensersatzansprüche wegen Vergaberechtsverstößen an bestandskräftige Entscheidungen der Vergabekammern, der Oberlandesgerichte als Beschwerdegericht oder des
BGH nach § 124 Abs. 2 gebunden sind. Dies entspricht der Rechtslage in Amtshaftungsverfahren. Auch dort sind die Zivilgerichte, die
für Klagen, die Amtshaftungsansprüche zum Gegenstand haben, zuständig sind, an die Entscheidung der Verwaltungsgerichtsbarkeit
über die Rechtmäßigkeit des dem Schadensersatzanspruch zugrun-
deliegenden Verwaltungshandelns gebunden[1].

5   Allerdings ist die Durchführung eines Vergabenachprüfungsverfahrens nicht Voraussetzung für die Geltendmachung eines Schadensersatzanspruchs gegenüber dem Auftraggeber. Vielmehr besteht die
Möglichkeit, **direkt eine Klage** auf Zahlung von Schadensersatz vor
den ordentlichen Gerichten **anhängig zu machen**[2]. Dieses Vorgehen
bietet sich insbesondere dann an, wenn der Zuschlag bereits erteilt
wurde, da die unterlegenen Bieter in diesem Fall nach § 114 Abs. 2
Satz 1 auf das Geltendmachen von Schadensersatzansprüchen beschränkt sind. Wird die Schadensersatzklage nach Anrufung der Vergabekammer, aber vor Abschluß des Vergabenachprüfungsverfahrens
anhängig gemacht, kann das ordentliche Gericht das Verfahren nach
§ 148 ZPO wegen Vorgreiflichkeit der Entscheidung im Vergabenachprüfungsverfahren **aussetzen**. Eine Aussetzung nach § 148 ZPO
wird bereits dann für zulässig gehalten, wenn ein vorgreifliches Verwaltungsverfahren zwar zulässig, aber noch nicht eingeleitet ist, da
die Aussetzung auch dazu dienen kann, die Entscheidung einer Verwaltungsbehörde zu veranlassen[3]. Obwohl es sich bei dem Verfahren
vor der Vergabekammer um ein verwaltungsrechtliches handelt (vgl.
Vorb. §§ 102–124 Tz. 2), verbietet sich eine Aussetzung der Schadensersatzklage, wenn ein Antrag an die Vergabekammer nach § 107
Abs. 1 noch nicht gestellt wurde. Das GWB sieht gerade nicht vor,
daß einer Schadensersatzklage wegen Verstößen gegen das Vergaberecht stets ein Vergabenachprüfungsverfahren vorauszugehen hat.
Das von dem Gesetzgeber eingeräumte Wahlrecht des unterlegenen
Bieters zwischen der Durchführung eines Vergabenachprüfungsver-

---

1 *Redeker/von Oertzen*, VwGO, 12. Aufl. 1997, § 121 Rz. 9.
2 *Bechtold*, GWB, 2. Aufl. 1999, § 124 Rz. 1; *Jaeger* in Kapellmann/Vygen,
  Jahrbuch Baurecht 2000, S. 107, 111 f.; a. A. *Höfler*, NJW 2000, 120, 121.
3 *Greger* in Zöller, ZPO, 21. Aufl. 1999, § 148 Rz. 6a.

fahrens und der Erhebung einer Schadensersatzklage kann nicht über § 148 ZPO zunichte gemacht werden.

Die Bindungswirkung des § 124 Abs. 1 beschränkt sich nicht auf den Entscheidungstenor, sondern umfaßt die **tragenden Gründe** der Entscheidung im Vergabenachprüfungsverfahren. Hierbei handelt es sich zunächst um die Frage, ob der Auftraggeber gegen Vorschriften der Vergaberechts verstoßen hat[1]. Aber auch andere Entscheidungsgründe können für die ordentlichen Gerichte Bindungswirkung entfalten, soweit sie Tatbestandsmerkmale der zivilrechtlichen Anspruchsvoraussetzungen, wie beispielsweise Fragen der unzulässigen Rechtsausübung (§ 107 Abs. 3) betreffen. Selbstverständlich geht die Bindungswirkung nicht über die im Nachprüfungsverfahren festgestellten Tatsachen und Rechtsfragen hinaus. Falls die Vergabekammer oder das OLG einen Verstoß gegen das Vergaberecht angenommen hat, steht noch nicht fest, daß der Schadensersatzklage stattgegeben werden muß. Alle Tatsachen und Rechtsfragen, die im Vergabenachprüfungsverfahren keine Rolle gespielt haben, müssen durch die ordentlichen Gerichte entschieden werden. Hierzu zählen beispielsweise Fragen der Verjährung, der Darlegung des Eintritts eines konkreten Schadens usw.[2]. Die Bindungswirkung ist auf die am Verfahren vor der Vergabekammer bzw. dem OLG Beteiligten sowie auf das konkrete Vergabeverfahren beschränkt. Gegenüber Dritten sowie für andere Vergabeverfahren tritt keine Bindungswirkung ein[3].

6

Voraussetzung für das Eintreten der Bindungswirkung ist das Vorliegen einer **bestandskräftigen** Entscheidung. Solange das Verfahren vor der Vergabekammer, dem OLG oder dem BGH andauert oder die Frist zur Einlegung der sofortigen Beschwerde nicht abgelaufen ist, besteht keine Bindungswirkung für die ordentlichen Gerichte. Die Bindungswirkung bezieht sich auf Entscheidungen der Vergabekammer nach § 114 sowie Entscheidungen des Beschwerdegerichts nach § 123 und des BGH nach § 124 Abs. 2. Sie umfaßt auch **feststellende Entscheidungen** nach § 114 Abs. 2 Satz 2 und § 123 Satz 3. Entscheidungen, die in den Eilverfahren nach § 115 Abs. 2, 118 Abs. 1 Satz 3 oder § 121 ergangen sind, kommt keine Bindungswirkung zu. Soweit allerdings das Beschwerdegericht einen Antrag auf Vorabentscheidung nach § 121 abweist und das Beschwerdeverfahren von dem Auftraggeber nicht als Fortsetzungsfeststellungsbeschwerde

7

---

1 BayObLG v. 21. 5. 1999 – Verg 1/99, WuW 1999, 1037, 1046 = WuW/E Verg 239, 248 – Trinkwasserstollen; *Bechtold*, GWB, 2. Aufl. 1999, § 124 Rz. 1.
2 *Bechtold*, GWB, 2. Aufl. 1999, § 124, Rz. 2.
3 *Bechtold*, GWB, 2. Aufl. 1999, § 124, Rz. 2.

nach § 123 Satz 3 fortgesetzt wird, wird die Entscheidung der Vergabekammer bestandskräftig, so daß dieser Bindungswirkung zukommt.

8   Gegen die **Verfassungsmäßigkeit** der Bindungswirkung bestehen Bedenken. Die Vergabekammer entscheidet in einem Eilverfahren. Zwar ist die sofortige Beschwerde hiergegen möglich, diese ist jedoch an äußerst kurz bemessene Einlegungs- und Begründungsfristen gebunden. Die Bindungswirkung wird daher in vielen Fällen der Eilentscheidung einer Verwaltungsbehörde zukommen. Ob dies einer Überprüfung anhand Art. 19 Abs. 4 GG standhält, erscheint zumindest zweifelhaft[1].

III. Vorlage an den BGH (§ 124 Abs. 2)

1. Voraussetzungen

9   Die Entscheidung des OLG kann nicht mit Rechtsmitteln angegriffen werden. Insbesondere scheidet eine Rechtsbeschwerde nach § 74 aus. Allerdings sieht § 124 Abs. 2 Satz 1 vor, daß das OLG, soweit es von einer Entscheidung eines anderen OLG oder des BGH abweichen will, verpflichtet ist, die Sache dem BGH vorzulegen. Das gleiche gilt, wenn eine Abweichung von einer Entscheidung eines Obersten Landesgerichts beabsichtigt ist, soweit dessen Zuständigkeit durch Verordnung nach § 116 Abs. 4 begründet wurde. Hierdurch soll eine bundeseinheitliche Rechtsprechung in Vergabesachen gewährleistet werden[2].

10   Der **Umfang der Vorlagepflicht** wird in § 124 Abs. 2 nicht näher definiert. Sie ist auf beabsichtigte Abweichungen von Entscheidungen eines OLG **im Beschwerdeverfahren nach §§ 116 ff.** sowie des BGH nach § 124 Abs. 2 beschränkt. Beabsichtigt das Beschwerdegericht hingegen von der Entscheidung eines anderen OLG, die in einem der in § 119 GVG genannten Verfahren ergangen ist, oder des BGH in einem Verfahren nach § 133 GVG abzuweichen, findet § 124 Abs. 2 keine Anwendung[3]. Inhaltlich ist die Vorlagepflicht hingegen nicht

---

1 *Tilmann,* WuW 1999, 342, 348.
2 BT-Drucks. 13/9340 S. 22.
3 *Bechtold,* GWB, 2. Aufl. 1999, § 124 Rz. 3; Ziff. 4 des Informationsblatts des BKartA zum Rechtsschutz bei der Vergabe öffentlicher Aufträge vom September 1998 spricht von Abweichungen . . . „von der Entscheidung eines anderen Oberlandesgerichts oder des Bundesgerichtshofs in einer Vergabesache."

beschränkt. Sie besteht auch dann, wenn die Abweichung eine **verga-berechtsfremde Rechtsfrage**, etwa gesellschaftsrechtlicher, wettbewerbsrechtlicher oder kartellrechtlicher Natur, betrifft. Hierin unterscheidet sich die Vorschrift von der Vorlagepflicht nach § 28 Abs. 2 FGG und dem Rechtsentscheid nach § 541 ZPO. Während erstere lediglich auf die Auslegung von bundesgesetzlichen Vorschriften, welche eine der in § 1 FGG bezeichneten Angelegenheiten betrifft, Anwendung findet, gilt der Rechtsentscheid ausschließlich für mietrechtliche Fragen. In beiden Fällen findet sich die Einschränkung des Anwendungsbereichs der Vorschrift im Gesetzestext selbst. Da § 124 Abs. 2 keine derartige Beschränkung enthält, reduziert sich die dort geregelte Vorlagepflicht nicht auf vergaberechtliche Fragen.

Voraussetzung für die Zulässigkeit der Vorlage ist die Entscheidungserheblichkeit der von dem OLG beabsichtigten **Abweichung**[1]. Dies ist der Fall, wenn die Entscheidung, die zu treffen das OLG beabsichtigt, auf der vorgelegten Rechtsfrage beruhen würde. Eine Abweichung liegt auch dann vor, wenn das OLG beabsichtigt, sich der herrschenden Meinung der Oberlandesgerichte anzuschließen, soweit ein anderes OLG in der Vergangenheit von dieser Auffassung – auch unter Verletzung seiner Vorlagepflicht – abgewichen ist[2]. Liegt hingegen zu einer Rechtsfrage bereits eine Entscheidung des BGH nach § 124 Abs. 2 vor, trifft ein OLG, das beabsichtigt, sich dieser Entscheidung anzuschließen, keine erneute Vorlagepflicht, auch wenn zwischenzeitlich ein anderes OLG von der Entscheidung des BGH abgewichen ist[3]. Die Vorlagepflicht entfällt weiterhin, wenn ein OLG auf Anfrage hin erklärt, daß es nicht beabsichtige, an seiner bisherigen, abweichenden Auffassung festzuhalten[4]. Soweit die Voraussetzungen des § 124 Abs. 2 vorliegen, ist das OLG zur Vorlage an den BGH **verpflichtet.** Ein Verstoß gegen diese Verpflichtung hat jedoch keine Folgen. Insbesondere können die Beteiligten die Vorlage an den BGH nicht erzwingen. Die Vorlage erfolgt durch Beschluß, in dem die Rechtsfrage formuliert und deren Entscheidungserheblichkeit dargelegt werden muß. Der Beschluß unterliegt nicht der Anfechtung durch die Beteiligten[5].

11

---

1 So für die Vorlage nach § 28 Abs. 2 FGG: BGH v. 3. 5. 1968 – IV ZB 502/68, MDR 1968, 650; BGH v. 14. 10. 1981 – IVb ZB 718/80, NJW 1982, 517.
2 *Bechtold*, GWB, 2. Aufl. 1999, § 124, Rz. 3.
3 So für die Vorlagepflicht nach § 28 Abs. 2 FGG: *Bumiller/Winkler*, Freiwillige Gerichtsbarkeit, 7. Aufl. 1999, § 28 Rz. 8.
4 BGH v. 14. 2. 1974 – II ZB 2/73, NJW 1974, 702; *Bumiller/Winkler*, Freiwillige Gerichtsbarkeit, 7. Aufl. 1999, § 28 Rz. 8.
5 *Bechtold*, GWB, 2. Aufl. 1999, § 124 Rz. 3.

12   Die Vorlagepflicht des § 124 Abs. 2 gilt ausschließlich für das **Haupt-sacheverfahren des Beschwerdegerichts**. Im Rahmen der Eilverfahren nach § 118 Abs. 1 Satz 3 und § 121 scheidet eine Vorlage an den BGH aus (§ 124 Abs. 2 Satz 3). Im Hinblick auf den Eilcharakter dieser beiden Verfahren nimmt der Gesetzgeber unterschiedliche Entscheidungen der Beschwerdegerichte bewußt in Kauf[1].

2. Entscheidung durch den BGH

13   Der BGH prüft zunächst die **Zulässigkeit** der Vorlage, das heißt, ob tatsächlich ein Fall der Abweichung von der Entscheidung eines anderen OLG oder des BGH vorliegt und die vorgelegte Frage ent-scheidungserheblich ist[2]. Ist die Vorlage unzulässig, leitet der BGH die Angelegenheit durch Rückgabebeschluß an das OLG zur Ent-scheidung zurück[3]. Erweist sich die Vorlage als zulässig, entscheidet der BGH gemäß § 124 Abs. 2 Satz 2 anstelle des OLG. Dies betrifft sowohl **Recht- als auch Tatsachenfragen**. Eine Zurückverweisung der Sache an das OLG ist im Falle der Zulässigkeit der Vorlage nicht möglich[4]. Allerdings steht dem BGH – ebenso wie dem OLG – die Möglichkeit offen, nach § 123 Satz 2 die Vergabekammer zu ver-pflichten, unter Berücksichtigung der Rechtsauffassung des Gerichts über die Sache erneut zu entscheiden. Eine derartige Zurückverwei-sung an die Vergabekammer ist jedoch in aller Regel nicht zweck-dienlich, da für das Verfahren vor der Vergabekammer auch nach Rückverweisung die Fünf-Wochen-Frist des § 113 Abs. 1 Satz 1 An-wendung findet, während der BGH – ebensowenig wie das Beschwer-degericht – an diese Frist nicht gebunden ist (§ 123 Tz. 8). Dies führt dazu, daß der BGH die entscheidungserheblichen Tatsachen, soweit diese nicht bereits von dem Beschwerdegericht ermittelt wurden, selbst aufzuklären hat. Dieses Ergebnis läßt sich nur durch eine Gesetzeskorrektur ändern. Insoweit könnte entweder eine Zurück-verweisung durch den BGH an das Beschwerdegericht vorgesehen, oder die Fünf-Wochen-Frist des § 113 Abs. 1 Satz 1 im Fall eine Zurückverweisung nach § 123 Satz 2 aufgehoben werden.

---

1 BT-Drucks. 13/9340 S. 22.
2 A. A. *Bechtold*, GWB, 2. Aufl. 1999, § 124 Rz. 3, wonach der BGH bezüg-lich der Entscheidungserheblichkeit der vorgelegten Frage an den Vorlage-beschluß des OLG gebunden ist.
3 *Bechtold*, GWB, 2. Aufl. 1999, § 124 Rz. 3; für § 28 Abs. 2 FGG: *Bumil-ler/Winkler*, Freiwillige Gerichtsbarkeit, 7. Aufl. 1999, § 28 Rz. 10.
4 *Bechtold*, GWB, 2. Aufl. 1999, § 124 Rz. 3; *Sturmberg*, BauR 1998, 1063, 1066.

3. Vorlage an den EuGH

Unberührt von § 124 Abs. 2 bleibt die **Vorlagepflicht nach Art. 234 EGV.** Dessen 3. Unterabsatz verpflichtet einzelstaatliche Gerichte, deren Entscheidungen nicht mehr mit Rechtsmitteln des innerstaatlichen Rechts angefochten werden können, den EuGH zur Vorabentscheidung über die Auslegung des primären und sekundären Gemeinschaftsrechts anzurufen, wenn eine derartige Frage in einem schwebenden Verfahren bei dem einzelstaatlichen Gericht gestellt wird. Das deutsche Vergaberecht basiert in wesentlichen Teilen auf Richtlinien des Rates (vgl. Einl. Tz. 4 f.). Insoweit ist zur Auslegung des nationalen Vergaberechts auf das ihm zugrunde liegende Gemeinschaftsrecht zurückzugreifen[1]. Da die Entscheidung des Beschwerdegerichts nach § 123 nicht mehr mit Rechtsmitteln angefochten werden kann (die Vorlagepflicht des § 124 Abs. 2 zählt nicht als Rechtsmittel), ist das Beschwerdegericht nicht nur nach Art. 234, 2. UA EGV zur Vorlage berechtigt, sondern vielmehr besteht eine Vorlagepflicht (Art. 234, 3. UA EGV). Stellt sich die Frage der Auslegung des Gemeinschaftsrechts dem BGH im Rahmen eines Vorlageverfahrens nach § 124 Abs. 2, ist auch dieser zur Vorlage an den EuGH verpflichtet.

14

Fraglich ist, ob auch die Vergabekammern ein „Gericht" darstellen und nach Art. 234, 2. UA EGV zur Vorlage an den EuGH berechtigt sind. Die Vorlageberechtigung der Vergabeüberwachungsausschüsse hatte der EuGH mit der Begründung bejaht, daß diese ihre Tätigkeit unabhängig und in eigener Verantwortung ausüben, nur dem Gesetz unterworfen sind, die wesentlichen Vorschriften des deutschen Richtergesetzes über die Nichtigkeit und Rücknahme sowie über die Unabhängigkeit und Absetzbarkeit von Richtern entsprechende Anwendung finden und der Vergabeüberwachungsausschuß eine rechtsprechende Tätigkeit ausübt[2]. Diese Voraussetzungen treffen auch auf die Vergabekammern zu (§ 105). Insbesondere üben diese eine Tätigkeit aus, die derjenigen eines erstinstanzlichen Gerichts angenähert ist. Die Vergabekammern sind somit als berechtigt anzusehen, eine Vorlage nach Art. 234, 2. UA EGV an den EuGH einzureichen.

15

---

1 EuGH v. 20. 9. 1988 – Rs. 31/87, Slg. 1988, 4635, 4662 – Beentjes; EuGH v. 13. 11. 1990 – Rs. C 106/89, Slg. 1990 I, 4135, 4159 – Marleasing; EuGH v. 16. 12. 1993 – Rs. C 334/92, Slg. 1993 I, 6911, 6932 – Wagner Miret; EuGH v. 14. 7. 1994 – Rs. C 91/92, Slg. 1994 I, 3325, 3357 – Dori; *Bleckmann*, Europarecht, 6. Aufl. 1997, Rz. 441; *Geiger*, EG-Vertrag, 2. Aufl. 1995, Art. 189 Rz. 13.

2 EuGH v. 17. 9. 1997 – Rs. C 54/96, WuW 1997, 923 = WuW/E EWG/MUV 1045 – Dorsch.

Dritter Abschnitt:
Sonstige Regelungen

§ 125 Schadensersatz bei Rechtsmißbrauch

(1) Erweist sich der Antrag nach § 107 oder die sofortige Beschwerde nach § 116 als von Anfang an ungerechtfertigt, ist der Antragsteller oder der Beschwerdeführer verpflichtet, dem Gegner und den Beteiligten den Schaden zu ersetzen, der ihnen durch den Mißbrauch des Antrags- oder Beschwerderechts entstanden ist.

(2) Ein Mißbrauch ist es insbesondere,

1. die Aussetzung oder die weitere Aussetzung des Vergabeverfahrens durch vorsätzlich oder grob fahrlässig vorgetragene falsche Angaben zu erwirken;

2. die Überprüfung mit dem Ziel zu beantragen, das Vergabeverfahren zu behindern oder Konkurrenten zu schädigen;

3. einen Antrag in der Absicht zu stellen, ihn später gegen Geld oder andere Vorteile zurückzunehmen.

(3) Erweisen sich die von der Vergabekammer entsprechend einem besonderen Antrag nach § 115 Abs. 3 getroffenen vorläufigen Maßnahmen als von Anfang an ungerechtfertigt, hat der Antragsteller dem Auftraggeber den aus der Vollziehung der angeordneten Maßnahme entstandenen Schaden zu ersetzen.

Inhaltsübersicht

I. Einführung

1. Inhaltsübersicht

1   § 125 Abs. 1 begründet Schadensersatzansprüche, wenn ein Nachprüfungsverfahren von Anfang an unbegründet war und sich die Einleitung des Nachprüfungsverfahrens als **rechtsmißbräuchlich** darstellt. § 125 Abs. 3 ist § 945 ZPO nachgebildet und begründet Schadensersatzansprüche, wenn sich im Rahmen des Nachprüfungsverfahrens angeordnete vorläufige Maßnahmen im nachhinein als von vornherein ungerechtfertigt erweisen.

2   Die Bestimmungen sollen als Korrektiv zu den jetzt sehr weitgehenden Rechtsschutzmöglichkeiten der Bieter im Vergabeverfahren wirken und dazu dienen, die Tätigkeit der Vergabekammern und des Beschwerdegerichts von leichtfertig handelnden Antragstellern oder Beschwerdeführern freizuhalten[1]. Sie setzen den ein Nachprüfungsverfahren Einleitenden theoretisch nicht unerheblichen Schadensersatzrisiken aus. Denn gerade bei Großvorhaben kann eine Verzögerung der Vergabeentscheidung zu erheblichen Kosten führen. Ob die Bestimmung aber geeignet ist, rechtsmißbräuchlich eingeleitete Nachprüfungsverfahren zu unterbinden, bleibt abzuwarten[2]. Denn es wird sich nur in Ausnahmefällen darlegen und beweisen lassen, daß die Einleitung des Verfahrens rechtsmißbräuchlich war.

3   Schadensersatzansprüche gemäß § 125 Abs. 1 und Abs. 3 sind nicht im Vergabeverfahren oder einem anderen besonderen Verfahren geltend zu machen. Sie sind im **ordentlichen Rechtsweg** nach allgemeinen Grundsätzen geltend zu machen[3].

2. Entstehungsgeschichte

4   § 134 des Regierungsentwurfs[4]:

Schadensersatz bei Rechtsmißbrauch

(1) Erweist sich der Antrag nach § 117 oder die sofortige Beschwerde nach § 126 als von Anfang an ungerechtfertigt, ist der Antragsteller oder der Beschwerdeführer verpflichtet, dem Gegner und den Beteiligten den Schaden zu ersetzen, der ihnen durch den Mißbrauch des Antrags- oder Beschwerderechts entstanden ist.

---

1 *Noch,* Vergaberecht kompakt, 1999, S. 83
2 Zweifelnd: *Gröning,* ZIP 1998, 370 ff., 373.
3 *Bechtold,* GWB, 2. Aufl. 1999, § 125 Rz. 3.
4 BT-Drucks. 13/9340. Die unterstrichenen Passagen weichen vom späteren Gesetzestext ab.

(2) Ein Mißbrauch ist es insbesondere,

1. die Aussetzung oder die weitere Aussetzung des Vergabeverfahrens durch vorsätzlich oder grob fahrlässig vorgetragene falsche Angaben zu erwirken;

2. die Überprüfung mit dem Ziel zu beantragen, das Vergabeverfahren zu behindern oder Konkurrenten zu schädigen;

3. einen Antrag in der Absicht zu stellen, ihn später gegen Geld oder andere Vorteile zurückzunehmen.

(3) Erweisen sich die von der Vergabekammer <u>auf</u> besonderen Antrag nach § 125 Abs. 3 getroffenen vorläufigen Maßnahmen als von Anfang an ungerechtfertigt, hat der Antragsteller dem Auftraggeber den aus der Vollziehung der angeordneten Maßnahme entstandenen Schaden zu ersetzen.

Begründung zu § 134 des Regierungsentwurfs[1]: 5

Zu den Absätzen 1 und 2

Das vielfach hohe wirtschaftliche Interesse der konkurrierenden Bieter an dem Auftrag birgt die Gefahr des Mißbrauchs der neuen Rechtsschutzmöglichkeiten in sich. Dem soll durch eine besondere Schadensersatzpflicht entgegengewirkt werden. Unternehmen, welche die neuen Rechtsschutzmöglichkeiten mißbräuchlich einsetzen, müssen danach mit hohen Schadensersatzforderungen rechnen. Auch das wird – neben dem allgemeinen Kostenrisiko – willkürlichen Beschwerden und Anträgen entgegenwirken. Die neue Schadensersatzregelung ist eine spezielle Ausprägung der sittenwidrigen Schädigung nach § 826 BGB und des Prozeßbetrugs nach § 823 Abs. 2 BGB i. V. m. § 263 StGB.

In Absatz 2 sind die typischen Mißbrauchstatbestände bezeichnet.

Zu Absatz 3

In dieser Vorschrift ist ein dem § 945 ZPO nachgebildeter Schadensersatzanspruch für den Fall statuiert, daß der Antragsteller mit besonderem Antrag nach § 125 Abs. 3 über das automatische Zuschlagsverbot hinaus vorläufig in das Vergabeverfahren bremsend eingreift und sich im Hauptverfahren über den Nachprüfungsantrag herausstellt, daß der zusätzliche Stopp einzelner Maßnahmen nicht gerechtfertigt war. Die strenge Haftung erscheint in diesem Fall angemessen.

II. Schadensersatzanspruch gemäß § 125 Abs. 1 und 2

1. Voraussetzungen des Schadensersatzanspruchs

§ 125 Abs. 1 setzt zunächst voraus, daß sich der Antrag nach § 107 6 oder die sofortige Beschwerde nach § 116 als von Anfang an ungerechtfertigt erweist.

---

1 BT-Drucks. 13/9340.

„Ungerechtfertigt" war der Antrag oder die Beschwerde, wenn sie unzulässig oder unbegründet war. **„Von Anfang an"** ungerechtfertigt war der Antrag oder die Beschwerde nur, wenn der Antrag oder die Beschwerde schon im Zeitpunkt der Einleitung objektiv unzulässig oder unbegründet waren, nicht aber, wenn die Rechtsmittel erst im Laufe des Nachprüfungs- bzw. Beschwerdeverfahrens unzulässig oder unbegründet geworden sind.

7   Die materielle Rechtslage entscheidet. *Noch* legt den Begriff „von Anfang an ungerechtfertigt" enger und zwar dahingehend aus, daß nur ein offensichtlich unbegründeter oder offensichtlich unzulässiger Antrag ungerechtfertigt ist[1]. Dieser Ansicht kann nicht gefolgt werden. Nach allgemeinem Sprachverständnis spielt es dafür, ob etwas „ungerechtfertigt" ist oder nicht, keine Rolle, ob es offensichtlich ist. Auch Systematik sowie Sinn und Zweck des § 125 verlangen eine solche Einschränkung nicht. Allein dies entspricht auch der Auslegung des Begriffs in § 945 ZPO[2]. Die entsprechenden Einschränkungen können und müssen im Rahmen des Tatbestandsmerkmals mißbräuchlich vorgenommen werden[3].

8   Denn ein Schadensersatzanspruch besteht nicht schon dann, wenn der Antrag von Anfang an ungerechtfertigt war. Vielmehr ist ein solcher nur begründet, wenn das Antrags- oder Beschwerderecht von dem Antragsteller **mißbraucht** wurde. Diese Einschränkung des Schadensersatzanspruchs ist erforderlich, weil das Nachprüfungsverfahren andernfalls „lahmgelegt" würde und damit einem rechtsstaatlichen Grundgebot zuwiderliefe. Das schadensursächliche Verhalten ist nämlich grundsätzlich wegen seiner verfahrensrechtlichen Legalität rechtmäßig[4].

9   Was unter einem Mißbrauch zu verstehen ist, ergibt sich einerseits aus der nicht abschließenden Aufzählung in § 125 Abs. 2 sowie aus der Gesetzesbegründung zu § 134 des Regierungsentwurfs. Dort wird die Bestimmung als „spezielle Ausprägung der **sittenwidrigen Schädigung** nach § 826 BGB und des Prozeßbetrugs nach § 823 Abs. 2 BGB i. V. m. § 263 StGB" charakterisiert. Insbesondere die Begründung zum Regierungsentwurf macht deutlich, daß das Verhalten nur dann mißbräuchlich ist, wenn gleichermaßen **objektive und subjektive** Voraussetzungen erfüllt sind. Ein Mißbrauch kann nicht bejaht

---

1   *Noch,* Vergaberecht kompakt, 1999, S. 84; ähnlich: *Korbion,* Vergaberechtsänderungsgesetz, 1999, § 125 Rz. 2.

2   *Vollkommer* in Zöller, ZPO, 21. Aufl. 1999, § 945 Rz. 8.

3   So auch *Boesen,* Vergaberecht, 2000, § 125 Rz. 9.

4   Vergleichbare Fälle: *Thomas* in Palandt, BGB, 58. Aufl. 1999, § 823 Rz. 41.

werden, wenn dem potentiell zum Schadensersatz Verpflichteten trotz objektiven Fehlverhaltens aus besonderen Gründen kein subjektiver Vorwurf zu machen ist[1].

§ 125 Abs. 2 enthält einzelne Mißbrauchstatbestände, die **nicht abschließend**, sondern nur beispielhaft sind. Mißbräuchlich ist es danach, wenn die Aussetzung des Verfahrens durch vorsätzliche oder grob fahrlässig vorgetragene **falsche Angaben** erwirkt wurde. **Grobe Fahrlässigkeit** liegt vor, wenn die im Verkehr erforderliche Sorgfalt in besonders schwerem Maße verletzt worden ist. Dies ist nur der Fall, wenn schon einfachste, ganz naheliegende Überlegungen nicht angestellt worden sind und das nicht beachtet wird, was im gegebenen Fall jedem einleuchten mußte. Grobe Fahrlässigkeit setzt stets auch in subjektiver Hinsicht ein schweres Verschulden voraus[2]. Hiervon wird man nur in Ausnahmefällen ausgehen können. Denn die Vertraulichkeit des Vergabeverfahrens und die bei korrekter Anwendung nur geringen Möglichkeiten der Bieter, Informationen über die Meinungsbildung auf der Auftraggeberseite zu erlangen, machen es dem Bieter häufig schwer, eindeutige Belege für Verfahrensverstöße vorzutragen. Werden insoweit strenge Anforderungen gestellt, wird der Rechtsschutz des Bieters verkürzt, was nicht Sinn und Zweck des Gesetzes ist[3].

Mißbräuchlich ist es ferner, wenn die Überprüfung mit dem Ziel beantragt wird, das Vergabeverfahren **zu behindern** oder Konkurrenten **zu schädigen,** oder den Antrag in der Absicht zu stellen, ihn später gegen Geld oder andere Vorteile zurückzunehmen. Diese in § 125 Abs. 2 Nr. 2 und 3 genannten Mißbrauchstatbestände werden sich nur in Ausnahmefällen beweisen lassen und deshalb voraussichtlich weitgehend leerlaufen[4].

Da die Mißbrauchstatbestände in § 125 Abs. 2 nicht abschließend sind, kann der Mißbrauch auch auf **andere Gründe** gestützt werden. Allerdings müssen diese Gründe ebenso **schwerwiegend** wie die in Abs. 2 genannten Gründe sein.

Der Schadensersatzanspruch nach Abs. 1 ist, wie auch die Begründung zum Regierungsentwurf bestätigt, ein deliktischer Anspruch. Ergänzend finden deswegen die §§ 823 ff. BGB Anwendung, ein-

10

11

12

13

---

1 *Bechtold,* GWB, 2. Aufl. 1999, § 125 Rz. 2.
2 BGH, NJW 1988, 1265; *Heinrichs* in Palandt, BGB, 58. Aufl. 1999, § 277 Rz. 2.
3 *Leinemann/Weihrauch,* Die Vergabe öffentlicher Aufträge, 1999, S. 176 Rz. 633.
4 *Leinemann/Weihrauch,* Die Vergabe öffentlicher Aufträge, 1999, S. 176 Rz. 633.

schließlich der Verjährungsvorschrift des § 852 BGB. Danach **verjährt** der Anspruch in **drei Jahren** ab Kenntnis vom Schaden und Schädiger.

2. Umfang des Schadensersatzanspruchs

14   Der Antragsteller hat gegebenenfalls sowohl den Schaden zu ersetzen, der seinem Gegner, also dem öffentlichen **Auftraggeber** entstanden ist, als auch den Schaden, der sonstigen **Beteiligten** im Vergabeverfahren entstanden ist. Hierzu können erhöhte Finanzierungskosten wegen der Verzögerung der Auftragserteilung gehören, Kostenerhöhungen, weil Bieter einer Verlängerung der Bindefrist während des Nachprüfungsverfahrens nicht zugestimmt haben und nach Fristablauf ein besonders günstiges und zuschlagswürdiges Angebot zurückgezogen haben, so daß nun teurer vergeben werden muß. Anwendbar sind die §§ 249 ff. BGB.

III. Schadensersatzanspruch gemäß § 125 Abs. 3

15   § 125 Abs. 3 ist **§ 945 ZPO** nachgebildet und begründet einen **verschuldensunabhängigen** Schadensersatzanspruch. Der Anspruch gemäß Abs. 3 betrifft allein den Fall, daß der Antragsteller zur Sicherung seiner Rechte aus § 97 Abs. 7 vorläufige Maßnahmen der Vergabekammer beantragt. Stellen sich die angeordneten und beantragten vorläufigen Maßnahmen im nachhinein als von vornherein ungerechtfertigt heraus, bestehen dem Grunde nach Schadensersatzansprüche. Das Merkmal „von Anfang an ungerechtfertigt" ist ebenso auszulegen wie in § 125 Abs. 1 (siehe oben Tz. 7).

16   Der Anspruch aus Abs. 2 ist ebenso wie der aus § 945 ZPO trotz seiner Verschuldensunabhängigkeit deliktsrechtlicher Natur. Es finden, soweit nicht auf Verschulden abgestellt wird, die Vorschriften der §§ 823 ff. BGB Anwendung[1]. Deshalb ist ein mitwirkendes Verschulden des öffentlichen Auftraggebers gemäß § 254 ZPO zu berücksichtigen[2]. Die Ansprüche gemäß § 125 Abs. 3 **verjähren** in **drei Jahren** (§ 852 BGB).

17   Anders als bei § 125 Abs. 1 hat der Antragsteller gemäß § 125 Abs. 3 aber nur den Schaden zu ersetzen, der dem **Auftraggeber** entstanden ist, nicht aber den Schaden, der anderen Beteiligten entstanden ist.

---

1 *Bechtold*, GWB, 2. Aufl. 1999, § 125 Rz. 3; *Vollkommer* in Zöller, 21. Aufl. 1999, § 945 Rz. 13.
2 *Vollkommer* in Zöller, 21. Aufl. 1999, § 945 Rz. 13.

§ 126 Anspruch auf Ersatz des Vertrauensschadens

Hat der Auftraggeber gegen eine den Schutz von Unternehmen bezweckende Vorschrift verstoßen und hätte das Unternehmen ohne diesen Verstoß bei der Wertung der Angebote eine echte Chance gehabt, den Zuschlag zu erhalten, die aber durch den Rechtsverstoß beeinträchtigt wurde, so kann das Unternehmen Schadensersatz für die Kosten der Vorbereitung des Angebots oder der Teilnahme an einem Vergabeverfahren verlangen. Weiterreichende Ansprüche auf Schadensersatz bleiben unberührt.

Inhaltsübersicht

I. Einführung

1. Inhaltsübersicht

Für das deutsche Vergaberecht war und ist es charakteristisch, daß 1
nach Erteilung des Zuschlags eine Aufhebung des hierdurch zustande gekommenen Vertrages weder durch Gerichte noch durch Aufsichtsbehörden möglich ist, auch wenn gegen Vergabevorschriften

verstoßen worden ist. Ist der Zuschlag erteilt, bleibt dem unterlegenen Bieter regelmäßig nur die Geltendmachung von Schadensersatzansprüchen.

2 § 126 Satz 1 schafft eine **Anspruchsgrundlage** zur Geltendmachung von Schadensersatz, wenn Vergabevorschriften, die dem Schutz von Unternehmen dienen, verletzt worden sind und wenn das Unternehmen ohne den Verstoß eine „echte Chance" gehabt hätte, den Zuschlag zu erhalten. Der Schadensersatzanspruch ist aber auf die Kosten der Vorbereitung des Angebots oder der Teilnahme an dem Vergabeverfahren, mit anderen Worten auf den **Vertrauensschaden** oder das sog. negative Interesse beschränkt. Obwohl der Schadensersatzanspruch hierauf beschränkt ist, kann der öffentliche Auftraggeber bei Verstößen erheblichen Schadensersatzforderungen ausgesetzt sein, weil die Kosten für die Teilnahme häufig erheblich sind und die Zahl möglicher Anspruchsberechtigter durch die vorgesehenen Beweiserleichterungen steigt[1]. Bislang hatten die Gerichte nur demjenigen Schadensersatz zuerkannt, der aller Wahrscheinlichkeit nach den Zuschlag bei rechtmäßigem Verhalten erhalten hätte; jetzt können alle Bieter, die eine „echte Chance" hatten, Schadensersatzansprüche geltend machen.

3 § 126 Satz 2 stellt klar, daß weitergehende Schadensersatzansprüche, insbesondere also Ansprüche auf Geltendmachung des entgangenen Gewinns, unberührt bleiben.

4 § 126 muß im Kontext mit **§ 124** gelesen werden. Zwar ist die Durchführung eines Nachprüfungsverfahrens nicht Voraussetzung zur Geltendmachung eines Schadenersatzanspruchs[2]. Ist aber ein Nachprüfungsverfahren durchgeführt worden, so sind die ordentlichen Gerichte im Rahmen des Schadensersatzprozesses gemäß § 124 an die Entscheidungen der Vergabekammer gebunden. Es kann deshalb von **Vorteil** sein, zunächst ein Nachprüfungsverfahren durchzuführen. Dies gilt insbesondere dann, wenn man dem Geschädigten im Rahmen des Schadensersatzprozesses kein Recht auf Einsicht in die Vergabeakten analog § 111 gewährt[3]. Denn häufig läßt sich nur aufgrund Einsicht in die Vergabeakten feststellen, ob und ggf. welche Vergabeverstöße tatsächlich begangen worden sind. Dies verbessert die Position im Zivilprozeß. Allerdings birgt die Durchführung des

---

1 Die Frage, ob dies tatsächlich der Fall ist, hängt von der Auslegung des Tatbestandsmerkmals „echte Chance" ab. Siehe u. Tz. 18 ff.
2 *Noch,* Vergaberecht kompakt, 1999, S. 85; *Bechtold,* GWB, 2. Aufl. 1999, § 126 Rz. 2.
3 Verneinend *Schnorbus,* BauR 1999, 77, 98 f.

Nachprüfungsverfahrens den **Nachteil,** daß es sich um ein Eilverfahren handelt, das die entsprechenden Risiken birgt (siehe § 124 Rz. 8). Dennoch sollte regelmäßig zunächst ein Nachprüfungsverfahren eingeleitet werden. Nicht zuletzt auch deshalb, weil sonst die Gefahr besteht, daß sich der Geschädigte im späteren Schadensersatzprozeß den Einwand des **Mitverschuldens** entgegen halten lassen muß[1].

2. Entstehungsgeschichte

Lange Zeit stellte das Vergaberecht einen nahezu gerichtsfreien 5 Raum dar, in dem allein die innerstaatlichen **Haushaltsordnungen** mit durch Verwaltungsvorschriften eingeführten Verdingungsordnungen (VOB/A, VOL/A) galten. Charakteristisch war, daß die haushaltsrechtlichen Vorschriften allein dem Ziel einer sparsamen Haushaltsführung, nicht aber dem Schutz der Bieter vor Diskriminierung dienen sollten. Daraus folgte, daß den Bietern weder ein primärer noch ein sekundärer Rechtsschutz zur Verfügung stand.

Diese Sichtweise hat sich mehr und mehr, nicht zuletzt durch EG- 6 rechtliche Vorgaben geändert. In einer grundlegenden Entscheidung hat der BGH 1993 Schadensersatzansprüche bei Vergabeverstößen anerkannt und auf das Rechtsinstitut der **culpa in contrahendo** gestützt, und zwar Schadensersatzansprüche auch gerichtet auf das positive Interesse[2]. Diese Rechtsprechung hat der BGH inzwischen in mehreren Entscheidungen ergänzt[3].

Darüber hinaus und neben dieser Rechtsprechung schafft § 126 eine 7 selbständige Anspruchsgrundlage[4]. Die Bestimmung setzt EG-rechtliche Vorgaben um. So bestimmt Art. 2 Abs. 1c der **Rechtsmittelrichtlinie** (88/665/EWG)[5], daß für diejenigen, die durch Rechtsverstöße geschädigt worden sind, eine Rechtsgrundlage zur Geltendmachung von Schadensersatz eingeführt werden muß. Weitergehend verlangt Art. 2 Abs. 7 der **Sektorenüberwachungsrichtlinie** (92/13/EWG)[6], daß ein Anspruch auf Schadensersatz schon dann bestehen muß, wenn der Geschädigte nachweist, daß ein Verstoß

---

1 Ohne Verfasser – Vergabe news Heft 8/1999, S. 59.
2 BGH NJW 1993, 520 ff.
3 BGH ZVgR 1997, 301; BGH NJW 1998, 3636 ff., 3638 ff,; BGH NJW 1999, 3640 ff.
4 *Schnorbus,* BauR 1999, 77, 92.
5 Abl L 1998 395/33.
6 Abl L 1992 74/14.

gegen Vergabevorschriften vorliegt und er ohne den Verstoß eine „echte Chance" hatte, den Zuschlag zu erhalten. Die Richtlinie verlangt eine Beweislasterleichterung zugunsten des Anspruchstellers.

8 Der deutsche Gesetzgeber ist hierüber hinausgegangen und hat nicht nur eine Beweislastregel, sondern eine **selbständige Anspruchsgrundlage** geschaffen. Der Wortlaut des § 126 und seine Entstehungsgeschichte zeigen, daß der Gesetzgeber nicht nur eine Beweislastnorm, sondern eine selbständige Anspruchsgrundlage schaffen wollte. Nachdem der Entwurf des heutigen § 126 noch als Beweisregel überschrieben („Nachweis bei Schadensersatzverlangen") und formuliert war[1], hat der Bundesrat im weiteren Gesetzgebungsverfahren darauf hingewiesen, daß die Vorschrift die Voraussetzungen für einen auf das negative Interesse gerichteten Schadensersatzanspruch festlege[2].

9 § 135 des Regierungsentwurfs[3]:

Nachweis bei Schadensersatzverlangen

Wird Schadensersatz für die Kosten der Vorbereitung eines Angebots oder die Teilnahme an einem Vergabeverfahren verlangt, so braucht das Schadensersatz fordernde Unternehmen lediglich nachzuweisen, daß eine seinen Schutz bezweckende Vergabevorschrift verletzt worden ist und daß es ohne diesen Rechtsverstoß bei der Wertung der Angebote in die engere Wahl gekommen wäre.

10 Begründung zu § 135 des Regierungsentwurfs[4]:

Diese Vorschrift setzt eine Vorgabe der Sektorenüberwachungsrichtlinie der EG in das deutsche Schadensersatzrecht um. Aus Artikel 2 Abs. 7 der Richtlinie ergibt sich, daß die Anforderungen an den Kausalitätsnachweis bei Schadensersatzverlangen für die Kosten eines vergeblich abgegebenen Angebots verringert werden müssen; der Kläger soll danach in solchen Verfahren lediglich nachzuweisen haben, daß gegen eine seinen Schutz bezweckende Vergabevorschrift verstoßen worden ist und daß er ohne diesen Verstoß eine „echte Chance" gehabt hätte, den Zuschlag zu erhalten. Statt des in der Richtlinie verwendeten Begriffs der „echten Chance" wird in der deutschen Vorschrift der Begriff des in die „engere Wahl Kommens" verwendet, welcher in § 25 Nr. 3 Abs. 3 der VOB Teil A bereits eingeführt ist und dem Begriff der echten Chance inhaltlich entspricht.

---

1 BR-Drucks. 646/97 S. 11.
2 BR-Drucks. 646/97 S. 22 f.
3 BT-Drucks. 13/9340. Die unterstrichenen Passagen weichen vom späteren Gesetzestext ab.
4 BT-Drucks. 13/9340.

3. Ordentlicher Rechtsweg

Schadensersatzansprüche gemäß § 126 sowie Schadensersatzansprü- 11
che gestützt auf Verschulden bei Vertragsschluß etc. sind nicht im
Vergabeverfahren oder einem anderen besonderen Verfahren geltend
zu machen. Sie sind im **ordentlichen Rechtsweg** nach allgemeinen
Grundsätzen geltend zu machen[1].

II. Voraussetzungen des § 126 Satz 1

§ 126 gewährt unter den nachfolgenden Voraussetzungen einen **ver-** 12
schuldensunabhängigen[2] Schadensersatzanspruch gerichtet auf das
sog. negative Interesse.

1. Erreichen der Schwellenwerte

§ 126 ist nur anwendbar, wenn das Auftragsvolumen die sog. 13
„Schwellenwerte" erreicht und wenn keiner der Ausnahmetatbestände des § 100 Abs. 2 vorliegt (§ 100). Denn alle Bestimmungen
des vierten Teils gelten nur, wenn diese Voraussetzungen erfüllt
sind.

2. Verstoß gegen eine dem Schutz von Unternehmen dienende Vor-schrift

Die Materialien geben nur wenig Anhaltspunkte, wie dieses Tatbe- 14
standsmerkmal auszulegen ist. Keine Schadensersatzansprüche sollen jedenfalls Verstöße gegen reine **Ordnungsvorschriften** begründen[3]. Im übrigen ist die **Reichweite des subjektiven Bieterschutzes**
aber noch weitgehend ungeklärt.

Schnorbus ist der Ansicht, das Tatbestandsmerkmal „den Schutz 15
von Unternehmen bezweckende" sei – jedenfalls gedanklich – zu
streichen, weil die Problematik insgesamt durch schlichte Kausali-
tätserwägungen zu bewältigen sei[4]. Diese Begründung ist zu kurz
gefaßt. Denn allein die Tatsache, daß die Verletzung einer Norm

---

1 *Noch,* Vergaberecht kompakt, 1999, 1999, S. 85.
2 *Bechtold,* GWB, 2. Aufl. 1999, § 126 Rz. 3; ohne Verfasser – Vergabe News
   8/1999, 58; *Boesen,* Vergaberecht, 2000, § 126 Rz. 6.
3 So für § 97 Abs. 7 GWB: BR-Drucks. 646/97, S. 23.
4 *Schnorbus,* BauR 1999, 77, 95.

ursächlich für den Eintritt eines Schadens ist, besagt nicht, daß die Norm den Schutz des Geschädigten bezweckt[1]. Tatsächlich ist es wohl auch nicht *Schnorbus* Ansicht die Worte zu streichen; vielmehr – jedenfalls muß man dies unterstellen – bezwecken nach seiner Ansicht alle Vorschriften den Schutz von Unternehmen, so daß es nur noch auf Kausalität ankommt.

16   Nach allgemeinen Grundsätzen dient eine Vorschrift dem Schutz von Unternehmen, wenn sie – neben anderen Zwecken – gerade auch dazu dienen soll, den einzelnen oder einzelne Personenkreise gegen die Verletzung eines Rechtsguts zu schützen[2]. Es würde zu weit führen, nunmehr für jede Vergabebestimmung zu prüfen oder festzuhalten, ob sie den Schutz des Unternehmens bezweckt. Grob gesagt gilt folgendes:

17   Ausgehend von der bisherigen EuGH-Rechtsprechung sind jedenfalls die Vorschriften über die **Teilnahme,** die **Publizität** des Verfahrens und die **Chancengleichheit** im Verfahren zum Schutz des Bieters bestimmt. Hierzu gehören: Vorschriften über die Erforderlichkeit der Ausschreibung, über die Grundsätze der Vergabe, Bekanntmachungsvorschriften, Vorschriften über Angebots- und Bewerbungsfristen, das Nachverhandlungsverbot, Vorschriften über die Bewertung der Angebote u. ä.[3].

3. „Echte Chance", den Zuschlag zu erhalten

18   Die Worte „echte Chance" sind wortwörtlich aus der Sektorenüberwachungsrichtlinie[4] (Art. 2 Abs. 7) übernommen worden. Ursprünglich war als Formulierung in Anlehnung an § 25 Nr. 3 Abs. 3 VOB/A vorgesehen, daß der Bieter **„in die engere Wahl"** hätte gelangen müssen[5]. Diese Formulierung wurde jedoch vom Bundesrat als zu weit angesehen, so daß auf seinen Vorschlag der in der Richtlinie verwandte Begriff wörtlich übernommen wurde[6].

---

1 Vgl. *Boesen,* Vergaberecht, 2000, § 126 Rz. 12 zum Schutzzzweck einer Norm.

2 Aus öffentlich-rechtlicher Sicht vgl. *Sachs* in Stelkens/Bonk/Sachs, Verwaltungsverfahrensgesetz, 5. Aufl. 1998, § 40 Rz. 132 ff.; aus zivilrechtlicher Sicht: *Thomas* in Palandt, BGB, 58. Aufl. 1999, § 823 Rz. 141.

3 Siehe § 114 Tz. 8; ohne Verfasser – Vergabe news 97/1999, S. 66.

4 Abl L 1992 74/14.

5 BT-Drucks. 13/9340 S. 9.

6 BR-Drucks. 646/97 S. 23, zu Ziffer 37.

Daraus folgt zumindest, daß derjenige keine echte Chance hatte, der   19
gemäß § 25 Nr. 3 Abs. 3 VOB/A nicht in die engere Wahl gekommen
wäre[1]. In die engere Wahl im Sinne des § 25 Nr. 3 Abs. 3 Satz 1
VOB/A kommen solche Angebote, „die unter Berücksichtigung ra-
tionellen Baubetriebs und sparsamer Wirtschaftsführung eine ein-
wandfreie Ausführung einschließlich Gewährleistung erwarten lassen". Bei der Prüfung soll – ausgehend vom niedrigsten in der Wertung verbliebenen Angebot – untersucht werden, bei welchen Angeboten die Preise so gestaltet sind, daß sie eine ordnungsgemäße
Vertragserfüllung ermöglichen. Anhaltspunkte für die Beurteilung,
welche Angebote sich für die engere Wahl eignen, sollen die Preis-
vorstellung des Auftraggebers entsprechend seiner Kostenberech-
nung und die Bieterfolge sein[2].

Abgesehen von vorstehender – doch eher grober – Einschränkung hat   20
sich noch keine einheitliche Linie dazu herausgebildet, wer eine
echte Chance hatte. Einerseits wird die Ansicht vertreten, eine echte
Chance hätten all diejenigen, deren Angebot alle formellen Anforderungen der Ausschreibung erfüllt[3]. Andererseits wird die Ansicht
vertreten, eine echte Chance habe nur bestanden, wenn die Entscheidung des öffentlichen Auftraggebers für oder gegen ein Gebot auf
Grund des vorhandenen Ermessens rückblickend **nicht mehr gerichtlich nachprüfbar** ist[4]. Zwischen diesen beiden Extremen werden ver-
mittelnde Ansichten vertreten[5].

Schnorbus[6] hat seine sehr enge Auslegung des Begriffs „echte Chan-   21
ce" gut begründet und gezeigt, daß diese enge Auslegung am ehesten
in die Systematik des deutschen Schadensersatzrechts paßt. Denn
würde man die unwiderlegbare Darlegungserleichterung schon für
die Fälle gelten lassen, daß das Angebot den formellen Anforderungen genügt oder darüber hinaus zu einer Spitzengruppe gehört, hätte
§ 126 nicht mehr den Charakter einer Darlegungserleichterung. Vielmehr wären die Bieter aufgrund einer unwiderlegbaren Vermutung
schadensersatzberechtigt, obgleich ihnen nach der bisherigen

---

1 *Schnorbus*, BauR 1999, 77, 93; *Leinemann/Weihrauch*, Die Vergabe öffentlicher Aufträge, 1999, Rz. 636; *Boesen*, Vergaberecht, 2000, § 126 Rz. 24.
2 *Rusam* in Heiermann/Riedl/Rusam, VOB, 8. Aufl. 1997, § 25.3 Rz. 51;
   Boesen, Vergaberecht, 2000, § 126 Rz. 24.
3 *Prieß* in Ipsen, Öffentliches Auftragswesen im Umbruch, 1997, S. 81, 91.
4 *Schnorbus*, BauR 1999, 77, 93; ähnlich *Boesen*, Vergaberecht, 2000, § 126
   Rz. 25.
5 *Leinemann/Weihrauch*, Die Vergabe öffentlicher Aufträge, 1999, Rz. 636;
   Noch, Vergaberecht kompakt, 1999, S. 86.
6 *Schnorbus*, BauR 1999, 77, 93.

Rechtslage und allgemeinen Grundsätzen des Schadensersatzrechts niemals ein ersatzfähiger Schaden hätte entstehen können. Die Vorschrift hätte **Strafcharakter.**

22 Die von *Schnorbus* vertretene Auslegung hat aber den Nachteil, daß das von der Sektorenüberwachungsrichtlinie verfolgte Ziel, das durch die Worte „echte Chance" umgesetzt werden sollte, nicht erreicht wird. Denn die Beweislasterleichterung ist kaum spürbar, wenn der Anspruchsteller darlegen und beweisen muß, daß die Entscheidung des öffentlichen Auftraggebers für oder gegen ein Gebot aufgrund des Ermessens des Auftraggebers rückblickend nicht mehr gerichtlich nachprüfbar ist. Hier zeigt sich, daß es vorzugswürdig gewesen wäre, eine Anspruchsgrundlage zu schaffen, die nur in den von Schnorbus dargestellten Fällen einen Schadensersatzanspruch begründet, die aber die Beweislast widerlegbar dem öffentlichen Auftraggeber aufbürdet. Nichts anderes sieht Art. 2 Abs. 7 der Sektorenüberwachungsrichtlinie vor. Der deutsche Gesetzgeber ist diesen Weg jedoch nicht gegangen. Der Wortlaut des § 126 und seine Entstehungsgeschichte zeigen, daß der Gesetzgeber nicht nur eine Beweislastnorm, sondern eine selbständige Anspruchsgrundlage schaffen wollte. Nachdem der Entwurf des heutigen § 126 noch als Beweisregel überschrieben („Nachweis bei Schadensersatzverlangen") und formuliert war[1], hat der Bundesrat im weiteren Gesetzgebungsverfahren darauf hingewiesen, daß die Vorschrift die Voraussetzungen für einen auf das negative Interesse gerichteten Schadensersatzanspruch festlege[2].

23 Aber gerade weil Art. 2 Abs. 7 der Sektorenüberwachungsrichtlinie (nur) eine Beweislasterleichterung schaffen wollte, kann der Begriff „echte Chance" in der Richtlinie nicht dahin ausgelegt werden, daß eine solche nur bestehen soll, wenn die Entscheidung für oder gegen den Anspruchsteller rückwirkend nicht mehr gerichtlich überprüfbar ist.

24 Da der Gesetzgeber die Richtlinie insoweit wörtlich übernommen hat und § 126 richtlinienkonform auszulegen ist und da der Gesetzgeber nicht zwischen Tatbestandsvoraussetzung und Beweislast unterschieden hat, liegt eine „echte Chance" nicht erst dann vor, wenn die Entscheidung des öffentlichen Auftraggebers rückblickend nicht mehr gerichtlich nachprüfbar ist, sondern schon dann, wenn der Anspruchsteller zu einer nahe zusammenliegenden **Spitzengruppe**

---

1 BR-Drucks. 646/97 S. 11.
2 BR-Drucks. 646/97 S. 22 f.

gehört[1]. Der Umstand, daß die Bestimmung damit Strafcharakter erlangen kann, muß aufgrund der Systematik hingenommen werden.

4. Verjährung

§ 126 soll ein deliktischer Schadensersatzanspruch sein, auf den die 25
§§ 823 ff. BGB, insbesondere § 852 BGB ergänzend anwendbar sind[2].
Danach verjährt der Anspruch in **drei Jahren**[3].

III. Umfang des Schadensersatzes gemäß § 126 Satz 1

Stellt man allein auf den Wortlaut des § 126 ab, so scheint es, als 26
könne der Geschädigte nur entweder Schadensersatz für die Kosten
der **Vorbereitung des Angebots** *oder* für die Kosten der **Teilnahme an
einem Vergabeverfahren** verlangen. Die mißglückte Formulierung
beruht wohl darauf, daß Art. 2 Abs. 7 der Sektorenüberwachungsrichtlinie (92/13/EWG)[4] möglichst wortgetreu übernommen werden
sollte und dabei übersehen wurde, daß Art. 2 Abs. 7 anders als § 126
keine Anspruchsgrundlage schafft, sondern nur eine Beweislastrege-
lung enthält. Die EG-Richtlinien sehen gerade nicht vor, daß der
Geschädigte alternativ nur entweder die Kosten für die Vorbereitung
des Angebots oder die Kosten für die Teilnahme am Verfahren verlangen kann. Jedenfalls ist dies Art. 2 Abs. 7 nicht zu entnehmen[5].

§ 126 ist deshalb dahin auszulegen, daß der Geschädigte als Vertrauensschaden sowohl die Kosten für die Vorbereitung des Angebots als
auch für die Teilnahme an dem Vergabeverfahren verlangen kann[6].
Für diese Auslegung spricht – abgesehen von Vorstehendem – die
amtliche Überschrift zu § 126: „Anspruch auf Ersatz des Vertrauens-

---

1 So auch: *Bechtold*, GWB, 2. Aufl. 1999, § 126 Rz. 2; *Hucko*, VergabeR
3/1998, 15, 16; ohne Verfasser – Vergabe News 8/1999, 58; a. A. trotz
gleichem Ausgangspunkt: *Boesen*, Vergaberecht, 2000, § 126 Rz. 25.
2 *Bechtold*, GWB, 2. Aufl. 1999, § 126 Rz. 3. Trifft den Bieter ein Mitver-
schulden hinsichtlich der Schadensabwendung oder -minderung, greift
§ 254 BGB. Dies kann insbesondere gelten, wenn der Bieter es unterläßt,
ein Nachprüfungsverfahren einzuleiten.
3 So *Bechtold*, GWB, 2. Aufl. 1999, § 126 Rz. 3; a. A. *Boesen*, Vergaberecht,
2000, § 126 Rz. 30 (30 Jahre gemäß § 195 BGB).
4 Abl L 1992 74/14.
5 So aber: *Schnorbus*, BauR 1999, 77, 96.
6 *Schnorbus*, BauR 1999, 77, 96; *Boesen*, Vergaberecht, 2000, § 126 Rz. 16.

schadens" und der Umstand, daß eine solche Einschränkung des Schadensersatzanspruchs systemwidrig und nicht begründbar wäre.

27 Zu den Kosten gehören alle für die Vorbereitung des Angebots oder die Teilnahme an dem Vergabeverfahren entstandenen direkt zurechenbaren **Personal- und Sachaufwendungen** einschließlich der anteiligen Gemeinkosten[1]. Prozessual soll es dabei ausreichen, vorzutragen, welche Kosten entstanden sind (Zeit, Personal, Qualifikation des Personals, Materialaufwand, gefahrene Wege etc.), wobei auch Erfahrungswerte oder steuerlich anerkannte Werte herangezogen werden können sollen[2].

IV. Weiterreichende Schadensersatzansprüche (§ 126 Satz 2)

28 Schon vor Inkrafttreten des § 126 hat der BGH in mehreren Urteilen anerkannt, daß Vergabeverstöße zu Schadensersatzansprüchen führen können, wobei der Schadensersatzanspruch in Ausnahmefällen über den reinen Vertrauensschaden hinaus auf das sog. positive Interesse gerichtet sein kann[3]. Rechtsgrundlage ist nach überwiegend vertretener Ansicht das Rechtsinstitut der culpa in contrahendo (c.i.c.). Daneben wird die Ansicht vertreten, Ansprüche könnten auch auf § 826, § 823 Abs. 2 BGB i. V. m. den Vergabevorschriften und auf § 33 GWB gestützt werden[4]. Streitig ist dabei insbesondere, ob die Vergabevorschriften Schutzgesetze im Sinne des § 823 Abs. 2 BGB sind[5].

1. Ansprüche aus culpa in contrahendo (c.i.c.)

29 Es ist heute gefestigte Rechtsprechung, daß Schadensersatzansprüche aus Verschulden bei Vertragsschluß geltend gemacht werden können, wenn der öffentliche Auftraggeber gegen Vergabevorschriften verstößt[6]. Diese Anspruchsgrundlage hat neben § 126 Satz 1 selbständige Bedeutung, wenn und soweit ein auf das positive Inter-

---

1 *Bechtold*, GWB, 2. Aufl. 1999, § 126 Rz. 3; *Schnorbus*, BauR 1999, 77, 104.
2 *Schnorbus*, BauR 1999, 77, 104.
3 BGH NJW 1998, 3636 ff., 3638 ff,; BGH NJW 1999, 3640 ff.
4 *Noch*, Vergaberecht kompakt, 1999, S. 87.
5 Vgl. *Marx* in Jestaedt/Kemper/Marx/Prieß, Das Recht der Auftragsvergabe, 1999, S. 157; *Dreher*, ZIP 1995, 1869, 1874; *Köhler/Steindorff*, NJW 1995, 1705, 1707; *Schnorbus*, BauR 1999, 77, 85.
6 Vgl. nur: BGH NJW 1993, 520 ff.; BGH ZVgR 1997, 301; BGH NJW 1998, 3636 ff., 3638 ff.; BGH NJW 1999, 3640 ff.

esse gerichteter Schadensersatzanspruch geltend gemacht wird, den die Rechtsprechung über c.i.c. unter engen Voraussetzungen anerkennt, und wenn es um Ausschreibungsverfahren geht, bei denen die Schwellenwerte nicht erreicht werden. Die Anspruchsvoraussetzungen sind aber strenger als bei § 126 Satz 1. Denn der Geschädigte muß – auch wenn er nur das negative Interesse verlangt – darlegen und beweisen, daß er den Zuschlag erhalten hätte.

Durch die Ausschreibung und die Beteiligung am Ausschreibungsverfahren entsteht ein vertragsähnliches **Vertrauensverhältnis.** Dieses verpflichtet die Parteien zu gegenseitiger Rücksichtnahme und den öffentlichen Auftraggeber insbesondere zur **Einhaltung** der Vergabevorschriften. Werden diese Pflichten schuldhaft nicht beachtet, so begründet dies einen Schadensersatzanspruch.   30

a) Vertragsähnliches Vertrauensverhältnis

Nach allgemeinen Grundsätzen wird ein vertragsähnliches Vertrauensverhältnis durch die Aufnahme von Vertragsverhandlungen oder einen gleichzustellenden geschäftlichen Kontakt geschaffen[1]. Ansprüche aus c.i.c. können also nur entstehen, wenn zwischen den potentiellen Vertragspartnern ein **Kontakt hergestellt** worden ist.   31

Dies ist sicher der Fall, wenn sich ein Unternehmen an einem öffentlichen Teilnahmewettbewerb beteiligt oder gar ein Angebot abgibt. Auch dürften die Fälle erfaßt werden, in denen zur Angebotsabgabe aufgefordert wurde und sich ein Interessent mündlich oder schriftlich über die Vergabebedingungen informiert hat, unabhängig davon, ob er ein Angebot abgibt[2].   32

Fraglich ist aber, ob ein vertragsähnliches Vertrauensverhältnis auch begründet wird, wenn entweder der öffentliche Auftraggeber unter Verstoß gegen Vergabevorschriften gar nicht ausschreibt, ein Fall der durchaus vorkommt, oder ein Interessent aufgrund von Fehlern in den Ausschreibungsunterlagen von vornherein davon absieht, Kontakt aufzunehmen. Nimmt man die für das Rechtsinstitut der c.i.c. aufgestellten Rechtsgrundsätze ernst, kann in diesen Fällen ein Anspruch gestützt auf Verschulden bei Vertragsschluß nicht geltend gemacht werden[3]. Es fehlt an einem vorvertraglichen Vertrauensver-   33

---

1 *Heinrichs* in Palandt, BGB, 58. Aufl. 1999, § 276 Rz. 65, 66.
2 *Schnorbus*, BauR 1999, 77, 81 f.
3 Dies übersieht *Schnorbus*, BauR 1999, 77, 81 f.

hältnis[1]. Dieses Ergebnis scheint manchem unbefriedigend, so daß über alternative Anspruchsgrundlage nachgedacht wird, insbesondere über Ansprüche gemäß § 823 Abs. 2 BGB i. V. m. den Vergabevorschriften[2].

b) Pflichtverletzung

34 Aus dem Vertrauensverhältnis ergeben sich verschiedene Pflichten der Verhandlungspartner. Für den öffentlichen Auftraggeber ergibt sich insbesondere die Pflicht, die Vergabevorschriften, einschließlich VOB/A, VOL/A und VOF einzuhalten. Denn der öffentliche Auftraggeber hat durch seine Ausschreibung zu erkennen gegeben, daß er ein ordnungsgemäßes Vergabeverfahren gemäß den einschlägigen Vergabevorschriften durchführen wird. Hierauf vertraut der Bieter[3]. Ferner hat der öffentliche Auftraggeber besondere Mitteilungs-, Aufklärungs- und Erhaltungspflichten. Der Verhandlungspartner muß über alle Umstände aufgeklärt werden, die für ihn in dem Sinne wesentlich sind, daß sie den Vertragszweck vereiteln können. Dies gilt vor allem für Umstände, die der Verhandlungspartner nicht kennt, die aber für ihn von wesentlicher Bedeutung sein können. Der öffentliche Auftraggeber muß z.B. über wesentliche Änderungen der Angebotsgrundlagen oder über Irrtümer, Unklarheiten und Unvollständigkeiten in den Verdingungsunterlagen aufklären[4]. Allerdings hat der BGH den Grundsatz dahingehend eingeschränkt, daß eine Pflichtverletzung gegenüber einem anderen Bieter die Rechtsposition des übergangenen Bieters nur dann berühren kann, wenn der andere Bieter ohne den Verstoß weniger günstig geboten hätte[5].

---

1 *Boesen*, NJW 1997, 349; *Dreher*, ZIP 1995, 1869, 1874; *Boesen*, Vergaberecht, 2000, § 126 Rz. 44.

2 *Dreher*, ZIP 1995, 1869, 1874; *Köhler/Steindorff*, NJW 1995, 1705, 1707; wohl auch bei Erreichen der Schwellenwerte OLG Düsseldorf BauR 1999, 246.

3 BGH NJW 1993, 520, 521; BGH ZVgR 1998, 565, 566; *Feber*, Schadensersatzansprüche bei der Auftragsvergabe nach VOB/A, 1989, S. 25.

4 *Heiermann/Ax*, Rechtsschutz bei der Vergabe öffentlicher Aufträge, 1997, S. 103 Rz. 15.

5 BGH NJW-RR 1997, 1106; *Boesen*, Vergaberecht, 2000, § 126 Rz. 45.

c) Verschulden

Anders als § 126 Satz 1 verlangt der Schadensersatzanspruch gestützt auf c.i.c. ein schuldhaftes Verhalten des öffentlichen Auftraggebers[1].   35

Dabei wird dem öffentlichen Auftraggeber das Verschulden seiner Organe über §§ 31, 89 BGB und das Verschulden von Mitarbeitern oder hinzugezogenen Beratern nach § 278 BGB zugerechnet. Er muß für alle Personen einstehen, denen er sich bei der Vertragsanbahnung bedient[2].   36

d) Ersatzfähiger Schaden: positives oder negatives Interesse?

Es wird heute überwiegend die Ansicht vertreten, daß der Geschädigte grundsätzlich nur den Vertrauensschaden, in Ausnahmefällen aber auch das sog. positive Interesse ersetzt verlangen kann[3]. Bei genauerem Hinsehen zeigt sich, daß noch nicht abschließend geklärt ist, wann der Anspruchsteller das positive und wann das negative Interesse ersetzt verlangen kann[4].   37

Einigkeit dürfte insoweit bestehen, als stets nur das **negative Interesse** ersetzt verlangt werden kann, **wenn das Ausschreibungsverfahren aufgehoben** wird (ohne daß die Vergabevorschriften die Aufhebung des Verfahrens zulassen[5]). Dies gilt auch für den erstrangigen Bieter[6]. Das Ergebnis ist zutreffend. Denn den Vergabevorschriften kann nach ihrem Wortlaut und Regelungszusammenhang ein allgemeiner Anspruch auf Erteilung des Zuschlags in allen Fällen, in denen ein Aufhebungsgrund nach den Vergabevorschriften nicht besteht, nicht entnommen werden[7]. Daran hat auch die Einführung des § 97 nichts   38

---

1 *Boesen,* NJW 1997, 349; *Schnorbus,* BauR 1999, 77, 99.

2 Allgemeine Meinung: BGH NJW 1991, 2557; *Heinrichs* in Palandt, BGB, 58. Aufl. 1999, § 276 Rz. 92.

3 Statt vieler: *Heiermann/Ax,* Rechtsschutz bei der Vergabe öffentlicher Aufträge, 1997, S. 103 ff. Rz. 17.

4 Vgl. *Schnorbus,* BauR 1999, 77, 85 ff.

5 Durfte das Verfahren nach den Vergabevorschriften aufgehoben werden, entfällt jeder Schadensersatzanspruch: BGH NJW 1993, 520 ff., BGH ZVgR 1998, 565.

6 BGH ZVgR 1998, 565, 568.

7 BGH ZVgR 1998, 565, 568 (allerdings für die Zeit vor Inkrafttreten des Vergaberechtsänderungsgesetzes).

geändert[1]. Diese Einschränkung gilt aber nur, wenn die Auftragsvergabe **endgültig unterbleibt.** Führt der Auftraggeber bei wirtschaftlicher Betrachtungsweise für das gleiche Projekt und den gleichen Auftragsgegenstand ein neues Vergabeverfahren durch, ohne daß für die Aufhebung der ersten Ausschreibung sachliche und willkürfreie Gründe vorliegen, so erhält der im ersten Verfahren bestrangige Bieter das positive Interesse, wenn er nachweist, daß er im ersten Verfahren mit an Sicherheit grenzender Wahrscheinlichkeit den Zuschlag erhalten hätte[2].

39 Fraglich ist weiter, ob **nur** dem **erstrangigen Bieter,** der darlegen und ggf. beweisen kann, daß ihm der Zuschlag mit an Sicherheit grenzender Wahrscheinlichkeit hätte erteilt werden müssen, Schadensersatzansprüche zu stehen können – sei es gerichtet auf das negative, sei es gerichtet auf das positive Interesse[3]. Bei einem auf das positive Interesse gerichteten Schadensersatzanspruch wird dies allgemein bejaht. Weniger eindeutig ist aber, ob dies auch bei Geltendmachung des negativen Interesses gilt[4]. Teilweise wird der Eindruck erweckt, das negative Interesse werde geschuldet, unabhängig davon, ob der Anspruchsteller der bestrangige Bieter war, und das positive Interesse werde gegenüber dem bestrangigen Bieter geschuldet[5]. Dies wird beiläufig erwähnt, aber weder näher erörtert noch in seinen Konsequenzen dargestellt.

40 Nur *Schnorbus* setzt sich mit den Fragen im einzelnen auseinander und kommt zu dem Ergebnis, daß sowohl das positive als auch das negative Interesse nur verlangt werden kann, wenn der Anspruchsteller der bestrangige Bieter war. Hiervon will *Schnorbus* nur eine Ausnahme machen, wenn die Ausschreibung von Anfang an und für den Auftraggeber erkennbar sorgfaltswidrig war und aufgehoben wird und wenn der Auftraggeber sich bei der Aufhebung nicht auf § 26 VOB/A oder eine ähnliche Bestimmung berufen kann. Dann und nur dann sollen **alle Teilnehmer** ihr negatives Interesse ersetzt verlangen können[6].

---

1 *Schnorbus,* BauR 1999, 76, 77; OLG Düsseldorf, Beschluß vom 15. 3. 2000, Verg 4/00, noch nicht veröffentlicht.
2 BGH ZIP 1998, 1920, 1925.
3 *Schnorbus,* BauR 1999, 77, 86 ff.
4 *Marx* in Jestaedt/Kemper/Marx/Prieß, Das Recht der Auftragsvergabe, 1999, S. 158.
5 *Dreher,* ZIP 1995, 1869, 1874; *Boesen,* NJW 1997, 345, 349; *Heiermann/Ax,* Rechtsschutz bei der Vergabe öffentlicher Aufträge, 1997, S. 103 ff., Rz. 17.
6 *Schnorbus,* BauR 1999, 77, 88.

Auch die Ansicht des **BGH** ist insoweit nicht eindeutig. Der BGH   41
scheint aber davon auszugehen, daß stets nur der bestrangige Bieter
Schadensersatz verlangen kann. In der Entscheidung vom 25.11.1992
führt der VIII. Zivilsenat aus, der Bieter könne auch das negative
Interesse nur ersetzt verlangen, wenn er bei ordnungsgemäßer
Durchführung des Verfahrens den Zuschlag erhalten hätte[1]. Unklar
bleibt dann aber – abgesehen von dem Fall, daß das Ausschreibungsverfahren aufgehoben wird (s. o. Tz. 38) –, wann der bestrangige Bieter nur das negative und wann das positive Interesse ersetzt verlangen kann[2]. Betrachtet man die bisherigen Entscheidungen scheint
der BGH folgende **Linie** zu vertreten: Schadensersatz aus c.i.c. kann
stets nur der bestrangige Bieter verlangen. Dieser hat Anspruch auf
das negative Interesse, wenn die Ausschreibung ohne nach den Vergabevorschriften anzuerkennenden Grund aufgehoben wird. Dieser
hat Anspruch auf das positive Interesse, wenn der Zuschlag einem
nachrangigen Bieter erteilt worden ist[3]. Das hieße aber, daß regelmäßig auch der entgangene Gewinn, das positive Interesse ersetzt
verlangt werden kann. Ob dies tatsächlich gewollt und gemeint ist,
bleibt abzuwarten. Eine Klarstellung ist wünschenswert.

Die Ansicht, nur der bestrangige Bieter könne Schadensersatzansprü-   42
che geltend machen, wird darauf gestützt, daß sich bei den anderen
Bietern nur das allgemeine Lebensrisiko der im Ergebnis erfolglosen
Beteiligung an einem Vergabeverfahren verwirkliche und daß die
Aufwendungen und Kosten auch bei einem ordnungsgemäßen Vergabeverfahren im Ergebnis nutzlos gewesen wären[4]. Dies gelte insbesondere dann, wenn nicht schon bei der Ausschreibung, sondern erst
im weiteren Verfahren Vergabeverstöße begangen würden[5].

e) Umfang des Schadensersatzanspruchs

Ist der Schadensersatzanspruch auf das positive Interesse gerichtet,   43
kann der Geschädigte einen Anspruch auf entgangenen Gewinn geltend machen.

Wird entgangener Gewinn geltend gemacht, kann der Geschädigte   44
den Schaden entweder konkret berechnen, indem er darlegt, welchen
Gewinn er bei pflichtgemäßen Verhalten des Schädigers konkret er-

---

1 BGHZ 120, 281, 290.
2 BGH ZIP 1998, 1926, 1927.
3 Vgl. *Schwartmann*, DStR 1999, 1116, 1117.
4 *Schnorbus*, BauR 1999, 77, 86.
5 *Schnorbus*, BauR 1999, 77, 86.

zielt hätte, oder kann abstrakt darauf abstellen, welcher Gewinn in der gegebenen Situation üblicherweise zu erwarten war[1]. Von der Möglichkeit der abstrakten Schadensberechnung wird von Bietern oftmals Gebrauch gemacht, in dem sie einen gewissen Prozentsatz des Umsatzes als üblichen Gewinn vortragen, den sie und auch andere Bauunternehmen in der Branche üblicherweise bei dem fraglichen Auftragsvolumen erzielt hätten, wobei sie zum Beweis Zeugenvernehmung und Sachverständigengutachten anbieten. Ein solches Verhalten wird im Hinblick darauf, daß Angebote heute häufig sehr knapp kalkuliert werden, problematisch. Möglich bleibt dem Geschädigten allerdings als Mindestschaden die für das Vergabeverfahren getätigten Aufwendungen geltend zu machen[2]. Denn es spricht eine Vermutung dafür, daß der Bieter die Aufwendungen für sein Angebot jedenfalls aus dem Gewinn des Auftrags hätte ausgleichen können.

45 Wird ein auf das negative Interesse gerichteter Schadensersatzanspruch geltend gemacht, sei auf die Ausführungen zum Schadensersatzanspruch gemäß § 126 Satz 1 verwiesen (siehe oben Tz. 26 f.).

f) Einwand rechtmäßigen Alternativverhaltens

46 Schadensersatzansprüche aus Verschulden bei Vertragsschluß entfallen, wenn der öffentliche Auftraggeber den Einwand rechtmäßigen Alternativverhaltens geltend machen kann, insbesondere wenn er geltend machen kann, er habe das Vergabeverfahren gemäß § 26 VOB/A oder einer vergleichbaren Bestimmung auch aufheben können[3]. Diesen Einwand kann der öffentliche Auftraggeber auch erheben, wenn er das Verfahren tatsächlich nicht aufgehoben hat, sondern unter Verstoß gegen Vergabevorschriften einem anderen den Zuschlag erteilt hat[4]. Einschränkend führt der BGH aber aus, daß die Berufung auf ein rechtmäßiges Alternativverhalten nur möglich ist, wenn der öffentliche Auftraggeber den gleichen Erfolg nicht nur hätte herbeiführen können, sondern wenn er ihn auch herbeigeführt hätte. Hierzu muß der öffentliche Auftraggeber nach Ansicht des BGH grundsätzlich darlegen und ggf. beweisen, daß sich das bestehende Ermessen bei der Entscheidung, ob aufgehoben wird, zu einer

---

1 BGHZ 29, 393, 399; BGH NJW 1988, 2234, 2236; im einzelnen: *Schnorbus,* BauR 1999, 77, 90.
2 *Feber,* Schadensersatzansprüche bei der Auftragsvergabe nach VOB/A, 1987, S. 93 ff.
3 BGHZ 120, 281, 286 f.
4 BGHZ 120, 281, 286 f.

Pflicht verdichtet hat[1]. Dieser Nachweis, der von dem öffentlichen Auftraggeber erbracht werden muß, dürfte nicht ohne weiteres möglich sein.

g) Darlegungs- und Beweislast

Der Anspruchsteller muß darlegen und ggf. beweisen, daß ein Ver- 47 trauensverhältnis begründet worden ist, daß der öffentliche Auftraggeber seine Pflichten verletzt hat und daß ihm aufgrund dessen ein Schaden entstanden ist. Wenn und soweit der Ansicht gefolgt wird, nur der bestrangige Bieter könne Schadensersatzansprüche geltend machen, muß der Geschädigte auch beweisen, daß er der bestrangige Bieter war.

Letzteres ist für den Geschädigten häufig nur schwer zu beweisen, so 48 daß er dem Einwand, es seien andere, vorzugswürdige Angebote abgegeben worden, nur schwer widerlegen kann. Insoweit greifen aber über die allgemeinen prozeßrechtlichen Erleichterungen bei Beweisschwierigkeiten[2]. Kann die darlegungs- und beweisbelastete Partei ihre Obliegenheiten im Prozeß nicht erfüllen, weil sie außerhalb des maßgeblichen Geschehensablaufs steht und den Sachverhalt von sich aus nicht ermitteln kann, muß sich die Gegenseite an der Aufklärung des Sachverhalts beteiligen und ihre Vergabeentscheidung im einzelnen darlegen.

Der Anspruchsteller muß nicht beweisen, daß der öffentliche Auf- 49 traggeber schuldhaft gehandelt hat. Vielmehr greift insoweit eine **Beweislastumkehr.** Die Rechtsprechung hat aus § 282 BGB sowohl für die Ansprüche aus positiver Vertragsverletzung als auch für Ansprüche aus c.i.c. eine Beweislastumkehr hinsichtlich des Verschuldens anerkannt[3]. Diese Beweislastumkehr gilt auch vorliegend[4].

h) Verjährung

Werden Schadensersatzansprüche gerichtet auf Ersatz des positiven 50 Interesses geltend gemacht, soll die für den Erfüllungsanspruch, also

---

1 BGHZ 120, 281, 288.
2 *Schnorbus*, BauR 1999, 77, 98.
3 Vgl. *Heinrichs* in Palandt, BGB, 58. Aufl. 1999, § 282 Rz. 10.
4 OLG Düsseldorf NJW-RR 1986, 508, 509; *Jäckle*, NJW 1990, 2520, 2525; *Boesen*, NJW 1997, 349.

den Werklohnanspruch geltende Verjährungsvorschrift gelten[1]. Die Verjährungsfrist kann also ggf. nur **zwei Jahre** gemäß § 196 BGB betragen.

51 Werden Schadensersatzansprüche gerichtet auf Ersatz des negativen Interesses geltend gemacht, soll nichts anderes gelten[2]. Denn auch der Ersatzanspruch soll der kurzen vertraglichen Verjährung des Erfüllungsanspruchs unterliegen, weil der Geschädigte nicht verlangen könne, besser gestellt zu werden, als wenn seinem Vertrauen entsprochen worden wäre.

2. Ansprüche aus § 823 Abs. 2 BGB i. V. m. den Vergabevorschriften

52 Sehr streitig ist, ob die einzelnen Vergabevorschriften i. V. m. § 97 Abs. 7 GWB Schutzgesetze im Sinne des § 823 Abs. 2 BGB darstellen[3].

53 Es scheint fraglich, ob dieser Streit für die praktische Rechtsanwendung von Bedeutung ist. Der Gesetzgeber und die Rechtsprechung haben mit § 126 Satz 1 und den Rechtsgrundsätzen der c.i.c. Anspruchsgrundlagen zur Geltendmachung von Schadensersatzansprüchen zur Verfügung gestellt, die in der Mehrzahl der Fälle ausreichend sein dürften und denen gegenüber § 823 Abs. 2 BGB keine weitergehende Ersatzmöglichkeit darstellt. Selbständige Bedeutung könnte der Schadensersatzanspruch aus § 823 Abs. 2 BGB zum einen im Hinblick auf unterschiedliche Verjährungsvorschriften haben und zum anderen im Hinblick auf solche Fallgruppen, bei denen ein vorvertragliches Vertrauensverhältnis noch nicht geschaffen worden ist. Gerade wegen dieser Fallgruppen wird auch die Anerkennung der Vergabevorschriften als Schutzgesetze im Sinne des § 823 Abs. 2 BGB gefordert[4]. Es ist allerdings fraglich, ob Fälle denkbar sind, in denen ein kausaler Schaden eingetreten ist, ohne daß zwischen dem Geschädigten und dem öffentlichen Auftraggeber ein Vertrauensverhältnis zustande gekommen ist. Der typische Fall ist der, daß über-

---

1 *Feber*, Schadensersatzansprüche bei der Auftragsvergabe nach VOB/A, 1987, S. 80 ff.; *Boesen*, Vergaberecht, 2000, § 126 Rz. 62.
2 *Feber*, Schadensersatzansprüche bei der Auftragsvergabe nach VOB/A, 1987, S. 81; a. A. *Boesen*, Vergaberecht, 2000, § 126 Rz. 62 (30 Jahre gemäß § 195 BGB).
3 Vgl. OLG Düsseldorf BauR 1999, 241, 246; *Marx* in Jestaedt/Kemper/Marx/Prieß, Das Recht der Auftragsvergabe, 1999, S. 157; *Dreher*, ZIP 1995, 1869, 1874; *Köhler/Steindorff*, NJW 1995, 1705, 1707; *Schnorbus*, BauR 1999, 77, 85.
4 *Dreher*, ZIP 1995, 1874.

haupt kein Ausschreibungsverfahren durchgeführt wird, so daß interessierte Bieter von der Auftragsvergabe keine Kenntnis erhalten. Dies ist zwar ein in jeder Weise zu mißbilligendes Vorgehen des öffentlichen Auftraggebers, dürfte aber dennoch nichts daran ändern, daß es keinem nicht benachrichtigten Bieter möglich sein dürfte, einen Schaden nachzuweisen. Denn da die nicht benachrichtigten Bieter keine Aufwendungen für ein nutzloses Angebot hatten, bliebe nur ein Erfüllungsschaden. Es läßt sich aber kaum vorstellen, daß der Beweis, ein bestimmter Bieter habe den Zuschlag erhalten müssen, hätte geführt werden können.

Dennoch soll auf die unterschiedlichen Ansichten eingegangen werden. Schon seit Inkrafttreten der §§ 57a ff. HGrG wird verstärkt die Ansicht vertreten, die Verdingungsordnungen stellten Schutzgesetze im Sinne des § 823 Abs. 2 BGB dar[1]. Nunmehr hat das OLG Düsseldorf entschieden, daß die Vergabebestimmungen bei Vergaben unterhalb der Schwellenwerte keine Schutzgesetze im Sinne des § 823 Abs. 2 BGB seien, daß es aber bei Vergaben oberhalb der Schwellenwerte gut vertretbar sei, den Schutzgesetzcharakter zu bejahen[2]. Schnorbus[3] lehnt den Schutzgesetzcharakter dagegen insgesamt ab.   54

Schnorbus geht jedenfalls zutreffend von folgendem Grundsatz aus: Allein aus dem Umstand, daß im Vergaberecht nunmehr subjektive Rechte anerkannt werden, folgt nicht zugleich, daß es sich um Schutzgesetze im Sinne des § 823 Abs. 2 BGB handelt. Schutzgesetze im Sinne des § 823 Abs. 2 BGB liegen nur vor, wenn die Schaffung eines individuellen Schadensersatzanspruchs erkennbar vom Gesetzgeber erstrebt wurde oder wenn sie zumindest im Rahmen des haftpflichtrechtlichen Gesamtsystems als tragbar erscheint[4].   55

Letzteres dürfte im Hinblick auf die EG-rechtlichen Vorgaben grundsätzlich zu bejahen. Das EG-Recht zielt insgesamt darauf, den Bieterschutz zu fördern, individuelle Rechte zu schaffen und dem Bieter Ansprüche auf Schadensersatz einzuräumen. Zwar ist dies bereits durch § 126 Satz 1 geschehen, die Bestimmung läßt aber weitergehende Schadensersatzansprüche gerade ausdrücklich zu. Deshalb stellen   56

---

1 *Dreher*, ZIP 1995, 1869, 1874; *Köhler/Steindorff*, NJW 1995, 1705, 1707; *Prieß* in Ipsen, Öffentliches Auftragswesen im Umbruch, 1997, 81, 89; *Marx* in Jestaedt/Kemper/Marx/Prieß, Das Recht der Auftragsvergabe, 1999, S. 157.
2 OLG Düsseldorf BauR 1999, 241, 246; so auch: *Boesen*, Vergaberecht, 2000, § 126 Rz. 74 ff.
3 *Schnorbus*, BauR 1999, 77, 83 ff.
4 *Thomas* in Palandt, BGB, 58. Aufl. 1999, § 823 Rz. 141 m. w. N.

die Vergabebestimmungen, die dem Schutz des einzelnen Bieters dienen, Schutzgesetze im Sinne des § 823 Abs. 2 BGB dar, wenn die **Schwellenwerte** erreicht werden und § 97 ff. anwendbar sind.

3. Sonstige Anspruchsgrundlagen

57   Als sonstige Anspruchsgrundlagen kommen § 823 Abs. 1 (Eingriff in den eingerichteten und ausgeübten Gewerbebetrieb), § 826 BGB, § 20 Abs. 1 i. V. m. § 33 GWB sowie UWG-rechtliche Bestimmungen in Betracht. Diese Anspruchsgrundlagen haben aber weitergehende Tatbestandsvoraussetzungen, die nur in Ausnahmefällen vorliegen werden.

58   Ein Anspruch gemäß § 823 Abs. 1 BGB wegen eines **Eingriffs in den eingerichteten und ausgeübten Gewerbebetrieb** setzt einen sog. betriebsbezogenen Eingriff voraus[1]. Ein solcher Eingriff ist wohl nur bei einer Vergabesperre, d. h. dem grundsätzlichen Ausschluß eines Unternehmens von öffentlichen Aufträgen denkbar[2].

59   Ferner kommt ein Schadensersatzanspruch gemäß **§ 20 GWB i. V. m. § 33 GWB** (früher: § 26 Abs. 2 i. V. m. § 35 Abs. 1 GWB) in Betracht. Denn der Verstoß gegen Vergabevorschriften stellt regelmäßig ein diskriminierendes Verhalten im Sinne der allgemeinen kartellrechtlichen Bestimmungen dar. Die Vorschrift setzt aber voraus, daß der öffentliche Auftraggeber **marktbeherrschend** ist. Die Marktbeherrschung kann nicht schlicht deshalb bejaht werden, weil es sich um öffentliche Auftraggeber handelt, vielmehr muß für den jeweiligen Einzelfall die Marktbeherrschung konkret festgestellt werden. Darüber hinaus würde es zu weit führen, in jedem Vergabeverstoß ein diskriminierendes Verhalten im Sinne des § 20 GWB zu sehen[3]. In Betracht kommen nur solche Vergaberegeln, deren Einhaltung zugleich dem Willkürverbot entgegenwirken und im Ergebnis die Chancengleichheit der Bewerber bei der Beteiligung am Wettbewerb sowie die Gleichbehandlung bei der Angebotsprüfung und -wertung sowie beim Zuschlag bewirken[4].

60   Schließlich kann ein Schadensersatzanspruch auf **§ 826 BGB** gestützt werden, wenn die engen Voraussetzungen der Bestimmung erfüllt sind, was voraussichtlich nur in Ausnahmefällen zu bejahen sein dürfte.

---

1 *Thomas* in Palandt, BGB, 58. Aufl. 1999, § 823 Rz. 21.
2 *Schnorbus*, BauR 1999, 77, 82.
3 OLG Düsseldorf BauR 1999, 241, 245 i. V. m. 248.
4 OLG Düsseldorf BauR 1999, 241, 245, 248; vgl. auch BGH BauR 1992, 221.

§ 127 Ermächtigungen

Die Bundesregierung kann durch Rechtsverordnung mit Zustimmung des Bundesrates Regelungen erlassen

1. zur Umsetzung der Schwellenwerte der Richtlinien der Europäischen Gemeinschaften über die Koordinierung der Verfahren zur Vergabe öffentlicher Aufträge in das deutsche Recht;

2. zur näheren Bestimmung der Tätigkeiten auf dem Gebiete der Trinkwasser- und der Energieversorgung, des Verkehrs und der Telekommunikation, soweit dies zur Erfüllung von Verpflichtungen aus Richtlinien der Europäischen Gemeinschaften erforderlich ist;

3. zur näheren Bestimmung der verbundenen Unternehmen, auf deren Dienstleistungen gegenüber Auftraggebern, die auf dem Gebiete der Trinkwasser- oder der Energieversorgung, des Verkehrs oder der Telekommunikation tätig sind, nach den Richtlinien der Europäischen Gemeinschaften dieser Teil nicht anzuwenden ist;

4. zur näheren Bestimmung der Aufträge von Unternehmen der Trinkwasser- oder der Energieversorgung, des Verkehrs oder der Telekommunikation, auf die nach den Richtlinien der Europäischen Gemeinschaften dieser Teil nicht anzuwenden ist;

5. über die genaue Abgrenzung der Zuständigkeiten der Vergabekammern von Bund und Ländern sowie der Vergabekammern der Länder voneinander;

6. über ein Verfahren, nach dem öffentliche Auftraggeber durch unabhängige Prüfer eine Bescheinigung erhalten können, daß ihr Vergabeverhalten mit den Regeln dieses Gesetzes und den auf Grund dieses Gesetzes erlassenen Vorschriften übereinstimmt;

7. über den Korrekturmechanismus gemäß Kapitel 3 und ein freiwilliges Streitschlichtungsverfahren der Europäischen Kommission gemäß Kapitel 4 der Richtlinie 92/13/EWG des Rates der Europäischen Gemeinschaften vom 25. Februar 1992 (ABl. EG Nr. L 76 S. 14);

8. über die Informationen, die von den Auftraggebern, den Vergabekammern und den Beschwerdegerichten dem Bundesministerium für Wirtschaft zu übermitteln sind, um Verpflichtungen aus Richtlinien des Rates der Europäischen Gemeinschaften zu erfüllen.

I. Einführung

1. Inhaltsübersicht

1 § 127 enthält die **Ermächtigung** zum Erlaß von Rechtsverordnungen auf dem Gebiet des Vergaberechts. Die Verordnung muß mit Zustimmung des Bundesrates erlassen werden. § 127 ermächtigt insbesondere dazu, die Schwellenwerte der EG-Richtlinien umzusetzen, Einzelheiten im Sektorenbereich (Trinkwasser, Energie, Verkehr und Telekommunikation) zu regeln, die Zuständigkeit der Vergabekammern der Länder und des Bundes voneinander abzugrenzen sowie das Bescheinigungsverfahren und das Schlichtungsverfahren zu regeln. Bislang ist noch **keine Verordnung** erlassen worden. Das Inkrafttreten und die Anwendung der §§ 97 ff. GWB wird hierdurch jedoch nicht behindert.

2. Entstehungsgeschichte

2 Der Gesetzestext entspricht § 136 des Regierungsentwurfs[1].

3 Begründung zu § 136 des Regierungsentwurfs[2]:

 Die Vorschrift enthält die Ermächtigungsgrundlage zum Erlaß der Rechtsverordnung über die Detailregelungen, die nicht ins Gesetz selbst aufgenommen wurden, weil sie es überfrachten würden. Die Vergabeverordnung wird sich auf diese Ermächtigung stützen; ein Vorentwurf ist zur Information beigefügt.

II. Stand des Verfahrens zum Erlaß der Vergabeverordnung

4 Die Verordnungen, die aufgrund des § 127 erlassen werden könnten, liegen noch nicht vor und werden voraussichtlich auch noch einige

---

1 BT-Drucks. 13/9340.
2 BT-Drucks. 13/9340.

Zeit auf sich warten lassen[1]. Die Verzögerung beruht wesentlich auf dem Widerstand des Bundesrates. Die Länder und damit der Bundesrat wollen das bisherige, dreistufige Modell (Vergabegesetz – Vergabeverordnung – Verdingungsordnungen) zugunsten eines zweistufigen Modells ändern, bei dem die Verdingungsordnungen zu Rechtsverordnungen umgestaltet werden. Gegen diese Idee bestehen aber noch immer erhebliche Widerstände, so daß die Vergabeverordnung voraussichtlich nicht alsbald in Kraft treten wird.

Hintergrund des Streits ist, daß die Länder mehr Einfluß auf das   5
Zustandekommen der Vergabevorschriften erhalten wollen. Die Vergabevorschriften sind bislang im wesentlichen in den Verdingungsordnungen geregelt, auf deren Inhalt die Länder nur mittelbar und nur begrenzt Einfluß nehmen können. Die Verdingungsordnungen werden durch sog. Verdingungsausschüsse aufgestellt, in denen die Länder nur ein Mitglied unter mehreren sind. Werden die Verdingungsordnungen künftig als Rechtsverordnungen ausgestaltet, wäre der Einfluß der Länder weit größer[2].

Da eine neue Vergabeverordnung nicht erlassen worden ist, gibt es in   6
der Bundesrepublik bislang keine Umsetzung für die in der Sektorenrechtsmittelrichtlinie (92/13/EWG) vorgesehenen Vorschriften betreffend Bescheinigungs- und Schlichtungsverfahren. Der EuGH hat in einem Urteil vom 19. 5. 1999[3] entschieden, daß Frankreich die Sektorenrechtsmittelrichtlinie im Hinblick auf vorgenannte Verfahren nicht ordnungsgemäß umgesetzt hat, weil es an förmlichen Umsetzungsakten fehlt. Deshalb könnte auch ein Vertragsverletzungsverfahren gegen Deutschland erfolgreich sein[4].

III. Vorentwurf der Bundesregierung

Es liegt ein Vorentwurf der Bundesregierung für eine Vergabeverord-   7
nung vor, der dem Gesetzesentwurf zum Vergaberechtsänderungsgesetz als Anlage 2 beigefügt war[5]. Der Entwurf der Vergabeverordnung bringt im Verhältnis zu der derzeit geltenden Vergabeverordnung inhaltlich keine wesentlichen Neuerungen.

---

1 Ohne Verfasser – Vergabe news Heft 4/1999, S. 27.
2 Ohne Verfasser – Vergabe news Heft 4/1999, S. 27.
3 Rs.: C-225/97.
4 Ohne Verfasser – Vergabe news Heft 8/1999, S. 59.
5 BT-Drucks. 13/9340 (Anlage 2).

8   Abschnitt 1 (§§ 1–12) enthält die **Vergabebestimmungen.** § 3 stellt die Schwellenwerte fest. §§ 4–7 bestimmen, wann öffentliche Auftraggeber die VOB/A, die VOL/A und die VOF anzuwenden haben. §§ 9, 10, 11 und 12 regeln die Besonderheiten, die im Sektorenbereich gelten.

9   Abschnitt 2 (§§ 13–17) regelt die **Nachprüfungsbestimmungen.** § 13 grenzt die Zuständigkeit der Vergabekammern voneinander ab. § 14 regelt das Bescheinigungsverfahren und § 15 das Schlichtungsverfahren.

IV. Fortgeltung der Vergabeverordnung vom 22. 2. 1994

10   Da eine neue Vergabeverordnung bislang nicht in Kraft getreten ist und die Vergabeverordnung vom 22. 2. 1994[1] auch nicht aufgehoben wurde, gilt diese bis auf weiteres fort[2]. Daran ändert der Umstand, daß die Ermächtigungsgrundlage der Verordnung, § 57a HGrG durch das Vergaberechtsänderungsgesetz aufgehoben worden ist (Art. 3 VgRÄG – Übergangs- und Schlußbestimmungen), nichts. Denn es ist allgemein anerkannt, daß eine im Zeitpunkt ihres Erlasses auf gesetzlicher Grundlage ergangene Rechtsverordnung nicht durch den Fortfall der Ermächtigungsvorschrift in ihrer Gültigkeit berührt wird[3]. Etwas anderes gilt nur, wenn die Ermächtigung nichtig war oder die Verordnung ihrem Inhalt nach mit der nunmehr geltenden Gesetzeslage nicht mehr zu vereinbaren ist[4]. Dies ist bei der Vergabeverordnung nicht der Fall. Zum einen läßt sich dies Art. 3 Nr. 1 VgRÄG entnehmen, der bestimmt, daß zwar § 57a bis c HGrG und die Nachprüfungsverordnung aufgehoben werden, nicht aber die Vergabeverordnung. Zum anderen wird dies durch den Entwurf einer Vergabeverordnung der Bundesregierung bestätigt, die einen der jetzt geltenden Vergabeverordnung vergleichbaren Regelungsinhalt hat. Die Vergabeverordnung bestimmt, ob und wann die verschiedenen Verdingungsordnungen (VOB/A, VOL/A und VOF) anwendbar sind (siehe zur Vergabeverordnung: § 97 Tz. 32 ff. und Kommentierung zur Vergabeverordnung im Anhang) und stellt das Bindeglied zwischen den an sich bloßes Innenrecht darstellenden Verdingungsordnungen und dem justiziablen Außenrecht dar[5].

---

1 Verordnung v. 22. 2. 1994 (BGBl. I S. 312) in der Fassung v. 29. 9. 1997 (BGBl. I S. 2384).
2 Statt vieler: *Bechtold,* GWB, 2. Aufl. 1999, § 127 Rz. 1; *Leinemann/Weihrauch,* Die Vergabe öffentlicher Aufträge, 1999, Rz. 12, 294.
3 BVerfGE 9, 3, 12.
4 BVerfGE 78, 179, 198; BVerwG NJW 1990, 849; vgl. auch § 97 Tz. 32.
5 *Leinemann/Weihrauch,* Die Vergabe öffentlicher Aufträge, 1999, Rz. 54.

§ 128 Kosten des Verfahrens vor der Vergabekammer

(1) Für Amtshandlungen der Vergabekammern werden Kosten (Gebühren und Auslagen) zur Deckung des Verwaltungsaufwandes erhoben. Das Verwaltungskostengesetz findet Anwendung.

(2) Die Höhe der Gebühren bestimmt sich nach dem personellen und sachlichen Aufwand der Vergabekammer unter Berücksichtigung der wirtschaftlichen Bedeutung des Gegenstands des Nachprüfungsverfahrens. Die Gebühr beträgt mindestens 5000 Deutsche Mark; dieser Betrag kann aus Gründen der Billigkeit bis auf ein Zehntel ermäßigt werden. Die Gebühr soll den Betrag von 50 000 Deutsche Mark nicht überschreiten, kann aber im Einzelfall, wenn der Aufwand oder die wirtschaftliche Bedeutung außergewöhnlich hoch sind, bis zu einem Betrag von 100 000 Deutsche Mark erhöht werden.

(3) Soweit ein Beteiligter im Verfahren unterliegt, hat er die Kosten zu tragen. Mehrere Kostenschuldner haften als Gesamtschuldner. Hat sich der Antrag vor Entscheidung der Vergabekammer durch Rücknahme oder anderweitig erledigt, ist die Hälfte der Gebühr zu entrichten. Aus Gründen der Billigkeit kann von der Erhebung von Gebühren ganz oder teilweise abgesehen werden.

(4) Soweit die Anrufung der Vergabekammer erfolgreich ist, oder dem Antrag durch die Vergabeprüfstelle abgeholfen wird, findet eine Erstattung der zur zweckentsprechenden Rechtsverfolgung notwendigen Aufwendungen statt. Soweit ein Beteiligter im Verfahren unterliegt, hat er die zur zweckentsprechenden Rechtsverfolgung oder Rechtsverteidigung notwendigen Auslagen des Antragsgegners zu tragen. § 80 des Verwaltungsverfahrensgesetzes und die entsprechenden Vorschriften der Verwaltungsverfahrensgesetze der Länder gelten entsprechend.

Inhaltsübersicht

I. Einführung

1. Inhaltsübersicht

1   Anders als nach altem Recht[1] werden gemäß § 128 Abs. 1 für Amtshandlungen der Vergabekammern – ebenso wie gemäß § 80 für das
Kartellverwaltungsverfahren – Kosten zur Deckung des Verwaltungsaufwandes erhoben. Die Bestimmung des § 128 ist § 80 (Kartellverwaltungsverfahren) nachgebildet[2]. Zu den Kosten gehören **Gebühren** und **Auslagen**. Die Höhe der Gebühren wird in § 128 Abs. 2
geregelt, die Höhe der Auslagen ergibt sich aus § 10 VwKostG. § 128
Abs. 1 verweist ganz allgemein auf das **Verwaltungskostengesetz**[3],
so daß die Bestimmungen ergänzend herangezogen werden können.

2   § 128 regelt die Kosten für Amtshandlungen der **Vergabekammern**,
§ 129 die Kosten für die Amtshandlungen der **Vergabeprüfstellen**,
während sich die Gerichtsgebühren für das Beschwerdeverfahren vor
dem **OLG** nach dem Gerichtskostengesetz (GKG) richten (vgl. § 123
Tz. 20).

3   § 128 Abs. 3 regelt die **Kostentragungspflicht** im Fall des Unterliegens, § 128 Abs. 4 im Fall des Obsiegens.

---

1   *Noch,* Vergaberecht kompakt, 1999, S. 88: Zwar hatte die Bundesregierung
in § 57c HGrG die Ermächtigung, eine Kostenverordnung zu erlassen; von
dieser Ermächtigung wurde aber kein Gebrauch gemacht.
2   Vgl. BT-Drucks. 13/9340, S. 23 zu § 137.
3   Verwaltungskostengesetz v. 23. 6. 1970 mit späteren Änderungen, BGBl.
III, 202-4.

2. Entstehungsgeschichte

§ 137 des Regierungsentwurfs[1]: 4

Kosten des Verfahrens vor der Vergabekammer

(1) Für Amtshandlungen der Vergabekammern werden Kosten (Gebühren und Auslagen) zur Deckung des Verwaltungsaufwandes erhoben. Das Verwaltungskostengesetz findet Anwendung.

(2) Die Höhe der Gebühren bestimmt sich nach dem personellen und sachlichen Aufwand der Vergabekammer unter Berücksichtigung der wirtschaftlichen Bedeutung des Gegenstands des Nachprüfungsverfahrens. Die Gebühr beträgt mindestens 5000 Deutsche Mark; dieser Betrag kann aus Gründen der Billigkeit bis auf ein Zehntel ermäßigt werden. Die Gebühr soll den Betrag von 50 000 Deutsche Mark nicht überschreiten, kann aber im Einzelfall, wenn der Aufwand oder die wirtschaftliche Bedeutung außergewöhnlich hoch sind, bis zu einem Betrag von 100 000 Deutsche Mark erhöht werden.

(3) Soweit ein Beteiligter im Verfahren unterliegt, hat er die Kosten zu tragen. Mehrere Kostenschuldner haften als Gesamtschuldner. Hat sich der Antrag vor Entscheidung der Vergabekammer durch Rücknahme oder anderweitig erledigt, ist die Hälfte der Gebühr zu entrichten. Aus Gründen der Billigkeit kann von der Erhebung von Gebühren ganz oder teilweise abgesehen werden.

(4) Soweit die Anrufung der Vergabekammer erfolgreich ist oder dem Antrag durch die Vergabeprüfstelle abgeholfen wird, findet eine Erstattung der zur zweckentsprechenden Rechtsverfolgung notwendigen Aufwendungen statt. § 80 des Verwaltungsverfahrensgesetzes und die entsprechenden Vorschriften der Verwaltungsverfahrensgesetze der Länder gelten entsprechend.

Begründung zu § 137 des Regierungsentwurfs[2]: 5

Der unterlegene Beteiligte hat die Kosten des Nachprüfungsverfahrens und die zur zweckentsprechenden Rechtsverfolgung notwendigen Aufwendungen der Gegenseite zu tragen. Die Regelung über Gebührentatbestand und -höhe ist § 80 Abs. 3 nachgebildet.

Die Kostenregelung orientiert sich am verwaltungsrechtlichen Kostendeckungsprinzip und zwingt jeden potentiellen Antragsteller zur Kalkulation des Risikos der Inanspruchnahme der Nachprüfung, ohne abschreckende Wirkung zu entfalten.

---

1 BT-Drucks. 13/9340. Die unterstrichenen Passagen weichen vom späteren Gesetzestext ab.
2 BT-Drucks. 13/9340.

II. Gebühren und Auslagen im Nachprüfungsverfahren

1. Gebühren und Auslagen (§ 128 Abs. 1 und 2)

a) Voraussetzung: Eingang des Antrags oder Amtshandlungen der Vergabekammer?

6   Da das Nachprüfungsverfahren ein Antragsverfahren ist, entsteht regelmäßig eine Gebühr, sofern die Vergabekammer auf Antrag hin überhaupt tätig wird, also auch dann, wenn sie das Verfahren nach Antragsrücknahme einstellt. Das Gesetz setzt dies in § 128 Abs. 3 voraus. Es wird hierzu die Ansicht vertreten, daß die Gebühr schon mit dem Eingang des Antrags bei der Vergabekammer entstanden ist[1]. Diese Ansicht ist so allgemein aber nicht zutreffend. Denn das Gesetz setzt nach seinem eindeutigen Wortlaut eine **Amtshandlung voraus**[2]. Hat die Vergabekammer also noch keinerlei Amtshandlung vorgenommen, kann eine Gebühr nicht erhoben werden[3].

b) Gebühren

aa) Gebührenbemessung im Einzelfall

7   Die Gebühr soll nach § 128 Abs. 2 mindestens **DM 5000,–** und höchstens **DM 50 000,–** betragen. Die Gebühr kann jedoch aus Billigkeitsgründen im Einzelfall auf bis zu DM 500,– reduziert werden und im Einzelfall bis auf DM 100 000,– erhöht werden.

8   Die Entscheidung der Gebührenhöhe ist eine **Ermessensentscheidung** der Vergabekammer[4]. Dies folgt aus dem Verzicht des Gesetzes auf eine exakte Bestimmung der Wertigkeit der für die Gebührenbemessung heranzuziehenden Maßstäbe bei gleichzeitiger Festlegung eines Gebührenrahmens[5].

9   Dabei soll die Vergabekammer den personellen und sachlichen Aufwand unter Berücksichtigung der wirtschaftlichen Bedeutung der

---

1 So wohl: Beschluß der Vergabekammer Thüringen v. 16. 9. 1999 (216-4002.20-003/99-J-S); und für § 80 GWB allgemein: *Kollmorgen* in Langen/Bunte, Kommentar zum deutschen und europäischen Kartellrecht, § 80 Rz. 6; *Sauter* in Immenga/Mestmäcker, GWB, § 80 Rz. 12 ff.

2 *Bracher* in Frankfurter Kommentar, § 80 a. F. Tz. 18.

3 *Bracher* in Frankfurter Kommentar, § 80 a. F. Tz. 18.

4 *Bracher* in Frankfurter Kommentar, § 80 a. F. Tz. 30.

5 *Bracher* in Frankfurter Kommentar, § 80 a. F. Tz. 30.

Angelegenheit berücksichtigen. Die Bemessung der Gebühr nach dem personellen und sachlichen Aufwand entspricht dem allgemeinen verwaltungsrechtlichen **Kostendeckungsprinzip,** das eine Begrenzung des gesamten Gebührenaufkommens für eine besondere Leistung entsprechend dem gesamten hierfür eingesetzten Verwaltungsaufwand vorsieht, während die Berücksichtigung der wirtschaftlichen Bedeutung der Handlung Ausdruck des **Äquivalenzprinzips** ist, das ein angemessenes Verhältnis zwischen der Höhe der Gebühr im Einzelfall und dem Wert der besonderen Inanspruchnahme der Behörde durch den Gebührenschuldner fordert[1]. Es ist zu erwarten, daß in der Praxis bei der Bestimmung der Gebührenhöhe in erster Linie auf die wirtschaftliche Bedeutung der Angelegenheit und nicht auf den personellen und sachlichen Aufwand abgestellt wird[2]. Jedenfalls ist dies die Praxis im Kartellverwaltungsverfahren[3]. Neben diesen beiden Prinzipien wird bei der Bemessung der Gebührenhöhe auch der **Gleichbehandlungsgrundsatz** zu berücksichtigen sein. Denn eine bestimmte Gebührenpraxis kann durch Art. 3 Abs. 1 GG zu einer **Selbstbindung** der Vergabekammer führen[4]. Schließlich ist zu berücksichtigen, daß die Erhebung zu hoher Verfahrenskosten gerade mittelständische Firmen, deren Interessen gemäß § 97 Abs. 3 besonders zu berücksichtigen sind, aus Kostengründen von der Durchführung des Nachprüfungsverfahrens abschrecken wird. Eine solche Wirkung ist vom Gesetzgeber ausdrücklich nicht beabsichtigt[5].

Es bleibt abzuwarten, welche Linie sich bei den Vergabekammern 10 herausbilden wird. Für das Kartellverfahrensrecht gilt als „Daumenregel", daß bei durchschnittlicher wirtschaftlicher Bedeutung des Vorgangs und einem entsprechenden Aufwand regelmäßig eine Ge-

1 KG WuW/E OLG 1784 „Straßengeräte"; WuW/E OLG 2106, 2107 „Objektgesellschaft; *Bracher* in Frankfurter Kommentar, § 80 Rz. 4, Rz. 27 ff.; *Kollmorgen* in Langen/Bunte, Kommentar zum deutschen und europäischen Kartellrecht, § 80 Rz. 18; *von Gamm*, Kartellrecht, 2. Aufl., § 80 Rz. 5.

2 *Bechtold*, GWB, 2. Aufl., § 128 Rz. 2.

3 *Kollmorgen* in Langen/Bunte, Kommentar zum deutschen und europäischen Kartellrecht, § 80 Rz. 18.

4 KG WuW/E OLG 1545, 1546 „Exportagentur für chemische Rohstoffe"; *Bracher* in Frankfurter Kommentar, § 80 a. F. Rz. 4, Rz. 30; *Kollmorgen* in Langen/Bunte, Kommentar zum deutschen und europäischen Kartellrecht, § 80 Rz. 19.

5 BT-Drucks. 13/9340, S. 23, zu § 137 GWB Abs. 2; *Leinemann/Weihrauch*, Die Vergabe öffentlicher Aufträge, Rz. 644.

bühr in Höhe von 50% des Höchstsatzes angemessen ist[1]. Diese „Daumenregel" kann aber m.E. für das Vergabeverfahren nicht übernommen werden[2]. Denn damit würde gerade – entgegen der Zielrichtung – erreicht, daß die Höhe der Gebühren die betroffenen Bieter von der Einleitung des Nachprüfungsverfahrens abhält.

bb) Gebührenermäßigung bei Rücknahme und Hauptsacheerledigung

11   Wird ein Antrag zurückgenommen, bevor die Vergabekammer eine Entscheidung getroffen hat, so wird nur die Hälfte der Gebühr erhoben (§ 128 Abs. 3). § 128 Abs. 3 schließt eine Berücksichtigung des bis zur Antragsrücknahme entstandenen Verwaltungsaufwands aus[3]. Die Ermäßigung kommt dem Antragsteller selbst dann zugute, wenn er den Antrag erst unmittelbar vor der Bekanntgabe der bereits vollständig abgesetzten Entscheidung zurücknimmt. Abweichend von § 80 gilt die Gebührenreduzierung gemäß § 128 Abs. 3 auch, wenn sich die Hauptsache erledigt hat[4].

cc) Gebührenermäßigung aus Billigkeitsgründen

12   Die Mindestgebühr kann aus Billigkeitsgründen auf **bis zu DM 500,–** reduziert werden. Billigkeitsgründe sind alle Gesichtspunkte des Einzelfalls, die nicht bereits bei Anwendung anderer Regeln des § 128 berücksichtigt werden und dennoch die Auferlegung der üblichen Gebühr als unangemessen erscheinen lassen[5]. Gründe können sich aus der wirtschaftlichen Situation des gebührenpflichtigen Unternehmens, insbesondere einer schwachen Ertragslage des Unternehmens[6], oder aus einer besonderen Verfahrenssituation ergeben. So hat die Vergabekammer Thüringen die Gebühr auf DM 500,–

---

1 Ständige Rechtsprechung des KG, vgl.: KG v. 29. 7. 1986 – WuW/E OLG 3976, 3977 „Projektgesellschaft"; KG v. 13. 5. 1994 – WuW/E OLG 5339, 5340 „Untergeordnete Bedeutung"; *Bracher* in Frankfurter Kommentar, § 80 a. F. Tz. 33.
2 So aber: *Boesen*, Vergaberecht, 2000, § 128 Rz. 15.
3 *Bracher* in Frankfurter Kommentar, § 80 a. F. Tz. 46; *Kollmorgen* in Langen/Bunte, Kommentar zum deutschen und europäischen Kartellrecht, § 80 Rz. 27.
4 Anders § 80 Abs. 6, der den Fall der Erledigung nicht erfaßt.
5 *Bracher* in Frankfurter Kommentar, § 80 a. F. Tz. 49.
6 *Kollmorgen* in Langen/Bunte, Kommentar zum deutschen und europäischen Kartellrecht, § 80 Rz. 29.

herabgesetzt, weil der Nachprüfungsantrag schon zurückgenommen worden war, ohne daß die Kammer besonderen Aufwand betrieben hatte und bevor die Zustellung an den Gegner erfolgt war[1].

dd) Gebührenerhöhung

Ausnahmsweise kann die Gebühr über den Höchstbetrag von grund- 13 sätzlich DM 50 000,– hinaus auf **bis zu DM 100 000,–** erhöht werden. Die Erhöhung auf bis zu DM 100 000,– ist möglich, wenn der Aufwand oder die wirtschaftliche Bedeutung außergewöhnlich hoch sind. Dies wird nur in sehr seltenen Ausnahmefällen zu bejahen sein.

Anders als § 80 Abs. 3 Satz 3 stellt § 128 zur Rechtfertigung der 14 Gebührenerhöhung nicht auf den wirtschaftlichen Wert der gebührenpflichtigen Handlung, der nicht identisch ist mit der wirtschaftlichen Bedeutung, sondern auf die wirtschaftliche Bedeutung der Angelegenheit ab[2].

c) Auslagen

Die **gesondert erfaßbaren Auslagen** werden neben dem überschlägig 15 zu erfassenden personellen Aufwand und dem allgemeinen, nicht zuzuordnenden sachlichen Aufwand geltend gemacht. Es handelt sich nur um die tatsächlich entstandenen, gesondert zurechenbaren Telefonkosten, Kopierkosten, Übersetzungskosten, Bekanntmachungskosten etc. (§ 10 VwKostG).

2. Kostentragungspflicht gem. § 128 Abs. 3 und 4

a) Kostentragungspflicht (§ 128 Abs. 3)

§ 128 Abs. 3 regelt, wer die Kosten (Gebühren und Auslagen gemäß 16 § 128 Abs. 1 und 2) zu tragen hat. Dies ist der **Antragsteller,** wenn sein Nachprüfungsantrag zurückgewiesen wird oder der Antragsteller seinen Antrag vor Entscheidung der Vergabekammer zurücknimmt[3]. Dies ist der **Auftraggeber,** wenn dem Nachprüfungsantrag

---

1 Beschluß der Vergabekammer Thüringen v. 16. 9. 1999 (216-4002.20-003/99-J-S).
2 Vgl. *Bracher* in Frankfurter Kommentar, § 80 a. F. Tz. 44.
3 Vergabekammer Köln, Beschluß vom 18. 1. 2000, VK 10/99 (analog § 269 ZPO); *Boesen,* Vergaberecht, 2000, § 128 Rz. 29.

stattgegeben wird und dem Auftraggeber die Erteilung des Zuschlags untersagt wird. Andere Verfahrensbeteiligte kommen als Kostenschuldner für die Gebühren und Auslagen der Vergabekammer wohl nicht in Betracht, weil sie kaum als Unterliegende identifiziert werden können.

17 Beantragen **mehrere Bieter** das Nachprüfungsverfahren und werden die Anträge zurückgewiesen, tragen sie die Verfahrenskosten als **Gesamtschuldner.** Dies setzt allerdings voraus, daß ein einheitliches Nachprüfungsverfahren durchgeführt wird[1]. Zwischen den Bietern als Gesamtschuldner soll der Innenausgleich gemäß § 426 BGB vorzunehmen sein[2].

18 Die Vergabekammer kann nach Abs. 3 aus **Billigkeitsgründen** von der Erhebung von Gebühren ganz oder teilweise absehen. Billigkeitsgründe sind alle Gesichtspunkte des Einzelfalls, die nicht bereits bei Anwendung anderer Regeln des § 128 berücksichtigt werden und dennoch die grundsätzlich Kostentragungspflicht als unangemessen erscheinen lassen[3].

19 Die Kosten werden von der Vergabekammer durch **Beschluß** erhoben. Der Beschluß setzt sowohl die Höhe der Gebühren und Auslagen als auch fest, wer die Kosten zu tragen hat. Die Entscheidung soll, soweit möglich, zusammen mit der Sachentscheidung ergehen (§ 14 Verwaltungskostengesetz). Die Kostenentscheidung kann zusammen mit der Sachentscheidung oder selbständig angefochten geworden, und zwar im Wege der **sofortigen Beschwerde**[4].

b) Anspruch auf Erstattung der Aufwendungen der Rechtsverfolgung (§ 128 Abs. 4)

20 Gemäß § 128 Abs. 4 Satz 1 werden die zur zweckentsprechenden Rechtsverfolgung notwendigen **Aufwendungen des Antragsteller** erstattet, wenn die Anrufung der Vergabekammer erfolgreich ist oder dem Antrag durch die Vergabeprüfstelle gemäß § 103 Abs. 2 abgeholfen wurde. Satz 1 regelt also den Erstattungsanspruch des Antragstel-

---

1 Vergabekammer Köln, Beschlüsse vom 18. 1. 2000, VK 9/99 + VK 10/99. (Die Vergabekammer hat trotz gleichlautender Rüge zwei Nachprüfungsverfahren eingeleitet und getrennt verhandelt.)
2 *Bechtold,* GWB, 2. Aufl. 1999, § 128 Rz. 3.
3 *Bracher* in Frankfurter Kommentar, § 80 a. F. Tz. 49.
4 Beschluß der Vergabekammer Thüringen v. 16. 9. 1999 (216-4002.20-003/99-J-S); *Bechtold,* GWB, 2. Aufl. 1999, § 128 Rz. 4.

lers. Erstattungsschuldner ist der Auftraggeber, wie sich aus § 128 Abs. 4 Satz 2 ergibt. Gemäß § 128 Abs. 4 Satz 2 werden ganz allgemein die zur zweckentsprechenden Rechtsverfolgung notwendigen **Aufwendungen des Antragsgegners** von demjenigen erstattet, der im Verfahren unterliegt.

Kostenerstattungsansprüche bestehen also nur für die Aufwendungen des Antragstellers, wenn er obsiegt, und für die Aufwendungen des Auftraggebers, wenn er obsiegt, nicht aber für mittelbar durch die Vergabeentscheidung Betroffene. 21

Fraglich ist, ob auch dem Beigeladenen ein Kostenerstattungsanspruch zustehen kann oder ob ihn gar auch eine Kostentragungspflicht treffen kann. 22

Die Vergabekammer Köln hat in einem Fall, in dem der Antragsteller den Nachprüfungsantrag vor der Entscheidung der Kammer zurückgenommen hatte, entschieden, daß der Antragsteller die zur zweckentsprechenden Rechtsverfolgung notwendigen Aufwendungen des öffentlichen Auftraggebers und der Beigeladenen zu tragen habe[1]. Zur Begründung hat die Vergabekammer ausgeführt, die Kostentragungspflicht betreffe die gesamten Kosten, also auch die des Beigeladenen. Die Erstattung der außergerichtlichen Kosten der Beigeladenen entspreche auch der Billigkeit, da die Beigeladene einen eigenen Sachantrag gestellt habe und damit ein Kostenrisiko eingegangen sei. Ferner hat die Vergabekammer Köln[2] bei einem Obsiegen der Antragstellerin entschieden, daß der öffentliche Auftraggeber und die Beigeladene die zur zweckentsprechenden Rechtsverfolgung notwendigen Aufwendungen der Antragstellerin als Gesamtschuldnerin zu tragen hätten.

Ob diese Entscheidungen zutreffend sind, kann bezweifelt werden. Nach dem Wortlaut des § 128 Abs. 4 Satz 2 sind nur die notwendigen Auslagen „des Antragsgegners" zu erstatten. Daraus läßt sich ableiten, daß grundsätzlich nur dem Antragsteller und dem Antragsgegner ein Aufwendungsersatzanspruch zustehen kann, da die Beigeladenen in der Regel nicht als Antragsgegner angesehen werden können[3]. Auch die Begründung zum Regierungsentwurf des Vergaberechtsänderungsgesetzes sowie die entsprechend anwendbaren ver-

---

1 Vergabekammer Köln, Beschluß vom 18. 1. 2000, VK 10/99 (nicht veröffentlicht).
2 Vergabekammer Köln, Beschluß vom 18. 1. 2000, VK 9/99 (nicht veröffentlicht).
3 Vergabeüberwachungsausschuß Brandenburg, Beschluß vom 18. 5. 1999, 1 VÜA 1/99, S. 26.

waltungsverfahrensrechtlichen Kostenerstattungsgrundsätze bieten keine Grundlage dafür, die Kosten der Beigeladenen den unterlegenen Beteiligten aufzuerlegen. Den Beigeladenen steht danach ein Kostenerstattungsanspruch nicht zu.

Teilweise wird allerdings auch in der Literatur die Ansicht vertreten, die Frage der Erstattungsfähigkeit der Kosten des Beigeladenen analog § 162 Abs. 3 VwGO zu lösen[1]. Dementsprechend sollen die außergerichtlichen Kosten des Beigeladenen dann erstattungsfähig sein, wenn sie die Vergabekammer aus Billigkeitserwägungen den unterliegenden Beteiligten oder der Staatskasse auferlegt. Zur Begründung wird angeführt, daß der Beigeladene gemäß § 128 Abs. 4 Satz 2 auch verpflichtet werden könne, die notwendigen Aufwendungen des Antragsgegners zu tragen, und zwar jedenfalls dann, wenn der Beigeladene selbst erfolglos eigene Sachanträge gestellt habe.

23   Im übrigen verweist § 128 auf § 80 VwVfG des Bundes und der Länder. Die **notwendigen Aufwendungen** sind die persönlichen Auslagen der Beteiligten sowie die Gebühren und Auslagen eines Bevollmächtigten. Die Gebühren und Auslagen eines **Rechtsanwalts** sind nur erstattungsfähig, wenn die Zuziehung eines Bevollmächtigten notwendig war (§ 80 Abs. 2 VwVfG)[2]. Hier wird aber das Gleiche gelten wie im Rahmen des § 80 VwVfG. Die Notwendigkeit der Zuziehung eines Bevollmächtigten ist nach richtiger Ansicht bei einem Rechtsanwalt in der Regel, nicht nur bei schwierigen und umfangreichen Sachverhalten, zu bejahen[3]. Im übrigen sei auf die umfangreichen Kommentierungen zu § 80 VwVfG verwiesen[4].

24   Die **Entscheidung** über die Kostenerstattung wird **von der Vergabekammer** getroffen. Sie soll in der Regel gemeinsam mit der Hauptsacheentscheidung ergehen, kann aber auch nachträglich ergehen. Die Entscheidung kann ebenso wie die Gebührenfestsetzung und Kostentragungspflicht gemäß § 128 Abs. 3 mit der **sofortigen Beschwerde** angefochten werden[5].

---

1 *Boesen*, Vergaberecht, 2000, § 128 Tz. 47.
2 A. A. *Leinemann/Weihrauch*, Die Vergabe öffentlicher Aufträge, 1999, Rz. 648.
3 BVerwGE 17, 245, BVerwG DVBl. 1978, 630; *Stelkens/Kallerhoff* in Stelkens/Bonk/Sachs, VwVfG, 5. Aufl. 1998, § 80 Rz. 80 ff., vgl. aber auch: BVerwG NVwZ-RR 1997, 264.
4 Statt vieler, *Stelkens/Kallerhoff* in Stelkens/Bonk/Sachs, VwVfG, 5. Aufl. 1998, § 80 Rz. 58 ff.
5 *Bechtold*, GWB, 2. Aufl. 1999, § 128 Rz. 6.

III. Gerichtskosten und Kostenentscheidung im Beschwerdeverfahren vor dem OLG

1. Gegenstandswert

Art. 2 Abs. 1 Nr. 3 des VgRÄG hat das GKG um **§ 12a Abs. 2 GKG** 25 ergänzt. Danach beträgt der Streitwert der Verfahren über **Beschwerden** gegen die Entscheidung der Vergabekammern gemäß § 116 und von **Maßnahmen** gemäß §§ 115 Abs. 2 Satz 2 und 3 (Wiederherstellung des Zuschlagverbots oder Gestattung des sofortigen Zuschlags), 118 Abs. 1 Satz 3 (Verlängerung der aufschiebenden Wirkung des Verfahrens) und 121 (Gestattung des Zuschlags im Beschwerdeverfahren) **5 von Hundert der Auftragssumme,** hilfsweise der Angebotssumme. Die Pauschalierung soll der Vereinfachung dienen[1]. Sie soll auch für die Zwischenverfahren gelten, weil die Hauptsacheentscheidung in diesen Verfahren häufig vorweggenommen wird[2].

2. Gebühren

Das Kostenverzeichnis des GKG ist durch Art. 2 Nr. 4a bis i VgRÄG 26 ergänzt worden. Danach gelten folgende Bestimmungen des **Kostenverzeichnis (KV): 1220 bis 1229.** Die Gebühr für das **Verfahren im allgemeinen** beträgt den 1,5-fachen Satz der Gebühr nach § 11 Abs. 2 GKG, reduziert sich aber ggf. bei einer Antragsrücknahme u. ä. auf 0,5 (KV 1220, 1221). Die Gebühr für den die Instanz abschließenden **Beschluß** beträgt den 3 bzw. 1,5-fachen Satz der Gebühr nach § 11 Abs. 2 GKG (KV 1224, 1226), je nachdem, ob ein Zwischenverfahren vorgeschaltet war oder nicht. Die Gebühr für **Zwischenverfahren,** also für eine Entscheidung gemäß §§ 115 Abs. 2 Satz 2 und 3 (Wiederherstellung des Zuschlagverbots oder Gestattung des sofortigen Zuschlags), für eine Entscheidung gemäß § 118 Abs. 1 Satz 3 (Verlängerung der aufschiebenden Wirkung des Verfahrens) und eine Entscheidung gemäß § 121 (Gestattung des Zuschlags im Beschwerdeverfahren) beträgt den 3fachen Satz der Gebühr nach § 11 Abs. 2 GKG (KV 1222).

3. Kostentragungspflicht

Die Kostentragungspflicht im Beschwerdeverfahren richtet sich 27 nach allgemeinen prozeßrechtlichen Grundsätzen (vgl. § 123 Tz. 19).

---

1 BT-Drucks. 13/9340 S. 23.
2 BT-Drucks. 13/9340 S. 23.

Die Kostenentscheidung über die Verteilung der außergerichtlichen Kosten erstreckt sich nicht auf das vorangegangene Nachprüfungsverfahren[1].

IV. Anwaltsgebühren

1. Nachprüfungsverfahren

a) Gegenstandswert

28 Der Gegenstandswert ergibt sich gemäß § 8 BRAGO aus den Vorschriften des Gerichtskostengesetzes (GKG) und damit aus § 12a GKG. Denn § 8 GKG gilt auch für die Tätigkeit außerhalb eines gerichtlichen Verfahrens, so daß dahin stehen kann, ob das Nachprüfungsverfahren ein gerichtliches Verfahren ist oder nicht. Der Streitwert des Nachprüfungsverfahrens beträgt somit **5 v. H. der Auftragssumme,** hilfsweise der Angebotssumme.

b) Gebühren

29 Es wird die Ansicht vertreten, daß § 31 BRAGO auch im Nachprüfungsverfahren anwendbar sei, weil das Nachprüfungsverfahren als gerichtsähnliches Verfahren ausgestaltet sei[2]. Dagegen spricht aber, daß § 65a BRAGO eine ausdrückliche Regelung getroffen hat und die Geltung der §§ 31 ff. BRAGO nur für die Vertretung im Beschwerdeverfahren und den Zwischenverfahren vor dem OLG angeordnet hat. Aus diesem Grund und weil das Nachprüfungsverfahren zwar gerichtsähnlich ausgestaltet ist, aber kein Gerichtsverfahren ist, gelten m. E. **§§ 118, 119 BRAGO.**

2. Beschwerdeverfahren vor dem OLG

a) Gegenstandswert

30 Der Gegenstandswert ergibt sich gemäß § 8 BRAGO aus den Vorschriften des Gerichtskostengesetzes (GKG) und damit aus § 12a GKG. Danach beträgt der Streitwert der Verfahren über Beschwerden gegen die Entscheidung der Vergabekammern gemäß § 116 und

---

1 Vgl. für das Kartellverfahren: KG v. 27. 1. 1981 – WuW/EOLG 2551–2555.
2 So *Leinemann/Weihrauch,* Die Vergabe öffentlicher Aufträge, 1999, Rz. 654.

Maßnahmen gemäß §§ 115, 118 und 121 **5 v. H. der Auftragssumme,** hilfsweise der Angebotssumme.

b) Gebühren

Gemäß § 65a BRAGO gelten die §§ 31 bis 67 BRAGO sinngemäß auch für das Beschwerdeverfahren vor dem OLG. Es gilt insbesondere **§ 31 BRAGO** (Prozeßgebühr, Verhandlungsgebühr etc.[1]). Die Höhe der Gebühren richtet sich nach § 11 Abs. 1 Satz 4 GKG, so daß die Gebühren für die **Anwaltstätigkeit in der Berufungsinstanz** geltend gemacht werden können (13/10). **31**

Wird ein Antrag gemäß §§ 115 Abs. 2 Satz 2 und 3 (Wiederherstellung des Zuschlagverbots oder Gestattung des sofortigen Zuschlags), ein Antrag gemäß § 118 Abs. 1 Satz 3 (Verlängerung der aufschiebenden Wirkung des Verfahrens) oder ein Antrag gemäß § 121 (Gestattung des Zuschlags im Beschwerdeverfahren) gestellt, erhöht sich die Prozeßgebühr gemäß § 65a BRAGO um die Hälfte (19,5/10). **32**

---

1 Vgl. *Madert* in Gerold/Schmidt/v. Eicken/Madert, BRAGO, 14. Aufl. 1999, § 65a Rz. 13.

§ 129 Kosten der Vergabeprüfstelle

Für Amtshandlungen der Vergabeprüfstellen des Bundes, die über die im § 103 Abs. 2 Satz 1 genannte Prüftätigkeit und die damit verbundenen Maßnahmen der Vergabeprüfstellen hinausgehen, werden Kosten zur Deckung des Verwaltungsaufwandes erhoben. § 128 gilt entsprechend. Die Gebühr beträgt 20 vom Hundert der Mindestgebühr nach § 128 Abs. 2; ist der Aufwand oder die wirtschaftliche Bedeutung im Einzelfall außergewöhnlich hoch, kann die Gebühr bis zur Höhe der vollen Mindestgebühr angehoben werden.

Inhaltsübersicht

I. Einführung

1. Inhaltsübersicht

1   Gemäß § 129 werden für die Amtshandlungen der **Vergabeprüfstellen des Bundes** Gebühren erhoben und Auslagen erstattet, wenn die Amtshandlung über die der Vergabeprüfstelle gemäß § 103 Abs. 2 Satz 1 auferlegten Aufgaben hinausgeht. § 129 gilt nicht für die Vergabeprüfstellen der Länder. Sie können Gebühren nur auf der Grundlage entsprechender landesrechtlicher Bestimmungen erheben[1].

2. Entstehungsgeschichte

2   § 138 des Regierungsentwurfs[2]:

Kosten der Vergabeprüfstelle

Für Amtshandlungen der Vergabeprüfstellen des Bundes, die über die im § 113 Abs. 2 Satz 1 genannte Prüftätigkeit und die damit verbundenen Maß-

---

1 *Bechtold*, GWB, 2. Aufl. 1999, § 129 Rz. 1.
2 BT-Drucks. 13/9340. Die unterstrichenen Passagen weichen vom späteren Gesetzestext ab.

nahmen der Vergabeprüfstellen hinausgehen, werden Kosten zur Deckung des Verwaltungsaufwandes erhoben. § 137 gilt entsprechend. Die Gebühr beträgt 20 vom Hundert der Mindestgebühr nach § 137 Abs. 2; ist der Aufwand oder die wirtschaftliche Bedeutung im Einzelfall außergewöhnlich hoch, kann die Gebühr bis zur Höhe der vollen Mindestgebühr angehoben werden.

Begründung zu § 138 des Regierungsentwurfs[1]:   3

Kosten werden von Vergabeprüfstellen nur erhoben, soweit sie Tätigkeiten im Sinne des § 113 Abs. 2 wahrnehmen, die über die Tätigkeit einer Fach- und Rechtsaufsicht führenden Stelle hinausgehen.

II. Amtshandlungen, die über die im § 103 Abs. 2 Satz 1 genannte Prüfungstätigkeit hinausgehen

Für Amtshandlungen gemäß § 103 Abs. 2 Satz 1 und die damit zu-   4
sammenhängenden Tätigkeiten, also für die Prüfung, ob die Auftraggeber die Vergabevorschriften einhalten, kann die Vergabeprüfstelle des Bundes keine Gebühren erheben. Für weiterreichende Amtshandlungen, auch für solche im Sinne des § 103 Abs. 2, können dagegen Gebühren erhoben werden, wenn die Tätigkeit über die einer Fach- und Rechtsaufsichtsbehörde hinausgeht[2]. Dies gilt z. B., wenn die Vergabeprüfstelle streitschlichtend tätig ist oder den Auftraggeber oder andere Stellen bei der Anwendung der Vergabevorschriften berät.

III. Gebührenhöhe

Die Gebühr soll grundsätzlich 20 v. H. der Mindestgebühr nach   5
§ 128 Abs. 2, also **DM 1000,–** betragen. Sie kann im Einzelfall, wenn der Aufwand oder die wirtschaftliche Bedeutung außergewöhnlich hoch ist, bis zu **DM 5000,–** erhöht werden.

IV. Sonstiges

Im übrigen verweist § 129 umfassend auf § 128, so daß auf die   6
Kommentierung dort verwiesen sei.

---

1 BT-Drucks. 13/9340.
2 BT-Drucks. 13/9840 S. 23.

Verordnung über die Vergabebestimmungen für öffentliche Aufträge (Vergabeverordnung – VgV)

vom 22. 2. 1994 (BGBl. I S. 321)
geändert durch VO vom 29. 9. 1997 (BGBl. I S. 2384)

Vorbemerkung zu § 1

1   Zur Fortgeltung der Vergabeverordnung, zu deren Regelungstechnik und zum Entwurf einer überarbeiteten Vergabeverordnung vgl. § 97 Tz. 32 ff. Die Vergabeverordnung bestimmt in §§ 1 bis 4, welche Abschnitte der Verdingungsordnungen auf die in § 57a Abs. 1 HGrG (nunmehr § 98) genannten Auftraggeber Anwendung finden.

§ 1

(1) Die in § 57a Abs. 1 Nr. 1 bis 3 des Haushaltsgrundsätzegesetzes genannten Auftraggeber haben bei der Vergabe von Liefer- und Dienstleistungsaufträgen sowie bei der Durchführung von Wettbewerben, die zu Dienstleistungsaufträgen führen sollen, die Bestimmungen des Abschnittes 2 der Verdingungsordnung für Leistungen (VOL/A) in der Fassung der Bekanntmachung vom 12. Mai 1997 (BAnz. Nr. 163a vom 2. September 1997) anzuwenden, wenn sich deren geschätzter Auftragswert für Liefer- und Dienstleistungsaufträge wenigstens auf die in § 1a Nr. 1 und für Wettbewerbe wenigstens auf die in § 31a Nr. 1 Abs. 3 VOL/A genannten Beträge beläuft und wenn in den §§ 2 und 3 nichts anderes bestimmt ist. Für die Berechnung des Auftragswertes gilt § 1a Nr. 4 Abs. 2 bis 6 VOL/A. Satz 1 findet auf Aufträge zur Durchführung von Tätigkeiten im Sinne des § 4 Abs. 3 keine Anwendung.

(2) Für die in § 57a Abs. 1 Nr. 6 des Haushaltsgrundsätzegesetzes genannten Auftraggeber gilt Absatz 1 nur, wenn das Vorhaben Dienstleistungsaufträge oder Wettbewerbe, die zu Dienstleistungsaufträgen führen sollen, in Verbindung mit Tiefbaumaßnahmen oder mit Baumaßnahmen zur Errichtung von Krankenhäusern, Sport-, Erholungs- oder Freizeiteinrichtungen, Schul-, Hochschul- oder Verwaltungsgebäuden zum Gegenstand hat.

(3) Aufträge nach Absatz 1 sind Verträge über Waren oder Dienstleistungen mit Ausnahme der in § 1a Nr. 3 VOL/A genannten Aufträge. Wettbewerbe nach Absatz 1 sind die in § 31a VOL/A genannten Verfahren.

1. § 1 Abs. 1

§ 1 Abs. 1 bezieht sich seit Inkrafttreten des Vergaberechtsänderungsgesetzes auf die in § 98 Nr. 1 bis 3 genannten öffentlichen Auftraggeber. Soweit diese **Lieferaufträge** (§ 99 Abs. 2), **Dienstleistungsaufträge** (§ 99 Abs. 4) oder **Wettbewerbe** (§ 99 Abs. 5) vergeben, haben sie Abschnitt 2 der **VOL/A** anzuwenden, wenn die dort genannten Schwellenwerte überschritten sind. Allerdings gehen die §§ 2 und 3 VgV vor. § 2 VgV gilt für Dienstleistungsaufträge, die im Rahmen einer freiberuflichen Tätigkeit erbracht oder im Wettbewerb mit freiberuflichen Tätigkeiten angeboten werden (vgl. § 2 VgV Tz. 5 ff.). § 3 VgV findet auf Bauaufträge im Sinne des § 99 Abs. 3 Anwendung (§ 3 VgV Tz. 10 ff.). Auch die Tätigkeit auf den in § 4 Abs. 3 VgV genannten Sektoren ist vom Anwendungsbereich des § 1 VgV ausgenommen (§ 1 Abs. 1 Satz 3 VgV). § 1 Abs. 1 Satz 2 VgV bezieht sich hinsichtlich der Berechnung des Auftragswerts auf die Bestimmungen der VOL/A.

2. § 1 Abs. 2

§ 1 Abs. 2 VgV bezieht sich auf die in § 98 Nr. 5 genannten Auftraggeber. Der 2. Halbsatz ist durch die Neufassung des Wortlauts des § 98 Nr. 5 gegenüber § 57a Abs. 1 Nr. 6 HGrG überflüssig geworden (§ 98 Tz. 58).

3. § 1 Abs. 3

§ 1 Abs. 3 Satz 1 VgV ist durch die Definition der Liefer- und Dienstleistungsaufträge in § 99 Abs. 2 und 4 sowie durch die Regelung der Ausnahmen vom Anwendungsbereich des Vergaberechts in § 100 Abs. 2 überflüssig geworden. Die Definition der Wettbewerbe in § 1 Abs. 3 Satz 2 VgV wird durch § 99 Abs. 5 verdrängt. Dort werden die Wettbewerbe nunmehr als „Auslobungsverfahren" bezeichnet.

§ 2

(1) Die in § 57a Abs. 1 Nr. 1 bis 3 des Haushaltsgrundsätzegesetzes genannten Auftraggeber haben bei der Vergabe von Dienstleistungen, die im Rahmen einer freiberuflichen Tätigkeit erbracht oder im Wettbewerb mit freiberuflich Tätigen angeboten werden, sowie für Wettbewerbe, die zu solchen Dienstleistungen führen sollen, die Verdingungsordnung für freiberufliche Dienstleistungen (VOF) in der Fassung der Bekanntmachung vom 12. Mai

1997 (BAnz. Nr. 164a vom 3. September 1997) anzuwenden, wenn sich deren geschätzter Auftragswert wenigstens auf die in § 2 Abs. 2 oder § 20 Abs. 2 VOF genannten Beträge beläuft. Dies gilt nicht für Dienstleistungen, deren Gegenstand eine Aufgabe ist, deren Lösung vorab eindeutig und erschöpfend beschrieben werden kann. Eindeutig und erschöpfend beschreibbare freiberufliche Leistungen sind nach der Verdingungsordnung für Leistungen (VOL) zu vergeben. Für die Berechnung des Auftragswertes gilt § 3 VOF. Satz 1 findet auf Aufträge im Sinne des § 4 Abs. 3 keine Anwendung.

(2) Für die in § 57a Abs. 1 Nr. 6 des Haushaltsgrundsätzegesetzes genannten Auftraggeber gilt Absatz 1 nur, wenn das Vorhaben Dienstleistungsaufträge oder Wettbewerbe, die zu Dienstleistungsaufträgen führen sollen, in Verbindung mit Tiefbaumaßnahmen oder mit Baumaßnahmen zur Errichtung von Krankenhäusern, Sport-, Erholungs- oder Freizeiteinrichtungen, Schul-, Hochschul- oder Verwaltungsgebäuden zum Gegenstand hat.

1. § 2 Abs. 1

5 § 2 Abs. 1 Satz 1 VgV bestimmt, daß die in § 98 Nr. 1 bis 3 genannten Auftraggeber bei der Vergabe von **Dienstleistungen,** die im Rahmen einer **freiberuflichen Tätigkeit** erbracht oder im Wettbewerb mit freiberuflichen Tätigkeiten angeboten werden, sowie für Wettbewerbe, die zu solchen Dienstleistungen führen sollen, die **VOF** anzuwenden haben, soweit die Schwellenwerte überschritten sind. Auf Dienstleistungsaufträge (§ 99 Abs. 4) und Auslobungsverfahren (§ 99 Abs. 5) können folglich sowohl die Vorschriften der VOL/A (§ 1 Abs. 1 Satz 1 VgV), als auch der VOF (§ 2 Abs. 1 Satz 1 VgV) Anwendung finden. Die Abgrenzung bestimmt sich danach, ob die Dienstleistungen im Rahmen einer freiberuflichen Tätigkeit oder im Wettbewerb hierzu erbracht werden. Ist dies der Fall, gehen die Bestimmungen der VOF denjenigen der VOL/A vor. Diese Regelung wird in § 1 VOF und § 1 VOL/A wiederholt.

6 Die **Definition der freiberuflichen Tätigkeit** richtet sich nach § 18 Abs. 1 Nr. 1 EStG[1]. Die dortige Aufzählung ist nicht abschließend. Eine weitgehend wortgleiche Definition findet sich in § 1 Abs. 2 PartGG. Demnach bedeutet eine freiberufliche Tätigkeit aufgrund eigener Fachkenntnisse und Erfahrungen selbständig, leitend und eigenverantwortlich unter Mithilfe fachlich vorgebildeter Arbeitskräfte handeln zu können[2]. Die Selbständigkeit drückt sich dadurch

---

1 *Kaufhold/Mayerhofer/Reichl,* Die VOF im Vergaberecht, 1999, S. 98 und 131; *Müller* in Daub/Eberstein, Kommentar zur VOL/A, 4. Aufl. 1998, § 1 Rz. 17; *Müller-Wrede,* BauR 1998, 470, 472.
2 *Kaufhold/Mayerhofer/Reichl,* Die VOF im Vergaberecht, 1999, S. 132.

aus, daß der Freiberufler, anders als ein Arbeitnehmer, keinen Weisungen unterliegt. Seine Vergütung erfolgt tätigkeits- oder wertbezogen im Rahmen eines Dienstleistungs- oder Werkvertrags[1]. Der Anwendungsbereich der VOF ist auch dann eröffnet, wenn eine Tätigkeit nicht durch einen Freiberufler, aber **im Wettbewerb** zu diesem erbracht wird. Hiervon werden insbesondere Gesellschaften, die von Freiberuflern gebildet werden, wie die Gesellschaft des bürgerlichen Rechts, die Gesellschaft mit beschränkter Haftung oder die Aktiengesellschaft, umfaßt. Die beiden letztgenannten sind handels- und steuerrechtlich als Kaufleute bzw. Gewerbebetriebe anzusehen, so daß sie nicht unter die für Freiberufler geltenden Vorschriften fallen. Für das Vergaberecht kann es jedoch keinen Unterschied machen, in welcher Rechtsform ein Bieter eine Tätigkeit durchzuführen beabsichtigt. § 2 Abs. 1 Satz 1 VgV stellt daher allein darauf ab, ob der ausgeschriebene Auftrag auch von einem Freiberufler erbracht werden könnte. Der Anwendungsbereich der VOF ist auch dann eröffnet, wenn sich auf eine konkrete Ausschreibung hin ausschließlich gewerbliche Unternehmen bewerben, solange nur die Leistungen auch von einem Freiberufler ausgeführt werden könnten. Maßgeblich ist, ob die auszuschreibende Dienstleistung in der Vergangenheit von Gewerbetreibenden oder von Freiberuflern erbracht wurde. Ergibt die Übersicht des Markts, daß die Leistungen von Gewerbetreibenden erbracht wurden, findet die VOL/A Anwendung. Dies gilt auch dann, wenn sich auf die Ausschreibung hin Freiberufler bewerben[2]. Bezüglich der Schwellenwerte verweist die Vorschrift auf § 2 Abs. 2 und § 20 Abs. 2 VOF.

Die VOF findet auf **Dienstleistungen,** die eine Aufgabe zum Gegenstand haben, **deren Lösung** vorab **eindeutig und erschöpfend beschrieben** werden kann, keine Anwendung (§ 2 Abs. 1 Satz 2 VgV). Für diese Aufträge gilt vielmehr die VOL/A (§ 1 Abs. 1 Satz 3 VgV, § 2 Abs. 2 Satz 2 VOF, § 1 VOL/A). Beschreibbar sind insbesondere handwerkliche oder mechanische Leistungen[3]. Unter den Anwendungsbereich der VOF fallen somit geistig-schöpferische Leistungen für eine Aufgabe, deren Lösung sich erst durch diese Leistungen entwickelt[4]. Bereits feststehende Leistungen, die von dem öffentlichen Auftraggeber vorgegeben werden, bedürfen zur Ausführung le-

7

---

1 *Kaufhold/Mayerhofer/Reichl,* Die VOF im Vergaberecht, 1999, S. 132.
2 *Müller* in Daub/Eberstein, Kommentar zur VOL/A, 4. Aufl. 1998, § 1 Rz. 19 f.; *Müller-Wrede,* BauR 1998, 470, 472.
3 *Kaufhold/Mayerhofer/Reichl,* Die VOF im Vergaberecht, 1999, S. 141.
4 *Kaufhold/Mayerhofer/Reichl,* Die VOF im Vergaberecht, 1999, S. 142; *Müller-Wrede,* BauR 1998, 470, 475 f.

diglich der Umsetzung. Das Ausführungsprogramm, d. h. die schöpferische Leistung, wurde im Vorfeld von dem Auftraggeber erbracht. Beabsichtigt der Auftraggeber hingegen die geistig-schöpferische Tätigkeit nicht selbst zu erbringen, sondern zu vergeben, scheiden detaillierte Vorgaben aus. Der Auftraggeber ist darauf beschränkt, das Ziel oder den Rahmen der auszuschreibenden Leistung vorzugeben. Die konkrete Entwicklung und Beschreibung des Leistungswegs hat durch den Auftragnehmer zu erfolgen. Eine Leistung ist immer dann nicht vorab eindeutig und erschöpfend beschreibbar, wenn eine noch nicht existierende Lösung für eine gestellte Aufgabe zu entwickeln ist[1].

8   Die Berechnung des Auftragswerts bestimmt sich gemäß § 1 Abs. 1 Satz 4 VgV nach § 3 VOF. § 2 Abs. 1 Satz 5 VgV sieht vor, daß die VOF für Tätigkeiten in den **Sektoren** (§ 4 Abs. 3 VgV) **keine Anwendung** findet. In Verbindung mit § 4 Abs. 1 Nr. 1 Satz 2 und Abs. 2 Nr. 2 Satz 2 VgV, wonach Aufträge im Sinne des § 2 VgV von dem Anwendungsbereich des § 4 VgV ausgeschlossen sind, scheint für freiberufliche Dienstleistungsaufträge im Bereich der Sektoren eine Regelungslücke zu bestehen[2]. Aufgrund von § 2 Abs. 1 Satz 5 VgV unterfallen diese nicht der VOF, in Folge von § 4 Abs. 1 Nr. 1 Satz 2 und Abs. 2 Nr. 2 Satz 2 VgV aber auch nicht den Abschnitten 3 und 4 der VOL/A. Dieses Ergebnis ist von dem Verordnungsgeber nicht gewollt und widerspricht dem Gemeinschaftsrecht. Nach der Rechtsprechung des EuGH haben zumindest die in § 98 Nr. 1 bis 3 genannten öffentlichen Auftraggeber im Bereich der Sektoren bei der Vergabe freiberuflicher Dienstleistungen die SKR anzuwenden[3]. Dieser Grundsatz läßt sich aufgrund des Regelungszwecks der SKR auch auf die in § 98 Nr. 4 genannten Auftraggber ausdehnen. § 4 Abs. 1 Nr. 1 Satz 2 und Abs. 2 Nr. 2 Satz 2 VgV verstoßen folglich gegen die SKR. Der Entwurf einer neuen Vergabeverordnung[4] sieht folgerichtig eine entsprechende Regelung nicht mehr vor und unterwirft auch freiberufliche Dienstleistungsaufträge der Sektorenauftraggeber dem 3. und 4. Abschnitt der VOL/A (§ 5 Satz 3, § 7 Entwurf einer Vergabeverordnung).

1 *Kaufhold/Mayerhofer/Reichl*, Die VOF im Vergaberecht, 1999, S. 142.
2 *Kaufhold/Mayerhofer/Reichl*, Die VOF im Vergaberecht, 1999, S. 99; *Müller-Wrede*, BauR 1998, 470, 471.
3 EuGH v. 22. 6. 1989 – Rs. 103/88, Slg. 1989, 1839 – Fratelli Costanzo; EuGH v. 12. 7. 1990 – Rs. C 188/89, Slg. 1990 I, 3313 – Foster; *Kaufhold/Mayerhofer/Reichl*, Die VOF im Vergaberecht, 1999, S. 100.
4 BT-Drucks. 13/9340 S. 29 ff.

2. § 2 Abs. 2

Der 2. Halbsatz des § 2 Abs. 2 ist durch die Neufassung des § 98   9
Nr. 5 gegenüber § 57a Abs. 1 Nr. 6 HGrG überflüssig geworden.

§ 3

(1) Die in § 57a Abs. 1 Nr. 1 bis 3 und 8 des Haushaltsgrundsätzegesetzes
genannten Auftraggeber haben bei der Vergabe von Bauaufträgen die Bestimmungen des Abschnittes 2 der Verdingungsordnung für Bauleistungen
(VOB/A) in der Fassung der Bekanntmachung vom 12. November 1992
(BAnz. Nr. 223a vom November 1992) anzuwenden, wenn für den Bauauftrag
die in § 1a VOB/A genannten Voraussetzungen vorliegen. Dies gilt nicht für
solche natürliche und juristische Personen des Privatrechts, die im eigenen
Namen und auf eigene Rechnung für einen der in § 57a Abs. 1 Nr. 1 bis 3 des
Haushaltsgrundsätzegesetzes genannten Auftraggeber tätig werden.

(2) Für die in § 57a Abs. 1 Nr. 6 des Haushaltsgrundsätzegesetzes genannten
Auftraggeber gilt Absatz 1, wenn das Vorhaben Tiefbaumaßnahmen, Krankenhäuser, Sport-, Erholungs- oder Freizeiteinrichtungen, Schul-, Hochschul-
oder Verwaltungsgebäude zum Gegenstand hat.

(3) Für die in § 57a Abs. 1 Nr. 7 des Haushaltsgrundsätzegesetzes genannten
Auftraggeber gilt Absatz 1 hinsichtlich der Bestimmungen, die auf diese
Auftraggeber Bezug nehmen.

(4) Als Bauaufträge nach Absatz 1 gelten die in § 1 VOB/A genannten Verträge über Bauleistungen.

1. § 3 Abs. 1

Nach § 3 Abs. 1 Satz 1 haben die in § 98 Nr. 1 bis 3 genannten   10
Auftraggeber bei der Vergabe von **Bauaufträgen** (§ 99 Abs. 3) die
Bestimmungen des 2. Abschnitts der **VOB/A** anzuwenden, soweit
die Schwellenwerte überschritten sind. Der Hinweis auf die in § 57a
Abs. 1 Nr. 8 HGrG genannten Auftraggeber und deren Ausnahme
vom Anwendungsbereich des Vergaberechts in § 3 Abs. 1 Satz 2 VgV
hat sich durch die Neufassung des § 98 erübrigt (§ 98 Tz. 67).

2. § 3 Abs. 2

§ 3 Abs. 2 VgV hat sich durch die Neufassung des Wortlauts des § 98   11
Nr. 5 gegenüber § 57a Abs. 1 Nr. 6 HGrG erübrigt (§ 98 Tz. 58).

3. § 3 Abs. 3

12 § 3 Abs. 3 VgV bezieht sich auf Baukonzessionäre gemäß § 98 Nr. 6. Auf diese finden nur diejenigen Vorschriften der VOB/A Anwendung, die sich ausdrücklich auf die Baukonzessionäre beziehen. Es handelt sich hierbei um § 32a Nr. 2 VOB/A.

4. § 3 Abs. 4

13 Bezüglich der Definition der Bauaufträge verweist § 3 Abs. 4 VgV auf § 1 VOB/A. Diese Vorschrift hat sich durch Einführung des § 99 Abs. 3 erübrigt.

§ 4

(1) Die in § 57a Abs. 1 Nr. 1 bis 3 des Haushaltsgrundsätzegesetzes genannten Auftraggeber, die eine der in Absatz 3 bezeichneten Tätigkeiten auf dem Gebiet der Trinkwasser- oder Energieversorgung oder des Verkehrs- oder Fernmeldewesens ausüben, haben bei der Vergabe von Aufträgen die folgenden Bestimmungen anzuwenden:

1. im Fall von Liefer- und Dienstleistungsaufträgen sowie der Durchführung von Wettbewerben, die zu Dienstleistungsaufträgen führen sollen, die Bestimmungen des Abschnittes 3 der VOL/A, wenn sich deren geschätzter Auftragswert wenigstens auf die in § 1b beziehungsweise § 31b VOL/A genannten Beträge beläuft. Dies gilt nicht für Aufträge im Sinne des § 2;

2. im Fall von Bauaufträgen die Bestimmungen für die Vergabe von Bauleistungen des Abschnitts 3 der VOB/A, wenn sich deren geschätzter Auftragswert wenigstens auf den in § 1b VOB/A genannten Betrag beläuft.

(2) Die in § 57a Abs. 1 Nr. 4 und 5 des Haushaltsgrundsätzegesetzes genannten Auftraggeber, die eine der in Absatz 3 bezeichneten Tätigkeiten auf dem Gebiet der Trinkwasser- oder Energieversorgung oder des Verkehrs- oder Fernmeldewesens ausüben, haben bei der Vergabe von Aufträgen die folgenden Bestimmungen anzuwenden:

1. im Fall von Liefer- und Dienstleistungsaufträgen sowie der Durchführung von Wettbewerben, die zu Dienstleistungsaufträgen führen sollen, die Bestimmungen des Abschnittes 4 der VOL/A, wenn sich deren geschätzter Auftragswert wenigstens auf die in § 1 SKR VOL/A oder § 14 SKR VOL/A genannten Beträge beläuft. Dies gilt nicht für Aufträge im Sinne des § 2;

2. im Fall von Bauaufträgen die Bestimmungen für die Vergabe von Bauleistungen des Abschnitts 4 der VOB/A, wenn sich deren geschätzter Auftragswert auf den in § 1 SKR VOB/A genannten Betrag beläuft.

(3) Die Verpflichtung nach den Absätzen 1 und 2 gilt für die in den folgenden Nummern bezeichneten Tätigkeiten:

1. in der Trinkwasserversorgung:
   die Bereitstellung und das Betreiben fester Netze zur Versorgung der Öffentlichkeit im Zusammenhang mit der Gewinnung, dem Transport oder der Verteilung von Trinkwasser sowie die Versorgung dieser Netze mit Trinkwasser. Diese Nummer gilt auch für von den zuvor bezeichneten Auftraggebern vergebene Aufträge im Zusammenhang mit der Ableitung und Klärung von Abwässern oder mit Wasserbauvorhaben sowie Vorhaben auf dem Gebiet der Bewässerung und Entwässerung, sofern die zur Trinkwasserversorgung bestimmte Wassermenge mehr als 20 vom Hundert der mit dem Wasserbauvorhaben beziehungsweise den Bewässerungs- oder Entwässerungsanlagen zur Verfügung gestellten Gesamtwassermenge ausmacht. Auf Aufträge, die die Beschaffung von Wasser durch die vorgenannten Auftraggeber zum Gegenstand haben, ist Absatz 1 nicht anzuwenden. Diese Nummer gilt nicht für die Lieferung von Trinkwasser durch einen Auftraggeber im Sinne des § 57a Abs. 1 Nr. 4 oder 5 des Haushaltsgrundsätzegesetzes an ein öffentliches Netz, sofern die Gewinnung von Trinkwasser für die Ausübung einer anderen Tätigkeit als der Trinkwasserversorgung der Öffentlichkeit erforderlich ist, die Lieferung an das öffentliche Netz nur von seinem Eigenverbrauch abhängt und unter Zugrundelegung des Mittels der letzten drei Jahre einschließlich des laufenden Jahres nicht mehr als 30 vom Hundert seiner gesamten Trinkwassergewinnung ausmacht;

2. in der Elektrizitätsversorgung:
   die Bereitstellung und das Betreiben fester Netze zur Versorgung der Öffentlichkeit im Zusammenhang mit der Erzeugung, dem Transport oder der Verteilung von Strom sowie die Versorgung dieser Netze mit Strom durch Energieversorgungsunternehmen im Sinne des § 2 Abs. 2 des Energiewirtschaftsgesetzes. Auf Aufträge, die die Beschaffung von Energie oder von Brennstoffen zum Zwecke der Energieerzeugung durch die vorgenannten Auftraggeber zum Gegenstand haben, ist Absatz 1 nicht anzuwenden. Diese Nummer gilt nicht für die Lieferung von Elektrizität durch einen Auftraggeber im Sinne des § 57a Abs. 1 Nr. 4 oder 5 des Haushaltsgrundsätzegesetzes an ein öffentliches Netz, sofern die Erzeugung von Strom für die Ausübung einer anderen Tätigkeit als der Versorgung der Öffentlichkeit erforderlich ist, die Lieferung an das öffentliche Netz nur von seinem Eigenverbrauch abhängt und unter Zugrundelegung des Mittels der letzten drei Jahre einschließlich des laufenden Jahres nicht mehr als 30 vom Hundert seiner gesamten Energieerzeugung ausmacht;

3. in der Gasversorgung:
   die Bereitstellung und das Betreiben fester Netze zur Versorgung der Öffentlichkeit im Zusammenhang mit der Gewinnung, dem Transport oder der Verteilung von Gas sowie die Versorgung dieser Netze mit Gas durch Energieversorgungsunternehmen im Sinne des § 2 Abs. 2 des Energiewirtschaftsgesetzes. Auf Aufträge, die die Beschaffung von Energie und Brennstoffen zum Zwecke der Gaserzeugung durch die vorgenannten Auftragge-

ber zum Gegenstand haben, ist Absatz 1 nicht anzuwenden. Diese Nummer gilt nicht für die Lieferung von Gas durch Auftraggeber im Sinne des § 57a Abs. 1 Nr. 4 oder 5 des Haushaltsgrundsätzegesetzes an öffentliche Netze, sofern die Erzeugung von Gas sich zwangsläufig aus der Ausübung einer anderen Tätigkeit ergibt, die Lieferung an das öffentliche Netz nur darauf abzielt, diese Erzeugung wirtschaftlich zu nutzen und unter Zugrundelegung des Mittels der letzten drei Jahre einschließlich des laufenden Jahres nicht mehr als 20 vom Hundert des Umsatzes des betreffenden Auftraggebers ausgemacht hat;

4. in der Wärmeversorgung:
die Bereitstellung und das Betreiben fester Netze zur Versorgung der Öffentlichkeit im Zusammenhang mit der Erzeugung, dem Transport oder der Verteilung von Wärme sowie die Versorgung dieser Netze mit Wärme. Auf Aufträge, die die Beschaffung von Energie oder Brennstoffen zum Zwecke der Wärmeerzeugung durch die vorgenannten Auftraggeber zum Gegenstand haben, ist Absatz 1 nicht anzuwenden. Diese Nummer gilt nicht für die Lieferung von Wärme durch Auftraggeber im Sinne des § 57a Abs. 1 Nr. 4 oder 5 des Haushaltsgrundsätzegesetzes, sofern die Erzeugung von Wärme sich zwangsläufig aus der Ausübung einer anderen Tätigkeit ergibt, die Lieferung an das öffentliche Netz nur darauf abzielt, diese Erzeugung wirtschaftlich zu nutzen und unter Zugrundelegung des Mittels der letzten drei Jahre einschließlich des laufenden Jahres nicht mehr als 20 vom Hundert des Umsatzes des betreffenden Auftraggebers ausgemacht hat;

5. die Nutzung eines geographisch abgegrenzten Gebietes zum Zwecke der Versorgung von Beförderungsunternehmen im Luftverkehr mit Flughäfen durch Flughafenunternehmer, die eine Genehmigung gemäß § 38 Abs. 2 Nr. 1 der Luftverkehrszulassungsordnung erhalten haben oder einer solchen bedürfen;

6. die Nutzung eines geographisch abgegrenzten Gebietes zum Zwecke der Versorgung von Beförderungsunternehmen im See- oder Binnenschiffsverkehr mit Häfen oder anderen Verkehrseinrichtungen;

7. im Verkehrsbereich:
das Betreiben von Netzen zur Versorgung der Öffentlichkeit im Eisenbahn-, Straßenbahn- und sonstigen Schienenverkehr, im öffentlichen Personenverkehr auch mit Kraftomnibussen und Oberleitungsbussen, mit Seilbahnen sowie mit automatischen Systemen. Im Verkehrsbereich ist ein Netz auch vorhanden, wenn die Verkehrsleistungen aufgrund einer behördlichen Auflage erbracht werden; dazu gehören die Festlegung der Strecken, Transportkapazitäten oder die Fahrpläne;

8. im Bereich der Telekommunikation:
die Erbringung von Telekommunikationsdienstleistungen für die Öffentlichkeit gemäß § 3 Nr. 19 des Telekommunikationsgesetzes vom 25. Juli 1996 (BGBl. I S. 1120) durch Unternehmen, denen vor Ablauf des 31. Juli 1996 eine Verleihung nach § 2 des Gesetzes über Fernmeldeanlagen zum Errichten und Betreiben öffentlicher Telekommunikationsnetze sowie

zum Angebot von öffentlichen Telekommunikationsdiensten oder danach eine Lizenz nach den §§ 6 und 8 des Telekommunikationsgesetzes erteilt oder ein ausschließliches Recht nach diesem Gesetz eingeräumt worden ist. Absatz 1 Satz 1 Nr. 1 und Absatz 2 Satz 1 Nr. 1 sind nicht anwendbar, soweit andere Unternehmen die Möglichkeit haben, diese Dienste in demselben geographischen Gebiet und unter im wesentlichen gleichen Bedingungen anzubieten. Die betreffenden Auftraggeber teilen der Kommission der Europäischen Gemeinschaften auf deren Anfrage die Dienste mit, die ihres Erachtens unter Satz 2 fallen. Eine Kopie des Schreibens an die Kommission der Europäischen Gemeinschaften senden die Auftraggeber unaufgefordert dem Bundesministerium für Wirtschaft.

(4) Die Absätze 1 und 2 gelten nicht für Aufträge, die anderen Zwecken als der Durchführung der in Absatz 3 beschriebenen Tätigkeiten dienen.

(5) Die Absätze 1 und 2 gelten nicht für Aufträge, die zur Durchführung der in Absatz 3 genannten Tätigkeiten außerhalb des Gebiets, in denen der Vertrag zur Gründung der Europäischen Gemeinschaft gilt, vergeben werden, wenn sie mit der tatsächlichen Nutzung eines Netzes oder einer Anlage innerhalb dieses Gebiets verbunden sind. Die betreffenden Auftraggeber teilen der Kommission der Europäischen Gemeinschaften auf deren Anfrage alle Tätigkeiten mit, die nach ihrer Auffassung unter Satz 1 fallen.

(6) Die Absätze 1 und 2 gelten nicht für Aufträge, die zum Zwecke der Weiterveräußerung oder Weitervermietung an Dritte vergeben werden, vorausgesetzt, daß der Auftraggeber kein besonderes oder ausschließliches Recht zum Verkauf oder zur Vermietung des Auftragsgegenstandes besitzt, und daß andere Unternehmen die Möglichkeit haben, diese Waren unter gleichen Bedingungen wie der betreffende Auftraggeber zu verkaufen oder zu vermieten. Die betreffenden Auftraggeber teilen der Kommission auf deren Anfrage alle Arten von Erzeugnissen mit, die nach ihrer Auffassung unter Satz 1 fallen.

(7) Die Absätze 1 und 2 gelten nicht für Dienstleistungsaufträge,

1. die ein Auftraggeber an ein mit ihm verbundenes Unternehmen vergibt,

2. die ein gemeinsames Unternehmen, das mehrere Auftraggeber zur Durchführung von Tätigkeiten im Sinne des Absatzes 3 gebildet haben, an einen dieser Auftraggeber oder an ein Unternehmen vergibt, das mit einem dieser Auftraggeber verbunden ist,

sofern mindestens 80 vom Hundert des von diesem Unternehmen während der letzten drei Jahre in der Europäischen Gemeinschaft erzielten durchschnittlichen Umsatzes im Dienstleistungssektor auf der Erbringung dieser Dienstleistungen für die mit ihm verbundenen Unternehmen stammen. Werden die gleichen oder gleichartigen Dienstleistungen von mehr als einem mit dem Auftraggeber verbundenen Unternehmen erbracht, ist der Gesamtumsatz in der Europäischen Gemeinschaft zu berücksichtigen, der sich für diese Unternehmen aus der Erbringung von Dienstleistungen ergibt. Die Auftraggeber teilen der Kommission der Europäischen Gemeinschaften auf deren Verlangen den Namen der Unternehmen, die Art und den Wert des jeweiligen

Dienstleistungsauftrages und alle Angaben mit, welche die Kommission der Europäischen Gemeinschaften zur Prüfung der Anforderungen dieses Absatzes für erforderlich hält.

(8) Ein verbundenes Unternehmen im Sinne des Absatzes 7 ist ein Unternehmen, das als Mutter- oder Tochterunternehmen im Sinne des § 290 Abs. 1 des Handelsgesetzbuches gilt, ohne daß es auf die Rechtsform und den Sitz ankommt; im Fall von Auftraggebern, die nicht die in Absatz 3 bezeichneten Tätigkeiten ausüben, sind verbundene Unternehmen diejenigen, auf die der Auftraggeber unmittelbar oder mittelbar einen beherrschenden Einfluß ausüben kann, sei es aufgrund der Eigentumsverhältnisse, der finanziellen Beteiligung oder der für das Unternehmen geltenden Vorschriften. Es wird vermutet, daß ein beherrschender Einfluß ausgeübt wird, wenn der Auftraggeber

– die Mehrheit des gezeichneten Kapitals des Unternehmens besitzt oder

– über die Mehrheit der mit den Anteilen des Unternehmens verbundenen Stimmrechte verfügt oder

– mehr als die Hälfte der Mitglieder des Verwaltungs-, Leitungs- oder Aufsichtsorgans des Unternehmens bestellen kann.

Verbundene Unternehmen sind auch diejenigen, die einen beherrschenden Einfluß im Sinne des Satzes 2 auf den Auftraggeber ausüben können oder, die ebenso wie der Auftraggeber einem beherrschenden Einfluß eines anderen Unternehmens unterliegen.

(9) Die in § 57a Abs. 1 Nr. 1 bis 5 des Haushaltsgrundsätzegesetzes genannten Auftraggeber können bei Lieferaufträgen nach § 1b oder § 1 SKR VOL/A Angebote zurückweisen, bei denen der Warenanteil zu mehr als 50 vom Hundert des Gesamtwertes aus Ländern stammt, die nicht Vertragsparteien des Abkommens über den Europäischen Wirtschaftsraum sind und mit denen auch keine sonstigen Vereinbarungen über gegenseitigen Marktzugang bestehen. Das Bundesministerium für Wirtschaft gibt im Bundesanzeiger bekannt, mit welchen Ländern und auf welchen Sektoren solche Vereinbarungen bestehen. Sind zwei oder mehrere Warenangebote nach den Zuschlagskriterien des § 25b Nr. 1 Abs. 1 oder § 11 SKR Nr. 1 Abs. 1 VOL/A gleichwertig, so ist das Angebot zu bevorzugen, das nach Satz 1 nicht zurückgewiesen werden kann. Die Preise sind als gleichwertig anzusehen, wenn sie um nicht mehr als 3 vom Hundert voneinander abweichen. Das gilt nicht, soweit die Bevorzugung den Auftraggeber zum Erwerb von Ausrüstungen zwingen würde, die andere technische Merkmale als bereits genutzte Ausrüstungen haben und dadurch zu Inkompatibilität oder technischen Schwierigkeiten bei Betrieb oder Wartung oder zu unverhältnismäßigen Kosten führen würden. Software, die in der Ausstattung für Telekommunikationsnetze verwendet werden, gilt als Ware im Sinne dieses Absatzes.

Inhaltsübersicht

1. § 4 Abs. 1

§ 4 Abs. 1 VgV gilt für Auftraggeber nach § 98 Nr. 1 bis 3. Soweit diese eine Tätigkeit in den **Sektoren** (§ 4 Abs. 3 VgV) durchführen und die Schwellenwerte überschritten sind, haben sie im Fall von Liefer- (§ 99 Abs. 2) und Dienstleistungsaufträgen (§ 99 Abs. 4) sowie der Durchführung von Wettbewerben, die zu Dienstleistungsaufträgen führen sollen (§ 99 Abs. 5), den **3. Abschnitt der VOL/A** anzuwenden (§ 4 Abs. 1 Nr. 1 Satz 1 VgV). Nach § 4 Abs. 1 Nr. 1 Satz 1 VgV gilt dies allerdings nicht für Dienstleistungsaufträge nach § 2 VgV. Diese Ausnahmeregelung verstößt gegen die SKR (§ 2 VgV Tz. 8). Soweit die in § 98 Nr. 1 bis 3 genannten öffentlichen Auftraggeber im Bereich der Sektoren Bauaufträge (§ 99 Abs. 3) vergeben, welche die Schwellenwerte überschreiten, haben sie den **3. Abschnitt der VOB/A** zu beachten (§ 4 Abs. 1 Nr. 2 VgV). 14

2. § 4 Abs. 2

Abs. 2 gilt für die in § 98 Nr. 4 genannten Auftraggeber[1]. Soweit diese im Bereich der Sektoren (§ 4 Abs. 3 VgV) tätig werden, haben sie bei der Vergabe von Liefer- (§§ 99 Abs. 2) und Dienstleistungsaufträgen (§ 99 Abs. 4) sowie der Durchführung von Wettbewerben, die zu Dienstleistungsaufträgen führen sollen (§ 99 Abs. 5) die Bestimmungen des **4. Abschnitts der VOL/A** anzuwenden, wenn die Schwellenwerte überschritten sind (§ 4 Abs. 2 Nr. 1 Satz 1 VgV). Der Ausschluß der in § 2 VgV genannten Aufträge gemäß § 4 Abs. 2 15

---

1 Zum Verhältnis zwischen Abs. 1 und Abs. 2 vgl. § 98 Tz. 51 f.

Nr. 1 Satz 2 VgV verstößt gegen die SKR (§ 2 VgV Tz. 8). Bei Vergabe von Bauaufträgen (§ 99 Abs. 3), die die Schwellenwerte übersteigen, haben die genannten Auftraggeber den **4. Abschnitt der VOB/A** anzuwenden (§ 4 Abs. 2 Nr. 2 VgV).

3. § 4 Abs. 3

16   Abs. 3 enthält die Definition der Sektoren sowie zahlreiche Ausnahmen. Er ergänzt insoweit § 100 Abs. 2 für Sektorenauftraggeber.

a) Trinkwasserversorgung (§ 4 Abs. 3 Nr. 1)

17   Zu dem Bereich der Trinkwasserversorgung zählt nach § 4 Abs. 3 Nr. 1 Satz 1 VgV die Bereitstellung und das Betreiben fester Netze zur Versorgung der Öffentlichkeit im Zusammenhang mit der Gewinnung, dem Transport oder der Verteilung von Trinkwasser sowie die Versorgung dieser Netze mit Trinkwasser. Die Vorschrift geht auf Art. 2 Abs. 2 lit. a i. SKR zurück. Unter festen Netzen sind Medien zu verstehen, die mit dem Erdboden fest verbunden sind. Hierzu zählen Leitungen unterhalb und oberhalb der Erdoberfläche. Leitungen, die lediglich vorübergehend für einen bestimmten Zweck errichtet und nach Zweckerfüllung wieder beseitigt werden sollen, zählen nicht zu den festen Netzen. Voraussetzung ist weiterhin, daß die Netze der Versorgung der Öffentlichkeit dienen. Beabsichtigt ein Auftraggeber lediglich die Versorgung eines bestimmten Gebäudes oder eines Unternehmens, das der Öffentlichkeit nicht zugänglich ist, greift § 4 Abs. 3 Nr. 1 Satz 1 VgV nicht ein. Unter Gewinnung von Trinkwasser ist dessen Förderung zu verstehen.

18   In Übereinstimmung mit Art. 6 Abs. 2 SKR dehnt § 4 Abs. 3 Nr. 1 Satz 2 VgV den Anwendungsbereich der Sektoren auf Aufträge im Zusammenhang mit der Ableitung und Klärung von Abwässern aus. Ebenfalls umfaßt sind Aufträge im Zusammenhang mit Wasserbauvorhaben sowie Vorhaben auf dem Gebiet der Be- und Entwässerung, soweit die zur Trinkwasserversorgung bestimmten Wassermengen mehr als 20% der mit dem Wasserbauvorhaben bzw. den Bewässerungs- oder Entwässerungsanlagen zur Verfügung gestellten Gesamtwassermenge ausmacht. Diese Einschränkung bezieht selbstverständlich nicht auf Aufträge im Zusammenhang mit der Ableitung und Klärung von Abwässern. Diese unterliegen auch dann dem Anwendungsbereich des § 4 Abs. 3 VgV, wenn keine zur Trinkwasserversorgung bestimmte Wassermenge gewonnen wird. Im Rahmen

von Wasserbauvorhaben sowie Vorhaben auf dem Gebiet der Be- und Entwässerung ermittelt sich die zur Trinkwasserversorgung bestimmte Wassermenge nach den tatsächlich erzielten Mengen, nicht nach den Planungen des Auftraggebers.

In Übereinstimmung mit § 100 Abs. 2 lit. f (§ 100 Tz. 20) sieht § 4 Abs. 3 Nr. 1 Satz 3 VgV vor, daß die Vergabevorschriften auf Aufträge, die die Beschaffung von Wasser zum Gegenstand haben, keine Anwendung finden. Grund für diese Ausnahme ist, daß sich der Auftraggeber aus Quellen versorgen muß, die in der Nähe des Verwendungsortes liegen (15. Erwägungsgrund zu SKR). Die Vorschrift schließt nach ihrem Wortlaut lediglich die Anwendbarkeit des Abs. 1 aus. Dies könnte dahingehend verstanden werden, daß die Ausnahme für die in § 98 Nr. 4 genannten Auftraggeber, deren Verpflichtung, die Verdingungsordnungen anzuwenden, sich aus § 4 Abs. 2 VgV ergibt, keine Anwendung findet. Allerdings dürfte es sich bei § 4 Abs. 3 Nr. 1 Satz 3 VgV um ein Redaktionsversehen handeln und auch die in § 4 Abs. 2 VgV genannten Auftraggeber vom Anwendungsbereich dieser Ausnahmevorschrift umfaßt werden. Letztlich kommt es hierauf jedoch nicht an, da jedenfalls § 1 Nr. 2 lit. a aa Satz 4 VOL/A 4. Abschnitt die Ausnahme auch auf die in § 98 Nr. 4 genannten öffentlichen Auftraggeber ausweitet[1]. Eine weitere Ausnahme gilt für Aufträge für die Lieferung von Trinkwasser durch einen Auftraggeber im Sinne des § 98 Nr. 4 an ein öffentliches Netz, sofern die Gewinnung von Trinkwasser für die Ausübung einer anderen Tätigkeit als der Trinkwasserversorgung der Öffentlichkeit erforderlich ist, die Lieferung an das öffentliche Netz nur von seinem Eigenverbrauch abhängt und unter Zugrundelegung des Mittels der letzten drei Jahre einschließlich des laufenden Jahres nicht mehr als 30% seiner gesamten Trinkwassergewinnung ausmacht (§ 4 Abs. 3 Nr. 1 Satz 4 VgV). Diese Vorschrift entspricht Art. 2 Abs. 5 lit. a SKR.

b) Elektrizitätsversorgung (§ 4 Abs. 3 Nr. 2)

§ 4 Abs. 3 Nr. 2 Satz 1 VgV regelt die Elektrizitätsversorgung. Elektrizität ist durch Umwandlung anderer Energieträger entstehende veredelte Sekundärenergie[2]. Der Wortlaut der Vorschrift entspricht weitgehend § 4 Abs. 3 Nr. 1 Satz 1 VgV (vgl. Tz. 17). Er verweist auf § 2 Abs. 2 Energiewirtschaftsgesetz. Diese Bestimmung findet sich

19

20

---

1 *Keckemeti*, NVwZ 1999, 1068, 1070.
2 *Danner* in Eiser/Riederer/Obernolte, Energiewirtschaftsrecht, Loseblattsammlung, Stand: Januar 1999, § 2 EnWG Rz. 4.

nunmehr in § 2 Abs. 3 Energiewirtschaftsgesetz. Dort werden Energieversorgungsunternehmen als Unternehmen und Betriebe definiert, die andere mit Energie versorgen oder ein Netz für die allgemeine Versorgung betreiben[1].

21 § 4 Abs. 3 Nr. 2 Satz 2 findet seine Ermächtigungsgrundlage in § 100 Abs. 2 lit. f (§ 100 Tz. 20; § 4 VgV Tz. 19). § 4 Abs. 3 Nr. 2 Satz 3 entspricht Abs. 3 Nr. 1 Satz 4 (vgl. Tz. 19).

c) Gasversorgung (§ 4 Abs. 3 Nr. 3)

22 Nr. 3 gilt für Gasversorgungsunternehmen[2]. Die Vorschrift entspricht in Satz 1 und 2 § 4 Abs. 3 Nr. 2 Satz 1 und 2 (vgl. o. Tz. 20 und 21). Eine Abweichung zu Nr. 2 findet sich in Satz 3. Diese ergibt sich aus Art. 2 Abs. 5 lit. b SKR. Die Lieferung von Gas an öffentliche Netze ist demnach nur dann von § 4 Abs. 3 VgV ausgeschlossen, wenn sich die Erzeugung von Gas **zwangsläufig** aus der Ausübung einer anderen Tätigkeit ergibt. Im Rahmen der Trinkwasser- und Elektrizitätsversorgung genügt hingegen, daß die Erzeugung von Trinkwasser bzw. Elektrizität für die Ausübung einer anderen Tätigkeit erforderlich ist. Nr. 3 Satz 3 stellt demgegenüber eine schwieriger zu erfüllende Voraussetzung auf. Darüber hinaus darf die Lieferung an das öffentliche Netz nur darauf abzielen, die Gaserzeugung wirtschaftlich zu nutzen. Schließlich darf die Erzeugung unter Zugrundelegung des Mittels der letzten drei Jahre einschließlich des laufenden Jahres nicht mehr als 20% **des Umsatzes** des betreffenden Auftraggebers ausmachen.

d) Wärmeversorgung (§ 4 Abs. 3 Nr. 4)

23 § 4 Abs. 3 Nr. 4 Satz 1 VgV gilt für die Wärmeversorgung und entspricht im übrigen Nr. 1 Satz 1 (Tz. 17). Satz 2 entspricht Nr. 1 Satz 3 (Tz. 19); Satz 3 Nr. 3 Satz 3 (Tz. 22).

---

1 *Danner* in Eiser/Riederer/Obernolte, Energiewirtschaftsrecht, Loseblattsammlung, Stand: Januar 1999, § 2 EnWG Rz. 17 bis 23.

2 Zur Definition von „Gas" vgl. *Danner* in Eiser/Riederer/Obernolte, Energiewirtschaftsrecht, Loseblattsammlung, Stand: Januar 1999, § 2 EnWG Rz. 5.

e) Luftverkehr (§ 4 Abs. 3 Nr. 5)

Zu den Sektoren zählt auch die Nutzung eines geographisch abge- 24
grenzten Gebiets zum Zweck der Versorgung von Beförderungsunternehmen im Luftverkehr mit Flughäfen durch Flughafenunternehmer, die eine Genehmigung gemäß § 38 Abs. 2 Nr. 1 der Luftverkehrszulassungsordnung erhalten haben und einer solchen bedürfen.
Die Vorschrift geht auf Art. 2 Abs. 2 lit. b ii. SKR zurück. Sie bezieht
Flughäfen und die im Zusammenhang mit deren Betrieb erforderlichen Leistunge, wie Bodenverkehr, Catering und Betankung[1], in den
Anwendungsbereich des § 4 Abs. 3 VgV ein. Für die Vergabe von
Bodenabfertigungsdiensten auf Flughäfen sehen jedoch die RL 96/97
EG[2] vom 15. 10. 1996 und die Verordnung der Bodenabfertigungs-
dienste auf Flughäfen[3] vom 10. 12. 1997 gesonderte Vorschriften vor.

f) Häfen (§ 4 Abs. 3 Nr. 6)

Nr. 6 bezieht sich auf die Nutzung eines geographisch abgegrenzten 25
Gebiets zum Zweck der Versorgung von Beförderungsunternehmen
im See- oder Schiffahrtsverkehr mit Häfen oder anderen Verkehrseinrichtungen. Die Vorschrift beruht auf Art. 2 Abs. 2 lit. b ii. SKR.

g) Verkehrsbereich (§ 4 Abs. 3 Nr. 7)

Einen weiteren Sektorenbereich bildet das Betreiben von Netzen zur 26
Versorgung der Öffentlichkeit im Eisenbahn-, Straßenbahn- oder
sonstigen Schienenverkehr, im öffentlichen Personenverkehr auch
mit Kraftomnibussen und Oberleitungsbussen, mit Seilbahnen sowie mit automatischen Systemen (§ 4 Abs. 3 Nr. 7 Satz 1 VgV). Hierdurch wird Art. 2 Abs. 2 lit. c SKR in nationales Recht umgesetzt.
Nach Satz 2 ist ein Netz auch dann vorhanden, wenn die Verkehrsleistungen aufgrund einer behördlichen Auflage erbracht werden.
Dazu gehören die Festlegung der Strecken, Transportkapazitäten
oder die Fahrpläne.

---

1 *Kaufhold/Mayerhofer/Reichl*, Die VOF im Vergaberecht, 1999, S. 105.
2 ABl. L 272.
3 BGBl. I 2885.

h) Telekommunikation (§ 4 Abs. 3 Nr. 8)

27 Auch die Erbringung von Telekommunikationsdienstleistungen für die Öffentlichkeit nach § 3 Nr. 19 Telekommunikationsgesetz unterliegt den Sektoren. Die Vorschrift geht auf Art. 2 Abs. 2 lit. d SKR zurück. Voraussetzung ist, daß dem Auftraggeber vor Ablauf des 31. 7. 1996 eine Verleihung nach § 2 des Gesetzes über Fernmeldeanlagen oder danach eine Lizenz nach den §§ 6 und 8 des Telekommunikationsgesetzes erteilt oder ein ausschließliches Recht nach diesem Gesetz eingeräumt worden ist. Die Ausnahme in § 4 Abs. 3 Nr. 8 Satz 2 VgV geht auf Art. 8 SKR und § 100 Abs. 2 lit. f zurück (§ 100 Tz. 20). Sie nimmt Aufträge von dem Anwendungsbereich des Vergaberechts aus, soweit die Auftraggeber auf Märkten tätig werden, die ohne Zugangsbeschränkung unmittelbar dem Wettbewerb unterliegen (13. Begründungserwägung zur SKR). Voraussetzung ist nicht lediglich, daß andere Auftraggeber rechtlich in der Lage sind, unter wesentlich gleichen Bedingungen anzubieten, vielmehr muß dies auch tatsächlich der Fall sein, das heißt, es muß ein funktionierender Wettbewerb bestehen[1]. Die Kommission hat eine Liste veröffentlicht, die Telekommunikationsdienste nennt, auf die Art. 8 SKR Anwendung findet[2]. Satz 3 und 4 enthalten Vorschriften, wonach der Auftraggeber, der von der Ausnahme nach Satz 2 Gebrauch macht, die Europäische Kommission schriftlich zu unterrichten und dem Bundesministerium für Wirtschaft eine Kopie hiervon zu übermitteln. Diese Regelungen beruhen auf Art. 8 Abs. 2 SKR.

4. § 4 Abs. 4

28 Abs. 4 stellt klar, daß eine Vergabeverpflichtung nur besteht, wenn die in Abs. 3 genannten Zwecke durchgeführt werden sollen. Werden öffentliche Auftraggeber, die unter § 4 VgV fallen, in Bereichen tätig, die nicht zu den Sektoren zählen, finden die Abschnitte 3 und 4 der VOL/A sowie der VOB/A keine Anwendung. Die in § 98 Nr. 1 bis 3 genannten Auftraggeber unterliegen in diesem Fall den Bestimmungen der §§ 1 bis 3 VgV, die Auftragnehmer nach § 98 Nr. 4 haben keinerlei Vergabebestimmungen zu beachten. Allein die Tatsache, daß ein solcher Auftraggeber auch im Bereich eines oder mehrerer Sektoren tätig wird, führt nicht dazu, daß seine gesamte Betätigung dem 4. Teil des GWB unterliegt. Zu den Sektorenberei-

---

1 EuGH v. 26. 3. 1996 – Rs. C-392/93, Slg. 1996 I, 1631, 1666 f. – British Telecom.
2 ABl. C 156 v. 3. 6. 1999.

chen zählen allerdings Verwaltungsaufgaben, welche die technische Tätigkeit unterstützen[1]. So unterfällt der Bau eines Flughafens § 4 Abs. 3 Nr. 5 VgV, wenn der Bauherr die dort genannten Voraussetzungen erfüllt. Dient die Erteilung eines Auftrags sowohl einer Sektoren- als auch einer anderen Tätigkeit, findet § 4 VgV Anwendung, wenn der Schwerpunkt (zur Schwerpunkttheorie § 99 Tz. 39) dem Sektorenbereich zuzurechnen ist[2]. Nach anderer Auffassung ist darauf abzustellen, ob der Auftrag für die Versorgungsfunktion des Auftraggebers wesentlich ist[3]. Dies überzeugt jedoch nicht, da eine derartige Abgrenzung weite Tätigkeitsfelder vom Anwendungsbereich des Vergaberechts ausnehmen würde.

5. § 4 Abs. 5

Eine weitere Einschränkung enthält § 4 Abs. 5 Satz 1 VgV. Danach 29 beschränkt sich die Verpflichtung zur Anwendung des Vergaberechts auf Aufträge, die innerhalb des Gebiets, in denen der EGV gilt vergeben werden sowie auf Aufträge außerhalb dieses Gebiets, wenn sie mit der tatsächlichen Nutzung eines Netzes oder einer Anlage innerhalb des EU-Gebiets verbunden sind. Die Vorschrift beruht auf Art. 6 SKR. § 4 Abs. 5 Satz 2 VgV statuiert eine Verpflichtung des Auftraggebers, der Europäischen Kommission auf Anfrage alle Tätigkeiten mitzuteilen, die unter Satz 1 fallen. § 4 Abs. 5 VgV stellt nicht auf den Sitz des Auftraggebers, sondern auf den Standort des betroffenen Netzes oder der Anlage ab.

6. § 4 Abs. 6

§ 4 Abs. 6 Satz 1 VgV sieht eine Ausnahme für Aufträge vor, die zum 30 Zweck der Weiterveräußerung oder Weitervermietung an Dritte vergeben werden, vorausgesetzt, daß der Auftraggeber kein besonderes oder ausschließliches Recht zum Verkauf oder zur Vermietung des Auftraggegenstands besitzt und andere Unternehmen die Möglichkeit haben, diese Waren unter gleichen Bedingungen wie der betreffende Auftraggeber zu verkaufen oder zu vermieten. Die Vorschrift

---

1 *Kaufhold/Mayerhofer/Reichl*, Die VOF im Vergaberecht, 1999, S. 106; a. A. *Heiermann/Müller/Franke*, Kommentar zur VOB/A SKR, 1994, § 1 SKR Rz. 11.

2 *Kaufhold/Mayerhofer/Reichl*, Die VOF im Vergaberecht, 1999, S. 106.

3 *Heiermann/Müller/Franke*, Kommentar zur VOB/A SKR, 1994, § 1 SKR Rz. 11.

basiert auf § 100 Abs. 2 lit. f und Art. 7 SKR (§ 100 Tz. 20). Sie findet insbesondere auf Bauaufträge Anwendung. Soweit der Sektorenauftraggeber das zu errichtende Bauwerk nicht selbst nutzen wird, unterliegt die Vergabe des Bauauftrags nicht dem Vergaberecht. Satz 2 enthält die Verpflichtung des Auftraggebers, der Kommission auf Anfrage alle Arten von Erzeugnissen, die unter Satz 1 fallen, mitzuteilen.

7. § 4 Abs. 7

31 § 4 Abs. 7 VgV enthält zwei Ausnahmen von der Verpflichtung, **Dienstleistungsaufträge** im Bereich der Sektoren zu vergeben. Die erste gilt für Dienstleistungsaufträge, die ein Auftraggeber an ein mit ihm verbundenes Unternehmen vergibt (§ 4 Abs. 7 Satz 1 Nr. 1 VgV). Die zweite Ausnahme bezieht sich auf Dienstleistungsaufträge, die ein gemeinsames Unternehmen, das mehrere Auftraggeber zur Durchführung von Tätigkeiten i. S. des Abs. 3 gebildet haben, an einen dieser Auftraggeber oder an ein Unternehmen vergibt, das mit einem dieser Auftraggeber verbunden ist (§ 4 Abs. 7 Satz 1 Nr. 2 VgV). Die Vorschrift beruht auf § 100 Abs. 2 lit. i und geht auf Art. 13 Abs. 1 SKR zurück. Die Definition der verbundenen Unternehmen, die sowohl in Abs. 7 Satz 1 Nr. 1 als auch Nr. 2 angesprochen werden, findet sich in Abs. 8. Die Gründung eines gemeinsamen Unternehmens kann auch darin bestehen, daß Sektorenauftraggeber die Gesellschaftsanteile an einem bereits bestehenden Unternehmen übernehmen. Voraussetzung ist jedoch, daß die Gesellschafter des gemeinsamen Unternehmens ihrerseits eine der in § 4 Abs. 3 genannten Tätigkeiten ausführen.

32 **Gemeinsame Voraussetzung** beider Alternativen ist, daß mindestens 80% des von diesem Unternehmen während der letzten drei Jahre in der Europäischen Gemeinschaft erzielten durchschnittlichen Umsatzes im Dienstleistungssektor aus der Erbringung dieser Dienstleistungen für die mit ihm verbundenen Unternehmen stammen. Verbundene Unternehmen, die ihre Dienstleistungen in einem nicht unerheblichen Umfang Dritten anbieten, sind von der Ausnahmevorschrift folglich nicht umfaßt. Umsätze, die in Nicht-Mitgliedstaaten der Europäischen Union und außerhalb des Dienstleistungssektors (also insbesondere mit Liefer- und Bauaufträgen) erzielt werden, finden keine Berücksichtigung. Soweit die gleichen oder gleichartige Dienstleistungen von mehr als einem mit dem Auftraggeber verbundenen Unternehmen erbracht werden, ist der Umsatz, den diese auf dem Dienstleistungssektor in der Europäischen Union er-

zielen, zusammenzurechnen (§ 4 Abs. 7 Satz 2 VgV). Schließlich verpflichtet § 4 Abs. 7 Satz 3 die Auftraggeber, der Kommission auf deren Verlangen den Namen der Unternehmen, die Art und den Wert des jeweiligen Dienstleistungsauftrags und alle Angaben mitzuteilen, welche die Kommission zur Prüfung der Anforderungen dieses Absatzes für erforderlich hält.

8. § 4 Abs. 8

§ 4 Abs. 8 VgV definiert den Begriff des **verbundenen Unternehmens** im Sinne des Abs. 7. Die Vorschrift findet ihre Ermächtigungsgrundlage in § 100 Abs. 2 lit. i und geht auf Art. 1 Nr. 3 SKR zurück. Bezogen auf Sektorenauftraggeber sind verbundene Unternehmen solche, die als Mutter- oder Tochterunternehmen im Sinne des § 290 Abs. 1 HGB anzusehen sind, ohne daß es auf deren Rechtsform und Sitz ankommt. § 290 Abs. 1 HGB findet Anwendung, wenn ein oder mehrere Unternehmen unter der einheitlichen Leitung eines Mutterunternehmens stehen und dieses an den verbundenen Unternehmen eine Beteiligung besitzt, die bestimmt ist, dem eigenen Geschäftsbetrieb durch Herstellung einer dauernden Verbindung zu dienen (§ 271 Abs. 1 HGB). Dies wird im Zweifel angenommen, wenn die Beteiligung 20% des Nennkapitals des verbundenen Unternehmens überschreitet (§ 271 Abs. 1 Satz 3 HGB). Zu den verbundenen Unternehmen im Sinne Des § 4 Abs. 8 VgV zählen sowohl das Mutter- als auch die Tochterunternehmen. 33

Für Auftraggeber, die nicht im Bereich der Sektoren tätig sind, bestimmt sich die Definition eines verbundenen Unternehmens nach § 4 Abs. 8 Satz 1, 2. Halbs. und Satz 2. Demnach sind verbundene Unternehmen diejenigen, auf die der Auftraggeber unmittelbar oder mittelbar einen beherrschenden Einfluß ausüben kann, sei es aufgrund der Eigentumsverhältnisse, der finanziellen Beteiligung oder der für das Unternehmen geltenden Vorschriften. Die Ausübung eines beherrschenden Einflusses wird nach Abs. 8 Satz 2 vermutet, wenn der Auftraggeber die Mehrheit des gezeichneten Kapitals des Unternehmens besitzt oder über die Mehrheit der mit den Anteilen des Unternehmens verbundenen Stimmrechte verfügt oder mehr als die Hälfte der Mitglieder des Verwaltungs-, Leitungs- oder Aufsichtsorgans des Unternehmens bestellen kann. Diese Voraussetzungen sind teilweise auch in § 98 Nr. 2 genannt (vgl. § 98 Tz. 25 ff.). 34

Sowohl hinsichtlich Sektorenauftraggebern, als auch anderen Auftraggeber gelten als verbundene Unternehmen auch diejenigen, die 35

einen beherrschenden Einfluß im Sinne des Satzes 2 auf den Auftraggeber ausüben können oder, die ebenso wie der Auftraggeber einem
beherrschenden Einfluß eines anderen Unternehmens unterliegen
(§ 4 Abs. 8 Satz 3 VgV).

9. § 4 Abs. 9

36 § 4 Abs. 9 VgV erlaubt eine Diskriminierung von Waren, die von
außerhalb des Anwendungsbereichs des Abkommens über den Europäischen Wirtschaftsraum stammen. Die Vorschrift beruht auf
Art. 36 SKR und stellt eine zulässig Ausnahme von § 97 Abs. 2 dar,
der grundsätzlich auch auf Unternehmen aus Drittstaaten Anwendung findet (§ 97 Tz. 10). Die Regelung gilt für die in §§ 98 Nr. 1 bis
4 genannten öffentlichen Auftraggeber bei Vergabe von **Liefeaufträ-
gen** (§ 99 Abs. 2) im Bereich der Sektoren (§ 4 Abs. 3 VgV). Diese
sind berechtigt, Angebote zurückzuweisen, bei denen der Warenwert
zu mehr als 50% des Gesamtwerts aus Ländern stammt, die nicht
Vertragsparteien des Abkommens über den Europäischen Wirtschaftsraum sind und mit denen auch keine sonstigen Vereinbarungen über gegenseitigen Marktzugang bestehen (§ 4 Abs. 9 Satz 1
VgV). Die in Satz 2 vorgesehene Bekanntgabe der bestehenden Vereinbarungen mit Drittländern über den gegenseitigen Marktzugang
durch das Bundesministerium für Wirtschaft im Bundesanzeiger ist
bisher nicht erfolgt[1]. Sind zwei oder mehrere Warenangebote gleichwertig, ist dasjenige Angebot zu bevorzugen, das nicht nach Satz 1
zurückgewiesen werden kann (Abs. 9 Satz 3 VgV). Eine Gleichwer-
tigkeit ist auch dann anzunehmen, wenn die Preise um nicht mehr
als 3% voneinander abweichen (Abs. 9 Satz 4 VgV). Dies gilt allerdings nicht, wenn die Bevorzugung den Auftraggeber zum Erwerb
von Ausrüstungen zwingen würde, die andere technische Merkmale
als bereits genutzte Ausrüstungen haben und dadurch zu Inkompatibilität oder technischen Schwierigkeiten bei Betrieb oder Wartung
oder zu unverhältnismäßigen Kosten führen würden (Abs. 9 Satz 5
VgV). Satz 6 stellt klar, daß auch Software, die in der Ausstattung für
Telekommunikationsnetze verwendet wird, als Ware im Sinne des
§ 4 Abs. 9 VgV gilt.

---

1 *Kaufhold/Mayerhofer/Reichl*, Die VOF im Vergaberecht, 1999, S. 108.

§ 5

(1) Die in § 57a Abs. 1 Nr. 1 bis 5 des Haushaltsgrundsätzegesetzes genannten Auftraggeber, die gemäß dem Bundesberggesetz eine Berechtigung zur Aufsuchung oder Gewinnung von Erdöl, Gas, Kohle oder anderen Festbrennstoffen erhalten haben, müssen bei der Vergabe von Aufträgen zum Zwecke der Durchführung der zuvor bezeichneten Tätigkeiten den Grundsatz der Nichtdiskriminierung und der wettbewerbsorientierten Auftragsvergabe beachten. Insbesondere müssen die Auftraggeber Unternehmen, die ein Interesse an einem solchen Auftrag haben können, ausreichende Informationen über die zu vergebenden Aufträge zur Verfügung stellen und bei der Auftragsvergabe objektive Kriterien zugrunde legen. Auf Aufträge, die die Beschaffung von Energie oder Brennstoffen zur Energieerzeugung zum Gegenstand haben, sind die Sätze 1 und 2 nicht anzuwenden.

(2) Die in Absatz 1 genannten Auftraggeber erteilen der Kommission der Europäischen Gemeinschaften unter den von dieser festgelegten Bedingungen Auskunft über die Vergabe der unter diese Vorschrift fallenden Aufträge.

1. § 5 Abs. 1

Nach Art. 2 Abs. 2 lit. b i. SKR fällt auch die Nutzung eines geographisch abgegrenzten Gebiets zum Zweck der Suche oder Förderung von Erdöl, Gas, Kohle oder anderen Festbrennstoffen unter den Anwendungsbereich der Sektorenrichtlinie. Soweit die dort genannten Voraussetzungen erfüllt sind, sind die Mitgliedstaaten nach Art. 3 Abs. 1 SKR jedoch berechtigt, bei der Kommission zu beantragen, daß diese Nutzungen von dem Anwendungsbereich der Richtlinie ausgeschlossen werden. Auf dieser Grundlage sieht § 5 Abs. 1 Satz 1 VgV vor, daß Auftragnehmer, die in den genannten Bereichen tätig sind, soweit sie eine Konzession nach dem Bundesberggesetz innehaben, bei der Vergabe von Aufträgen lediglich den Grundsatz der Nichtdiskriminierung und der wettbewerbsorientierten Auftragsvergabe (§ 97 Abs. 1) zu beachten haben. Weiterhin müssen sie Unternehmen, die ein Interesse an einem solchen Auftrag haben können, ausreichende Informationen über die zu vergebenden Aufträge zur Verfügung stellen und bei der Auftragsvergabe objektive Kriterien zu Grund legen (§ 5 Abs. 1 Satz 2 VgV). Dies entspricht dem Transparenzgebot des § 97 Abs. 1. Bei den Regelungen in § 5 Abs. 1 Satz 1 und 2 VgV handelt es sich um Grundsätze, die nach dem primären Gemeinschaftsrecht stets – folglich auch außerhalb des Geltungsbereichs der Vergaberichtlinien – Anwendung finden[1]. Nicht unter § 5 fallen Aufträge, die die Beschaffung von Energie oder Brennstoffen

37

---

1 Entwurf einer Mitteilung der Kommission, ABl. 1999, C 94/4 S. 8 ff.

zur Energieerzeugung zum Gegenstand haben (§ 5 Abs. 1 Satz 3 VgV). Dies entspricht Art. 9 Abs. 1 lit. b SKR.

2. § 5 Abs. 2

38 § 5 Abs. 2 VgV verpflichtet die in Abs. 1 genannten Auftraggeber der Kommission unter den von dieser festgelegten Bedingungen Auskunft über die Vergabe der unter § 5 VgV fallenden Aufträge zu erteilen. Die Vorschrift beruht auf Art. 3 Abs. 2 lit. b SKR.

§ 6

(1) Diese Rechtsverordnung findet keine Anwendung auf Liefer-, Dienstleistungs- und Bauaufträge sowie die Durchführung von Wettbewerben, die zu Dienstleistungsaufträgen führen sollen, die

1. aufgrund eines internationalen Abkommens im Zusammenhang mit der Stationierung von Truppen vergeben werden und für die besondere Verfahrensregeln gelten,

2. aufgrund eines internationalen Abkommens zwischen der Bundesrepublik Deutschland und einem oder mehreren Staaten, die nicht Vertragsparteien des Abkommens über den Europäischen Wirtschaftsraum sind, für ein von den Unterzeichnerstaaten gemeinsam zu verwirklichendes und zu tragendes Projekt, für das andere Verfahrensregeln gelten, vergeben werden,

3. aufgrund des besonderen Verfahrens einer internationalen Organisation vergeben werden,

4. in Übereinstimmung mit den Rechts- und Verwaltungsvorschriften in der Bundesrepublik Deutschland für geheim erklärt werden oder deren Ausführung nach diesen Vorschriften besondere Sicherheitsmaßnahmen erfordert oder wenn der Schutz wesentlicher Interessen der Sicherheit des Staates es gebietet.

(2) Diese Verordnung findet keine Anwendung auf Lieferaufträge öffentlicher Auftraggeber, die dem Anwendungsbereich des Artikels 123 des Abkommens über den Europäischen Wirtschaftsraum unterliegen.

(3) Diese Verordnung findet keine Anwendung auf Dienstleistungsaufträge, die an eine Stelle vergeben werden, die ihrerseits Auftraggeber im Sinne des § 57a Abs. 1 Nr. 1 bis 3 des Haushaltsgrundsätzegesetzes ist und nach den Rechts- oder veröffentlichten Verwaltungsvorschriften der Bundesrepublik Deutschland ein ausschließliches Recht zur Erbringung dieser Dienstleistung hat.

(4) Diese Verordnung findet keine Anwendung auf Aufträge, die von öffentlich-rechtlichen Rundfunkanstalten oder Rundfunkkörperschaften erteilt werden.

(5) Diese Verordnung findet keine Anwendung auf Dienstleistungsaufträge, deren Tätigkeit in der gesetzlich vorgeschriebenen Prüfung von Jahresabschlüssen durch Wirtschaftsprüfer beziehungsweise Wirtschaftsprüfergesellschaften einschließlich der Prüfung nach § 53 Haushaltsgrundsätzegesetz besteht.

§ 6 VgV ist durch Einführung des § 100 Abs. 2 gegenstandslos geworden. 39

1. § 6 Abs. 1

§ 6 Abs. 1 Nr. 1 bis 4 VgV werden durch § 100 Abs. 2 lit. a bis d 40 ersetzt (§ 100 Tz. 14–17).

2. § 6 Abs. 2

§ 6 Abs. 2 VgV wird durch § 100 Abs. 2 lit. e ersetzt (§ 100 Tz. 18 f.). 41

3. § 6 Abs. 3

Die in § 6 Abs. 3 VgV enthaltene Regelung findet sich nunmehr in 42 § 100 Abs. 2 lit. g (§ 100 Tz. 21).

4. § 6 Abs. 4

Die Regelung in § 6 Abs. 4 VgV wurde nicht vollständig übernom- 43 men. In Übereinstimmung mit dem Wortlaut der DLR finden sich Ausnahmen für Rundfunkanstalten nunmehr in § 100 Abs. 2 lit. j (§ 100 Tz. 24). Zur Eigenschaft von Rundfunkanstalten als öffentliche Auftraggeber vgl. § 98 Tz. 33 ff.

5. § 6 Abs. 5

§ 6 Abs. 5 VgV ist seit Inkrafttreten des Vergaberechtsänderungsge- 44 setzes nichtig (§ 100 Tz. 30).

§ 7

Diese Verordnung tritt am ersten Tage des auf die Verkündung folgenden Kalendermonats in Kraft.

Textanhang

I. Gesetz zur Änderung der Rechtsgrundlagen für die Vergabe öffentlicher Aufträge (Vergaberechtsänderungsgesetz – VgRÄG)

Vom 26. August 1998
(BGBl. I 1998, S. 2512)

Der Bundestag hat mit Zustimmung des Bundesrates das folgende Gesetz beschlossen:

Artikel 1
Änderung des Gesetzes gegen Wettbewerbsbeschränkungen

(Vom Abdruck wird abgesehen. Durch die Bekanntmachung der Neufassung des Gesetzes gegen Wettbewerbsbeschränkungen vom 26. 8. 1998[1] wurde die Einordnung in das GWB geändert. Die vergaberechtlichen Bestimmungen sind nunmehr im 4. Teil des Gesetzes (§§ 97 ff.) enthalten. Die Kommentierung folgt dieser Neubekanntmachung.)

Artikel 2
Änderung kostenrechtlicher Vorschriften

(1) Das Gerichtskostengesetz in der Fassung der Bekanntmachung vom 15. Dezember 1975 (BGBl. I S. 3047), zuletzt geändert durch Artikel 8 des Gesetzes vom 25. August 1998 (BGBl. I S. 2489), wird wie folgt geändert:

1. In § 1 Abs. 1 Buchstabe a werden die Worte „und dem Strafvollzugsgesetz" durch die Worte „dem Strafvollzugsgesetz und dem Gesetz gegen Wettbewerbsbeschränkungen" ersetzt.

2. In der Überschrift des Zweiten Abschnitts werden nach der Angabe „Familiensachen (§ 1 Abs. 2)" ein Komma und die Worte „Beschwerdeverfahren nach dem Gesetz gegen Wettbewerbsbeschränkungen" eingefügt.

3. Nach § 12 wird folgender § 12a eingefügt:

„§ 12a
Wertberechnung im Beschwerdeverfahren nach dem Gesetz gegen Wettbewerbsbeschränkungen

(1) Im Verfahren über Beschwerden gegen Verfügungen der Kartellbehörde und über Rechtsbeschwerden (§§ 62 und 73 des Gesetzes gegen Wettbe-

---

1 BGBl. I S. 2546.

werbsbeschränkungen) bestimmt sich der Wert nach § 3 der Zivilprozeßordnung. Im Verfahren über Beschwerden eines Beigeladenen (§ 51 Abs. 2 Nr. 4 des Gesetzes gegen Wettbewerbsbeschränkungen) ist der Streitwert nach der sich aus dem Antrag des Beigeladenen für ihn ergebenden Bedeutung der Sache nach Ermessen zu bestimmen, jedoch nicht über 500 000 Deutsche Mark.

(2) Im Verfahren über Beschwerden gegen Entscheidungen der Vergabekammer (§ 126 des Gesetzes gegen Wettbewerbsbeschränkungen) einschließlich des Verfahrens über den Antrag nach § 125 Abs. 2 Satz 2 und 3, § 128 Abs. 1 Satz 3 und nach § 131 des Gesetzes gegen Wettbewerbsbeschränkungen beträgt der Streitwert fünf vom Hundert der Auftragssumme."

4. Das Kostenverzeichnis (Anlage 1 zum Gerichtskostengesetz) wird wie folgt geändert:

a) Die Überschrift der Gliederung des Teils 1 und die Überschrift des Teils 1 werden jeweils wie folgt gefaßt:

   „Bürgerliche Rechtsstreitigkeiten, Familiensachen (§ 1 Abs. 2) und Beschwerdeverfahren nach dem Gesetz gegen Wettbewerbsbeschränkungen vor den ordentlichen Gerichten außer Verfahren der Zwangsversteigerung und Zwangsverwaltung".

b) In der Überschrift des Abschnitts II.2 des Teils 1 werden ein Komma und die Angabe „§§ 62 und 126 GWB" angefügt.

c) Nach Nummer 1221 wird folgende Nummer 1222 eingefügt:

Nr.	Gebührentatbestand	Gebührenbetrag oder Satz der Gebühr nach § 11 Abs. 2 GKG
„1222	Entscheidung über einen Antrag nach § 125 Abs. 2 Satz 2 und 3, § 128 Abs. 1 Satz 3 oder nach § 131 GWB	3,0".

d) In der Vorbemerkung zu den Nummern 1224 und 1225 werden der Doppelpunkt durch ein Semikolon ersetzt und die Worte „Beschluß, der die Instanz abschließt, in den Verfahren über Beschwerden nach § 126 GWB, wenn die Gebühr 1222 entstanden ist:" angefügt.

e) Im Gebührentatbestand der Nummer 1224 werden ein Semikolon und das Wort „Beschluß" angefügt.

f) Der zweite Halbsatz der Vorbemerkung zu den Nummern 1226 und 1227 wird wie folgt gefaßt:

   „Beschluß, der die Instanz abschließt, in den in § 1 Abs. 2 Satz 2 GKG genannten Familiensachen und in den Verfahren über Beschwerden nach den §§ 62 und 126 GWB".

g) In der Überschrift des Abschnitts II.3 des Teils 1 werden ein Komma und die Worte „Rechtsbeschwerden nach § 73 GWB" angefügt.

462

h) Die Vorbemerkung zu den Nummern 1236 und 1237 wird wie folgt gefaßt:

„Urteil, das die Instanz abschließt; Beschluß im Verfahren über Rechtsbeschwerden nach § 73 GWB, der Instanz abschließt:".

i) Im Gebührentatbestand der Nummer 1236 werden ein Semikolon und das Wort „Beschluß" angefügt.

(2) In § 65a der Bundesgebührenordnung für Rechtsanwälte in der im Bundesgesetzblatt Teil III, Gliederungsnummer 368-1, veröffentlichten bereinigten Fassung, die zuletzt durch Artikel 9 des Gesetzes vom 25. August 1998 (BGBl. I S. 2489) geändert worden ist, wird nach Satz 1 folgender Satz eingefügt:

„Wird ein Antrag nach § 125 Abs. 2 Satz 2 und 3, § 128 Abs. 1 Satz 3 oder nach § 131 des Gesetzes gegen Wettbewerbsbeschränkungen gestellt, erhöht sich die Prozeßgebühr um die Hälfte."

(3) § 78 des Gesetzes gegen Wettbewerbsbeschränkungen in der Fassung der Bekanntmachung vom 20. Februar 1990 (BGBl. I S. 235), das zuletzt durch Artikel 1 des Gesetzes vom 26. August 1998 (BGBl. I S. 2512) geändert worden ist, wird aufgehoben.

(4) Nach der Neubekanntmachung des Gesetzes gegen Wettbewerbsbeschränkungen gemäß Artikel 3 des Sechsten Gesetzes zur Änderung des Gesetzes gegen Wettbewerbsbeschränkungen vom 26. August 1998 (BGBl. I S. 2512) und der damit verbundenen Umnumerierung beziehen sich die Verweisungen in den Absätzen 1 und 2 auf die Vorschriften, die nach ihrem Wortlaut den gemeinten Vorschriften entsprechen.

Artikel 3
Übergangs- und Schlußbestimmungen

1. Die §§ 57a bis 57c des Haushaltsgrundsätzegesetzes vom 19. August 1969 (BGBl. I S. 1273), das zuletzt durch Artikel 1 des Gesetzes vom 22. Dezember 1997 (BGBl. I S. 3251) geändert worden ist, und die Nachprüfungsverordnung vom 22. Februar 1994 (BGBl. I S. 324) werden aufgehoben.

2. Bis zum 31. Dezember 1998 anhängige Nachprüfungsverfahren werden nach bis dahin geltendem Recht beendet. Für die Tätigkeit der Vergabeüberwachungsausschüsse bis zur Einrichtung und Besetzung der Vergabekammern finden § 123 Abs. 1 und § 126 Abs. 2 keine Anwendung. Ist der Zuschlag nicht erteilt, haben die Beteiligten die Möglichkeit, innerhalb von zwei Wochen nach der Entscheidung des Vergabeüberwachungsausschusses das Oberlandesgericht anzurufen. Nach altem Recht vorbehaltene Kosten und Gebühren für Verfahren vor den Vergabeüberwachungsausschüssen werden nicht mehr erhoben.

3. Bis zur Einrichtung und Besetzung der Vergabekammern, längstens jedoch bis zum 30. Juni 1999, agieren die Vergabeüberwachungsausschüsse als Vergabekammern.

4. Das Dritte Buch Sozialgesetzbuch vom 24. März 1997 (BGBl. I S. 594), zuletzt geändert durch Artikel 1 des Gesetzes vom 25. Juni 1998 (BGBl. I S. 1606, 1660), wird wie folgt geändert:

a) Der bisherige Wortlaut des § 262 wird dessen Absatz 1.

b) Es wird folgender Absatz 2 angefügt:

„(2) Ist bei der Durchführung einer Maßnahme die Vergabe eines öffentlichen Auftrags an ein Wirtschaftsunternehmen vorgesehen, kann die Zuweisung geförderter Arbeitnehmer nichtdiskriminierend für alle Bewerber als vertragliche Nebenbedingung aufgenommen werden."

5. Am Tage der Verkündung dieses Gesetzes bestehende Regelungen, die andere oder weitergehende Anforderungen im Sinne des § 106 Abs. 4 des Gesetzes gegen Wettbewerbsbeschränkungen in der Fassung des Artikels 1 Nr. 1 dieses Gesetzes an Auftragnehmer stellen, gelten bis zum 30. Juni 2000 fort, auch wenn sie nicht Bundes- oder Landesgesetz sind.

Artikel 4
Inkrafttreten

Artikel 1 Nr. 1 § 126 Abs. 4 dieses Gesetzes tritt am ersten Tage des auf die Verkündung des Gesetzes folgenden Monats in Kraft. Im übrigen tritt dieses Gesetz am 1. Januar 1999 in Kraft.

II. Gesetz gegen Wettbewerbsbeschränkungen (GWB)
– Auszug –

Vom 26. August 1998
(BGBl. I 1998, S. 2546)

§ 57 Ermittlungen, Beweiserhebung

(1) Die Kartellbehörde kann alle Ermittlungen führen und alle Beweise erheben, die erforderlich sind.

(2) [1]Für den Beweis durch Augenschein, Zeugen und Sachverständige sind § 372 Abs. 1, §§ 376, 377, 378, 380 bis 387, 390, 395 bis 397, 398 Abs. 1, §§ 401, 402, 404, 404a, 406 bis 409, 411 bis 414 der Zivilprozeßordnung sinngemäß anzuwenden; Haft darf nicht verhängt werden. [2]Für die Entscheidung über die Beschwerde ist das Oberlandesgericht zuständig.

(3) [1]Über die Zeugenaussage soll eine Niederschrift aufgenommen werden, die von dem ermittelnden Mitglied der Kartellbehörde und, wenn ein Urkundsbeamter zugezogen ist, auch von diesem zu unterschreiben ist. [2]Die Niederschrift soll Ort und Tag der Verhandlung sowie die Namen der Mitwirkenden und Beteiligten ersehen lassen.

(4) [1]Die Niederschrift ist dem Zeugen zur Genehmigung vorzulesen oder zur eigenen Durchsicht vorzulegen. [2]Die erteilte Genehmigung ist zu vermerken und von dem Zeugen zu unterschreiben. [3]Unterbleibt die Unterschrift, so ist der Grund hierfür anzugeben.

(5) Bei der Vernehmung von Sachverständigen sind die Bestimmungen der Absätze 3 und 4 entsprechend anzuwenden.

(6) [1]Die Kartellbehörde kann das Amtsgericht um die Beeidigung von Zeugen ersuchen, wenn sie die Beeidigung zur Herbeiführung einer wahrheitsgemäßen Aussage für notwendig erachtet. [2]Über die Beeidigung entscheidet das Gericht.

§ 58 Beschlagnahme

(1) [1]Die Kartellbehörde kann Gegenstände, die als Beweismittel für die Ermittlung von Bedeutung sein können, beschlagnahmen. [2]Die Beschlagnahme ist dem davon Betroffenen unverzüglich bekanntzumachen.

(2) Die Kartellbehörde hat binnen drei Tagen die richterliche Bestätigung des Amtsgerichts, in dessen Bezirk die Beschlagnahme vorgenommen ist, nachzusuchen, wenn bei der Beschlagnahme weder der davon Betroffene noch ein erwachsener Angehöriger anwesend war oder wenn der Betroffene und im Falle seiner Abwesenheit ein erwachsener Angehöriger des Betroffenen gegen die Beschlagnahme ausdrücklich Widerspruch erhoben hat.

(3) [1]Der Betroffene kann gegen die Beschlagnahme jederzeit die richterliche Entscheidung nachsuchen. Hierüber ist er zu belehren. [2]Über den Antrag entscheidet das nach Absatz 2 zuständige Gericht.

(4) [1]Gegen die richterliche Entscheidung ist die Beschwerde zulässig. [2]Die §§ 306 bis 310 und 311a der Strafprozeßordnung gelten entsprechend.

§ 59 Auskunftsverlangen

(1) Soweit es zur Erfüllung der in diesem Gesetz der Kartellbehörde übertragenen Aufgaben erforderlich ist, kann die Kartellbehörde

1. von Unternehmen und Vereinigungen von Unternehmen Auskunft über ihre wirtschaftlichen Verhältnisse sowie die Herausgabe von Unterlagen verlangen;

2. bei Unternehmen und Vereinigungen von Unternehmen innerhalb der üblichen Geschäftszeiten die geschäftlichen Unterlagen einsehen und prüfen;

3. von Wirtschafts- und Berufsvereinigungen Auskunft über die Satzung, über die Beschlüsse sowie über Anzahl der Namen der Mitglieder verlangen, für die die Beschlüsse bestimmt sind.

(2) Die Inhaber der Unternehmen und ihre Vertretung, bei juristischen Personen, Gesellschaften und nicht rechtsfähigen Vereinen die nach Gesetz oder Satzung zur Vertretung berufenen Personen sowie die gemäß § 13 Abs. 2 Satz 1 . . .

§ 61 Verfahrensabschluß, Begründung der Verfügung; Zustellung

(1) [1]Verfügungen der Kartellbehörde sind zu begründen und mit einer Belehrung über das zulässige Rechtsmittel den Beteiligten nach den Vorschriften des Verwaltungszustellungsgesetzes zuzustellen. [2]Verfügungen, die gegenüber einem Unternehmen mit Sitz außerhalb des Geltungsbereiches dieses Gesetzes ergehen, stellt die Kartellbehörde der Person zu, die das Unternehmen dem Bundeskartellamt als zustellungsbevollmächtigt benannt hat. [3]Hat das Unternehmen keine zustellungsbevollmächtigte Person benannt, so stellt die Kartellbehörde die Verfügungen durch Bekanntmachung im Bundesanzeiger zu.

(2) Soweit ein Verfahren nicht mit einer Verfügung abgeschlossen wird, die den Beteiligten nach Absatz 1 Satz 2 bis 4 zugestellt wird, ist seine Beendigung den Beteiligten schriftlich mitzuteilen.

§ 69 Mündliche Verhandlung

(1) Das Beschwerdegericht entscheidet über die Beschwerde auf Grund mündlicher Verhandlung; mit Einverständnis der Beteiligten kann ohne mündliche Verhandlung entschieden werden.

(2) Sind die Beteiligten in dem Verhandlungstermin trotz rechtzeitiger Benachrichtigung nicht erschienen oder gehörig vertreten, so kann gleichwohl in der Sache verhandelt und entschieden werden.

§ 70 Untersuchungsgrundsatz

(1) Das Beschwerdegericht erforscht den Sachverhalt von Amts wegen.

(2) Der oder die Vorsitzende hat darauf hinzuwirken, daß Formfehler beseitigt, unklare Anträge erläutert, sachdienliche Anträge gestellt, ungenügende tatsächliche Angaben ergänzt, ferner alle für die Feststellung und Beurteilung des Sachverhalts wesentlichen Erklärungen abgegeben werden.

(3) ¹Das Beschwerdegericht kann den Beteiligten aufgeben, sich innerhalb einer zu bestimmenden Frist über aufklärungsbedürftige Punkte zu äußern, Beweismittel zu bezeichnen und in ihren Händen befindliche Urkunden sowie andere Beweismittel vorzulegen. ²Bei Versäumung der Frist kann nach Lage der Sache ohne Berücksichtigung der nicht beigebrachten Beweismittel entschieden werden.

(4) ¹Wird die Anforderung nach § 59 Abs. 6 oder die Anordnung nach § 59 Abs. 7 mit der Beschwerde angefochten, hat die Kartellbehörde die tatsächlichen Anhaltspunkte glaubhaft zu machen. ²§ 294 Abs. 1 der Zivilprozeßordnung findet Anwendung. ³Eine Glaubhaftmachung ist nicht erforderlich, soweit § 20 voraussetzt, daß kleine oder mittlere Unternehmen von Unternehmen in der Weise abhängig sind, daß ausreichende und zumutbare Ausweichmöglichkeiten nicht bestehen.

§ 71 Beschwerdeentscheidung

(1) ¹Das Beschwerdegericht entscheidet durch Beschluß nach seiner freien, aus dem Gesamtergebnis des Verfahrens gewonnenen Überzeugung. ²Der Beschluß darf nur auf Tatsachen und Beweismittel gestützt werden, zu denen die Beteiligten sich äußern konnten. ³Das Beschwerdegericht kann hiervon abweichen, soweit Beigeladenen aus wichtigen Gründen, insbesondere zur Wahrung von Fabrikations-, Betriebs- oder Geschäftsgeheimnissen, Akteneinsicht nicht gewährt oder der Akteninhalt aus diesen Gründen auch nicht vorgetragen worden ist. ⁴Dies gilt nicht für solche Beigeladene, die an dem streitigen Rechtsverhältnis derart beteiligt sind, daß die Entscheidung auch ihnen gegenüber nur einheitlich ergehen kann.

(2) ¹Hält das Beschwerdegericht die Verfügung der Kartellbehörde für unzulässig oder unbegründet, so hebt es sie auf. ²Hat sich die Verfügung vorher durch Zurücknahme oder auf andere Weise erledigt, so spricht das Beschwerdegericht auf Antrag aus, daß die Verfügung der Kartellbehörde unzulässig oder unbegründet gewesen ist, wenn der Beschwerdeführer ein berechtigtes Interesse an dieser Feststellung hat.

(3) Hat sich eine Verfügung nach § 32 wegen nachträglicher Änderung der tatsächlichen Verhältnisse oder auf andere Weise erledigt, so spricht das Beschwerdegericht auf Antrag aus, ob, in welchem Umfang und bis zu welchem Zeitpunkt die Verfügung begründet gewesen ist.

(4) Hält das Beschwerdegericht die Ablehnung oder Unterlassung der Verfügung für unzulässig oder unbegründet, so spricht es die Verpflichtung der Kartellbehörde aus, die beantragte Verfügung vorzunehmen.

(5) ¹Die Verfügung ist auch dann unzulässig oder unbegründet, wenn die Kartellbehörde von ihrem Ermessen fehlsamen Gebrauch gemacht hat, insbesondere wenn sie die gesetzlichen Grenzen des Ermessens überschritten oder durch die Ermessensentscheidung Sinn und Zweck dieses Gesetzes verletzt hat. ²Die Würdigung der gesamtwirtschaftlichen Lage und Entwicklung ist hierbei der Nachprüfung des Gerichts entzogen.

(6) Der Beschluß ist zu begründen und mit einer Rechtsmittelbelehrung den Beteiligten zuzustellen.

§ 72 Akteneinsicht

(1) ¹Die in § 67 Abs. 1 Nr. 1 und 2 und Abs. 2 bezeichneten Beteiligten können die Akten des Gerichts einsehen und sich durch die Geschäftsstelle auf ihre Kosten Ausfertigungen, Auszüge und Abschriften erteilen lassen. ²§ 299 Abs. 3 der Zivilprozeßordnung gilt entsprechend.

(2) ¹Einsicht in Vorakten, Beiakten, Gutachten und Auskünfte ist nur mit Zustimmung der Stellen zulässig, denen die Akten gehören oder die die Äußerung eingeholt haben. ²Die Kartellbehörde hat die Zustimmung zur Einsicht in die ihr gehörigen Unterlagen zu versagen, soweit dies aus wichtigen Gründen, insbesondere zur Wahrung von Fabrikations-, Betriebs- oder Geschäftsgeheimnissen, geboten ist. ³Wird die Einsicht abgelehnt oder ist sie unzulässig, dürfen diese Unterlagen der Entscheidung nur insoweit zugrunde gelegt werden, als ihr Inhalt vorgetragen worden ist. ⁴Das Beschwerdegericht kann die Offenlegung von Tatsachen oder Beweismitteln, deren Geheimhaltung aus wichtigen Gründen, insbesondere zur Wahrung von Fabrikations-, Betriebs- oder Geschäftsgeheimnissen, verlangt wird, nach Anhörung des von der Offenlegung Betroffenen durch Beschluß anordnen, soweit es für die Entscheidung auf diese Tatsachen oder Beweismittel ankommt, andere Möglichkeiten der Sachaufklärung nicht bestehen und nach Abwägung aller Umstände des Einzelfalles die Bedeutung der Sache für die Sicherung des Wettbewerbs das Interesse des Betroffenen an der Geheimhaltung überwiegt. ⁵Der Beschluß ist zu begründen. In dem Verfahren nach Satz 4 muß sich der Betroffene nicht anwaltlich vertreten lassen.

(3) Den in § 67 Abs. 1 Nr. 3 bezeichneten Beteiligten kann das Beschwerdegericht nach Anhörung des Verfügungsberechtigten Akteneinsicht in gleichem Umfang gewähren.

§ 73 Geltung von Vorschriften des GVG und der ZPO

Im Verfahren vor dem Beschwerdegericht gelten, soweit nichts anderes bestimmt ist, entsprechend

1. die Vorschriften der §§ 169 bis 197 des Gerichtsverfassungsgesetzes über Öffentlichkeit, Sitzungspolizei, Gerichtssprache, Beratung und Abstimmung;

2. die Vorschriften der Zivilprozeßordnung über Ausschließung und Ablehnung eines Richters, über Prozeßbevollmächtigte und Beistände, über die

Zustellung von Amts wegen, über Ladungen, Termine und Fristen, über die Anordnung des persönlichen Erscheinens der Parteien, über die Verbindung mehrerer Prozesse, über die Erledigung des Zeugen- und Sachverständigenbeweises sowie über die sonstigen Arten des Beweisverfahrens, über die Wiedereinsetzung in den vorigen Stand gegen die Versäumung einer Frist.

III. Richtlinie des Rates zur Koordinierung der Rechts- und Verwaltungsvorschriften für die Anwendung der Nachprüfungsverfahren im Rahmen der Vergabe öffentlicher Liefer- und Bauaufträge (89/665/EWG)

vom 21. 12. 1989, geändert durch die Richtlinie 92/50/EWG
vom 18. 6. 1992

(ABl. Nr. L 395 vom 30. 12. 1989, S. 33, geändert durch Richtlinie
92/50/EWG, ABl. Nr. L 209 vom 24. 7. 1992, S. 1)

Überblick

Art. 1: Einrichtung von Nachprüfungsverfahren

Art. 2: Anforderungen an die einzurichtenden Nachprüfungsverfahren

Art. 3: Korrekturmechanismus

Art. 4: Überprüfung der Richtlinienanwendung

Art. 5: Richtlinienumsetzung und Mitteilungspflichten

Art. 6: Adressaten

Der Rat der Europäischen Gemeinschaften –

gestützt auf den Vertrag zur Gründung der Europäischen Wirtschaftsgemeinschaft, insbesondere auf Artikel 100a, auf Vorschlag der Kommission[1],

in Zusammenarbeit mit dem Europäischen Parlament[2],

nach Stellungnahme des Wirtschafts- und Sozialausschusses[3],

in Erwägung nachstehender Gründe:

Die Gemeinschaftsrichtlinien im Bereich des öffentlichen Auftragswesens und insbesondere die Richtlinie 71/305/EWG des Rates vom 26. 7. 1971 über die Koordinierung der Verfahren zur Vergabe öffentlicher Bauaufträge[4], zuletzt geändert durch die Richtlinie 89/440/EWG[5], und die Richtlinie 77/62/EWG des Rates vom 21. 12. 1976 über die Koordinierung der Verfahren zur Vergabe öffentlicher Lieferanträge[6], zuletzt geändert durch die Richtlinie 88/295/EWG[7], enthalten keine spezifischen Vorschriften, mit denen sich ihre tatsächliche Anwendung sicherstellen läßt.

1 ABl. Nr. C 230 vom 28. 8. 1987, S. 6, und ABl. Nr. C 15 vom 19. 1. 1989, S. 8.

2 ABl. Nr. C 167 vom 27. 6. 1988, S. 77, und ABl. Nr. C 323 vom 27. 12. 1989.

3 ABl. Nr. C 347 vom 22. 12. 1987, S. 23.

4 ABl. Nr. L 185 vom 16. 8. 1971, S. 5.

5 ABl. Nr. L 210 vom 21. 7. 1989, S. 1.

6 ABl. Nr. L 13 vom 15. 1. 1977, S. 1.

7 ABl. Nr. L 127 vom 20. 5. 1988, S. 1.

Die auf einzelstaatlicher Ebene und auf Gemeinschaftsebene derzeit vorhandenen Mechanismen zur Durchsetzung dieser Regeln sind nicht immer ausreichend, um die Einhaltung der Gemeinschaftsvorschriften zu gewährleisten, vor allem dann, wenn Verstöße noch beseitigt werden können.

Die Öffnung des öffentlichen Auftragswesens für den gemeinschaftsweiten Wettbewerb setzt eine beträchtliche Verstärkung der Garantien im Bereich der Transparenz und der Nichtdiskriminierung voraus; damit diese Öffnung konkret umgesetzt werden kann, müssen für den Fall von Verstößen gegen das Gemeinschaftsrecht im Bereich des öffentlichen Auftragswesens oder gegen die einzelstaatlichen Vorschriften, die in Umsetzung dieses Rechtes ergangen sind, Möglichkeiten einer wirksamen und raschen Nachprüfung bestehen.

Der Umstand, daß in einigen Mitgliedstaaten keine wirksamen oder nur unzulängliche Nachprüfungsverfahren bestehen, hält die Unternehmen der Gemeinschaft davon ab, sich um Aufträge in dem Staat des jeweiligen öffentlichen Auftraggebers zu bewerben. Deshalb müssen die betreffenden Mitgliedstaaten Abhilfe schaffen.

Angesichts der Kürze der Verfahren zur Vergabe öffentlicher Aufträge müssen die für die Nachprüfung zuständigen Stellen vor allem befugt sein, vorläufige Maßnahmen zu treffen, um das Vergabeverfahren oder die Durchführung etwaiger Beschlüsse der Vergabebehörde auszusetzen. Die Kürze der Vergabeverfahren macht eine dringliche Behandlung der genannten Verstöße notwendig.

In allen Mitgliedstaaten müssen geeignete Verfahren geschaffen werden, um die Aufhebung rechtswidriger Entscheidungen und die Entschädigung der durch einen Verstoß Geschädigten zu ermöglichen.

Wenn die Unternehmen selbst kein Nachprüfungsverfahren anstrengen, können bestimmte Verstöße nur beseitigt werden, wenn ein eigenes System hierfür geschaffen wird.

Die Kommission muß daher, wenn ihres Erachtens ein klarer und eindeutiger Verstoß in einem Verfahren zur Vergabe eines öffentlichen Auftrags begangen wurde, bei der zuständigen Stelle des Mitgliedstaats und der Vergabebehörde mit dem Ziel tätig werden können, daß ein behaupteter Verstoß umgehend behoben wird.

Die Wirksamkeit der Anwendung dieser Richtlinie sollte vor Ablauf eines Zeitraums von vier Jahren nach dem Beginn ihrer Anwendung anhand von Angaben der Mitgliedstaaten über das Funktionieren der einzelstaatlichen Nachprüfungsverfahren überprüft werden –

hat folgende Richtlinie erlassen:

Artikel 1
Einrichtung von Nachprüfungsverfahren

(1)[1] Die Mitgliedstaaten ergreifen die erforderlichen Maßnahmen, um sicherzustellen, daß hinsichtlich der in den Anwendungsbereich der Richtlinien 71/305/EWG, 77/62/EWG und 92/50/EWG[2] fallenden Verfahren zur Vergabe öffentlicher Aufträge die Entscheidungen der Vergabebehörden wirksam und vor allem möglichst rasch nach Maßgabe der nachstehenden Artikel, insbesondere von Artikel 2 Absatz 7, auf Verstöße gegen das Gemeinschaftsrecht im Bereich des öffentlichen Auftragswesens oder gegen die einzelstaatlichen Vorschriften, die dieses Recht umsetzen, nachgeprüft werden können.

(2) Die Mitgliedstaaten sorgen dafür, daß die in dieser Richtlinie getroffene Unterscheidung zwischen einzelstaatlichen Vorschriften zur Umsetzung des Gemeinschaftsrechts und den übrigen innerstaatlichen Bestimmungen nicht zu Diskriminierungen zwischen Unternehmen führt, die im Rahmen eines Verfahrens zur Vergabe eines öffentlichen Auftrags einen Schaden geltend machen könnten.

(3) Die Mitgliedstaaten stellen sicher, daß das Nachprüfungsverfahren entsprechend den gegebenenfalls von den Mitgliedstaaten festzulegenden Bedingungen zumindest jedem zur Verfügung steht, der ein Interesse an einem bestimmten öffentlichen Liefer- oder Bauauftrag hat oder hatte und dem durch einen behaupteten Rechtsverstoß ein Schaden entstanden ist bzw. zu entstehen droht. Die Mitgliedstaaten können insbesondere verlangen, daß derjenige, der ein Nachprüfungsverfahren einzuleiten beabsichtigt, den öffentlichen Auftraggeber zuvor von dem behaupteten Rechtsverstoß und von der beabsichtigten Nachprüfung unterrichten muß.

Artikel 2
Anforderungen an die einzurichtenden Nachprüfungsverfahren

(1) Die Mitgliedstaaten stellen sicher, daß für die in Artikel 1 genannten Nachprüfungsverfahren die erforderlichen Befugnisse vorgesehen werden,

a) damit so schnell wie möglich im Wege der einstweiligen Verfügung vorläufige Maßnahmen ergriffen werden können, um den behaupteten Rechts-

---

1 Geändert durch Richtlinie 92/50/EWG vom 18. 6. 1992 (ABl. Nr. L 209 vom 24. 7. 1992, S. 1). Artikel 1 Absatz 1 lautete ursprünglich: *Die Mitgliedstaaten ergreifen die erforderlichen Maßnahmen, um sicherzustellen, daß hinsichtlich der in den Anwendungsbereich der Richtlinien 71/305/EWG und 77/62/EWG fallenden Verfahren zur Vergabe öffentlicher Aufträge die Entscheidungen der Vergabebehörden wirksam und vor allem möglichst rasch nach Maßgabe der nachstehenden Artikel, insbesondere von Artikel 2 Absatz 7, auf Verstöße gegen das Gemeinschaftsrecht im Bereich des öffentlichen Auftragswesens oder gegen die einzelstaatlichen Vorschriften, die dieses Recht umsetzen, nachgeprüft werden können.*

2 ABl. Nr. L 209 vom 24. 7. 1992, S. 1.

verstoß zu beseitigen oder weitere Schädigungen der betroffenen Interessen zu verhindern; dazu gehören Maßnahmen, um das Verfahren zur Vergabe eines öffentlichen Auftrags auszusetzen oder die Aussetzung zu veranlassen oder Maßnahmen der Durchführung jeder sonstigen Entscheidung der öffentlichen Auftraggeber;

b) damit die Aufhebung rechtswidriger Entscheidungen, einschließlich der Streichung diskriminierender technischer, wirtschaftlicher oder finanzieller Spezifikationen in den Ausschreibungsdokumenten, den Verdingungsunterlagen oder in jedem sonstigen sich auf das betreffende Vergabeverfahren beziehenden Dokument vorgenommen oder veranlaßt werden kann;

c) damit denjenigen, die durch den Rechtsverstoß geschädigt worden sind, Schadensersatz zuerkannt werden kann.

(2) Die in Absatz 1 genannten Befugnisse können getrennt mehreren Instanzen übertragen werden, die für das Nachprüfungsverfahren unter verschiedenen Gesichtspunkten zuständig sind.

(3) Die Nachprüfungsverfahren haben als solche nicht notwendigerweise einen automatischen Suspensiveffekt auf die betreffenden Vergabeverfahren.

(4) Die Mitgliedstaaten können vorsehen, daß die zuständige Instanz bei Prüfung der Frage, ob vorläufige Maßnahmen zu ergreifen sind, deren voraussehbare Folgen für alle möglicherweise geschädigten Interessen sowie das Interesse der Allgemeinheit berücksichtigen kann, und daß sie beschließen kann, diese Maßnahmen nicht zu ergreifen, wenn deren nachteilige Folgen die damit verbundenen Vorteile überwiegen könnten. Die Ablehnung der vorläufigen Maßnahmen beeinträchtigt nicht die sonstigen Rechte des Antragstellers.

(5) Die Mitgliedstaaten können vorschreiben, daß bei Schadenersatzansprüchen, die auf die Rechtswidrigkeit einer Entscheidung gestützt werden, diese zunächst von einer mit den dafür erforderlichen Befugnissen ausgestatteten Instanz aufgehoben worden sein muß.

(6) Die Wirkungen der Ausübung der in Absatz 1 genannten Befugnisse auf den nach Zuschlagserteilung des Auftrags geschlossenen Vertrag richten sich nach dem einzelstaatlichen Recht.

Abgesehen von dem Fall, in dem eine Entscheidung vor Zuerkennung von Schadensersatz aufgehoben werden muß, kann ein Mitgliedstaat ferner vorsehen, daß nach dem Vertragsschluß im Anschluß an die Zuschlagserteilung die Befugnisse der Nachprüfungsinstanz darauf beschränkt werden, einer durch einen Rechtsverstoß geschädigten Person Schadensersatz zuzuerkennen.

(7) Die Mitgliedstaaten stellen sicher, daß die Entscheidungen der für Nachprüfungsverfahren zuständigen Instanzen wirksam durchgesetzt werden können.

(8) Eine für Nachprüfungsverfahren zuständige Instanz, die kein Gericht ist, muß ihre Entscheidung stets schriftlich begründen. Ferner ist in diesem Falle sicherzustellen, daß eine behauptete rechtswidrige Maßnahme der zuständi-

gen Grundinstanz oder ein behaupteter Verstoß bei der Ausübung der ihr übertragenen Befugnisse zum Gegenstand einer Klage oder einer Nachprüfung bei einer anderen gegenüber den öffentlichen Auftraggebern und der Grundinstanz unabhängigen Instanz, die ein Gericht im Sinne des Artikels 177 des Vertrages ist, gemacht werden können.

Für Ernennung und Ende der Amtszeit der Mitglieder dieser unabhängigen Instanz gelten bezüglich der für ihre Ernennung zuständigen Behörde, der Dauer ihrer Amtszeit und ihrer Absetzbarkeit die gleichen Bedingungen wie für Richter. Zumindest der Vorsitzende dieser unabhängigen Instanz muß die juristischen und beruflichen Qualifikationen eines Richters besitzen. Die unabhängige Instanz erkennt in einem kontradiktorischen Verfahren; ihre Entscheidungen sind in der von den einzelnen Mitgliedstaaten jeweils zu bestimmenden Weise rechtsverbindlich.

Artikel 3
Korrekturmechanismus

(1) Die Kommission kann das in diesem Artikel vorgesehene Verfahren anwenden, wenn sie vor Abschluß eines Vertrages zu der Auffassung gelangt, daß bei einem Vergabeverfahren im Sinne der Richtlinien 71/305/EWG und 77/62/EWG ein klarer und eindeutiger Verstoß gegen die Gemeinschaftsvorschriften für das öffentliche Auftragswesen vorliegt.

(2) Die Kommission teilt dem Mitgliedstaat und der Vergabebehörde mit, aus welchen Gründen sie einen klaren und eindeutigen Verstoß als gegeben ansieht, und fordert dessen Beseitigung.

(3) Innerhalb von 21 Tagen nach Eingang der in Absatz 2 genannten Mitteilung übermittelt der Mitgliedstaat der Kommission

a) die Bestätigung, daß der Verstoß beseitigt wurde, oder

b) eine Begründung dafür, weshalb der Verstoß nicht beseitigt wurde, oder

c) die Mitteilung, daß das betreffende Vergabeverfahren entweder auf Betreiben des öffentlichen Auftraggebers oder aber in Wahrnehmung der in Artikel 2 Absatz 1 Buchstabe a) vorgesehenen Befugnisse ausgesetzt wurde.

(4) Bei einer Begründung nach Absatz 3 Buchstabe b) kann insbesondere geltend gemacht werden, daß der behauptete Rechtsverstoß bereits Gegenstand eines Gerichtsverfahrens oder eines anderen Verfahrens nach Artikel 2 Absatz 8 ist. In diesem Fall unterrichtet der Mitgliedstaat die Kommission alsbald vom Ausgang dieser Verfahren.

(5) Hat ein Mitgliedstaat gemäß Absatz 3 Buchstabe c) mitgeteilt, daß ein Vergabeverfahren ausgesetzt wurde, so ist die Beendigung der Aussetzung oder die Eröffnung eines neuen Vergabeverfahrens, das sich ganz oder teilweise auf das frühere Vergabeverfahren bezieht, der Kommission bekanntzugeben. In der neuen Mitteilung bestätigt der Mitgliedstaat entweder, daß der behauptete Rechtsverstoß beseitigt wurde, oder er gibt eine Begründung dafür, weshalb der Verstoß nicht beseitigt wurde.

Artikel 4
Überprüfung der Richtlinienanwendung

(1) Vor Ablauf eines Zeitraums von vier Jahren nach Beginn der Anwendung dieser Richtlinie überprüft die Kommission im Benehmen mit dem Beratenden Ausschuß für das öffentliche Auftragswesen die Anwendung der Vorschriften dieser Richtlinie und schlägt gegebenenfalls entsprechende Änderungen vor.

(2) Die Mitgliedstaaten unterrichten die Kommission alljährlich vor dem 1. März von dem Verlauf der einzelstaatlichen Nachprüfungsverfahren während des vorausgegangenen Jahres. Die Kommission bestimmt im Benehmen mit dem Beratenden Ausschuß für das öffentliche Auftragswesen die Art dieser Information.

Artikel 5
Richtlinienumsetzung und Mitteilungspflichten

Die Mitgliedstaaten treffen vor dem 21. 12. 1991 die erforderlichen Maßnahmen, um dieser Richtlinie nachzukommen. Sie teilen der Kommission die wichtigsten innerstaatlichen Rechts- und Verwaltungsvorschriften mit, die sie auf dem unter diese Richtlinie fallenden Gebiet erlassen.

Artikel 6
Adressaten

Diese Richtlinie ist an die Mitgliedstaaten gerichtet.

IV. Übersicht über die Vergabekammern des Bundes und der Länder

Anschriften Vergabekammern

Stand: März 2000

Bund
Vergabekammern des Bundes
beim Bundeskartellamt
Kaiser-Friedrich-Straße 16

53113 Bonn

Baden-Württemberg
Vergabekammer
beim Landesgewerbeamt Baden-Württemberg
Willi-Bleicher-Str. 19

70174 Stuttgart

Bayern
Vergabekammer Südbayern
bei der Regierung von Oberbayern
Maximilianstraße 39

80538 München

Vergabekammer Nordbayern
bei der Regierung von Mittelfranken
Promenade 27 (Schloß)

91522 Ansbach

Berlin
Vergabekammer
bei der Senatsverwaltung für Wirtschaft und Betriebe
Martin-Luther-Str. 105

10825 Berlin

Brandenburg
1. und 2. Vergabekammer
des Landes Brandenburg
beim Ministerium für Wirtschaft,
Mittelstand und Technologie
Heinrich-Mann-Allee 107

14473 Potsdam

Bremen
Vergabekammer
beim Senator für Bau und Umwelt
Ansgaritorstr. 2

28195 Bremen

Hamburg
Vergabekammer
bei der Baubehörde Hamburg
Stadthausbrücke 8

20355 Hamburg

Vergabekammer
bei der Wirtschaftsbehörde Hamburg
Alter Steinweg 4

20459 Hamburg

Vergabekammer
bei der Finanzbehörde Hamburg
Gänsemarkt 36

20354 Hamburg

Hessen
Vergabekammer Hessen
bei dem Regierungspräsidium Darmstadt
Luisenplatz 2

64283 Darmstadt

Mecklenburg-Vorpommern
Vergabekammer
beim Ministerium für Wirtschaft und Angelegenheiten der Europäischen Union des Landes Mecklenburg-Vorpommern
Johannes-Stelling-Str. 14

19053 Schwerin

Niedersachsen
Vergabekammer
bei der Oberfinanzdirektion Hannover
Waterloostr. 5

30169 Hannover

Vergabekammer
beim Niedersächsischen Landesamt für Straßenbau
Sophienstr. 7

30159 Hannover

Vergabekammer
bei der Bezirksregierung Lüneburg
Auf der Hude 2

21339 Lüneburg

Nordrhein-Westfalen
Vergabekammer
bei der Bezirksregierung Arnsberg
Seibertstr. 1

59821 Arnsberg

Vergabekammer
bei der Bezirksregierung Detmold
Hornsche Str. 59

32756 Detmold

Vergabekammer
bei der Bezirksregierung Düsseldorf
Cecilienallee 2

40474 Düsseldorf

Vergabekammer
bei der Bezirksregierung Köln
Zeughausstr. 2–10

50667 Köln

Vergabekammer
bei der Bezirksregierung Münster
Domplatz 1

48143 Münster

Rheinland-Pfalz
Vergabekammer
beim Ministerium für Wirtschaft, Verkehr, Landwirtschaft und
Weinbau
Stiftstr. 9

55116 Mainz

Saarland
Vergabekammer
beim Ministerium für Wirtschaft und Finanzen
Am Stadtgraben 6–8

66111 Saarbrücken

Sachsen
Vergabekammer
beim Regierungspräsidium Leipzig
Braustr. 2

04107 Leipzig

Sachsen-Anhalt
Vergabekammer
beim Regierungspräsidium Halle
Willi-Lohmann-Str. 7

06114 Halle

Vergabekammer
beim Regierungspräsidium Magdeburg
Olvenstedter Straße 1–2

39108 Magdeburg

Vergabekammer
bei der Oberfinanzdirektion Magdeburg
Otto-von-Guericke-Straße 4

39013 Magdeburg

Schleswig-Holstein
Vergabekammer
beim Ministerium für Wirtschaft, Technologie und Verkehr
Düsternbrooker Weg 94

24105 Kiel

Thüringen
Vergabekammer
beim Thüringer Landesverwaltungsamt
Weimarplatz 4/Friedensstraße 2
99423 Weimar

V. Geschäftsordnung der Vergabekammern des Bundes vom 18. Dezember 1998*

Bekanntmachung Nr. 111/99

Geschäftsordnung der Vergabekammern des Bundes

vom 18. Dezember 1998

Anwendungsbereich

Die Geschäftsordnung regelt Organisation, Grundsätze der Geschäftsverteilung, Geschäftsgang und Verfahren der Vergabekammern des Bundes; sie ist Geschäftsordnung im Sinne von § 106 Abs. 1 Satz 4 GWB. Soweit nichts anderes bestimmt ist, bleibt die Geschäftsordnung des Bundeskartellamtes (GOBKartA) unberührt.

I. Organisation, Geschäftsjahr, Geschäftsverteilung und Vertretung

§ 1

(1) Einer Kammer gehören der Vorsitzende, mindestens zwei hauptamtliche und mindestens vier ehrenamtliche Beisitzer sowie weitere Mitarbeiter an. Die ehrenamtlichen Beisitzer können auch mehreren Kammern angehören.

(2) Für Frauen in einer der in der Geschäftsordnung genannten Funktionen gilt die weibliche Form der Funktionsbezeichnung.

(3) Geschäftsjahr ist das Kalenderjahr.

§ 2

(1) Der Präsident des Bundeskartellamtes regelt vor Beginn des Geschäftsjahres die Verteilung der Geschäfte unter den Kammern. Die Geschäftsverteilung darf während des Geschäftsjahres nur geändert werden, wenn dies wegen Überlastung oder ungenügender Auslastung von Kammern erforderlich wird. Für Anträge, die dasselbe Vergabeverfahren betreffen, ist die Kammer zuständig, in deren Zuständigkeit der erste Antrag fällt.

(2) Der Vorsitzende weist die Verfahren seiner Kammer den Berichterstattern nach einem vor Beginn des Geschäftsjahres von ihm festgelegten Geschäftsverteilungsplan zu.

§ 3

(1) Der Vorsitzende wirkt an allen Entscheidungen seiner Kammer mit, es sei denn, die Kammer hat dem hauptamtlichen Beisitzer das alleinige Entscheidungsrecht übertragen (§ 105 Abs. 3 GWB). Berichterstatter sind nur die

---

* Geänderte Fassung vom 10. August 1999.

hauptamtlichen Beisitzer. Die ehrenamtlichen Beisitzer wirken an den Verfahren aus den ihnen zugeordneten Fachgebieten mit.

(2) Die Vorsitzenden der Vergabekammern vertreten sich gegenseitig. Bei gleichzeitiger Abwesenheit werden die Vorsitzenden jeweils durch den dienstältesten hauptamtlichen Beisitzer der Kammer vertreten. Die Vertretung der Beisitzer wird durch Verfügung des Vorsitzenden der Kammer geregelt.

II. Verfahren zwischen Antragseingang und mündlicher Verhandlung

§ 4

(1) Geht ein nicht offensichtlich unzulässiger oder unbegründeter Antrag ein und ist die Zahlung eines Vorschusses in Höhe der Mindestgebühr von 5000 DM nachgewiesen, so stellt die Kammer dem Auftraggeber den Antrag zu und fordert ihn zur sofortigen Übergabe der Vergabeakten auf. Der Zahlungsnachweis kann durch Übersendung des Zahlungsbeleges, auch per Telefax, oder durch anwaltliche Versicherung erfolgen.

(2) Ist eine Vergabeprüfstelle eingerichtet, so übermittelt die Kammer dieser den Antrag in Kopie.

(3) Der Vorsitzende unterrichtet den zuständigen ehrenamtlichen Beisitzer, übermittelt ihm eine Abschrift des Antrages und veranlaßt, daß ihm Abschriften der Entscheidung der Vergabeprüfstelle und der Schriftsätze so rechtzeitig vor der mündlichen Verhandlung übermittelt werden, daß er sich mit der Sache vertraut machen kann. Ist ein ehrenamtlicher Beisitzer verhindert oder hat er am Vergabeverfahren mitgewirkt, so zeigt er dies dem Vorsitzenden unverzüglich an.

§ 5

(1) Nach Eingang der Akten leitet der Vorsitzende diese dem zuständigen Berichterstatter zu. Die Kammer prüft, ob Beiladungen zu dem Verfahren geboten sind und beschließt diese gegebenenfalls unverzüglich. Der Berichterstatter legt dem Vorsitzenden innerhalb der von diesem gesetzten Frist sein schriftliches Votum vor.

(2) Der Vorsitzende oder der Berichterstatter in den Fällen des § 105 Abs. 3 GWB können den Verfahrensbeteiligten Fristen für die Einreichung von Schriftsätzen setzen. Nach Ablauf der Fristen kann ein weiterer Vortrag unbeachtet bleiben.

(3) Mitteilungen der Kammern, Schriftsätze und Ladungen werden den Verfahrensbeteiligten nach Möglichkeit mit Telefax mit der Aufforderung zur unverzüglichen Empfangsbestätigung, ansonsten durch die Post oder einen Kurier übersandt.

III. Mündliche Verhandlung

§ 6

(1) Die Kammern entscheiden, sofern nicht die Voraussetzungen des § 112 Abs. 1 Satz 3 oder des § 112 Abs. 2 GWB vorliegen oder es sich um eine Entscheidung nach § 115 Abs. 2 Satz 1 oder 3 oder nach § 115 Abs. 3 Satz 1 GWB handelt, aufgrund mündlicher, nicht öffentlicher Verhandlung. Der Vorsitzende stimmt den Termin mit dem ehrenamtlichen Beisitzer ab und lädt die Verfahrensbeteiligten.

(2) Die Ladungsfrist beträgt mindestens drei Tage nach Eingang bei den Verfahrensbeteiligten.

§ 7

(1) Der Vorsitzende leitet die mündliche Verhandlung.

(2) Über die mündliche Verhandlung wird eine Niederschrift aufgenommen, die folgenden Inhalt hat:

– Ort und Tag der Verhandlung,

– Bezeichnung der entscheidenden Kammer,

– Namen des Vorsitzenden und der Beisitzer,

– Bezeichnung des Nachprüfungsverfahrens,

– Namen der erschienenen Verfahrensbeteiligten, ihrer gesetzlichen Vertreter und Bevollmächtigten sowie sonstiger Personen,

– Rücknahme des Antrags,

– Feststellung, daß die Verfahrensbeteiligten Gelegenheit zum Vortrag hatten,

– bei Entscheidung im Anschluß an die mündliche Verhandlung die Beschlußformel,

– die Unterschrift des Vorsitzenden.

(3) Die Verfahrensbeteiligten erhalten eine Abschrift der Niederschrift.

IV. Beschluß

§ 8

(1) Die Kammern entscheiden durch Beschluß. Das gilt auch dann, wenn über die Entscheidung einer Vergabeprüfstelle zu befinden ist. Ist die Entscheidung der Vergabeprüfstelle rechtswidrig, so hebt die Kammer diese auf und entscheidet nach § 114 GWB. Der Beschluß enthält:

– die Bezeichnung der entscheidenden Kammer,

– die Bezeichnung des Vorsitzenden und der Beisitzer,

– die Bezeichnung der Verfahrensbeteiligten,

– den Tag, an dem die mündliche Verhandlung abgeschlossen worden ist,
– die Beschlußformel,
– die Gründe,
– die Kostenentscheidung, soweit diese nicht durch gesonderten Beschluß ergeht,
– die Rechtsmittelbelehrung,
– die Unterschriften des Vorsitzenden und der Beisitzer.

(2) Die begründete Entscheidung der Kammer wird den Verfahrensbeteiligten zugestellt. Ist eine Vergabeprüfstelle eingerichtet, wird ihr auf Anforderung eine Kopie der Entscheidung übersandt.

V. Geschäftsgang

§ 9

Die an die Kammern des Bundes gerichteten Eingänge werden von der Geschäftsstelle behandelt. Diese erteilt jedem Nachprüfungsverfahren ein Geschäftszeichen gemäß der Registraturanweisung, prüft bei Eingang des Antrags, ob die Zahlung eines Vorschusses in Höhe der Mindestgebühr nachgewiesen ist und leitet den Antrag unverzüglich der zuständigen Kammer zu.

§ 10

Die Aufbewahrungsfrist der Akten beträgt 30 Jahre nach Abschluß des Verfahrens. Die Entscheidungen der Kammern werden anschließend dem Bundesarchiv übergeben.

§ 11

Die Entscheidungen der Kammern des Bundes und der Länder werden in der Geschäftsstelle der Kammern des Bundes gesammelt. Wichtige Entscheidungen der Kammern des Bundes werden der Fachpresse zur Veröffentlichung zugeleitet.

§ 12

Die Kosten (Auslagen und Gebühren) werden von der Kostenstelle des Bundeskartellamtes eingezogen und verbucht.

VI. Inkrafttreten

§ 13

Die Geschäftsordnung tritt am 1. Januar 1999 in Kraft.

Sachregister

Die halbfetten Zahlen verweisen auf die Paragraphen des GWB, die mageren Zahlen auf die Textziffern. Die halbfetten Buchstaben verweisen auf die Kommentierung der Vergabeverordnung.

Frankfurter Kommentar zum Gesetz gegen Wettbewerbsbeschränkungen

(mit Lieferung Juni 2000: Frankfurter Kommentar zum Kartellrecht)

Mit einer Darstellung ausländischer Kartellrechtsordnungen und des EG-Kartellrechts. Herausgegeben von RA *Helmut Glassen*, RA Dr. *Helmuth von Hahn*, RA Dr. *Hans-Christian Kersten* und RA Dr. *Harald Rieger*. Loseblattausgabe, z. Zt. 6.112 Seiten in 5 Ordnern, 545,– DM/ 278,65 €. Ergänzungslieferungen etwa zweimal im Jahr. ISBN 3-504-41182-1

Das Kartellrecht ist nach wie vor einer der zentralen Bereiche der Wirtschaftsordnung. Die Kommentierung verbindet konsequent Erfahrungen der Wirtschaftspraxis mit wissenschaftlichen Untersuchungen. Die Erläuterungen sind unter lückenloser Berücksichtigung der reichen Gerichts- und Behördenpraxis gründlich, umfassend und übersichtlich. Die 6. GWB-Novelle, die das gesamte Gesetz neu strukturiert, wird zügig eingearbeitet und bis zum Abschluss der gesamten Neukommentierung durch synoptische Gegenüberstellung von alter und neuer Fassung Schritt für Schritt verdeutlicht. Der zunehmenden Bedeutung des EG-Kartellrechts wird im neuen 5. Ordner grundlegend Rechnung getragen, der kontinuierlich erweitert wird.

Verlag Dr. Otto Schmidt · Köln

Redeker / Uechtritz (Hrsg.)

Anwaltshandbuch für Verwaltungsverfahren

Herausgegeben von RA Prof. Dr. *Konrad Redeker* und RA Prof. Dr. *Michael Uechtritz.* Loseblattausgabe, z. Zt. 2.062 Seiten in 2 Ordnern, 248,– DM/ 126,80 €. Ergänzungslieferungen ein- bis zweimal im Jahr. ISBN 3-504-14001-1

Hier zeigt Ihnen die Crème de la crème des Verwaltungsrechts Schritt für Schritt, wie Sie den Gestaltungs- und Verhandlungsspielraum, auf den es in den einzelnen Verfahrensarten so entscheidend ankommt, in vollem Umfang ausnutzen. Sämtliche Verfahrensarten (Ausnahmen: Weltraumrecht, Atomrecht) können Sie mandatsspezifisch abrufen. Alle dargestellten Verfahrensschritte orientieren sich dabei streng am typischen Gang Ihres jeweiligen Mandats. Mit vielen Beispielen, Hinweisen und Lösungsvorschlägen, die Sie zielgerichtet zum Erfolg führen.

Verlag Dr. Otto Schmidt · Köln

Wir würden uns freuen, wenn Sie dieses Buch durch
Vorschläge und Hinweise, aber auch durch kritische
Äußerungen begleiteten.
Die vorbereitete Antwortkarte soll die Kontaktaufnahme
erleichtern.

Reidt / Stickler / Glahs, Vergaberecht Kommentar

● Hinweise und Anregungen:

● Auf Seite _____ Tz. _____ Zeile _____ von oben/unten

muß es statt _____

richtig heißen:

Absender:

_____

_____

_____

_____

Antwortkarte

Verlag Dr. Otto Schmidt KG
– Lektorat –
Unter den Ulmen 96-98

50968 Köln